**Martin Lutterjohann**
**Tokyo mit Yokohama und Kyoto**

*„Feuer und Streit sind die Blumen von Edo."*
(Japanisches Sprichwort)

# Impressum

Martin Lutterjohann
**Tokyo mit Yokohama und Kyoto**

erschienen im
REISE KNOW-HOW Verlag Peter Rump GmbH
Hauptstraße 198
33647 Bielefeld/Brackwede

© Peter Rump
1. Auflage 1998

Alle Rechte vorbehalten.

## Gestaltung

Umschlag: M. Schömann, P. Rump
Layout-Konzept:
Günter Pawlak, FaktorZwo!, Bielefeld
Inhalt: Kordula Röckenhaus
Fotos: der Autor
Karten: Catherine Raisin

## Druck und Bindung

Fuldaer Verlagsanstalt GmbH, Fulda

**ISBN 3-89416-206-6**
Printed in Germany

Dieses Buch ist erhältlich in jeder Buchhandlung
der BRD, Österreichs, der Niederlande und der Schweiz.
Bitte informieren Sie Ihren Buchhändler
über folgende Bezugsadressen:

### BRD

Prolit GmbH,
Postfach 9, 35461 Fernwald (Annerod)
sowie alle Barsortimente

### Schweiz

AVA-buch 2000
Postfach 27, CH-8910 Affoltern

### Österreich

Mohr Morawa Buchvertrieb GmbH
Sulzengasse 2, A-1230 Wien

### Niederlande

Nilsson & Lamm BV,
Postbus 195, NL-1380 AD Weesp

Wer im Buchhandel trotzdem kein Glück hat,
bekommt unsere Bücher auch direkt bei:
**Rump Direktversand**
Heidekampstraße 18, 49809 Lingen (Ems)

Martin Lutterjohann

# Tokyo
## mit Yokohama
## und Kyoto

## REISE KNOW-HOW im Internet

Aktuelle Reisetips und Neuigkeiten
Ergänzungen nach Redaktionsschluß
Büchershop und Sonderangebote

http://www.reise-know-how.de/

Der
**REISE KNOW-HOW Verlag**
**Peter Rump GmbH**
ist Mitglied der Verlagsgruppe
**REISE KNOW-HOW**

# Vorwort

Tokyo ist keine schöne Stadt. Aber das politische, wirtschaftliche und kulturelle Herz Japans ist doch eine der faszinierendsten und dazu eine der am wenigsten bekannten der ganz großen Metropolen. Allein die Tatsache, daß sie eines der am dichtesten besiedelten Stadtgebiete hat, hebt Tokyo unter den Megastädten hervor. Seit Jahrzehnten bildet der Großraum Tokyo mit rund 30 Mio. Bewohnern die größte urbane Ansammlung von Menschen in einem Radius von 50 km. Erstaunlicherweise hat die Stadt dabei die geringste Kriminalitätsrate unter den Weltstädten.

Dabei ist Tokyo alles andere als langweilig – seine Dynamik, Exotik und Schnelligkeit sind ansteckend. Jede Generation schafft sich ihr eigenes Tokyo, und doch bleiben die Wurzeln der Vergangenheit überall sichtbar. Schreine, die vor über tausend Jahren gegründet wurden und immer noch täglichen Zulauf haben, stehen neben futuristisch anmutenden Gebäuden der Postmoderne. Die lebenslustigen, fleißigen Bewohner waren immer schon dem Neuen hemmungslos aufgeschlossen, ohne dabei ihre Traditionen aufzugeben. Dieses Nebeneinander von alt und neu, von glitzernden Einkaufs- und Vergnügungszentren und stillen Wohnvierteln macht den besonderen Reiz der Stadt aus, der sich dem flüchtigen Besucher freilich nicht so unmittelbar offenbart, wie dies in den vertrauten europäischen Metropolen der Fall ist.

Dem Besucher, der zum ersten Mal japanischen Boden betritt, müssen die Städte und ihre Bewohner fremdartig, ja rätselhaft erscheinen: die Schrift, die kaum ein Tourist zu entziffern vermag, die eigenartige Kultur, das seltsame Essen ... Die westliche Zivilisation hat vor über 100 Jahren hier Einzug gehalten, aber nichts ist so wie zu Hause.

Japan öffnet sich nicht auf bequeme Weise dem Besucher. So werden fast alle Neuankömmlinge erst einmal zu Analphabeten. Doch es ist keineswegs unmöglich, die verborgenen Reize Tokyos, Yokohamas oder Kyôtos aufzuspüren und manche ihrer Geheimnisse zu lüften. Sowohl dem kurzzeitigen Besucher wie auch dem, der länger in Tokyo oder seiner Umgebung zu leben gedenkt, sei mit diesem Stadtführer ein Mittel an die Hand gegeben, alle praktischen Fragen des Aufenthalts von der ersten Minute an zu klären und einen tieferen Einblick hinter die verwirrende Oberfläche zu erhalten. Den Reiz dieser lebensbejahenden, vorwärtsstrebenden Stadt und interessanter Orte der Umgebung aufspüren und erlebbar machen, dabei möchte ich mit Anregungen und Geschichten, mit zahllosen Tips, Informationen und Adressen behilflich sein.

Wer sich darauf einläßt, wird es erfahren: Tokyo lebt durch seine Menschen und ihre Lust am Ausprobieren, es ist wie ein Labor der Zukunft. Hier wird das Leben quasi immer wieder neu definiert. Viel Spaß bei dem Abenteuer, diese Stadt und das Land zu entdecken!

Martin Lutterjohann, im Mai 1998

# Inhalt

## Die japanische Küche –
## ein kulinarisches Abenteuer

## Die Stadt und ihre Bewohner

## Die interessantesten Stadtteile

## Yokohama und Kawasaki

## Ausflüge in die Umgebung

## Kyôto und Nara

## Anhang

## Exkurse

# Kartenverzeichnis

# Vor der Reise

# Informationsstellen

## Japanische Fremdenverkehrszentrale

- Kaiserstr. 11, 60311 **Frankfurt/M.,**
Tel. (069) 20353, Fax (069) 284281,
e-mail: info@jntofra.rhein-main.com
- 13 rue de Berne, 1201 **Genf,**
Tel. (022) 7318140

## Kultursektion der Japanischen Botschaft

- Matiellistr. 2-4, 1040 **Wien,**
Tel. (01) 5123249

## Japan Travel Bureau

Das größte japanische Reisebüro mit Verkauf von Flügen, Bahnkarten, JR-Pass, Hotel- und Ryôkan-Buchungen etc.
- Große Friedberger Str. 23,
60313 **Frankfurt/M.**
Tel. (069) 2998780, Fax 282640
- Karlsplatz 10, 80335 **München**
Tel. (089) 594671, Fax 597580
- Altstetterstr. 64, 8048 **Zürich**
Tel. (01) 4329696, Fax 4329757
- Reisnerstr. 5/22, 1030 **Wien**
Tel. (01) 71609, Fax 7180605

## Deutsch-Japanische Gesellschaften

Über ganz Deutschland verteilt findet man gut drei Dutzend Deutsch-Japanische Gesellschaften. Sie bieten kulturelle Veranstaltungen wie z.B. Vorträge und unterhalten Bibliotheken.
- **Deutsch-Japanische Gesellschaft e.V. Berlin**
Otto-Suhr-Allee, 10585 Berlin
Tel.(030) 2629292
- **Deutsch-Japanische Gesellschaft Bonn e.V.**
Tel.(0228) 345816
- **Deutsch-Japanische Gesellschaft in Bayern e.V.**
Marienplatz 2, 80331 München
Tel.(089) 221863
- **Deutsch-Japanische Gesellschaft am Niederrhein e.V.**
Schwanenmarkt 1a, 40213 Düsseldorf
Tel.(0211) 326989

## Weitere Adressen

- **Kintetsu International Express**
Friedensstr. 11/ Juniorhaus
60311 Frankfurt/M.
Tel. (069) 233083
- **Deutsch-Japanisches Center**
Immermannstr. 45, D-40210 Düsseldorf
Tel. (0211) 359750
- **Japanisches Kulturinstitut**
Kulturelle Programme, Unterstützung der Sprachausbildung für Japanisch, Bibliothek.
Universitätsstr.98, 50674 Köln
Tel. (0221) 401071, Fax (0221) 4060615
- **Japanisch-Deutsches Zentrum Berlin e.V.**
Saargemünder Str. 2, 14195 Berlin
Tel. (030) 83907-0

# Wirtschaftsinformationen

- **JETRO (Japan External Trade Organization)**
Colonnaden 7, 20354 Hamburg
Tel. (040) 356008-0, Fax 346637
- **JETRO**
Roßmarkt 17, 60311 Frankfurt am Main
Tel. (069) 283215, Fax 283359
- **JETRO**
Königsallee 58, 4012 Düsseldorf
Tel. (0211) 136020, Fax 326411
- **Deutsch-Japanisches Wirtschaftsförderungsbüro**
Oststr. 110, 40210 Düsseldorf
Tel. (0211) 358048
- **Japanische Industrie- und Handelskammer zu Düsseldorf e.V.**
Immermannstr. 45 C, 40210 Düsseldorf
Tel. (0211) 36900-1, -2, Fax 360182
- **Japanische Industrie- und Handelsvereinigung in Berlin e.V.**
Am Sandwerder 3, 14109 Berlin
Tel. (030) 803670

# Zeitschriften

- **Japan-Magazin,** Verlag Dieter Born
Postfach 180230, 53032 Bonn
Tel. (0228) 650530

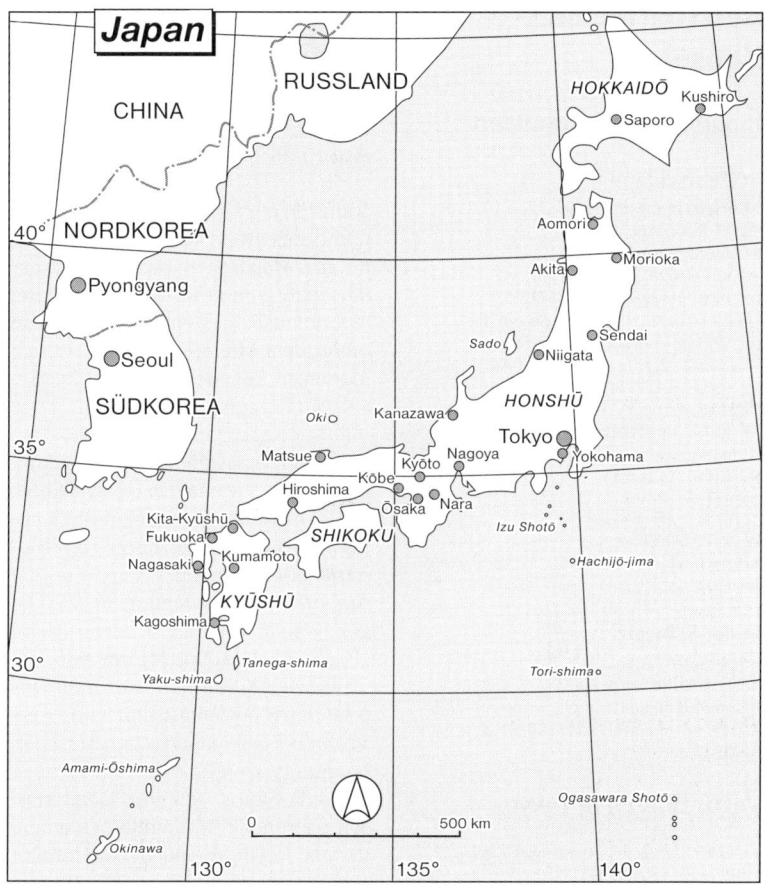

## Radio

● *Radio Japan,* deutschsprachige Sendungen auf 21690/15325 kHz von 6 bis 6.30 Uhr; auf 15355 kHz von 20 bis 20.30 Uhr.

## Informationen aus dem Internet

Wer sich im Netz informieren möchte, findet hier Informationen und weiterführende Links: *http://www.reise-know-how.de/*

# Botschaften und Konsulate

## Japanische Vertretungen

### In Deutschland

- **Botschaft:** Godesberger Allee 102-104, 53175 Bonn, Tel. (0228) 81910, Fax 379399
- **Generalkonsulate:**
- Wachtelstr. 8, 14195 **Berlin,** Tel. (030) 8327026, Fax 8326967
- Immermanstr. 45, 40210 **Düsseldorf,** Tel. (0211) 164820, Fax 357650
- Taunustor 2, 60311 **Frankfurt/M.,** Tel. (069) 2385730, Fax 230531
- Rathausmarkt 5, 20095 **Hamburg,** Tel. (040) 333017-0, Fax 30399918
- Prinzregentenplatz 10, 81675 **München,** Tel. (089) 4710-43, -44, 45, Fax 4705710

### In Österreich

- **Botschaft:** Argentinierstr. 21, 1040 Wien, Tel. (01) 5017102, Fax 5054537.

### In der Schweiz

- **Botschaft:** Engestr. 53, 3012 Bern, Tel. (031) 3002222, Fax 3002255
- **Generalkonsulat:** 16 place Longemalle, 1204 Genf, Tel. (022) 3114688, Fax 3118203.

## Vertretungen in Tokyo

- **Deutschland,** 4-5-10, Minami Azabu, Minato-ku, Tel. 3473-0151
- **Österreich,** 1-1-20, Moto Azabu, Minato-ku, Tel. 3451-8281
- **Schweiz,** 5-9-12, Minami Azabu, Tel. 3473-0121

# Ein- und Ausreisebestimmungen

## Visum und Aufenthaltsgenehmigung

Touristen aus Deutschland, Österreich und der Schweiz können **ohne Visum bis zu 6 Monaten** im Land bleiben, der Reisepaß genügt für die Einreise. Bei einem tatsächlichen Aufenthalt von **mehr als 3 Monaten** müssen sie sich jedoch in Tokyo bei einem der Bezirksämter **registrieren lassen.**

Reisende u.a. aus den Benelux-Ländern, Skandinavien, Italien, USA können visafrei 3 Monate in Japan bleiben.

Wer **nicht als Tourist** einreist, benötigt für einen Aufenthalt bis zu 6 Monaten ebenfalls kein Visum, muß die **Aufenthaltsgenehmigung** nach 90 Tagen jedoch verlängern lassen (siehe „Praktische Reisetips: Information").

Falls ein **Aufenthalt von mehr als 6 Monaten** geplant ist, muß vorher ein **Visum** bei einer japanischen Botschaft beantragt werden (Antragsformular und 2 Paßfotos, 5x5 cm). Dazu müssen dann noch bestimmte Dokumente aus Japan (je nach Aufenthaltsgrund) vorgelegt werden, z.B. Bestätigung der in Japan ansässigen Firma oder die Garantieerklärung eines japanischen Bürgers, für den Antragsteller ggf. finanziell aufzukommen und den Rückflug zu bezahlen. Einzelheiten sind über die jeweilige japanische Botschaft zu erfahren.

**Vor der Reise**

## Zollbestimmungen

Grundsätzlich wird das Gepäck bei der Einreise nach Japan so gut wie gar nicht kontrolliert, dennoch gibt es natürlich Bestimmungen. Wer unbegleitetes Gepäck aufgegeben hat, muß eine schriftliche Erklärung abgeben.

### Zollfreie Einfuhr

Folgende Artikel dürfen zollfrei eingeführt werden (wer in Japan wohnt, darf bei Tabak und Alkohol nur die Hälfte der angegebenen Mengen einführen):

- *Persönliche und beruflich benötigte tragbare Gegenstände,* falls nicht der Eindruck entsteht, das diese zum Verkauf eingeführt werden.
- *Alkoholische Getränke:* 3 Flaschen (je ca. 0,75 l)
- *Tabak:* 100 Zigarren, 400 Zigaretten oder 500 g Tabak
- *Parfüm:* 2 Unzen
- *Andere Waren* im Wert bis zu 200.000 ¥, wobei nur Waren mit einem Wert von über l0.000 ¥ pro Gegenstand gezählt werden.
- *Haushaltsgegenstände:* wenn sie gebraucht sind
- *Autos und Boote* müssen wenigstens ein Jahr lang gebraucht worden sein.

### Verboten oder genehmigungspflichtig

Verboten ist die Einfuhr von Opiaten und anderen illegalen Drogen sowie dazugehörigen Utensilien, von pornographischen Büchern, Zeichnungen, Videos o.ä., von Gegenständen, die Patente, geschützte Warenzeichen etc. verletzen, von Pistolen, Revolvern und Munition. Für Schwerter, Jagdgewehre und andere Waffen müssen Genehmigungen vorliegen. Verboten ist auch die Einfuhr von Produkten bedrohter Arten (z.B. Gegenstände aus Elfenbein).

### Pflanzen und Tiere

Für die Einfuhr von Pflanzen und Tieren gelten **Quarantänebestimmungen.** Pflanzen werden untersucht, für Tiere braucht man bestimmte Bescheinigungen.

### Devisen

**Bargeld** kann beliebig eingeführt werden, bis zu 5 Millionen ¥ dürfen ausgeführt werden.

Bei Einkäufen in *Tax Free Shops* muß keine Verbrauchsteuer gezahlt werden. Die Einkäufe werden auf einer Karte, dem *Record of Purchase of Consumption Tax Exempt for Export*, eingetragen, und diese wird an den Paß geheftet. Die Karte wird bei der Ausreise entnommen, die gekauften Gegenstände vom Zoll überprüft.

### Deutsche Zollbestimmungen

Zusätzlich zu den üblichen Freimengen, z.B. für Tabak und Alkohol, dürfen Mitbringsel bis zu einem Wert von 350 DM zollfrei eingeführt werden. Zusätzliche Waren mit einem Wert bis nochmals 420 DM müssen pauschal bis 20 % verzollt werden. Danach gelten je nach Ware unterschiedliche Zolltarife, zusätzlich werden fünfzehn Prozent Einfuhrumsatzsteuer verlangt.

> ! Die Einfuhr von Produkten *bedrohter Arten* (Elfenbein, Schildpatt, Korallen, Muscheln etc.) nach dem Washingtoner Artenschutzgesetzt wird bestraft!

## Impfpflicht

Bei der Einreise nach Japan besteht **keine Impfpflicht.** Wie bei allen Reisen üblich, wird empfohlen, gegebenenfalls den Tetanus- und Diphterieschutz aufzufrischen.

## Haustiere

Wer länger in Tokyo bleiben will und etwa mit einem **Hund** einreist, muß die Quarantänebestimmungen beachten: 14 Tage bei Vorliegen von Gesundheits- und Impfzeugnis gegen Tollwut, Staupe, Hepatitis, das nicht jünger als 30 und nicht älter als 150 Tage ist, ansonsten 180 Tage Quarantäne, die rund 2500 Yen pro Tag kostet. Hunde müssen beim *hôken-jo* (Gesundheitsamt) nach 3 Monaten angemeldet werden. Bei Einfuhr von **Katzen** muß nur ein Gesundheitszeugnis vorgelegt werden, Quarantäne ist nicht nötig. **Wilde Tiere** dürfen nicht eingeführt werden.

# Hin- und Rückflug

Eine Liste mit Billigflügen ab Deutschland findet sich im Anhang.

Tokyo liegt bei **Rund-um-die-Welt-Tickets** häufig auf der Route, vor allem, wenn überwiegend die Nordhalbkugel bereist wird. Solche Tickets sind in unterschiedlicher Kombination bei Reisebüros zu buchen.

## Flugpreise

Der **offizielle,** von der IATA (International Air Transport Association) festgesetzte **Preis** für die Route Frankfurt – Tokyo – Frankfurt liegt bei etwa 10.000 DM. Doch soviel bezahlt wohl kaum jemand.

Die Preise für **Billig-Tickets,** die einer Art grauem Markt entspringen, liegen bei 1300-1700 DM, wobei es auch zu saisonalen Schwankungen kommt. Am billigsten sind üblicherweise Tickets ab London, auch von den Benelux-Flughäfen aus ist es in der Regel preiswerter. Auch bei den Billig-Tickets findet sich oft in der linken unteren Ecke der offizielle IATA-Preis aufgedruckt, zumeist in der Währung des Landes, in dem das Ticket ausgestellt wurde.

**Billigreisebüros** annoncieren oft in Alternativblättern und Stadtmagazinen oder speziellen Reiseillustrierten (z.B. im vierteljährlich erscheinenden „Reise & Preise"; DM 7,50).

Ein weiterer preisbestimmender Faktor ist oft die **Gültigkeitsdauer** des Tickets. Einige Tickets sind sehr billig, da sie nur 30 oder 45 Tage gültig sind, und diese taugen dann nicht für Langzeitreisende. Andere Tickets wiederum sind billig, weil die einmal gebuchten Reisetermine nicht mehr geändert werden können.

## Wahl der Fluggesellschaft

Die Wahl der Fluggesellschaft fällt bei der Vielzahl der Angebote oft recht schwer. Nach der Fluggesellschaft richtet sich der **Umsteigeflughafen,** denn dies ist der Heimatflughafen der betreffenden Gesellschaft. Je nach Flugplan kann sogar eine **Übernachtung** im Umsteigeort notwendig werden.

Keinen Zweck hat es übrigens, die Tickets in den Büros der Airlines direkt kaufen zu wollen: Dort verlangen die Fluggesellschaften den offiziellen IATA-Preis, der für alle Gesellschaften gleichermaßen gilt, egal, ob sie eine der „billigen" oder eine der respektableren Airlines sind. Falls man dennoch ein solches **IATA-Ticket** kauft, kann dieses später auch auf eine andere Airline umgeschrieben werden, die dieselbe Strecke fliegt – schließlich hätte man auch dort denselben (IATA-) Preis gezahlt.

Billig-Tickets sind nur über spezielle Ticketverkäufer wie beispielsweise *Travel Overland*

## Jet Lag – Probleme mit der Zeitverschiebung

Ärzte definieren Jet Lag als „die Summe sämtlicher subjektiven **Befindlichkeitsstörungen,** die durch Zeitverschiebung eintreten", stellen aber auch fest, daß es keine Krankheit ist. Gestört wird vor allem das Schlaf- und Eßverhalten.

Die **Umstellung der inneren Uhr** dauert einige Tage, und es ist dementsprechend ganz normal, wenn man nach einem langen Flug nicht oder nur schlecht schlafen kann. Ähnlich steht es mit dem Appetit: Es dauert eine Weile, bis er sich dem neuen Rhythmus angepaßt hat. Als Faustregel gilt, daß pro Stunde Zeitverschiebung der Körper einen Tag der Anpassung benötigt.

Zahlreiche Vielflieger schwören auf das in einigen Ländern erhältliche Mittel **Melatonin,** ein Schlafhormon, das der menschliche Körper zur Schlafenszeit produziert. Durch Einnahme von Melatonin werden die vom Jet-Lag hervorgerufene Schlafstörungen gemildert, der Körper findet schneller seinen normalen Schlafrhythmus. Die Langzeitwirkung von des Mittels ist aber noch unerforscht, und in Deutschland, wie auch Thailand, ist es legal nicht erhältlich (aber z.B. in den USA und Singapur).

Um den Jet-Lag anderweitig abzumildern, empfiehlt sich schon vom Tag des Fluges an, nur **leicht** zu **essen,** aber **viel Flüssigkeit** zu sich zu nehmen. Das ist auch in den ersten Tagen am Zielort weiterzuverfolgen. Außerdem sollte man den Körper, der sich zudem noch an ein völlig anderes Klima und ungewohnte Kost gewöhnen muß, ganz allgemein nicht überfordern.

Bei der Beachtung einiger Regeln treten die Symptome des Jet Lags nicht so stark auf:

So früh wie möglich an die **Zeit im Zielland** anpassen. Die **Schlafzeiten** in den ersten drei Nächten nach der Zeitumstellung auf etwa 8 Stunden beschränken. Sonst besteht die Gefahr, daß man nach einem „erholsamen" Schlaf von vielleicht 10 oder 12 Stunden in der nächsten Nacht partout nicht einschlafen kann.

Nach der Zeitumstellung in der ersten Woche tagsüber nicht schlafen und möglichst viel im Freien aufhalten, denn **Sonnenlicht** erleichtert das Wachbleiben und die Zeit-Kompensation.

Im Flugzeug wenig oder besser gar keinen **Alkohol** trinken, statt dessen Fruchtsäfte oder Wasser. **Schlaf- und Aufputschmittel** meiden.

Oftmals kommt die **Verdauung** bei einer großen Zeitverschiebung nicht so recht in Gang. Wer im Flugzeug vegetarisches Essen bestellt und im Zielland ballaststoffreiche Kost zu sich nimmt, tut sich da erheblich leichter ...

*Vor der Reise*

---

in München und über Reisebüros zu beziehen. Diese wiederum kaufen sie bei Großhändlern. Die Preise für Tickets ein und derselben Airline können in den verschiedenen Büros stark variieren.

## Gültigkeit des Tickets

Es gibt **Gültigkeitsdauern** von 30 oder 45 Tagen, 3, 6 und 12 Monaten. Nach Ablauf der Frist (siehe Gültigkeitsdauer in der Mitte des Tickets über der Flugstreckenangabe) ist keine Verlängerung möglich, das Ticket verfällt dann.

## Änderung des Flugtermins

Innerhalb der Geltungsdauer des Tickets kann der Flugtermin theoretisch beliebig oft verschoben werden, wofür aber fast immer Gebühren erhoben werden. Selbst wenn man zu einem Flugtermin nicht erscheint – sei es, weil man den Flug verpaßt hat, oder aus anderen Gründen – verfällt das Ticket dadurch nicht. Gerade preiswerte Airlines sind aber oft auf Wochen ausgebucht, also Vorsicht!

Dies gilt nicht für Billig-Tickets, die einen fixen Termin beinhalten.

Beim Umbuchen müssen bei einigen Airlines Sonderwünsche (wie z.B. vegetarisches oder sonstiges Essen) neu mitangegeben werden (z.B. bei der *Lufthansa*). Bei anderen Gesellschaften wird der Sonderwunsch bei der Umbuchung gleich auf den neuen Termin übernommen. Der Unterschied begründet sich in unterschiedlichen Buchungssytemen der Airlines.

## Die Warteliste

Ist ein Flugtermin ausgebucht, kann man sich auf die Warteliste setzen lassen, d.h., man kann noch einen Platz bekommen, falls ein anderer Passagier seine Buchung zurückzieht oder einfach nicht erscheint. Allerdings muß der auf der Warteliste Stehende am Flugplatz warten, ob denn tatsächlich ein Platz frei wird.

Die besseren Airlines geben ihren Warteliste-Kandidaten **Wartenummern,** anhand derer man ablesen kann, wieviele potentielle Passagiere noch vor einem dran sind. Bei Wartelisten-Tickets, die lange vor dem anvisierten Flugtermin gekauft werden, ist die Chance recht gut, doch noch einen Platz zu bekommen.

Bei Erhalt des Tickets im Reisebüro ist unbedingt darauf zu achten, ob es ein *„OK-Ticket"* ist (mit bestätigtem Platz) oder nur ein *„RQ-Ticket",* das einen nur auf die Warteliste setzt. (*RQ* bedeutet *request,* also „Wunsch".) Rechts neben der Flugstreckenangabe auf dem Ticket muß eindeutig verzeichnet sein, um was für ein Ticket es sich handelt. Hat der Reiseunternehmer zuvor eindeutig ein „OK-Ticket" versprochen und liefert dann nur ein „RQ-Ticket", sollte man die Annahme verweigern! Einige windige Reisebüros versprechen feste Plätze, auch wenn der Flug längst ausgebucht und die Warteliste eröffnet ist.

Man kann auch einen festen Platz buchen und sich zusätzlich auf die Warteliste für einen früheren Termin setzen lassen. Ein Beispiel: Angenommen, man möchte am 1.1. fliegen, an dem Termin ist jedoch alles voll. Stattdessen läßt man sich auf den nächsten freien Flugtermin setzen, sagen wir, zum 4.1. Damit ist der Platz zu diesem Termin gesichert, man kann sich nun aber noch gleichzeitig auf die Warteliste für den 1.1. setzen lassen. Springen von diesem Flug noch genügend Passagiere ab, hat man die Wahl: 1.1. oder 4.1. Die besseren Airlines telefonieren den Kunden an, wenn sein Wartelistenplatz frei geworden ist und bitten um Festsetzung des endgültigen Reisetermins. Bei weniger guten Airlines muß man selber des öfteren nachhaken.

## Rückbestätigung

Kauft man ein Ticket mit schon festgesetzten Terminen, muß der Rückflug dennoch am Zielort bis mindestens 72 Stunden vor dem Abflug rückbestätigt werden. Man muß sich also mit der betreffenden Airline in Verbindung setzen – Telefonanruf genügt – um noch einmal zu bestätigen, daß man wirklich zu dem gebuchten Termin fliegt. Vergißt man diese Rückbestätigung *(reconfirmation),* kann man im Computer der Airline gestrichen werden, und der Flugtermin ist dahin. Das Ticket verfällt dadurch aber nicht, es sei denn, der Gültigkeitstermin wird überschritten. Bei der Rückbestätigung erfährt man gleichzeitig, ob das Flugzeug wirklich zur geplanten Zeit abfliegt.

Nicht mehr rückbestätigen lassen muß man die Flüge bei „besseren" Airlines wie z.B. der *Lufthansa*, *Thai Airways* und *Singapore Airlines*. Schaden kann es es aber auch da nicht.

---

**Für Geduldige – Anreise per Schiff**
Wer sehr viel Zeit für die Reise hat, mindestens einen Monat, kann mit einem Frachter für – je nach Kabine – 4500 bis 6600 DM von Hamburg über Suez, Jeddah, Malaysia, Singapur und Hongkong nach Hakata schippern.
●*Frachtschiff-Touristik,*
Kapitän Peter Zylmann
Exhöfter Damm 12, 24404
Maasholm/Ostsee
Tel. (04642) 6068, Fax 6767

## Verlust des Tickets

Geht ein Ticket verloren, das schon rückbestätigt wurde, hat man gute Chancen, einen
Ersatz dafür zu erhalten. Einige Airlines kas-
sieren aber noch einmal 10 % des Flugprei-
ses, andere 50 %, und bei manchen läuft gar
nichts mehr. Wer auf Nummer Sicher gehen
will, kann die Rückflugtickets im Büro der
Fluggesellschaft deponieren (gegen Quittung) und sie dann kurz vor dem Abflug abholen. Die *Deutschen Botschaften* bewahren ebenfalls Wertgegenstände auf, was
aber Gebühren kostet.

In jedem Fall sollten Fotokopien des
Tickets vorhanden sein, auf denen Ticket-
Nummer, Buchungs-Code, Name, Flugroute
und -datum deutlich zu erkennen sind.

## Flughafengebühr

● Die *Flughafengebühr* bei der Ausreise *(de-
parture tax)* beträgt 2000 ¥, die an Automaten gegen Beleg eingezahlt wird.

# Versicherungen

## Auslandskrankenversicherung

Da unsere gesetzlichen und teilweise
auch die privaten Krankenversicherun-
gen in Japan nicht gelten, sollte unbedingt eine Auslandskrankenversiche-
rung abgeschlossen werden – sonst
kann es im Notfall teuer werden. Bei
Abschluß der Versicherung – die es
mit bis zu einem Jahr Gültigkeit gibt –
sollte auf einige Punkte geachtet werden. Zunächst sollte ein *Vollschutz
ohne Summenbeschränkung* bestehen, im Falle einer schweren Krankheit
oder eines Unfalls sollte auch der
*Rücktransport* übernommen werden.

Wichtig ist, daß im Krankheitsfall der
*Versicherungsschutz über die vorher
festgelegte Zeit hinaus* automatisch
verlängert wird, wenn die Rückreise
nicht möglich ist.

Da man mit einer Auslandskranken-
versicherung Privatpatient ist, müssen
die Kosten zunächst selbst bezahlt
werden. Zur *Rückerstattung* benötigt
man die genaue Diagnose, außerdem
sämtliche, genau spezifizierten Quit-
tungen für Behandlungskosten und
Medikamente.

Im Falle schwerer Erkrankungen bzw.
Unfälle sollte auch die zuständige Botschaft des Heimatlandes informiert
werden.

Wer als Ausländer *länger in Japan
lebt* und das *Certificate of Alien Regi-
stration* besitzt, kann beim Bezirksamt
*(ward office)* ebenfalls eine Versicherung abschließen. Diese übernimmt
immerhin 70 % der Behandlungskosten (einschließlich Laboruntersuchun-
gen und Medikamente). Der Versiche-
rungsbetrag richtet sich nach dem
jährlichen Einkommen. Für Patienten,
die älter als 70 Jahre sind, ist die Behandlung kostenlos.

## Weitere Versicherungen

Ob *Unfall- oder Haftpflichtversiche-
rungen,* die bereits bestehen, auch die
auf einer Reise entstehenden Risiken
abdecken, sollte man individuell nach-
prüfen.

*Reisegepäckversicherungen* sind
meistens teuer und durch sehr viele
Klauseln eingeschränkt. Da Japan allgemein als sehr sicheres Reiseland gilt,

sollte man überlegen, ob sich der Abschluß lohnt.

Auch auf eine **Reiserücktrittskostenversicherung** wird oft verzichtet, bei Pauschalreisen ist sie häufig automatisch im Reisepreis enthalten.

# Rund ums Geld

## Währung

Die japanische Währung ist der **Yen** (japanisch: *en*, Zeichen: ¥). Vor dem letzten Weltkrieg war ein Yen noch in 100 *Sen* unterteilt, diese Münzen gibt es heute nur noch beim Münzhändler.

- **Münzen:** 1 ¥ (Aluminium), 5 ¥ (Messing, mit Loch), 10 ¥ (Kupfer), 50 ¥ (Silber, mit Loch), 100 ¥ (Silber), 500 ¥ (Silber)
- **Banknoten:** 1000 ¥, 5000 ¥, 10.000 ¥

| Wechselkurse | |
|---|---:|
| 1 DM | 75 ¥ |
| 1 Schw. Franken | 89 ¥ |
| 1 Ndl. Gulden | 66 ¥ |
| 1 Brit. Pfund | 222 ¥ |
| 1 US-Dollar | 133 ¥ |
| Stand: Mai 1998 | |

## Zahlungsmittel

Japaner zahlen gern bar. Da Bargeld auf Reisen natürlich nicht gerade sicher ist, sollte man sich mit **Reiseschecks** eindecken. Üblicherweise bringen Reisende US$-Reiseschecks mit; am besten läßt man sie jedoch gleich in Yen ausstellen, weil das Geld dann nicht ein zweites Mal gewechselt

werden muß. Nur die bedeutenden Währungen werden akzeptiert.

**Wechseln** kann man in Banken, Kaufhäusern und größeren Hotels. In Banken, vor allem außerhalb der Touristenzentren (häufig im 1. Stock), nimmt der Vorgang schon mal eine halbe Stunde in Anspruch (der Paß muß vorgezeigt werden).

Per **Kreditkarte** (v.a. *JCB*, *Visa*, *Masters*) kann man sich vielerorts an Automaten mit Bargeld eindecken. Zwar gab es in Japan Geldautomaten lange, bevor sie in Deutschland auftauchten, aber im Umgang mit fremden Währungen sind die Banken erstaunlich provinziell. Dort, wo es möglich ist, weist ein Schild auf Englisch normalerweise darauf hin *(Change/Exchange)*.

In größeren Hotels und Geschäften kann man mit Kreditkarten bezahlen, nicht jedoch in den meisten preisgünstigen Hotels.

## Sparkonto

Wer bei einem längeren Aufenthalt in Japan ein Sparkonto (mit *cash card* zum Geldabheben) eröffnen möchte, kann das bei jeder Bank tun; günstig sind die **Postämter.** In diesem Fall geht man zum Hauptpostamt und sagt *„Yûbin chokin* (Post-Sparkonto) *no kôza o tsukutte kudasai"* = „Bitte richten Sie ein Post-Sparkonto für mich ein." Das geht normalerweise in einer Viertelstunde. Auf ein Sparkonto kann man dann **Geld überweisen lassen,** am schnellsten telegrafisch, dabei muß man der Heimatbank aber genaue Angaben machen: Bank, Filiale, Ort.

## Geldinstitute in Tokyo

### Kreditkarteninstitute

- **American Express,** Ogikubo Head Office, 4-30-16 Ogikubo, Suginami-ku, Tel. 3220-6000, 0120-376-100 (gebührenfrei, rund um die Uhr), bei Verlust: Tel. 0120-376-100, Filiale Ginza: Tel. 3564-4381; Shinjuku: Tel. 3352-1555
- **Diners Club,** Senshu Bldg., 1-13-7 Shibuya, Shibuya-ku, Tokyo, Tel. 3499-1311, Notfall-Tel. 3797-7311, außerhalb der Bürozeiten: Tel. 3499-1181
- **Master Card,** Union Credit Co., 1-10-7 Kaji-chô, Chiyoda-ku, Tokyo, Tel. 3254-6751
- **Visa,** Sumitomo Credit Co., Taihei Bldg., 5-2-10, Shimbashi, Minato-ku, Tokyo, Tel. 3459-4800, Notfall Tel. 3459-4700

### Deutsche und schweizerische Banken

- **Deutsche Bundesbank,** Repräsentanz Tokyo, Tokyo Kaijo Bldg., 1-2-1 Marunouchi
- **Bayerische Vereinsbank,** Tôgin Bldg., 1-4-2, Marunouchi, Chiyôda-ku, Postanschrift: C.P.O.Box 1379, Tokyo 100-91
- **Commerzbank,** Nippon Express Center Bldg., 2-2-1, Uchisaiwai-cho, Chiyoda-ku, C.P.O.Box 1727, Tokyo 100-91, Tel.3502-4371
- **Deutsche Bank AG,** Ark Mori Bldg. 1-12-32 Akasaka, Tel. 3588-1971
- **Dresdner Bank,** Nihonbashi Muromachi Bldg. F8, 3-2-15, Marunouchi, Chiyoda-ku, Tel. 3241-6411
- **Westdeutsche Landesbank,** Kokusai Bldg., Room 720, 3-1-1, Maru-nouchi, Chiyoda-ku, C.P.O.Box 1375, Tokyo 100-91, Tel.3216-0581
- **Credit Suisse,** 1-11-30 Akasaka, Tel.3589-3636
- **Swiss Bank Corporation,** 4-1-8 Toranomon, Tel.5473-5000
- **Union Bank of Switzerland,** Yûraku-chô Bldg., 1-10-1-101 Yûraku-chô, Tel. 3214-7471

## Inflationsrate und Preissteigerungen

Die Inflationsrate ist in Japan meist geringer als in Deutschland, sie liegt normalerweise bei 2 %. Trotz der momentanen Finanzkrise steigen die Preise zur Zeit nicht. Discountangebote haben deutlich zugenommen.

## Reisekosten und wie man sie spart

Wer heute nach Japan fährt, weiß, daß der Aufenthalt dort erheblich mehr kostet als in den asiatischen Nachbarländern und sogar in den reichen westlichen Industrieländern. Aber es gibt verschiedene Wege, die Kosten in erträglichen Grenzen zu halten.

### Transport

In Tokyo gibt es preiswerte Tagespässe für die **öffentlichen Verkehrsmittel** U-Bahn, Straßenbahn und Busse. Taxis sind sehr teuer, aber selbst zur Verbindung zwischen Flughafen und Hotel braucht man grundsätzlich kein Taxi. Wer sein Gepäck nicht mitschleppen mag oder kann, hat die Möglichkeit, es in Narita oder Haneda, um von den Tokyoter Flughäfen auszugehen, aufzugeben und an die Zieladresse schicken zu lassen.

Der **Japan Rail Pass** ist für alle, die nicht nur Tokyo bereisen wollen, sondern auch im Land herumzufahren planen, eine ideale Investition, welche die unbestreitbar hohen Transportkosten senken hilft. Zusätzlich gibt es für jede Region günstige **Netzkarten** mit unterschiedlicher Geltungsdauer. In den Reisecentern *(view)* der großen Bahnhöfe oder, mit Einschränkungen auch beim TIC in Yûrakuchô, kann man sich nach gerade günstigen Angeboten erkundigen.

Im Übrigen sind **Nachtbusse** für Langstrecken am günstigsten, weil damit das Thema Übernachtung gleich mitgelöst ist. Schlafwagen in Zügen sind bequemer, jedoch deutlich teurer.

## Übernachtung

Hotels sind gut und teuer, selbst Businesshotels mit ihren kleinen, aber gut ausgestatteten Zimmern sind in den großen Städten selten unter 8000 ¥ pro Person zu haben. Aber für 3500-5000 ¥ gibt es *minshuku* mit Frühstück, z.T. auch mit Halbpension, einfache *ryôkans*, *kokumin-shukusha*, Pensionen etc. Nochmals preiswerter sind die altersmäßig unbegrenzten Jugendherbergen für 2000-2500 ¥ und Wohnungen, die man auf Zeit mieten kann (siehe „Praktische Reisetips: Übernachten").

## Essen

Für 250 ¥ gibt es an den **Bahnhöfen** Nudelsuppen; Curryreis gibt es ab 350 ¥, Frühstückssets für das gleiche Geld in vielen Cafés. **Mittagsmenüs** werden oft preiswert, ab 650-700 ¥, angeboten. Sehr preisgünstig ißt man in den **Cafeterias der Universitäten;** auch abends muß es nicht teurer werden.

## Eintrittspreise

Wer gern **Tempel und Schreine** besichtigt, muß die Ausgaben für den Besuch im Budget berücksichtigen, in Kyôto und Nara sind das zwischen 200 und 500 ¥ für die historisch bedeutenden Tempel oder Schreine, in Kamakura sind es etwa 100-200 ¥. In Tokyo ist der Besuch der meisten Tempel kostenlos, aber **Gärten, Museen und Galerien** kosten oft Eintritt.

# Klima und Reisezeit

Tokyo liegt ziemlich genau in der Mitte zwischen dem subarktischen Klima Hokkaidos im Norden und dem subtropischen Klima Okinawas. Es liegt in der **warmen gemäßigten Zone,** kennt aber ebenso wie unser Klima vier klar getrennte Jahreszeiten – nur ist es in der Regel etwas milder und im Sommer heißer als bei uns.

Allerdings ist es in Tokyo kühler, als es nach seiner Lage sein müßte. Immerhin liegt die Stadt auf derselben geographischen Breite wie Teheran, Zypern, Kreta, Tunis, ein wenig nördlich von Los Angeles. Aber durch die kalten sibirischen Luftmassen kann (außer in den Sommermonaten) nicht so viel Hitze wie in den vergleichbaren genannten Orten aufkommen.

Der **Frühling** beginnt im März milde mit leichten Niederschlägen und einer Durchschnitttemperatur von rund 13 °C. Ende März, Anfang April ist die Zeit der Kirschblüte, deren Voranschreiten nach Norden täglich im Fernsehen aufgezeigt wird. Ende April tau-

*Mittlere tägliche Maximum- und Minimumtemperaturen in °C*

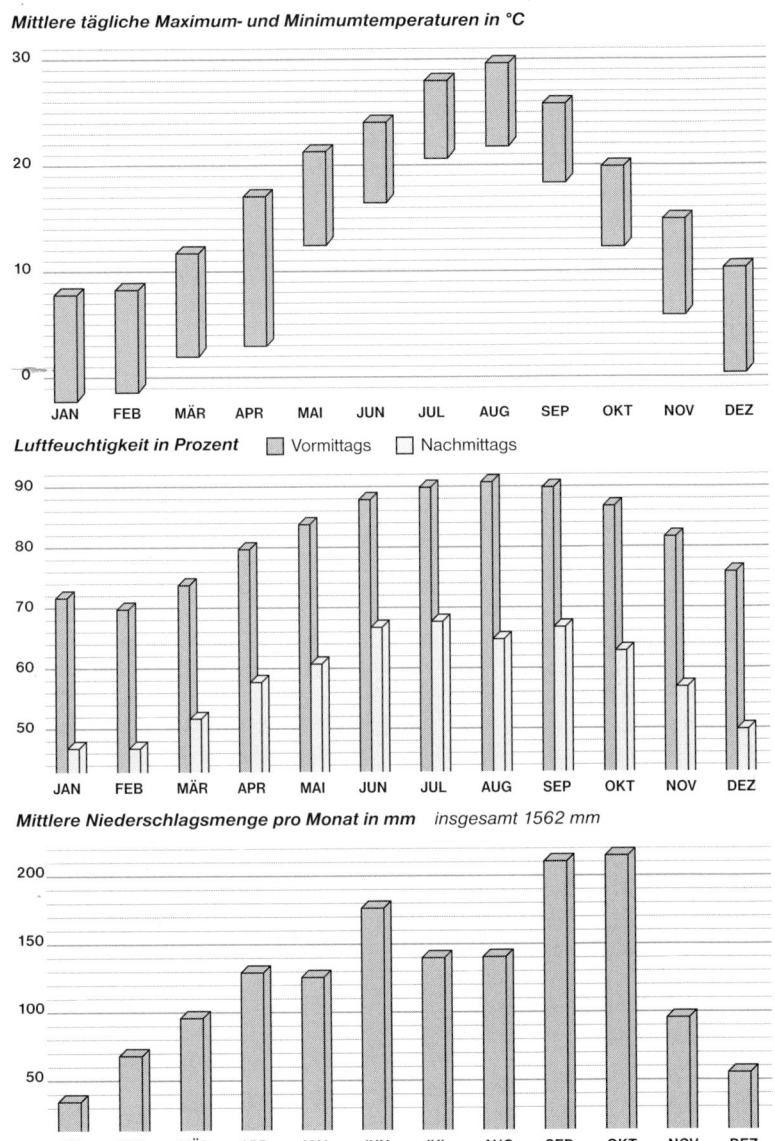

*Luftfeuchtigkeit in Prozent* ☐ Vormittags ☐ Nachmittags

*Mittlere Niederschlagsmenge pro Monat in mm*  *insgesamt 1562 mm*

chen schon Erdbeeren (aus dem Süden des Landes) auf.

Der nächste Abschnitt ist die rund 6wöchige *Regenzeit (tsuyu)* von Juni bis Mitte Juli, die aber nicht sehr regenreich ist: Es ist warm, etwas schwül und ein fast täglicher Schauer bringt Erfrischung. Danach, im eigentlichen *Sommer* (Mitte Juli bis Ende August), regnet es dann manchmal wochenlang nicht, und es wird anhaltend heiß mit hoher Luftfeuchtigkeit.

Die Temperaturen erreichen in diesen sechs Wochen täglich über 30 °C, und es kühlt auch nachts nicht unter 20 °C ab, da wird es dann nicht selten heißer als in den Tropen. Manches Jahr ist der August jedoch etwas verregnet und entsprechend kühler. Sehr leichte Sommerkleidung ist für die Stadt angesagt (nur auf den hohen Bergen wie dem Fuji-San wird es nachts kühl). Die Durchschnittstemperatur beträgt etwas über 25 °C.

Ab September endet offiziell die heiße Jahreszeit, aber das Wetter richtet sich nicht unbedingt danach. Allerdings muß mit *Taifunausläufern* gerechnet werden. Direkt wird Tokyo von Taifunen nur selten getroffen (Shikoku und Kyûshû müssen die Hauptlast aufnehmen), aber es kommt in dem Zusammenhang dann oft zu heftigen Regenfällen mit starken Winden.

Der *Herbst* gilt als die günstigste, aber auch *beliebteste Reisezeit* – wegen des milden klaren Wetters ähnlich unseren Spätsommern, es ist aber doch wärmer. Die Laubfärbung ist auch innerhalb Tokyos in den Parks und Tempelgärten reizvoll, am schön-sten jedoch in den nahen Bergen. Der Herbst bringt Durchschnittstemperaturen von knapp 17 °C.

Im *Winter* gibt es in Tokyo kaum Niederschläge, aber die Temperaturen liegen oft nahe Null. Ab und zu schneit es zwar, aber der Schnee bleibt nicht lange liegen – anders als im „Schneeland", den Gebirgsgegenden, die den Wintermonsun vom Japanischen Meer her voll abbekommen.

## Die beste Reisezeit

Das *Frühjahr* bis Mitte Mai ist zur Reise besonders zu empfehlen: wegen der milden Temperaturen und dem recht stabilen Wetter und natürlich wegen der *Kirschblüte* – in Tokyo Anfang April. Der Zauber dauert manchmal aber nur eine Woche. Der Frühling ist unter den Japanern als Reisezeit allerdings ebenfalls sehr beliebt. Absolut zu vermeiden ist die *Golden Week* (29.4.-5.5.) für Ausflüge ins Umland, in Tokyo selbst ist es dann jedoch vergleichsweise leer.

Wer es gern heiß mag, wird sich im *Sommer* wohlfühlen, zumal es dann gleichmäßig warm bleibt. Reisende sollten im Sommer daran denken, daß Klimaanlagen nicht selten sehr kalt gestellt werden. Ansonsten ist für Tokyo

Spaziergang zur Kirschblütenzeit

im Sommer *leichte Baumwollkleidung* angebracht.

Zu Beginn des Sommers, während der rund 6wöchigen *Regenzeit,* sind Schauer und Gewitter häufig. Aber deswegen muß man noch lange nicht wie die Londoner täglich mit dem Schirm herumlaufen. Danach wird es richtig heiß, und es regnet weit seltener.

Während der *Bon-Ferien* Mitte August ergießt sich die zweite *große Reisewelle* über das Land. Die Schulferien dauern von Ende Juni bis Ende August.

Wem es im Sommer zu heiß und schwül ist, der kann ins Gebirge oder nach Norden, Richtung Tohoku und Hokkaidô, ausweichen. Dort sind die Sommer zwar kürzer, aber die Temperaturen sehr angenehm. Ab Mitte August muß mit *Taifunausläufern* und zum Teil heftigen Niederschlägen gerechnet werden.

Offiziell endet die *Badesaison* am Meer Ende August, aber der September ist immer noch heiß für mitteleuropäische Begriffe.

Der *Herbst* ist wegen der Laubfärbung, und des *stabilen, ruhigen Wetters* ebenfalls als Reisezeit zu empfehlen; besonders schön ist es dann in den Bergen und den Tempelgärten. Das Klima ist bis Mitte November hinein angenehm. Anfang November gibt es in der *Silver Week* nochmals großes Gedränge in den Feriengebieten, in denen der Herbst besonders attraktiv ist.

Der *Winter* ist in Tokyo meist trocken; manchmal liegen bis zu 10 cm Schnee. Gegen *Ende des Jahres* und zu Beginn des neuen verreisen viele Bewohner der Stadt, in Tokyo

ist es dann leerer und ruhiger, auch ist die Luft sauberer (eine gute Chance, den Fuji-San zu sehen). Viele Geschäfte sind zu Jahresbeginn für drei Tage geschlossen.

## Hotelbuchungen

Hotelzimmer und Jugendherbergen sollten während der erwähnten Hauptreisezeiten lange im voraus gebucht werden. Da die Japaner nur wenige Tage Urlaub haben, wird viel an den durch Feiertage verlängerten Wochenenden verreist (Feiertage, die auf einen Sonntag fallen, werden am Montag nachgeholt).

Außerhalb der Saison gibt es genug Angebote an Quartieren. Im Februar, während der Zeit der Eintrittsexamen zu den Universitäten, von denen sich die meisten in Tokyo befinden, sind die Hotels der Stadt fast völlig ausgebucht.

# Ausrüstung und Reisegepäck

## Stadtplan

Einen brauchbaren Stadtplan gibt es kostenlos in der Touristeninformation:

● *Tourist Information Center (TIC)*
Tokyo International Forum,
B1, 3-5-1 Marunochi,
Tel. 3201-3331, geöffnet Mo-Fr 9-17 Uhr,
Sa bis 12 Uhr, So u. F geschlossen

Für gesteigerte Ansprüche empfehlenswert ist der fast jährlich neu aufgelegte Städtealtas „Tokyo – A Bilingual Atlas" (Kodansha), für 2000 ¥.

### Hygieneartikel

Alles ist in Japan erhältlich, aber es empfiehlt sich, gewohnte Kosmetika mitzubringen, da in Japan andere Marken populär sind.

### Medikamente

Neben einem Desinfektionsmittel zur **Wundbehandlung** sollten Mittel mitgenommen werden gegen:

- **Verdauungsstörungen** (bei leichten Durchfällen genügen Rehydrationsgetränke)
- **Sodbrennen**
- **(Kopf-)Schmerzen/Fieber**
- **Insektenstiche, Allergien**
- **Reisekrankheit**
- **Sonnenbrand** (hohe Lichtschutzfaktoren)

### Praktische Kleinigkeiten

Taschenlampen, Batterien und ähnliches sind preiswert erhältlich. Die Spannung beträgt in Japan 110 Volt, Adapter kosten je nach Wattzahl 3500 bis 30.000 ¥.

### Kleidung

Bedingt durch das etwas mildere Klima kann die Kleidung **etwas leichter** sein als zur selben Jahreszeit bei uns. Japaner kleiden sich gern **korrekt,** insbesondere in der Stadt. In der Freizeit, z.B. am Meer, tragen sie u.a. auch Shorts, aber „Gammellook" ist nirgendwo *in.*

Für **Tempel und Schreine** gelten keine besonderen Kleidervorschriften. Im Sommer tragen auch Geschäftsleute draußen kurzärmelige Hemden, in den klimatisierten Büros leichte Sommerjacketts. Es empfehlen sich **Schuhe** ohne Schnürsenkel, falls häufig Privatwohnungen, Tempel, Lokale mit Tatamimatten und andere Gebäude, in denen man die Schuhe auszieht, betreten werden.

Alles ist in Japan erhältlich, nur mit den Größen kann es Probleme geben: bei Schuhen (Damen ab Größe 39, Herren ab 44) und Kleidung (Damen ab Größe 38, Herren ab 5) ist die Auswahl eingeschränkter und die Waren sind teurer.

# Praktische
# Reisetips
# A–Z

# Adressenangaben

Die **Straßen** in Tokyo haben grundsätzlich **keine Namen.** Es gibt zwar die traditionellen Ausfallstraßen mit ihren alten geographischen Bezeichnungen, wie Tôkaidô oder Nakasendô. Und seit den Olympischen Spielen 1964 hat man großen Verbindungsstraßen Namen gegeben. Aber selbst dort gibt es **keine Hausnummern** nach unserem Muster.

Da das japanische Adressensystem wirklich kompliziert ist, rufen die meisten, auch Japaner, vor einer Verabredung an und erkundigen sich nach **charakteristischen Details.** Mit welcher Linie kommt man in die Nähe, an welchem Bahnhof steigt man bei welchem Ausgang aus, an welchen Geschäften und anderen markanten Gebäuden geht man vorbei? Eine Wegbeschreibung geht dann etwa so: „Du gehst beim Südausgang heraus, dann nach links bis zum Gemüsehändler, dort biegst Du rechts ab, gehst bis zum Buchladen, dort wieder nach links zum Getränkeautomaten ...".

**Visitenkarten** haben auf der Rückseite manchmal eine **Lageskizze.** Die hilft dann – unter Mitwirkung von Ortskundigen – mit Sicherheit beim Auffinden. Wenn es kompliziert erscheint, verabredet man sich beim ersten Mal oft direkt am Bahnhof (aber vorher ausmachen, an welchem Ausgang!).

**Japanische Adressen** geben erst das Große, dann das Kleine an: Präfektur (*-ken*), Bezirk (*-gun*), Stadt (*-shi*) bzw. Gemeinde (*-mura*), Viertel (*-chô*). In Tokyo ist die Reihenfolge: Stadtbezirk (*-ku*), Stadtviertel (*-chô* bzw. *-machi*), hierauf folgt der Block (*-chôme*), die Hausnummer (*-ban*), ggf. das Gebäude (*-biru*) und schließlich der Name. Die westliche Schreibweise, auch die in diesem Buch, ist aber genau **umgekehrt.** Ein Beispiel:

● 402, Hamano-Fudôsan-Building, 6-4-3 Minami-Oi, Shinagawa-ku, Tokyo 140.

Um diese Adresse zu finden, geht man folgendermaßen vor: Man nimmt einen Stadtplan zu Hilfe und sieht, daß Minami-Oi im Süden des **Bezirks** (*-ku*, engl.: *ward*) Shinagawa liegt. Der nächstgelegene **Bahnhof der S-Bahn** ist Omori, das bereits zum Bezirk Ôtaku gehört. Im Bahnhof gibt es einen Umgebungsplan, dort sucht man sich den Bereich 6 (*-chôme*) heraus und darin den Block 4 (*-banchi*). Das **Haus** Nummer 3 (*-go*) ist das gesuchte Gebäude, die Nr. 402 die Nummer des **Appartments** im 4. **Stock.** (Der 1. Stock beginnt in Japan im Erdgeschoß, bei Adressen mit Stockwerksangaben steht B für Tiefgeschoß, F1 für Erdgeschoß, F2 für den 1. Stock usw.)

Bei den Adressenangaben in diesem Buch steht oft hinter dem Namen des nächstgelegenen Bahnhofs eine **Zeitangabe** (z.B. „10 Min."): Damit ist die ungefähre Dauer des Fußweges vom Bahnhof bis zum Ziel gemeint.

Ein anderes Beispiel: Die Deutsche Botschaft befindet sich in 4-5-10, Minami-Azabu, Minato-ku, also im Bezirk Minato in Süd-(Minami-)Azabu. Der U-Bahnhof Hiroo der Hibiya-Linie liegt diesem Viertel am nächsten. Auf der Umgebungskarte sucht man den Bereich 4-chôme und dort den Block 5. Haus Nummer 10 ist die Botschaft.

Die **Anordnung der Viertel und Blocks** folgt gelegentlich eigenwilligen Mustern. Bei den **Hausnummern** entscheidet grundsätzlich das Baujahr, nicht die Lage. Sicherer Tip: Die Polizisten in ihrer Police-Box *(kôban)*, Briefträger, Reis- oder Sakehändler fragen oder nochmals anrufen. Wozu gibt es schließlich an jeder Ecke die öffentlichen Telefone? Nicht zuletzt genau aus diesem Grund.

# Ankunft am Flughafen

Bereits im Flugzeug wird die *Embarcation Card* ausgeteilt. Nach der Ankunft kommen dann noch die *customs declaration* (Zollerklärung) und ein gelber Fragebogen zum Gesundheitszustand hinzu (die Japaner haben Angst vor eingeschleppten Krankheiten – Inselbewohner sind in dieser Hinsicht empfindlicher).

## Erste Orientierung

Die Orientierung auf dem Gelände des **internationalen Flughafens Narita** ist problemlos, alle Hinweise sind auch in Englisch angegeben. Bei der Paßkontrolle reihen sich ausländische Touristen bei *Aliens* ein, bei der Gepäckkontrolle bei *Non Residents*. Danach steht man in der *Airport Arrival Lobby*.

Es empfiehlt sich, einige Dinge **vor dem Verlassen der Lobby** zu erledigen: z.B. Geldwechseln bzw. Geld abheben, ggf. Telefonieren, Hotel reservieren, Gepäck aufgeben, Informationsmaterial einholen, den *Japan Rail Pass* beim JR-Schalter gegen Abgabe des im Ausland erworbenen *Exchange Voucher* im Tiefgeschoß abholen (geöffnet täglich 7-23 Uhr).

Wer am **Flughafen Haneda** ankommt, der hauptsächlich für Inlandsflüge, aber auch für solche von und nach Taiwan und anderen asiatischen Ländern zuständig ist, kann mit der **Monorail-Bahn** in die Stadt hinein zum JR-Bahnhof Hamamatsucho fahren.

## Fahrt in die Stadt

### Busse

Narita ist etwa 60 km von der Innenstadt Tokyos entfernt. Wer nicht abgeholt wird und aus Kostengründen auf die Taxifahrt verzichten muß, kann für etwa 2500 bis 3500 ¥ bequem eine Reihe von Hotels in den angegebenen Stadtteilen per Bus erreichen. Falls sich die Zieladresse, etwa ein preiswerteres kleines Hotel, in der Nähe eines der angesteuerten großen Hotels befindet und das Gepäck nicht zu schwer ist, ist einer der *Airport-Limousine*-Busse (Tel. 3370-1156) bzw. *Airport-Shuttle*-Busse durchaus zu empfehlen. Vorher klären, welcher Bus das gewünschte Hotel ansteuert. Wenn das Gepäck zu unhandlich ist, läßt es sich in der Ankunftshalle aufgeben.

### Züge

Ab der **JR Narita Airport Station** gibt es den *Narita Express* (N'EX) nach Tokyo (2890 ¥, 53 Min. Fahrtzeit),

Shinjuku/Ikebukuro (3050 ¥, 76 Min.), Yokohama (4100 ¥, 90 Min.).

Wer eine *exchange order* für den *Japan Rail Pass* hat, kann ihn sofort ausnutzen und ab der JR Narita Airport Station z.B. zu den Bahnhöfen Ueno, Tokyo und Yokohama fahren. Der Schalter ist von 7-23 Uhr geöffnet.

Der *Airport Narita Rapid Train (Sobu-Yokosuka Line)* braucht 83 Min. zum Bahnhof Tokyo und kostet 1260 ¥. Info: Tel. 3423-0111.

Wer ins **Tokyo Disneyland** oder zu nahebei gelegenen Hotels will, kann direkt dorthin fahren: täglich fünf Abfahrtszeiten zwischen 8.35 und 18.35 Uhr, Rückfahrt zwischen 8 und 18.15 Uhr, 2000 ¥.

Mit den Zügen der Keisei-Linie kann man von der **Keisei Narita Airport Station** mit dem *Keisei Limited Express* (940 ¥, 71 Min. Fahrtzeit) oder dem *Skyliner* (1740 ¥, 61 Min.) zur Keisei Ueno Station neben dem großen Ueno-Bahnhof fahren. Informationen: Tel. 3831-0131.

### Taxi

Die Fahrt mit dem Taxi in die Innenstadt von Tokyo kostet rund 20.000 ¥.

### Hubschrauber-Service

Wer schnell **zum Haneda Airport** muß, kann sich mit dem Hubschrauber der *City Airlink Co.* in 30 Min. für 18.000 ¥ hinüberfliegen lassen.

### Gepäckservice

Gepäck kann man von verschiedenen **Firmen in den Ankunftshallen** aufgeben und an die Zieladresse in Tokyo schicken lassen. Die Lieferung er-

folgt am Tag nach der Ankunft. Pro Stück kostet der Service 1500 ¥ (bis 30 kg), für ein weiteres Gepäckstück 1000 ¥, falls beide nicht mehr als 30 kg zusamen wiegen, ansonsten je 10 kg 1000 ¥.

●*Airport Baggage Service (ABC),* Tel. 3545-1131

## Hotels nahe dem Flughafen

●**ANA Hotel Narita:** Reasort-Hotel, ab 15.000 ¥ (New Tokyo International Airport, NTIA, Airport Terminal 2) 68 Horinouchi, Tel. 33-1311, -3993.
●**Narita Winds:** ab 13.000 ¥, große Zimmer, 5 Min. zum Flughafen per kostenlosem Pendelbus vom Hotel, Tel. 33-1111, Fax -1108.
●**Rihga Royal Hotel Narita:** ab 24.000 ¥ (10 Min. ab Flughafen mit Bus), 456 Kosuge, Tel. 33-1121, Fax -0700.
●**Kirinoya Ryokan**: preisgünstig, 15 Min. vom Bhf., 58 Tamachi, Tel. 22-0724.

# Autofahren

### Verkehrssituation

Der Verkehr verläuft in Tokyo in geordneten Bahnen, und im Allgemeinen fahren die Japaner recht diszipliniert. Dennoch ist es für Fremde kein Vergnügen, Auto zu fahren. Auf den Stadtautobahnen herrscht dichter Verkehr, und Staus sind häufig. Anstatt einen Mietwagen selbst zu fahren, sollten Geschäftsleute am besten einen solchen mit Chauffeur nehmen oder mit dem Taxis fahren. Touristen sind mit den öffentlichen Verkehrsmitteln bestens bedient. Aber wer beabsichtigt, länger in der Stadt zu leben, wird sich vielleicht einen Pkw zulegen wollen.

## Führerschein

Wer länger als drei Monate in Japan lebt und dort Autofahren muß/möchte, braucht einen **japanischen Führerschein** *(unten menkyo)* und kann sich den eigenen umschreiben lassen. Wer erst in Japan den Führerschein macht, kann die Prüfung auch auf Englisch ablegen. Den Führerschein gibt es u.a. bei folgenden Stellen in Tokyo bzw. Yokohama:

- **Samezu Unten Menkyo Shiken-jô,** 1-12-5 Higashi-Oi, Shinagawa-ku, Tel. 3474-1374, Keihin Kyûko Line, Bhf. Samezu.
- **Yokohama Shiken-jô/Kanagawa-ken Drivers Licence Office,** Nakao-chô 55, Asahi-ku, Yokohama, Tel. 045-365-3111.

## Mietfahrzeuge

**Buchung ab Deutschland:**
- **Avis**: 2-3-2 Akasaka, Tel. 3583-0911
- **Hertz**: Tel. 0120-489-882 (gebührenfrei)

**Japanische Firmen:**
- **Nippon Rent-A-Car Service Center Tokyo:** 55 Kamiya-chô, Nippon-Rent-A-Car Bldg., Tel. 3485-7196, in **Yokohama**: 2-11-5 Tsuraya-chô, Tel. 045-311-0921
- **Nissan Yoyaku Center Tokyo**: 1-5-7 Azabu-dai, Tel. 3587-4123
- **Toyota Rent-A-Lease**: 2-3-18 Kudan-Minami, Tel.3263-6321

**Motorräder:**
- **GoGo Miles, Daita:** 3-27-22, Setagaya-ku, Tel. 3487-9655
- **S.C.S.:** 2-36-10 Mukôgaoka, Bunkyô-ku, Tel. 3827-5432

## Verkehrsregeln

Außer, daß in Japan **Linksverkehr** herrscht, gelten fast dieselben Verkehrsregeln und -schilder wie bei uns. Wer sicher gehen will, besorgt sich das Büchlein: „Rules of the Road" der *Japan Auto Federation (JAF)*, die dem *ADAC* und anderen Automobilclubs entspricht. Gegen eine Gebühr schicken sie die Schrift zu (2070 ¥ incl. Porto, Adresse siehe unten). Die **Beschilderung** ist in Tokyo auf den Stadtautobahnen und den großen Straßen **zweisprachig** japanisch/englisch, ansonsten jedoch nur japanisch.

Abweichend zu uns gilt die **Null-Promille-Regel**. Wer mit Alkohol im Blut erwischt wird, verliert den Führerschein, ebenso, wer **Geschwindigkeitsbeschränkungen** um mehr als 30 km/h überschreitet.

**Randsteinparken** gibt es in Tokyo nicht. Falsch geparkte Autos werden schnell abgeschleppt. Das kostet ca. 20.000 ¥. In Kaufhäusern u.ä. kann man kostenlos parken, wenn man für eine Mindestsumme einkauft.

## Polizei

Die Polizei *(keisatsu)* in Japan gilt als korrekt, freundlich, hilfsbereit und unbestechlich; bei Verständigungsschwierigkeiten wird ein Kollege angefordert, der Englisch kann.

## Kraftstoff

Diesel *(dîzeru)* kostet 75 ¥/l, Bleifrei Normal *(gasorin)* 100 ¥ und Super *(sûpâ)* 125 ¥.

## Verkehrsunfälle und Pannen

Bei Unfällen einigt man sich meist im Beisein der Polizei auf die Schuld, tauscht Versicherungsnummern und Adressen bzw. Telefonnummern aus. Japaner vermeiden gerichtliche Verfahren ganz allgemein. Unfälle mit **Ver-**

Reisetips A-Z

*letzten* müssen gemeldet werden, auch im Falle leichterer Verletzungen, ansonsten besteht Verdacht auf Fahrerflucht.

### Automobilclubs

●*JAF,* 3-5-8 Shiba-Kôen, Minato-ku, Tel. 3436-2811; bei Pannen: Tel. 3463-0111
●*JAF Yokohama,* Kônan Chuo-dôri 14-13, Kônan-ku, Tel. 045- 843-7110.

# Einkaufen

Tokyo ist mit seinen rund 200 Kaufhäusern und fast 200.000 Läden ein Schlaraffenland für Konsumfreaks, ein *unerschöpfliches Einkaufsparadies* in einem Land, in dem Konsumieren heute fast die erste Bürgerpflicht ist. Für jeden Geschmack und Geldbeutel hat es jede Menge zu bieten. Das mit dem Geldbeutel gilt allerdings nur mit Einschränkung.

Wer nach Japan fliegt, denkt an die vielen Produkte *made in Japan,* die unsere Märkte zu überschwemmen drohen. Im Herkunftsland sind sie jedoch nur selten billiger: Das Inselreich ist isoliert, internationale Konkurrenz hat es immer noch schwer. Die meisten Einheimischen kennen trotz anhaltender Reiselust und unzähliger im Ausland für japanische Firmen tätiger Angestellter die international üblichen Preise nicht, außerdem werden die eigenen Produkte im Ausland häufig billiger angeboten als daheim, geht es dort doch um Schaffung und Sicherung von Marktanteilen. Das heimische Vertriebssystem mit teilweise vielen Zwischenhändlern, denen feste Preise garantiert werden, sorgt für ein einheitlich *hohes Niveau der Endverbraucherpreise.* Hinzu kommt der seit Jahren hochgetriebene Yen *(en-daka),* der gegenüber der starken DM zeitweise um 50 % zugelegt hat.

Andererseits ist den Japanern im Grunde alles lieb, was teuer ist – solange die Qualität mithält. Sich teure Markenware leisten zu können, hebt das eigene *Prestige,* auch wenn alle anderen dieselben Vorlieben für bestimmte Produkte haben: Mehr als dreiviertel der Bevölkerung rechnen sich zum Mittelstand.

Mithalten wollen und können fordert hohe Ausgaben. Angesichts der anhaltenden Rezession, die sich in Japan jedoch nicht so stark auswirkt wie in Deutschland, haben inzwischen auch in Japan die *Discountläden,* die gute Ware, z.T. No-Name, aber auch Markenprodukte, anbieten, wachsenden Zulauf. Vieles ist dadurch – selbst angesichts des immer noch ungünstigen Wechselkurses – inzwischen ausgesprochen preiswert geworden.

## Einkaufstips

### Handeln

In Japan gelten Fixpreise, Handeln ist nicht üblich. Ansatzweise gelingt dies allenfalls in Akihabara (Elektronik)

Reisetips A-Z

oder entlang der Bahngleise zwischen Ueno und Okachimachi in der *Einkaufsstraße Ameya Yokochô* (Ameyoko), besonders im Handel mit Koreanern (von denen es mehr als eine halbe Million in Japan gibt). Auf manchen *Märkten,* z.B. anläßlich von Tempelfesten und überall da, wo es bunt und laut zugeht, auf *Flohmärkten,* selten genug auch beim Kauf von Antiquitäten, ist die Frage nach einem Discount durchaus statthaft. Erwartungsgemäß chancenlos ist Handeln in Kaufhäusern *(depâto)* und normalen Läden.

### Steuerfrei

Einige Luxusprodukte wie Perlen, Kameras, Elektronik gibt es *tax-free/duty-free.* In den Läden, die von Touristen häufig besucht werden, weisen entsprechende Schilder darauf hin, allerdings sind diese Geschäfte häufig überteuert.

### Bargeldlos zahlen

*Electronic-Cash-Karten* der Sorte „zahle jetzt, kaufe später" *(puripeido kâdo – prepaid cards)* sind in Japan weit beliebter als *Kreditkarten.* So gibt es Magnetkarten für Telefon, Bahnfahrten, Taxis, Videotheken, Tanken, Fast-Food, Skilifte, Pachinko-Hallen, Discos usw. Geplant sind auch Mehrzweckkarten. In der Regel gibt es solche Karten in den Werten 500 ¥ bis 10.000 ¥, in einzelnen Fällen bis 100.000 ¥.

Souvenirladen

## Geschäfte suchen

**Adressen** zu finden ist in Tokyo durchaus schwierig. Im Kapitel „Adressenangaben" wird beschrieben, wie es funktioniert. Auch wenn die Suche manchmal vergebens ist – angesichts der Vielzahl der Läden kann man andere, unerwartete Geschäfte oder Lokale entdecken.

## Kaufhäuser

Ein Besuch in einem Kaufhaus *(department store / depâto)* gehört ebenso zum Japanerlebnis wie der Besuch von Tempeln und Gärten, wie Fernsehen oder die Fahrt mit der U-Bahn. Wer in Tokyo etwas zu kaufen beabsichtigt, findet in den großen Kaufhäusern **nahezu alles** Gesuchte unter einem Dach. Kaufhäuser versuchen in Japan noch vollständiger in ihrem Angebot zu sein als bei uns. Sie sind auch größer. Jemand sagte einmal, Archäologen der Zukunft bräuchten eigentlich nur ein japanisches Kaufhaus auszugraben und hätten ein annähernd genaues Bild unserer Zivilisation.

Da gibt es für jeden Bereich die traditionell japanischen und die modernen westlichen Varianten, ganz gleich, ob es sich um Nahrungsmittel, alkoholische Getränke, Bekleidung und Accessoires, Küchengeräte und Geschirr, Möbel, Spielzeug oder Kunsthandwerk handelt. In den Kaufhäusern kann man Reisen buchen oder Häuser kaufen, man findet Restaurants, vielfach gibt es Museen, Kunstgalerien und in manchen sogar Theater, dazu noch einen Spielplatz für Kinder.

Im Tiefgeschoß der Kaufhäuser gibt es Abteilungen mit **Lebensmitteln,** Fertiggerichten und häufig auch kleinen Lokalen zum Imbiß. Viele Lebensmittelstände bieten **Kostproben** an, die Leute mit kleinen Mägen schon satt machen können. So oder so ist es jedenfalls lohnend, etwas Appetit und Zeit zum Ausprobieren mitzubringen, weil man auf diese Weise viele japanische Eßgewohnheiten im Vorübergehen kennenlernen kann. Als Ausländer sollte man aber nicht allzu hemmungslos kosten, sondern auch ab und zu etwas kaufen. Am preiswertesten sind verderbliche Lebensmittel übrigens in der letzten Stunde vor Ladenschluß um 20 Uhr und insbesondere vor dem wöchentlichen Ruhetag!

Die einzelnen Etagen bieten die Waren in ähnlicher Anordnung wie bei uns – nur mit dem Unterschied, daß es immer ein **getrenntes Angebot für traditionell japanische und westliche Produkte** gibt. Ganze Abteilungen bieten nur Sonderangebote, und ganz oben haben die meisten Kaufhäuser ihre Galerien, Museen oder Theater und die **Restaurant-Etagen** mit Dachterrasse, auf der es neben dem Kinderspielplatz im Sommer auch häufig einen Biergarten gibt. Unten nahe dem Eingang gibt es einen **Informationsstand,** an dem man (bei den großen Kaufhäusern) einen Stockwerkeplan auf Englisch vorfindet bzw. mitnehmen kann.

· Alle Kaufhäuser haben einen **Ruhetag,** der jedoch nie auf das Wochenende fällt, denn dann ist am meisten los. Ein besonderes Erlebnis ist es, sich

## Die Stadtteile und ihre Kaufhäuser

●**Nihombashi:** hier stehen die beiden ältesten Kaufhäuser *Mitsukoshi* und *Takashimaya*, dazwischen *Tôkyû*.

●**Yûrakuchô:** *Seibu* und *Hankyû* (Do geschl., 2-5-1 Yûrakuchô, Tel. 3575-2233) teilen sich das *Mullion* (gesprochen *Marion*), daneben gibt es noch das kleinere *Sôgô*.

●**Ginza:** *Matsuya* und *Matsuzakaya* wetteifern mit *Mitsukoshi* im Zentrum um die Gunst der Kunden. Am elegantesten ist jedoch *Wakô* an der Ginza-Hauptkreuzung (10-17.30 Uhr, So u. F geschl., Tel. 3562-2111).

●**Shibuya:** *Seibu* und *Tôkyû* sind die Hauptkonkurrenten mit *Marui* als drittem im Bunde.

●**Shinjuku:** Auf der Westseite konkurrieren *Keiô* und *Odakyû* miteinander, auf der Ostseite *Isetan* und *Mitsukoshi* mit *Marui*.

●**Ikebukuro:** *Seibu* und *Tôbu* kontrollieren Ost- bzw. Westseite und stehen im ständigen Wettstreit, wer das größte Haus im Land hat; lange war es *Seibu*, dann war *Tôbu* eine Zeitlang vorn. Das große Einkaufszentrum *Sunshine City* befindet sich auch hier.

●**Ueno:** *Matsuzakaya* steht fast allein da, doch *Marui* bedeutet Konkurrenz, zumal es näher am Bahnhof liegt.

●**Asakusa:** Hier steht *Matsuya* noch allein.

### In Yokohama

●*Sôgô*

●*Takashima* (Mi geschl., 1-5-1 Minami-Saiwai, Nishi-ku, Tel. 045-319-2438)

●*Mitsukoshi* (Mo geschl., 2-7 Kita-Saiwai, Tel. 312-1111)

kurz vor der Öffnung um 10 Uhr am Eingang einzufinden und das **Begrüßungsritual** für die ersten Kunden des Tages zu genießen.

Es gibt zwei **Kategorien** von Kaufhäusern: die großen namhaften Ketten mit ihren riesigen Häusern und die kleineren, weniger renommierten, aber dafür preisgünstigeren Kaufhäuser, die insbesondere in der Nähe der Bahnhöfe zu finden sind.

### Mitsukoshi

Das zweitälteste Kaufhaus der Welt steht seit 1673 in Nihombashi, schon deshalb ist es einen Besuch wert. Es begann einst als Kimono-Geschäft, und die Kimono-Abteilung im Mutterhaus ist immer noch beeindruckend, ebenso die für Kunsthandwerk.

●U: Mitsukoshi-mae, 10-20 Uhr, Mo geschl., 1-4-1 Nihombashi-Muromachi, Tel. 3241-3111. Filialen in: Ginza (U: Ginza), Shinjuku (JR: Shinjuku Ostseite), Ikebukuro (JR: Ikebukuro Ostseite).

### Takashimaya

Älter als *Mitsukoshi*, steht *Takashimaya* dennoch meist in dessen Schatten, auch wenn es Hoflieferant des Kaiserpalastes ist. Als erstes Kaufhaus stellte es Verkäuferinnen ein, früher bedienten nur Männer. *Takashimaya* gilt als etwas vornehmer und noch konservativer als der Hauptkonkurrent; einen entsprechend guten Ruf hat seine Antiquitätenabteilung im Tiefgeschoß.

●U: Nihombashi, 10-20 Uhr, Mi geschl., 2-4-1 Nihombashi, Tel. 3211-4111.

### Seibu

Das Hauptgeschäft in Ikebukuro war lange das größte Kaufhaus Japans und der Welt. Eines der besten ist es immer noch. Es hat ausgezeichnete Lebensmittelabteilungen und Designer-Boutiquen; berühmt ist das *Sportskan* in Ikebukuro und die Modehäuser *A-kan*, *B-kan* und *Seed* in Shibuya, *Wave* in Roppongi und die angeschlossenen *Parco Ikebukuro* und *Shibuya*. In Ikebukuro gibt es das *Studio 200* für Performances, eine Kunstgalerie und das Seibu-Museum. Außerdem besitzt *Seibu* auch eine der besten Baseball-

mannschaften, die *Seibu-Lions*. Die Filialen in Shibuya (JR: Shibuya) und Yurakuchô *(Mullion,* JR: Yûrakuchô) haben wie das Haupthaus ein *Foreign Customers Liaison Office* mit kostenlosem Service für ausländische Kunden (Seibu Shibuya, Tel. 3462-3848, Yûrakuchô, Tel. 3286-5482/3).
● JR/U: Ikebukuro, 10-20 Uhr, Do geschl., 1-28-1 Minami-Ikebukuro, Tel. 3981-0111.

## Tôkyû

Ein gutes Kaufhaus mit vernünftigem Angebot und vernünftigen Preisen, sehenswert ist das „Kulturdorf" *Tôkyû Bunka-mura* in Shibuya. Eine Filiale gibt es in Nihombashi.
● JR: Shibuya: 10-20 Uhr, Do geschl., 2-23/24-1 Dogenzaka, Tel. 3477-3111.

## Tôbu

*Tôbu* galt zeitweilig als das größte Kaufhaus Japans und damit wohl der Welt; nun gebührt *Sôgô* in Chiba der Spitzenplatz.
● JR/U: Ikebukuro, 10-20 Uhr, Mi geschl., Tel. 3981-2211.

## Sôgô

Das größte Kaufhaus in **Yokohama** befindet sich am Bahnhof Yokohama, größtes Kaufhaus in Japan (und damit wohl weltweit) ist nunmehr die Filiale in Chiba.
● JR: Yokohama, Di geschl., 2-18-1 Takashima, Tel. 045-456-2111.

# Bücher (hon)

Es gibt mehrere Läden, die sich auf **fremdsprachige Literatur** spezialisieren, auch deutsche Bücher gibt es dort, z.B. bei *Jena* in der Ginza, *Maruzen* in Nihombashi oder *Kinokuniya* in Shinjuku. Lohnend ist ein Blick auf – zumeist englischsprachige – **Literatur über Japan.** Es gibt viele Romane (meist beim Verlag *Tuttles*) und Literatur zu fast jedem Aspekt der Kultur und Lebensweise, zu Kunst, Gärten, Wirtschaft und Sprache.

Das „literarische Zentrum" Tokyos befindet sich in der „Bücherstadt" von Kanda, genaugenommen nahe der U-Bahnstation Jimbôchô.

## Buchläden mit fremdsprachiger Literatur

● *Enderle Book Co. Ltd.,* Akasaka
● *Foreign Bookstore Biblos,* Ikebukuro
● *Jena,* Ginza
● *Kinokuniya,* Shinjuku
● *Kitazawa Shoten,* Kanda
● *Maruzen,* Nihombashi
● *Sanseidô Bookshop,* Kanda
● *Tokodô Shôten,* Nihombashi
● *Tuttle Kanda Store,* Kanda
● *Wonderland,* Kanda

## Lehr- und Lernmaterial für Japanisch

● *Bonjinsha,* Akasaka

## Antiquarische Bücher

Für Sammler interessant sind Bücher der **Edo-Periode** (1600-1867), die noch im **Holzschnittverfahren** gedruckt wurden und heute entsprechend wertvoll sind. In Kanda, bei *Ohya Shobo,* wo es auch jede Menge sonstiger Holzschnitte gibt, kann man mit viel Glück für gerade 1000 ¥ solche alten, allerdings leicht beschädigten Exemplare erstehen.
● *(E-zôshi) Hara Shobô,* Kanda
● *O (h)ya Shobô,* Kanda

# Kameras (kamera)

Wäre der Yen billiger, gäbe es in den **Foto-Discountläden** von *Bic Camera, Doi Camera, Sakura-ya, Yodobashi Camera* vor allem in Shinjuku und Ikebukuro manch gutes Angebot. Die Auswahl ist riesig, aber die Preise zuhause

## Unterhaltungselektronik

Das Stadtviertel, das als Paradies für Elektronikfans gilt, ist **Kanda** bzw. Akihabara. Wenn auch die Preise nicht oder nur wenig günstiger sind als bei uns, lohnt sich für Interessierte der Besuch angesichts der Riesenauswahl, von der es bei uns nur einen Bruchteil zu sehen und zu kaufen gibt, dennoch. Zu beachten ist bei eventuellem Kauf, daß die Geräte auf **110 Volt** eingerichtet sind, also in Europa nur mit (je nach Wattzahl u.U. teurem und schwerem) Umwandler funktionieren. Video- und Fernsehgeräte haben die NTSC-Norm (wie USA und Philippinen). Exportgeräte sind recht teuer.

## Spielzeug

●**Sanrio Gallery:** Iwasaki Bldg., sehr beliebt bei Kleinkindern; 2-7-17 Ginza, 11-20 Uhr, Di geschl. (außer 4. Di im Monat), Tel. 3563-2731; U: Ginza.
●**Hakuhinkan Toy Park:** das größte Spielzeuggeschäft der Stadt, berühmte Puppenabteilung, Stofftierverkaufsautomaten; 11-20 Uhr, 8-8-11 Ginza, Tel. 3571-8008; U: Shimbashi.
●**Itôya Ginza:** Modellschiffe und -flugzeuge, F8; Tel. 3561-8311; U: Ginza-itchôme.
●**Disney Store:** Shibuya Humax Pavillion, nahe SEED Bldg.; Tel. 3461-3932.
●**Kiddy Land:** sieben Stockwerke voller Spielzeug für alle Altersgruppen, Dauerbrenner unter den Spielzeugparadiesen; 6-1-9 Jingumae, Harajuku; 10-20 Uhr, 3. Di geschl., Tel. 3409-3431; U: Meiji Jingû-mae, Chiyoda Line.
●**Fujita Venté:** Computer und Computer-Spielzeug für Kinder, Fujita Bldg. F1u. 2, Yoyogi, Tel. 3796-7781.
●**Froebel-kan:** Holzspielzeug, Ochanomizu, Tel. 3292-7781.
●**Disney Store:** Asty-kan, MYCAL Honmoku, Negishi, Yokohama, Tel. 045-625-3932.

oder die von Einkaufsparadiesen wie z.B. Hongkong sollte man im Hinterkopf haben.

Die Discountläden konzentrieren sich in Nishi (West)-Shinjuku. Dank ihres Erfolges gibt es Filialen auch in Shibuya, Ikebukuro und Akihabara.

●**Bic Camera,** Ikebukuro
●**Camera-no-Alps-Dô,** Shinjuku
●**Camera-no-Doi,** Shinjuku
●**Camera-no-Kimura,** Ikebukuro
●**Camera-no-Sakuraya,** Shinjuku
●**Miyama Shokai,** Shinjuku
●**Yodobashi Camera,** Shinjuku
●**Shimizu Camera,** Ginza

In der Fischabteilung

Reisetips A-Z

## Kleidung

Tokyo ist heute eines der Modezentren der Welt, gleichrangig mit Paris, Mailand, London oder New York. Hier werden neue Trends geboren. Wer sich für Mode interessiert, findet in Tokyo wohl mehr Auswahl als sonstwo auf der Welt. Die großen internationalen Namen sind alle vertreten, jedoch sündhaft teuer, bei uns sind sie allemal preiswerter. Aber wer sich für die großen und neuen japanischen Namen interessiert, ist hier an der Quelle. Japanische Mode in Tokyo zu kaufen, ist mit Sicherheit eine gute Idee, vorausgesetzt, die Kleidergrößen und das Design passen.

Die meisten **Boutiquen** sind im Modezentrum um Harajuku, Omotesandô, Aoyama und in den Kaufhäusern von Shibuya, Shinjuku und Ikebukuro zu finden. In den Stadtteilbeschreibungen von Aoyama, Harajuku und Shibuya stehen die Adressen von beliebten und bekannten Einkaufszentren, die für Mode-Fans besonders geeignet sind.

### Kinderkleidung

●**Ginza Familiar:** 6-10-16 Ginza, Tel. 3574-7111, 11-19 Uhr, Mi geschl.
●**Kids Farm Pao:** Kaufhaus mit Designermode für Kinder u.a. von Kenzo, Moschino, Ralph Lauren, mit Stofftier-Safaripark; Tel. 5458-0111; Shibuya.
●**Kids Park:** Kinderkleidung und Spielzeug; Meiji-dôri, Tel. 3499-7789; Shibuya.
●**Laforet Dear Kids:** Designermode für Kinder; 1-11-6 Jingu-mae, Shibuya-ku, 11-20 Uhr, Tel. 3475-0411; JR: Harajuku
●**Miki House:** Kleidung, Spielzeug, Bücher, Eis, Hauptgeschäft: *Harjuku Miki House Building*, Takeshita-dôri; 1-8-2 Jingu-mae, Shi-

buya-ku, Tel. 3475-4465; zahlreiche Filialen u.a. in Kaufhäusern; JR: Harajuku, U: Meiji Jingû-mae, Chiyoda Line.
●**Kids Crimson:** *Oshkosh*-Kleidung, Spielzeug, gegenüber *Red Cross Hospital (Nisseki Iryô Center);* Tel. 5485-1533; U: Hiroo, Hiroo 4-chôme.

### Festkleidung

Wer ausgefallene Kleidung für den Karneval oder die Gartenparty sucht, kann sich in Geschäften für **Matsuri-Kleidung** eindecken, z.B. mit *hanten*, *shirushi-banten* (kimonoartige, buntbedruckte Baumwolljacke), *shita-shatsu* (langärmeliges Unterhemd, das auch Arbeiter tragen), *momohiki* (enge Hose aus dunkelblauem Baumwollstoff), *haragake* (Schürze), *sanjaku* (Gürtel), *tabi* (Socken), *waraji* (Strohsandalen), *tenugui* (Stirn- oder Halstuch).

●**Adachiya,** Asakusa

### Schuhe

Günstig zum Schuhkauf ist **Asakusa,** das gilt vor allem für die Kategorie sehr preiswerter Schuhe. Aber vielleicht gibt es Probleme mit den **Größen** (siehe „Maße und Gewichte"). Ab Damengröße 38 und Herrengröße 43 sind Geschäfte zu empfehlen, die Übergrößen führen. Einige Geschäfte in der Ginza bzw. Shinjuku, die über genug Auswahl an Übergrößen verfügen:

●**Diana** (Damenschuhe), Ginza
●**Washington,** Ginza
●**Ten/Big Shoes Collection,** Shinjuku

### Lederwaren (kawa seihin)

Tokyo ist ein guter Ort zum Kauf von Handtaschen (mit ausgezeichneten

Lederimitaten, supermodisch und preisgünstig). In der Einkaufsstraße **Ameyoko** gibt es Waren der unteren Preisklasse, ansonsten sind **Kaufhäuser** wie *Isetan, Marui, Takano, Odakyû* in Shinjuku, *Takashimaya* in Nihombashi, *Au Printemps* und *Wakô* in der Ginza gut für modische Ware.

## Kosmetik (keshô-hin)

Die Qualität einheimischer Marken ist Spitze, doch die Preise sind in Tokyo, wenn überhaupt, nur unwesentlich niedriger als anderswo. *Shiseidô* hat in der Ginza ein attraktives Geschäft und ist ansonsten wie der Konkurrent *Kanebô* in den Kaufhäusern vertreten; *Shu Uemura* hat eigene Boutiquen, z.B. in der Ginza, in Roppongi, in der Omotesandô und in Aoyama.

### Traditionelle Kosmetik (dento no keshô-hin)

Schminke, die die Kabuki-Darsteller und Geishas verwenden, und andere traditionelle Hautpflegemittel wie die Gesichtsmaske aus Nachtigallenkot *(uguisu no fun)*, Haarschmuck und Pinsel bekommt man bei:

● *Hyakusuke,* Asakusa

## Kimonos

Eines der schönsten Kleidungsstücke, das die Menschheit hervorgebracht hat, ist sicherlich der Kimono. Die heutige Form wurde in der Tokugawa (Edo)-Zeit entwickelt. Sie schränkt allerdings die Bewegungsfreiheit der Trägerinnen stark ein, einer der Grün-

de, weshalb junge Frauen nur noch zu besonderen Anlässen Kimonos tragen, die sie sich zudem in der Regel allein nicht mehr anziehen können. Dazu gehen sie in einen Schönheitssalon, oder sie lernen es in besonderen Schulen.

Es gibt Kimonos für **unterschiedliche Anlässe.** Unverheiratete, junge Frauen tragen farbenprächtige Kimonos mit langen Ärmeln *(furi-sode)*; Kimonos verheirateter Frauen haben kürzere Ärmel *(tome-sode)*. Mit dem Alter bevorzugen Frauen schlichtere Muster und gedecktere Farben, auch die Kimonos für die Teezeremonie *(tsuke-age)* haben einheitliche, unaufdringliche Muster und Farben. Formelle Kimonos sind schwarz, die für freudige Anlässe *(hômon-gi)* haben vorn prächtige Stickereien, die in der Regel jahreszeitlichen Bezug haben; für Trauerfeiern sind sie schlicht schwarz *(mofuku)*. Formelle Kimonos zeigen immer das Familienwappen *(mon)*. Im Alltag tragen vor allem ältere Frauen auch heute noch schlichte Baumwollkimonos und zu besonderen Anlässen die formellen Kimonos.

Die **Kimonos der Männer** sind schlicht. Zu formellen Anlässen gibt es einen Überrock *(hakama)* und eine Überjacke *(mon-tsuki)*.

Kimonos sind heute **sehr teuer,** selbst die massenproduzierten kosten über 50.000 ¥ (komplett mit Obi und Zubehör 150.000 ¥), formelle sowie handgefärbte Seidenkimonos 300.000 ¥ bis über 1 Million ¥. Es ist keine Seltenheit, daß 25.000 DM für einen Kimono ausgegeben werden. Einen

Hochzeitskimono nur für den einen Tag auszuleihen, kostet auch schon 100.000 ¥.

Weit billiger zu haben sind **gebrauchte** Stücke, z.B. ausrangierte Hochzeitskimonos *(uchi-kake)*, gibt es – speziell für Ausländer – teilweise sehr günstig zu kaufen.

Die **leichten Kimonos,** die im Sommer, nach dem Bad oder in *onsen,* den Thermalbädern, getragen werden, heißen *yukata.* Für Frauen sind sie bunt, für Männer wie üblich einfarbig bedruckt. Es gibt sie ab etwa 3000 ¥. Die einfachen Yukatas zum Schlafen heißen *ne-maki.*

- **Ayahata,** Akasaka
- **Bushoan,** Shibuya, Ginza, Nihombashi
- **Hayashi Kimono,** Hibiya
- **Vintage Kimono,** Ningyôchô
- **Yuya,** Roppongi
- Im übrigen gibt es in allen **Kaufhäusern** gute Kimonoabteilungen. Im *Takashimaya* insbesondere werden einmal im Jahr gut erhaltene **gebrauchte Leihkimonos** sehr günstig verkauft; bei der Information zu erfragen, Tel. 3211-4111 (Mi geschlossen).

### Kimonozubehör

Das Zubehör ist recht umfangreich; da ist der **Obi,** der teurer sein kann als der Kimono selbst, dazu Bänder zum Binden des Obi *(obi-age, obi-jime).* Auch eine eigene Art von Unterwäsche *(naga-juban)* gibt es.

- **Dômyô,** Geschäft für *obi-jime* und andere Schmuckkordeln, Ueno

### Sandalen (geta, zôri)

Zum formellen Kimono trägt man *tabi* (Socken) und *zôri,* zum täglichen Kimono kann man auch die hölzerne *geta* tagen.

- **Hasegawa Hakimono-ten,** *geta, zôri,* auch Schirme, Ueno
- **Hasetoku,** spezialisiert auf *zôri* aus Stroh, Asakusa

## Perlen (shinju)

Die besten Perlen der Welt gibt es immer noch in Japan, aber gute Perlen haben ihren Preis. Weniger gute Qualitäten bekommt man z.B. in Hongkong weitaus preisgünstiger. Selbst bei uns gibt es mittlere Qualität zu günstigen Preisen.

Die **Qualität** von Perlen bestimmt neben der Größe der Schimmer *(luster),* die Dicke der natürlichen Perlschicht *(nacre)* und die Oberfläche (glatter ist besser). Die Farbe ist Geschmackssache.

Das **Gewicht** wird in *momme* (3,75 g) angegeben. Ketten werden je nach **Länge** unterschiedlich bezeichnet: *Choker,* 38 cm; *Princess,* 46 cm; *Ma-*

### Die gängigen Perlentypen

- **Akoya:** die typischen japanischen Perlen, 2-10 mm, meist rund, beige bis rosa, seltener blau
- **Biwa:** Süßwasserperle, klein, länglich, verschiedene Farbtönungen, stammen aus dem Biwa-See (bei Kyôto) und China
- **Mabe:** nicht ganz rund, silbrig-bläulicher Ton, manchmal mit Regenbogenschimmer, werden hauptsächlich in die USA exportiert, wo sie sehr beliebt sind
- **Kuro** (schwarz): selten und teuer, stammen aus Tahiti oder Okinawa, 8-15 mm, blau bis blau-grüner Farbton;
- **Südsee:** große silbrig oder golden schimmernde Perlen aus Australien, Burma, Indonesien, Philippinen.

*tinée,* 56 cm; *Opera,* 76 cm. Die **Größe** wird in Millimetern Durchmesser angegeben.

- **Mikimoto,** Ginza
- **Tasaki Pearl,** Akasaka
- **Yonamine Pearl Gallery,** Roppongi

## Traditionelle Kunst und Handwerk

Trotz der Glitzerwelt der modernen Riesenkaufhäuser und der manchmal futuristisch aussehenden Einkaufszentren existieren noch immer Hunderte von kleinen und kleinsten Läden, zum Teil seit der Edo-Zeit, in denen japanisches Handwerk und Kunsthandwerk mit der gleichen Perfektion hergestellt wird wie vor Jahrhunderten. Japanische Handwerker sind stolz auf ihr Können, aber sie werden normalerweise nicht reich davon. Manche machen einfach deshalb weiter, weil ihr Handwerk vielleicht mit ihnen stirbt. Manches Handwerk wird jedoch auch in der heutigen Zeit überleben, weil es einfach zu Japan gehört. Die Menschen wenden sich gerade auch heute immer wieder gern ihren Wurzeln zu, weil sie in der modernen Zivilisation das Besondere ihrer Kultur und ihrer Traditionen zu verlieren fürchten.

### Kunsthandwerk allgemein

- **Blue & White,** Roppongi
- **Japan Traditional Crafts Center,** Aoyama
- **Kyôto Center,** Kunst und Handwerk aus Kyôto, Shimbashi
- **The Prefectural Shopping Arcade,** Volkskunst aus einem Dutzend Präfekturen im Kaufhaus *Daimaru* (JR Tokyo)

### Volkskunst (mingei)

Traditionelle Gegenstände des Alltags gewinnen heute als Sammlerobjekte und Souvenirs an Beliebtheit. Den besten Überblick bietet das *Nihon Mingei-kan,* das *Japanese Folk Art Museum* (s. „Museen").

- **Bingo-ya,** Waseda/Ikebukuro
- **Ishizuka,** Nihombashi
- **Takumi,** Shimbashi
- **Tsukamoto,** Shibuya

### Abacus (soroban)

Diese praktischen **Rechengeräte,** die es in abgewandelter Form auch in Rußland und China gibt, sind in Japan am formschönsten. Die Perlen haben eine scharfe Kante, die sie griffig macht, und die Geräte selbst sind wesentlich kleiner als auf dem Festland (nichts für zu dicke Finger). Die japanische Besonderheit ist, daß sich nur eine Perlenreihe über dem Steg befindet (die 5er-Reihe). Soroban werden aus unterschiedlichen Materialien gefertigt, früher aus Elfenbein, der Rahmen aus Ebenholz, die Perlen normalerweise aus Birke. Ein Abacus gehört auch heute im Zeitalter der Taschenrechner noch in jedes Geschäft. Wer geübt ist, kann mit dem Soroban genauso schnell rechnen. Es gibt Soroban für den Normalgebrauch in jedem Kaufhaus in der **Schreibwarenabteilung** etwa ab 2000 ¥.

- **Yamamoto Soroban-ten,** Asakusa

### Antiquitäten

Viele Gegenstände der Kunst und des Handwerks gibt es natürlich, wenn sie alt sind, in Antiquitätengeschäften. In Tokyo gibt es zwei Straßen, wo sich die Geschäfte mehr oder weniger darauf spezialisiert haben: die **Kottô-dôri,** auch Minami-Aoyama Antique Street genannt (sie hat nämlich keinen offiziellen Namen), die rund 30 Antiquitätengeschäfte aufweist und südlich des U-Bahnhofs Gaienmae in südöstlicher Richtung abzweigt (vor der Aoyama-Gakuin-Universität links), sowie die Straße zwischen Ikura-Kreuzung und dem **U-Bahnhof Kamiyachô** nicht weit vom Tokyo-Tower. Weitere interessante Geschäfte für Sammler gibt es in Nihombashi. Hier eine Auswahl:

- **Art Plaza Magatani,** Shimbashi
- **Fuso,** Hiroo
- **Gallery Meguro,** Meguro
- **Harumi Antiques,** Roppongi
- **Heisandô,** Shimbashi
- **Kammon Antiques,** Shibuya
- **Kurofune,** Roppongi
- **Takashimaya Nihombashi**
- **The Gallery,** Akasaka
- **Tokyo Old Folk Craft & Antique Center,** Ochanomizu

**Antiquitätenflohmärkte:** Wie bei uns sind Trödelmärkte keine Garantie für bessere Preise als im Laden, schon gar nicht gegenüber Touristen. Für teure Dinge sind Antiquitätenläden der bessere Platz, aber preiswertere Keramik, Kitsch, gebrauchte Kimonos und ähnliches kann man auf Flohmärkten günstig erhandeln. Die besten Stücke gehen oft schon im Morgengrauen weg, wenn sie gerade ausgepackt worden sind.

- **Arai Yakushi Tempel** (Arai-Yakushi-mae, Seibu Shinjuku Line), 1. So im Monat, ganztags
- **Iidabashi Antique Market,** Iidabashi, 1. Sa im Monat von Sonnenauf- bis -untergang

- **Nogi-Schrein-Flohmarkt** (nomi-no-ichi, flea market, (Roppongi, U: Nogizaka), 2. So im Monat, ganztags
- **Roppongi Antique Fair,** rund 20 Händler (U: Roppongi)
- **Sunshine City,** (U: Higashi-Ikebukuro), 3. Sa/So, genannt: Komingu Kottô-Ichi
- **Shinjuku Hanazono-Jinja Flohmarkt** (U: Shinjuku-sanchôme)
- **Tôgô Schrein** (JR: Harajuku), 1. u. 4. So., Tel. 3403-3591

## Bambusbehälter (zaru)

Für Soba-Gerichte gibt es besondere viereckige Bambusbehälter. Solche und andere Bambusprodukte gibt es bei:

- **Kondô Shoten,** Asakusa

## Bambusjalousien (sudare)

Diese waren früher in den heißen Sommermonaten sehr beliebt, heute sind sie seltener geworden. Sie sind in Kaufhäusern erhältlich.

- **Kamiyama Sudare-ten,** Nihombashi

## Bonsai

Auch Zwergbäumchen sind Produkte japanischen Handwerkergeistes. Jedes Kaufhaus und jede Gärtnerei bietet sie zu weit günstigeren Preisen als bei uns an. In Ômiya (etwa 30 km nördlich vom Stadtzentrum) gibt es ein **Bonsai-no-mura,** ein Bonsai-Dorf. Günstige Angebote finden sich häufig in ländlichen Bezirken außerhalb der Ballungsgebiete. Als Handgepäck läßt sich ein Bonsai („Baum in der Schale") nach Hause bringen. Aber wer sich mit der Pflege dieser Bäumchen nicht auskennt, sollte sich beraten lassen.

## Drachen (tako)

Japan ist berühmt für Drachen, die es in mancherlei Formen gibt. Norma-

lerweise sind sie rechteckig und handbemalt.
- **Hashimoto,** Ueno

## Fächer (sensu)

Fächer sind eines der charakteristischen Produkte des Landes und eine
**japanische Erfindung.** Sie entwickelten sich aus den Szeptern *(shaku)* der
Kaiser über die runden Fächer *(hi-ogi,
uchiwa)*, die es als Souvenirs und
(Werbe-)Geschenke anläßlich der
heißen Jahreszeit (Juli/August) heute
noch gibt und die sich sogar als Post-
karte versenden lassen, zu den gefalte-
ten *(ôgi)*. Gute Fächer (*mai-ôgi* = Tanz-
fächer) sind handbemalt und somit
kleine Kunstwerke; sie sind entsprechend teuer (ab 5000 ¥) und in erster
Linie Dekoration (mit Ständern aus
Bambus).

Fächer dienen ursprünglich dem
Ausdruck von Gefühlen, unterstrei-
chen eine erzählte Geschichte (etwa
im *raku-go*), vervollständigen die Kleidung, gehören zu jedem Fest. Es gibt
unterschiedliche Fächer für Nô (Noh)
und Kabuki, für Teezeremonien, in Mi-
niaturform als Sammelstücke und als
Gebetsfächer (mit buddhistischen Su-
tren, die gold auf blauen Untergrund
gedruckt wurden).

- **Bunsendô,** Asakusa
- **Hosendô-Kyuami,** Asakusa
- **Kyôsendô,** Nihombashi
- **Wanya Shoten,** spezialisiert auf Noh, Kanda

## Gürtelkästen (inro)

Solche alten, früher am Gürtel *(obi)*
getragenen **Holzbehälter,** oft mit dem
Familienwappen verziert, enthielten
einst Medizin und Ähnliches und sind
Sammlerstücke, z.T. auch wegen ihrer
erotischen Darstellungen im Innern. In
Antiquitätengeschäften erhältlich.

## Holzschnitte (ukiyo-e)

Eine der bedeutendsten Kunstformen Japans sind die Holzschnitte.
Selbst große Impressionisten wie *Van
Gogh* haben sich davon beeinflussen
lassen, obwohl Holzschnitte wie viele
andere japanische Künste in erster Linie als eine Form des Kunsthandwerks,
als Gebrauchsgrafik, galten. Ursprünglich dienten sie als Buchillustrationen.

*Ukiyo-e* bedeutet eigentlich „Bilder
*(e)* aus der fließenden Welt *(ukiyo)*":
Das war die Welt von Yoshiwara, dem
Vergnügungsviertel der Edo-Zeit bei
Asakusa, mit den Kurtisanen, Geis-
hahäusern, Lokalen und Theatern.

Die ursprünglichen Bilder zeigen
denn auch gern schöne Frauen, vor allem Kurtisanen und Schauspielerinnen
in ihrer alltäglichen Umgebung; folglich heißen sie *bijin-ga* (Bilder schöner
Frauen). *Eisen, Harunobu, Kiyonaga,
Utamaro* sind berühmte Namen von
Künstlern dieses Genres. Eine andere
beliebte Form der ursprünglichen
Holzschnitte sind die Darstellungen
beliebter Kabuki-Schauspieler (*shibai-
e* = Theater-Bilder); mit diesen verbindet man vor allem die Namen *Kiyono-
bu* und *Sharaku*. Eine berühmte Holz-
schnitt-Schule ist die von *Utagawa*. Beliebte, aber schwer zu entdeckende
Motive sind die von Sumo-Ringern *(su-
mo-e)*.

Die Holzschnitte, die man vor allem
mit Japan in Verbindung bringt, sind
die wunderbaren Landschaften von

*Katsushika Hokusai* und *Ando Hiroshige.* Diese Landschaftsholzschnitte *(fukei-ga* = Landschaftsbilder) wurden erst im 19. Jahrhundert richtig beliebt.

- ● **Hara Shobô,** Kanda
- ● **Matsushita Associates,** Aoyama
- ● **O(h)ya Shobô,** Kanda
- ● **Oriental Bazar,** Aoyama
- ● **Sakai Kokodô Gallery,** Yûrakuchô
- ● Ukiyo-e sind auch in **Kaufhäusern** wie *Takashimaya* und großen Buchläden wie *Maruzen* erhältlich.

## Holzschnitzereien (chô-koku)

Es gibt Reste alter Schnitzereien an Tempeln und Schlössern, die begehrte Sammlerstücke sind. Manche mögen wie die ältesten Tempel der Asuka- und Nara-Zeit noch aus dem 6./7. Jahrhundert stammen. Auch im Bereich religiöser Kunst gibt es eine große Vielfalt an Holzschnitzereien, die aber kaum auf dem freien Markt landen dürften und sollten. Ein Blick in Antiquitätenläden wird das zeigen.

## Kämme und Haarschmuck (kushi, kanzashi)

Ältere Schmuckkämme werden gern gesammelt, vor allem *sashi-kushi.* Sie sind meist aus Holz und lackiert. Neue Holzkämme *(hon-tsuge)* sind schlicht und in jedem Kaufhaus erhältlich. Zusammen mit einem Behälter aus farbenprächtigem Brokat sind sie ab 2000 ¥ zu bekommen. Haarschmuck, der vor allem zur Frisur der Geisha, *maiko* und der ehemaligen Kurtisanen, *oiran*, gehörte, ist heute vor allem in Geschäften der Naka-mise-Straße beim Asakusa- Kannon-Tempel zu finden.

Kämme werden in Japan übrigens nicht verschenkt, es sei denn zum endgültigen Abschied; man glaubt, es bringt Unglück, wenn ein Kamm zerbricht. Nach dem Ende einer Liebesbeziehung pflegte man geschenkte Kämme fortzuwerfen.

- ● **Jusanya-Kushi-ten,** Ueno
- ● **Yono-ya,** Asakusa

## Karpfenbanner (koi-nobori)

Die am „Jungentag" (5. Mai) an Masten aufgehängten Karpfenbanner, die im Wind flattern sollen, symbolisieren Karpfen, die kraftvoll und ausdauernd gegen die Strömung anschwimmen: So sollen die Jungen im Leben werden. Es gibt sie hauptsächlich dort zu kaufen, wo es Puppen gibt.

- ● **Oriental Bazar,** Aoyama
- ● **Musashiya Shoten,** Asakusabashi

## Keramik und Porzellan (yaki-mono/tôjiki)

Seit den Anfängen seiner Kultur und Geschichte hat Japan eine besondere Beziehung zur **Keramik,** aber erst ab der Kamakura-Zeit (1185-1333) entwickelte sie sich zu einer Form der Kunst. Mit der Entwicklung der Teezeremonie in der Nambokucho- und Muromachi-Zeit (1333-1573) wurden **Teeschalen** und anderes Zubehör noch kunstvoller und in der Folgezeit begehrte Sammlerstücke. Koreanische Handwerker, die nach der Invasion Koreas während der Momoyama-Zeit nach Japan geholt wurden, brachten neue Formen und Techniken mit.

Im Jahre 1616 entdeckte ein Koreaner in Kyushu Erde, die für die **Porzel-**

*lanherstellung* geeignet war. Obwohl die Japaner selbst Keramik bevorzugten, stellten sie doch in der Folgezeit Porzellan mit kräftigen Mustern für den Export her. Beispiele für bekanntes Porzellan sind *Arita-yaki*, früher *Imari* genannt, *Kiyomizu* und *Kutani*.

Unter Keramikkünstlern hat jedoch die japanische Keramik einen besonderen Ruf, so sind manche europäischen Keramikmeister nach Japan gegangen, um dort ihre Fertigkeiten zu erweitern.

Folgende Namen, die für Herkunftsorte stehen, sind traditionell die führenden **Keramikzentren:** *Arita-yaki* (Kyûshû); *Bizen-yaki* (Okayama), natürliche Farben sind ihr Kennzeichen; *Echizen-yaki*, wird nicht mehr hergestellt, entsprechend begehrte Sammlerstücke; *Hagi-yaki* (Yamaguchi), rustikal, schlicht; *Karatsu-yaki* (Kyûshû); *Kiyomizi-yaki* (Kyôto); *Kutani-yaki* (Ishikawa); *Kyo-yaki* (Kyôto); *Mashiko-yaki* (Tochigi); *Mino-yaki* (Gifu); *Raku-yaki* (Kyôto), Lieblingskeramik des berühmtesten aller Teemeister, *Sen-no-Rikyu*; *Satsuma-yaki* (Kyûshû); *Seto-yaki*, liefert einige der ältesten Stücke, produziert immer noch; *Shigaraki-yaki*, charakteristisch die kleinen weißen Flecken, war vor allem in der Edo-Zeit begehrt; *Tamba-yaki*, wie Shigaraki ein Ort in den Bergen mit ungewöhnlicher Erde, ein Brennofen ist noch in Betrieb; *Tokoname-yaki*, produziert ebenfalls noch, am Ort gibt es auch ein interessantes Museum.

Neue Keramik gibt es in allen Kaufhäusern, alte in Antiquitätenläden zu kaufen.

- ●*Iseryu Shoten,* Nihombashi
- ●*Kisso,* Roppongi
- ●*Nishiura-Honpo,* Ningyôchô
- ●*Saga Tôen,* Roppongi
- ●*Tachikichi,* Ginza

## Kisten (tsuzura)

Diese lackierten Kisten aus geflochtenem Bambus wurden früher je nach Größe zum Aufbewahren von Kimonos, Unterwäsche oder Schreibmaterial verwendet; sie wurden und werden maßangefertigt und mit dem Familienwappen der Auftraggeber versehen.

- ●*Iwai Shoten,* Ningyôchô
- ●*Kyûkyudô,* Ginza, s. Papier

## Küchenmesser (hôchô) und Scheren (hasami)

Als die Schwertmacher mit Beginn der Meiji-Zeit nichts mehr zu tun hatten, verlegten sie sich auf die Herstellung von Messern und Scheren, und zwar mit denselben Techniken wie früher beim Schmieden von Schwertern. Das Zentrum der Herstellung ist in Seki in der Präfektur Gifu; es ist seit über 700 Jahren berühmt für die Herstellung von Klingen. Ostasiatische Küchenmesser sind anders geformt als unsere; es gibt sie auch in den Haushaltsabteilungen der Kaufhäuser.

- ●*Kiya,* Nihombashi
- ●*Ubukeya,* Ningyôchô

## Lackwaren (nuri-mono, shikki)

Die aus China übernommene Lacktechnik diente einst dazu, Gegenstände des täglichen Gebrauchs haltbarer zu machen. Daraus entwickelte sich eine Kunstform. Der Prozeß ist zeitaufwendig. Der *urushi* genannte Naturlack wird in Lagen aufgetragen und jeweils poliert. Vor der letzten Lage kommt die Dekoration hinzu: Gold, Silber, Farben. Lackwaren werden heute noch so wie früher hergestellt, zusätzlich zu den klassischen Materialien Holz, Leder, Papier, Porzellan oder Metall wird auch Plastik verwendet.

Beliebt als Sammelobjekte sind **Schachteln,** z.B. *ju-bako,* zum Aufbewahren von Speisen. Die schönen mit Gold und Perlmutt verzierten alten Kästchen sind heute selten und kostbar. **Serviertabletts** kamen in der Edo-Zeit in Mode und werden je nach Form und Größe als *o-bon, sanbo* oder *zen* bezeichnet. Lackwaren sind jedoch nicht für ausgesprochen trockenes Klima geeignet und müssen dann besonders behandelt werden. Neue Lackwaren gibt es in den Kaufhäusern, alte in Antiquitätenladen.

- **Heiandô,** Nihombashi
- **Inachu Japan,** Akasaka
- **Kuroeya,** Nihombashi

## Lampen (denki sutando)

Zimmerlampen, die aus weißem Papier, das auf Holz- oder Bambus-Rahmen gespannt ist, bestehen, und in denen früher Kerzen brannten, gibt es in vielfacher, auch moderner Ausfertigung.

- **Ishizuka Shoten,** Ochanomizu
- **Liwina Yamagiwa,** Akihabara
- **Washi Kobo,** Roppongi

## Laternen (chôchin)

Laternen wurden früher in erster Linie für religiöse Zwecke angefertigt, anläßlich von Schreinfesten kann man sie immer noch in diesem Zusammen-

hang sehen, ansonsten begegnet man ihnen meist an den kleinen Aka-chôchin-Lokalen. Ein interessantes Souvenir sind Laternen mit dem eigenen Namen, mit japanisch-chinesischen Schriftzeichen entsprechend dem Laut der einzelnen Silben geschrieben.

- **Hanato,** Asakusa
- **Kashiwa-ya,** Nihombashi
- **Ishikatsu** (Steinlaternen), Aoyama

## Malerei (e)

Tuschemalerei *(sumi-e)* wurde aus China übernommen; beliebte Motive sind Berge, Blumen, Vögel in chinesischer Maltechnik farbig gemalt *(nanga)*. Die älteste Art volkstümlicher Malerei sind *otsu,* braunes, bemaltes Papier, das es in Antiquitätengeschäften manchmal noch zu entdecken gibt. Schöne Malereien findet sich auf Schiebetüren *(fusama)* der Azuchi-Momoyama-Zeit (1573-1600) sowie auf Wandschirmen *(byôbu)* und Rollbildern *(kake-mono)* der Edo-Zeit. Sie werden auch heute noch hergestellt.

## Masken (men)

Alte **Noh-Masken** sind nur sehr schwer zu finden. Die ältesten stammen aus dem Beginn der Muromachi-Zeit (14. Jahrhundert). Es gibt gute und preiswerte Nachbildungen (wobei nur Gipsmasken preiswert sind, ab 2000-3000 ¥, die aus Holz sind sehr teuer). Billig sind die Festmasken aus Pappmaché, die Tiere oder Karikaturen dummer Bauern u.ä. darstellen.

- **Ishizuka,** JR: Tokyo
- **Bingo-ya,** Volkskunst, nahe Ikebukuro
- **Wanya Shoten,** Kanda

## Möbel (sashimono)

Japanische Häuser haben bekanntlich wenig Möbel außer den Kommoden für die Aufbewahrung von Kimonos. Diese *tansu* sind heute beliebte und teure Sammlerstücke, wobei die vornehmen lackiert und reich verziert und die einfachen aus schlichtem Holz, z.B. Kirsche oder Paulownia, sind. *Kyôdai* sind lackierte Kosmetikkästchen mit Spiegeln; *kyôsoku* gepolsterte Armstützen, normalerweise reich mit Blumenmustern verziert. *Hibachis*, die alten Holzkohlebehälter, sind zwar keine Möbel, können aber als kleine Tischchen verwendet werden. Früher waren sie aus Holz, erst seit hundert Jahren sind sie aus Keramik. Einige Geschäfte fertigen noch *tansu* nach alter Methode ohne die Verwendung von Nägeln an. Sie sind sehr teuer.

- **Hitatsuka,** Shimbashi
- **Kyoya,** Ueno

## Musikinstrumente (gakki)

Eine Reihe typisch japanischer Instrumente sind in Kaufhäusern erhältlich. Billig sind sie aber auch dort nicht.

**Biwa:** Diese 4seitige, birnenförmige Laute mit 4 Bünden stammt aus China. Der Korpus wird aus einem Stück Holz gefertigt. Früher spielten blinde Priester sie als Begleitung zum Geschichtenerzählen. (*Ishida Biwa-ten*, nahe Shimbashi)

**Koto:** Auch heute noch lernen „Mädchen aus gutem Haus" häufig die Koto, die ostasiatische Zither. Sie besteht aus dem Holz der Paulowniakirsche *(kiri)*, hat 13 oder 17 Saiten, bewegliche Stege und ist über 1,80 m lang. (*Tsurukawa Gakki Honten*, Nihombashi)

**Shamisen:** Begleitinstrument für Lieder und Dramen, stammt ursprünglich von den Ryûkyû-Inseln. Rotes Sandelholz oder Maulbeere werden am liebsten verwendet, der Korpus wird mit Katzen- oder (billiger) Hundehaut bespannt, in Okinawa bei der *Jamisen* mit Schlangenhaut. Gespielt wird mit einem breiten Plektrum *(bachi)*. (*Kikuya Shamisen-ten*, Ochanomizu, *Bachiei Gakkiten*, Ningyôchô)

**Shakuhachi:** Entwickelt wurden sie in der Edo-Zeit von ehemaligen Samurai, die sich damit als Bettelmönche ihren Lebensunterhalt verdienten. Sie konnten die Flöten auch als Waffen verwenden. Heute sind die Instrumente rund 55 cm lang, mit 4 Löchern oben und einem Loch unten. Shakuhachi werden solo oder mit Koto oder Shamisen gespielt. Sie kosten selten unter 10.000 ¥. (*Chikuyusha*, mit Shakuhachi-Schule, nahe Shinjuku)

**Trommeln** *(taiko, tsutsumi):* Die großen, faßähnlichen Trommeln heißen *taiko*, die kleineren, sanduhrglasförmigen *tsutsumi*. Sie werden beim Kabuki, bei Festen u.a. verwendet. (*Miyamoto Unosuke Shoten*, mit Trommelmuseum, Asakusa)

## Netsuke

Früher dienten diese kleinen **Verschlüsse** lediglich zum Befestigen von Beuteln u.ä. – wie die heutigen „Tankas". Heute sind sie teure Sammelstücke, aus Elfenbein, Holz, Metall,

Porzellan – kleine Figuren aus Alltag, Geschichte, Legende. Antikes Elfenbein darf mit entsprechendem Zertifikat eingeführt werden.

- *Oriental Bazar,* Omotesandô und in Antiquitätengeschäften

## Papier (kami, washi)

Traditionell hergestelltes Japan-Papier *(washi)* hat Weltruf. Es wird für Briefpapier, Drachen, Laternen, Puppen, Schirme und Spielzeug verwendet. Viele Kaufhäuser haben gute Abteilungen dafür, aber es gibt auch eigene Geschäfte.

- *Haibara,* Nihombashi
- *Isetatsu-ya,* Buntpapier aus Reispapier, Yanaka
- *Kuroda-ya,* Asakusa
- *Washi-kôbô,* Roppongi

## Pinsel (fude)

Auch die japanischen Pinsel sind Weltspitze. Es gibt sie aus allen möglichen Tierhaaren, z.B. Dachs, Hund, Katze, Pferd oder Wiesel. Um die Herstellung des *mizu-fude* zu beherrschen, bedarf es 15jährigen Trainings – ostasiatische Dimensionen. Ursprünglich wurden Pinsel im 6. Jahrhundert aus China übernommen und in erster Linie zum Malen *(sumi-e* = Tuschemalerei) oder für Kalligraphie *(shodô)* verwendet. Es gibt sie in Papier- und Schreibwarenläden und in einigen besonderen Geschäften:

- *Gyokusendô,* Kanda
- *Koundô,* Asakusabashi
- *Tanabe Bunkaidô,* Yanaka

## Puppen (ningyô)

Es gibt viele unterschiedliche Arten von „Zierpuppen": handgemachte für

das **Mädchenfest** (Hina-Matsuri am 3. März), die **Hina-Puppen,** die den kaiserlichen Hofstaat repräsentieren, handgemachte Puppen für das **Jungenfest** (Kodomo-no-hi am 5. Mai), die **Gogatsu-Puppen,** die Samurai bzw. deren Rüstungen darstellen, **Kokeshi-Puppen** aus Holz (sie symbolisierten einst verstorbene Familienmitglieder und sind heute beliebte Souvenirs), **Hakata-Puppen,** preiswerte bemalte Keramikpuppen, **Ichimatsu/Kyô-Puppen,** meist ca. 50 cm große Puppen von Mädchen im Kimono, schön und teuer (früher haben reiche Leute gern ein Abbild ihres Kindes als Puppe anfertigen lassen).

**Pappmaché-Puppen** *(hariku* = Pappmaché) gibt es in unterschiedlicher Art für verschiedene Zwecke, sie dienen z.B. als Glücksbringer zur Abwehr von Krankheiten *(hoko-san).* Solche **Daruma-Puppen** gehören fast in jeden Haushalt: Man wünscht sich etwas und besorgt sich dazu eine passende einäugige Puppe in Form eines Stehaufmännchens. Erfüllt sich der Wunsch, malt man das fehlende Auge dazu.

Puppenhersteller konzentrieren sich in Asakusabashi entlang der Edo-dôri.

- *Kuramae Ningyô-sha,* Asakusabashi
- *Kyugetsu,* Asakusabashi
- *Yoshitoku,* Asakusabashi
- *Galerie Konohana,* Aoyama

## Schirme (kasa)

Im Kabuki symbolisieren Bambusschirme Männlichkeit, ansonsten symbolisieren sie Liebe: gemeinsam unter einem Schirm gehen. Mit Ölpapier bespannte Schirme dienen dem Regenschutz *(ban-gasa)*, mit Baumwolle oder Seide bespannte schützen gegen die Sonne *(hi-gasa)*.

- *Ida-ya, ban-gasa,* Fächer, Asakusa
- *Hasegawa Hakimono-ten,* Ueno

## Schwerter (katana)

Samurai-Schwerter werden gern gesammelt; alte sind allerdings fast nicht zu finden, denn im Krieg wurden sie für die Rüstungsindustrie eingezogen. All jene, die ihre Schwerter zu behalten vermochten, bewahren sie als stolzen Familienschatz. Die Herstellung der Samurai-Schwerter – Seele des Samurai – war ein langwieriger Prozeß, begleitet von fast religiösen Reinigungszeremonien. Schwerter waren ein erfolgreicher Exportartikel, zigtausende wurden Ende des 15. Jahrhunderts jährlich nach China exportiert.

- Nachbildungen alter und neue Schwerter, *tsuba* (Stichblätter) und *menuki* (Metallverzierungen am Schwertgriff) sowie ganze Samurairüstungen gibt es u.a. bei **Japan Sword,** nahe Shimbashi, Toranomon.

## Spielzeug der Edozeit (Edo gangu)

Diese preiswerten Figuren, z.B. Hunde, Tiger oder Puppen, werden aus einfachem Material wie Pappmaché, Ton oder Holz hergestellt und heute als Souvenirs in Volkskunstläden verkauft.

- *Sukeroku,* Asakusa

## Stempel (hanko)

Ein beliebtes Souvenir sind individuell angefertigte Namensstempel. Westliche Namen werden in Silben zerlegt und durch *kanji*-Schriftzeichen ersetzt. „Schmidt" schreibt sich z.B. *shu-mi-to,* „Müller" *miu-ra.*

- In *Stempelläden,* Kaufhäusern oder *Papierläden,* wie z.B. *Itôya,* Kyûkyodô

## Stoffe (ori-mono)

Antike Stoffe (Seide, Brokat) sind beliebte Sammlerstücke; natürlich gibt es auch heute noch wertvolle Stoffe (s. Kimono). Die Webkunst wurde durch chinesische und koreanische Einflüsse verfeinert.

- *Ikeda,* Shinagawa
- *Oriental Bazar,* Aoyama

## Tee-Utensilien (cha-dôgu)

Wer einmal eine Teezeremonie miterlebt hat, weiß, wieviel Zubehör es gibt: Holzkohleofen, Wasserbehälter, Teebehälter, Bambusteelöffel (eher Spatel), eine Art Schneebesen aus Bambus zum Verrühren, die Teeschalen selbst, Vasen, Rollbilder, Gongs, Matten.

- *Ryûzendô,* Ginza

## Tücher (tenugui)

Eigentlich dienten die 30 x 30 cm großen *tenegui* früher auch als Handtücher, heute aber fast ausschließlich als *Stirn- oder Halstücher.* Sie sind preiswerte Souvenirs.

- Das bekannteste Geschäft befindet sich unweit vom Asakusa-Kannon-Tempel. Die *tenugui* hier werden vom Besitzer selbst entworfen: *Fujiya,* Asakusa

## Weihrauch (kô)

Weihrauch kam mit dem Buddhismus im 6. Jahrhundert nach Japan. Dort entwickelte sich eine Zeremonie nach Art der Teezeremonie, *kôdô* genannt, bei der erlesene Düfte durch *rauchloses Verbrennen von Holzspä-*

**nen** genossen und zu erraten versucht werden. Es gibt diese in der Form von *koboku* (natürlich) und *neriko* (kombiniert). Sie sind sehr teuer. Die normalen **Räucherstäbchen** heißen *senkô*. Beliebt sind die **Brokadebeutelchen** *(nioi-bukuro)*, die mit duftenden Holzspänen gefüllt sind.

●*Kyûkyodô,* Ginza, s. Papier

# Elektrizität

Die Stromspannung beträgt **110 Volt.** Die Stecker haben flache Pole, Adapter sind in Japan erhältlich.

# Fabrikbesuche

Wer sich für japanisches Business interessiert, hat sicher Interesse daran, sich einmal eine der berühmten japanischen Fabriken von innen anzusehen. In die meisten kommen Außenstehende nicht hinein. Hier sind einige, die sich Besuchern öffnen.

●*NEC Showroom C&C Plaza,* Tel. 3595-0511, U: Uchisaiwaichô, Tôei Mita Line, JR Shimbashi 8 Min.

Computer und Heim-Elektronik; 10-18 Uhr, 1-3 Tage pro Monat geschl., Führung auf englisch bei Voranmeldung möglich.

●*Kirin Brewery Corporated:* Tel. 3927-7287, Namamugi, Keihin Kyûko Line, 5 Min.

Brauerei; 9-10.30 und 13-14.30 Uhr, telefonische Anmeldung auf Japanisch, engl. Führung auf Antrag möglich, am besten 2 Wochen vorher.

●*Suntory Ltd.:* Musashino Brewery, PR Dept. 3-1 Yazaki-chô, Fuchu-shi, Tel. 0423-60-9591, JR Fuchu-Honmachi 10 Min., Fuchu, Keio Line 10 Min. mit Taxi.

Brauerei; Mo-Fr 9.40-15 Uhr, telefonische Anmeldung mehrere Tage im voraus, Mo und Do Führung auf englisch.

●*The Asahi Shimbun:* 5-3-2 Tsukiji, Tel. 3545-0366, U: Tsukiji, Hibiya Line 10 Min.

Zeitungen; telefonische Anmeldung mehr als 3 Tage vorher, Führung auf englisch möglich; 11, 13, 14.30 Uhr außer Sa, So und F (Fotografieren im Bereich Redaktion und Produktion nicht gestattet).

●*Tokyo Stock Exchange:* Office of Public Relations (Visitor's Section), 2-1 Kabuto-chô, Nihombashi, Tel. 3666-0141, Kayabachô, Hibiya oder Tozai Line, Ausgang 10, 5 Min.

Börse; Mo-Fr 9-16 Uhr, F geschl., Führung auf englisch 9.30-10.30, 13.30-14.30 Uhr, telefonische Anmeldung mehrere Tage vorher.

●*NHK Broadcasting Center:* 2-2-1 Jinnan, Shibuya, Tel. 3485-8034/5, Shibuya, Harajuku 10 Min.

Radio/Fernsehen; 10-16.30 Uhr, außer am 4. Mo, engl. Prospekt erhältlich.

# Feste und Feiertage

Die für eine naturverbundene Gesellschaft von Reisbauern charakteristischen traditionellen Feste *(matsuri)* sind einerseits geprägt von Ritualen zum Beschwören der Fruchtbarkeit, andererseits von Feiern über die eingebrachten Ernten, denn ihr Jahr folgte dem Rhythmus des Pflanzens und Erntens. Manche dieser archaischen Feste haben auch in den Städten überlebt, wie die Neujahrsrituale oder die in lauen Sommernächten getanzten Bon-Tänze, andere wurden an die städtische Umgebung angepaßt, und wieder andere sind neu entstanden.

Alle Feste folgen dem **alljährlichen Kreislauf der Erneuerung.** Jeder Monat hat seinen besonderen natürlichen

Reiz, seine ihm eigene Stimmung. Selbst die Plastikdekoration in den Einkaufsstraßen wechselt mit den Jahreszeiten.

Viele Feste haben einen **religiösen Hintergrund,** der sie nicht zuletzt durch den unterschiedlichen Charakter von Shintô und Buddhismus für Besucher wie Einheimische gleichermaßen attraktiv macht. Japaner betrachten heute manch traditionelles Fest aus beinahe dem gleichen touristischen Blickwinkel wie wir.

Besonders lebhaft geht es bei den **Schreinfesten** zu, wenn die tragbaren, bis zu einer Tonne schweren Schreine *(o-mikoshi)* von Dutzenden Freiwilliger im Rhythmus der *„wasshoi-wasshoi"*-Rufe und im wilden Zick-zack durch die Nachbarschaft getragen werden.

Die wöchentlich aufgelegten und in Hotels und manchen Supermärkten ausliegenden **Touristenzeitungen** (z.B. *Tokyo Tour Guide* oder *Tokyo Weekender*) geben **Auskunft,** wo wann welches Fest gefeiert wird und welcher Markt stattfindet. Aber da jeder Tempel und Schrein im Prinzip eigene Feste feiert, kann man nie alles mitbekommen. Mit etwas Glück erlebt man auch kleine Feierlichkeiten, die irgendwo in der Nachbarschaft oder in einem kleinen Viertel stattfinden.

Fällt ein **nationaler Feiertag** auf einen Sonntag, ist am darauffolgenden Montag frei. Genaue Angaben zu den Festen kann man beim *TIC* in Yûrakuchô (Tel. 3201-3331) erhalten. (Siehe auch Festkalender von Yokohama und Umgebung)

## Januar

●**1.Jan.,** *Shogatsu:* **Neujahr,** das wichtigste Fest im Jahresverlauf, an Bedeutung vergleichbar mit Weihnachten bei uns, ist vor allem ein Familienfest mit Geschenken für Leute, denen man irgendwie verpflichtet ist (was noch im alten Jahr geschieht), traditionellen Festessen und symbolhaft geschmückten Straßen und Häusern. Das neue Jahr wird um Mitternacht eingeläutet durch 108 dumpfe Glockenschläge in den Tempeln: In vielen Tempeln kann jeder, der rechtzeitig kommt, einen der 108 Schläge, mit denen die 108 menschlichen Sünden ausgetrieben werden, ausführen. Diese Zeremonie heißt *joya-no-kane* und beginnt in der letzten Stunde am letzten Tag *(Omisoka)* des alten Jahres.

Die ersten drei Tage des neuen Jahres sind **offizielle Feiertage,** aber die Kaufhäuser öffnen teilweise schon wieder am 2. Januar. Die Neujahrstage sind für Japaner auch eine Zeit für Kurzurlaube: in die heimatlichen Berge zum Skifahren oder an die Strände von Hawaii, nach Südostasien, z.B. Thailand, zum Baden. Viele (unverheiratete) Frauen tragen am ersten Arbeitstag des Jahres *(shigoto hajime)* ihre schönsten Kimonos.

●**1.-7. Jan.,** *Hatsumode:* erster Besuch im Schrein oder Tempel, in Tokyo vor allem im Meiji-Schrein, wo für Gesundheit und Glück im kommenden Jahr gebetet wird. Zehntausende sind um Mitternacht schon zum Meiji-Schrein unterwegs. Beliebt auch: Asakusa-Tempel, Yasukuni-Schrein (mit Nô, Koto-Musik, Tänzen).

●**2. Jan.:** Die **Kaiserfamilie** zeigt sich im Kaiserpalast dem Volk. Der Palastgarten ist von 9 bis 15 Uhr geöffnet.

●**1.-5./7. Jan.,** *Shichifuku-jin:* Besuch der **7 Glücksgötter,** z.B. in Fukagawa, Ningyô-chô, Mukôjima, Yanaka.

●**6. Jan.,** *Shôbô Dezomeshiki:* Neujahrsparade der **Feuerwehr** am Harumi-Pier; spektakulär die Demonstrationen an Bambusleitern in Kostümen der Edo-Zeit; Beginn ca. 10 Uhr.

●**15. Jan.,** *Seijin-no-hi:* offizieller Feiertag, an dem die **Volljährigkeit** der 20jährigen gefeiert wird. In den Stadthallen der Bezirke versammeln sie sich zu offiziellen Zeremonien. Dabei tragen vor allem die jungen Frauen ihre schönsten und farbenprächtigsten Kimonos (lange Ärmel = unverheiratet, kurze Ärmel = verheiratet; bunte Kimonos werden aber vor allem von den unverheirateten Mädchen getragen). Überall sieht man an diesem Tag die jungen Erwachsenen im Stadtbild.

## Februar

●*3. oder 4. Feb., Setsubun:* Die nach dem chinesischen astrologischen Kalender an diesem Tag geborenen Frauen und Männer, aber auch z.B. prominente Sumo-Kämpfer, werfen mit gerösteten Sojabohnen gegen mögliche Dämonen innerhalb oder außerhalb des Hauses mit den Worten: *oni wa soto, fuku wa uchi* (Dämonen hinaus, Glück hinein; auch *mame-maki* = Bohnen werfen genannt); anschließend essen alle so viele Bohnen, wie sie alt sind. Das Fest wird in allen Tempeln, Schreinen, den meisten Familien gefeiert, vor alllem: Asakusa-Sensoji-Tempel; Zôjôji-Tempel, Shiba; Akasaka-Hie-Schrein. Ursprünglich war das Fest ein *Exorzismusritual* zur Vorbereitung der Reisfelder vor dem Pflanzen.

Traditionell galt der Tag auch als *Frühlingsanfang* (nach dem Mondkalender; bei den Chinesen ist es das Frühjahrsfest, bzw. Chinesische Neujahr, für sie das wichtigste Fest des Jahres). Vor allem in Yokohama wird in Chinatown das **chinesische Neujahrsfest** gefeiert (nach dem Mondkalender bestimmt), auf japanisch heißt es *Shunsetsusai.* Es gibt Löwen- und Drachentänze.

●*11. Feb., Kenkoku Kinenbi:* **Staatsgründungstag,** offizieller Feiertag.

●*14. Feb., Valentine:* Unverheiratete Frauen schenken am **Valentinstag** den (jungen) Männern, die ihnen in Schule oder Firma sympathisch sind oder denen sie Respekt zollen müssen, Schokolade *(giri choko),* im Durchschnitt sind es rund ein Dutzend Kollegen. Wehe dem Mann, bei dem nichts auf dem Tisch steht. Aber: Am *White Day,* einen Monat später, müssen die Beschenkten sich in doppelter Höhe revanchieren. Die Sitte wurde in den sechziger Jahren von cleveren Händlern eingeführt.

●*25. 2.-15. 3., Ume Matsuri:* **Pflaumenblütenfest** mit Betrachten der Pflaumenblüte und Teezeremonien im Freien *(no-date)* an den

Wochenenden. Am Yushima-Tenjin-Schrein, Bunkyô-ku (Station Yushima der U-Bahn Chioda).

## März

●*3. März, Momo-no-Sekku* bzw. *Hina Matsuri:* **Mädchen- oder Puppenfest.** In den Häusern, in denen Mädchen aufwachsen, werden treppenartige, mit rotem Tuch drapierte Gestelle mit Puppen, die den kaiserlichen Hofstaat repräsentieren, aufgestellt. Die Puppen sind die *hina ningyô,* sie sind meist sehr teuer (oft Erbstücke) und symbolisieren häusliches Glück für die Töchter. Häufig erhalten sie bei der Geburt ihre ersten Puppen. Die Mädchen feiern Parties, bei denen weißer Reiswein *(shiro-zake)* und rhombenförmige Reiskuchen *(hishi-mochi)* angeboten werden.

●*3./4. März, Daruma-ichi:* Tausende von Daruma-Figuren, **Tänze, Musik.** Am Jindai-ji-Tempel, Chôfu, (10 min. von der Station Chôfu der Keiô-Line).

●*2. Sonntag im März, Hiwatari:* **Yamabushi-Zeremonie,** Durchschreiten des Feuers. Takao-San.

●*14. März, White Day* (s. 14. Februar)

●*18. März, Kinryû-no-mai:* **Drachentanz** mit Parade um 14 und 16 Uhr, auch *Jigen-e* genannt. Am Asakusa-Kannon-Tempel.

●*21. März, Shunbun-no-hi:* **Frühjahrs-Tag-und-Nacht-Gleiche,** offizieller Feiertag, Besuch der Familiengräber.

●*26. 3. -15. 4., Sakura Matsuri:* **Kirschblütenfest,** auch *Hanami* (Blüten sehen) genannt. Picknick und Trinkgelage zu Füßen der Sakura-Bäume, am intensivsten gefeiert im Ueno-Park (rund 250.000 Menschen pro Tag), sehenswert auch in Chidorigafuchi am Palastgraben sowie auf dem Aoyama Friedhof. Kirschblüten sind die Boten des Frühlings und Symbol für vergängliche Schönheit.

## April

●*8 Apr., Hana Matsuri:* **Blumenfest, Buddhas Geburtstag;** kleine Buddhastatuen werden in Tempeln mit süßem Tee *(ama-cha)* begossen; Paraden mit weißen Elefanten aus Pappmaché, besonders beliebt im Asakusa-Sensoji-Tempel, Tsukiji- Hongan-ji, Gokoku-ji.

● **9. Apr.**, *Shirasagi-no-mai:* **Tanz des weißen Reihers,** Asakusa-Kannon-Tempel, mit Parade, 11 und 13 Uhr.

● **9.-19. Apr.**, *Kamakura Matsuri:* **historische Parade,** Prozession von *mikoshi* (tragbare Schreine), *yabusame* (Bogenschießen vom galoppierenden Pferd aus). Am Hachiman-Schrein, Kamakura.

● **29. 4.-3. 5., Frühlingsfest:** Meiji-Schrein, u.a. *Bugaku, Nô, Kyûdô* (Bogenschießen), klassische Musik, Tänze.

● **29. Apr.**, *Midori-no-hi:* **Tag der Umwelt;** bis zum Tod von Kaiser *Hirohito (Shôwa Tennô)* dessen Geburtstag *(Tennô-no-tanjôbi);* wegen der „Goldenen Woche" wurde der Feiertag beibehalten, aber umbenannt.

## Mai

● **3. Mai,** *Kempô-kinembi:* **Tag der Verfassung,** offizieller Feiertag.

● **5. Mai,** *Tango-no-Sekku* bzw. *Kodomo-no-hi:* **Jungen- bzw. Kindertag.** Stoffkarpfen werden an Fahnenstangen gehißt, um – hoffentlich – im Wind zu flattern. Der **Karpfen** gilt als Symbol für „männliche Tugenden" wie Ausdauer, Energie, Ehrgeiz, Kraft und starken Willen. Karpfen schwimmen kraftvoll gegen den Strom, ebenso sollen Jungen Schwierigkeiten meistern und Hindernisse im Leben überwinden. Die Karpfen werden in folgender Reihenfolge (von oben) gehißt: schwarz (Vater), rot (Mutter), ein Karpfen für jeden Sohn. Drinnen im Haus wird eine Samurai-Puppe *(gogatsu-ningyô)* aufgestellt: Mögen die Söhne stark und furchtlos werden wie Krieger.

● **2. Wochenende im Mai,** *Torigoe-jinja:* **Schreinfest** mit vier Tonnen schwerem *mikoshi.* Kuramae.

● **Mitte Mai: Schreinfest,** bei dem zwei riesige Sänften durch die Straßen der Umgebung gezogen werden, alle zwei Jahre in großem Stil. Myôjin-Schrein in Kanda.

● **19./20. Mai,** *Sanja-Matsuri:* eines der drei **großen Feste** in Tokyo, mit Geisha-Parade, Prozession mit hundert *mikoshi,* Tänze usw. Im Asakusa-Jinja.

● **25. Mai,** *Yushima-Tenjin:* **Schreinfest,** Ochanomizu.

## Juni

● **9./10. Juni,** *Hôzuki-ichi:* **Blasenkirschenmarkt** im Sensoji-Tempel in Asakusa; Blasenkirschensträucher und Windrädchen werden verkauft; Zugleich heißt dieser Tag *shi-man roku-sen-nichi* = 46.000 Tage: Ein Besuch an diesem Tag ist soviel wert wie 46.000 Besuche an normalen Tagen.

---

In der **Golden Week** vom 29.4. bis 5.5. liegen vier offizielle Feiertage hintereinander, meist noch ergänzt durch ein Wochenende. Die Woche wird vielfach für **Kurzreisen** genutzt (Urlaub ist in Japan sehr, sehr knapp). Überfüllte Züge, Bahnhöfe, Flughallen, Autobahnen und Hotels sind die Folge, eine halbe Million Japaner fliegt dann in die Welt hinaus.

---

An jedem Schrein wird an bestimmten Tagen des Jahres gefeiert

● **10.-16. Juni,** *Sannô-Matsuri:* Tänze, Teezeremonien, Vorführungen. Am Hie-Schrein, nahe *Capitol Tokyu Hotel.*

● *Chûgen:* halbjährliche **Geschenkesaison;** Pflichtgeschenke für Personen, denen man Respekt oder Dank schuldet, typischerweise: alkoholische Getränke, Konserven (z.B. Käse, Butter, Schinken, Obst), Handtücher, heute auch gern Gutscheine für Kaufhäuser oder Taxis. Die Sitte hat sich aus den Ahnenopfern zum Bon-Fest abgeleitet.

## Juli

● **13.-15. Juli,** *Bon-odori:* **Bon-Tänze** in Tsukuda-jima.

● **13.-16. Juli,** *Mitama-Matsuri:* Die **Seelen der Ahnen** kommen zu dieser Zeit in die Welt der Lebenden, für sie werden Lichter und Laternen angezündet (6000 am Yasukuni-Schrein); überall werden **Bon-Tänze** *(Bon-Odori)* veranstaltet, an denen alle – auch ausländische Besucher – teilnehmen können, schöne Atmosphäre, die Tänze ziehen sich teilweise bis Anfang September hin.

● *17. 7.-15. 8., Edo Shumi Nôryô Taikai:* **Sommerabendfest** nach Edo-Art im Ueno-Park (Pagode, Shinobazu-Teich).

● **28. Juli,** *Hanabi-Taikai:* Feuerwerk *(hana-bi* = Blumenfeuer) von 19 bis 21 Uhr am Edo-Fluß, nahe Shibamata-Platz.

● *letzter Samstag im Juli:* große **Feuerwerke** am Sumida-Fluß, Asakusa, Menschenmassen am Flußufer und Parties auf Hausdächern.

## August

● **6. Aug.,** *Sumiyoshi-jinja:* **Schreinfest,** Tsukudajima.

● **15. Aug.,** *Bon-Sutren* im Sensô-ji: **Laternen** auf dem Sumida-Fluß, Asakusa. *O-bon* ist das **Fest der Toten** (Mitte Juli oder Mitte August, vergleichbar mit Allerheiligen. Familien besuchen die Familiengräber, um die anläßlich des Festes zurückgekehrten Geister *(kami)* der Verstorbenen zu grüßen und sie nach Hause zu geleiten. Die Laternen symbolisieren die Heimkehr der *kami* über das Meer ins Jenseits. Es ist auch für die Lebenden die Zeit der kurzzeitigen Rückkehr in die Heimat oder hinaus in die Welt zu einem weiteren Kurzurlaub.

- **15. Aug.**, *Tomioka Hachiman:* **Schreinfest,** Fukagawa, alle drei Jahre in großem Stil.
- **15.-17. Aug.**, *Fukagawa Shin-meigu:* **Sommerfest,** Fukagawa.
- **24. Aug.: Feuerwerk** in Ryôgoku am Sumidafluß.
- **26.-28. Aug.**, *Awa-odori:* Alle machen bei den **Tänzen** mit, am Bahnhof Kôenji (Chûo Line ab Shinjuku).
- **Letzter Samstag: Sambafest** in Asakusa mit einheimischen und brasilianischen Sambagruppen.
- **31.8.-3.11.**, **Herbstfest:** Meiji-Schrein, großes Festprogramm zum **Dank für gute Ernte** mit *Nô, Bugaku, Aikidô, Yabusame,* Bogenschießen, Tänzen, klassischer Musik.

## September

- **15. Sept.**, *Keiro-no-hi:* Tag der Alten, offizieller Feiertag.
- **20./21. Sept.**, *Nezu-jinja:* **Schreinfest,** Kagura.
- **21.-23. oder 24. Sept.**, *Shu-bun-no-hi:* (Herbst-Tag-und-Nacht-Gleiche), offizieller Feiertag, Besuch der Familiengräber.
- **25 Sept.: Ritual für Puppen,** Kiyomizu Kannon, Ueno-Park.

## Oktober

- **Anfang des Monats, Tokyo-Fest:** zum Gedenken an den Bau der ersten Burg von Edo an der Stelle des Kaiserpalastes im Jahre 1457 ; u.a. Hafenfest, Parade von blumengeschmückten Festwagen, Laternenprozession.
- **10. Okt.**, *Tai-iku-no-hi:* **Tag des Sports,** Massensportveranstaltungen Golfturniere, offizieller Feiertag.
- **17.-19. Okt., Herbstfest:** Nô-Aufführungen, Tänze, Bogenschießen. Im Yasukuni-Schrein.
- **31. 10.-3. 11., Herbstfest** im Meiji-Schrein: eine Art Erntedankfest; klassische Tänze, Kyûdô, Aikidô.
- **Ab Monatsende: Chrysanthemenmarkt** im Asakusa-Kannon-Tempel und im Jindai Botanical Garden, Chôfu (Keiô Line).

## November

- **3. Nov., Weißer-Kranich-Tanz:** im Sensô-ji, Tokyo Jidai Matsuri (13.30-15.30 Uhr).

- *Tori-no-ichi,* **Hahnenmarkt:** Otori-Schrein, Asakusa. An den Tagen des Hahns (nach asiatischem Tierkreis) werden die Glücksbringer *kumade* (Bärentatzen), reich geschmückte Bambusharken, verkauft. Otori-jinja, Tomioka-Hachiman, Ebara-jinja.
- **3. Nov.**, *Bunka-no-hi:* **Tag der Kultur;** offizieller Feiertag, Verleihung des Kulturordens an Persönlichkeiten aus Kunst und Wissenschaft; Universitäten veranstalten Musikfestivals.
- **3. Nov.**, *Shirasagi-no-mai:* **Tanz des weißen Reihers** im Asakusa-Tempel.
- **15. Nov.**, *Shichi-go-san:* 3-, 5- und 7jährige Kinder gehen in hübschen, bunten Kimonos bzw. Anzügen zu Schreinen, vor allem zum Meiji-Schrein (auch am darauffolgenden Wochenende), Asakusa-jinja u.a. Die Eltern danken für das **Heranwachsen der Kinder,** und Priester bitten in ihrem Auftrag um Gesundheit und Erfolg im Leben. Anschließend gibt es Zuckerstangen *(chitose-ame),* und die Kinder dürfen die Schreinglocke läuten.
- **23. Nov.**, *Kinro-kansha-no-hi:* Tag des Dankes an die **Arbeiter,** offizieller Feiertag.

## Dezember

- **14. Dez.**, *Gishi-sai:* Fest zu Ehren der berühmten **47 Ronin.** Sengakuji-Tempel, Minato-ku.
- **17.-19. Dez.**, *Hagoita-ichi:* Verkauf der reich geschmückten traditionellen Federballschläger *(hagoita)* und anderen **Neujahrsschmucks.** Asakusa-Kannon-Tempel.
- **23. Dez., Geburtstag des Heisei-Tennô** *(Kaiser Akihito),* offizieller Feiertag.
- **24. Dez., Weihnachten:** spielt als christliches Fest kaum eine Rolle. Kinder feiern Parties, und junge Paare mieten sich für den romantischen Abend ein Hotelzimmer, z.B. in einem der Luxushotels an der Tokyo Bay nahe Disneyland, ein teurer Spaß. Im Dezember gibt es einen Gehaltsbonus und eine **zweite Geschenksaison** *(seibo)* zum Begleichen sozialer Schulden und Beibehalten guter Beziehungen.
- **27.-29. Dez.**, *Toshi-no-ichi:* Yagenbori-Fudô-Tempel, **Markt zum Jahresende,** auch im Sensô-ji, Asakusa.
- **28. Dez.**, *en-nichi:* Letzter **Tempelmarkt** des Jahres, Fukagawa-Fudô.

●**30. Dez.:** Großreinemachen im Hause, Anbringen der **Neujahrsdekorationen** *kadomatsu* (Bambus mit Kiefer).

●**31. Dez.,** *Omisoka:* letzter großer Tag; vor und nach Mitternacht 108 Glockenschläge *(joya-no-kane)* für die 107 Sünden des alten, einer für die des neuen Jahres, in allen Tempeln. In vielen Familien werden die Reiskugeln *(o-mochi)* aus gestampftem Reis geformt; vor Mitternacht werden die langen Nudeln *toshi-koshi-soba* (Symbol für langes Leben) verzehrt. In Tokyo um oder nach Mitternacht Besuche vor allem im Meiji-Schrein, Zôjô-ji-Tempel in Shiba, Honmonji-Tempel nahe Ikegami, Ota-ku; Asakusa-Kannon-Tempel (siehe auch 1. Januar).

# Film und Foto

Wo könnte man sich besser mit Kameras, Filmen und Zubehör eindecken als in Japan (wenn auch nicht unbedingt preiswerter als bei uns). Einfuhrbeschränkungen bestehen nicht.

Japaner fotografieren bekanntlich gern und lassen sich auch auf Anfrage bereitwillig fotografieren. In Kaufhäusern und Firmen darf **nicht ohne Erlaubnis** fotografiert werden. (Tips für Ausrüstungskauf siehe „Einkaufen").

# Hygiene

Die **traditionellen Toiletten** sind Hocktoiletten, bei denen man sich mit dem Gesicht zur halbkugelförmigen Erhöhung hinhockt. In vielen Wohnvierteln Tokyos und der Vororte gibt es noch Plumpsklos, die regelmäßig von den „Honigwagen" entleert werden.

In **Hotels und Kaufhäusern** dagegen gibt es überwiegend die gewohnten Toiletten zum Hinsetzen. Zum Teil sind sie sehr modern: die Spülung geschieht dort automatisch. Noch eine Besonderheit gibt es vor allem auf Damentoiletten: einen Knopf, der **simuliertes Wassergeräusch** auslöst. Den Damen ist es nämlich peinlich, wenn andere ihre Toilettengeräusche hören könnten, deshalb drücken sie während ihres „Geschäftes" den Knopf. Früher drückten sie auf die Spülung, aber angesichts des wachsenden Ökobewußtseins wird dieses Geräusch heute nur simuliert – eine typisch japanische Lösung.

**Öffentliche Toiletten,** z.B. in Lokalen, sind manchmal nicht nach Geschlechtern getrennt. Wer als Frau eine solche betritt und einen Mann am Pissoir stehen sieht, tut so, als sehe sie ihn nicht, und geht in die Toilette.

In Privathäusern, Ryôkans und anderen **traditionellen Herbergen** schlüpft man übrigens beim Betreten des Toilettenraumes in besondere Plastikpantoffeln, die nur dort getragen werden.

Das **Leitungswasser** in Tokyo ist genießbar, der Chloranteil jedoch recht hoch. Es schmeckt nicht besonders gut. Die Einheimischen kaufen gern abgefülltes, gereinigtes Wasser aus Gebirgsbächen.

# Information

## Touristeninformation

Nach der Ankunft in Tokyo sollte man bald das ausgezeichnete und mit Informationsmaterial reich bestückte **Tourist Information Center (TIC)** der *Japan National Tourist Organization*

*(JNTO)* aufsuchen. Es ist im *Tokyo International Forum* untergebracht.

●*TIC,* 3-5-1 Marunouchi, Tel. 3201-3331, Teletourist Service: 3201-2911; JR: Yûrakuchô, Ausg. International Forum; U: Yûrakuchô, Yurakucho Line, Ausg. A4b; geöffnet Mo-Fr 9-17 Uhr, Sa 9-12 Uhr. Zweigstellen:
Asakusa, Tel. 3842-5566
Narita (Flughafen), Tel. (0476) 32-8711
Yokohama, Tel. (045) 641-5824

Für Touristen und ausländische Bewohner gibt die *JNTO* die monatlich erscheinende, **kostenlose Zeitschrift** *Tokyo Tour Guide/Tour Companion* heraus. Sie liegt im TIC, in Hotels und manchen Supermärkten aus (Tel.3542-5027, Fax 3546-1480.

●*Internet*: http://www.jnto.go.jp.
Informiert über die aktuellen Ereignisse, gute Links.
●*Teletourist-Service:* Tel. 3505-2911; engl. Band, Infos über Veranstaltungen in Tokyo.

## Infos bei Langzeitaufenthalt

Viele Adressen, die bei einem längeren Japan-Aufenthalt nützlich sind, finden sich im *Tokyo Journal.*
●*Foreign Residents' Advisory Center,* Tokyo Metropolitan Government, No. 1 Building (F3), 2-8-1 Nishi-Shinjuku; Auskunft auf Englisch: Mo-Fr, Tel. 5320-7744; Französisch: Do, Tel. 5320-7755.

Im neuen Rathaus gibt es für diejenigen, die länger in Tokyo zu bleiben gedenken, Auskünfte und Beratungen zu folgenden Themen: Ärztliche Behandlung, Erziehung, Wohlfahrtsangelegenheiten, Arbeit, Alltagsprobleme, Japanische Sitten, Kultur, das japanische Gesellschaftssystem, Schadensregelungen bei Verkehrsunfällen, Ehe- und Rechtsprobleme.
●*Tokyo Immigration Information Center:* Telefonauskunft Mo-Fr 9.30-12 Uhr und 13-16 Uhr, Tel. 3213-8523/7.
●*Japan Travel-Phones:* Hilfestellung bei Sprachschwierigkeiten. Mo-Fr 9-17 Uhr, Sa 9-

12 Uhr, Tel. 03-32013331 (Tokyo), 075-371-5649 (Kyôto), 0120-444800 (Rest Japans).
●*Tokyo Regional Immigration Bureau:* Tel. 3286-5244
●*Yokohama Regional Immigration Bureau:* Tel. 045-661-5111
●*Tokyo Metropolitan Government* (Stadtverwaltung), Shinjuku, Tel. 5321-1111.
●*Yokohama Shi-Yakusho* (Stadtverwaltung), 1-1 Minato-Chô, Tel. 045-671-2121 .
●*Goethe-Institut* (Doitsu Bunka Kaikan): 7-5-56, Akasaka, Minato-ku, Tokyo 107, Tel. 3584-3201/4; Fax 3586-3069.

Bibliothek mit Ausleihmöglichkeit, Zeitschriftenleseraum, Mediothek (Musik und Literatur vom Band, Filminfos), Veranstaltungen.
●Im selben Haus: **Deutsche Gesellschaft für Natur- und Völkerkunde Ostasiens (OAG),** Tel.3582-7743, Fax 3587-0030.

Herausgabe wissenschaftlicher Publikationen über das moderne Japan, Vorträge, Seminare, gesellige Veranstaltungen, Filme, Hobby-Kurse, Konzerte, etc.; deutsches Restaurant *Kreisel*, umfangreiche Bibliothek. Mitgliedsbeitrag, Ermäßigung für Studenten.
●*Deutsche Industrie- und Handelskammer in Japan (DIHKJ)*: Akasaka Tokyu Bldg.F7 ,2-14-3, Nagata-chô, Chiyôda-ku, Tôkyô 100, Tel. 3581-9881, Postanschrift: C.P.O. Box 588, Tôkyô 100-91

Für alle praktischen Fragen, die den Japanaufenthalt betreffen:
●*Japan Hotline*: Tel. 3586-0110, Mo-Fr 10-16 Uhr
●*OAK Associates:* Tel. 3354-9502 (für Geschäftsleute)
●*Welcome Furoshiki:* Tel. 3760-8560, 3352-0765 (kostenlose Besuche ins Hotel/Haus)
●*Yokohama Information Corner:* Tel. 045-671-7209
●*Japan Help Line:* Tel. 0120-461-997, rund um die Uhr
●*Tôkyô English Lifeline (TELL)*: Telefonische Beratung, auch HIV/AIDS, Tel. 5721-4347, Fax 5721-4341; 9-16 und 19-23 Uhr.
●*Tôkyô Women's Information Center:* Central Plaza 15F 1-1 Kagurashi (wie Jugendherberge Iidabashi), Tel. 3235-1186, JR Iidabashi.

Reisetips A-Z

Kontakte zu Japaner/innen:
● *Am Brunnen: Verein zur Förderung deutsch-japanischer* Beziehungen, 6-1-A201 Ichiban-chô, Chiyoda-ku, Tel. 3261-2943.
● *International Adventures Club* (IAC): Berg-touren u.a. IAC Info Line 3439-5557.

# Mit Kindern unterwegs

Für Kinder bieten sich in Tokyo viele Möglichkeiten der Beschäftigung. Viele Tempel und selbst kleine Nachbarschaftsparks haben Kinderspielplätze. Auf jedem Kaufhausdach gibt es kleine Vergnügungsparks. Große Abenteuerparcours sind bei Kindern wie Erwachsenen beliebt. Es gibt die großen Vergnügungsparks wie Kôrakuen, Toshimaen und allen voran Tokyo Disneyland, aber auch eine Reihe sehr interessanter Museen. In den Spielzeugabteilungen der Kaufhäuser dürfen Spielzeuge ausprobiert werden.

## Einrichtungen für Kinder

● *(Asakusa) Hanayashiki:* Tokyos ältester Vergnügungspark (über 130 Jahre alt) stammt noch aus der Edo-Zeit und liegt gleich neben dem Asakusa-Sensôji-Tempel. Es gibt dort einige der ältesten Karussells der Stadt und moderne Attraktionen.
2-28-1 Asakusa, Tel. 3842-8780; 0-18 Uhr, Eintritt: 400 ¥, Kinder 200 ¥, Fahrten extra; U: Asakusa.
● *Dr. Jeekan's:* Futuristisches Casino, u.a. Schießspiel mit Aliens.
2-4 Maruyamachô, Shibuya-ku, Tel. 3476-7811; 11-23 Uhr, 1000 ¥ pro Spiel, IR: Shibuya.
● *Geopolis:* Ozeanerforschungssimulator, Achterbahn.
1-3 Kôraku, Tel. 5800-9999; 10-22 Uhr, Eintritt (Erw.) 1400 ¥, U: Kôrakuen, Marunouchi Line.

● *Heiwa-no-Mori Kôen:* Hindernisparcours, Angelteich.
2-1 Heiwa-no-Mori-Kôen, Ôta-ku, Tel. 3766-1607; 9.30-16.30 Uhr, Mo und bei Regen geschl., Eintritt 100/330 ¥; Heiwajima, Keihin-Kyûkô Line.
● *Kodomo-no-Shiro:* offiziell *National Children's Center*, mit Theater, audiovisueller Bücherei, Video- und Computerspielen, Schwimmbad und Veranstaltungen für Kinder, z.B. Malen, Schwimmen, Spielen.
An der Straße von Shibuya nach Aoyama in: 5-53-1 Jingu-mae, Shibuya-ku, Tel. 3797-5666; Di-Fr 13-18 Uhr, Sa/So/F 10-18 Uhr.
● *Kôrakuen (Yû-en-chi):* Der klassische der größeren Vergnügungsparks in Tokyo.
1-8 Kôraku; meist 10-19 Uhr, Eintritt: 1100 ¥, Kinder 650 ¥, Fahrten extra; direkt neben der U-Bahn-Station Kôrakuen bzw. JR-Station Suidobashi gelegen.
● *Namco Wonder Eggs:* Fahrsimulation in richtigen Autos, Hotelgeist, Computersimulationsspiele.
1-15 Tamagawa, Tel. 3700-3451; 10-22 Uhr, Eintritt: 1200 ¥, Spielpaß 3900 ¥; U: Futago Tamagawa, Shin-Tamagawa Line.
● *Sanrio Pyuroland:* Japans erster Themenpark unter Dach, mit Hi-tech-Fahrgeschäften, Theater.
1-31 Ochiai, Tama-shi; 3000 ¥ (Erw.), Spielpaß 4400 ¥; Tama Center, Keiô- bzw. Odakyû Line.
● *Tokyo Disneyland:* Das dritte seiner Art, eine für japanische Familien bedeutende Touristenattraktion mit ständig wechselnden Angeboten; etwas außerhalb Tokyos an der Tokyo-Bucht gelegen. Der Park ist knapp 83 ha groß und in fünf Themengebiete gegliedert: World Bazar, Adventureland, Westernland, Fantasyland, Tomorrowland. Es gibt tägliche Paraden, außerdem sind rund 30.000 Souvenirs zu kaufen.
1-1 Maihama, Urayasu-shi, Chiba-ken, Tel. 3366-5600, außerhalb Tokyos: 0473-54-0001; Mo-Fr 9-19 Uhr, am Wochenende bis 21 Uhr, leichte jahreszeitliche Schwankungen; Eintritt: 3000 ¥, Kinder 2000 ¥, Tagespaß alles inclusive 4400 ¥, Big Ten: Eintritt incl. 10 Fahrten 4100 ¥. Zu erreichen mit U-Bahn bis Urayasu und von dort mit Shuttle-Bus oder ab Tokyo Station mit direktem

Shuttle-Bus (ab Ausgang Yaesu, hinter dem Tekka Bldg., Fahrtdauer rund 35 Min., 600 ¥, Kinder 300 ¥). Busse verkehren auch ab Ueno, Yokohama und Narita-Flughafen.

●*Tokyo Sesame Place:* Im Westen der Stadt auf dem Akikawa Hügel errichtete Nachbildung der Sesamstraße mit zusätzlichen Attraktionen.

403 Ajiro, Itsukaichi-machi, Tel. 0425-95-1152; Kinder 2600 ¥ (incl. Attraktionen), Erwachsene 2100 ¥; Bahnhof: Hachiôji.

●*Toshimaen:* Großer Vergnügungspark mit vielen Attraktionen, z.B. Achterbahnen, Karussells, Geisterbahnen, Schwimmbädern, Wasserrutschen, Abenteuerparcours, Park, im Hochsommer jeden Samstagabend Feuerwerk.

3-24-1 Mukaiyama, Nerima-ku, Tel. 3990-3131; 9-17 Uhr, Mitte Juli bis Ende August 9-21 Uhr, Mi geschl., Erwachsene 1600 ¥, Kinder (4-11) 800 ¥, Tagespaß 3400 ¥, Kinder (4-11 J.) 2800 ¥; Toshimaen, Seibu-Ikebukuro-Linie, 7. Station ab Ikebukuro, nicht Expreßzüge benutzen.

●*Yomiuri Land:* Großer Vergnügungspark westlich von Shinjuku.

Yanokuchi, Inagi-shi, Tel. 044-966-1111; Yomiuri Land-mae, Odakyû Line.

## Zoos, Tierparks, Safariparks

●*Ueno Zoo* (Ueno Dôbutsu-En):
Siehe Stadtteilbeschreibung Ueno

●*Tama Zoological Park* (Tama Dôbutsu-Kôen): Der in den Tama-Hügeln im Westen Tokyos in reizvoller Umgebung gelegene, 530 ha große Park bietet weitläufige Freigehege, durch die man hindurchgehen oder -fahren kann. Hauptattraktion sind neben den Löwen die Koalas, die man selten außerhalb Australiens findet, und das Insektenhaus.

7-1-1 Hodokubo, Hino-shi, Tel. 0425-91-1611; 9.30-16 Uhr, Mo geschlossen, Eintritt: wie Ueno-Zoo; Tama Dôbutsu-kôen, Keiô Line.

Angeschlossen ist der Vergnügungspark *Tama Tech Yûenchi.*

5-22-1 Hodokubo, Hinô-shi, Tel. 0425-91-0820; Eintritt 3800/4400 ¥.

●*Edogawa-ku Shizen Dôbutsu-en:* Ein „Natur"- oder Streichelzoo.

31 Kita-Kasai, Edogawa-ku, Tel. 3680-0777; 10-16 Uhr, Mo geschlossen, Eintritt frei; U: Nishi-Kasai, Tôzai Line.

●*Hamura-shi Dôbutsu Kôen:* Zoo, Spielen mit Enten, geeignet für Picknicks. In der Nähe gibt es den Naturpark *Hamura-Kusahana Hills Natural Park.*

4122 Hamura, Hamura-shi, Tel. 0425-55-2581; Hamura, Ôme Line, ab Shinjuku.

## Aquarien

●*Sunshine International Aquarium:* Dieses große Aquarium liegt im 10. und 11. Stock des World Import Center, ist 40 m hoch und enthält rund 20.000 Meerestiere (fast 600 Arten), darunter auch Meeresottern, Seelöwen und Pinguine.

3-1-3 Higashi-Ikebukuro, Tel. 3989-3466; 10-18 Uhr, 1440 ¥, Kinder 720 ¥; U: Ikebukuro.

●Am Fuß des *Tokyo-Tower* gibt es ein großes *Aquarium,* das wenig bekannt, aber mit seinen 50.000 Fischen (800 Arten) sehr reichhaltig besetzt ist.

4-2-8 Shiba-kôen, Tel. 3434-8833, 10-19 Uhr, Eintritt: 1000 ¥. Nebenan gibt es ein Wachsfigurenkabinett mit rund 120 Nachbildungen berühmter Persönlichkeiten; Tel. 3436-6661, Eintritt 750 ¥. U: Kamiyachô, Hibiya Line; Onari-mon, Toei Mita Line.

●*Tokyo Sea Life Park:* Die Hauptattraktion dieses 1989 an der Tokyobucht angelegten Parks ist ein großes Aquarium in einem gläsernen Kuppelgebäude; dazu gibt es einen Vortragssaal mit 3-D-Vorführungen.

Kasai Rinkai Kôen, 6-2-3 Rinkaichô, Edogawa-ku; Tel. 3869-5151/2; 9-16 Uhr, Mo geschl.; Erwachsene 600 ¥, Kinder (13-15 Jahre) 200 ¥, bis 12 und über 60 J. frei; JR: Rinkai-Kôen, Keiyô Line.

## Ponyreiten

●*Arakawa Yûen:* kleiner Vergnügungspark, Zoo, 3 x täglich Ponyreiten für 4-10jährige.

6-35-11 Nishi-Ogu, Arakawa-ku, Tel. 3893-6003; 100 ¥; 9-17 Uhr, Mo geschl.; Toden: Arakawa Yûenchi-mae.

●*Edogawa-ku Ponyland:* für Kinder unter 12 Jahren, Kutschenreiten für jedes Alter.

Am Ufer des Edogawa, 3-12-17 Shinozaki, Edogawa, Tel. 3678-7520; 10-11.30 Uhr, 13.30-15 Uhr, Mo geschl., kostenlos; U: Shinozaki, Toei-Shinjuku Line, ab da Busverbindung.

● *Pony School Katsushika:* für Kleinkinder kostenlos, für Schulkinder Unterricht gegen Gebühr, Reservierung notwendig.

1-19 Mizumoto, Katsushika-ku, Tel. 3627-0745; 10-11.30 und 13.30-14.30 Uhr, Mo geschl.; Bahnhof Kanamachi (Jôban Line) Nordausgang, Bus nach Mizumoto Koko, Mizumoto Chûô Kôen.

## Museen

● *Schiffahrtsmuseum (Fune-no-Kagakukan, Museum of Maritime Science):* Schiffe und Teile von Schiffen in einem schiffartigen Gebäude.

3-1 Higashi-Yashio, Tel. 3528-1111; Bus ab JR: Shinagawa, Ostausgang.

● *Verkehrsmuseum, (Kôtsu Hakubutsukan, Transportation Museum):* Lokomotiven, Modelleisenbahnen, Flugzeuge, Oldtimer.

1-25 Kanda Sudachô, Tel. 3251-8481; 150/260 ¥; U: Akihabara.

● *Rundfunkmuseum (NHK Hôsô Hakubutsukan, NHK Broadcasting Museum):* Geschichte des Rundfunks in Japan.

Auf dem Atagoyama-Hügel, 2-1-1 Atago, Tel. 3433-5211; kostenlos; U: Kamiyachô, Hibiya Line.

● *Feuerwehrmuseum (Shôbô Hakubutsukan):* Erstes Feuerwehrmuseum in einem 10stöckigen, Gebäude in Yotsuya, Hubschrauber vor dem Eingang.

3-10 Yotsuya, Tel. 3353-9119; U: Yotsuyasanchôme, Marunouchi Line.

● *Drachenmuseum (Take-no-Hakubutsukan):* Drachen aus Japan, Brasilien, Indonesien, Malaysia.

Hinter Kaufhaus Tôkyû-Nihombashi, 1-12-10 Nihombashi, Tel. 3275-2704; 100/200 ¥; U: Nihombashi.

## Spielzeugmuseen

● *Nihon Gangu Shiryôkan:* Sammlung einheimischer und ausländischer Spielzeuge.

Tel. 3874-5133; 100/200 ¥; Bus von Asakusa nach Kiyokawa-Itchome (Richtung Minami-Senju).

● *Omocha Bijutsukan:* Kleines Spielzeugmuseum, aus dem an jedem Samstag Spielzeug für 2 Wochen ausgeliehen werden kann.

Tel. 3387-5461; 300 ¥, Bahnhof Nakano (Chûô Line) Nordausgang.

● *Sekiguchi Doll House:* Sammlung von 200 Zelluloidpuppen und 150 Zelluloidspielzeugen.

5-2-11 Nishi Shin-Koiwa, Katsushika-ku, Tel. 3692-3111; kostenlos (nach Voranmeldung); Bus ab Bahnhof Shin-Koiwa (Sôbu Main Line) nach Kami-Hiraichô, Sekiguchi Company.

## In Yokohama

● *Honmoku Shimin Kôen:* Park mit vielen Sportmöglichkeiten und Spielplätzen, u.a. Radfahren, Rollschuhlauf, Schwimmen, Tennis.

Honmoku O-satô, Naka-ku, Tel. 045-623-8747.

● *Joypolis:* Interaktive Sega-Computerspiele.

1-1-10 Shin-Yamashita, Naka-ku, Tel. 045-623-1311; 10-24 Uhr, 500 ¥; 15 Min. von JR: Ishikawachô.

● *Kodomo-no-Kuni Yokohama:* Musterbauernhof, Zoo, Spielplätze, Bootfahren, Ponies.

700 Nara-chô, Midori-ku, Tel. 045-961-2111; Bahnhof Tsurukawa (Odakyû Line), Bus nach Kodomo-no-kuni.

● *Wild Blue Yokohama:* Badepark mit Südseeatmosphäre.

2-28-2 Heianchô, Tsurumi-ku, Tel. 045-511-2323.

● *Yokohama Dreamland:* Vergnügungspark, Schwimmbad im Sommer, Eislaufbahn im Winter.

700 Matanochô, Totsuka-ku, Tel. 045-851-1411.

● *Yokohama Hakkeijima Sea Paradise:* Aqua Museum, Vergnügungspark mit fünf Zonen; Hakkeijima, Kanazawa-ku.

Tel. 045-788-8888; erreichbar mit Kanazawa Seaside Line zwischen Hakkeishima Station (Keihin Kyûko Line) und Sugita Station (JR: Negishi Line).

● *Yokohama Shiritsu Kanagawa Dôbutsu-en:* Grasfressende Tiere aus vier Kontinenten.

Im Kanazawa Shizen Kôen (Kanazawa-Na-turpark), 2800-1 Kamariya, Kanazawa-ku, Yo-kohama-shi, Tel. 045-783-9101; Mo geschl., 300 ¥.

● **Yokohama-shi Nogeyama Dôbutsu-en:** Gi-raffen und seltene Vögel.
63-10 Oimatsuchô, Nishi-ku, Yokohama-shi, Tel. 045-231-1696; 9.30-16.30 Uhr, Mo geschl., Eintritt frei.

● **Isogo Umi-zuriba**: Meeresangeln.
388 Shin-Isogochô, Isogo-ku, Yokohama-shi, Tel. 045-761-1931; 200/300 ¥ pro Tag, Mo geschl.

● **Buriki-no-Omocha Hakubutsukan:** Private Zinnspielzeugsammlung, 3000 Stück.
Bus ab Bahnhof Ishikawacho nach Minato-no-Mieru-oka-kôen, 239 Yamatechô, Naka-ku, Yokohama-shi, Tel. 045-621-8710.

● **Yokohama Ningyô-no-Ie:** Puppenmuseum, siehe Yokohama.

# Kinos

Ausländische Filme laufen gewöhnlich unsynchronisiert in der Originalspra-che mit japanischen Untertiteln, was für uns recht günstig ist.

Die Kino-Zentren in Tokyo sind Shin-juku, Shibuya und vor allem die Umge-bung von Hibiya/Yûrakuchô und Gin-za; erwähnenswert ist auch noch Ike-bukuro. Yokohama hat natürlich eben-falls einiges zu bieten. Die modernen Kinos sind recht bequem, während die alten meist zu kleine Sitze hatten. Die großen Erstaufführungskinos kosten ca. 1500 ¥ Eintritt, Programmkinos sind erheblich preiswerter und bieten mehrere Filme hintereinander an.

● **Namikiza:** herrlich altmodisch, 2-3-5 Ginza, Tel. 3561-3034
● **Cine Vivant:** gute europäische u.a. Filme, auch Spätvorstellungen, B1 Wave Bldg., 6-2-27 Roppongi, Tel. 3403-6061

● **Haiyu-za Cinema 10:** gute internationale Filme, Spätvorstellungen, 4-9-2 Roppongi, Tel. 3470-2880
● **Cinema Rise Shibuya:** interessantes Design, Spain-zaka, Rise Bldg., 13-17 Udagawa-chô, Tel. 3464-0052; Shibuya, Hachiko-Ausgang
● **Cinema Square Tôkyû:** gutes Programmkino; 1-29-1 Kabukichô, Tel. 3232-9274; Shinjuku, Ostausgang
● **ACT Cinema:** kleines Kino für Cineasten, keine Stühle, nur Kissen; japanische Klassiker und Kultfilme, 2 Filme meist 1100 ¥, Waseda-dôri, links hinter *Café Chez Nous*, Tel. 3208-4733; JR: Takadanobaba

# Lernen und Arbeiten

## Studium der japanischen Sprache

Angesichts der wirtschaftlichen Be-deutung Japans ist auch das Interesse an der Sprache enorm gewachsen. Früher haben sich nur ein paar Ideali-sten dafür interessiert. Heute sind die etablierten Schulen dem Andrang kaum noch gewachsen, was zur Grün-dung vieler kleiner, nicht immer quali-fizierter Schulen geführt hat.

Wer sicher gehen will, kann sich an die in der TIC-Broschüre „Japanese & Japanese Studies" aufgeführten Schu-len mit staatlicher Anerkennung wen-den; diese gehören zur *Association of International Education* (Tel. 3485-6827). Sprachschulen können sehr teuer sein, zumal zu den jährlichen Studiengebühren von 300.000 bis 600.000 ¥ noch die Einschreibungs-und Verwaltungskosten in Höhe von 50.000 bis 130.000 ¥ hinzukommen –

Reisetips A-Z

eine gängige Praxis in mehreren asiatischen Ländern. Die Nachfrage hat die Preise sicher zusätzlich in die Höhe getrieben.

Empfehlenswert ist die **Monatszeitschrift** Nihongo Journal, die sich an Sprachstudenten wendet, aber auch für Anfänger von Interesse ist. Eine andere ist die Hiragana Times (Tel. 3341-8989). In Yokohama wird alle zwei Monate von der Yokohama Information Corner die Zeitung Kawaraban (Tel. 045-671-7209) herausgegeben. In diesen Zeitschriften kann man auch Hinweise auf Unterricht finden oder per Annonce Sprachunterricht im Austausch geben bzw. erhalten.

Lehrbücher wie „Japanese for Today" mit Übungskassetten bieten einen exzellenten Einstieg. Heute gibt es natürlich auch gute Computerprogramme. Wenn die Möglichkeit besteht, mit Einheimischen das Gelernte zu trainieren, dann läßt sich in 3-6 Monaten schon erstaunlich viel erreichen. Die unter „Information" erwähnten Adressen bieten die Möglichkeit zu guten Kontakten.

## Sprachschulen

Das Justizministerium hat eine **Liste anerkannter Sprachschulen** herausgegeben: Nihongo Gakkô Binran (Japanisch-Schulen-Führer), erhältlich im Buchladen Bonjinsha in Kôjimachi für 2500 ¥ (Tel. 3239-8673). Ein anderes Verzeichnis ist der **Führer für Japanische Sprachinstitutionen** (Nihongo Kyoiku Shisetsu Yoran), der in Büchereien ausliegt.

**Infos zu Sprachschulen:**
- *Association for the Promotion of Japanese Language Education,* Tel. 5386-0080
- *Japan Hotline,* Tel. 3586-0110

Die folgenden Schulen bieten Unterricht für Sprachschüler aus dem europäisch-amerikanischen Raum auf Englisch.

- *Academy of Language Arts,* Tel. 3235-0071; Iidabashi, Sôbu Line
- *Asahi Culture Center,* Tel. 3348-4041; Shinjuku W-Ausgang
- *Azabu Academy,* Tel. 3404-2841; Roppongi
- *Hiroo Japanese Center,* Tel. 3444-3481; U: Hiroo
- *Institute of Japanese Studies,* Tel. 3403-8088; Roppongi A4
- *Japanese Language Institute,* Tel. 3359-9600; U: Yotsuya, Ausg. Yotsuya
- *LIC Kokusai Kaiwa Gakuin,* Tel. 3770-5344; Shibuya, Hachiko-guchi
- *OLJ Language Academy,* Tel. 3404-7805; U: Gaienmae
- *Sendagaya Japanese Institute,* Tel. 3232-6181; Takadanobaba
- *Sony language Laboratory,* Tel. 3504-1356; U: Toranomon Ausg. 9, Kasumigaseki C3
- *Tokyo Language School* (Shinjuku-sanchome), Tel. 3207-5281; Okubo-Filiale Tel. 3366-446; Ikebukuro Tel. 3980-6320 bzw. 3980-2558; Ueno Tel. 3802-8035
- *Tokyo School of Japanese Language,* Tel. 3463-7261; Shibuya
- *OAG,* Tel. 3582-7743, Fax 3587-0030 (erteilt Unterricht auf Deutsch)

## Kostenloser Unterricht

Kostenlosen Unterricht gibt es in den Stadtbezirken durch Bezirksämter oder Freiwilligengruppen.

- *Women's Center* (Josei Sogo Center), Tel. 3880-5222, Adachi-ku
- *Culture Promotion Section* (Bunka Shinko-ka Bunka-gakari), Tel. 3579-2255, Itabashi

- **Association for Itabashi International Communications,** Tel. 3579-2015; Koko-no-kai, Tel. 3936-9107, Itabashi
- **VOICE,** Tel. 3957-5147, Itabashi
- **UNESCO Nihongo Kyoshitsu Association,** Tel. 3717-3931, Meguro-ku

## Jobben in Japan

Der Yen ist stark, und die Wirtschaft boomte bis vor kurzem; das hat Hunderttausende von **Arbeitskräften** ins Land gelockt. Viele von ihnen, vor allem aus Bangladesh, Pakistan und aus dem Iran, aber auch aus Südostasien, kamen illegal.

Die äußerst homogene japanische Gesellschaft tut sich schwer mit dem Zustrom von „Gastarbeitern": Sie sind ungeliebt, ihnen wird ein Anstieg der Kriminalität zur Last gelegt, aber die Wirtschaft braucht sie dringend.

### Arbeitsvisum

Wer legal in Japan arbeiten will, muß sich ein Arbeitsvisum bei der japanischen Botschaft vor der Einreise besorgen (siehe: „Einreisebestimmungen"). Unproblematisch ist dessen Beschaffung für qualifizierte Fachleute.

Wer **als Tourist** aus Deutschland, Österreich oder der Schweiz ins Land kommt, kann dort 6 Monate bleiben, bevor eine Verlängerung der Aufenthaltserlaubnis fällig wird. Leider gibt es für Touristen aus diesen Ländern nicht die Gelegenheit zu legalen Working Holiday Visas.

### Sprachlehrer

Für westliche Ausländer ist die Sprachlehrer-Tätigkeit noch immer der Job Nr. 1, wobei der Bedarf an Deutschlehrern weitgehend gedeckt ist. **Englischlehrer** sind weitaus mehr gefragt, jedoch werden hier Muttersprachler bevorzugt. Aber nicht nur das, es kommen auch immer mehr qualifizierte Sprachlehrer ins Land, und die Nachfrage nach Amateuren sinkt ständig. Für illegal arbeitende Sprachlehrer sind die Arbeitsbedingungen in Tokyo bisweilen auch ausbeuterisch.

Die vielen **Privatschulen** in Tokyo haben nach wie vor einen großen Bedarf an Sprachlehrern; in der Montagsausgabe der Japan Times stehen die meisten diesbezüglichen Annoncen. Neben Tokyo bieten sich auch in Ôsaka recht gute Chancen.

Die **internationalen Schulen,** z.B. in Tokyo und Yokohama (dort gibt es auch eine Deutsche Schule), benötigen immer wieder qualifizierte Lehrkräfte.

Selbst die **staatlichen Schulen** bieten ausländischen Sprachlehrern Jahresverträge an; aber auch dort sind deutsche Sprachlehrer eine kleine Minderheit.

Manche Englischlehrer müssen nicht wirklich unterrichten, sondern werden von Schulen angestellt, um mit Schülern, Hausfrauen oder Salarymen Konversation zu betreiben. Der Bedarf an solchen conversation teachers ist nicht zuletzt deshalb groß, weil in der Schule praktisch nur Grammatik gelehrt wird und heute viele Japaner für ihre Tätigkeit im Ausland gute Englischkenntnisse haben sollten.

## Textkorrektur

Ein weiterer sprachbezogener Job ist das Verbessern von Texten wie Gebrauchsanweisungen, Handbüchern und Dokumenten. Dazu sind natürlich entsprechende technische Kenntnisse sehr ratsam. Solche Tätigkeiten werden mit 2000-3000 ¥ pro Stunde bezahlt.

## Sonstige Jobs

In den Modellagenturen in Aoyama, z.B. Omotesandô, werden immer wieder westliche **Fotomodelle** gesucht, gelegentlich auch Amateure. Wer sich dafür interssiert, sollte einen Satz geeigneter Fotos als Referenz dabeihaben. Es werden nicht nur Frauen, sondern auch Männer und Kinder gesucht.

Als **Hostess in einer Bar** läßt sich mit Servieren und Plaudern Geld verdienen (Prostitution ist hierbei nicht inbegriffen). Bringt die westliche Hostess dann noch Kunden in die Bar, erhält sie dafür Provision.

Es gibt immer mal wieder **Jobs in Filmproduktionen,** für die Westler gebraucht werden, aber solche Jobs sind selten.

Weitere Tätigkeiten, die für westliche Ausländer in Frage kommen, sind z.B. Übersetzen, Texten, Redaktionstätigkeiten, Arbeit an Computern oder Jobs im Bereich Architektur, Fotografie und Werbung.

## Stellenvermittlungen

- **Borgman:** HDI, Tel. 3989-8153. Uni-Abschluß, Japanischkenntnisse vorteilhaft.
- **Kimi Information Center:** Tel. 3986-1604. Appartment- und Jobvermittlung, vor allem Englischlehrer.

- **JAC Japan:** Tel.3262-8171. Uni-Abschluß, Japanischkenntnisse, Berufserfahrung, insbesondere: Systemingenieure, Programmierer.
- **Just Service:** Tel. 045-321-4111, Yokohama. Japanischkenntnisse und mehr als 2 Jahre Berufserfahrung Voraussetzung, ab 22 Jahre, Dolmetschen, Übersetzen, Handel.
- **Persona Japan:** Tel. 3475-8081. Nur für Frauen, vor allem ausländische Firmen.
- **Selnate:** Tel. 3234-5071. Uni-Abschluß, vor allem für Personal-,PR-Verkaufsabteilungen.
- **Sun Flower:** Tel. 3777-8041. Vor allem Englischlehrer
- **YAC Staff Service:** Tel. 3341-8989. Models, Komparsen, Synchronisieren, Straßendarbietungen u.a.
- **Yujo Kikai:** Tel. 3477-1687. Nur Teilzeitjobs, körperliche Arbeiten.
- **Kokyo Shokugyo Anteijo** *(Hello Work),* bei guten Japanischkenntnissen: Shinjuku, Tel. 3200-8609, 2-42-10 Kabuki-chô; Shibuya, Tel. 3476-8609, 1-3-5 Jinnan; Ikebukuro, Tel. 3987-8609, 3-5-13 Higashi-Ikebukuro; Ueno, Tel. 3847-8609, 4-1-2 Higashi-Ueno
- **Center for domestic & foreign students:** Tel. 3359-5997. Jobs für Studenten.

# Maße und Gewichte

In Japan gelten grundsätzlich die gleichen Maße wie bei uns. Früher gab es viele traditionelle Maßeinheiten, von denen jedoch nur noch die folgenden im täglichen Gebrauch vorkommen:

- **ichi-go (-bin):** 0,18 l (kleine Reisweinflasche)
- **is-shô (-bin):** 1,8 l (große Reisweinflasche)
- **ichi-jô:** Fläche einer Tatamimatte
- **hito-tsubo:** Fläche von 2 Tatamimatten

Reisetips A-Z

## Konfektionsgrößen

### Schuhgrößen Damen

| Europa | Japan |
|--------|-------|
| 36 | 23 |
| 37 | 23,5 |
| 38 | 24,5 |
| 39 | 25,5 |
| 40 | 26 |

### Schuhgrößen Herren

| Europa | Japan |
|--------|-------|
| 39 | 25 |
| 40 | 25,5 |
| 41 | 26 |
| 42 | 26,5 |
| 43 | 27 |
| 44 | 28 |
| 45 | 29 |

## Damenkleidung

| Europa | Japan |
|--------|-------|
| 36 | 7 |
| 38 | 9 |
| 40 | 11 |
| 42 | 13 |
| 44 | 15 |
| 46 | 17 |
| 48 | 19 |
| 50 | 21 |

## Herrenkleidung

| Europa | Japan |
|--------|-------|
| 44/46 | S |
| 48/50 | M |
| 52/54 | L |
| 56 | LL |

**Oberhemden:** wie in Europa

# Medien

## Presse

**Deutschsprachige Zeitungen** und Zeitschriften sind in manchen Buchläden und großen Hotels erhältlich, ein **Abonnement** ist durch den *Oversea Courier Service (OCS)* möglich, Tel. 5476-8101.

### Stadtblätter

●*Tokyo Journal, Your City Magazine* (beste englischsprachige Monatszeitschrift) 600 ¥, Tel. 5561-9090, Fax -9721, e-mail:tj@iac.co.jp; Homepage: http://www.japan.co.jp/tj
●*Tokyo Weekender,* kostenloses Wochenblatt, Schwerpunkt: Freizeitaktivitäten, Veranstaltungen, Anzeigen, liegt aus in Hotels, TIC, Kaufhäusern, Tel. 5689-2471.
●*City Life News Tokyo,* kostenloses Monatsblatt für Ausländer in Tokyo, Tel. 3457-7541, Fax 3547-7544.
●*The Nippon View,* kostenloses Monatsblatt für Ausländer in Japan, Tel. 3442-0211, Fax 3442-0217.
●*Tokyo Metropolitan News,* kostenloses vierteljährliches Blättchen der Stadtverwaltung auf Englisch.
●*Joyful Tokyo,* kostenlose vierteljährliche Informationen für Touristen, Tel. 3263-4566.

### Andere Zeitschriften

●*Eye-Ai,* monatlich, Informationen aus dem Showbusiness, 400 ¥, Tel. 3406-7373.
●*Japan International Journal,* monatlich, über Japan, 600 ¥, Tel. 3449-1321.
●*Hiragana Times,* Zeitschrift für Japanisch-Lernende, monatlich, 250 ¥, in Buchläden.

### Englischsprachige Tageszeitungen

- **The Japan Times,** 160 ¥, Asahi Shinbun, Tel. 3453-4350/3545-0131 (seriös, offiziös).
- **Asahi Evening News,** 120 ¥, erscheint abends.
- **Mainichi Daily News,** 120 ¥, Mainichi Shinbun, Tel. 3212-4350/3212-0321.
- **Daily Yomiuri,** 100 ¥, Yomiuri Shinbun, Tel. 3217-8231/3242-1111.
- **Nihon Keizai Shinbun,** erhältlich an Ständen in Bahnhöfen.
- **Nikkei Weekly,** Wochenzeitschrift für Wirtschaft, 400 ¥.

## Fernsehen

Die staatlichen und privaten Fernsehkanäle bringen nur Sendungen auf Japanisch, bei den Fernsehgeräten mit Umschaltknopf für **zweisprachige Sendungen** (heute fast Standard bei Geräten ab 50.000 ¥) können jedoch bestimmte Programme wie nichtjapanische Spielfilme oder manche Nachrichten im Originalton gehört werden. Ansonsten gibt es die Möglichkeit, den **Originalton über Radio** (TV/FM) zu empfangen. Ein englischsprachiger Radiosender ist FEN (810 Khz).

Große **Hotels** bieten in der Regel CNN, Star TV und ähnliche Programme an.

# Medizinische Versorgung

Japaner haben weltweit die höchste Lebenserwartung (82 Jahre für Frauen) und mit die geringste Säuglingssterblichkeit (6 auf 1000 Geburten). Die **sehr gute medizinische Versorgung** trägt mit Sicherheit auch dazu bei. Allerdings ist sie auch schon lange nicht mehr preiswert zu nennen. Besonders Zahnbehandlungen sind sehr teuer. Die staatliche Krankenversicherung *(kokumin kenkô hoken)* hält den Eigenanteil an den Behandlungskosten zwar in vertretbaren Grenzen, aber viele ausländische **Ärzte** bzw. solche, die im Ausland studiert haben und Ausländer behandeln, rechnen nur privat ab. Bei solchen Ärzten darf aber vorausgesetzt werden, daß sie Englisch oder gar Deutsch verstehen (vor dem 2. Weltkrieg war Deutsch die Sprache der Medizin, wie bei uns Latein).

Übliche **Sprechstunden** *(shinsatsu-jikan, shinryo-jikan)* sind Mo-Fr 9-12 und 18.30-21 Uhr, samstags 9-13 Uhr. In der Regel werden **keine Termine** vergeben. Wer eine Versicherung abgeschlossen hat, zeigt den **Ausweis** *(kenkô hoken-sho)* vor und wartet dann im Wartezimmer bis zur Konsultation. Hinterher überreicht die Assistentin gegebenenfalls gleich die **Medikamente** und kassiert die Gebühr. Die Dosierung ist auf den Tütchen vermerkt.

Nicht selten verabreichen Ärzte **Medikamente in Pulverform.** Man nimmt in diesem Fall einen Schluck Wasser in den Mund, schüttet das Pulver hinein und schluckt alles zusammen herunter. Kindern, die damit Schwierigkeiten haben, gibt man das Pulver in Oblaten eingerollt. Diese sind in der Apotheke erhältlich. Bei Kassenpatienten werden automatisch Medikamente vergeben, die von der Versicherung übernommen werden.

Die Botschaften haben in der Regel eine **Liste empfohlener Ärzte,** Kliniken und Krankenhäuser parat. Die *Tokyo English Lifeline* (*TELL*, Tel. 3264-4347, 9-16 Uhr und 19-23 Uhr, *International Medical Information Center*, 3706-4243,-7574) kann ebenfalls **Auskunft** geben.

Empfehlungen für **Gynäkologen** sind insbesondere Vertrauenssache. Die Vereinigungen *International Feminists* und *Foreign Wives of Japanese* können weiterhelfen. In manchen Kliniken und Krankenhäusern bekommen die Ärzte die Gesichter ihrer Patientinnen übrigens nicht zu sehen: ein Vorhang in Höhe der Hüfte verdeckt den gegenseitigen Blick.

**Spezialisten** haben normalerweise wie bei uns Belegbetten in bestimmten Krankenhäusern und halten dort auch ihre Sprechstunden ab, allerdings in der Regel nur vormittags und an manchen Tagen.

Wie anderswo in Asien, wird bei **stationärer Behandlung im Krankenhaus** die Mithilfe der Familie, soweit vorhanden, gestattet und geradezu erwartet. Daher steht im Krankenzimmer auch ein Bett für das helfende Familienmitglied bereit. Es wird erwartet, daß die Familienmitglieder beim Saubermachen und Füttern helfen; in manchen Krankenhäusern bringt die Familie sogar das Essen mit. Bei der Visite stehen die Besucher auf. Die Ärzte werden wie Lehrer und andere Respektpersonen mit *sensei* angeredet. Sie erhalten gern Whisky o.ä. als Geschenk, während die Schwestern z.B. Kuchen bekommen, und zwar nicht selten am Beginn der Behandlung und bei der Entlassung. Besuchszeiten (*men-kai ji-*

*kan*) sind in der Regel vom Nachmittag bis 20 Uhr. Geeignete Mitbringsel sind Blumen (keine Topfblumen, damit die Krankheit nicht Wurzeln schlägt), Obst oder Kekse und Knabberzeug.

Bei **Notfällen** kann man über die Telefonnummer **119** eine Ambulanz rufen (lassen). Der **Krankentransport** wird von der Feuerwehr organisiert und ist kostenlos; der Transport erfolgt in der Regel ins nächstgelegene Krankenhaus und nicht in das bevorzugte. Wer z.B. wegen bestimmter Fachärzte in ein bestimmtes Krankenhaus eingeliefert werden will, sollte das vorher selbst arrangieren. Wird erst der Krankenwagen gerufen, ist das nicht gewährleistet, und ein Transfer ist nach der Aufnahme nur noch schwierig zu bewerkstelligen.

## Krankenhäuser

### In Tokyo

- **Hospital Information:** Tel. 3212-2323
- **International Catholic Hospital** *(Seibo Byôin)*, 2-5-1 Naka-Ochiai, Shinjuku-ku, Tokyo 161, Tel. 3951-1111, Seibu-Shinjuku Line: Shimo-Ochiai.
- **Keiô-University Hospital** *(Keiô Daigaku Byôin)*, 35 Shinano-machi, Shinjuku-ku, Tel. 3353-1211. Gutes modernes Krankenhaus, sehr beliebt.
- **Juntendo Daigaku Byôin**, 3-1-3 Hongô, Bunkyô-ku, Tel. 3831-3111 (Ochanomizu). Uni-Klinik.
- **St. Luke's International Hospital** *(Sei Roka Kokusai Byôin)*, 10-1 Asashichô, Chûô-ku, Tokyo 104, Tel. 3541-5151.

    Ein sehr prestigereiches Krankenhaus mit allen Fachrichtungen, moderne und stationäre Behandlung, auch Notfallklinik. U: Tsukiji.
- **Tokyo Daigaku Byôin**, 7-3-1 Hongô, Bunkyô-ku, Tokyo 113, Tel. 3815-5411.

*Reisetips A–Z*

- **Tokyo Sanitarium Byôin/Adventist Hospital** *(Tokyo Eisei Byôin)*, 3-17-3 Amanuma, Suginami-ku, Tokyo 167, Tel. 3392-6151, U, JR: Ogikubo.
- **Nisseki Hospital Iryô Center,** 4-1 Hiroo, Shibuya-ku, Tokyo 150, Tel. 3400-1311. Rotkreuzkrankenhaus, U: Hiroo.
- **Tokyo Women's Medical College Hospital,** 8-8-1 Kawadachô, U: Waseda, Akebonobashi.
- **Toranomon Hospital,** 2-chôme Toranomon, Tel. 3588-1111, U: Kasumigaseki.
- **Kokuritsu Shônin Byôin,** 3-35-31 Taishido, Setagaya-ku, Tokyo 154,Tel. 3414-8121. Staatliches Kinderkrankenhaus.
- **Jikei Daigaku Byôin,** 3-19-18 Nishi-Shimbashi, Minato-ku, Tokyo 105, Tel. 3433-1111. Uni-Klinik, gute Gynäkologie, JR: Shimbashi.

## In Yokohama

- **Hospital Information:** 045-212-3535
- **Isogo Chûo Byôin,** 1-16-26 Mori, Isogo-ku, Tel. (045) 752-1212.
- **Yokohama Municipal Port and Harbour Hospital** *(Kôwan Byôin)*, 3-2-3 Shin-Yamashita, Naka-ku, Tel. (045) 621-3388.
- **Washinzaka Hospital,** Yamate-chô 169, Naka-ku, Tel. (045) 623-7688.

## Medikamente und Apotheken

Medikamente sind in Apotheken erhältlich; bei ärztlichen Behandlungen erhalten die Patienten jedoch die verschriebenen Medikamente wie in anderen asiatischen Ländern direkt vom Arzt (was eine nette Zusatzeinnahme verschafft und weshalb auch nicht selten teure Medikamente verschrieben werden).

Da japanische und auch amerikanisch orientierte Apotheken Medikamente mit anderen Namen als im deutschen Sprachraum verwenden, sollte man den **generischen Namen** (also den des Inhaltsstoffes) verwenden. Wer bestimmte Medikamente benötigt, sollte sich ohnehin zuhause damit eindecken.

## Apotheken mit englisch sprechendem Personal

- **American Pharmacy,** Hibiya Park Bldg., 1-8-1 Yûrakuchô, Chiyoda-ku, Tel. 3271-4034, schräg gegenüber dem Tourist Information Center; U: Hibiya.
- **Azabu Drugs** (im *National Azabu Supermarket*), 3-24-22, Nishi-Azabu, Minato-ku, Tel. 3405-4362/3442-3495; U-Bahn: Hiroo.

## Traditionelle Medizin

In Japan besteht reichlich Gelegenheit, sich auf traditionelle ostasiatische Weise behandeln zu lassen.

### Chiropraktik (seitai)

**Judo-Trainer** verstehen sich auf die Kunst der Chiropraktik. Chiropraktische Behandlungen abseits von Judo gibt es im *Tokyo Chiropraktic Center*, 3-5-9 Kita Aoyama, Minato-ku, Tokyo 107, Tel. 3478-2713 (es wird Englisch gesprochen).

### Akupunktur (hari) und Moxibustion (kyu)

- **Choan Acupuncture Clinic** *(Shinkyu-in)*, chin. Arzt, orth. Chirurg, Akupunktur, Chiropraktik, Massage, Moxibustion.
  9-13 und 15-19 Uhr, Mi geschlossen; 1. Behandlung 4000 ¥, danach 3500 ¥; Ichinoe Bldg., 3. St., 4-2 Harue-chô, Edogawa-ku, Tel. 3654-5592, U: Higashi-Ojima.
- **Yoshida Acupuncture Clinic** *(Onshin-in)*, Behandlung mit erhitzten Nadeln, gut für Sportverletzungen, Sehnenentzündungen; Reservierung notwendig.
  10-12 und 14-18 Uhr, So geschl.; 1. Besuch 6000 ¥, danach 4000 ¥; 4-7-3 Todoroki, Setagaya-ku, Tel. 3702-8989, Todoroki, Tôkyû-Oimachi Line.

● *Toyo Igaku Kenkyu-Jo (Oriental Medical Research Center)*
An Rezeption Nr. 1 nach „hari" fragen. Mo-Sa 8-10 Uhr bei Erstbesuch, später nach Vereinbarung. Kitazato Daigaku Byôin, 5-9-1 Shirogane, Minato-ku, Tel. 3444-6161; U: Hiroo.

● *Shiawase Kenko Club,* Klinik des bekannten *Aoyagi Shudo.*
Ab 8 Uhr, Di/Fr/F geschl.; Noguchi Bldg. F5, 3-2 Sakuragaoka, Shibuya-ku, Tel. 3496-6422; JR/U: Shibuya.

● *Tokyo Chiropractic Center*
9-12.30 und 13.30-18 Uhr; 3-5-9 Kita-Aoyama, Tel. 3478-2713; U: Omotesando.

## Museen und Galerien

Die staatlichen Museen in Japan können nicht mit den großen westlichen Museen mithalten; die Privatmuseen in Tokyo sind großteils sehenswerter als vergleichbare staatliche. Die bedeutendsten Ausstellungen werden von den großen Zeitungen in den Galerien großer Kaufhäuser gezeigt.

Grundsätzlich sind Museen **montags geschlossen** bzw. dienstags, falls der Montag ein Feiertag war. Die Kaufhäuser sind jeweils an einem bestimmten Tag in der Woche geschlossen, kleinere Galerien in der Regel an Sonn- und Feiertagen.

*Kunstgalerien* gibt es in Tokyo vor allem in der **Ginza.** Die über 300 Galerien, für die dieses Viertel berühmt ist, befinden sich zumeist zwischen der Chûô-dôri mit den großen Kaufhäusern und der Sotobori-dôri an der Grenze zu Yûrakuchô. Vertreten sind Antiquitäten (u.a. *Yayoi*), Klassiker, Impressionisten (u.a. *Yoshii*), Holzschnitte (u.a. *Bancho;* im nahe gelegenen *Riccar Art Museum*

werden 5000 Drucke gezeigt), moderne Künstler (u.a. *Fuji, Nichido*).

Informationen zu den **aktuellen Ausstellungen** findet man im *Tokyo Tour Guide* und im *Tokyo Journal.*

Die wichtigen Museen und Galerien werden in den jeweiligen **Stadtteilbeschreibungen** aufgeführt.

## Musikszene

### Konzertkultur

Die Liebe der Japaner zu westlicher **klassischer Musik** ist bekannt. Es gibt als Folge des großen Interesses und der massenhaften Beschäftigung mit westlicher Musik eine ganze Reihe inzwischen weltberühmter Interpretinnen und Interpreten. In europäischen Spitzenorchestern sind viele Japaner/innen vertreten.

Wer in der Welt der Musik einen Namen hat, kommt auch nach Tokyo und und spielt dann meist vor ausverkauften Konzertsälen.

### Konzertsäle

● *Budôkan,* Kaiserpalast
● *Casals Hall,* Ochanomizu/Kanda
● *Daiichi Seimei Hall,* Yûrakuchô
● *NHK Hall,* Shibuya
● *Orchard Hall,* Tôkyû Bunkamura, Shibuya
● *Suntory Hall,* Akasaka
● *Tokyo Bunka Kaikan,* Ueno
(s. Stadtteilbeschreibungen)

### Ticketreservierung

● *Ticket Saison:* Tel. 3286-5482 (für ausländische Kunden), 10-18 Uhr, 5990-9999 (alle Veranstaltungen).

Reisetips A-Z

## Rock, Pop und Jazz

**Jazz** ist neben der klassischen Musik die beliebteste westliche Musikform in Japan. Seit den zwanziger Jahren gehört Jazz zur japanischen Musikszene. Da gab es die Big Bands bis in die fünfziger Jahre, als die Zeit der Tanzpaläste ihrem Ende entgegenging. In den Sechzigern fanden die einheimischen Musiker Anschluß an den modernen Jazz. Eine große Zahl von Jazzclubs entstand. Jazz wurde zum Medium der Jungen und der liberalen Intellektuellen. Danach, parallel zur gesellschaftlichen Entwicklung, wurden die Clubs luxuriöser und für junge Leute auf Dauer zu teuer.

Jazz-Clubs finden sich vor allem in Roppongi und Aoyama.

**Rock** und **Pop** folgen ebenfalls dem internationalen Trend. Die japanische Popmusik wird oft von den umliegenden asiatischen Ländern, wo man die weicheren, romantischeren Lieder des *Asia-Pop* bevorzugt, kopiert. Sehr beliebt sind Teenager-Sängerinnen *(idols = aidoru)* oder Gruppen, bei denen es weniger um Stimmqualität als um das durch Medien angeheizte Gesamtspektakel geht. Die Rockmusik ist in der Regel etwas weniger hart als bei uns, aber vertreten sind alle möglichen Stilarten.

Beliebt sind außerdem Folk, Reggae, Salsa und Samba – Stilrichtungen, die in vielen Clubs live gespielt werden.

Aber auch in der Technomusik mischen japanische DJs heute international voll mit. Kein Trend, keine Mode bleibt unbemerkt. Die Kultur der jungen Leute ist universell, dank MTV, Internet und anderer Medien des weltumspannenden Kulturtransfers.

Der einheimische Musikmarkt wird zu 80 % von einheimischen Interpreten abgedeckt. Exporte japanischer Musik in die westliche Musik finden kaum statt. Ab und zu haben Interpreten oder Gruppen wie *Kitarô* oder *Shônen Knife* auch international Erfolg. Man erwartet von japanischen Popmusikern einen exotischen, orientalischen Touch, sonst haben sie kaum eine Chance. Ob auch der erste virtuelle Popstar *Date Kyôko*, deren Foto schon durch unsere Medien geisterte, auch hierzulande zum Star wird, bleibt abzuwarten. (Internet: (www.dhw.co.jp/horipro/talent/DK96/index.html)

## Traditionelle Musik

Neben der Popmusik hat jedoch auch die traditionelle Musik ihren Platz behaupten können, etwa die *enka* genannten **Volkslieder,** die in keiner Karaokebar fehlen dürfen. Schließlich ist der Kontakt zu den Traditionen nie ganz abgerissen. Bei Shintô-Festen wird immer noch die über 1000 Jahre alte **Gagaku-Musik** gespielt und dazu getanzt. Auch die Musik des **Nô** und **Kabuki** hat sich nie geändert. Es haben sich überhaupt in allen traditionellen Handwerks- und Kunstformen bisher immer noch Menschen gefunden, die das Überlieferte annehmen und irgendwann weitergeben werden, auch wenn in einzelnen Bereichen deren Zahl immer kleiner wird und die Traditionen bedroht scheinen. Die „lebenden Nationalschätze" beziehen vom Staat ein bescheidenes Gehalt dafür, daß sie ihre Fähigkeiten weitergeben.

## Nachtleben

Wenn die Dämmerung hereinbricht über die Megalopolis und die vielfarbigen Neonlichter zu pulsieren beginnen, ist dies der Auftakt für ein an Facetten und Nuancen überreiches Spektrum nächtlicher Betätigungsmöglichkeiten und Vergnügen. Eine Weltstadt bietet per se jedes *Amüsement für jeden Geschmack,* sonst ist sie keine. Nur, nicht jede Spielart ist dem Abenteuer oder Zerstreuung suchenden Touristen zugänglich, selbst für viel Geld nicht. Die wohl teuerste Stadt der Welt macht gerade da keine Ausnahme, wenngleich in einer Stadt mit mehr als einer Million Studenten auch genug für den schmaleren Geldbeutel angeboten wird.

Die Vergnügungsindustrie ist ein riesiger Erwerbszweig. In der Umgebung eines beliebigen Bahnhofs lockt ein unüberschaubares Angebot an *Lokalen* und Lokälchen, für exquisite Abendessen oder kleine Snacks und ein paar Getränke. *Einkaufen* kann man in vielen der *station buildings* oder benachbarten *shopping centres* bis 22 Uhr; immer häufiger werden die *convenience store* genannten kleinen Supermärkte, die 24 Stunden geöffnet sind. Dazwischen stehen *Pachinko-Salons* und *Computerspielhallen* oder die *Karaoke-Bars,* in denen sich die

Reisetips A-Z

sangesfreudigen Japaner mit perfekter Technik ihr Selbstbewußtsein aufpäppeln, wenn sie zum Applaus der anderen Gäste mit meist in der Tat wohlklingender Stimmen populäre Lieder zum besten geben. Das alles sind harmlose Vergnügen, die für Tokyo und ganz Japan charakteristisch sind. Aber natürlich ist das nur eine Seite des Nachtlebens.

Karaoke-Bar

## Vergnügungsviertel

Seit langem haben sich einzelne Stadtteile auf ein bestimmtes Publikum eingerichtet. **Shinjuku** und **Shibuya** gelten als volkstümlicher und damit preiswerter; also verkehren hier viele Studenten *(gaku-sei)*, Schüler der Oberstufe und andere junge Leute, die nicht das große Geld haben. Sie gehen gern in Grüppchen aus und bleiben in den Bars und Discos unter sich. Fremden gegenüber sind vor allem die Mädchen schüchterner als in **Aoyama** und der **Omotesandô**. Hier verkehren die Studenten und *OL (office ladies)*, die etwas mehr Taschengeld zur Verfügung haben. Mode wird hier ernster genommen und demonstriert. Man sitzt in Straßencafés à la Paris oder Schwabing (z.B. *Viebenhaus*, *Bamboo*, *Central Garden Café*). Manche schwitzen hinter Glas in Aerobic-Studios und tun etwas für ihre Figur nach dem Motto: sehen und gesehen werden.

Der nächste Teil des nächtlichen Austobens findet dann möglicherweise in den Discos von **Roppongi** und **Azabu** statt. Ausländer und Tokyoter, die auf *gaijin* stehen, finden sich in Bars wie dem *Gas Panic 2* und dem *Déjàvu* in Roppongi oder dem *Sunset-Strip* in Nishi-Azabu ein bzw. tanzen in den Discos *Lexington Queen* oder *Queue*. Eine der vielen „in"-Discos ist auch das *Java Jive* im *Square-Building* in Roppongi. Und wenn es einmal „out" sein sollte, dann findet sich im selben Gebäude wahrscheinlich bald eine andere Disco am selben Ort, doch mit anderem Namen.

Wen die Welt des Hip-Hop oder verwandter Szenen, in denen Japaner meist unter sich sind, mehr interessiert, der sollte etwa mit der Kino-Kneipe *Oh God!* in der Omotesandô beginnen und dann die Discos *Picasso* und *328* in Nishi-Azabu aufsuchen. Wie bei uns sind viele Discos auf Techno spezialisiert, z.B. die *Liquid Sky Dance Hall* in Shinjuku oder das *Yellow* in Roppongi.

Bisher war nur die Rede von Shinjuku, Aoyama, Roppongi. Wo aber bleibt die berühmte **Ginza?** Auch dort gibt es fast alles: Varietés, Nachtclubs, überhaupt jede Menge Clubs, unzählige Bars und Lokale, erstklassige Restaurants. Aber die Ginza zieht abends vor allem Firmenangestellte *(sararimen)* an, von denen viele in den Clubs ihr Spesenkonto belasten dürfen (das in der anhaltenden Rezession freilich stark geschrumpft ist). Da, wo sie nicht selbst „bluten" müssen, spielen die Preise keine Rolle. Man lädt in den eigenen Club ein oder wird eingeladen. Ausländer und sogar Einheimische, die nicht persönlich in einen solchen Club eingeführt werden, müssen mit extrem teurem Lehrgeld rechnen, wenn sie überhaupt eingelassen werden: In solche Clubs gehe man wohlweislich nur mit einem Stammgast. Überhaupt ist es typisch für japanische Bars und Clubs, daß sie von der Beziehung zwischen *Mamasan* (Club- oder Barchefin) bzw. deren Hostessen und den zumeist männlichen Kunden leben, während unsere Bars mehr von der Interaktion zwischen den Gästen gekennzeichnet sind.

# Dienerinnen der Unterhaltung – Geishas und Hostessen

Untrennbar mit traditioneller Abendunterhaltung verbunden sind *Geishas* (wörtlich: „Kunst-Person"), die bei Banketts zur Unterhaltung der Gäste bestellt werden – freilich eine Unterhaltung im klassischen Sinn: Sie singen alte Lieder, begleitet von der dreisaitigen *shamisen*, oder tanzen traditionelle Tänze. Zu ihrer *langen Ausbildung*, die meist schon in der Kindheit begonnen hat, zählt neben vielen Fertigkeiten der klassischen Kultur auch die *Kunst der Plauderei*, die heikle Themen vermeidet, aber auf schickliche Weise anzüglich sein darf und die Stimmung der „Party" hebt oder dämpft, sollte sie aus den Fugen zu geraten drohen.

Geishas werden unterstützt von Geisha-Lehrlingen, den *hangyoku*. Wenn sie von ihren Stammhäusern, den *Okiya* in Akasaka (wo die Top-Geishas residieren), Shimbashi, Kagurazaka, Nihombashi, Asakusa, Itabashi oder anderswo abgeholt werden, geschieht dies auch heute bisweilen noch mit der *jinrikisha*, der guten alten Riksha, die ansonsten völlig aus dem Straßenbild verschwunden ist.

Die *Gebühr* für den Auftritt einer Geisha heißt je nach *Ryôtei* Blumen-, Taschen- oder Weihrauchgeld. Unter umgerechnet 1000 DM geht nichts. Mit den Kunden zu schlafen, gehört bekanntlich nicht zu den geforderten Dienstleistungen.

Unter den 60-70.000 Geishas in Japan gibt es auch die *makura-geishas*, die „Kis-sen-Geishas"*, die vor allem in Badeorten anzutreffen sind. Wer mit ihnen das Kopfkissen teilt, zahlt das Kopfkissengeld. Hochklassige Geishas haben nur wenige ausgewählte Liebhaber, die für ihren Unterhalt angemessen sorgen, aber auch über sie stolpern können, wie vor einigen Jahren der kurzzeitige Premierminister *Uno*.

Diese klassische Form der Unterhaltung durch Geishas ist für jüngere Männer heute, vom Preis ganz abgesehen, nicht mehr zeitgemäß. Damen, die Männer in unserer Zeit zu unterhalten pflegen, brauchen keine lange Ausbildung mehr: Die *Hostessen (hosutesu)*, wie sie genannt werden, lächeln freundlich, betreiben small talk, geben Feuer, schenken Drinks ein, flirten (zumeist) unverfänglich und schmeicheln dem Selbstbewußtsein ihrer Gäste. In Nachtclubs wird ihre Anwesenheit am Tisch in der Regel nach Zeitdauer berechnet.

Auch Hostessen sind *keine Prostituierten*, die es in Japan, wie in Thailand, ja offiziell nicht gibt. Viele unter ihnen sind verheiratet, und viele haben nichts gegen einen Flirt, der sich zu einem Verhältnis auswachsen kann. Es gibt unterschiedliche Arten von Hostessen: die professionellen mit Berufsstolz, die halbprofessionellen, die mit ihrem Job dennoch ihre Haupteinkünfte beziehen, und die Gelegenheits-Hostessen, Teenager und Studentinnen. Die Bars, in denen sie bevorzugt arbeiten, hießen lange Zeit *arusaro* – ein typisch japanisches Kunstwort, eine Abkürzung der beiden Begriffe *arubaito* (Arbeit, Job) und *saron* (Salon). Es gibt sie neben den Fastfood-Läden und Snackbars noch, aber der Begriff *arusaro* ist nicht mehr up to date. In solchen Bars trifft sich viel junges Volk, man wird nicht geneppt.

Reisetips A-Z

Weitere Zentren des Nachtlebens sind **Shimbashi, Ebisu, Ikebukuro, Ueno, Asakusa** und in den Vororten vor allem **Shimo-Kitazawa.**

Am Ende der jeweiligen Stadtteilbeschreibungen finden sich Tips für Bars, Clubs, Discos und andere Lokale für wohl fast jeden Geschmack.

## Bevorzugte Lokale der Tokyoter

Im Mittelpunkt abendlicher Unterhaltung steht zweifellos Essen und Trinken. Männliche Angestellte und zunehmend auch weibliche, die nach der Arbeit mit ihren Kollegen vor der Heimfahrt noch gemeinsam einige Snacks und Getränke zu sich nehmen wollen und selbst dafür zahlen müssen, gehen gern in kleine, preiswerte Lokale, die allgemein *aka-chôchin* (= „roter Lampion", so benannt nach den außen hängenden Lampions; hat aber nichts mit Sex-Business zu tun) oder *izaka-ya* genannt werden. Das Äußere spielt keine Rolle, wenn nur die Stimmung gut ist. Eine etwas rauhe Atmosphäre herrscht vor.

Anders die meisten **weiblichen Angestellten:** Sie bevorzugen eine gepflegte Umgebung und gehen z.B. gern in französische Gourmetrestaurants (*resutoran*), Snacks *(sunakku)* und andere Lokale, die chic sind, auch wenn sie kein Spesenkonto zur Verfügung haben.

Wenn hochrangige Politiker oder Geschäftsleute **wichtige Gespräche oder Verhandlungen** hinter geschlossenen Türen führen wollen, tun sie das in Japan oft in der eleganten Atmosphäre der *Ryôtei.*

## Revuen, Shows und Clubs

Nach Pariser Vorbild gibt es **Varieté-Theater mit Nacktrevuen,** z.B. die bekannte *Nichigeki Music Hall.* **Nightclubs** und **Dinner Shows,** nach amerikanischem Vorbild, sind zahlreich und teuer. Japaner, die es pikanter mögen, gehen in **Nopankissa** *(no-pants-kissaten),* Cafés, in denen die Bedienung „unten ohne" ist, *pink cabarets* oder *peep theaters,* Video-Boxen oder *Image Clubs.*

**Kabukichô** in Shinjuku und in geringerem Umfang **Ikebukuro** haben in dieser Hinsicht wohl das größte Angebot. Solche Stätten des Vergnügens aufzusuchen, ist jedoch riskant, wenn man nicht von „Kennern" eingeführt wird, Ausländer haben häufig ohnhin keinen Zutritt. Wie in unseren Nepp-Vierteln kann es peinlich werden, wenn es ans Bezahlen geht.

## Karaoke

Ursprünglich wurden in Karaoke-Bars, einer japanischen Erfindung, Tonbänder gespielt, die nur die Instrumentalstimmen der Musik, also keinen Gesang, enthielten. Die Solomelodie wurde zu der Hintergrundmusik ins Mikrofon gehaucht (*Karaoke* heißt wörtlich „leeres Orchester").

Heute wird mit technischen Tricks zur Verschönerung der Stimme nachgeholfen, und auf einem Bildschirm sieht der/die Singende den Song als Video-Clip. Unten läuft der Text vorbei, das jeweils zu singende Wort wird rot hervorgehoben. Wer die Melodie kennt, braucht beim Singen also nur den Text abzulesen.

Es werden stets auch ein paar englische Evergreens zum Besten gegeben, am beliebtesten sind die gefühlvollen „My way" *(Sinatra)* und „Yesterday" *(Beatles)*, wie überhaupt senti-mental-romantische Lieder bevorzugt werden.

## Pachinko-Spielhallen

Pachinko, eine japanische Nachkriegs-erfindung, ist ein schwer verständli-ches Phänomen, über das schon Ab-handlungen geschrieben wurden: Was ist die Faszination dieser stumpfsinni-gen Freizeitbetätigung zwischen klap-pernden Kugeln in Hunderten von gleichartigen Automaten?

Früher wurden Stahlkugeln per Hand einzeln auf die kurze Reise zwischen Nägeln hindurch geschickt, heute geht es automatisch, wobei die Geschwin-digkeit mittels Drehknopf geregelt wird. Fallen Kugeln in die geöffneten *tulips*, quillt unten Nachschub – weite-re Kugeln – heraus. Bleibt nach dem Spiel eine Schale voller Kugeln übrig, werden sie vorn an der Kasse im Zähl-automaten gezählt, und dieser „Ge-winn" wird dann gegen billige Konser-ven, Getränke, etc. „verrechnet". Auf den Boden gefallene Kugeln aufzuhe-ben, gilt als unfein.

Die zahlreichen Pachinko-Hallen sind neben denen mit Computerspie-len auch tagsüber beliebte Unterhal-tungsstätten.

## Öffnungszeiten

- *Post:* Bezirkspostämter Mo-Fr 8-19 Uhr, Sa 8-15 Uhr, So u. F 9-12.30 Uhr, große Postämter z.T. 24 Std., kleine Postämter 9-17 Uhr, So u. F 9-13 Uhr
- *Banken:* 9-15 Uhr

- *Lokale:* 11.30-14 Uhr und 17-21/22 Uhr (die meisten Lokale außerhalb von Roppon-gi schließen vor Mitternacht)
- *Geschäfte, Kaufhäuser:* etwa 10-20 Uhr
- *Museen:* von 9/10 bis 16/17 Uhr, Mo bzw. nach Feiertagen Di geschlossen
- *Firmen:* Mo-Fr 9-17 Uhr, manche auch Sa vormittag
- *Behörden:* Mo-Fr 8.30/9-16/17 Uhr, 1. und 3. Sa 9-12 Uhr

## Post

Das *Zeichen* der Post ist ein rotes „T" mit einem doppelten Querbalken. Wie bei uns kann man auf der Post auch *Geld* abheben und *überweisen;* Geldüberweisungen ins Ausland sind sogar günstiger von der Post aus zu tätigen als von der Bank.

Die lokalen *kleinen Postämter,* z.T. in Tabakläden, unterstehen Verteiler-postämtern, wo u.a. nicht zustellbare Eilbriefe gelagert werden und Nach-sendeanträge gestellt werden können.

In vielen Postämtern kann man die englischsprachige Broschüre „How to use the Post Office" finden.

### Postlagernde Sendungen

Postlagernde Sendungen sollten am besten zu untenstehender Adresse ge-schickt werden, in jedem Fall jedoch an ein Bezirkspostamt, da die kleine-ren Zweigstellen mit dieser Gepflo-genheit häufig nicht vertraut sind. Üb-licherweise wird Post 30 Tage gelagert und dann zurückgeschickt.

- *Tokyo International Post Office* *(Tokyo Kokusai Yûbin-kyoku),* 2-3-3 Ôtema-chi, Chiyoda-ku, Tel. 3241-4891

## Briefkästen

Die roten Briefkästen sind zuverlässig. Der rechte Schlitz ist für Post innerhalb Tokyos *(Tokyo to-nai)* bestimmt; alle anderen Sendungen, auch Eilpost, kommt in den anderen Schlitz *(sono ta no chiiki)*. Briefe ins Ausland bringt man am besten direkt zum Postamt, dann geht es schneller.

## Portogebühren

### Inland

- Postkarten: 41 ¥
- Briefe bis 25 g: 62 ¥
- Briefe 25 bis 50 g: 72 ¥
  (Umschlaggröße jeweils 9x14 bis 12x23,5 cm)
- andere Formate bis 50 g: 120 ¥
- über 50 g: 175 ¥

### Internationale Luftpost

- Postkarten: 70 ¥
- Aerogramme: 80 ¥
- Briefe bis 10 g: 80 ¥ (Asien); 100 ¥
  (Nordamerika, Ozeanien, Mittlerer Osten);
  120 ¥ (Europa, Afrika, Südamerika)
- Jede weiteren 10 g: 60/70/100 ¥

## Pakete und Päckchen

Pakete bis zu 20 kg kann man entweder per Seepost, kombinierter See-Landpost *(SAL)* oder Luftpost *(airmail)* schicken. Innerhalb Tokyos kann man Pakete bis 10 kg per „Superexpreß" innerhalb von einer Stunde beim Empfänger eintreffen lassen.

- *Super Express Mail Center,*
  Mo-Sa 8.30-19 Uhr, Tel. 3546-1123

## Hauptpostamt

- *Tokyo Chūo Yubin-kyoku*: Tokyo 100, Chiyoda-ku, Marunouchi, 2-7-2, Tel. 3201-1561;
  rund um die Uhr für Eilpost, sonst 9-19 Uhr.

## Kurierdienste

- *City Service:* 2-5-5 Kyobashi, Tel. 562-5665 (innerhalb Tokyos)
- *DHL:* Kowa Bldg., 4-12-24 Nishi-Azabu, Tel. 3454-0501
- *Federal Express:* 1-15-1 Kaigan, Tel.3432-3200
- *World Courier:* Kawashima Hoshin Bldg., 2-2-2 Shimbashi, Tel. 3508-9281

# Radfahren

Es gibt in der Regel *keine Radwege,* ja häufig nicht einmal Bürgersteige. Radfahrer dürfen, wo es sie gibt, auf schmalen Bürgersteigen fahren.

An vielen S-Bahnhöfen der Vorstädte gibt es große *Fahrrad-Parkplätze.* Da Räder in Japan wie so vieles fast genormt sind und einander sehr ähnlich sehen (wie etwas größere Klappräder mit Korb vorn), sollte man sich sein eigenes Fahrrad charakteristisch kennzeichnen. Die Fahrräder bleiben nämlich nicht unbedingt am selben Platz stehen, sondern werden ggf. umgeräumt. Wer sein Fahrrad nicht genau kennt, hat dann große Schwierigkeiten, es wiederzufinden. Hat man es falsch geparkt, ist es wahrscheinlich nicht gestohlen, sondern in einem Lager des zuständigen Bezirksamtes *(ward office)* gelandet. Das Auslösen kostet rund 2000 ¥ Lagergebühr. Auf manchen Parkplätzen muß man eine tägliche oder monatliche Gebühr zahlen (in Shinjuku-Westausgang z.B. 100 bzw. 1800 ¥).

*Fahrradrundwege* sind im Abschnitt „Sport" aufgeführt.

Wer sich allgemein für Fahrräder interessiert, sollte einmal in das **Bicycle Culture Center** *(Jiten-shakai-kan)* gehen. Es ist zugleich eine Art Museum.

● **Jitenshakaikan** Nr. 3 Building, 1-9-3 Akasaka, Tel. 3584-4530

# Sicherheit

## Kriminalität

Tokyo ist die **sicherste Metropole** der Welt, aber natürlich ist auch sie nicht ohne Verbrechen, wie z.B. die Terroranschläge mit tödlichem Giftgas im Frühjahr '95 drastisch gezeigt haben. Sie haben Japan ein Stück Unschuld genommen, was das Gefühl der Sicherheit vor Verbrechen betrifft. Anders als in den USA waren religiöse Sekten in Japan bisher nie mit Gewalt in Verbindung gebracht worden.

Die **Yakuza,** die traditionellen Gangsterorganisationen, sind illegal geworden. Ihre Organisationen werden verfolgt, wenn sie sich solchen Betätigungen wie illegalem Glücksspiel, Prostitution, Erpressung oder dem „Hinausekeln" von Mietern widmen. Doch Touristen bekommen Yakuza-Mitglieder nur selten zu sehen, erkennbar sind sie zuweilen am fehlenden Glied des kleinen Fingers oder im öffentlichen Bad an den kunstvollen Tätowierungen am ganzen Körper.

Es dürfte äußerst selten sein, daß Touristen Opfer krimineller Handlungen werden. **Frauen** können auch heute noch mitten in der Nacht durch einsame Gassen gehen, ohne die Gefahr, belästigt zu werden. Unwohl fühlen sie sich im Dunkeln wohl nur dort, wo zu viele Ausländer aus asiatischen Entwicklungsländern wie Bangladesh

---

**Notrufnummern**
● **Polizeinotruf:** 110 (kostenlos)
● **Feuerwehr/Ambulanz:** 119 (kostenlos)
● **Polizei** (Informationen auf Engl.): 3501-0110
● **Konsularischer Schutz:** 3473-0151
● **Hospital Information:** 3212-2323, Yokohama: 045-212-3535
● **Tokyo Electric Power Company:** 3501-8111
● **Tokyo Gas:** 3433-2111
● **Tokyo Waterworks:** 5320-6327

Police Box in der Ginza

oder Iran (Ueno- bzw. Yoyogi-Park) beisammen sind. Es wird sich zeigen, inwieweit die vielen Ausländer aus Dritte-Welt-Ländern, von denen viele in Tokyo leben, die bisher beinahe garantierte Sicherheit von Einheimischen wie Touristen allmählich aushöhlen.

## Die Polizei

Was das öffentliche Leben in Tokyo zusätzlich sicher macht, sind die in jedem Viertel zu findenden *Polizeihäuschen (kôban)*. In der Ginza mag die Hauptaufgabe der Polizisten zwar in

## Yakuza – Japans Mafia

Über die Yakuza reden Japaner nicht viel, doch ihre Macht und ihr Einfluß sind noch allgegenwärtig. Knapp hunderttausend Mitglieder sind in rund 3300 Banden *(gumi)* organisiert.

Die größten Gangs in Tokyo sind die *Inagawa-Kai* und die *Sumiyoshi-Rengo*. Japans Verbrechersyndikate operieren heute weltweit; in Japan kontrollieren sie erwartungsgemäß Drogenhandel und Prostitution. In dieser Funktion sind sie z.B. auch auf den Philippinen und in Thailand aktiv. Andere lukrative Erwerbszweige sind legales wie illegales Glücksspiel (damit begannen sie einst), Profi-Sport (z.B. Radsprints, Pferde- und Motorbootrennen) oder Pachinko-Hallen – eben alles, was mit Wetten zu tun hat. Überhaupt kontrollieren die Yakuza im wesentlichen die gewaltige *Unterhaltungsindustrie*.

Sie sind in Waffengeschäfte verwickelt und vor allem im *Drogenhandel* aktiv: Rund 500.000 Japaner sind süchtig nach dem Aufputschmittel Amphetamin und dem moderneren Metamphetamin *(shabu)*, das aus Taiwan und Korea eingeführt wird; Kokain aus Südamerika hat auch den Weg nach Japan gefunden.

Die Yakuza sorgen dafür, daß Aktionärsversammlungen glatt über die Bühne gehen. Am Baugeschäft sind sie stark beteiligt, und im *Immobiliengeschäft* beherrschen sie die Hälfte des Marktes. Das Kreditgeschäft wird aufgrund der japanischen Mentalität noch deutlicher von den Yakuza dominiert: Man leiht ungern von seiner Hausbank

Geld, weil man nicht gern sein Gesicht verliert, also zahlt man lieber 60 % Zinsen und holt sich's von den Gangstern.

Wer nicht zahlen kann und Immobilien hat, wird diese schnell an die Yakuza los. Soll ein Wohnblock luxussaniert werden oder einem lukrativeren Neubau weichen, vertreibt ein Feuer schon mal die Mieter. Feuer und Yakuza werden schicksalsergeben hingenommen. Doch meist werden die Bürger nicht direkt belästigt oder gefährdet. Tote gibt es fast nur bei den Bandenkämpfen um Marktanteile.

Wenn Japaner sich als eine große Familie empfinden, so erst recht die Yakuza-Mitglieder. Das schließt Bruderkämpfe nicht aus. Absolute *Treue und Gehorsam* gelten gegenüber dem Boß *(oyabun)* einer Bande und dem eigenen Syndikat, zu dem weit über hundert Banden gehören können. Bei der Aufnahme in die streng hierarchisch gegliederte Gesellschaft schwören die Neuen: „Ich folge dir, Vater (Boß), durch Feuer und Flut, auch wenn meine leiblichen Eltern verhungern oder es mein eigenes Leben kostet." Sie morden auf Befehl und gehen für den Boß ins Gefängnis, im Durchschnitt zehn Jahre lang. Als Zeichen der Unterwerfung opfern sie ein *Glied des kleinen Fingers (yubitsume)*, wenn sie mal einen Fehler begangen haben. Doch sie fühlen sich geborgen in der straff organisierten Gemeinschaft, in der die *japanischen Ur-Tugenden* Pflichterfüllung *(giri)*, Respekt *(kei)*, Ergebenheit, Loyalität *(chûgi)*, Ausdauer *(nin)* und Wahrheit *(shin)* gelten. Diesen Tugenden verdanken die Yakuza nicht zuletzt, daß sie von der Bevölkerung geduldet werden, ja, man hegt bisweilen romantische Gefühle für die Angehörigen dieser „Subkultur".

Reisetips A-Z

Orientierungshilfe für Ortsfremde bestehen, und das gilt in gewisser Weise auch für *kôban* in Wohngegenden. Dort kommt den Polizisten *(keisan)* aber auch noch Nachbarschaftshilfe zu, etwa sich telefonisch bei alten Leuten zu erkundigen, wie es ihnen geht.

Umgangssprachlich werden die Polizisten daher auch *o-mawari-san* (Herr Nachbar) genannt. Sie sollten alles wissen, was in ihrer Umgebung vor sich geht. So dienen sie auf subtile Weise auch der Überwachung, aber den angepaßten Bürgern Japans sind

Yakuza fühlen sich als Hüter von Sitte und Anstand, Ordnung und Harmonie, Nationalismus und Kaiserverehrung; folglich unterstehen ihnen auch alle **rechtsextremen Parteien** und Gruppierungen. Deren Präsenz dürfte auch der kurzzeitige Tokyo-Besucher mehr als einmal erleben: wenn die Konvois grauer Busse und Lastwagen mit lauter Marschmusik und Parolen durch die Straßen fahren. An der Ginza-Hauptkreuzung sind häufig welche zu sehen. Die meisten Japaner nehmen keine Notiz von ihnen. Die Aufmärsche sollen auch lediglich zeigen: Wir sind da, allzeit bereit. Sollte jedoch noch einmal der Militarismus in Japan die Oberhand gewinnen, werden ihm die Yakuza wohl sofort unbedingte Gefolgschaft leisten.

Die langjährige **Regierungspartei LDP** gilt als eng mit diesen Gruppen und den Yakuza im allgemeinen verwoben. Hier ist insbesondere *Shin Kanemaru* zu nennen, einstiger Königsmacher in der Partei. Die LDP wurde durch die Yakuza ebenso korrumpiert wie durch die Industrie. Dieses für Japan charakteristische Machtkartell hat mit Sicherheit zum Erfolg des Wirtschaftsgiganten beigetragen, aber auch zu den Skandalen, die letztlich die LDP 1993 erstmals in die Opposition gezwungen haben.

Andererseits, so paradox es auch klingen mag, sorgt die Macht der Yakuza dafür, daß Kleinkriminalität in Grenzen hält, was die Polizei und die Bürger durchaus schätzen. Im übrigen hält man jedoch lieber auf Distanz. Früher erkannte man die Yakuza oft an den amerikanischen Straßenkreuzern, heute sind es eher deutsche Nobelkarossen, hinter deren getönten Scheiben man auch Gangster vermuten darf und

nicht bloß Freiberufler, wie es bislang der Fall war.

Seit 1992 ist es schwieriger geworden für die Yakuza, die damals jährliche Einnahmen von 10 Milliarden Dollar verzeichnen konnten. Jede Organisation, die einen bestimmten Prozentsatz an kriminellen Mitgliedern hat und Geld mit Gewalt eintreibt, gilt seither als **kriminelle Vereinigung** *(boryokudan)*. Wer auf frischer Tat bei typischen Yakuza-Beschäftigungen ertappt wird, muß mit einem Jahr Gefängnis rechnen. Zehn Organisationen, die 70 % aller Gangstersyndikate ausmachen, wurden bereits als *borykudan* klassifiziert.

Nun wünschen sich viele Yakuza ihre kleinen Finger wieder komplett und können ihre kunstvollen Körpertätowierungen nicht länger stolz präsentieren. Aber bisher kam es kaum zu Verhaftungen. Wer mit dem Gangsterleben aufhören will, kann mit staatlicher Hilfe und Arbeitsvermittlung rechnen. Aber es ist nie leicht, eine Bande zu verlassen, und der Druck von oben auf die Syndikate ist noch nicht stark genug. Aber immerhin, die frühere Selbstherrlichkeit ist wohl vorbei.

Da die Yakuza bisher *von der Bevölkerung geduldet* werden, ist deren Fortbestand jedoch kaum gefährdet. Immerhin bieten sie denen eine Chance zu beruflicher „Karriere", die ansonsten wenig Möglichkeiten für sich sehen, etwa jugendlichen Straftätern, Arbeitslosen, Angehörigen benachteiligter Minderheiten wie die Eta und Koreaner. Immerhin liefern die Yakuza den Japanern das, was verboten ist, aber wonach offensichtlich Bedarf besteht.

sie weniger Bedrohung als mögliche Hilfe.

● **Zentrales Fundbüro der Polizei:**
Bunkyo-ku, Koraku, 1-9-1, Tel. 3814-4151, oder nächste Police-Box

## Drogen

Im Gegensatz zu anderen Ländern der Region war das Drogenproblem in Japan **nie ein öffentliches Thema.** Es gibt fast kein Heroin und auch Haschisch bzw. Marihuana gehören nicht zum Alltag experimentierfreudiger Jugendlicher. Die allermeisten haben es nie gesehen, geschweige denn probiert. In Vergnügungsvierteln wie Roppongi und überall dort, wo GI's verkehren, ist *weed* natürlich zu haben, aber die Behörden dulden es nicht. Selbst *Paul McCartney* hat das einmal am eigenen Leib verspüren müssen: einige Tage Knast und Landesverweis.

Die einzige Droge, die recht häufig konsumiert wird, ist **Amphetamin** *(speed)* und seit einigen Jahren auch Metamphetamin *(shabu)*. In einer Leistungsgesellschaft wie Japan ist der Mißbrauch von Aufputschmitteln nur logisch. Die Vorbereitungen für die oft brutalen Eintrittsexamen an den prestigereichen Universitäten sind für viele vielleicht auch nur mit chemischer Hilfe zu bewältigen. Die Zahl der Süchtigen wird auf 500.000 geschätzt.

## Prostitution

Offiziell verboten, gibt es Prostitution doch in jeder Variante. Das Sex-Business *(mizu-shobai,* wörtlich „Wasser-Bu-

siness", weil traditionell an Thermalbäder u.ä. gekoppelt) ist weitgehend noch in der Hand der *Yakuza,* obwohl deren Einfluß zu sinken scheint. Mädchen aus Thailand und den Philippinen, zunehmend auch aus China, werden von ihnen mit Hilfe lokaler Organisationen nach Japan gelockt und landen ohne Paß in Bordellen, wo sie eine Riesensumme an imaginären Geldschulden abzuarbeiten haben. Natürlich kommen viele Mädchen freiwillig des Geldes wegen. Der starke Yen zieht die *japa-yuki-san* (wörtlich „Fräulein-Japan-gehen") an. Unter den Hostessen und in Sex-Etablissements sind Tausende von ihnen zu finden. Aber es wird immer schwieriger Touristen- oder „Künstler"-Visa zu bekommen, und so geraten viele in die Fänge von Gangsterorganisationen.

# Sport, Spiel und Erholung

## Traditionelle Künste und Spiele

### Bonsai
● **Nippon Bonsai Kyôkai:** 2-8-1 Ikenohata, Taitô-ku, Tel. 3821-3059.
Möglichkeit, die Pflege und Zucht von Bonsai zu erlernen.

### Ikebana
Es gibt verschiedene Schulen, die die Kunst des Blumenbindens lehren. Die drei Hauptrichtungen sind *Ikenobo, Ohara* und *Sôgetsu.*

●*Ikebana International:*
1-6 Kanda-Surugadai, Tel. 3297-8188.
Vermittlung von Lehrern und Kursen.
●*Ikenobo Kaikan:* 2-3 Kanda-Surugadai,
Tel. 3292-3071.
●*Ohara Ikebana Center:*
5-1-26 Minami-Aoyama, Tel. 3400-6835.
Vermittlung von Lehrern und Kursen.
●*Sôgetsu Kaikan:* 7-2-21 Akasaka,
Tel. 3408-1126.

Ikebana-Eintageskurse auf Englisch:
●*Ikenobu Ochanomizu Gakuen:* 2-3 Kanda
Surugadai, Tel. 3292-3071; JR: Ochanomizu,
Chûô Line.
   Mi 11-17.30 Uhr; 3 Lektionen, 3700 ¥ pro
Lektion.
●*Ohara:* 5-7-17 Minami Aoyama,
Tel. 3499-1200; U-Bahn Omotesandô, Gin-
za Line.
   Mo-Fr 9.30-12 Uhr, 1500 ¥ pro Lektion plus
2000 ¥ für die Blumen, Zuschauen für Besu-
cher: 800 ¥.

Bonsai sind klein genug für die
winzigen Vorgärten

●*Sôgetsu:* 7-2-21 Akasaka, Tel. 3408-1126,
U-Bahn Aoyama-itchome, Ginza Line.
   Mo-Fr 10-12 Uhr, Probelektion 3670 ¥,
dann 2060 ¥ pro Lektion plus 1400 ¥ für
Blumen.

## Go/Igo

   Das traditionsreiche, strategische Brett-
spiel mit schwarzen und weißen Steinen.
●Go-Abende einmal monatlich im *OAG-
Haus:* 7-5-56, Akasaka, Tel. 3582-7743, Fax
3587-0030.
●*Nihon Kiin Kaikan:* 7-2 Goban-chô,
Tel. 3288-8601.
●*Takadanobaba I-Go:* F.I.Bldg. F7, gegenüber
Big Box, Tel. 3208-0279; JR/U Takadanobaba.
   Spielmöglichkeit 12-22 Uhr, Mo Unterricht
durch *Jonathan Wood,* 2000 ¥;
●*Yokohama Igo Kaikan:* 4-43 Masago-chô,
Tel. 045-662-4552.

## Shodô (Kalligraphie)

   Die Kunst des Schönschreibens von Gedichten und Ähnlichem.
●*Ijima Takuma:* (Mitglied der *Japan Calligraphy Association),* 4-5-7 Roppongi; Tel. 3401-
7983.

Klassen (auf Japanisch, Kommunikation non-verbal) Di und Do.
●*Asahi Culture Center:* Shinjuku Sumitomo Bldg., 2-6-1 Nishi-Shinjuku, Tel. 3344-1941.
●*Kôyô Calligraphy Art School:* 16-26 Nanpeidai-Machi, Tel. 3463-7261.

## Kôdô

Kôdô ist die klassische Zeremonie des Riechens und Erratens seltener Weihrauchdüfte, ein Vorläufer der Teezeremonie.
●*Nippon Kôdo:* 3-5-8 Ginza, Tel. 3567-3286.
Seit 1580 Hersteller von Weihrauch *(kô)*, die Teilnahme an einer Übungssitzung ist möglich.

## Shôgi (japanisches Schach)

Shôgi ist ein Brettspiel mit 40 flachen, mit Schriftzeichen gekennzeichneten Steinen, das unserem Schach ähnlich ist. Wer eine Figur schlägt, kann sie selbst weiterbenutzen.
●*Nihon Shôgi Renmei Kaikan:* 2-39-9 Sendagaya, Tel. 3408-616.

## Chadô (Teezeremonie)

●*Dai-Nihon Sadô Gakkai:* 20-10 Samon-chô, Tel. 5379-0751/3.
●*Sakura-kai:* Shimo-Ochiai, Tel. 3951-9043 (Tee und Ikebana).
●*Chadô Kaikan:* 3-39-17 Takadanobaba, 15 Min. von Takadanobaba, Tel. 3361-2446.
Mo-Do 10.30-14.30 Uhr, Fr. geschl., 2000 ¥ für eine Stunde.
●*Kenkyûsha Nihongo Center:* 1-2 Kagurazaka, U-Bahn Iidabashi, Yûrakuchô oder Tozai Line.
Mo 18-20 Uhr, Fr. 14-16 Uhr oder 18-20 Uhr, 5150 ¥ für 2 Std.

In den folgenden Hotels gibt es *Einführungskurse auf Englisch:*
●*Imperial Hotel:* (Toko-an) 10-16 Uhr, 1500 ¥, (20 Min.) Tel. 3504-1111.
●*Hotel New Otani:* (Seisei-an) 11-12 Uhr, 13-16 Uhr, 1030 ¥, 15-20 Min. pro Runde.
●*Hotel Okura:* (Chosho-an) 11-17 Uhr, 1030 ¥, 20-30 Min. pro Runde, Tel. 3582-0111.

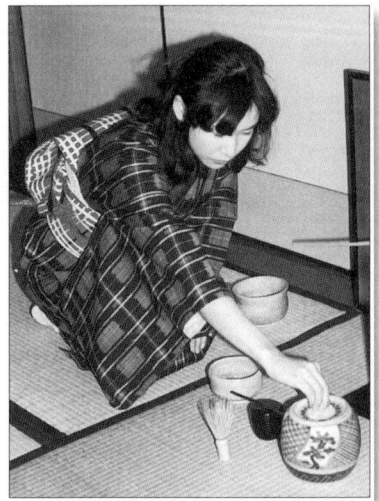

## Sumi-e (Tuschemalerei )

●*OAG-Haus:* Tel. 3582-7743.
●*Tôkyû Seminar BE:* 1-2-2 Dôgenzaka, Tel. 3477-6277.

## Zazen (Zen-Meditation)

●*Chôsen-ji:* Tel.3407-2331.
●*Dai-honzan Eihei-ji Tokyo Betsu-in:* Tel. 3400-5232.
●*Dôgen Sanga:* Tel. 3235-0701.
●*Komazawa Daigaku* (Universität): Setagaya-ku, ab Shibuya Shin-Tamagawa Line bis Komazawa Daigaku.

# Kampfsport

## Aikidô

Aikido ist wie Bogenschießen halb Sport, halb Religion, gewissermaßen eine spirituelle Kampfsportart. Bei dieser Form der Selbstverteidigung, die Prinzipien von Judo, Karate und Kendo in sich vereint, kommt es zu keinem eigentlichen Körperkontakt mit Ausnahme der Hände und Arme. Die Techniken umfassen Würfe, Haltegriffe oder *atemi* genannte Stöße, mit denen die Kraft des Gegners in Schach gehalten und sein *ki* (Lebenskraft) umgelenkt wird.

● *Aikikai Honbu Dôjo* (auch: *International Aikido Federation):* Waka-matsu-chô, Shinjuku-ku, Tel. 3203-9236. Zu erreichen in 10 Min. per Bus vom Shinjuku-Westausgang bzw. U-Bahnhof Shinjuku-3-chôme oder Waseda.

Unter Leitung des Sohns von *Morihei Ueshiba* (1883-1970), Begründer des Aikidô; mehr als 100 Ausländer trainieren hier jeweils; Einschreibegebühr 6000 ¥, monatliche Unterrichtsgebühr. 10.000 bis 40.000 ¥, je nach Niveau und Intensität.

● *Ki-no-Kenkyu-kai Headquarters:* Ushi-gome Home Nr. 101, 2-30, Hara-machi, Shinjuku-ku, Tel. 3353-3461. Zu erreichen in etwa 15 Min. per Bus vom Shinjuku-Westausgang.

Einschreibegebühr 8000 ¥, Jahresbeitrag 5000 ¥, monatliche Unterrichtsgebühr: morgens 20.000 ¥, abends 8500 ¥.

● *Sobukan Hombu Dôjo:* 1-36-2, Uehara, Shibuya-ku, Tel. 3468-3944; Odakyu-Line, Bahnhof Yoyogi-Uehara.

Einschreibegebühr 5000 ¥, Unterrichtsgebühr bei 1-3 Tagen/Woche 7500 ¥, bei 4 Tagen/Woche 10.000 ¥.

● *Yoshinkan Aikidô Foundation:* Takayama Bldg. 3-kai, 2-28-8, Kami-Ochiai, Tel. 3368-5556; Bahnhof Ochiai Tozai Line.

Auch Unterricht auf Englisch; Einschreibegebühr 11.000 ¥, monatliche Unterrichtsgebühr 8000 ¥ für regulären, 16.000 ¥ für intensiven Unterricht; Ein-Jahres-Kurs für ausländische Lehrer.

## Judo

*Dr. Jigoro Kano* (1860-1938) ist der Begründer des modernen Judo, das er aus dem in der Edo-Zeit gebräuchlichen Kampfsport Jujitsu entwickelte. Im Judo, das seit dreißig Jahren olym-

pische Sportart ist, geht es darum, die Kraft des Gegners zum eigenen Vorteil zu nutzen. Anfänger lernen zunächst das richtige Fallen, dann Wurftechniken, Würge- und Haltegriffe.

● *Kôdôkan* (Sitz der *All Japan Judo Association*): 1-16-30 Kasuga, Bunkyo-ku (U: Korakuen), Tel. 3811-4199/-4172/-7151, Fax 3812-3995; Zu erreichen mit U-Bahn, Bahnhof Korakuen oder Kasuga.

Einschreibegebühr 5000 ¥, monatliche Unterrichtsgebühr 8000 ¥, Schließfachmiete 2000 ¥/Monat. Zuschauen von der Galerie aus ist kostenlos, Mo-Fr 18-19.30, Sa 16-17.30 Uhr; Kurse für Ausländer auf Englisch und Französisch. Im *Kôdôkan* befindet sich eine Möglichkeit zur Unterkunft: *Kôdôkan Hostel* im 2. Stock, 3500 ¥ pro Nacht, 1800 ¥ im Schlafsaal. Bedingung für den Aufenthalt: Garantieerklärung durch Japaner, Empfehlungsschreiben durch eigenen Judoverband.

● *Budô Gakuen:* Nippon Budôkan, 2-3 Kitanomaru-kôen (U: Kudanshita, nahe Kaiserpalast), Tel. 3216-0781/-5143.

Die berühmte Halle für japanische Kampfsportarten; Einschreibegebühr 5150 ¥, jährliche Unterrichtsgebühr 48.000 ¥, Schließfachmiete 3090 ¥, Versicherung 2000 ¥. Auch für *Nippon Budokan* ist eine Garantieerklärung durch eine/n Japaner/in erforderlich.

● *Kofukan Jûdô-jo:* 4-1-6, Kami-Shakuji, Nerima-ku, Tel. 3920-7007, nur Japanisch.

Einschreibegebühr 5000 ¥, Monatsbeitrag für Personen unter 30 Jahren 4000 ¥, ansonsten 5000 ¥.

## Karate

Karate hat, wie Kung Fu, seinen Ursprung im alten China, wurde dann in Okinawa zur waffenlosen Kampfsportart entwickelt und gelangte erst 1922 ins eigentliche Japan. Wie andere fernöstlichen Kampfsportarten vereint *Karate-dô* körperliche, geistige und spirituelle Disziplin. Die Techniken umfassen Schläge, Hiebe und Tritte. Trainiert werden die Grundformen *(kata)* sowie einfaches und freies Sparring *(kumite).*

●*Nihon Karate Kyokai (Jap. Karate Association):* 1-6-1 Ebisu-Nishi, Shibuya-ku, Tel. 3462-1415; nahe Yamanote-Bahnhof Ebisu.
Einschreibegebühr 20.000 ¥, monatliche Unterrichtsgebühr 7000 bzw. 10.000 ¥. Mehr als die Hälfte der Trainierenden sind Ausländer, etwas Englisch wird verstanden. Telefonische oder schriftliche Anfragen an das Verwaltungsbüro: 7-1-5-802 Minami-Aoyama, Tel. 5485-7887.
●*World Union of Karate-Do Organization:* Sempaku Shin-Kokai Bldg. 4. St., 1-15-16 Toranomon, Minato-ku, Tel. 3503-6637/-6640, U-Bahn: Toranomon.
●*Shotokan Karate International:* 2-1-20, Kugahara, Ota-ku, Tel. 3754-5481; Chuo Line, Bahnhof Yotsuya.
Einschreibegebühr 20.000 ¥, monatliche Unterrichtsgebühr 8000 ¥, Jahresbeitrag 3000 ¥.
●*Shotokan:* Kashiwagi Bldg., 1-4-2, Shibaura, Tel. 3452-7983.
Einschreibegebühr 8000 ¥, Monatsbeitrag 7000 ¥. *Shotokan* legt Wert auf korrekte Haltung und Form.
●*Karate-dô Goju-kan:* 1-16-23, Zempuku-ji, Suginami-ku, Tel. 3395-2311/3390-2929; nahe Bahnhof Nishi-Ogikubo,Tozai Line.
Einschreibegebühr 15.000 ¥, Jahresbeitrag 3000 ¥.
●*Goju-ryu Yoyogi Karate-dô Kyokai Hombu Ryu-shin-kai:* 4-30-3, Sendagaya, Shibuya-ku, Tel. 3402-0123; nahe Yamanote-Bahnhof Yoyogi.
Einschreibegebühr 15.000 ¥, monatliche Unterrichtsgebühr 9000 ¥.
●*Kyokushin-kai Hombu Dôjô* (zugleich: *International Karate League):* Kyokushin-Kaikan, 3-3-9, Nishi-Ikebukuro, Toshima-ku, Tel. 3984-7421; nahe Yamanote-Bahnhof Ikebukuro.
Einschreibegebühr 16.500 ¥, monatliche Unterrichtsgebühr 10.000 ¥.
●*Kyokushin-Kaikan:* Sangen Building, B2 und 2-kan, 2-14-12, Sangenjaya, Tel. 3421-5534.

Einschreibegebühr 12.000 ¥, Monatsbeitrag 8000 ¥; viele Ausländer. *Kyokushin* ähnelt Kickboxen ohne Angriffe auf das Gesicht.

## Shintaidô

Diese neue Kampfsportart leitet sich vor allem vom Karate ab, ist jedoch weniger streng. Eine Mischung aus Kampfsport, Meditationsklassen, Heilseminaren und *takigyô* (Meditieren unter einem Wasserfall).

●*Info:* Jinmei Bldg. 3-kan, 1-16-9, Shiba Daimon, Tel. 5401-1167.
Einschreibegebühr 15.000 ¥, Jahresbeitrag 15.000 ¥, monatliche Unterrichtsgebühr 4000-10.000 ¥, Discount für Ausländer, kostenloses Ausprobieren.

## Kendô

Die uralte japanische Schwertkunst *(kenjutsu/gekken)* wird seit 1952 als Sport praktiziert und ist auch heute noch vor allem in den Mittelschulen Teil des Sportunterrichts. Die Kämpfer tragen zum Schutz Maske *(men)*, Brustplatte *(do)* und Handschuhe *(kote)*. Gekämpft wird mit Bambusschwertern *(shinai)*. Sieger ist, wer die drei geschützten Körperteile und die Kehle *(tsuki)* trifft. Trainiert werden in Angriffs- und Abwehrbewegungsabläufen Körperhaltung, Fußarbeit, Hiebe, Täuschungsmanöver, Paraden. Kendô hat zehn Grade und drei Lehrgrade.

●*All-Japan Kendô Federation (Zen Nippon Kendô Renmei):* Tel. 3211-5804.
●*Kyûmeikan Dôjô:* 2-1-7, Akatsuka-Shinmachi, Itabashi-ku, Tel. 3930-4636; Zugang: U-Bahnhof Eidan-Akatsuka bzw. Shimo-Akatsuka (Tobu-Tojo Line).

Unterricht auf Englisch, Einschreibegebühr 10.000 ¥, monatliche Unterrichtsgebühr 4000 ¥, Unterkunft vorhanden: 1000 ¥/Tag.

●*Tokyo Budôkan:* 3-20-1, Ayase, Adachi-ku, Tel. 5697-2111.

300 ¥ pro Übungseinheit; im Winterhalbjahr Kendô-Unterricht für Frauen, 20 Unterrichtseinheiten 6000 ¥. Auch Judo-Kurse.

## Kyûdô

„Zen oder die Kunst des Bogenschießens" lautet ein Buchtitel. Von allen traditionellen Sportarten ist Kyûdô am meisten mit Zen verbunden – und mit Shintô-Schreinen.

Der Bogen mißt 2,25 m. Er ist aus Streifen von Bambus und Maulbeerbaum gefertigt und lackiert. Wie in der Teezeremonie ist jede Bewegung vorgeschrieben. Getragen wird Kimono mit Überrock *(hakama)*.

Kyûdô ist wegen seiner Eleganz bei Frauen ebenso beliebt wie bei Männern. An fast allen Senior Highschools und Universitäten gibt es Kyûdô-Clubs. Die beiden wichtigsten Kyûdô-Schulen sind *Heki* und *Ogasawara*, sie wurden um 1380 gegründet.

Die Variante des **Bogenschießens zu Pferde** *(yabusame)* stammt bereits aus dem 7. Jahrhundert und wurde besonders während des Kamakura-Shogunats im 12. Jahrhundert gefördert. Heute ist sie Teil bestimmter **Shinto-Feste.** Das wichtigste dieser *Yabusame* findet jedes Jahr am dritten Sonntag im April im Tsurugaoka Hachimangu in Kamakura statt. Das *Yabusame* im Asakusa-Park, das während der Kirschblüte stattfindet, ist auch sehr bekannt.

●*Amateur Archery Federation of Japan:* Kishi Memorial Hall, 4 st., 1-1-1 Jinnan, Shibuya-ku, Tel. 3481-2387, Bahnhof: Harajuku.

●*Meiji Jingu Kyûdôjô:* Meiji-Schrein, Tel. 3379-5511.

Einschreibegebühr 2000 ¥, Monatsbeitrag 3000 ¥.

●*Shinjuku-ku Taiiku-kan, Cosmic Sports Center:* 3-1-2, Okubo, Shinjuku-ku, Tel. 3232-7701. 10 Min. zu Fuß vom Yamanote-Bahnhof Takadanobaba

Gebühr 300 ¥, nur für Bewohner oder Berufstätige in Shinjuku-ku.

●*Minato-ku Sports Center,* 3-1-19, Shibaura, Minato-ku, Tel. 3452-4151. 3 Min. zu Fuß vom Yamanote-Bahnhof Tamachi.

200 ¥ für „Minato-ku-Bewohner", 400 ¥ für Auswärtige.

## Sumo

Die **Turniere** des japanischen Ringkampfes in Tokyo finden im Januar (Neujahrsturnier), Mai und Herbst statt, im März in Osaka, im Juli in Nagoya, im November in Fukuoka. Im Fernsehen werden die Kämpfe während der Turniere von 16 bis 18 Uhr übertragen. Die untersten Kampfklassen beginnen bereits morgens um 10 Uhr, richtig interessant wird es aber erst ab 15 Uhr (erster und letzter Tag) bzw. 15.30 Uhr.

Unreservierte Sitzplätze kosten 1500 ¥, reservierte 2300-7000 ¥. Die Boxen nahe dem Ring sind in der Regel lange im voraus ausgebucht und ohnehin nicht sehr bequem. Stehplätze (ca. 700 ¥) sind am leichtesten kurzfristig zu bekommen, die besten Plätze sind nahe den Zu- bzw. Abgangswegen der Ringer an der Nord-*(shomen)* und Südseite *(muko-jomen)*.

Bequemes **Zuschauen beim Turnier** in Tokyo kann man sich über das Reisebüro *Hato Bus* organisieren lassen: 22.060-27.030 ¥, Tel. 3455-8101.

Reisetips A-Z

Zuschauen kann man auch beim **Training** (ca. ab 8 Uhr) vor den Turnieren in den Sumo-Ställen:

- **Kasuga-no-beya:** 1-7-11 Ryogoku, Sumida-ku, Tel. 3631-1871
- **Kokonoe-beya:** 1-16-1 Kamezawa, Sumida-ku, Tel. 3621-0404
- **Takasago-beya:** 1-22-5 Yanagi-bashi, Taito-ku, Tel. 3861-4600
- **Futago-yama-beya:** 3-25-10 Narita-Higashi, Suginami-ku, Tel. 3316-5939; U: Minami-Asagaya

**Sumo-Schulen:**
- **Nihon Sumo Kyôkai:** c/o Kokugikan Sumo Hall, 1-3-28, Yokoami, Sumida-ku, Tel. 3623-5111; Mo-Sa 9.30-17 Uhr, JR: Bahnhof Ryôgoku.
- **Japan Amateur Sumo Federation:** c/o Kishi Memorial Hall, 1-1-1, Jinnan, Shibuya-ku, Tel. 3481-23.

**Sumo-Museum:**
- **Museum of Sumo:** 1-3-28, Yokoami, Sumida-ku, Tel. 3622-0366, Mo-Fr 9.30-16.30 Uhr, Eintritt frei. JR: Bahnhof Ryôgoku

# Andere Sportmöglichkeiten

## Baseball
- **Shibuya Batting Center:** 1-16-9 Shibuya, Tel. 3400-7663.
  Tgl. 9-24 Uhr, Schlägerschwingen gegen Roboter-Pitcher: 300 ¥ für 24 Bälle, einstellbare Geschwindigkeit von 50–130 km/h.
- **Korakuen-kyujo:** 1-3 Koraku , Tel. 3811-2111, U: Kôrakuen; JR: Suidobashi.
- **Meiji-jingu-kyujo:** 13 Kasumigaoka, Tel. 3404-3130; U: Gaien-mae.
- **Seibu kyujo:** 2135 Kami-yamaguchi, Tokorozawa-shi, Tel. 0429-25-1151; Seibu Ikebukuro Line: Kyujo-mae.

## Schwimmen
- **Jingu Pool:** 5 Kasumigaoka, Shinjuku-ku, Tel. 3403-3458, JR: Sendagaya. 1500 ¥; im Winter Schlittschuhlaufen.

- **Yoyogi National Stadium** (Kokuritsu Yoyogi Kyogijo): 2-1-1 Junnan, Shibuya-ku, Tel. 3468-1171. JR: Harajuku; U: Meiji-jingu-mae. Erw. 460 ¥, Kinder 360 ¥.
- **Nakano Sun Plaza:** 4-1-1 Nakano, Tel. 3388-1151, JR,U: Nakano. Beheiztes 25-m-Becken; 2 Std. Erw. 750 ¥, Kinder 500 ¥.
- **Tokyo Swimming Center:** 5-4-21 Komagome, Toshima-ku, Tel. 3915-1012; JR: Sugamo. Außenbecken nur im Sommer, Hallenbecken ganzjährig, Mo. geschl., Erw. 1340 ¥, Kinder 720 ¥.
- **Chiyoda-ku Gymnasium:** 2-1-8 Uchi-Kanda, Tel. 3256-8444; JR: Tokyo.
- **Minato-ku,** 3-1-19 Shibaura, Tel. 3452-4151; JR: Tamachi, U: Mita.
- **Shibuya-ku Sports Center:** 1-40-18 Nishihara, Tel. 3468-9051; JR: Harajuku, U: Meiji-jingu-mae.
- **Shinjuku-ku Sports Center:** 3-5-1 Okubo, Tel. 3232-7701; U: Shinjuku-san-chôme.

# Fahrradfahren

**Rundwege :**
- Rund um den **Akasaka Detached Palace,** 3 km.
- **Meiji Memorial Picture Gallery Oval:** Sonntags kein Autoverkehr, aber viele übende Kinder, 1.5 km.
- **Tamagawa Seishonen Cycling Course:** Fahrradverleih auf der anderen Seite der Brücke Tamagawa-Ohashi, ca. 18 km; Tokyu Mekama Line: Yaguchi-no-watashi.

**Fahrradtouren in Japan:**
- **Japan Bicycle Promotion Institute,** 1-9-3 Akasaka, Tel. 5572-6410, Fax -6407
- **Japan Mountainbike Association,** Seia Mansion F1, 3-57 Haramachi, Shinjuku-ku, Tel. 3203-8479

# Joggen
- Rund um den **Kaiserpalast,** 5 km, mit Kitanomaru-Park 6 km; günstiger Ausgangspunkt: Sakurada-mon (U: Sakurada-mon), Toilette, Uhr, Wasser; 1. Sonntag im Monat: „Global Imperial Palace Marathon", 5 km (1500 ¥) bis 42 km (2000 ¥), Tel. 3295-8460

● Rund um das **NHK Broadcast Center** und die olympischen Sporthallen, Shibuya, ca. 2,4 km.

● Nördlich des **Yoyogi-Parks:** 1750 m Rundkurs.

● Rund um **Akasaka Detached/Omiya Palace,** 3 km.

● **Meiji Memorial Picture Gallery Oval:** 1325 m, beliebt bei Spitzenläufern.

● **Yotsuya Mitsuke Promenade:** etwa ab Hotel *New Otani* bis Iidabashi, hin und zurück ca. 5 km.

● Rund um den **Hibiya-Park:** ca. 1,5 km.

● Rund um den **Shiba-Park:** ca. 3 km.

### Hash House Harriers:

● **Tokyo HHH:** Mo 19.15 Uhr, Kontakte: *Bill Bastick*, Tel. 3580-1024, *Barry Bryan*, Tel. 3587-6147, *Allen Pengelly*, Tel. 3485-1762, 3464-9301.

● **Tokyo Ladies HHH:** Mi 19.10 Uhr, Kontakte: *Yoko Kataoka* Tel. 3711-4372, 3589-7277, *Nuala Co.*, Tel. 3813-9886, *Helen Jeffrey*, Tel. 3444-5936, 3440-3951.

## Fitnessclubs

Es gibt zahlreiche Clubs in allen Stadtteilen, viele mit teurer Mitgliedschaft, hier einige weniger teure.

● **Bio:** Shojikiya Bldg. 5. St., 4-10-10 Roppongi (nahe Roppongi Kreuzung), Tel. 3404-0202, keine Mitgliedschaft nötig.

● **Tipness:** 16-4 Udagawa-chô, Shibuya-ku, Tel. 3770-3531, Einschreibung 20.000 ¥, Monatsbeitrag 10.000 ¥.

## Tennis

● **Ariake Tennis Forest Park:** 2-5-1 Ariake, Koto-ku, Tel. 3529-3301; U: Toyosu.

9-21 Uhr (Nov. -März bis 16 Uhr); größtes Tenniszentrum Tokyos, 48 Plätze; werktags 1300 ¥ pro Platz und Std., Wochenende 1500 ¥; schriftl. Reservierung mit Rückantwortkarte *(ofuku hagaki)* 2-3 Monate vorher erwünscht.

● **Showa-no-mori Tennis Courts:** 600 Tanaka-chô, Tel. 0425-43-2103; JR: Akishima.

8-21 Uhr, werktags 2 Std. 1250 ¥, Wochenende 1850 ¥.

●*Mainichi Sports Plaza Tokyo:* TBR Kioicho Bldg., 2. St., 5-7 Koji-machi, Tel. 3234-1180; U: Kojimachi. Schwimmen, Tennis u.a.

## Darts

●*The Japan Darts Association:* 2-26-22 Denenchofu, Ota-ku, Tel. 3721-5967.
●*Hus & Wife:* 17-12 Sakura-gaoka, Shibuya-ku, Tel. 3463-0858.
●*C'est moi:* 2-9-2 Shimo-Kitazawa, Tel. 3468-7366.
●*The Japan Darts Organization* (JDO): Ichikawa Bldg. 2F, 1-28-3 Higashi-Ikebukuro, Tel. 3985-0995.
●*Bully Bullseye:* Tamagawa Bldg. 2-30-8 Naka-machi, meguro-ku, Tel. 3710-9953.
●*The Japan Darts Federation:* 3-18-7 Morishita, Koto-ku, Tel. 3663-6540.

## Klettern

Es gibt auch in Tokyo Kletterwände und -hallen, doch sie befinden sich in teuren Fitnessclubs. Preiswerter geht es außerhalb der Stadtgrenzen zu. Bei den folgenden Adressen kann man Informationen einholen.
●*Ishii Sports:* Towa Bldg., 210 Okubo, Tel. 3200-7219
●*International Adventure Club: Dave Parry,* Tel. 3261-1740
●*Japan Alpine Club:* F1 Sun View Haitsu, 5-4 Yonban-chô, Tel. 3261-4433

**Saitama:**
●*Pump:* 4-11-8 Toda, Saitama, Tel/Fax (048)-444-4436; JR: Toda-kôen, Saikyô Line, 20 Min. von Shinjuku.

Wall (1), Mitgliedsbeitrag 2000 ¥, pro Tag 2000 ¥, nach 18 Uhr 1500 ¥, vielfältige Anlage, keine Duschen, Mo, Fr geschl.,
●*T-Wall:* Musashi-Fujisawa; Seibu-Ikebukuro Line, 30 Min. von Ikebukuro. Vielseitige Anlage.

**Chiba:**
●*Funabashi Rocky:* 2-225-1 Umigamichô, Funabashi, Chiba, 048-444-0216; Keisei-Umigami, 10 Min.; JR: Funabashi, 13 Min.

**Kanagawa:**
●*Pump:* 2: 2-13-1 Nakanoshima, Tama-ku, Kawasaki, Tel. 044-933-2594.
●*Big Rock:* 2-35-5 Shishi-ga-dani, Tsurumi-ku, Yokohama, Tel. 045-585-91199.
●*J-Wall:* 1708 Shimo-Tsuchidana, Fujisawa, Tel 0466-44-0777; Chôgo, Odakyû-Enoshima Line.

## Paragliding-Schule

●*Megur:* 3-22-1 Higashiyama, Tel. 3714-3431. Besonders freundlich.

## Kajakfahren

●*Tokyo Ecomarine:* Tel. 5696-6131, Fax 3804-1143; U: Nishi-Kasai, Tozai Line, 10 Min. 11-19 Uhr, Mi geschl.

Klettern am Takatoriyama

## Go-Kart

●*Itabashi Tokyo Circuit:* 1-22-10 Sakashita, Tel. 3965-0880. 3 Min. 600 ¥; 12-22.30, Sa bis 23 Uhr, So ab 10 Uhr.

●*Chiba-Präfektur:* 1 Tagesrennkurs 20.000 ¥, Tel. 043-423-9130.

## Skifahren

Skifahren ist in zwei **Hallen** (!) in Vororten von Tokyo ganzjährig möglich.

●Die größere, **SSAWS,** steht in Funabashi, östlich von Tokyo in der Nachbarprovinz Chiba (2-3-1 Hama-cho, Funabashi-shi, JR: Minami-Funabashi, 9/10-19.30 Uhr). In 6 Stunden wird täglich aus 94 Düsen unterm Dach ein neuer Kunstschneebelag geschaffen. Zwei 4er-Sessellifte schaffen die Freaks in zwei Minuten nach oben. Die Hangneigung beträgt 20 bzw. 15 Grad, die Länge 500 Meter. Zwei Stunden kosten für Erwachsene 5900 ¥, Jugendliche 5300 ¥, Grundschulkinder 4400 ¥. (Skiausrüstung kann ausgeliehen werden).

●Die ältere, kleinere Halle, **Sayama Ski-jô,** steht in Sayama, am Ende der Seibu-Sayama Line am Tama-See (ab Ikebukuro Richtung Westen). Die Preise sind gestaffelt nach Tageszeit und Wochentag (z.B. 17-21 Uhr 3000 ¥, hinzu kommt ggf. Leihgebühr für Skiausrüstung).

## Thermalbäder und Badehäuser

●*Asakusa Kannon Onsen:* 2-7-26, Asakusa, Tel. 3844-4141, 6.30-18 Uhr; JR/U: Asakusa.

Klassisches Badehaus, natriumbicarbonathaltiges, 45 Grad heißes Wasser, 600 ¥.

●*Azabu Jûban Hotspring:* 1-5-22 Azabu-jûban, Tel. 3404-2610; U: Roppongi, 10 min.

11-21 Uhr, Di geschl., Erw. 1200 ¥, Kinder 500 ¥ ; Handtuch mitbringen.

●*Daikokuya:* 32-6 Senju Kotobukichô, Tel. 3881-3001; U: Kita-Senju, Hibiya Line, 15 Min.

Gilt als Tokyos schönstes klassisches Badehaus, sieht von außen aus wie ein Palast oder Tempel, überdachter *rotemburo* (nicht nach Geschlechtern getrennntes Bad) im Garten, Sauna 400 ¥ extra, Do geschl.

●*Fuji-no-yu:* 2-1-16 Tamagawa-dai, Shin-Tamagawa Line, ab Shibuya, 8 Min.

Gestaltet in schlichter japanischer Ästhetik; am 2., 12. und 22. des Monats geschlossen.

●*Heiwajima Kurhaus:* 1-1-1 Heiwajima, Ôtaku, Tel. 3768-9121; Heiwajima, Omori-kaigan, Keihin-Kyûkô Line.

13 Bäder incl. Natur-Thermalbad, Fitneßstudio, Mo-Fr 11-22 Uhr, Sa/So 10-22 Uhr, 2200 ¥.

●*Imado Onsen:* 2-8-3 Imado, Tel. 3873-3609; U: Asakusa, 20 Min.

Beliebtes Nachbarschaftsbad in „downtown" Asakusa, Bäder mit Gartenblick, incl. kleiner Sauna; Fr geschlossen.

●*New Ebisu:* 4-17-9 Higashi-Ogu, Arakawaku, Tel. 3894-7602; JR: Tabata.

Mehrere Bäder, am schönsten: Außenbad im japanischen Garten; 15.30-1 Uhr, am 1. u. 3. Mo im Monat geschl., Erw. 310 ¥, Kinder 150 ¥.

●*Nozawalando:* 4-4-11- Nozawa, Tel.3421-7171; Komazawa-daigaku, Shin-Tamagawa Line ab Shibuya, 12 Min.

Tokyos erstes zugelassenes *rotemburo*, Sauna 350 ¥ extra, Mo geschlossen.

●*Ô-Edo Higashiyama Onsen:* 3-1-6 Higashiyama, Meguro-ku, Tel. 3712-0356; Ikejiri-Ôhashi, Shin-Tamagawa Line.

Beliebtes Badevergnügen in 4 Stockwerken incl. *rotemburo* im Freien, am besten mitten am Tage wochentags; Akupunktur-Behandlung 5000 ¥, Massage 4000 ¥, 3. Di geschl.

●*Rakutenchi Sauna:* 4-27 Koto-bashi, Sumida-ku, Tel. 3631-4126; JR: Kinshichô, Sôbu Main Line.

Größtes Badehaus Tokyos, gute Aussicht vom obersten Stockwerk, 10-23.30 Uhr, Männer 2400 ¥, Frauen 1800 ¥, Kinder 1050 ¥

●*Sawa-no-yu:* 2-26-18 Komamezawa, Itabashi-ku, Tel. 3966-4497; U: Shimura-Sakaue, Toei Mita Line.

Mehrere Bäder, incl. Fitneßstudio; 15.30-23.30 Uhr, Mo geschl., 310 ¥.

●*Soshigaya Hot Spring:* 3-36-21 Soshigaya, Setagaya-ku, Tel. 3483-2611; Soshigaya-Okura, Odakyû-Line.

Sehr attraktiver Onsen, 9 Becken, incl. Sauna, Schwimmbad u.a. Badespaß 1000 ¥; 14-23 Uhr, nur Bad: Erw. 360 ¥, Kinder 150 ¥.

●*Tokyo Kenkô Land:* Funabori, Tel. 3878-4126; Toei Shinjuku Line; kostenlose Shuttle-Busse ab JR-Bhf. Shin-Koiwa, Südausgang oder Bhf. Nishi-Kasai, Tozai Line
Sehr große Auswahl an unterschiedlichen Bädern, ideal für einen kühlen Regentag, 2300 ¥, 5-2 Uhr.
●*Tsubame-yu*: Tel. 3831-7305; JR: Okachimachi.
Bad mit künstlicher Grotte.

### In Yokohama
●*Yokohama Higashi Totsuka Kenkô Land:* Shinanochô, Tel. 045-825-1126.
Bäder u.a. Wasservergnügen auf mehreren Stockwerken.

### Saunen
Es gibt zahlreiche Saunen, die durchweg respektabel und etwas eleganter als öffentliche Bäder sind; die meisten bieten auch Massagen an. Viele befinden sich in Shinjuku. Es gibt getrennte Saunen für Frauen und Männer.
●*Korakuen Sauna:* Tel. 3352-2443; U: Shinjuku-3-chôme.
●*Green Plaza Shìnjuku:* im größten Capsule Hotel Tokyos, Tel. 3207-5411; JR/U: Shinjuku.

# Stadtverkehr

Tokyo hat ein **ausgezeichnetes System** öffentlicher Verkehrsmittel, das es ermöglicht, praktisch jeden Punkt im riesigen Stadtgebiet ohne lange Fußmärsche zu erreichen. Zur Verfügung stehen die vier das Stadtgebiet versorgenden Eisenbahnlinien der *Japan-Railway (JR)*, 10 U-Bahn-Linien, zahlreiche private Eisenbahnlinien in die Vororte und städtische Busse. Die kostenlosen, beim TIC erhältlichen englischsprachigen **Stadtpläne** der *JNTO* zeigen das **Netz der Verkehrsmittel** mit Ausnahme der Buslinien.

Dafür gibt es ebenfalls einen kostenlosen Plan *(TOEI Bus Route Guide)*, herausgegeben vom *Tokyo Metropolitan Government*, aber Busfahren ist eher etwas für Fortgeschrittene.

### Fahrkarten
Fahrkarten müssen vor Antritt der Fahrt an den jeweiligen Automaten der Linien gekauft werden. Alle Automaten geben Wechselgeld, die meisten akzeptieren auch Geldscheine. Immer beliebter wird das Bezahlen mittels Plastikkarte. Der Fahrpreis richtet sich nach der Entfernung vom Bahnhof.

Nicht überall sind die Bahnhofsnamen auf Englisch angegeben. In dem Fall braucht man sich nur die billigste Karte (zum nächsten Stop vom zumeist rot gekennzeichneten Bahnhof aus, bzw. zum niedrigsten erkennbaren Fahrpreis, meist 120 ¥) zu besorgen und zahlt im Zielbahnhof am **Fare-Adjustment-Schalter** die Differenz. Dies ist gängige Praxis auch unter Einheimischen. Die Karte wird je nach Linie am Eingang gelocht oder magnetisch entwertet. Wird am Ausgang dann festgestellt, daß der gezahlte Preis zu niedrig war oder öffnet sich die automatische Sperre nicht, geht man zum Nachlöseschalter.

**Kinder** bis 12 Jahren zahlen die Hälfte. Dazu muß man vorher die mit dem Kindersymbol gekennzeichnete Taste und dann erst den Fahrpreis drücken (Kinderfahrpreis ist rot angegeben). Bei den U-Bahnen drückt man die roten Tasten unterhalb der weißen für die Erwachsenen.

## Tageskarten

Wer viel herumfährt, kann sich folgende Tageskarten an jedem beliebigen Bahnhof der betreffenden Linien kaufen. Kinder zahlen den halben Preis.

- **JR: One Day Train Pass in Tokyo** *(To-ku-nai Free Kippu)*: 720 ¥ (Kinder 360 ¥), gültig auf allen JR-Linien in Tokyo
- **TOEI One-Day-Economy Pass:** 700 ¥ (Kinder 6-11: 350 ¥), gültig in allen TOEI-Zügen, -Bussen, -U-Bahnen
- **T.R.T.A. (Eidan) One Day Subway Pass:** 700 ¥, gültig auf folgenden U-Bahn-Linien: Ginza, Marunouchi, Hibiya, Tôzai, Chiyoda, Yûrakuchô, Hanzômon, Namboku
- **Tokyo Free Kippu:** 1460 ¥, gültig in allen öffentlichen Verkehrsmitteln: JR, U-Bahn, Straßenbahn, City Bus

## Orientierung

Die Bahnsteige bzw. die Richtung der Züge ist in den großen Bahnhöfen **auf Englisch** angegeben, ansonsten fragt man am besten, indem man nur den Zielbahnhof nennt. Dann hat man am ehesten Chancen, verstanden zu werden.

Die **Bahnhofsnamen** sind in Tokyo bis auf kleine Nebenhaltestellen prinzipiell auch auf Englisch angegeben; oben bzw. in der Mitte steht der Stationsname, unten links und rechts die Namen des vorhergehenden bzw. nachfolgenden Bahnhofs. Die Fahrtrichtung ist durch einen Pfeil gekennzeichnet.

## Rush Hour

Die Rush Hours von Tokyo sind berüchtigt. Ohne die Hilfe von Bediensteten, die die Massen in die Abteile drücken, kommt man in den großen Bahnhöfen dann kaum in die Züge. Folgende Zeiten sind an Werktagen zu meiden: 7.30-9.30 Uhr und 17-18 Uhr. Aber eine kurze Fahrt während der Rush Hour ist andererseits ein typisches Tokyo-Erlebnis, freilich nicht für jedermanns Geschmack.

## Nachts

Tokyo geht recht früh schlafen. Die öffentlichen Verkehrsmittel stellen ihren Betrieb kurz nach Mitternacht ein, danach fahren nur noch Taxis und wenige Busse (s.u.). Wenn man freie Taxis bekommt, was nicht einfach ist, zahlt man nach 23 Uhr 30 % Aufschlag. In den Vergnügungszentren ist die Nachfrage nach Taxis bisweilen so groß, daß Kunden sie mit zwei ausgestreckten Fingern heranwinken, was bedeutet: Zahle doppelten Preis.

# Japan-Rail-Züge

## Linien

- **Yamanote-Linie:** silberfarben mit hellgrünem Streifen; eine in beiden Richtungen fahrende **Ringlinie.** Nach rund 90 Min. kommt man auf jeden Fall wieder am Ausgangspunkt an. Wer Zeit hat für diese grobe Orientierungsfahrt um das Stadtzentrum herum, braucht sich nur die billigste Karte (120 ¥) zu kaufen.
- Die orangefarbene **Chûô-Linie** durchschneidet den Yamanote-Kreis wie eine Diagonale zwischen **Shinjuku** und **Akihabara** bzw. **Kanda.**
- Die blaue **Keihin-Linie** kommt von Norden (etwa aus Ômiya) und fährt am Yamanote-Abschnitt zwischen Nippori und Shinagawa vorbei nach **Yokohama.**
- Die gelbe **Shôbu-Linie** fährt nach **Chiba.**

## JR-Spezialfahrkarten

- Wer häufig fährt, besorgt sich an einem *Green Ticket Window* einen **Student-, Commuter- oder Yamanote-Monatspaß** *(teiki-ken).*

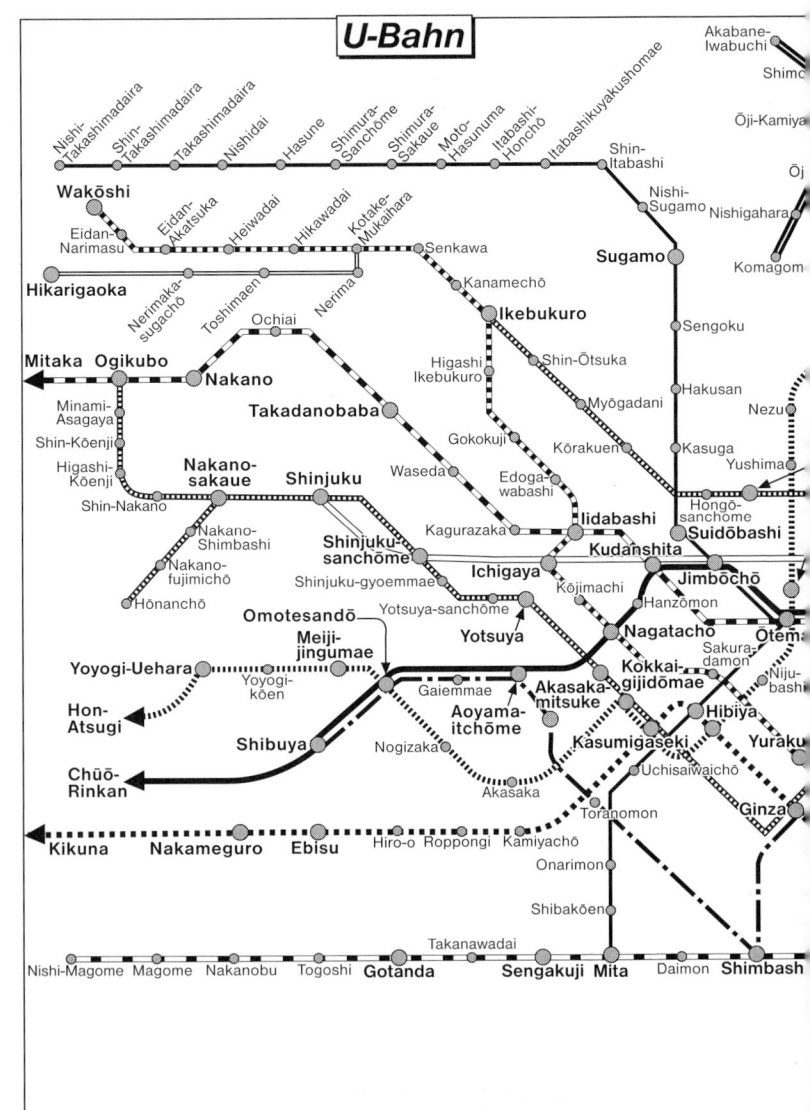

# U-Bahn

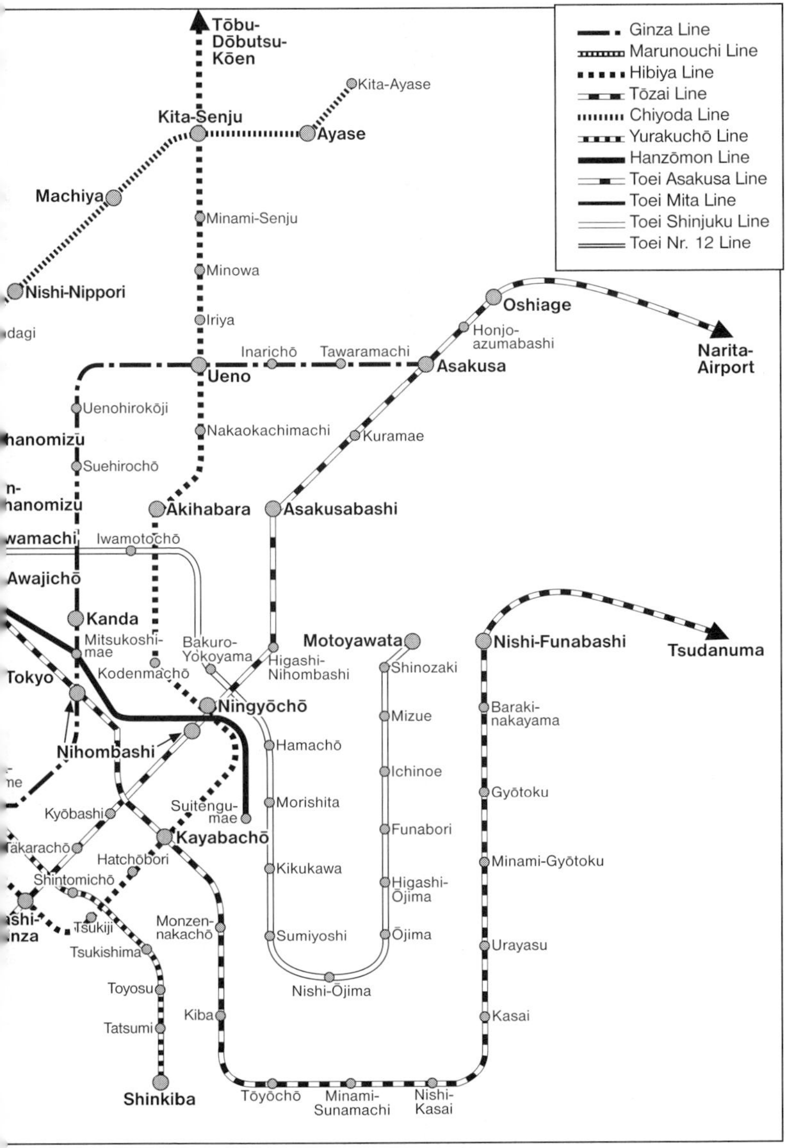

| | |
|---|---|
| ▄▄▄▄ | Ginza Line |
| ▭▭▭▭ | Marunouchi Line |
| ●●●● | Hibiya Line |
| ▭▬▭▬ | Tōzai Line |
| ▥▥▥▥ | Chiyoda Line |
| ◆◆◆◆ | Yurakuchō Line |
| ▄▄▄▄ | Hanzōmon Line |
| ▬▬■▬ | Toei Asakusa Line |
| ▬▬▬▬ | Toei Mita Line |
| ──── | Toei Shinjuku Line |
| ═══ | Toei Nr. 12 Line |

Tōbu-Dōbutsu-Kōen

Kita-Ayase

Kita-Senju

Ayase

Machiya

Minami-Senju

Nishi-Nippori

Minowa

dagi

Iriya

Oshiage

Inarichō   Tawaramachi

Honjo-azumabashi

Narita-Airport

Ueno

Asakusa

Uenohirokōji

hanomizu

Nakaokachimachi

Kuramae

Suehirochō

n-hanomizu

Akihabara

Asakusabashi

wamachi

Iwamotochō

Awajichō

Kanda

Mitsukoshi-mae

Bakuro-Yokoyama

Motoyawata

Nishi-Funabashi

Tsudanuma

Tokyo

Kodenmachō

Higashi-Nihombashi

Shinozaki

Baraki-nakayama

Nihombashi

Ningyōchō

Hamachō

Mizue

ne

Ichinoe

Gyōtoku

Kyōbashi

Suitengu-mae

Morishita

Funabori

akarachō

Kayabachō

Kikukawa

Minami-Gyōtoku

Hatchōbori

Higashi-Ōjima

Shintomichō

shi-nza

Tsukiji

Monzen-nakachō

Sumiyoshi

Ōjima

Urayasu

Tsukishima

Nishi-Ōjima

Toyosu

Kiba

Kasai

Tatsumi

Shinkiba

Tōyōchō   Minami-Sunamachi   Nishi-Kasai

• Es gibt auch **Mehrfahrtenkarten** (kaisuken), man zahlt 10 Fahrten und erhält 11: im Bereich Yamanote 1600 ¥, innerhalb der 24 Stadtbezirke Tokyos 2900 ¥.

• Die **Orange Card** gibt es zu 1000 bis 10.000 ¥ (Wert 10700 ¥). Sie kann **statt Bargeld** solange benutzt werden, bis nichts mehr übrig ist – in diesem Fall Bargeld einwerfen oder neue Karte einschieben.

• Die sog. **iO Card** kann entlang der Yamanote Line anstelle einer Fahrkarte benutzt werden.

• **Information:** JR: East Infoline, Mo-Fr (außer F) 10-18 Uhr, Tel. 3423-0111 (Englisch)

### Etwas im JR-Zug vergessen?

• **JR-Zentrale:** Tel. 3231-1880, auf Englisch: JR East Infoline 3423-0111.

• Im **Bereich der Bahnhöfe:** Shibuya Tel. 5489-6891, Shinjuku Tel. 3354-7715, Ikebukuro Tel. 5950-2592, Ueno Tel. 5828-0451.

Fahrtzeit des Zuges notieren und dem Stationsvorsteher melden.

## U-Bahn

Auf den 12 Linien, die farblich unterschiedlich gekennzeichnet sind, fahren 10-20 Züge in der Stunde.

### Fahrpreise und Fahrkarten

Die Fahrpreise zu den angesteuerten Zielbahnhöfen sind auf der Tafel über den Automaten erkenntlich (Minimum: 140 ¥.) Für die U-Bahnen gibt es ebenfalls **Monatskarten** (teiki-ken). Das Gegenstück zur Orange Card heißt bei der U-Bahn **Metro Card,** es gibt sie für 1000/2000/3000 ¥.

### Etwas in der U-Bahn vergessen?

• **T.R.T.A. Lost & Found Center:** Tel. 3834-5577 (Ueno, Chûo-Ausgang), werktags 10-17 Uhr;

• **TOEI Subway:** Tel.3815-7229

## Busse

Dies ist etwas für Kenner. Die City-Busse in Tokyo (To-Bus) fahren zwar in jedes Viertel, aber man braucht u.U. die Hilfe von Einheimischen, um zu erfahren, mit welchem Bus man von irgendeinem Bahnhof zur gewünschten Bushaltestelle fahren kann. Die kostenlose Karte (TOEI Bus Route Guide) des Tokyo Metropolitan Government gibt über das zentrale **Busnetz** genaue Auskunft: Nummern, Routenverlauf, Zielort. Es gibt sie z.B. bei der Information am Bus Terminal, Shinjuku-Westausgang B1 neben der police box. Sie heißt TOEI kôtsu-no-go-annai.

Der **Fahrpreis** in der Stadt beträgt 160 ¥, in den Vororten, die z.B. zur Präfektur Saitama gehören, zieht man eine Karte mit einer Zonennummer. Beim Aussteigen zahlt man an den Automaten den für die Zonennummer über dem Fahrer angegebenen Preis (der Preis, der unter der Nummer, die auf der Karte steht, angegeben ist). Die Haltestellen werden vom Tonband angesagt.

### Etwas im Bus vergessen?

• **Tokyo-to Kôtsu-Kyoku Service Corner:** Tel. 5600-2020

• **TOEI Bus/Subway:** Tel. 3815-7229

• **Toei-Mita Line:** Tel. 3818-5760

### Busse nach Mitternacht

• **Midnight 25** (innerhalb Tokyos): 320 ¥ pro Fahrt, Info: Tel. 5600-2020

## Taxis

Taxis gibt es in großer Zahl. Interessanterweise gibt ein **rotes Licht** unten

rechts an der Windschutzscheibe an, daß es *frei* ist. Leuchtet es grün, ist das Taxi besetzt. Man kann die Wagen von der Straße aus heranwinken, außer an Werktagen nachts in der Ginza (22-1 Uhr).

Die Grundgebühr beträgt 650 ¥, nach 2 km erhöht sich der Preis alle 355 m um 80 ¥ plus Zeitzuschlag, falls sich das Taxi langsamer als mit 10 km/h bewegt. Zwischen 23 und 5 Uhr kommt ein 30%iger Nachtzuschlag hinzu, der automatisch berechnet wird. Bei Benutzung gebührenpflichtiger Stadtautobahnen wird diese Gebühr aufgeschlagen. *Trinkgelder* sind in Japan unüblich, das gilt auch für Taxifahrer.

Die linke Hintertür wird vom Fahrer geöffnet, also nicht zu nah an der Tür stehen. Da viele Taxifahrer kein Eng-lisch können, empfiehlt sich bei mangelnden Sprachkenntnissen, das Fahrtziel auf einen Zettel schreiben zu lassen, bzw. eine Visitenkarte oder Annonce o.ä. mit japanischer Angabe der Adresse zu übergeben. Bei Privatadressen muß man dem Fahrer oft mit der Orientierung nachhelfen; notfalls muß er öfters stehenbleiben und Passanten nach dem Weg fragen. Zum Taxifahren sollte man möglichst etwas Japanisch können. Manche Fahrer nehmen keine Ausländer mit, weil sie Verständigungsprobleme befürchten.

Yamanote-Linie

### Miet-Taxis (nur japanisch)
- **Checker Radio Taxi Co-op:** Tel. 3573-3751
- **Green Cab:** Tel. 3201-8181
- **Hinomaru Transportation:** Tel. 3814-1111
- **Nihon Kôtsu:** Tel. 3586-2151

### Etwas im Taxi vergessen?
- **Tokyo Taxi Kindaika Center:**
Tel. 3648-0300 ( nur japanisch)

# Telefon und Fax

## Öffentliche Telefone

Man wird kaum ein Land finden, das mehr öffentliche Telefone hat als Japan. Nach Telefonzellen muß man im allgemeinen zwar etwas suchen, aber die rosafarbenen, gelben, grünen und grauen **Münzapparate** entdeckt man

überall, etwa beim Tabakhändler oder im Supermarkt und in genügender Zahl an allen Bahnhöfen. Von manchen Telefonen kann man heutzutage sogar faxen.

Die **rosafarbenen** Telefone schlucken nur 10-, alle anderen auch 100-¥-Münzen (bis zu 6). Grüne und graue Telefone akzeptieren außerdem Telefonkarten und sind für **Auslandsgespräche** eingerichtet. Dabei werden nur 100-¥-Münzen akzeptiert, angebrochene 100-¥-Beträge werden jedoch nicht zurückgegeben, daher sollte man besser Telefonkarten benutzen. Von den grauen ISDN-Telefonen lassen sich per Laptop Faxe schicken.

Anrufe unter Telefonnummern, die mit 0120 beginnen, sind **kostenlos.**

### Nützliche Telefonnummern

- *Auskunft auf Englisch:* Tokyo:5295-1010
  Yokohama 045-322-1010
  (Mo-Fr 9-16 Uhr)
- *Auskunft* (Mo-Fr 9-17 Uhr, Sa 9-12 Uhr):
  Tokyo 3277-1010
  Narita: 0476-28-1010
- *Auskunft Tokyo* (japanisch): 104
- *Auskunft allgemein:* 105
- *Telefonvermittlung:*
  Ferngespräche: 100
  R-Gespräche Inland *(collect call)*: 106
- *Störungsannahme:* 113
- *Inland-Telegramme:* Katakana 115
  Alfabet 3270-4918
- *Internationale Telegramme:* 3344-5151
- *Zeitansage* (japanisch): 117
- *Wetter:* 045-319-8100 und 0425-52-
  2511 Ext. 4181 (englisch)
- *Flugauskunft:* Narita: 0476- 32-2800
  Haneda: 3747-8010
- *Tourist Information Center Tokyo:*
  3201-3331, Mo-Fr 9-17 Uhr, Sa 9-12 Uhr
- *Teletourist Service vom Band:*
  503-2911 (englisch), 503-2926 (frz.)
- *Tokyo Immigration Office:* Tel.3213-
  8523

### Telefonkarten

Telefonkarten sind üblicherweise für **500 ¥** (50 Einheiten) und **1000 ¥** (100 Einheiten) in Automaten und vielerlei Geschäften erhältlich. Man kann für einen Aufpreis ein x-beliebiges Foto auf Telefonkarten kopieren lassen. Die Karten sind in Japan beliebte Sammlerstücke.

### Ortsgespräche

Ein Ortsgespräch kostet 10 ¥. Nach 3 Minuten ertönt ein Summer, und wenn man nicht schnell nachwirft (oder den Speicher vorher nicht genügend gefüllt hat), wird das Gespräch unterbrochen. Bei Telefonkarten muß beim Ertönen des Summers entweder eine neue Karte eingeschoben oder eine Münze eingeworfen werden.

### Notrufe

Für Notrufe braucht man bei den neuen Telefonen *keine Münzen,* sondern drückt den roten Knopf vorn am Telefon und wählt dann. Die älteren roten Telefone verlangen eine 10-¥-Münze, geben sie jedoch nach dem Gespräch wieder zurück.

- *Polizei:* 110
- *Feuerwehr* und *Ambulanz:* 119

## Auslandsgespräche

### Selbstwählgespräche

Es gibt drei Firmen, die Auslandsgespräche anbieten: *KDD*, *IDC* und *ITJ*. Zuerst wählt man den **Zugangscode** der jeweiligen Firma zur Auslandsleitung (s.u.). Danach müssen der Landescode (für Deutschland 0049), die Vorwahl ohne Null und die Teilnehmernummer gewählt werden.

- *KDD* (001)
- *IDC* (0061)
- *ITJ* (0041)

### Vermittelte Gespräche

*KDD* ist die vielseitigste Firma, weil sie auch Auslandsgespräche durch Anwählen von 0051 über Vermittlung *(operator)* gestattet, was bei Gesprächen in Länder, die die Möglichkeit zu *collect call/reverse charge call* bieten, interessant ist: dann zahlt nämlich der angerufene Teilnehmer für das Gespräch.

Beim Person-to-person Call kostet das Gespräch nichts, falls die gewünschte Person nicht da ist; günstig ist dies z.B. beim Anruf in Firmen, wo es einige Zeit dauern kann, bis der gewünschte Teilnehmer am Apparat ist oder als abwesend gemeldet wird.

Beim **Credit Card Call** kann mit Kreditkarte bezahlt werden, falls diese im Ausland ausgestellt wurde. **Station-to-station Calls** sind wesentlich preiswerter als Person-to-person calls.

Auskunft über Person-to-person calls, Collect calls, Kreditkarten-Bezahlung etc. erhält man bei *KDD* unter Tel. 0057, von außerhalb Tokyos Tel. 3211-5522.

> **Vorwahl für Gespräche aus Europa:**
> ● **Tokyo:** 0081-3
> ● **Yokohama:** 0081-45
> ● **Kyoto:** 0081-75

## Telefontarife

### Standardgespräche nach Europa

1. Min. nach Deutschland: 390 ¥, nach Österreich/Schweiz: 410 ¥. Jede weitere Min. 260 ¥.

### Inlandsgespräche

● **Ortsgespräche** kosten 10 ¥ für 3 Minuten.
● **Ferngespräche bis 20 km** kosten 10 ¥ für 90 Sekunden.
● **Ferngespräche über 60 km** werden nach 19 Uhr und an Wochenenden oder Feiertagen um 40% ermäßigt; bei Gesprächen über 320 km beträgt die Ermäßigung bei Nachtgesprächen (23-8 Uhr) 50 %, ein Standardferngespräch über mehr als 320 km kostet 240 ¥ pro Minute, ein Nachtgespräch 130 ¥ pro Minute.

## Fax

Öffentliche Faxgeräte gibt es an vielen Bahnhöfen sowie in den Büros der Telefongesellschaft *KDD:*

● **Shinjuku** (vom Südausgang 10 Min.), Tel. 3347-5000
● **Ôtemachi** (Ausgang C1), Tel. 3275-4343, jeweils Mo-Fr 9-18 Uhr, Sa/So/Feiertag 9-17 Uhr

# Theater

## Nô

Nô ist aristokratisches, hochstilisiertes Theater, das sich seit dem **Mittelalter** nicht verändert hat. Die Bewegungen im Nô sind sehr zurückhaltend und ähneln getragenen Tänzen, die Handlung erscheint uns fremdartig, die Emotionen werden durch Gesten und die Musik von Flöte und Uhrglastrommel ausgedrückt. Die Hauptdarsteller tragen **Masken,** die junge und alte Frauen darstellen, Dämonen, einen Mann oder Geist. Die Nebendarsteller ohne Masken vertreten die reale Welt. Die Sprache ist altertümlich und heutigen Japanern kaum verständlich.

Zur Erholung gibt es zwischen den Akten komische Darstellungen in der Alltagssprache, die *Kyôgen.*

Die archaischste Form von Nô ist *Takigi-Nô,* das im Freien bei Fackelschein aufgeführt wird, im Sommer im Hie-Schrein in Akasaka, im Zôjôji-Tempel in Shiba und im Koganei-Park.

● **Ginza Nô Theater:** 6-5-15 Ginza, Tel. 3571-0197; U: Ginza

● *Hôshô Nô Theater:* 1-5-14 Hongô, Tel. 3811-4843; U: Suidobashi
● *Kanze Nô Theater:* 1-16-4 Shoto, Tel. 3469-5241; U: Shibuya, Ausgang Hachiko-guchi 13 Min.
● *Kita Nô Theater:* 4-6- Kami-Osaki, Tel. 3491-7773
● *National Nô Theater (Kokuritsu Nô-gakudô):* 4-18-1 Sendagaya, Tel. 3423-1331; U: Sendagaya
● *Umewaka Nô Theater:* 2-6-14 Higashi-Nakano, Tel.3363-7748
● *National Theater of Japan (Kokuritsu Gekijô):* 4-1 Hayabusa-chô, Tel. 3265-7411; auch Kabuki und Bunraku

## Bunraku

Das **japanische Puppentheater** ist kein Kindertheater, sondern Theater für Erwachsene. Es ist in gewisser Weise der Vorläufer des Kabuki – viele Bunraku-Stücke wurden zu Kabuki-Stücken umgearbeitet – und entstammt ebenfalls der städtischen Kultur der Edo-Zeit. Die Puppen ca. 60 cm groß und werden so meisterhaft bewegt, daß man vergessen könnte, daß es Puppen sind.

Drei Spieler bewegen eine Puppe: einer die Füße, einer den linken Arm und der Meister den rechten Arm und den Kopf. Der Meister trägt einen formellen Kimono, und die Assistenten sind von Kopf bis Fuß schwarz gekleidet und gelten als unsichtbar. Der Erzähler liefert sämtliche Stimmen.

Die Ausbildung zum Puppenspieler beträgt je Rolle 10-15 Jahre, da man alle drei erlernen muß, sind es also über 30 Jahre bis zur Meisterschaft.

● Im **National Theater of Japan** (s. Nô) wird 4 mal im Jahr für 2 Wochen gespielt.

## Kabuki

Kabuki entstand im 17. Jahrhundert und basierte zunächst auf Bunraku-Stücken. Es wurde anfänglich nur von Frauen, dann von Jünglingen gespielt, schließlich durften nur noch Männer auftreten, weil sowohl die Frauen wie die Jünglinge in den Augen der prüden und gestrengen Tokugawa-Shogune zu verführerisch wirkten. Bestimmte Rollen werden von Generation zu Generation weitergegeben und bleiben in der Familie. Besonders eindrucksvoll sind die Frauendarsteller *(onna-gata):* Selbst Geishas lernten von ihnen die perfekten Bewegungen einer Frau.

*Ka-bu-ki* bedeutet in der Übersetzung „Gesang-Tanz-Schauspiel" und ist damit so etwas wie das japanische Gegenstück zur klassischen Oper. Nur der Gesang ist natürlich anders. Es gibt keine Arien, Duette oder Chöre. Die Begleitmusiker liefern auch eine Art Gesang.

Kabuki verwendete als erstes Theater die **Drehbühne,** mit der Szenenwechsel blitzschnell bewerkstelligt werden konnten. Charakteristisch ist auch der Blumensteg, *hanamichi,* auf dem die Akteure bisweilen durch den Zuschauerraum gehen.

In der **Handlung** geht es um Helden-, Liebes- und Familiengeschichten. Die **Sprache** ist altertümlich und für ungeschulte Einheimische schwer zu verstehen, in einigen Theatern kann man aber mittels Kopfhörern der Handlung auf Englisch folgen. Am eindrucksvollsten sind die **Tänze.** Die

Darsteller verharren oft in besonders eindrucksvollen Posen. Kabuki ist höchst theatralisch, und das trägt zur anhaltenden Beliebtheit bei. Komplette Stücke dauern mit Pausen rund 5 Stunden.

Wer nur mal hineinschnuppern möchte, kann sich im *Kabuki-za* in der Harumi-dôri der Ginza auch einzelne Akte ansehen; dort werden vor allem populäre und spektakuläre Akte und Szenen geboten (etwa 30-60 Min., 500-1000 ¥). Am besten wählt man Akte mit Tänzen, sie sind am buntesten und spektakulärsten – und das Opern- oder Fernglas nicht vergessen!

● *Kabuki-za:* Chûô-ku, Higashi Ginza, 4-3; Tel. 3541-3131.

Größtes Kabuki-Theater Japans; Empfänger zum Mithören englischer Texte und Erläuterungen können ausgeliehen werden.

● *National Theater:* siehe Nô

## Westliches Theater

### Shingeki

Hierbei handelt es sich um ins Japanische übersetzte westliche Stücke.

● *Haiyu-za:* 4-9-2 Roppongi, Tel. 3470-2880

## Angura – japanisches Avantgarde-Theater

Ein exotischer Reiz geht – wie beim japanischen Theater insgesamt – auch von den verschiedenen Formen des japanischen Underground- *(angura-)* Theaters aus, das sich wie bei uns in den *sechziger Jahren* unter amerikanischem Einfluß entwickelt hat. Es wirkt jedoch radikaler und mutet trotz vertrauter moderner Ausdrucksformen fremdartig an. Kein Wunder, denn die Kultur eines Landes definiert sich immer wieder neu aus der Tradition. So entstand und entsteht das moderne japanische Theater aus der *Auseinandersetzung mit dem klassischen Theater,* insbesondere Nô und Kabuki. Deren Charakteristika sind die pathetische Gestik, maskenhafte Gesichter, die extreme Verlangsamung von Bewegungen und die Sparsamkeit der Kulissen. Hinzu kommt durch die modernen Einflüsse die spezifische Auflehnung gegen ein Establishment, das im Grunde keinerlei Veränderung zuläßt: Rituale, Zeremonien, Etikette bestimmen auch heute noch weitgehend das Leben in Japan.

Gerade Tokyo, das sein Gesicht wechselt wie die Bewohner ihre Kleidung, liefert täglich Anregungen für *neue Formen der Performance;* die Stadt selbst stellt sich selbst pausenlos dar. Werbelust darf sich hier hemmungslos austoben, anything goes – *kanzen-na-jiyu.* Phantasie genießt Narrenfreiheit. Aus dieser Haltung heraus entsteht im Rückgriff auf Traditionen immer wieder Überraschendes, nicht nur im Theater, sondern auch im Kino, der Mode, u.s.w.

Einen Einblick in die Performance-Szene der jungen Leute bietet der sonntägliche Aufmarsch von Pop- und Rockgruppen, Pantomimen und Rock'n'Roll-Tänzern am Rande des Yoyogi-Parks nahe Harajuku. Aber neben den spontanen Wochenendaufführungen der *take-no-ko-zoku,* der „Bambussprößlinge", wie die Teenager auch genannt werden, gibt es natürlich feste Ensembles.

Es gibt in Tokyo rund 2000 *Amateur-Theatergruppen,* die sich häufig während der Studentenzeit bilden. Meist werden deren Aufführungen in kleinen Theatern *(shogekijô)* wie *Kinokuniya Hall* oder *Space Den* in Shinjuku aufgeführt.

### Tokyoter Ensembles

*Butô* (butô = „Tanz"; auch *ankoku butô:* „Tanz der Dunkelheit" bzw. „Tanz der Grausamkeit") ist die bei uns wohl bekannteste Form *modernen japanischen Tanzes.* Die Körper der Tänzer sind weiß, in der Farbe des Todes, geschminkt. „Wenn ich Butô tanze, bringe ich mich um, aber ich bin un-

●*Seibu Theater:* 15-1 Udagawachô, Shibuya; Tel. 3477-5860
●*Sunshine Theater:* 3-1-4 Higashi Ikebukuro, Tel. 3987- 5281

## Shimpa

Japanisierte melodramatische Neuschöpfungen.
●*Shimbashi Embujô:* 6-18-2 Ginza, Tel. 3541-2211

## Experimentelles Theater

●*Jiyû Gekijô:* Freies Theater, 1-8-4 Nishi Azabu, Tel. 3404-3891

## Angura-Underground-Theater

Es gibt eine Reihe von Avantgarde-Theatern, z.B. *Kinokuniya Hall* und *Space Den* in Shinjuku, *Akatento* (Rotes Zelt), *Tokyo Kid Brothers* und *Za Suzunari* in Shimo-Kitazawa.

# Uhrzeit

Japan liegt *8 Stunden* vor der Mitteleuropäischen Zeit: wenn es in Japan 12 Uhr mittags ist, ist es bei uns erst

Reisetips A-Z

sterblich, werde wiederauferstehen", sagt einer der Hauptvertreter, *Ko Murobushi*. Es geht um die Rückkehr zu den Urformen des Seins. *Goro Namerikawa* tanzt mit seinem Ensemble an ungewöhnlichen Orten, z.B. in einem aufgelassenen Steinbruch bei Tokyo, vor Bauern in der Provinz, aber auch mit Geisteskranken.

*Saburo Teshigawara* tanzt, häufig mit einem bekannten Mannequin, auf Dächern von Hochhäusern, in Bahnhöfen, Stadien und an anderen ungewohnten Orten. Anregungen nimmt er von Modern Dance, Butô, Tai Chi und Wu Shu.

*Banyu Inryoku,* „Magnetismus", war die ursprüngliche Underground-Bewegung der sechziger Jahre.

*Yume no Yuminsha* ist ein bei den jungen Leuten beliebtes Ensemble, das quasi jeden Wunsch nach Abwechslung erfüllt, von überall her Anregungen aufgreift und in hohem Tempo knallbunt agiert.

*Dai San Erotica* ist das vielleicht radikalste Theater der Auflehnung gegen eine erstarrte Gesellschaft. Das Ensemble spielt zuweilen mitten unter den Passanten eines Tokyoter Bahnhofs. Der Name („3. Erotica") hat Bezug zum Filmtitel „Der dritte Mann", das Ensemble zitiert viel aus Filmen.

Die *Suzuki Company of Toga, SCOT,* unter Leitung von *Tadashi Suzuki*, ist bekannt für ihre Kollektivarbeit, die sich auf die

Freisetzung verschütteter animalischer Energie konzentriert.

*Tenjô Zaseki* („Galerie-Sitzplätze") ist ein weiteres Kollektiv, das geprägt ist vom gemeinsamen Leben, vom täglichen harten Training und von Meditationsübungen. Kennzeichnend sind ein hohes Maß an Fitneß und eine ausgefeilte Atemtechnik. Körpersprache spielt in diesem Theater eine besondere Rolle.

*Arutai* (Altai) beruft sich auf schamanistische Traditionen und uralte Stammestänze. Diese Gruppe steht wie die meisten, die um den Seelenheilung willen tanzen (u.a. *Maro Akaji's Dai Rakudakan, Amagatsu Ushio's Sankaijuku, Ittos GooSayTen*), in der Tradition von *Hijakata Tatsumi* (1928-86), dem Gründer des Butô.

*Tenki Geki-jô* („Formen in der Bewegung") hat sich in den frühen siebziger Jahren aus dem Underground-Theater entwickelt und zählt heute zu den wichtigsten und einflußreichsten modernen Ensembles. Inhalt ist häufig die Flüchtigkeit der modernen menschlichen Existenz, eine Anspielung auf die *Ukiyo-e* („Bilder aus der fließenden Welt"), die Holzschnitte aus dem Vergnügungsviertel Yoshiwara. Dieses Theater hat im Gegensatz zu den anderen Kammerspielcharakter und ist gekennzeichnet durch spärliche Ausstattung, Musik und vor allem Pantomime.

4 Uhr in der Früh. Während der Sommerzeit sind es nur 7 Stunden, denn Japan hat keine Sommerzeit.

# Unterkunft

Es hat sich längst herumgesprochen, daß Japan leider kein Land für den schmalen Geldbeutel mehr ist – unabhängig vom immer noch zu hoch eingestuften Yen. Aber zum Glück gibt es in Tokyo ein sehr breit gefächertes Angebot an Übernachtungsmöglichkeiten, von den Palästen der Luxushotels über Business-Hotels, Ryokans, Love Hotels bis zu Minshuku, Capsule Hotels und Jugendherbergen.

In den jeweiligen Stadtteilbeschreibungen finden sich Vorschläge für Hotels unterschiedlicher Kategorien.

## Hotelkategorien

In den Stadtteilbeschreibungen sind die aufgeführten Hotels mit den folgenden Symbolen versehen. Sie kennzeichnen die Preiskategorie (nicht den Qualitätsstandard).

| | |
|---|---|
| ¥ | bis 8000 ¥ |
| ¥/¥¥ | 8-10.000 ¥ |
| ¥¥ | 10-20.000 ¥ |
| ¥¥¥ | 20-30.000 ¥ |
| ¥¥¥¥ | über 30.000 ¥ |

## Luxushotels

Ost- und südostasiatische Spitzenhotels haben wegen des ungewöhnlich zuvorkommenden Servicepersonals Weltruf. Der Wille zu Perfektion, die traditionelle Höflichkeit und Gastfreundschaft gehen gerade in den Hotels der gehobenen Klasse eine außerordentlich angenehme Verbindung ein. Nur sind Übernachtungen in Luxushotels im teuersten Reiseland der Welt nicht für jedermann erschwinglich.

Japaner, die nur wenig Urlaub haben und zuhause in der Regel sehr beengt leben, sind bereit, die wenigen Tage Urlaub dann auch wirklich in Luxus zu leben, um einmal verschwenderisch mit Platz umgehen zu können. Das Geld spielt da nur eine untergeordnete Rolle.

Große Hotels haben natürlich alle die erwartete **Ausstattung:** Ballsäle für Hochzeits- und andere Empfänge, Shintô-Schreine für die Hochzeitszeremonie, Restaurants, Bars, Zimmer im japanischen Stil, Schwimmbäder, Tennisplätze, Fitness-Center und Saunen, Einkaufspassagen, Reisebüros, Dolmetscher, Arzt, Babysitter, Leihwagen-Service, um nur einiges zu nennen.

Selbst, wenn eine Übernachtung nicht drin ist: Einen Besuch sind sie allemal wert. In der Freizeit bummeln auch Einheimische gern in den Arkaden oder in den oftmals sehenswerten japanischen Gärten umher.

Übernachtungen in Hotels der gehobenen Klasse kosten pro Person **ab 20.000 ¥ aufwärts** (liegt der Übernachtungspreis bei über 10.000 ¥, werden auf den Preis noch 10-15 % Bedienungszuschlag und 3-6 % Steuer aufgeschlagen; Trinkgeld allerdings wird auch in Luxushotels nicht erwartet).

## Mittelklasse- und Business Hotels

Gute, selbst normale Mittelklassehotels haben immer standardmäßig Bad, Fernsehen, Telefon, Kühlschrank, bereitliegende *yukatas* (leichte Baumwollkimonos). Auf den Gängen gibt es oft einen Automatenraum, wo Getränke billiger sind als im Kühlschrank des Zimmers. Frühstück gibt es nicht oder gegen Aufpreis, für den man Coupons erhält.

Die bei den einheimischen Geschäftsleuten sehr beliebten Business Hotels haben durchweg diese Ausstattung, aber sie haben sehr kleine Zimmer. Ein extra Kleiderschrank erübrigt sich auch, da Geschäftsleute wie zu Hause ihre Kleidung an Wandhaken hängen. Typischerweise haben Japaner auf Dienstreisen nur wenig Gepäck dabei.

Business Hotels befinden sich meist in der Nähe von großen Bahnhöfen, recht preiswert sind sie z.B. in Ueno oder Ikebukuro. Die Übernachtung kostet **zwischen 5000 und 10.000 ¥** pro Person, kleine Doppelzimmer *(semi double)* gibt es ab etwa 8000 ¥.

## Capsule Hotels

Grundsätzlich in Bahnhofsnähe liegen die berüchtigten Capsule Hotels: Sie bieten vor allem Männern Übernachtung, die nach dem Lokalbummel mit den Kollegen den letzten Zug nach Hause verpaßt haben oder sich den Weg angesichts des Alkoholpegels nicht mehr zumuten wollen. Die „Kap-

seln" – in Shinjuku hat das *Green Plaza* allein 600 davon – sind in zweigeschossigen Reihen angeordnete **Miniräume** von 1,20 m x 2,10 m Grundfläche und etwa 1,10 m Höhe (!), so daß gerade das Bett und zusätzlich Fernseher, Radio und Klimaanlage Platz haben. Wie üblich, werden hoteleigene *yukatas* gestellt. So ist man (selten frau) stets anständig gekleidet. Zum Einstieg hin sind die Kapseln offen, lassen sich jedoch mittels Jalousie „verschließen". Allzu leise geht es da natürlich nicht zu. Aber wer nur seinen Rausch ausschläft, merkt sowieso nichts mehr. In den Kapseln selbst ist es jedoch erstaunlich bequem.

Der Spaß kostet **ab 4000 ¥,** gelegentlich darunter. Für 500-1000 ¥ kann man nachmittags in einigen Kapselhotels auch für eine halbe bis zwei Stunden ein Nickerchen machen.

## Traditionelle Unterkünfte

Dies sind die **klassischen japanischen Herbergen.** Ryokan sind ein bis zwei Stufen eleganter und teurer als Minshuku. Aber zwischen einfacheren Ryokan und guten Minshuku besteht kein echter Unterschied.

### Minshuku

Der Hauptunterschied liegt darin, daß Minshuku im Gegensatz zu Ryokan Familienherbergen sind: Die Gäste übernachten in den geräumigen privaten Häusern, auch Bauernhäusern, und werden so vorübergehend quasi Teil der Familie. Minshuku haben dementsprechend oft eine geringere Aus-

Einfaches Ryokan

stattung und bieten nicht den Service und die exquisiten Mahlzeiten der Ryokan. Viele Minshuku haben nur ein kleines Bad, wenige Toiletten, in manchen findet man keine *yukata* vor und muß das Bett selbst machen und wegräumen – wie bei sich daheim. Andere bieten jedoch nicht nur die beliebten leichten Kimonos und Zimmerservice, sondern auch ausgezeichnete Mahlzeiten, wobei vor allem das Abendessen von hervorragender Qualität ist.

Die Preise inklusive Abendessen und Frühstück liegen in Minshuku meist ***zwischen 6000 und 8000 ¥.*** Nur ein Teil der Minshuku ist auf ausländische Gäste eingerichtet.

Die *Japan Minshuku Association* oder die Touristeninformationen können über geeignete Minshuku Auskunft geben.

● *Japan Minshuku Association,*
29-5-505, Takadanobaba 1-chome,
Shinjuku-ku, Tokyo 160, Tel. 3232-6561

### Kokumin Shukusha

In den staatlichen Minshuku, den *Kokumin Shukusha* (Volksherbergen) kostet die Übernachtung mit zwei Mahlzeiten meist ***unter 6000 ¥.*** Ausländer können dort übernachten, aber langfristige Reservierung ist wegen der günstigen Preise normalerweise unerläßlich.

●*Japan Minshuku Center,*
Tokyo Kôtsu Kaikan B1, 2-10-1 Yûrakuchô,
Tel. 3216-6556, (Kokumin-Shukusha,
Informationen auch durch TIC und JNTO)

## Kokumin Kyûka Mura

Neben den Kokumin Shukusha gibt es Kokumin Kyûka Mura (Volks-Feriendörfer) in National- oder Quasi-Nationalparks; sie kosten etwa *7000 ¥* pro Person, ebenfalls mit zwei Mahlzeiten.

●*Kokumin Kyûka Mura Kyôkai,* 10-1, Yûrakuchô 2-chome, Chiyoda-ku, Tokyo 100, Tel. 3216-2085 (erteilt Auskunft über die staatlichen Feriendörfer).

## Ryokan

Die Ryokan sind in ihrer Qualität nicht gleich. Die „echten" bieten durchweg ausgezeichnete Qualität und guten Service und haben einen eleganten japanischen Garten, große Gemeinschaftsbäder, Zimmerservice und exquisite Mahlzeiten, die üblicherweise im Preis inbegriffen sind.

Am unteren Ende der Preis- und Qualitätsskala rangieren oft Ryokan, die diesen Namen eigentlich nicht verdienen. Die preiswerten Ryokan, die im Verzeichnis der *Japanese Inn Group* aufgeführt sind, werben z.T. möglicherweise deshalb um Ausländer, weil die anspruchsvollen Japaner sie nicht aufsuchen würden.

Die Übernachtungspreise liegen für die preiswertesten Ryokan noch **unter 5000 ¥,** gute Ryokan verlangen jedoch **mehr als 10.000 ¥** pro Person. In den Ryokan der *Japanese Inn Group* darf man wählen, ob man Mahlzeiten will oder nicht, in echten Ryokan sind immer zwei Mahlzeiten im Preis enthalten.

●*Japanese Inn Group,* c/o Hiraiwa Ryô, 314 Hayao-chô, Kamino-guchi-agaru, Ninomiyachôô, Kyôto, Tel. (075) 351-6748.
●**Welcome Inn Reservation Center,** c/o International Tourism Center of Japan, Kotani Bldg., 6-6, Yûrakuchô 1-chome, Chiyoda-ku, Tokyo 100, Tel. (03) 3580-8353 (ebenfalls für preiswerte Ryokan).

## Pensionen

Auch Pensionen *(penshon)* sind Familienunternehmen wie bei uns und besonders für junge Familien attraktiv. Sie bieten oft Sportanlagen wie Tennisplätze oder die Möglichkeit zum Angeln, Wandern oder Skifahren. Die Unterbringung erfolgt in westlich oder japanisch eingerichteten Zimmern, das Essen ist eher westlich, die Preise liegen etwas höher als in Minshuku, um die *8000 ¥* pro Person, inklusive zweier Mahlzeiten.

## Jugendherbergen

Wer Jugendherbergsmitglied ist kann für rund *2500 ¥* (Frühstück rund 500 ¥, Abendessen meist 1000 ¥) in einer der über 350 Jugendherbergen Japans übernachten – ohne Altersbeschränkung, allerdings meist nach Geschlechtern getrennt.

Die Mitgliedschaft kann auch nachträglich in den Jugendherbergen oder in der Zentrale, der *Japan Youth Hostel Inc.* in der Jugendherberge *Ichigaya* in Tokyo, für 2800 ¥ beantragt werden (Paßfoto mitbringen). Dem Japanischen Jugendherbergsverband gehören nur zehn Prozent aller Herbergen an, die meisten sind privat oder städtisch geführt. Manche sind in ehemali-

# Zu Gast im Ryokan

Für das „korrekte" **Verhalten** in der klassischen japanischen Herberge gelten ähnliche Regeln wie in einem *traditionellen Haus:* Am Eingang entledigt man sich der Schuhe; mit den bereitgestellten Pantoffeln schlurft man im Haus herum, z.B. zum Speisesaal (wenn das Essen nicht auf dem Zimmer serviert wird) oder ins Bad und läßt auch sie schließlich vor dem mit Tatami-Matten ausgelegten Gastzimmer stehen.

Das **Zimmer** dient abwechselnd als Wohn-, Eß- und Schlafzimmer. Es ist fast leer, bis auf den niedrigen Tisch und die Sitzkissen bzw. beinlosen Stühle und die Frisierkommode mit Spiegel. Auf dem Tisch steht fast immer ein Teeservice mit grünem Tee. Die Betten werden im Wandschrank aufbewahrt. Einziger Schmuck ist die Nische *(tokonoma)* mit einem Rollbild *(kakemono)* oder einem anderem Bild und einem Blumenarrangement, z.B. Ikebana. Sie darf nie zum Gepäckabstellen mißbraucht werden. Auch setzt sich niemand auf die Stufe oder stellt sich hinein. Der Ehrengast bzw. Ranghöchste sitzt stets mit dem Rücken zur *tokonoma.* Ein mit Reispapier bespanntes Schiebefenster öffnet den Blick auf den Garten. So sollte es jedenfalls sein. Hinter dem Papierfenster befindet sich heute meist noch ein Glasfenster, das bei trockenem Wetter offenbleiben kann.

Ein **Zimmermädchen** steht für vielerlei Dienstleistungen zur Verfügung: Sie führt zum Zimmer und serviert Tee und Essen. Während des Bades oder vor dem Schlafengehen macht sie die Betten *(futon),* die auf dem Boden ausgebreitet werden.

Sobald man sein Zimmer betritt, wechselt man in der Regel die Straßenkleidung gegen die hoteleigenen baumwollenen *yukatas* (Hauskimonos), die zum Entspannen und Schlafen benutzt werden. Man kann darin auch draußen spazierengehen. Wenn es kalt ist, zieht man jedoch Überjacken *(haori)* oder wattierte Überkimonos *(tanzen)* an. Geht man so aus, trägt man keine Schuhe, sondern *getas* oder *zôri* (Sandalen), die ebenfalls vom Ryokan gestellt werden.

Ganz wesentlich tragen zum Genuß eines Aufenthaltes im Ryokan die Besuche im *Gemeinschaftsbad* bei. Auch wenn teure Ryokan private Bäder haben, gehen die meisten Japaner doch gern in das gemeinsame Bad. Man geht nicht nur einmal, sondern mehrmals am Tag ins Bad. Die Becken sind im Idealfall so groß, daß sich mehrere Personen gleichzeitig wohlig darin ausstrecken können. Wenn dann noch der Blick in – möglichst – unverbaute Natur durch die große Glastür, die in der warmen Jahreszeit aufgeschoben wird, genossen werden kann, ist das Badeglück perfekt. In Thermalbadeorten wird das gesundheitsfördernde Wasser allen Ryokans zugänglich gemacht.

Nach dem vorabendlichen Bad im Ryokan folgt in der Regel das im Preis inbegriffene *Abendessen,* entweder im eigenen Zimmer oder im Speiseraum genossen. Es wird auf einem Lacktablett serviert und enthält in dekorativem Geschirr (Keramik oder Porzellan, Lackschälchen) typischerweise mehrere Scheiben rohen Fisch, fritiertes Essen, z.B. Tempura, eine klare Suppe, gedünstetes

gen Minshuku, Ryokan oder sogar Tempeln untergebracht.

**Vorherige Buchung** wird erwünscht und ist auch telefonisch möglich. Selbst wenn man schon am Ort, wo man übernachten möchte, eingetroffen ist, sollte man vorher kurz anrufen.

Nicht wenige Herbergen haben Familienzimmer, in denen auch Ehepaare gemeinsam übernachten können. In einigen Herbergen gibt es gar gemütliche Tatamizimmer mit Futonbetten und Fernseher, wie in einem Hotel. Normal sind aber nach Geschlechtern

Gemüse, gegrillten Fisch, Reis, in Essig eingelegtes Gemüse und Obst.

Die zweite Mahlzeit, die in der Regel in einem Ryokan eingenommen wird, ist das *Frühstück* am nächsten Tag. Wer mit dem traditionellen Frühstück Schwierigkeiten hat, kann evtl. vorher auch ein westliches Frühstück bestellen. Typischerweise enthält ein Ryokan-Frühstück Reis, eingelegtes Gemüse, Bohnenpastensuppe, Ei, das oft roh mit dem Reis verrührt wird und Meerlattich und z.B. ein Omelette, Salat, getrockneten und gegrillten Fisch. Getränke werden extra berechnet.

Beim Betreten von Toiletten tauscht man in Ryokan, wie auch in Privathäusern und Jugendherbergen, die Pantoffeln gegen spezielle Toilettenpantoffeln. Die typischen Hocktoiletten sind für Westler, die das Hocken nicht gewohnt sind, unbequem, aber sie sind hygienisch und effektiv. Man plaziert sich mit dem Gesicht zur viertelkugelförmigen Schale.

### Verhalten in öffentlichen Bädern

● Die *Schuhe* oder Pantoffeln werden am Eingang abgestellt, wenn vorhanden, in ein Schuhfach.

● Man zieht sich im nach Geschlechtern getrennten *Vorraum* aus und legt die Kleidung in einen Korb bzw. in ein dafür vorgesehenes Fach, also – bei aller Ehrlichkeit der meisten JapanerInnen – keine Wertgegenstände ins Bad mitnehmen. Manchmal gibt es Schließfächer, vor allem in öffentlichen Bädern, seltener in Ryokans.

● Ins ebenfalls nach Geschlechtern getrennte eigentliche Bad nimmt man eine Plastikschüssel mit Seife, Shampoo, Rasierzeug u.ä. mit und das *Handtuch,* das drei Funktionen zu erfüllen hat: Es dient als Waschlappen, zum Abtrocknen und beim Herumgehen außerhalb des Beckens zum Verhüllen der Scham. In öffentlichen Bädern ist die Wand zwischen Frauen- und Männerbad nur zwei Drittel hoch, so daß man sich verständigen kann.

● Zunächst hockt man sich vor einen *Waschplatz* mit Hähnen für heißes und kaltes Wasser (moderne Bäder haben Mischhähne) und übergießt sich mit warmem Wasser; dann wäscht man sich gründlich mit Seife und ggf. Shampoo und spült dann auch die letzten Seifenreste sorgfältig ab. Es ist verpönt, sich im Stehen zu waschen.

● Dann steigt man ins *40–45 Grad* heiße Bad; wenn es zu heiß ist, darf etwas kaltes Wasser um die Fußgegend zugegossen werden, aber nicht zu viel, da die Anderen die Temperatur wahrscheinlich gerade mögen. Ist das Wasser sehr heiß, sollte man ganz langsam ins Becken steigen und sich möglichst wenig bewegen. Nach ein paar Minuten steigt man dann wohlig entspannt aus dem Becken, übergießt sich an seinem Waschplatz mit kaltem Wasser und beginnt dann einen neuen Reinigungszyklus. Die meisten gehen dreimal ins Becken.

● Manchmal gibt es unterschiedlich heiße Becken zur Auswahl: je heißer, desto größer ist die Entspannung, aber erträglich muß es sein. In privaten Bädern zieht man *nach dem Bad* nicht den Stöpsel heraus. Das saubere Wasser kann mehrere Tage in der Wanne bleiben, es wird nur täglich neu erhitzt. Um es warm zu halten, wird das Becken mit einer Rollmatte zugedeckt.

getrennte Mehrbettzimmer mit Etagenbetten.

Jugendherbergen akzeptieren heute vielfach auch Kreditkarten (meist *Visa, Amex,* teils auch *Master*). In den meisten wird jedoch, wie in Hotels der untersten Preiskategorie, auf Barzahlung bestanden. Wer plant, in Jugendherbergen zu übernachten, sollte vielleicht von zuhause einen JH-Schlafsack mitbringen, sonst muß dieser jedes Mal gegen Gebühr ausgeliehen werden.

Wie allgemein in Japan, ist es üblich, erst am Nachmittag einzuchecken. Bei telefonischer Anmeldung muß man angeben, ob das erste Abendessen gewünscht wird. Es gibt neben den Herbergen noch Jugendgästehäuser.

●*Japan Youth Hostels, Inc.,* Suidobashi Nishiguchi Kaikan, 2-20-7 Misakichô, Tel. 3288-1417

## Radlerherbergen und Zeltplätze

Für Reisende, die gern mit dem Fahrrad durchs Land strampeln, soll es in Zukunft in 100-km-Abständen Radlerherbergen und Zeltplätze geben. Ihre Adressen vergibt das *Japan Bicycle Promotion Institute* in Tokyo. Zelten darf man mit Ausnahme mancher Nationalparks in Japan fast überall; will man das Zelt in der Nähe von Bauernhöfen aufschlagen, sollte man jedoch vorher um Erlaubnis fragen.

●*Japan Bicycle Promotion Institute,* Nihon Jitensha Kaikan Bld., 9-3, Akasaka 1-chome, Minato-ku, Tokyo 107, Tel. 3583-5444.

## Tempel

Neben den zu Jugendherbergen umgewandelten Tempeln gibt es auch solche, die „in Betrieb" sind und Übernachtungen mit zwei vegetarischen Mahlzeiten *(shôjin ryôri)* bieten. Sie werden *shuku-bô* genannt. Die Preise liegen oft **zwischen 4000 und 5000 ¥.** In vielen kann man, muß aber nicht, an den morgendlichen Meditationssitzungen teilnehmen. Informationen geben die Touristeninformationszentren vor allem in Kyôto, aber auch in Tokyo.

## Love Hotels

Eine oder mehrere Nächte in Love Hotels zu verbringen, die aussehen wie Märchenschlösser, Luxusdampfer oder Raumschiffe, mag für manche zu den Höhepunkten eines Japanaufenthalts zählen.

Die Zimmer sind ganz auf die **Lustbefriedigung** der Gäste eingerichtet und waren früher vor allem mit Videokameras, drehbaren Massagebetten und Spiegeln ausgestattet, manche, wie das *A&N* in Shibuya, haben sogar kleine Schwimmbecken im Zimmer. Heute ist geräumiges, elegantes Dekor mit Karaoke, Videospielen und anderem Spielzeug beliebter. Jedes Zimmer erfüllt andere Wünsche oder Träume. Die Einrichtung von Zimmern in guten Love Hotels ist doppelt so teuer wie die von großen Luxushotels.

Love Hotels sind **keineswegs anrüchig,** sondern dienen vor allem Ehepaaren als Fluchtburg aus den engen, hellhörigen Wohnungen, die keine Intimitäten zulassen. Auch junge Paare ohne sturmfreie Bude vegnügen sich dort stundenweise (ab 3500 ¥ pro Stunde, genannt *short rest*), am liebsten zwischen 20 Uhr und Mitternacht.

Tagsüber machen die *Leisure Hotels*, wie viele heute moderner heißen, gegen 11 Uhr auf. Dann bedienen sie „reifere" Kundschaft, z.B. Hausfrauen auf Seitensprung. Nachts dagegen, etwa ab 22 Uhr, läßt sich dort preiswerter schlafen als in guten Hotels – für **7-8000 ¥ –,** bei unvergleichlicher Ausstattung.

Love-Hotel

Es gibt in Japan etwa 40.000 solcher Hotels; sie haben im Schnitt 15 Zimmer. Die größte Konzentration gibt es auf dem **Daikanyama-Hügel in Shibuya.** Dort herrscht am Wochenende großer Andrang, und die Paare warten manchmal Stunden auf ein frei werdendes Zimmer. Zahlreiche Love Hotels gibt es auch in Shin-Okubo und Uguisudani an der Yamanote Line.

## Vermietungen

### Apartments

Wer länger in Tokyo leben möchte, braucht ein Apartment oder ein Haus. Die meisten **Makler** vermieten nicht gern an Ausländer, entweder weil es ihnen zu umständlich ist oder weil sie Verständigungsprobleme befürchten oder weil sie einfach keine Ausländer wollen.

Bei der **Miete** von Apartments und Häusern muß man in Japan in der Regel zusätzlich zu Maklergebühr (eine Miete) und Kaution (*shiki-kin*, 1-2 Mieten) noch die für Ausländer ungewohnte Schlüsselgebühr (*rei-kin*, 1-2 Mieten) zahlen. Viele Makler verlangen die Garantieerklärung einer japanischen Person. Angesichts der teuren Mieten in Tokyo ist also allein der Bezug des Apartments schon mit großen Anfangskosten verbunden. Hinzu kommt, daß die Apartments üblicherweise ohne Einrichtung sind, also selbst Gaskocher, Lampen usw. angeschafft werden müssen.

Angebote stehen u.a. im *Tokyo Journal* und an Schwarzen Brettern von Sprachschulen; preiswerte Apartments

Die einfachen Love Hotels bieten in dieser Hinsicht jedoch keine Besonderheiten. Wie die Zimmer aussehen, ist an der beleuchteten Tafel bei der Rezeption zu sehen (die aus einem winzigen Fenster besteht, hinter dem typischerweise eine alte Frau jenseits von gut und böse sitzt). Die beleuchteten Felder zeigen die freien Zimmer mit deren Ausstattung und Preis. Wer in Love Hotels übernachtet, muß üblicherweise am nächsten Tag bis 10 Uhr auschecken. Die Zimmer für mehrere Tage zu mieten, ist nicht üblich, schließlich werden sie im Schnitt dreimal pro Tag vermietet.

*Reisetips A-Z*

gibt es über Makler nahe den Universitäten. Mit Japanischkenntnissen kann man der Wochenzeitschrift *Shûkan Jûtaku Jôhô* entsprechende Angebote entnehmen.

Makler, die auf Ausländer eingerichtet sind:

● Das **Kimi Information Center,** das dem bekannten *Kimi-Ryokan* in Ikebukuro (7 Min. vom Westausgang) angeschlossen ist, vermittelt sowohl relativ preiswerte Apartments (Monatsmieten 30.000 bis 90.000 ¥ für 1-Zimmer-Apartments und bis zu 250.000 ¥ für Mehrzimmerwohnungen) wie auch Luxusapartments (auch Jobvermittlung), insbesondere für Ausländer.
KS7 Bldg. F6, 2-54-3 Ikebukuro, Toshima-ku, Tokyo 171, Tel. 3986-1604, Fax. 3986-3037
● **Hoyo Trust:** Tel. 3362-0658, Higashi-Nakano (Appartments ab 80.000 ¥ im Monat)
● **Ogura Real Estate:** Tel. 3586-8017, Roppongi (preiswerte Appartments ab 50.000 ¥ )
● **SIHM:** Tel. 3470-4737 (Agent kommt nach Vereinbarung ins Haus, vor allem für Firmen, aber auch preiswerte Wohnungen für Einzelne)
● **KK Family Home:** Tel. 045-201-9165, Kannai, Yokohama (möblierte Appartments mit Telefon im Raum Yokohama, Kawasaki)

### Gaijin Houses

Für die sogenannten *Gaijin Houses* („Ausländerhäuser") gelten nicht die Bedingungen von Apartments, leider haben sie in der Regel aber nur Gemeinschafts-Toiletten und -Bäder. In kleineren Häusern geht es ruhiger zu, in den größeren entsprechend lauter. Dafür trifft man viele Leute, die sicher jede Menge Tips für das (Über-) Leben in Tokyo auf Lager haben. Die meisten alleinstehenden Ausländer, die sich in Tokyo niederlassen, fangen mit einem Gaijin House an und ziehen später ggf. in ein Apartment um.

Folgende Organisationen verlangen weder Schlüsselgeld noch Kaution, die Zimmer kosten um die 50–60.000 ¥, bei gemeinsamer Belegung eines Zimmers 30-40.000 ¥ pro Person und Monat. Die genannten Organisationen haben mehrere Häuser in unterschiedlichen Stadtteilen, zum Teil in Vororten.

● **Aardvark:** Tel. 3881-4057
● **Bilingual House:** Tel. 3200-7082
● **Tokyo English Center:** Tel. 5370-8440, auch tage-/wochenweise Vermietung von Zimmern, z.B. 2000 ¥ pro Tag, 13.000 ¥ pro Woche.

### Zimmervermittlung für Studenten

● **Center for Domestic & Foreign Students,** Yotsuya, Tel. 3359-5997
● **Foreign Students' Advisory Center,** Sengoku, Tel. 3946-7565

# Verhaltenstips

## Etikette

Im alltäglichen Verhalten sind die Regeln der Etikette verbindlich und drängen Fragen der Moral in den Hintergrund. Wichtig ist die **Bewahrung der sozialen Harmonie.** Die normalen Umgangsformen sind von folgenden Verhaltensweisen geprägt:

● **Verbeugungen** sagen etwas über den Status einer Person aus; wer sich tiefer und länger verbeugt, zeigt dem Gegenüber Respekt, ob er diesen empfindet oder nicht.
● Harmonische Beziehungen haben Vorrang vor persönlichen **Empfindungen,** die notfalls unterdrückt werden müssen. Emotionen sollen vom Gegenüber erfühlt werden, es gilt als unfein, sie mit Worten auszudrücken.

●In der hierarchisch strukturierten Gesellschaft zollen Jüngere den Älteren **Respekt.** Von Frauen wird traditionell immer noch erwartet, daß sie gegenüber Männern Respekt zeigen.

●Die **Sprache** hat klare Regeln, wie man sich selbst bescheiden ausdrückt und die Respektsperson sprachlich emporhebt. Man lobt Haus oder Kleidung des Anderen, man schmeichelt ihm „über die Wahrheit hinaus", um mit solchen Komplimenten den Kontakt möglichst reibungsfrei zu machen.

●Das **ästhetische Empfinden** spielt immer eine große Rolle: im Umgang miteinander, im Präsentieren von Essen, wie man sich bewegt. So sollte man es z.B. vermeiden, sich in Gegenwart anderer zu schneuzen; wenn es sich wie auch Niesen nicht vermeiden läßt, sollte man es abgewandt so diskret wie möglich tun.

## Geschenke

Das **System gegenseitiger Verpflichtungen** ist in der japanischen Gesellschaft stark ausgeprägt. Geschenke sind eine wichtige Form von sozialem Austausch, der fein abgestimmten Regeln folgt. Hier sind einige charakteristische Arten von Geschenken bzw. von Situationen, die Geschenke erfordern:

●**Shûgi:** besondere Feiern und Anlässe wie Hochzeit, 60. oder 77. Geburtstag, wichtige Beförderung. Gäste bei solchen Feiern erhalten ein Souvenir (hier: hikidemono). Formelle Geschenke werden zusammen mit einem besonderen, dekorativen Papier (noshi) als Glücksbringer verschenkt.

●**Kaeshi:** Rückgeschenk bei Gefälligkeiten zwischen Personen mit gleichem Status oder bei Trauerfeiern (wo das Rückgeschenk ein Drittel bis die Hälfte des Wertes der Spende anläßlich einer Beerdigung ausmachen soll).

●**Miyage:** wer auf Reisen geht, bringt Mitbringsel von unterwegs mit, vor allem für die, denen man verpflichtet ist bzw. von denen man auch Mitbringsel erhalten hat; eine ganze Industrie lebt davon.

●**Chûgen/seibo:** Geschenksaison im Sommer bzw. am Ende des Jahres. Chû war früher das Verteilen der Opfergaben für die Seelen der Verstorbenen unter den Verwandten während der Bon-Zeit, heute beschenkt man Vorgesetzte, Lehrer oder sonstige Personen mit höherem Status. Am Jahresende gab man früher ebenfalls Opfer für die Ahnen, heute gibt man Geschenke an diejenigen, denen man Dankbarkeit für erwiesene Gefälligkeiten im abgelaufenen Jahr schuldet. Die Geschenke werden heute vielfach durch Lieferdienste geschickt.

Jedes Kaufhaus hat große Abteilungen für die üblichen Geschenke wie Käse oder Butter aus Hokkaido in Dosen, Kekse, Sojasauce und andere nützliche Dinge. Es geht nicht um phanta-

sievolle, persönliche Geschenke, sondern um die Etikette. Die Verpackung
ist wichtiger als der Inhalt, Geschenke
lassen sich so auch unausgepackt günstig wieder weiterschenken!

## Eß- und Trinksitten

Die Höflichkeit verbietet es Japanern,
Ausländer auf in ihren Augen unkorrek-
tes Verhalten beim Essen oder Trinken
aufmerksam zu machen. Also sollte
man sich mit ein paar Regeln vertraut
machen. Im Zweifelsfalle macht man
es einfach den Einheimischen nach.

● Mit den **Stäbchen** *(o-hashi)* sollte man Essen nicht vom gemeinsamen Teller in der
Mitte aufnehmen, wenn dort eigene Servier-
stäbchen bereitliegen, z.B. beim eingelegten
Gemüse, auch sollte man Bissen nicht auf-
spießen.

● Einwegstäbchen, die in einfachen Lokalen
üblich sind, werden in der Mitte auseinander-
gebrochen, sollen aber nicht aneinanderge-
rieben werden (früher, als deren Qualität noch
schlechter war, hat man so Splitter entfernt).
● Mit Stäbchen sollte man weder in der Luft
noch im Essen herumfahren.
● Mit der Hand, mit der man die Stäbchen
hält, sollte man keine Schale aufheben.
● Tabu ist, Stäbchen während einer Essens-
pause senkrecht in den Reis zu stecken: so
wird er den Ahnen am Hausaltar als Spei-
seopfer serviert.
● Beim Essen von Suppe halten Japaner die
Schale nah an den Mund und schlürfen die
Brühe hörbar ein – die beste Art, die heiße
Suppe zu genießen. Mit den Stäbchen werden dann die festen Bestandteile in den
Mund geschoben.
● Mit Stäbchen läßt sich z.B. gebratener Fisch
zerteilen.
● Um Respekt vor dem „täglich Brot" der Japaner, dem **Reis,** zu bezeugen, sollte dieser
bis auf einen kleinen Anstandsrest ganz auf-
gegessen werden; wenn es geht, sollte man
mehr als eine Schale essen.

● „Einsame Trinker" sind in Japan verpönt. Stattdessen schenkt man sich gegenseitig ein, d.h. man beobachtet immer auch die Gläser oder Schalen der anderen am Tisch und schenkt nach, da sich niemand selbst einschenken sollte. In Bars und guten Lokalen übernimmt die Bedienung diese Aufgabe. Sakeschalen werden vor dem **Nachschenken** immer ausgetrunken. Bei Bier und Whisky genügt es, vor dem Nachschenken ein klein wenig wegzutrinken. Das empfiehlt sich besonders für Parties, wo üblicherweise jeder mit jedem anstößt, einander nachschenkt und ein paar Worte wechselt. Die „Profis" nippen jeweils nur ein klein wenig am Glas.

● Manchmal kommt es zu einer Art Verbrüderung beim **Sake Trinken,** wenn jeder aus der Schale des andern trinkt. Bei größeren Parties stehen Schalen mit Wasser zum Auswaschen schon bereit. Es heißt dann z.B. „*Ippai dôzo*", wobei jemand die eigene Schale dem Gegenüber reicht.

# Verständigung

## Englisch

Alle Japaner lernen Englisch in der Schule, aber nur wenige können es sprechen, weil sie die Sprache etwa so lebensnah erlernen wie wir Latein oder Altgriechisch. Die **Aussprache** des Englischen folgt sehr stark dem Katakana-Silbensystem, mit dessen Hilfe sie gelernt wird.

Wenn wir mit wenig sprachgeübten Japanern Englisch sprechen, werden wir besser verstanden, wenn wir sie gewissermaßen nach dem Katakana-System, also in Silben zerlegt, aussprechen.

Englisch wird überall dort verstanden und gesprochen, wo man auf Touristen eingestellt ist. Bei Behörden darf man nicht erwarten, daß Englisch gesprochen wird, mit Ausnahme der *Immigration Offices* und der Informationsstellen.

## Hilfe

● **Japan Travel Phone:** Hilfestellung bei Sprachschwierigkeiten. Mo-Fr 9-17 Uhr, Sa 9-12 Uhr, Tel. 03-32013331 (Tokyo), Tel. 075-371-5649 (Kyôto), Tel. 0120-444800 (Rest Japans).

## Dolmetscherservice

● **Alpha Corporation:** Tel. 3343-2575, 3580-1991
● **Communicators:** Tel. 3263-0630
● **ITC:** Tel. 3561-1057
● **ISS:** Tel. 3265-7101
(alle Mo-Fr 9/9.30-17.30/18 Uhr)

## Übersetzungsbüros

Kosten: Englisch-Japanisch 2000-5000 ¥ pro A4-Seite, Japanisch-Englisch ab 4000-7500 ¥ pro 400 Zeichen.
● **Foreign Bookstore Biblos:** Tel. 3200-4531, Takadanobaba
● **Book Center Libro:** Reference Salon, Tel. 5992-6996, Ikebukuro
● **DHC Corporation:** Tel. 3478-2061, Roppongi
● **Japan Translation Center:** Tel. 3291-0655, Otemachi

Reisetips A-Z

# Weiterreise von Tokyo

## Zug

**Zugverbindungen** zu den in diesem Buch beschriebenen Orten finden sich in den jeweiligen Kapiteln unter „Anreise".

### Japan Rail Pass

Angesichts des ausgedehnten Eisenbahnsystems, das fast jeden Winkel Japans erschließt, lohnt sich für die Reisenden, die planen, ohne Auto (Leihwagen) in Japan umherzureisen, auf jeden Fall die Anschaffung eines *Japan Rail Pass*, mit dem man 7, 14 oder 21 Tage lang alle JR-Strecken befahren kann. Er muß jedoch wie unser Eurail-Paß außerhalb des Landes gekauft werden. Nur Touristen oder Geschäftsleute mit dem Status *temporary visitor* dürfen den Paß in Japan kaufen.

**Verkaufsstellen** sind z.B. *Japan Airlines*, die Japanische Fremdenverkehrszentrale und das *Japan Travel Bureau* (Adressen siehe „Vor der Reise: Informationsstellen"). Dort erhält man eine *exchange order*, die Auskunft gibt über die Anzahl der Tage, die der Paß benutzt werden soll und die Klasse (1. Klasse: *Green Card*, 2. Klasse: *Ordinary*).

Bei Ankunft in Narita tauscht man die *exchange order* am Schalter der *JR* im Bahnhof des Flughafens (7-23 Uhr) in den Japan Rail Pass um oder – falls der Paß erst später genutzt werden soll – bei einem *Travel Service Center* an den großen Bahnhöfen Tokyos.

### Preise JR-Pass (Erw./Kind)

|          | 1. Klasse       | 2. Klasse       |
|----------|-----------------|-----------------|
| 7 Tage   | 37.000/18.500 ¥ | 27.800/13.900 ¥ |
| 14 Tage  | 60.000/30.000 ¥ | 44.200/22.100 ¥ |
| 21 Tage  | 78.000/39.000 ¥ | 56.600/28.300 ¥ |

### Regionale Pässe

Neben dem Japan Rail Pass gibt es regionale Pässe, die im Land gekauft werden können und u.U. preiswerter sind.

● **Free Kippu:** Tokyo, Kamakura, Izu, Ise, Nara
● **Shûyû-ken** *(excursion ticket):* 7-21 Tage, Hokkaidô, Kyôto-Osaka, Kobe
● **Seishun** (18 Kippu): alle normalen Züge, Jugendliche bis 18 Jahre

### Shinkansen

Die Shinkansen-Expresszüge befahren ein eigenes Schienennetz. Es gibt unterschiedliche Arten von Zügen: *Nozomi* und *Hikari* halten nur an den Hauptbahnhöfen, *Kodama* hält an allen Shinkansen-Bahnhöfen und hat mehr Abteile ohne Reservierung.

*Preisbeispiele:*
● **Tokyo – Kyôto:** 12.970 ¥
*(Nozomi, Hikari, Kodama)*
● **Tokyo – Shin-Osaka:** 13.480 ¥
*(Hikari, Kodama)*
● **Tokyo – Hakata:** 21.300 ¥
*(Hikari, Kodama)*
● **Tokyo – Sendai:** 10.390 ¥ (Aoba)
● **Reservierung:** *JR East Travel Service Centers*

## Überlandbusse

### Information

● *JR East Infoline:* Tel. 3423-0111
● *JR Bus Kantô:* Tel. 3215-0489
(ab Tokyo Station)
● *JR Bus Kantô:* Tel. 5379-0874
(ab Shinjuku Station)

- **Kantô Bus Reservation Center:**
Tel. 3928-6011 (Kyôto, Nara)
- **Keiô Bus Reservation Center:**
Tel. 5376-2222 (Osaka, Takamatsu,Hakata)
- **Tôkyû Highway Bus Reservation Center:**
Tel. 3410-0211 (West-Japan)

### Nachtbusse

Abfahrt zwischen 20 und 23 Uhr, meist ab Shinagawa, Shinjuku, Ikebukuro; vorherige Reservierung unter o.g. Adressen. Es gibt auch Fernbusse nach Norden bis Aomori. Rückfahrkarten sind bei Rückfahrt innerhalb von 6 Tagen billiger.

| Strecke | Kosten | Fahrtdauer |
|---------|--------|------------|
| Tokyo–Nagoya | 6.300 ¥ | 6,5 h |
| Tokyo–Kyôto | 8.030 ¥ | 7-8 h |
| Tokyo–Osaka | 8.450 ¥ | 7,5-8,5 h |
| Tokyo–Kobe | 8.530 ¥ | 8,5 h |
| Tokyo–Nara | 8. 240 ¥ | 9,5 h |

## Inlandsflüge

Der Inlandflughafen Tokyos ist **Haneda Airport.** Flüge innerhalb Japans sind teuer, es gibt jedoch verschiedene Discounts: Hin-und Rückflug: 10 %, Mehrfachkarten: 12,5 %, Frauengruppe (ab 3): 20 %, Weekday Silver (2 Personen über 65 J. unter der Woche): 20 %, Romance 88 (Paare, zusammen älter als 88 J.): 25 %, Skymate (12-22 J.): 35 %

Die Preise der drei größten Inlandfluglinien *JAL*, *ANA* und *JAS* sind praktisch gleich.

- **Japan Airlines:** Tel. 5489-2111
- **All Nippon Airways:** Tel. 5489-8800
- **Japan Air System:** Tel. 3432-6111
- **Haneda Fluginformation:**
Tel. 3747-8010, 5757-8111
- **Gepäcktransport:** *Meitetsu Takusô Porter Service*, Tel. 3803-5701 (nur japanisch)
- **Monorail zum Flughafen:** Hamamatsuchô-Haneda Airport, 15 min., 300 ¥

### Agenturen für Discount Tickets

- **A'cross Traveler's Bureau:** Shinjuku, Südausgang 5 Min., Tel. 3374-8721
- **Air & Sea:** Shimbashi, Ausgang Hibiya, Tel. 3501-3955
- **Air Voyages:** Harajuku, Ausg. Takeshita, Tel. 3470-3795
- **NTS Travel Box:** Ikebukuro, Nordausg., Tel. 3988-9507

Reisetips A-Z

# Die japanische Küche –
### ein kulinarisches Abenteuer

# Japanische Eßkultur

Essen und Trinken in Japan gehören zu den anregendsten Abenteuern, auf die sich ein Reisender einlassen kann. Aus einer Küche, die ursprünglich nur das wenige verwenden konnte, was die Umgebung hergab – Reis, regionales Gemüse und Meeresfrüchte aller Art einschließlich Algen und Seetang – hat sich dank japanischer Experimentierfreude, Neugier, Anpassungsfähigkeit, Streben nach Vollkommenheit, riesiger Konkurrenz sowie technischer und wirtschaftlicher Möglichkeiten innerhalb eines Menschenalters ein *Universum an Gaumenfreuden* entwickelt, das allein in Tokyo schon unerschöpflich ist. Man müßte ein sehr langes Leben und einen enormen Magen haben, um die rund *50.000 Lokale* der Stadt durchzutesten. Dabei empfinden Japaner die Hauptstadt noch nicht einmal als das einzig lohnende Schlemmerparadies. Manche – da spielen natürlich regionale Vorlieben eine Rolle – ziehen Osaka oder Kyôto auf kulinarischem Gebiet vor.

*Prinzipien der japanischen Küche* sind ursprüngliche Schlichtheit und unaufdringliche Eleganz – was für die gesamte Kultur gilt. So ist die Verwendung hochwertiger, frischer Zutaten ein absoluter Grundsatz, wobei regionale und jahreszeitlich typische Produkte bevorzugt werden. Der Eigengeschmack der Speisen soll voll zur Geltung kommen. Die französische Nouvelle Cuisine war eine an Europa angepaßte Variante der japanischen Küche – Imitation einmal andersherum.

Da diese Küche *leicht bekömmlich und gesund* ist, erfreut sie sich inzwischen auch im Ausland größter Beliebtheit. Spezialitäten wie *Sushi* waren für Japan-Reisende einst fast ein Horror. Der Gedanke an roh gegessenen Fisch hatte etwas Abschreckendes, selbst für Leute, die sich nichts beim Verzehr von Tartar und Mettbrötchen denken oder genußvoll Austern zu schlürfen vermögen. Nun gilt Sushi auch bei uns als Delikatesse, und Sushi-Bars sind ausgesprochen trendy.

Aber die Japaner wären nicht, was sie sind, wenn sie nicht auch stets offen für *kulinarische Einflüsse von außen* wären. Ein flüchtiger Bummel durch die Bahnhofsviertel jeder japanischen Großstadt zeigt, wie populär die amerikanischen Fastfoodlokale und daraus entstandene Mischformen mit japanischem Fastfood geworden sind. Auch die kleinen, rund um die Uhr geöffneten Supermärkte *(convenience stores)*, die es mittlerweile tausendfach gibt, bieten westliche und japanische Fertiggerichte vor allem für berufstätige Frauen und

## Preiskategorien

In den Stadtteilbeschreibungen sind die aufgeführten Lokale mit den folgenden Symbolen zur Kennzeichnung der Preiskategorie versehen (Angaben gelten als Richtwert für ein komplettes Mahl für eine Person).

| | |
|---|---|
| ¥ | bis 1000 ¥ |
| ¥/¥¥ | 1-2000 ¥ |
| ¥¥ | 2000-5000 ¥ |
| ¥¥¥ | 5000-10.000 ¥ |
| ¥¥¥¥ | über 10.000 ¥ |

Singles beiderlei Geschlechts. Die typische Hausfrau geht jedoch ohne Speisezettel in ihrem Viertel einkaufen und hält Ausschau nach günstigen und frischen Zutaten, die dann zu einem mehrgängigen Abendessen zubereitet werden.

Ein schon einige Jahre anhaltender Trend ist das Interesse an *ethnic food:* exotische Küche aus Asien, dazu die seit langem beliebte französische und italienische Küche. Solche Lokale werden gern von Paaren besucht, was in Japan traditionell eher ungewöhnlich ist.

## Essen im Restaurant – ein paar Tips

In Japan gibt es die hübsche Sitte, daß in den meisten Lokalen im Schaufenster **Wachsmodelle** der angebotenen Gerichte mit Preisangabe stehen. Der Witz daran ist, daß sich die Wirtsleute damit festlegen und ihr Produkt nach dem künstlichen Modell ausrichten. Die Auswahl geschieht in der Tat sehr häufig nach der Attraktivität der Modelle, die es übrigens in Kappabashi (s. Stadtteil Asakusa) zu kaufen gibt. Wer keinen Brocken Japanisch kann, braucht bei der Bestellung nur noch auf das Modell zu zeigen und ggf. einen der im Sprachführer im Anhang angegebenen Beispielsätze zu sagen.

Wer bei der Auswahl im Lokal sichergehen will, bestellt einfach das **Standardmenü** *(teishoku),* das es oft in den drei **Qualitätsabstufungen** standard, deluxe und spezial *(nami, jô, tokujô)* gibt, wobei *tokujô* mehr Beilagen beinhaltet. Poetischer heißt es *matsu, take, ume* (Kiefer, Bambus, Pflaume) oder *tsuru, kame* (Kranich, Schildkröte).

In den meisten Lokalen bezahlt man an der **Kasse am Ausgang,** manchmal muß man jedoch vorher zahlen und den **Bon** beim Bestellen abgeben. Das ist etwas schwierig, weil man vorher wissen muß, was man essen möchte.

**Trinkgeld** ist in Japan grundsätzlich nicht üblich.

In Restaurants sollte man am Eingang warten, bis einem ein **Platz zugewiesen** wird. Manchmal gibt es Wartebänke.

Um ein **bestimmtes Lokal zu finden,** ist es ratsam, sich z.B. im Hotel die Adresse auf Japanisch aufschreiben zu lassen. In den englischen Zeitungsanzeigen sind die Adressen auch auf Japanisch abgedruckt.

**Günstige Lokale** findet man grundsätzlich in Tiefgeschossen von Bürogebäuden und Behörden, in Kaufhäusern, Einkaufszentren und unterirdischen Einkaufspassagen großer Bahnhöfe. Viele kleine Lokale benutzen den kurzen, meist blauen **Vorhang,** den *noren,* um anzuzeigen, das sie geöffnet sind.

### Sehr preiswert oder umsonst essen

Die meisten Lokale bieten mittags **günstige Menüs** – *teishoku* – an. Wer davon Gebrauch macht, kann sich trotz begrenzten Geldbeutels auch in gute Lokale, in denen das Abendessen ein Mehrfaches kosten würde, wagen. Allerdings ist es während der Mittagspause der Angestellten, also zwischen 12 und 13 Uhr, meist sehr voll.

Auch Außenstehende haben bisweilen Zugang zu **Kantinen.** In den **Uni-Mensen** und den Kantinen der großen Firmen und sogar Behörden kann man nicht nur preiswert essen, man bekommt auch Einblick in das Leben von Studenten und Angestellten bzw. Beamten.

Aber selbst in Tokyo gibt es Essen appetithäppchenweise **umsonst:** in den **Lebensmittelabteilungen der Kaufhäuser.** Ein Rundgang durch 2-3 solcher Abteilungen kann kleine Mägen schon sättigen. Anders als bei uns, wo es nur gelegentlich mal Kostproben gibt, ist im servicebewußten Japan selbstverständlich, daß das Angebotene probiert werden kann. Manche Spezialität läßt sich auf diese Weise unverbindlich vorkosten. Allerdings sind wir Ausländer in dieser Hinsicht schon fast berüchtigt. Man sollte nicht ausschließlich und hemmungslos kosten, sondern auch das eine oder andere kaufen.

Japanische Küche

In den Stadtteilbeschreibungen finden sich empfehlenswerte Adressen aller Arten von Restaurants. In diesem Kapitel wird nur mit der Angabe einiger Restaurant-Namen und des Stadtviertels darauf verwiesen. Die Namen stehen für gute Qualität oder Originalität, aber nicht unbedingt für niedrige Preise.

Leider ist es nicht immer einfach, bestimmte Lokale zu finden (s. „Praktische Reisetips: Adressenangaben"); aber es bleibt ja der Trost, gleich nebenan die Auswahl zwischen Dutzenden anderer zu haben.

# Die vielfältigen Zubereitungsarten und Lokaltypen

Die meisten Lokaltypen kann man nur in Japan kennenlernen. Zudem sind japanische Restaurants bei uns durchweg recht teuer und mit Ausnahme der hier und da entstehenden japanischen Imbißstuben für viele kaum erschwinglich. In einem erstklassigen *Ryôtei* in Japan wird das *Kaiseki-Menü* zwar noch deutlich teurer sein, aber es gibt daneben eine Unzahl von teilweise winzigen Lokalen, in denen man auch für wenig Geld essen kann. Dabei bekommt man dann meist noch das kleine Abenteuer mitserviert, ein Stück des zeitlosen Japan mitzuerleben und mehr oder weniger hilflos, aber mit viel Lächeln und gegenseitigen Verbeugungen, die Sprachlosig-

keit zu überwinden zu versuchen. Allerdings wünsche ich jedem Gast wenigstens einmal die nicht minder exotische Erfahrung, mit einheimischer Begleitung die ungemein kultivierte Atmosphäre eines traditionellen Gourmet-Tempels genießen zu dürfen.

International so bekannte Gerichte wie Sushi, Sukiyaki oder Tempura (die beiden letzteren sind übrigens japanisierte Gerichte westlichen Ursprungs) sind nur ein winziger Ausschnitt aus der Vielfalt, die in japanischen Spezialitätenrestaurants serviert wird. Es gibt nach allgemeiner Auffassung *18 Typen von Spezialitätenrestaurants,* die hier – versehen mit nützlichen Hinweisen – vorgestellt werden sollen. Auch auf Mischtypen wird eingegangen. Wer nicht nur Lokale besuchen will, die auf Ausländer eingestellt sind und über eine englischsprachige Speisekarte verfügen, muß wissen, was es in bestimmten Lokalen zu essen gibt. Nicht überall geben die Wachsmodelle genügend Aufschluß darüber.

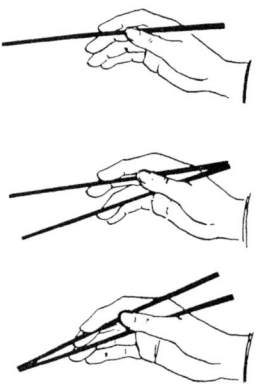

## Regionale Spezialitäten: Kyôdo-ryôri

Spezialitäten der unterschiedlichen Regionen finden sich in Tokyo in großer Zahl. Gerichte aus Hokkaidô schmecken anders als solche aus Kyûshû; die Küche Kyôtos ist feiner als die kräftigere Tokyoter Küche. Eine kulinarische Entdeckungsreise durch die Regionen ist ein köstliches Gaumen-Abenteuer.

Erkennbar sind regionale Lokale am Namen, an einem Symbol (Bär mit Lachs im Maul steht z.B. für Hokkaidô) oder einfach an der rustikalen Ausstattung, die ihnen den Charakter eines *inaka-ya*, eines ländlichen Gasthauses, geben sollen.

Charakteristisch sind die vor allem in der kühlen und kalten Jahreszeit ge-

nossenen *Eintopfgerichte* (*nabe-mono*), die aus regionalen Zutaten, z.B. bestimmten Fischsorten oder Gemüse aus den Bergen, bestehen. Die Grundlage aller *nabe* ist die Suppe *(shiru)* aus Sojabohnenpaste *(miso)*. Ansonsten gibt es die unterschiedlichsten Variationen von Fisch und Reis. Am besten fährt man als Unkundiger, wenn man einfach eine Spezialität des Hauses wählt und z.B. mit „*hi-gawari o kudasai* („bitte die Spezialität des Tages") seine Bestellung aufgibt.

### Die Regionen und ihre typischen Gerichte

● *Hokkaidô:* *kawari-kani-nabe* (Krebs) oder *sake-no-kasu-nabe* (Lachs), *ishikari-zushi* (Fisch in Bambus).
Lokale: *Isaribi*, Ginza; *Rera Chise*, Ikebukuro
● *Tôhoku:* *iImoko-nabe* (Süßkartoffel), Spezialität in Yamagata.
Lokale: *Akita-kan*, Ginza; *Hokuhan*, Ueno

● **Kantô:** *sakura-nabe* (Pferd), Spezialität in Tokyo; *tanzawa-botan-nabe* (Wildschwein), Spezialität in Kanagawa.

● **Chûbu:** *shishi-* bzw. *inobuta-nabe* (Wildschwein), Spezialität in Shizuoka; *hoto-nabe* (Udon-Nudeln), Spezialität in Yamanashi; *masu-zushi* (Forelle), Spezialität in Toyama. Lokal: *Nanaki*, Ebisu.

● **Kinki:** *kamo-nabe* (Ente), Spezialität in Shiga; *uo-suki* (Fisch), Spezialität in Osaka; *funa-zushi* (marinierter Fisch), Spezialität in Kyôto; *tsuya-zushi* (Reis-Fisch-Doppeldecker), Spezialität in Mie; *saba-no-sugata-zushi* (Makrele), Spezialität in Wakayama. Lokal: *Daigo Shôjin*, Shimbashi; *Torijaya*, Shinjuku.

● **Chûgoku:** *kaki-no-miso-nabe* (Austern), Spezialität in Hiroshima; *matsuri-zushi* (Meeresfrüchte), Spezialität in Okayama.

● **Shikoku:** *chinu-meshi* (gedünsteter Fisch auf Reis), Spezialität in Kagawa.

● **Kyûshû:** *mizutaki* (Huhn), *ishihama-yaki* (gegrillter Fisch), Spezialität in Fukuoka; *omura-zushi* (Omelette und Reis), Spezialität in Nagasaki. Lokale: *Nagazaki-ro*, Nihombashi; *Shimazutei*, Ginza.

## Japanische Haute Cuisine: Kaiseki-Ryôri

Die Kaiseki-Ryôri entwickelte sich ursprünglich aus leichten Zwischenmahlzeiten im Rahmen der Teezeremonie. Der Name leitet sich von den warmen Steinen *(seki)* her, die sich Mönche während des Meditierens auf den leeren Magen *(kai)* legten.

Das Prinzip der Küche ist die Verwendung absolut frischer, möglichst naturbelassener, der Jahreszeit entsprechender Zutaten höchster Qualität. Die ästhetische Anordnung der Speisen folgt den Kriterien von *wabi* (Einfachheit, Stille) und *sabi* (unaufdringliche Eleganz), die für die japanische Kultur insgesamt gelten und durch Zen noch akzentuiert wurden. Die Arrangements reflektieren die Natur, für Japaner der größte aller Künstler. Jeden Monat wechseln Menüs, Zutaten, Garnierungen und das Geschirr entsprechend dem jahreszeitlichen Charakter.

Die Lokale, in denen Kaiseki-Ryôri bevorzugt gegessen werden sollte, sind *Ryôtei*, **elegante Restaurants** im Stil traditioneller Wohnhäuser. Ein klassisch gestalteter Garten gehört immer dazu. Das Innere erfüllt stets die höchsten Ansprüche japanischer Ästhetik. Die Bedienung *(anakai-san)* ist in schlichte, elegante Kimonos gekleidet. Koto- und ähnliche traditionelle Musik trägt zur besonderen Atmosphäre der kultivierten Ruhe in diesen Inseln fernab der Großstadthektik bei.

Vorherige **Reservierung** ist in den guten Restaurants unumgänglich, in der Regel sogar die Einführung durch Stammgäste. Das gilt vor allem für Ausländer. Wegen der **besonderen Etikette** beim Genuß der Kaiseki-Ryôri ist es ohnehin empfehlenswert, das erste Mal in Begleitung eines einheimischen Kenners zu kommen. Billig ist das Vergnügen selbstverständlich nicht. Die ein Dutzend oder mehr Gerichte sind ausgesprochen arbeitsintensiv zubereitet.

Ausgezeichnete Kaiseki-Ryôri gibt es weitaus erschwinglicher auch in guten Hotels, obwohl ein Ryôtei wegen des Gesamterlebnisses zu bevorzugen ist. Wer die Küche kennenlernen will, aber auf den Geldbeutel achten muß, bestellt am besten ein Kaiseki-Menü *(kaiseki-teishoku)* als Mittagessen.

• *Lokale:* Jisaku, Munakata, Ginza; *Tsujitome*, *Yusan*, Akasaka; *Kisso*, Roppongi; *Kakiden*, Shinjuku; *Kawamatsu*, Asakusa

## Neue Japanische Cuisine

Auch die experimentelle japanische Küche, ähnlich wie einst die **Nouvelle Cuisine** Frankreichs, ist in Tokyo vertreten.

• *Lokale:* Hashimoto, Ichioku, Roppongi; *Hishinuma*, Shimbashi

## Gourmet-Lokale: Kappô

*Kappô* steht für *katsu* (schneiden) und *pô* (kochen). In den Küchen der oft gemütlichen, kleinen Lokale *(ko-ryôri)* stehen in der Regel Meisterköche, die alle Feinheiten der japanischen Küche beherrschen. Auch Kappô-Lokale bevorzugen jahreszeitliche Spezialitäten. Zu erkennen sind sie im allgemeinen am kurzen, blauen Vorhang.

• *Lokale,* in denen à la carte bestellt wird: *Tatsumiya*, Asakusa; *Uemura*, Ueno

## Kleine Spezialitätenlokale: Ko-ryôri-ya

In den kleinen, oft exquisiten Lokalen, deren Räume oft mit Tatami-Matten ausgelegt sind, werden **kleine Gerichte** aus frischen, der Jahreszeit entsprechenden **Meeresfrüchten und Gemüse** serviert. Dieser Lokaltyp ähnelt den noch vornehmeren Kappô-Restaurants. Zum Essen trinkt man Bier oder Sake.

Noch kleiner als die Ko-Ryôri-Ya sind die **Shokujo-Dokoro,** in denen es oft nur drei bis vier Tische gibt und ebenso wenig japanische Gerichte.

Es gibt noch eine Reihe weiterer kleiner **Spezialitätenlokale,** die sich manchmal nur auf eine Art von Gerichten mit kleinen Beilagen spezialisieren, z.B. O-cha-zuke-ya (Tee-Reissuppe), O-nigiri-ya (Reiskugeln mit Nori), *Kujira-ya* (Walfleisch), *Tori-ya* (Huhn).

• *Lokale:* Hachimaki Okada, Ginza; *Kogetsu*, Aoyama

## Ko-ryôri-ya-Gerichte

• *Aji tataki:* schön garnierter roher Blaufisch
• *Chawan mushi:* gestocktes Ei mit Fischbrühe, Huhn, Krabben, Pilzen, Gingkonüssen, Erbsenschoten, oben Blätter der jap. Sellerie, sehr lecker
• *O-hitashi:* gekochter Spinat oder anderes grünes Gemüse, gewürzt mit Sojasoße und geraspeltem getrockneten Bonito
• *Sakana teri-yaki:* Fischfilet (Thunfisch oder Makrele) mit Sojasoße, Sake, Zucker, *mirin*, frisch eingelegter Ingwerstengel
• *Yu-dôfu:* kleine Tofu-Würfel im Tontopf gekocht, getunkt in Sojasoße mit Lauch, Ingwer, geraspeltem getrockneten Bonito

## Izaka-ya

Unter die Kategorie der meist kleinen Rote-Laterne-Lokale *(aka-chôchin),* in denen man gemütlich ißt und trinkt, fallen auch die beliebten *Izaka-ya*, die heute großenteils als **Ketten** operieren und stets in der Nähe der größeren Bahnhöfe zu finden sind.

• *Lokale:* Tamakyû, Shibuya; *Chirinbo*, Totoya, Shinjuku

## Buddhistisch-vegetarische Kost: Shojin-Ryôri

Aus der Verpflichtung der Buddhisten, nur vegetarisch zu essen, die freilich praktisch nur von Mönchen und Non-

*Japanische Küche*

nen eingehalten wird, hat sich eine eigene Küche entwickelt, die in ihrer Ästhetik der Kaiseki-Ryôri sehr ähnelt. Tofu bildet die Grundlage dieser sehr vielfältigen Kochkunst. In **Tempeln,** in denen man übernachten kann, gibt es Shojin-Ryôri. *Shojin* heißt „geistig voranschreiten".

Es gibt einige Varianten, z.B. die **Sansai-Ryôri,** bei der vor allem Wildpflanzen aus den Bergen verwendet werden, und **Fucha-Ryôri,** die sich in chinesischen Tempeln entwickelte und deren Essen etwas ölreicher ist. Von einem Gericht bedienen sich nach chinesischer Tradition immer mehrere Personen. Am elegantesten ist die in Zen-Tempeln entwickelte Küche.

●*Lokale* befinden sich mehr am Rand bzw. außerhalb der Hauptzentren von Tokyo, bekannt und empfehlenswert sind: *Goemon* (Tôfu), Ochanomizu; *Bon*, Asakusa; *Sasa-noyuki*, Ueno.

## Japanisch-chinesische Küche: Chûka-Ryôri

Es gibt in Tokyo Restaurants mit authentischer chinesischer Küche, in denen ausgezeichnet gegessen werden kann. Bekannte und gute Lokale befinden sich vor allem in der Chinatown von Yokohama.

Hier ist jedoch die Rede von der volkstümlichen und ebenso preiswerten Variante, wie man sie in den *shokudô* findet. Chûka-Ryôri ist an den **japanischen Geschmack voll angepaßt,** aber sowohl die Namen wie die Zusammensetzung der Grundgerichte

verraten die Herkunft. Manche Gerichte, wie etwa *Gyôza*-Maultaschen – schmecken in Japan besser als im Ursprungsland. Erkennbar sind diese Lokaltypen an den chinesischen Mustern der Wachsmodellschalen.

●*Lokal:* Shodoten, Nihombashi

### Japanisch-chinesische Gerichte

●*Buta piiman itame:* gebratenes Schweinefleisch mit Paprika, manchmal Karotten und Zwiebeln in dicker Soße
●*Chahan:* gemischter gebratener Reis, mit Schweine- und/oder Krabbenfleisch, Ei, Erbsen, Zwiebeln; meist mit klarer Suppe serviert
●*Chanpon:* Nudeln in salziger Brühe, mit Schweinefleisch, Qualle, gekochtem Ei, Bambussprossen, Chinakohl, Sojabohnensprossen
●*Chashû-men:* Nudeln in mit Sojasoße gewürzter Schweinefleischbouillon, Schweinefleischscheiben, Erbsen, Spinat, manchmal Bambussprossen und Lauch
●*Chûka-donburi:* Reis mit Schweinefleisch, Bambussprossen, Chinakohl, Erbsenschoten, Karotten, Zwiebeln, Wachteleiern in dicker klarer Soße
●*Ebi karashi itame:* Krabben mit dicker, süßer Soße aus rotem Paprika, Ingwer, Zwiebeln, Knoblauch, Sake, Sojasoße, manchmal Erbsen als Farbkontrast, pikant gewürzt
●*Gyôza:* halbmondförmige Maultaschen, gefüllt mit Schweinehack, Chinakohl und Schnittlauch; getunkt in eine Soße aus Sesamöl und Essig; gebraten oder gedämpft
●*Haru maki:* knusprig in Öl gebackene Frühlingsrollen, gefüllt mit Gemüse und Schweinehack oder Krabben, getunkt in Soße aus Öl, Sojasoße, Essig, Senf
●*Kani-tama:* Omelette mit Krebsfleisch, Bambussprossen-, Lauch- und Pilzscheiben
●*Mabu dôfu:* Tofu mit würziger Soße aus Schweinehack, Lauch, Ingwer, Sesamöl, Sojasoße
●*Mantô:* Dampfnudel gefüllt mit Schweinehack und Gemüse
●*Miso-râmen:* Eiernudeln in mit Sojasoße und Miso gewürzter Brühe, mit Schweinefleisch, Bambus- und Sojabohnensprossen

Japanische Küche

- **Niku-dango:** Hackfleischkugeln mit Schweinehack, Ingwer, Lauch, manchmal mit süßsaurer Soße
- **Niku kara-age:** mit Sojasoße und Sake gewürztes Fleisch, in Kartoffelstärke gewälzt und fritiert, mit Petersilie und Lauch garniert
- **Shûmai:** gedämpfte Hackfleischbällchen in Teigmantel mit Erbsen
- **Subuta:** sieht aus wie Schweinefleisch süßsauer, aber die Soße besteht aus Sojasoße mit Essig, Bambussprossen, Karotten, Zwiebeln, manchmal Ananas
- **Wantan-men:** Nudeln in Brühe, mit Schweinehack und Lauchzwiebeln gefüllte breite Teigtaschen, Bambussprossen, Spinat

## Japanisch-westliche Küche: Resutoran

Wie die chinesische Küche wurde auch die westliche an den japanischen Geschmack angepaßt. Erkennbar sind die Restaurants an den Wachsmodellen, in denen die Gerichte auf Tellern

statt in Schalen u.ä. dargestellt werden. Es mag interessant sein, in den für die ganze Familie gedachten *family restaurants* einmal **westliche Gerichte à la Japan** zu kosten, sie schmecken oft gar nicht schlecht, wenn auch manchmal anders als bei uns. Die Zusammenstellung der Gerichte ist für unseren Geschmack bisweilen etwas eigenartig: Spaghetti mit Tomatensoße und Frikadelle, Kartoffelsalat und Würstchen im Hot-dog-Brot, Schnitzel-Burger, Hayashi- und Curry-Reis. *Yoshoku-ya* ist ein anderer Ausdruck für *Resutoran* (Restaurant), bedeutet aber dasselbe.

Eine kleinere Ausgabe sind die **Sun-akku** (Snacks), in denen **kleine Gerichte** wie Spaghetti, Hot Dogs, Hamburger, Sandwiches und Desserts angeboten werden. Mütter besuchen sie gern mit Kindern während des Einkaufsbummels. Nacht-Snacks sind in Wirklichkeit Bars, die mit diesem Begriff die Sperrstunde umgehen.

# Typische japanische Speisen

## Fondue: Sukiyaki

Sukiyaki, ein **Rindfleischgericht,** ist unter Ausländern neben Sushi das vielleicht bekannteste Gericht. Der Name leitet sich von Pflugschar *(suki)* braten *(yaki)* ab, weil es möglicherweise früher, als der Verzehr von Rindfleisch aus religiösen Gründen verboten war, heimlich auf diese Weise von den Bauern zubereitet wurde. Vielleicht erinnert der Name auch nur an die entfernte Ähnlichkeit des flachen Topfes mit einer Pflugschar. Mit der Öffnung Japans nach außen unter Kaiser *Meiji* wurde der Verzehr von Rindfleisch als Symbol für Fortschritt propagiert. Aber relativ teuer ist es trotz aller Beliebtheit, ab 2000 bis 3000 ¥ pro Person, in Speziallokalen sogar noch teurer. Wer das Gericht nur einmal kennenlernen will, bekommt in *family restaurants* für weit weniger Geld einen guten Einblick. Das gilt aber nur für die normale Qualität.

Es gibt gerade in den Spezialitätenlokalen mehrere **Kategorien:** *rôsu sukiyaki* (*roast*, normales Rindfleisch), *hire sukiyaki (filet)*, *shimofuri sukiyaki* (marmoriertes Kobe- oder Matsuzaka Beef, das vielleicht berühmteste

Fleisch der Welt, für das die Kühe massiert, mit Bier gefüttert und von Mücken ferngehalten werden). Eine andere sehr gute Fleischsorte ist *ominiku* (aus Ôtsu).

Man bestellt in der Regel **Menüs.** Die rohen **Zutaten:** hauchdünne Rindfleischscheiben, Bambussprossen, Chrysanthemenblätter, Glasnudeln, Karotten, schräg geschnittener Lauch, eine Petersilienart, Pilze, vor allem Shii-take, Spinat, Tofu u.a. Wer von einer Zutat Nachschlag möchte, sagt, auf diese zeigend: *„o-kawari o kudasai".*

Im Topf wird zunächst etwas vom Fleisch angebraten, dann wird er mit der Spezialsoße *warishita* (hergestellt aus Sojasoße, süßem Reiswein, Seetang) aufgefüllt und das Essen kann beginnen: Entweder die Bedienung oder die Gäste geben die Zutaten nach Belieben in den Topf. Nach dem Garen werden sie mit den Stäbchen herausgenommen, in eine Schale mit verquirltem Ei getunkt und mit Reis gegessen.

Auf Wunsch wird das Fleisch zu Beginn kurz in Butter angebraten oder in eine Marinade, die Weißwein enthält, gelegt. Überhaupt wird von Ausländern zu Sukiyaki gern Weißwein getrunken.

Varianten sind **Jingisukan-yaki** (benannt nach *Dschingis Khan)* mit Lammfleisch, Paprika, Pilzen – besonders beliebt in Hokkaidô – und **Udonsuki,** mit Udon-Nudeln, Krebs, Kammmuscheln und Gemüse.

Eine nicht minder beliebte Variante des Sukiyaki ist **Shabu-shabu,** das erst nach dem Krieg von einem Koch in

Kyôto erfunden wurde. Es wird im „Mongolischen Feuertopf" *(hoko-nabe)* zubereitet. Die Flüssigkeit im Topf ist eine Art Brühe, in der die Zutaten kurz gegart werden. Danach tunkt man sie in Sesamsoße mit Zwiebelwürfeln oder in eine Soße aus Bitterorangen *(ponzu)*. Das Fleisch ist so dünn geschnitten, daß es nur einige Male in der Brühe hin- und hergewedelt wird, was ein leicht zischendes Geräusch macht: *shabu-shabu*. Das Gemüse braucht zum Garen natürlich etwas länger. Zum Abschluß kommen oft flache Nudeln *(kiri-men)* in die Brühe, die dann als Nudelsuppe serviert wird. Als Getränke eignen sich Bier, Reiswein, grüner Tee und trockener Rotwein. Viele Ausländer essen anschließend gern Eis aus grünem Tee *(matcha ais kuriimu)*. Zu erkennen sind Sukiyaki-Lokale manchmal an einem Kuhsymbol.

●*Lokale: Zakuro*, Ginza/Akasaka; *Shabu-Zen*, Hiroo; *Botan*, Ochanomizu; *Takeya*, Ueno; *Imahan, Tamahide*, Ningyôchô

## Fleisch von der Eisenplatte: Teppanyaki

Das **Grillen** *(yaki)* von Fleisch **auf einer heißen Eisenplatte** *(teppan)* wurde erst nach dem Krieg unter amerikanischem Einfluß eingeführt; davor wurde nur *okonomi-yaki* (s.u.) so zubereitet. Schließlich ist *Teppan-yaki* Teil der japanischen Küche geworden. Entscheidend für den Chef *(itamae)* ist das Küchenmesser *(hôchô)*, und damit geht er meisterhaft um, wie jeder der rund sechs bis zehn Gäste, die vor ihm

an der Theke sitzen, bestätigen wird. Auch darin liegt der Reiz von Teppanyaki und anderen Zubereitungsarten: Man verfolgt die gesamte Zubereitungsprozedur von Steak, Fisch oder anderen Gerichten und bekommt das Essen sofort nach Fertigstellung auf den Teller.

Typischerweise wählt man die gewünschte (wohl vom Geldbeutel abhängige), meist in Gramm angegebene Menge *sirloin (sâroin sutêki*, der obere Teil der Rinderlende) oder *tenderloin (tendaroin sutêki*, der mittlere Teil der Schweinelende), und gibt dann die Art der Zubereitung an: *rare (rea), medium (midiamu), well-done (uerudan)*. Als Soßen stehen u.a. Soja- und Sesamsoße und geriebener Meerrettich zur Verfügung. Außer der üblichen Zubereitungsart *(regular = futsû)* kann man die Zutaten auch in Butter *(batâ-yaki)*, Sherry *(sherii-yaki)* oder auf dem Drahtgrill *(ami-yaki)* garen lassen.

Außer Rind- oder Schweinesteak gibt es auch Huhn, Leber, Tintenfisch, Krabben, Krebs, Hummer, Seeohr oder Kammuschel.

Dazu werden Nudeln und verschiedene Gemüse serviert, z.B. Gemüse der Jahreszeit *(kisetsu no yasai)* oder grüne, flache Erbsen *(saya-endo)*. Auch Pilze, z.B. dünne champignonähnliche *shimeji*, sind im Angebot.

Als **Getränk** passen sowohl Wein als auch Bier vom Faß.

Die Lokale sind bisweilen – wie Sukiyaki-Lokale – an einem Kuhsymbol zu erkennen. Ihr Äußeres ist „westernhaft" bzw. rustikal westlich.

## Happen aus rohem Fisch und Reis: Sushi

**Sushi-ya,** die meist kleinen, blitzsauberen Lokale mit aus dem hellen Holz der japanischen Zypresse gefertigten Theken und Mobiliar, sind für Liebhaber **frischester Meeresfrüchte** wohl das Paradies schlechthin, allerdings kein sehr preisgünstiges: Ein Kanapée kostet in der Regel ab 100 ¥ aufwärts.

Ob ein Lokal geöffnet ist, erkennt man – wie bei vielen anderen traditionellen Lokalen – am blauen Türvorhang mit den Schriftzeichen für *Sushi* oder einfach mit schlangenförmig langgezogenem *-shi.* Drinnen bedient dann der *sushi-ya-san* mit seinem weißen Kittel und dem um den Kopf gebundenen, zusammengerollten Handtuch *(hachi-maki)* seine meist an der Theke sitzende Kundschaft mit der Routine einer langen Ausbildung. Die Früchte des Meeres liegen unter der als Kühlschrank dienenden Glasvitrine zur Auswahl bereit. Der Fisch in Tokyo kommt täglich frisch vom größten Fischmarkt der Welt in Tsukiji. Über 600 Sorten Fisch werden dort Tag für Tag angeboten.

Auf den Tisch sollte kommen, was die Jahreszeit an Spezialitäten bereit hält. Wer sich nicht auskennt, kann sagen „*shun no sakana o kudasai*", „den Fisch der Jahreszeit, bitte". Es gibt einen gewissen **jahreszeitlichen Rhythmus:**

● **Frühling:** Meerbrasse, Scholle, als Sashimi eignet sich Bonito
● **Sommer:** Barsch, Karpfen, Meeraal
● **Herbst:** Makrele, Brasse, Muscheln
● **Winter:** Flunder, Austern, Weißfisch
● **Das ganze Jahr über** gibt es Thunfisch, von dem die fette Bauchseite am liebsten gegessen wird.

Zu Beginn werden gern **Sashimi als Vorspeise** genossen, ein ästhetisch genußvolles Arrangement aus dünnen Scheiben oder Streifen von **rohem Fisch,** z.B. Thunfisch, Brasse, Tintenfisch, die mit Beilagen wie in feine Streifen geschnittenem oder geraspeltem Rettich *(daikon-oroshi), wasabi,* Sojasoße mit geraspeltem Ingwer *(gari),* Chrysanthemenblüten, Gurken oder Karotten serviert werden. Es gibt auch die Varianten *arai* (Scheiben von Brasse oder Karpfen werden mit heißem Wasser übergossen), *tataki* (leicht über Holzkohlefeuer angegrillt und gehackt) und *ikizukuri:* noch lebend servierte Krabben *(ebi-odori,* „tanzende Krabben") oder Fisch auf Seetang, wobei nur auf einer Seite Sashimi-Scheiben herausgetrennt wurden.

Nach der Vorspeise bestellt man nach und nach kleine Portionen, meist paarweise, und der Appetit verlangt immer nach mehr: noch ein Happen und noch einer. Kenner gehen nach der **Sechs-Schritt-Folge** vor: rot (Thunfisch, Brasse), weiß (Flunder, Tintenfisch), blau (Makrele, *saba*), gekocht (Meeraal), weich (Lachskaviar, *ikura;* Seeigeleier, *uni*), fest (Krabbe), knackig (Seeohr). Die andere Möglichkeit ist, **Sets** zu bestellen. Das Standardset kann man einfach mit „*ichi/ni-nin-mae*" (Bestellung für eine/zwei Personen) ordern.

Korrekterweise sollte der Gast die nur beim Sushi üblichen Begriffe nen-

nen, so schwer ist das Bestellen nicht. Üblicherweise werden die Menüs gern prosaisch als *nami* (Standard), *chû* (mittel), *jô* (besser) oder vornehmer als *matsu* (Kiefer), *take* (Bambus), *ume* (Pflaume) bestellt.

Es gibt heute auch moderne Sushi-Lokale, in denen die vorbereiteten Happen nach Preisklassen geordnet zur **Selbstbedienung** bereitliegen oder z.B. auf Schiffchen vorbeischwimmen oder auf Tellerchen auf dem Fließband vorbeiziehen *(kaiten-zushi)*. Da gilt dann eine Preisklasse (z.B. 200 ¥), und am Schluß werden die Teller zusammengezählt.

Sushi-Lokal

Zum Sashimi wird gern Sake getrunken, ansonsten paßt Bier. Grüner Tee, der im Sushi-ya *agari* heißt, wird zusammen mit Scheiben aus eingelegtem Ingwer mehrfach zwischendurch, gewissermaßen zur Neutralisierung der Geschmackssinne, gereicht.

● **Lokale:** *Jiro, Nakata, Sushisei,* Ginza; *Fukuzushi, Uo Kame,* Roppongi; *Genroku-zushi,* Aoyama; *Yotsuya Matoizushi,* Shinjuku/Yotsuya; *Kizushi,* Ochanomizu/Ningyôchô; *Kibun-zushi, Kintarô,* Asakusa.

Die preiswerten Ketten *Kozo-zushi* und *Kozeni-zushi* bieten auch Packungen **zum Mitnehmen** an.

### Sushi-Gerichte

● **Nigiri-zushi:** das typische, aus Tokyo selbst stammende Sushi, bei dem in der Regel Thunfisch, Meerbrasse, Tintenfisch, Aschenmuschel *(aka-gai),* Oktopus, Krabbe oder Omelette auf Happen gelegt werden, die aus Reis bestehen, der etwas härter gekocht und mit Essig, Salz und Zucker gemischt wurde, mit etwas *Wasabi* darauf. Man tunkt die Happen mit der Fischseite nach unten in die Sojasoße, in die je nach Geschmack noch mehr oder weniger *Wasabi* verrührt wurde, und schiebt sie ebenso in den Mund.

● **Chirashi-zushi:** Reizvolles Arrangement von verschiedenen Stücken auf Reis in einem Lackkästchen. Varianten davon sind **Gomoku-zushi,** mit fünf Fischarten und **Tekka-don,** wo nur Thunfisch auf Reis liegt.

Im Sushi-Lokal gibt es **Spezialbegriffe,** mit denen man Könnerschaft beweisen kann (in Klammern stehen die „normalen" japanischen Bezeichnungen):

● **Meerrettichsenf** *(wasabi):* „namida" (Tränen)

● **Salz** *(o-shio):* „nami no hana" (Wellenblüten)

● **Sojasoße** *(o-shôyu):* „murasaki" (Purpur)

● **eingelegter Ingwer** *(shoga):* „gari" (Futter)

● **Stäbchen** *(o-hashi):* „o-te-moto" (Fingerspitzen)

● **Grüner Tee** *(o-cha):* „agari"

*Japanische Küche*

●**Maki-zushi:** schmale Streifen Fisch, Gemüse, eingelegtes Gemüse und Reis werden von einem gerösteten Meerlattichblatt *(nori)* umwickelt. Als **Te-maki** (Handrolle) wird es gern zu Hause aber auch zunehmend in Lokalen gegessen. Wohl nicht in japanischen Sushi-Lokalen zu finden ist die Variante des kalifornischen *te-maki*, z.B. mit Avocado, geräuchertem Lachs und anderen Zutaten, gewürzt mit Mayonnaise.

*Sushi-Gerichte ohne Meeresfrüchte:*
●**Kappa-maki:** von *nori* umwickelte Reisrollen mit Gurkenstreifen in der Mitte.
●**Inari-zushi:** Reis und Gemüse in einem Mantel aus Tofu, das in Öl gebacken wurde *(abura-age)*.

## Giftiger Kugelfisch: Fugu

Im Fugu-Lokal zu essen ist nicht eine Form von japanischem Roulette, wie manchmal behauptet wird, sondern ein Ereignis für Feinschmecker. Nur **Köche mit Sonderlizenz** dürfen den Kugelfisch zubereiten, weil bereits winzige Mengen seines in der Leber und einigen anderen Eingeweiden vorkommenden **Giftes Tetrahydrotoxin** tödlich wirken. Der im Fugu-ya (erkenntlich an Laternen in der Form des Fisches, der getrockneten Haut bzw. Abbildungen des Kugelfisches auf dem Türvorhang) servierte Fisch stammt in der Regel vom kaum giftigen Toso-Fugu, der zudem nur im Winter (der sichersten Zeit) gefangen und zubereitet wird. In der Saison kommt er direkt von Shimonoseki, am Westzipfel Honshus, per Superexpress nach Tokyo. Gern wird Fugu gemeinsam mit Eintopfgerichten *(nabe)* gegessen. Es gibt über 30 spezialisierte Fu-

gu-ya, aber über 2000 Lokale servieren in Tokyo den kostbaren Fisch.

●**Lokale:** *Fugu-Kaikan, Miusaya*, Asakusa; *Hyôtan*, Ryôgoku

### Fugu-Gerichte

●**Fugu-Sashimi:** hauchdünn geschnittener, rosettenförmig auf dem Teller angeordneter Fisch, unter dem das Muster des Tellers durchscheint. Gegessen wird er mit **Ponzu-Soße** (wie beim Shabu-shabu).
●**Fugu-Chiri:** Fugu- und Gemüseeintopf, **Mizutaki** enthält nur den Fisch.
●**Fugu-Zosui:** Reisporridge, der mit Fugu-Sud gewürzt ist.
●**Hire-zake:** geröstete Flossen, die in Reiswein getaucht werden.
●Außerdem mag es **Tempura, Fischkäse** *(kamaboko)*, und andere Leckerbissen, auch **weniger übliche Meeresfrüchte** wie Kreiselschnecke, Schmerle oder Seeteufel geben.

## Spieße vom Holzkohlegrill: Yakitori

In der Nähe der Bahnhöfe, besonders in Yûrakuchô, gibt es die kleinen Yakitori-ya, die am leckeren Geruch und den roten Laternen leicht erkennbar sind, in großer Zahl. Der Holzkohlegrill steht oft draußen, drinnen ist dann mitunter nur Platz für eine Handvoll Kunden – zumeist Angestellte benachbarter Firmen, die sich vor der Heimfahrt noch einen kleinen Snack mit ein paar Gläsern Bier gemeinsam mit ihren Kollegen gönnen: zur Entspannung und Vertiefung der Freundschaft. Entsprechend lebhaft geht es in diesen preiswerten Lokalen zu.

Gegrillt wird eine reiche Auswahl an **Fleisch und Gemüse.** Üblich sind schaschlikähnliche **Spießchen** *(kushi)*, wo neben dem Fleisch noch Lauch, Gingko-Nüsse, Paprika, Pilze oder Wachteleier gegrillt werden. Vor dem Grillen (am besten über der Glut der Steineiche, die acht Stunden hält) werden die Spieße in eine Würzsoße oder Salz und Pfeffer *(shio-zaki)* getaucht. Hinterher tunkt man sie in eine süße Sojasoße (deren genaue Zusammensetzung Lokalgeheimnis ist).

Die etwas vornehmere Variante der Yakitori-ya sind die **Okariba-yaki,** in denen **Geflügel und Wild** (während der Jagdsaison) in traditionellen Räumen mit Tatami-Matten serviert werden.

●*Lokalempfehlungen* sind eigentlich überflüssig. Wer jedoch sichergehen will, sei mit dieser Auswahl bedient: Lokal unter der Eisenbahnbrücke in Yûrakuchô; *Hayashi,* Ginza; *Ton-Ton,* Yûrakuchô; *Monsen,* Nanbantei, Roppongi; *Torifuku,* Shibuya; *Totoya,* Shinjuku.

## Yakitori-Gerichte

●Als **Vorspeise** *(o-tsumami)* gibt es u.a.
– Tofu mit geriebenem Lauch, Ingwer, getrocknetem Bonito *(hiyayakko)*
– fritiertes Huhn *(kara-age)*
– geriebene Yams-Wurzel mit rohem Thunfisch *(yama-kake)*
– Gurken-Miso-Salat *(morokyu)*
– Eintopf aus Kutteln und Kartoffeln *(nikomi).*
●**Hühnerspießchen** bestehen u.a. aus:
– Brustfleisch *(yaki-tori, sasami)*
– Shiitake-Pilze, Zwiebeln, Paprika *(shii-take, negi, piiman tori-yaki)*
– Innereien, Herz, Leber, Schenkel *(motsu-, hatsu-, rebaa-, momo-yaki)*
– Fleischbällchen *(tsukune-yaki)*
– Haut *(kawa-yaki)*
– Flügel *(tabasaki-yaki)*
●Auberginen, grüne Paprika, Lauch, geröstete Gingkonüsse, Shiitake-Pilze und verschiedenes Gemüse, ebenfalls gegrillt, lassen sich auch allein bestellen.

## Grillen am Herd: Robata-yaki

Die Sehnsucht nach dem einfachen ländlichen Leben ergreift die Menschen in jeder Metropole von Zeit zu Zeit. Was liegt da näher, als sich mitten in der Stadt dorthin zu begeben, wo man in **rustikaler Atmosphäre** ungezwungen mit Freunden deftige Kost vom Grill essen und dazu ein schäumendes Bier genießen kann? Die zahlreichen Robata-yaki-Lokale erfreuen sich jedenfalls beständiger Beliebtheit.

Der Grillherd *(robata),* an dem der oder die Chefs werkeln, ist umgeben von bunt arrangierten appetitlichen, rohen Zutaten. Er erinnert an die Feuerstelle in alten Bauernhäusern, an denen gekocht wurde und um die herum man an kalten Winterabenden saß. In den Bergen gibt es sie noch gelegentlich. An den Wänden der Lokale hängen rustikale Utensilien: getrocknete Feldfrüchte, Reisstrohumhänge und -sandalen sowie allerlei Gerätschaften. Von außen sind sie sowohl an Dekorationen, die an ein Bauernhaus erinnern, erkenntlich als auch an den roten Laternen mit einem kleinen Dach. Die Bediensteten tragen *Happi-coat* (Festkleidung) und/oder *yukata.* Sie wiederholen, teilweise im Chor (!), jede Bestellung der Gäste und reichen sie ihnen an langen Schiebern hinüber, was zu einer lauten, lustigen Atmosphäre nach Art eines Schreinfests führt – kein Ort der Stille. Vom Charakter her sind diese Lokale eher **Kneipen** *(izaka-ya).*

Die Zutaten umfassen fast alles, was in Japan auf den Tisch kommen kann. Man beginnt am besten mit ein paar

Japanische Küche

Gemüsespießen oder einer kleinen Portion Fleisch-Kartoffel-Eintopf *(niku-jaga)*, gefolgt von köstlichem, gegrilltem Fisch. Kartoffel mit Butter *(jaga-batâ)* schmeckt gut dazu.

Japaner beenden auch das opulenteste Mahl mit Reis, eingelegtem Gemüse und Tee. Den Reis gibt es u.a. in den Variationen gegrillte Reiskugeln *(yaki-onigiri)* und Reissuppe *(o-cha-zu-ke)* aus Reis, grünem Tee, saurer Pflaume und ggf. Lachs. Wer noch viel Appetit hat, kann **gomoku-kamameshi** bestellen: Reistopf garniert mit fünf Zutaten, z.B. Huhn, Krebs, Krabben, Pilze, Gemüse.

●*Lokale:* Robata Honten, Yûrakuchô; *Musashi*, Shimbashi; *Inakaya*, Roppongi

### Robata-Zubereitungsarten

●*Gimpu-yaki:* gewürzte Zutaten werden in Alufolie gebacken
●*Horoku-yaki:* Zutaten werden im Keramik-topf auf einem Salzbett gegart
●*Kara-yaki:* Muscheln in der Schale gegrillt; *tsubo-yaki:* Grillen im eigenen Gehäuse
●*Kimi-yaki:* Zutaten werden nach dem Grillen in gesüßtes verquirltes Eigelb getunkt
●*Miso-yaki:* Zutaten werden mit Miso bestrichen
●*Namban-yaki:* Fisch gebeizt mit einer Schalotten-Eiweiß-Mischung
●*O-kariba-yaki:* pfannengebratenes Wild
●*Shio-yaki:* mit grobem Salz gesprenkelter, gegrillter Fisch
●*Teri-yaki:* Spieße werden mit einer süßen Soja-Reiswein-Soße mehrfach gebeizt, bis sie glänzen

## Gegrillter Aal: Unagi

Wie die Yakitori-ya sind auch die Una-gi-ya meist kleine Lokale (der Vorhang zeigt meist das Hiragana-Zeichen für „u" in Form eines Aals), die haupt-sächlich von Männern besucht werden. Kenner bevorzugen wilden gegenüber dem gezüchteten Aal, dessen Fleisch weniger zart und fettreicher ist.

Die Grillprozedur ist besonders in Tokyo recht aufwendig: Nach dem ersten Grillen wird der Aal gedünstet und abgewaschen, daraufhin nochmal in die süßliche Marinade *tare* getaucht und erneut gegrillt. Dadurch wird der Geschmack verfeinert und der Fettgehalt verringert. Die Filets sind aufgespießt und etwa 10 x 12 cm groß. Auch die gegrillte, knusprige Rückengräte und die feste Leber kann man mit Genuß essen. Die Gäste würzen sich das Fleisch noch mit japanischem Pfeffer *(sansho)*.

Da Aal sowohl schwer zu fangen als auch zu züchten ist (die Larven müssen auf dem Rückweg von den Brutplätzen eingefangen werden), ist er nicht billig. Er wird auch immer frisch angeliefert.

Es gibt für einen kleineren, dem Aal verwandten Fisch, die **Schmerle,** eigene Lokale, in denen vor allem die Spezialität **Yanagawa-nabe,** Eintopf aus Schmerle, mit Ei und Gemüse im Keramiktopf gebacken, serviert wird. Ein Gericht besonderer Art ist **Jigoku-** (Höllen-)**nabe,** wobei lebende Schmerlen in kochendheißes Wasser mit Tofu geworfen werden: Sie flüchten in den Tofu und werden mit diesem gekocht – kompromißlos in der Suche nach vollkommener Frische, so ist die japanische Küche.

●*Lokale: Chikuyotei*, Ginza; *Tentake*, Tsukiji; *Nodaiwa*, Shimbashi; *Yama-no-Chaya*, Akasaka; *Iidaya, Komagata Dojô*, Asakusa

## Unagi-Gerichte

- **Unagi teishoku:** Aal mit Reis, Misosuppe, Salat, eingelegtem Gemüse
- **Unaju:** Aal auf Reis in der Lackschachtel, wie beim Sushi
- **Unazukushi:** ganzer Aal, mit Lebersuppe und Gräten
- **Kaba-yaki:** Aalspieße
- **Ikada-yaki:** Aal in Floßform gegrillt
- **Kimo-yaki:** gebeizte Leber mit Ingwer
- **Shira-yaki:** gegrillt, bis der Aal weiß ist
- **Uma-yaki:** Aal im Omelettemantel
- **Unagi-nabe:** Aal-Gemüseeintopf
- **Unagi-zushi:** Aal auf Reiskannapé
- **Yawata-maki:** Aalfilet um Klettenwurzel gewickelt

Yatai – japanische Essensstände

# Reis aus der Kasserole: Kamameshi

Im gußeisernen Topf (*kama*), der als Erkennungszeichen dieses Lokaltyps dient, wird Reis seit über tausend Jahren gekocht, wobei der Topf in die Öffnung eines kleinen Ofens gesetzt wird. Allerdings sind die mit dem charakteristischen Holzdeckel bedeckten Töpfe heute eher aus Keramik als aus Gußeisen. Durch Hinzufügen verschiedener Zutaten läßt sich ein sättigendes, leckeres Mahl zubereiten. Es gibt spezielle Kamameshi-Lokale, aber die Kasserolen werden bevorzugt auch in Yakitori-ya angeboten, da mit Spießchen und Häppchen allein der Hunger kaum gestillt wird.

Beliebte Zutaten sind: Bambussprossen, *gomoku* (5 Zutaten, z.B. Austern, Erbsen, Karotten, getrocknete Kürbis-

Japanische Küche

scheiben, Pilze), Huhn, Kastanien, Krabben, Krebs, Lachs, *matsutake* (Kiefernpilz, Japans kostbarster Pilz), Seeohr, Shiitake-Pilze und Venusmuschelfleisch.

## Eintopf: Nabe-mono

Diese Art zu kochen entstammt ebenfalls den traditionellen Bauernhäusern, in denen ein Topf über der Feuerstelle an einem Haken (oft mit einem Holzfisch verziert) hing. Darin kochte man dann Eintopf aus den vorhandenen Zutaten. In den *Nabe-mono-ya*, die an großen Kesseln oder Wachsmodellen mit arrangierten Zutaten im Keramiktopf oder einfach am rustikalen Äußeren erkennbar sind, ist noch etwas von der ländlichen Atmosphäre erhalten, wenn auch heute die Zutaten reichhaltiger und vermutlich ästhetischer angeordnet sind.

Eine der Hauptzutaten ist in der Regel Fisch (Kabeljau, Meerbrasse, manchmal Thunfisch), aber auch Huhn, seltener Rindfleisch; dazu gibt es frisch geschnittenes Gemüse, z.B. Chinakohl, Chrysanthemenblätter, Kartoffeln, weiße Rüben, Rettich, Spinat, Waldpilze oder Tofu.

So kommt die Schale auf den Tisch, dazu der Topf mit köstlicher Brühe, in der am Tisch das Gericht gegart wird. Die Bedienung kommt nur zum Servieren der Zutaten und am Ende, wenn der Tischherd ausgeschaltet wird („*Hi o keshite/sagete kudasai*", „Bitte löschen Sie das Feuer").

Wer Huhn bevorzugt, bestellt *tori no mizutaki*, Kabeljau heißt *tara-nabe*.

Austern sind *dote-nabe*, Meerbrasse ohne Gräten ist *suki-nabe*, mit Gräten *chiri-nabe*, Lachs mit Kartoffeln *ishikari-nabe*, Fisch mit Udon bestellt man als *udon-suki*, Gemüse mit Huhn oder Fisch als *yose-nabe*. Am Ende wird die nun noch köstlichere Brühe als Reisporridge *(zôsui)* oder mit Udon-Nudeln gegessen.

● *Lokale: Toriei*, Ochanomizu; *Isegen*, Kanda

### Der Eintopf der Sumo-Ringer: Sumo Chanko-Nabe

Von nichts kommt nichts, auch **Sumo-Kämpfer** sind anfangs schlank. Da es aber beim Sumo keine Gewichtsklassen gibt, hilft außer jahrelangem hartem Training im „Stall", dem sich der „Lehrling" anschließt, vor allem kräftige Kost, die schnell ansetzt, um so zur nötigen Muskelmasse zu kommen. Zu den täglichen 10.000 Kalorien trägt vor allem der Eintopf der Chanko-nabe, aber auch Bier bei. Die Zutaten im Stall sind nicht so reichhaltig wie im Lokal. Im Stall essen erst der Meister und der Boss *(oya-kata)*, dann die nächsten im Rang. Die Lehrlinge bekommen, was übrigbleibt: wollen sie an die besseren Bissen ran, müssen sie hart trainieren und sich hocharbeiten.

Chanko-nabe-Lokale haben eindeutig **Sumo-Charakter;** hinter der Theke steht denn auch meist ein ehemaliger Ringer. Als Folge ihres langen Gemeinschaftslebens gelten Ringer als gute Unterhalter, sie können gut kochen und singen, und viele machen nach der aktiven Zeit ein Lokal auf.

Die **Brühe** des Eintopfs besteht aus Essig, Sojasoße und Zucker; die

Hauptzutaten sind Karotten, Kohl, Tofu und Zwiebeln. Bestellt wird nach der Hauptzutat: Fisch *(sakana)*, Huhn *(tori-niku)*, Krabben *(ebi)*, Rind- oder Schweinefleisch *(gyu-/buta-niku)*. Daran wird dann einfach „-chanko" angehängt. Abergläubische Sumo-Kämpfer essen allerdings kein Fleisch von Vierbeinern, denn wenn sie im Kampf den Boden mit einem anderen Körperteil als ihren Fußsohlen berühren, haben sie schon verloren.

●*Lokal:* Tomoegata, Rôgoku

## Brühe mit Einlage: O-den

Auf den ersten Blick hat O-den wenig Attraktives: In einer trüben, braunen **Brühe** schwimmen weißlich-bräunliche Zutaten wie Tofu, mehrere Sorten Fischkäse, braune gekochte Eier, Rettich und Kartoffeln. Auch an Geruch und Geschmack wird man vielleicht beim ersten Versuch wenig Ansprechendes finden. Wenn man jedoch erst einmal auf den Geschmack gekommen ist, wird man O-den mit Genuß verzehren.

Wer in ein O-den-Lokal geht, bekommt freilich weit mehr, als nur die Brühe selbst. Ein komplettes **Menü,** *teishoku,* umfaßt neben dem eigentlich O-den auch noch Miso-Suppe *(aka-dashi)*, Appetithappen, z.B. eingelegtes Gemüse *(o-shinko)*, und gekochtes Gemüse *(o-hitashi)*. O-den läßt sich für Anfänger am besten als Standardzusammenstellung, *moriawase*, bestellen. Dazu gehören z.B. Tofu, Fischkäse, Kartoffel und Rettich.

Spezielle O-den-ya sind eher selten, am häufigsten sind wohl die **Eßstände** *(yatai)* in der Nähe der Bahnhöfe, wo man für wenig Geld zwischendurch einen Teller ißt und dazu vielleicht noch warmen Sake trinkt. O-den gibt es in **Supermärkten** für die Zubereitung zu Hause und in den vielen 24-Stunden-Läden.

●*Lokale:* Otako Honten, Ginza; Otafuku, Ueno

## Fritierte Meeresfrüchte und Gemüse: Tempura

Tempura gehört zu den berühmtesten japanischen Gerichten, der Name stammt jedoch von den **portugiesischen** Missionaren, die Ende des 16. Jahrhunderts eine Vorform dieses köstlichen Gerichts mitbrachten. Es soll dem ersten Shôgun, *Tokugawa Ieyasu*, so gut geschmeckt haben, daß er gegen den Rat der Ärzte zuviel davon gegessen und wenige Tage später an den Folgen gestorben sein soll (nach einer anderen Version waren es jedoch Kampfwunden). Die Japaner haben das Gericht jedenfalls gern angenommen und mit der ihnen eigenen Hingabe vervollkommnet.

Es gibt viele kleine, einfache, aber auch elegante Lokale. Die Holzfassade mit Schiebetür und der blaue Vorhang mit dem Zeichen für Himmel *(ten)* sind typische äußere Kennzeichen. Am besten ist, wie so oft, der Lokaltyp, wo die Gäste an der Theke sitzen, dem Koch zusehen und die fertigen Stücke noch brutzelnd auf dem mit Reispapier belegten Bambusrost

*Japanische Küche*

# Kleine Sprachhilfe rund ums Essen

## Nützliche Vokabeln

| | |
|---|---|
| **Abendessen** | *yoru-gohan* |
| **Aschenbecher** | *haizara* |
| **durstig sein** | *nodo ga kawaku/ kawakimashita* |
| **Essen** | *tabe-mono* |
| **Essensbon** | *shokken* |
| (großes) **Eßlokal** | *(dai-)shokudô* |
| **fleischlos** | *niku-nashi* |
| **Frühstück** | *asa-gohan* |
| **Gabel** | *fôku* |
| **geöffnet/geschlossen** | *kai-ten/hei-ten* |
| **Glas** | *koppu, gurasu* |
| (feuchtes) **Handtuch** | *o-shibori* |
| **Hunger haben** | *onaka ga suku/ sukimashita* |
| **Kassierer/in** | *kaikei, reji* |
| **Koch** | *itamae* |
| **köstlich** | *oishii* |
| (unter Männern) | *umai* |
| japanische/chines./ westl. **Küche** | *nihon/chûka/seiyô ryôri* |
| **Löffel** | *supûn* |
| **Lunchmenü** | *ranchi sabisu* |
| **Mahlzeit** | *gohan* |
| **Menüqualität:** standard/deluxe/ spezial | *nami/jô/tokujô* |
| **Messer** | *naifu* |
| **Mittagessen** | *hiru-gohan* |
| **Nachschlag** | *(o-)kawari* |
| **Rechnung** | *(o-)kanjô* |
| **reserviert** | *yoyakuzumi* |
| **Schale** | *cha-wan* |
| **schmeckt gut** | *oishii* |
| **Sortiment** | *moriawase* |
| **Stäbchen** | *o-háshi* |
| **Tasse** | *kappu* |
| **Teller** | *sara* |
| **vegetarisch** | *saishoku-shugi* |
| **Vorspeisen** | *o-tsumami* |
| **Zahnstocher** | *yôji* |

## Geschmacksrichtungen

| | |
|---|---|
| **bitter** | *nigai* |
| **heiß** | *atsui* |
| **kalt** | *tsumetai* |
| **salzig** | *shoppai* |
| **sauer** | *suppai* |
| **scharf gewürzt** | *karai* |
| **süß** | *amai* |

## Zubereitungsarten

| | |
|---|---|
| **Fritiertes/ in Öl Gebratenes** | *age-mono* |
| **gegrillt** | *yaki* |
| **gegrillt, auf heißer Platte** | *teppan-yaki* |
| **gegrillt, salzbestreut** | *shio-yaki* |
| **gehackt** | *tataki* |
| **gekocht** | *yude* |

## Grundnahrungsmittel

| | |
|---|---|
| **Reis, gekocht** | *gohan* |
| **Reis, gebraten** | *chahan* |
| **Tofu** | *dôfu* |
| **chines. Weizennudeln** | *râmen* |
| **Buchweizennudeln** | *soba* |
| **Weizennudeln** | *udon* |

## Fisch und Meeresfrüchte

| | |
|---|---|
| **Aal** | *unagi* |
| **Austern** | *kaki* |
| **Bachforellenart** | *ayu* |
| **Barsch** | *aodai* |
| **Bonito** | *katsuo* |
| **Flunder** | *hirame* |
| **Hering** | *nishin* |
| **Kammuschel** | *hotate-gai* |
| **Karpfen** | *koi* |
| **Krabben** | *ebi* |
| **Krake, Oktopus** | *tako* |
| **Krebs** | *kani* |
| **Kreiselmuschel** | *sazae* |
| **Kugelfisch** | *fugu* |
| **Lachs** | *sake/shake* |
| **Lachseier** | *ikura* |
| **Makrelenarten** | *aji, hokke, saba, sawara* |
| **Makrelenhecht** | *samma* |
| **Meeraal** | *anago, hamo* |

| | |
|---|---|
| Meerbrasse | *tai* |
| Schmerle | *dojô* |
| Scholle | *karei* |
| Seeohr | *awabi* |
| Seeteufel | *ankô* |
| Stint | *shishamo* |
| Teichstint | *wakasagi* |
| Thunfisch | *maguro* |
| Tintenfisch | *ika* |
| Venusmuschel | *hamaguri* |
| Weißfisch | *shira-uo* |

## Fleisch niku

| | |
|---|---|
| Geflügel | *tori-niku* |
| Rindfleisch | *gyû-niku* |
| Schweinefleisch | *buta-niku* |

## Eier

| | |
|---|---|
| Ei | *tamago* |
| Rührei | *iri-tamago* |
| rohes Ei | *nama tamago* |
| Spiegelei(er) | *medama-yaki* |
| gekochtes Ei | *yude tamago* |
| Omelett | *omuretsu* |

## Gemüse

| | |
|---|---|
| Algen, Meerlattich | *o-nori* |
| Aubergine | *nasu* |
| Bambussprosse | *take-no-ko* |
| Champignon | *shimeji* |
| Chinakohl | *hakusai* |
| eingelegtes Gemüse | *tsukidashi* |
| Grüne Sojabohnen | *eda-mame* |
| Huflattich | *fuki* |
| Ingwerwurzel | *shôga* |
| Karotte | *ninjin* |
| Kiefernpilz | *matsutake* |
| Kürbis | *kabocha* |
| Lauch | *negi* |
| Lotuswurzel | *renkon* |
| Paprika, klein | *shishito* |
| Pilzart | *shiitake* |
| Pilze | *kinoko* |
| Rettich (gerieben) | *daikon (-oroshi)* |
| Seetang | *kombu, wakame* |
| Süßkartoffel | *satsuma-imo* |
| Zitronenminze/Perilla | *shiso* |
| Zwiebel | *tama-negi* |

## Soßen und Gewürze

| | |
|---|---|
| Bonitoflocken | *katsuo-bushi* |
| Essig | *su* |
| Gewürzmischung | *shichimi* |
| Glutamat | *kagaku chômiryo (ajinomoto)* |
| Ingwer | *shôga* |
| Knoblauch | *nin-niku* |
| Meerrettichsenf, grün | *wasabi* |
| Perillablatt | *shiso* |
| Pfeffer, jap. | *sanshô* |
| Pfeffer, schwarz | *koshô* |
| Pflaume, sauer | *umeboshi* |
| Salatdressing | *sarada doressingu* |
| Salz | *(o-)shio* |
| Sesam | *goma* |
| jap. scharfer **Senf** | *karashi* |
| Sojabohnenpaste | *miso* |
| Sojasoße | *(o-)shoyu* |
| Suppe aus Sojabohnenpaste | *miso-shiru* |
| Suppe, klar | *sui-mono* |
| Tempurasoße | *tentsuyu* |
| (Worcester-) Soße | *(o-)sôsu* |
| Zucker | *(o-)sato* |

## Getränke nomi-mono

| | |
|---|---|
| (Eis-) Kaffee | *(aisu-)kôhii* |
| Eiskrem | *aisu-kuriimu* |
| grüner Tee | *o-cha* |
| schwarzer Tee | *kô-cha* |
| Joghurt | *yoguruto* |
| Kakao | *kokoa* |
| Milch | *gyûnyû/miruku* |
| Pflaumenwein | *ume-shu* |
| Reiswein, Sake | *(o-)sake/nihon-shu* |
| heiß/lauwarm servieren | *atsu-/nuru-kan* |
| Saft | *jûsu* |
| Schnaps | *shô-chû* |
| Schwarztee | *kô-cha* |
| Wasser | *mizu* |
| Wein | *budô-shu/wain* |
| Whisky | *uisukii* |
| Whisky mit (Soda-)Wasser | *mizu-wari* |

Japanische Küche

# Gebräuchliche Redewendungen

*sumi-masen*
(damit erregt man die Aufmerksamkeit von
Ladenbesitzern, Bedienung u.ä.)

*. . . o kudasai*
bitte gib/geben Sie mir . . .

*are/sore*
dies/das

*menyu o misete kudasai*
Bitte bringen Sie die Speisekarte

*kyô no teishoku wa nan desu ka*
Welches Menü gibt es heute?

*higawari*
Tagesspezialität

*A/B/C-ranchi o kudasai*
Bitte Lunchset A/B/C

*o-makase shi-masu*
ich überlasse Ihnen die Zusammenstellung

*o-mizu kudasai*
kaltes Wasser bitte

*onegai-shi-masu/sumi-masen*
Bitte!/Entschuldigung! (hier: Bedienung!)

*o-kawari*
Nachschlag, noch etwas

*s (u)koshi*
etwas

*o-susume wa*
sinngemäß: was empfehlen Sie mir?

*onaji mono*
dasselbe (auf den Nachbarn zeigend)

*kore wa nan desu ka*
Was ist dies?

*kore wa ari-masu ka*
Gibt es dies?

*shun no mono wa nan desu ka*
Welche jahreszeitliche Spezialität haben
Sie?

*jikan ga kakari-masu ka*
Dauert es lange?

*jikan wa dono gurai kakari-masu ka*
Wie lange wird es etwa dauern?

*kekkô desu*
Danke, es genügt.

*kono mise no namae wa nan desu ka*
Wie heißt dieses Lokal?

*shokken o kau no desu ka*
Muß man vorher Bons kaufen?

*toire wa doko des (u) ka*
Wo ist die Toilette?

*o-kanjô onegai-shi-masu*
die Rechnung bitte

*kore wa ikura des (u) ka*
Was kostet dies?

*o-ikura des (u) ka*
Was kostet (alles zusammen)?

*ryo-shu-sho*
Quittung

*kureditto kâdo wa tsukaemas (u) ka*
Akzeptieren Sie Kreditkarten?

*itadaki-mas (u)*
Ich fange an zu essen (für „Guten Appetit")

*oishii/totemo oishii (desu)*
(es schmeckt) lecker/köstlich

*gochisô-sama (deshita)*
es hat köstlich geschmeckt

*kampai*
Zum Wohl, Prosit

(siehe auch „Mini-Sprachführer Japanisch"
im Anhang)

serviert bekommen. Je kürzer der Weg vom Öl zum Teller, desto besser.

Der **Ausbackteig** *(koromo)*, der so unnachahmlich locker wird, besteht lediglich aus Ei, Wasser und Mehl. Aber wie er hergestellt und die Stücke darin eingetaucht werden, daran erkennt man den Meister. Kenner behaupten, sie könnten allein am fertigen Teigmantel sehen, ob jemand ein Anfänger mit gerade 3-5 Jahren Erfahrung oder ein Meister ist.

Auch das **Öl** muß die richtige Temperatur haben, was der Koch mit seinen Kochstäbchen prüft. Die Zutaten werden so geschnitten, daß sie am besten zur Geltung kommen, Auberginen z.B. fächerförmig. Die fertigen Stücke werden dann in die **Spezialsoße** *(tentsuyu,* aus Fisch- und Sojasoße mit *mirin,* süßem Reiswein) getaucht, in die noch geraspelter Rettich und Ingwer kommen.

Zum Menü gehört ein Salat aus Seetang oder Berggemüse, Misosuppe, Reis und natürlich die nach und nach servierten Tempurastücke: Krabbenschwänze, Meeraal, Stint, Aubergine, Karotte, Pilze und Perillablatt, das nur auf einer Seite in Teig getaucht wird. Erst werden die kleineren, dann die größeren Stücke serviert, damit der Appetit erhalten bleibt.

Kleinere Menüs sind **Tendon,** zwei Krabben-Tempura auf Reis mit Soße, und **Bentô,** Krabben- und Gemüse-Tempura auf Reis in Lackschachtel.

●**Lokale:** *Takeno,* Ginza; *Hashizen,* Shimbashi; *Tsunahachi,* Shinjuku; *Tenmasa,* Imoya, Kanda; *Daikokuya,* Asakusa-bashi; *Tenmo,* Nihombashi

## Panierte Schweinekoteletts: Tonkatsu

Seit der bis dahin aus religiösen Gründen verbotene Verzehr von Fleisch 1868 von Kaiser *Meiji* zugelassen wurde, gibt es panierte Schweinekoteletts *(ton-katsu).* Sie werden neben anderen panierten Zutaten in eigenen Lokalen, Tonkatsu-ya, oder – etwas vornehmer – **an Spießen paniert** in **Kushiage-ya** angeboten. Ein Hinweis zum Auffinden der Restaurants ist ein Schwein als Dekoration oder das Zeichen für Schwein *(ton).* Angestellte gehen gern mittags in diese beliebten und recht preisgünstigen Lokale, Familien abends. Mancherorts dienen die Gerichte nur als Beigabe zum Trinken.

Bestellt wird ein Menü *(teishoku),* das aus in Streifen geschnittenem, paniertem Kotelett auf einem Bett aus Weißkohlschnipseln besteht, dazu die Triade (Miso-)Suppe, Reis und eingelegtes Gemüse. Auf das Kotelett wird etwas von der dick-süßlichen Worcestersoße gegeben. Statt des manchmal fetthaltigen *ton-katsu* kann man auch Filetschnitzel *(hire-katsu),* Lende *(rôsu katsu)* oder paniertes Hacksteak *(menchi-katsu)* bestellen. Hängt man an den Namen für das Fleisch „*-don"* an, erhält man dieses auf einer Schale Reis, garniert mit Ei, Erbsen und Zwiebeln.

Wird Schweinefleisch in Streifen geschnitten und mit Ingwer (ohne Pannade) gebraten, heißt das *shôga-yaki.* Beliebt sind auch **Kartoffelkroketten,** die gern mit Maiscremesoße serviert werden, und vieles andere Panierbare.

Japanische Küche

Das heißt dann „*-furai*" (von engl. *fried*), z.B. *kaki-furai* (panierte Austern) oder *ebi-furai* (panierte Krevetten).

●*Lokale: Maisen*, Aoyama; *Katsukichi*, Shibuya; *Tonki*, Meguro; *Tonkatsu Imoya*, Kanda; *Honke Ponta, Hantei*, Ueno.

## Pfannkuchen: Okonomi-yaki

Am häufigsten findet man Okonomi-yaki als Imbiß *(yatai)*, in Einkaufsvierteln gibt es jedoch auch spezielle Pfannkuchen-Lokale, erkenntlich an den oft orangefarbenen Plastikbuchstaben, die *o-ko-no-mi-yaki* („Grillen wie es beliebt") bedeuten. Sie sind besonders beliebt bei jungen Leuten, zumal sie recht preiswert sind.

Man sitzt dort entweder an einer langen Bar, hinter der die Grillplatte steht, und läßt sich bedienen, oder man **bereitet die Okonomiyaki am Tisch selbst zu,** eine ungezwungene und zuweilen recht lustige Angelegenheit.

Bei der Selbstbedienung wird wie bei unseren Pfannkuchen etwas Teig auf der Platte ausgebreitet, auf den man nach Belieben Zutaten gibt, so daß ein Zwischending zwischen Pfannkuchen und Pizza entsteht. Man bestellt sich die Hauptzutat, z.B. Austern, Krabben, Krabben mit Ei, Schweinefleisch oder Tintenfisch, und bekommt dazu im Alutopf den Teig, Kohl, Zwiebeln, Ingwer u.ä. Das Gas unter der Platte wird angezündet, die Platte mit dem Ölpinsel bestrichen und los geht's. Auf die Zutaten kann man beim Zubereiten schon die dicke Worcestersoße *(o-sôsu)* oder Sojasoße *(o-shôyu)* geben, zum Schluß kommen noch gehackte Nori-Blätter und geraspelter, getrockneter Bonito *(katsuo-bushi)* darauf. Mit dem Spatel wird der Teig festgedrückt und am Schluß der Pfannkuchen zerteilt. Darüber gibt man wieder die Soße oder Mayonnaise.

Im Sommer, wenn es an der Platte recht heiß ist, sollte man die **Theke** bevorzugen, wo es moderne Formen der Pfannkuchen gibt *(modan-yaki)*, wie üblich spektakulär zubereitet: Beispielsweise werden zwei ganze Eier auf die Platte gehauen, die Schalen entfernt, dann kommt Teig drauf und das Ganze wird um 180 Grad gedreht.

●*Lokale: Hanabishi*, Ginza; *Taruya*, Shibuya; *Sometarô*, Asakusa

## Nudeln

### Soba und Udon

Die Leidenschaft der Japaner für Nudeln ist kaum geringer als die für Reis. Sie übernahmen das Rezept dafür wie wir von den Chinesen, allerdings geraume Zeit früher. Hier ist die Rede von den als japanisch geltenden **Buchweizennudeln** *(soba)*, die grau bis graubraun sind und sehr rustikal aussehen, sowie den dicken, weicheren **Weizennudeln** *(udon)*, die ursprünglich aus Osaka stammen. Die auf *-men* endenden Nudeln, z.B. *Râmen*, werden als **chinesische Nudeln** bezeichnet. Sie werden weiter unten beschrieben. Es gibt auch grüne Buchweizennudeln, die ihre Farbe vom grünen Tee haben, weshalb sie *cha-soba* genannt werden. Das Aussehen der *soba* kam der Ästhetik des Zen-Buddhismus seit jeher sehr entgegen und entspricht überhaupt dem japanischen Bedürfnis nach *sabi*, schlichter Eleganz.

Nudeln werden gern als leichte **Zwischenmahlzeit im Stehen** (*tachi-gui* = stehend essen), als japanisches Fast-Food, vor allem in Bahnhöfen gegessen. Der Vorhang im Eingang der Lokale (oft mit dem Hiragamna-Zeichen für *so*) läßt nur den Blick auf die Beine frei. Dort kostet die Schale voll Soba oder Udon oft noch unter 300 ¥.

Es gibt aber auch die rustikal-elegante Variante, wo in eigenen Lokalen, z.T. auf Tatami-Matten sitzend, am liebsten handgemachte Nudeln *(teuchi)* verspeist werden. Die Herstellung geschieht oft vor den Augen der Passanten wie in einem Schaufenster.

In der **kühlen Jahreszeit** gibt es Schüsseln voller dampfender Soba oder Udon in köstlich-heißer Brühe. Obendrauf kommt je nach Wunsch eine bestimmte Garnierung. **Im Sommer** werden die *mori-soba/udon* auf einem Bambusrost *(zaru)* serviert, zusammen mit der kalten Brühe *(tsukejiru)*, der Garnierung und dem heißen Nudelwasser. Geriebener Meerrettich und fein geschnitzelte grüne Lauchzwiebelringe werden in die Brühe gegeben. Da hinein taucht man die Nudeln, über die man vorher noch die gehackten Nori-Blätter gestreut hat.

Es gibt eine lustige Variante, die **Wanko-Soba** aus der nördlichen Provinz Iwate, bei der die Bedienung hinter dem Essenden sitzt und so lange kleine Nudelbällchen in die Schale mit der Brühe wirft, bis er sie mit dem Deckel verschließt.

Lange, dünne Nudeln werden **am letzten Tag des Jahres** wohl in jedem Haushalt kurz vor Mitternacht gegessen, als Symbol für langes Leben. Sie heißen *toshi-koshi-soba.*

Wie andere Gerichte, z.B. Sushi, werden vor allem Nudeln gern an den Arbeitsplatz oder **ins Haus geliefert.** *Demae* heißt der Service, der sich früher Fahrrädern bediente und heute auf Motorrädern mit hinten federnd aufgehängten Tabletts anliefert.

● *Lokale:* Usagiya, Roppongi; *Chôtoku*, Shibuya; *Issa-an*, Meguro; *Izumo Soba-Honke*, *Matsuya*, *Yabu-soba*, Kanda; *Muromachi-Sunaba*, Nihombashi

### Gerichte mit heißen Nudeln

(angegeben ist die besondere Garnierung, man bestellt Soba oder Udon)
● **Asari:** Venusmuscheln
● **Chikara:** knusprige *o-mochi* (Reiskuchen)
● **Kamo namban:** Huhn-/Entenscheiben
● **Kare namban:** Currybrühe
● **Kitsune:** gebratenes Tofu, benannt nach *kitsune* (Fuchs), der sich nach japanischer Auffassung gern verwandelt
● **Mochi:** klebrige Reiskuchen, die an Silvester oft zu Hause hergestellt werden
● **Moyashi:** Sojabohnensprossen
● **Nameko:** kleine braune Pilze, mit geriebenem Rettich und Spinat
● **Niku namban:** Schweinefleischscheiben
● **O-kame:** benannt nach der weiblichen No-Maske: Fischkäse für den Mund, Pilze für die Augen, Bambussprosse für die Nase, dazu Spinat u.a.
● **Oya-ko namban:** „Mutter und Kind", Huhn und Ei
● **Sansai:** Gebirgsgemüse
● **Shippoku:** verschiedenes Gemüse
● **Tamago Toji:** Omelette
● **Tanuki:** Tempura-Brocken; *tanuki* = Dachs, der Kumpan des Fuchses in der Legende
● **Tororo:** geriebene, schaumige Yamsknolle
● **Tsuki-mi:** Ei (*tsuki-mi* = Mond betrachten, Eigelb = Mond; Eiweiß = Wolken)

*Japanische Küche*

### Kalte Nudeln (Mori und Zaru Soba)

- **San-shoku:** „3 Farben", 3 Sorten Soba: weiß, grau, grün
- **Ten-zaru:** Soba auf lackiertem Tablett mit Krabben- und Gemüse-Tempura
- **Yama-kake:** geriebene Yamsknolle *(tororo)*

### Andere Nudelarten

- Ein anderes beliebtes Sommergericht sind die **hiyamugi/sô-men,** dünne, weiße Reisnudeln in Wasser, mit Gurken, Tomaten, Ei, Krabben o.ä., die in eine köstliche Brühe getunkt werden.
- **Kishi-men,** eine breitere Variante der Udon, die es in den *Nabe*-Lokalen zum Schluß gibt, aber auch als eigene Gerichte, z.B. **himo-kawa,** mit Spinat, geraspeltem getrockneten Bonito, gebratenen Tofu-scheiben, Fischkäsescheiben oder **tori kishi-men,** mit Huhn.

### Râmen

Eine sehr beliebte Nudelart sind Râmen, gelbe chinesische Eiernudeln, für die es eigene Lokale gibt. Hier bekommt man Riesenschüsseln mit köstlicher Brühe und passenden Zutaten, neben Schweinebratenscheiben *(châshûmen)* z.B. auch Maiskörner, Knoblauch und etwas Butter – ausgezeichnete Wärmespender im Winter. Es gibt auch die Varianten *miso*- oder *shôyu*-râmen, häufig aber auch *kare*- (Curry-) râmen. Gebratene *gyôza* (s.u.) werden gern als Beigericht gegessen.

- **Lokale:** *Sankichi*, Shimbashi; *Koya*, Yotsuya; *Taishoken*, Ikebukuro

### Reis

In den **volkstümlichen Eßlokalen** *(Shoku-dô)*, die in jedem Viertel zu finden sind und in denen man einfach und preiswert ißt, kann man neben Nudelgerichten meist auch ebenso einfache

Reisgerichte bestellen. Dabei deuten die auf *-don* oder *-domburi* endenden Gerichte auf japanischen Ursprung und die auf *-raisu* (von engl. *rice)* endenden auf meist westlichen Ursprung hin. Auch die zur japanisch-chinesischen Küche gehörenden Gerichte sind dort oft zu finden. Alle diese Speisen sind ein guter, preiswerter Einstieg in die japanische Küche und erfordern wenig Risikobereitschaft. Grundlage ist immer Reis, darauf kommt die Garnierung.

### Reisgerichte

- **Gyû-don:** dünne Rindfleischscheiben mit Zwiebeln
- **Katsu-don:** Schweineschnitzel
- **Kitsune domburi:** gebratener Tofu
- **Konoha domburi:** Pilz
- **Oya-ko-don:** Huhn, Zwiebeln, Ei
- **Sukiyaki domburi:** Sukiyaki, Rindfleisch
- **Tamago-don:** Omelette
- **Ten-don:** Krabben-Tempura
- **Tororo-don:** geriebene Yams-Knolle
- **Una-don:** Aal
- **Yaki-tori-don:** Yaki-tor
- **Hayashi-raisu:** Reis mit einer Art Gulaschsoße
- **Kare-raisu:** Curry-Reis mit süßlicher Currysoße, Rindfleisch, rotem eingelegtem Ingwer, manchmal mit Ei, sehr beliebt (dafür gibt es häufig eigene Lokale)
- **Omu-raisu:** Pilav mit Huhn, Erbsen, darüber Omelette, dazu Ketchup.

## Imbiß und Snacks

### Yatai

In Tempel- und Schreinbezirken, vor allem anläßlich von Festen, in Parks wie dem Ueno-Park und anderswo begegnet man immer wieder den **überdachten Imbißständen,** aus denen es für Japaner so verführerisch duftet wie für uns aus Würstchenbuden. Heute tauchen sie immer häufiger in der Nähe von Bahnhöfen auf und nennen sich *yatai-mura (yatai-*Dorf).

## Yatai-Speisen

- ●*Ishi-yaki-imo:* auf heißen Steinen gebackene **Süßkartoffeln** *(satsuma-imo);* die Verkäufer ziehen die Wagen durch die Straßen und rufen langgezogen: *„ishi-yaki-imo".*
- ●*Râmen:* chinesische Eiernudeln
- ●*Tako-yaki:* kleine, mit Krakenstücken gefüllte Teigkugeln, die mit einer Art Worcestersoße bestrichen und in kleinen Packungen verkauft werden
- ●*Tomorokoshi:* gegrillte, mit Sojasoße bestrichene Maiskolben
- ●*O-den:* Brühe
- ●*Yaki-soba* gibt es auch in den Lokalen mit Chuka-Ryôri, aber vor allem als Imbiß: chinesische Nudeln, die zusammen mit *o-sosu,* Chinakohl, Krabben, Schweinefleisch oder Tintenfisch gebraten und mit getrocknetem Meerlattich bestreut werden; dazu gibt es eingelegten Ingwer.

## Lunchpakete: O-Bentô

Möglicherweise sind die Japaner die eigentlichen Erfinder des Fast-Food: **verpackte Essenspakete** *(o-bentô)* gibt es seit Jahrhunderten, auch wenn sie ursprünglich, vor allem unter armen Leuten, hauptsächlich aus Reiskugeln mit einer eingelegten sauren Pflaume und außen herum Salz oder *o-nori* bestanden. Heute sind die Lunchpakete, die es seit hundert Jahren in Bahnhöfen zu kaufen gibt, **regionale Spezialitäten** *(eki-ben* = Bahnhof-Bento), die in jedem Kursbuch der Eisenbahnen aufgeführt sind.

Es gibt eigene Läden, **Bentô-ya,** z.B. im Bahnhof von Ueno oder Shinjuku,

wo man nicht nur die örtliche Spezialität, sondern alle möglichen kaufen kann, ohne verreisen zu müssen. Meist bestehen sie aus Reis, Gemüse und Fisch, aber in jeweils anderer Zusammenstellung und oft in attraktiver Verpackung.

- ●Bekannte *eki-ben* heißen *Chikin-Bentô* (Huhn), *Maku-no-uchi, Oshi-zushi.*

## Nomi-ya

**Bars,** in denen in erster Linie getrunken, aber auch Appetithappen gegessen werden können, heißen Nomi-ya bzw. **Inaka-ya.** Das Symbol, an dem man sie oft erkennt, sind dickbauchige, stehende Dachse mit Hut und Reisweinfläschchen *(tokkuri)* in der Hand.

## Westliches Fast-Food

Natürlich gibt es auch in Tokyo all die **Fast-Food-Ketten,** mit denen Kinder heute aufwachsen und die auch in Japan von Familien unter dem Druck der Kleinen oder Teenager viel besucht werden. Dort schmeckt dann alles so wie zu Hause, ein Trost für Besucher, die sich nur ungern auf kulinarische Abenteuer einlassen.

# Internationale Küche

Spezialitätenlokale mit mehr oder weniger authentischer ausländischer Küche gibt es jede Menge. Hier kann der Gast wie zu Hause wählen; die Speisekarten sind in der Regel neben Japanisch und der Sprache des Herkunftslandes auch in Englisch gedruckt. Es

Japanische Küche

gibt natürlich viele *chinesische Restaurants.*

Sehr empfehlenswert sind die zahlreichen, unter Japanern beliebten **koreanischen** Lokale. Schließlich leben ja rund eine halbe Million Koreaner im Land. Es gibt sowohl sehr preiswerte, volkstümliche Lokale, in denen auch kräftig Bier und *shô-chu* getrunken wird, als auch hochklassige Restaurants, wie etwa das *Kusa-no-ya* in Azabu nahe der südkoreanischen Botschaft.

Sehr beliebt sind **französische Restaurants,** von denen es über 2000 geben soll. Nicht wenige von ihnen – auch das ist typisch japanisch – sind besser als vergleichbare in Frankreich. Viele französische Spitzenköche stehen in Tokyo am Herd.

Auch **italienische** Restaurants sind immer häufiger vertreten und seit einigen Jahren „in".

Und es gibt mehr als 18 **deutsche Lokale:** Japaner und Japanerinnen lieben die romantische Bier- oder Weinkelleratmosphäre, da wird gesungen und geschunkelt. Eine Kette mit 5 Lokalen ist *Alte Liebe* (u.a. Ginza, Yokohama), andere sind *Germania, Ketel's, Lohmeyer's, Loreley, Weinkeller Sawa* (Ginza), *Rheingau* (Shibuya), *Bayern, Essen, Rheingold* (Shinjuku), *Ex* (Roppongi), *Bei Rudi,* OAG-Club „Kreisel" (Akasaka) und *Pauke* (Yonban-chô). Soweit die Hinweise für Leute mit heimwehkrankem Magen.

In einer Stadt wie Tokyo gibt es natürlich auch all die anderen ausländischen Spezialitäten: aus Indien, Südostasien, Lateinamerika ...

# Cafés

## Westliche Cafés: Kissa-ten

Cafés im westlichen Stil heißen *Kissa-ten, Kohi-Shoppu* (Coffee-shop), *Kohi-ten* oder *Tea Room.* Dort kann man westliche Gerichte, Süßspeisen wie Kuchen, Pudding und Eiscreme bestellen.

Echte Cafés konzentrieren sich wie bei uns auf Kaffee, Tee und Schokolade. Die Portionen sind recht teuer, aber meist von guter Qualität, und die Gäste dürfen so lange bleiben, wie sie wollen: lesen, einander kennenlernen, geschäftliche Besprechungen durchführen – und Musik hören. Unter den mehr als 120.000 Cafés haben sich viele auf Musik (Pop, Jazz, Klassik) spezialisiert. Manche Jazz- oder Pop-Kissa bieten sogar Live-Musik.

**Bizarrere Varianten** warten mit Videospielen an den Tischen auf oder mit Bedienung, die „oben ohne " oder „unten ohne" *(no-pan-kissa)* trägt. Letztere haben jedoch an Beliebtheit wieder verloren. Wie dem auch sei, auch die ausgefallensten Kundenwünsche werden in Japan erfüllt.

## Japanische Cafés: Kanmi-kissa

Die Cafés im japanischen Stil haben einen eher traditionellen Charakter. Hier sind Frauen meist unter sich. Männer gehen höchstens in Begleitung von Frauen hinein. Es gibt viele **traditionelle Süßigkeiten** wie z.B. *Anmitsu* (Gelatinewürfel aus Seetang, süße Sojabohnenpaste, Früchte), *Kôri* (Raspeleis mit Sirup, im Sommer zu empfehlen) oder *O-shiruko* (Bohnenpastensuppe mit Reiskuchen-Stücken).

# Getränke

## Wasser (Mizu)

Dort, wo es angeboten wird, ist das generell weiche Wasser überall genießbar, der **Chlorgeschmack** kann allerdings den Geschmack beeinträchtigten. Wasser wird stets kostenlos serviert.

## Tee (O-Cha/Kô-Cha)

Tee, der einst als Medizin aus China eingeführt worden war, spielt bekanntlich in der japanischen Kultur eine große Rolle. Er wird stets dem Gast – zu Hause wie im Lokal – gleich nach seiner Ankunft, immer wieder zwischendurch und vor dem Aufbruch eingeschenkt und ist immer im Service inbegriffen. Tee ist wie die Grundlage japanischen Essens: einfach, nahrhaft, ästhetisch. Er neutralisiert den Geschmack, ist erfrischend und durststillend, allerdings leicht bitter.

Der charakteristische, allgegenwärtige **Grüne Tee** *(o-cha)* wird nicht wie der Schwarze Tee *(kô-cha,* wörtlich: roter Tee)* fermentiert, sondern gedämpft und erhitzt. Dadurch oxydiert er nicht. Die Hauptanbaugebiete sind für Reisende, die auf dem Tokaidô zwischen Tokyo und Kyôto unterwegs sind, sichtbar: Sie liegen bei Shimizu hinter dem Fuji-San und bei Uji, unweit von Kyôto. Anders als der schwarze Tee muß der Grüne Tee nicht so heiß (80 °C) überbrüht werden und vor allem kann man dieselben Blätter mehrfach übergießen.

*O-cha* wird **nie mit Milch, Zucker oder Zitrone,** sondern nur pur genossen. Man trinkt ihn aus henkellosen Tassen oder Bechern (manchmal mit Deckel), indem man das Gefäß *(cha-wan)* mit der freien Hand unten abstützt und ihn in kleinen Schlucken zu sich nimmt. Diese Regel der Etikette gilt besonders für Frauen.

## Reiswein (Sake)

Dieses aus Reis mit gemalzter Reishefe und Wasser fermentierte Getränk mit einem **Alkoholgehalt von 15-16 %** soll den Japanern um 300 A. D. von den Göttern verraten worden sein. Sake, auch *Nihon-Shu* (Japan-Wein) genannt, ist trotz großer Konkurrenz durch moderne Alkoholika immer noch eines der beliebtesten Getränke. Es wird zu religiösen Zeremonien, zu Neujahr, bei der Eheschließung (dreimal drei Schalen Sake beschließen den Ehebund), überhaupt anläßlich von Festen und zu so beliebten Gerichten wie *Yaki-tori* und *Robata-yaki* reichlich genossen.

Seine **Herstellung** dauert fast zwei Monate und war früher auf den Winter beschränkt. Heute, mit der Möglichkeit von Kühlanlagen, geht es das ganze Jahr über. Aus 60 kg Reis lassen sich hundert 1,8-Liter-Flaschen Sake herstellen. Es gibt eine große Zahl kleiner Landbrauereien, deren Sake im ganzen Land begehrt ist. Insgesamt gibt es etwa 4000 Sorten. Das beste Wasser soll aus der Gegend von Hyôgo bei Kobe und Fushimi bei Kyôto stammen.

Die **Geschmacksrichtungen** sind bei weitem nicht so vielfältig wie beim Traubenwein, auch wird er nur jung

Japanische Küche

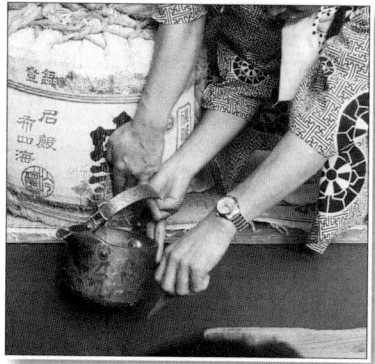

kenscheibe. Traditionell wird Sake kalt aus einem Zedernholzkästchen (mit etwas Salz) getrunken. Die bunten strohumwickelten Fässer in Tempeln und Schreinen sind übrigens von Firmen gestiftet und werden bei passender Gelegenheit geleert.

Es gibt einen **süßen Reiswein,** *mirin,* der normalerweise nicht getrunken, sondern zum Kochen verwendet wird. Nur an Neujahr trinkt man ihn, allerdings verdünnt mit Sake und mit Gewürzen, von denen man annimmt, daß sie böse Geister von der Familie fernzuhalten vermögen. Diese Mischung heißt *o-toso.*

getrunken: Sake wird nicht besser durchs Altern. Allgemein unterscheidet man zwischen *ama-kuchi* (süßmundig), *chuo-kuchi* (mittel) und *kara-kuchi* (trocken-mundig). Reiswein wird in **drei Klassen** angeboten, die in erster Linie durch den Alkoholgehalt bestimmt sind, je mehr Alkohol desto besser: *tok-kyû* (spezial), *ik-kyû* (1. Klasse), *ni-kyû* (2. Klasse).

Sake wird im allgemein **körperwarm** *(nuru-kan,* 40 °C) oder **heiß** *(atsu-kan,* 60 °C) getrunken. Kochen darf er natürlich nicht. Das vasenähnliche Gefäß *(tokkuri),* in das 180 ml Reiswein hineinpassen (ein Zehntel der großen Flasche), wird im Wasserbad erhitzt. Man trinkt aus kleinen, oft flachen Schälchen.

Im Sommer schmeckt er auch **kalt,** z.B. „on the rocks" oder mit einer Gurkenscheibe.

## Bier (biiru)

Dieses im vergangenen Jahrhundert von deutschen Bierbrauern in Japan eingeführte Getränk hat längst Sake als **beliebtestes alkoholisches Getränk** überflügelt. Es ist geschmacklich mit unserem Pils vergleichbar, also eher herb. Die bekanntesten Marken entstammen großen Brauereikonzernen: *Asahi, Kirin, Sapporo.* In den letzten Jahren sind neue Biervarianten sehr beliebt geworden, „*dry beer*" oder „*ice*", die etwas mehr Alkohol haben.

Bier wird auch – bis 22 Uhr – an Automaten in Dosen verkauft. Flaschen enthalten 0,6 l Bier und kosten ab 200 ¥, in Lokalen ist ein Bier nicht unter 350 ¥ zu haben (dort gelten bis 400 ¥ als preiswert, 400-600 ¥ als mittel- und 600-1200 ¥ als teuer).

## Whisky (uiskii)

Neben Bier ist Whisky das **Standardgetränk der Angestellten** *(sarari-*

Sake vom Faß

*men).* Sie trinken Whisky interessanterweise am liebsten mit Wasser verdünnt *(mizu-wari).* Weniger gebräuchlich, aber im Winter recht beliebt ist die heiße Variante *(oyu-wari).*

In ihren Stamm-Bars (einschließlich Karaoke-Bars) haben die Gäste ihre eigenen, mit Namen versehenen Flaschen im Regal stehen. Sie trinken davon, bis die Flasche leer ist und bestellen dann die nächste.

Es heißt, daß die ersten von *Suntory* hergestellten japanischen Whiskysorten nur verdünnt genießbar waren. Aber als Perfektionisten, die Japaner sind, haben sie diesen Makel längst ausgeglichen. Die besten japanischen Whiskies können sich heute mit den besten Scotch messen, das gilt selbst für Single Malt Whiskies. Besonders beliebt sind die einheimischen Produkte *Suntory Old* und *Old Parr.* Die Preise für einen einheimischen Whisky liegen zwischen 500 und 700 ¥, für importierte um 100 ¥ höher.

### Schnaps (Shôchû)

Schnaps wird in Japan wie bei uns aus Getreide oder Kartoffeln destilliert, ist trocken und farblos, hat aber nur etwas über 20 % Alkohol. Lange Zeit galt er als Arme-Leute-Getränk, heute ist er „in". Schnaps wird sowohl pur als auch als *high-ball (chû-hai = shôchû-highball)* mit Sirup, Soda und Eis getrunken, was recht erfrischend schmeckt. Auch halb und halb mit heißem Wasser mögen ihn viele.

Aus *shôchû* wird übrigens der köstliche, süß-saure **Pflaumenwein** *(umeshu)* ähnlich wie unser Rumtopf herge-

stellt: eine Lage saure Japan-Pflaumen *(ume),* darüber eine Lage Zuckerbrocken, darauf *shôchû* usw.

### Wein (budô-shu)

Wein hat erst eine sehr junge Tradition in Japan, ist aber inzwischen sowohl beliebt als auch von recht guter Qualität. Die bekanntesten einheimischen Weine kommen aus der Gegend von Kôfu (westlich des Fuji-San), z.B. aus Katsunuma oder aus Tokachi (Hokkaidô). Dort trinken ihn die Leute – nach Sakeart – gern aus 1,8-Liter-Flaschen. Deutsche Weine sind erwartungsgemäß unverhältnismäßig teuer. Fern der Heimat muß man ja nicht unbedingt *Liebfrauenmilch* trinken.

### Calpis

Calpis ist ein sehr beliebtes nicht-alkoholisches Getränk, das aus **fermentierter Milch** besteht und angenehm süß-sauer schmeckt, wobei es in verschiedenen Geschmacksrichtungen angeboten wird. Man trinkt es sowohl mit heißem wie mit eiskaltem Wasser.

Japanische Küche

# Die Stadt und ihre Bewohner

# Geographie des Großraums Tokyo

Was wir aus dem Flugzeug als Tokyo ausmachen, ist ein unübersehbares Häusermeer, das sich fast lückenlos über die Kantô-Ebene, die größte des Landes, ausdehnt. Das gesamte *Ballungsgebiet* ist Heimat von über *30 Millionen Menschen,* einem Viertel der Gesamtbevölkerung Japans. Damit dürfte diese Megalopolis in einer Zeit rasend schnell wachsender Dritte-Welt-Metropolen wie Mexico-City und Sao Paulo auch heute noch Weltspitze sein. Tokyo als Verwaltungseinheit hat jedoch „nur" *12 Millionen Einwohner* – und das seit Jahren mehr oder weniger unverändert. Aber die Tagesbevölkerung schwillt auf das Doppelte an, was der „doughnut-" oder Pfannkucheneffekt genannt wird.

Die Gestalt der Provinz Tokyo ist recht eigenartig: Als langgezogener Schlauch erstreckt sie sich vom nördlichen Ende der Tokyo-Bucht in nordwestlicher Richtung bis zu den Bergen des *Chichibu-Tama-Nationalparks.* Dort, am Schnittpunkt der drei Präfekturen Tokyo, Yamanashi und Saitama, liegt die höchste Erhebung der Präfektur Tokyo: der *2018 m hohe Kumotori-Yama* („Wolkenzieher-Berg").

Zur Verwaltungseinheit Tokyo gehören auch die *Izu-Inseln,* bestehend u.a. aus den der Izu-Halbinsel vorgelagerten Inseln Ôshima (mit dem aktiven Mihara-Vulkan), Niijima, Kôzu, Miyake und Hachijô sowie die bis zu 1300 km (!) entfernten *Ogasawara-Inseln* (Ogasawara Shotô), auch *Nanpo* („Südliche Inseln") bzw. *Bonin-Inseln* genannt, die den Ogasawara-Nationalpark bilden und weit draußen im Pazifik liegen.

Der Kern des Stadtgebietes liegt knapp westlich des 140. östlichen Längengrades und südlich des 36. nördlichen Breitengrades. Seine Lage – nicht sein Klima – entspricht der von Tunis.

Mehrere *Flüsse* durchziehen das Häusermeer, drei bilden Stadtgrenzen: der Tama-gawa im Südwesten nach Kanagawa, der Edo-gawa im Osten nach Chiba, der Ara-kawa bildet im Norden auf einem kurzen Abschnitt die Grenze zu Saitama. Der eigentliche Tokyoter Fluß ist der kleinste im Bunde, der *Sumida-gawa,* der sehr kurz ist und stets parallel zum Ara-kawa verläuft.

In der Tokyo-Bucht wird ständig künstlich Land hinzugewonnen. Irgendwann soll dort vielleicht ein 1500 m hoher Wolkenkratzer gebaut werden.

Die Fläche der Präfektur beträgt 2410 km$^2$, die des eigentlichen Stadtgebietes 581 km$^2$. Dieses ist in 23 Bezirke aufgeteilt, die *-ku* heißen. Außerhalb gehören noch 26 größere *(-shi)* und 7 kleinere *(-machi)* Städte sowie 9 Dörfer bzw. Gemeinden *(-mura)* dazu, wobei dies nicht wörtlich zu nehmen ist: Es handelt sich um recht große, aber dünn besiedelte Gebiete der Gebirgsregionen und die kleinen Pazifikinseln.

## Die Stadtviertel

Die eigentliche *Stadtmitte* Tokyos ist das 40 ha große Parkgelände des Kaiserpalastes *(Kô-kyo).* Zwischen dem

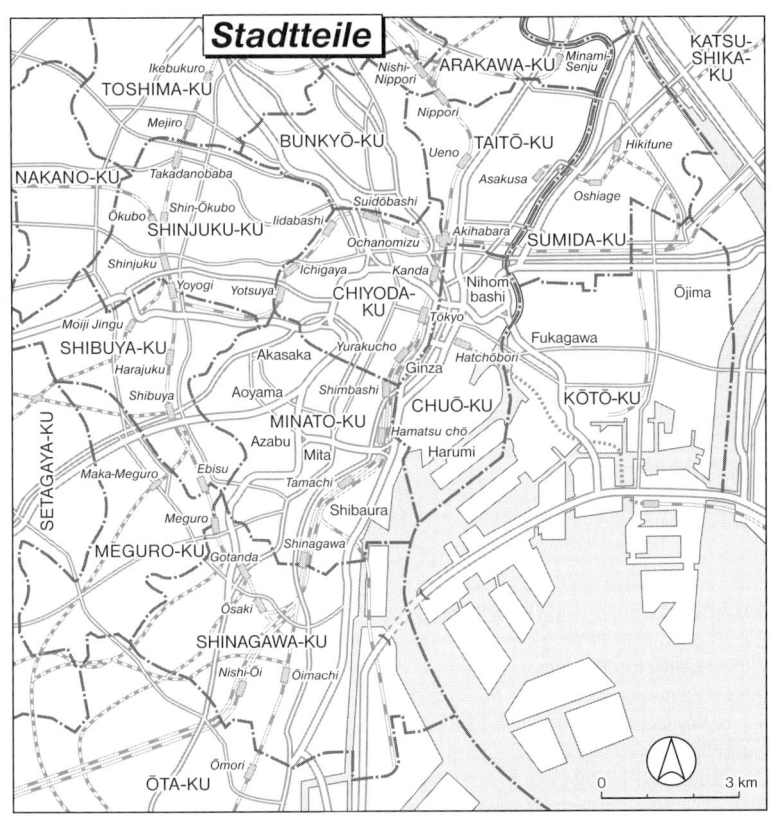

Stadt und Bewohner

Wassergraben, in dem sich die einstige Festung bzw. der heutige Palast befindet, und dem heute nur noch teilweise erhaltenen äußeren Grabenring lagen in der Feudalzeit die Wohnsitze der Lehnsherren und Samurai. Außerhalb hatten sich die Handwerker und Kaufleute angesiedelt.

Heute haben sich um die fast leere Mitte herum die verschiedenen Zentren entwickelt, jedes mit eigenem Charakter. In **Kasumigaseki** und **Nagata-chô** liegen das Parlament und ein Großteil der Regierungs- und Verwaltungsgebäude. In **Roppongi** treffen sich meist junge, amüsierfreudige Nachtschwärmer. Das „Big Business" hat seine Heimat in **Marunouchi** und **Ôtemachi.** Die großen Einkaufsviertel sind die elegante **Ginza** mit **Shimbashi** und die an den Knotenpunkten von Bahnlinien entstandenen neueren, quirligen

Zentren **Shibuya** mit **Harajuku** und **Aoyama, Shinjuku** und **Ikebukuro** sowie das traditionelle „Down-town"-Viertel **Ueno** mit **Asakusa.**

Hochklassige Wohnviertel liegen u.a. in **Kôjimachi, Akasaka, Azabu** (wo viele Botschaften liegen) und in **Den'en-chôfu** (südwestlich des Zentrums). Überhaupt besteht Tokyo auch heute noch aus Hunderten oder Tausenden von „Dörfern": den ruhigen Wohnvierteln, die oft unmittelbar neben den lauten Geschäftsvierteln liegen und zur erstaunlich hohen Lebensqualität der Stadt beitragen.

Das innere Zentrum ist flach, während die Yamanote-Viertel nach Westen hin höher liegen (*Yama-no-te* = „bergseitig"). Tokyo hat sich seit der Meiji-Zeit überwiegend westwärts entwickelt, nun sind starke Entwicklungsimpulse entlang der Ufer des Sumida-Flusses und in den Stadtteilen im Osten unübersehbar.

## Architektur

Anders als in den großen europäischen Metropolen gibt es in den meisten asiatischen Großstädten heute keine erhaltenen architektonisch bedeutsamen Ensembles mehr. Das gilt vor allem für diejenigen Städte, in denen die traditionellen Wohnhäuser

Souvenirs

überwiegend aus Holz gebaut waren. Feuersbrünste und Erdbeben haben Edo, das alte Tokyo, immer wieder zerstört. Zum letzten Mal fiel die Stadt gegen Ende des 2. Weltkrieges den Bombenangriffen der Alliierten zum Opfer.

Immer wieder wurde die Stadt wiederaufgebaut, doch der **Wiederaufbau nach dem Krieg** war wie ein Wildwuchs, nicht gesteuert durch detaillierte Stadtplanung. Erst anläßlich der Olympischen Spiele 1964 wurden die **Stadtautobahnen** angelegt (bis heute sind es 330 km im Stadtgebiet) und große Verbindungsstraßen ausgebaut. Das ursprünglich zur Abwehr von Angreifern angelegte, verwirrende Straßen- und Gassensystem wurde jedoch nie grundlegend verändert. In

den ersten Jahrzehnten nach Kriegsende nahm man wenig Rücksicht auf die Umwelt und die Bürger der Stadt. Es ging vorrangig darum, die Industrialisierung voranzutreiben und neuen Wohnraum für die Menschen zu schaffen.

**Seit den 80er Jahren** wurde jedoch die Umweltverschmutzung deutlich verringert, und die Bürger erhielten viele kleinere und gelegentlich auch größere Grünanlagen, Fußgängerpromenaden und andere Verbesserungen ihrer Wohnumgebung. Wie in Hongkong gibt es auch in Tokyo die Tendenz der ständigen Erneuerung der Fassaden. Alles wird anspruchsvoller, dem gegenwärtigen Stilempfinden angepaßter und mit mehr Hightech ausgestattet.

### Traditionelle Bauweise

Beispiele traditioneller Architektur findet man noch überall in den **Tempel- und Schreinbezirken.** Besonders in Stadtteilen der früheren *shita-machi* (Unterstadt, *downtown)* wie Asakusa, Ningyô-chô, aber auch oberhalb davon z.B. in Yanaka findet man noch Reste alter **Laden- und Wohnhäuser.** Ihr Fortbestand ist allerdings auf Dauer bedroht. Alte Häuserensembles in großer Zahl kann man z.B. in Kawagoe in der benachbarten Präfektur Saitama sehen oder auch in den Randbezirken von Kyôto.

Die **traditionellen Wohnhäuser** stehen in Bezug zur umgebenden Natur und sind hervorragend an das Klima angepaßt konstruiert. Die langen feucht-heißen Sommer Japans verlan-

Wohnviertel

Stadt und Bewohner

gen nach Häusern, durch deren Räume die Luft zirkulieren und somit eine leichte Kühlung verschaffen kann. Genau das ist der Fall bei japanischen Wohnhäusern: Sie lassen die Luft unter dem leicht erhöhten Fußboden hindurchstreichen und, da die Wände mittels Schiebetüren beliebig geöffnet werden können, auch überall durch die Räume zirkulieren.

Gegen die Sonne und den häufigen Regen schützt das große, an allen Seiten heruntergezogene Dach. *Holz* als Baumaterial ist angenehm im Sommer und wärmend im kurzen, trockenen Winter, wie er für Tokyo und den größten Teil Japans charakteristisch ist. Auch wiedersteht die elastische Holzbauweise in Verbindung mit den verputzten Bambuswänden den häufigen Erdbeben besser als Stein- oder Ziegelhäuser. Gebaut werden Wohnhäuser auch heute noch von Zimmerleuten.

## Moderne Wohnviertel

Ein klassisches Wohnhaus kennt keinen echten Gegensatz zwischen innen und außen, zwischen Haus und Garten. Die *heutigen Wohnhäuser* Tokyos und der Vorstädte sind in der Regel jedoch so klein und stehen so eng beieinander, daß nur *wenig Platz für Gärten* bleibt. Topfpflanzen wie die berühmten Bonsai vor den Häusern sind vielfach Ersatz für nicht oder kaum vorhandene Gärten. Die durchschnittliche Wohnfläche beträgt 60 m².

Die Wohn- und Geschäftsviertel der Stadt sind nicht schön. Und doch wird das Auge immer wieder überrascht und belohnt, denn Schönheit offenbart sich in Tokyo nicht in monumentaler Stadtplanung, sondern vielfach im Kleinen.

## Meilensteine moderner Architektur

Die moderne Architektur hielt Einzug mit Beginn der Meiji-Restauration (1868), als *westliche Architekten* und Ingenieure ins Land gerufen wurden, um den Anschluß an die westliche Welt auch baulich einleiten zu helfen. Anfänglich wurde westliches Design mit japanischer Holzbauweise kombiniert. Um die Jahrhundertwende entstanden größere Steingebäude in westlichem Stil. Beispiele in Tokyo sind die *Bank von Japan* (1896), der *Akasaka Detached Palace* (1909), der *Bahnhof Tokyo* (1914), die von *Katayama Tôkuma* bzw. *Tatsuno Kingo* geschaffen wurden. Beide waren Schüler des englischen Architekten und Stadtplaners *Josiah Conder*, der ab 1877 in Japan wirkte.

Gleichzeitig entstand eine Gegenbewegung, die *asiatischere Formen* verlangte. Die amerikanischen Architekten *Antonin Raymond* und *Frank Lloyd Wright* sowie ihr deutscher Kollege *Bruno Taut* kamen nach dem 1. Weltkrieg nach Japan und trugen sehr stark zur Wertschätzung der traditionellen Architektur in Japan wie im Westen bei. Seit dem Ende des 2. Weltkrieges finden die herausragenden japanischen Architekten bis heute auch international weite Beachtung, weil sie traditionelle und moderne Elemente harmonisch zu vereinigen vermögen. Insbesondere *Tange Kenzô* (im Westen: *Kenzo Tange*) schuf durch die-

Die Burg von Matsumoto

se Verbindung traditioneller Elemente mit den technischen Möglichkeiten moderner Architektur einmalige Bauwerke wie das **Yoyogi National Stadium** für die Olympischen Spiele 1964 oder die **St. Maria-Kathedrale.**

Mit dem Bauboom der 80er Jahre ergab sich die Chance, funktionale Gebäude mit künstlerischer Formgestaltung durchzusetzen (während die Masse der Gebäude in Tokyo und anderswo rein funktional ist). Beispiele dafür sind neben der monumentalen „Kathedrale" (das Rathaus) des **Tokyo Metropolitan Government** in Shinjuku *(Tange,* 1991), das Hauptgebäude der **NEC Corporation** in Shiba (1990), das

**Tokyo Institute of Technology Ishikawa-chô,** Ota-ku (1987), das **Tokyo International Forum,** die klare meditative Form der **Christ Church** von *Fumihiko Maki,* die funktionale und doch ästhetisch ansprechende Halle des **Tokyo Metropolitan Gymnasium** (1990) oder das **Spiral Building** in Aoyama (1985), das symbolhaft für die gesamte Architektur Tokyos stehen kann: stilistisch zerstückelt und doch voller Lebenskraft.

Viele der bedeutenden Beispiele moderner Architektur in Tokyo sind gleichsam Skulpturen, geschaffen im Bewußtsein für sinnliche Qualität. Manche Gebäude wirken angesichts der Freiheit der zusammengefügten Formen chaotisch wie die gesamte Stadt und doch gehorchen sie einer inneren Ordnung.

## Zukunftsvisionen

Der Reiz Tokyos liegt im Charme seiner Hunderte von Dörfern, aus denen die Megalopolis zusammengewachsen ist. Sie geben der Stadt mit ihren engen Einkaufsgassen die menschliche Qualität. Doch das Experimentierfeld der gegenwärtigen und wohl auch künftigen Stadtplanung liegt auf künstlich aufgeschütteten Inseln in der Tokyo Bay. *Norman Fosters* **Millenium Tower,** der zu einer 840 m hohen „vertikalen Ginza" mit Raum zum Wohnen, Arbeiten und Leben für 50.000 Menschen durch ein von ihm entwickeltes, roboterhaftes *Automatic Building Construction System (ABCS)* errichtet werden soll, existiert erst als Modell, weil das Geld zum Bauen (geschätzte Kosten: 20 Mrd. DM) noch fehlt. Aber diese für Japan typische raumsparende Lösung ist nicht die einzige Mega-Idee in der Architektur. Es gibt bereits Entwürfe für eine 3000 m hohe **Pyramidenstadt,** in die Wolkenkratzer gehängt werden, oder gar einen **künstlichen Fuji-San,** der dem Original an Höhe gleichkommt. Diese Ideen erscheinen verrückt, sind aber charakteristisch für die Energie und Vitalität dieser Stadt.

# Geschichte

## Die Geschichte Japans

### Vorgeschichte

Das erste offizielle **japanische Geschichtsbuch** (*Nihon Shoki*), das im Jahre 720 n. Chr geschrieben wurde, faßte zwar die mündlichen Überlieferungen über die Vergangenheit des japanischen Volkes zusammen, aber exakt waren die Angaben natürlich nicht; **Mythen und Legenden** vermischten sich darin mit tatsächlichen Begebenheiten. Auch Japans Nachbarn im Westen, Korea und China, können nicht mit genaueren Angaben aufwarten, wenngleich von dort bereits Aufzeichnungen aus dem 1. Jh. n. Chr vorliegen. Erst im 5. Jh. n. Chr wurde die chinesische Schrift – die einzige, die es damals in jener Weltgegend gab – in Japan eingeführt.

Japan war einst (während der letzten Eiszeit bis vor rund 12.000 Jahren) mit dem asiatischen Festland verbunden. Die **Einwanderung auf die Inseln** erfolgte sowohl vom Festland wie von der südostasiatischen Inselwelt her. Die ursprünglichen Siedler lebten als Fischer und Jäger. Es gibt zwar bereits **altsteinzeitliche** Funde (ca. **30.000 v. Chr.,** darunter die älteste auf der Welt bisher gefundene Keramik, deren Alter mit rund 13.000 Jahren angegeben wird und die in einer Höhle in Fukui nahe Nagasaki/Kyûshû gefunden wurde); gehäuft tauchen sie aber aus der **mittleren Steinzeit (6000-5000 v. Chr.)** auf: steinerne Äxte, Pfeilspitzen u.ä.

Zu diesen Siedlern gehörten sicher auch die **Ainu,** Angehörige alt-europider bzw. altaisch-tungusisch-sibirischer Volksgruppen. Sie waren vom Festland her eingewandert und lebten ursprünglich in ganz Japan, wurden dann aber zunehmend nach Norden, bis nach Hokkaidô, abgedrängt, wo heute nur noch geringe Reste dieser Urbevölkerung leben. Vor den Ainus gab es aber bereits andere Bevölkerungsgruppen. Welche, das ist noch ungeklärt. Selbst Spuren der negriden Rasse gab es – vielleicht waren sie verwandt mit den „Negritos", die heute noch in geringer Zahl auf den Philippinen leben, oder mit den Semang der malaysischen Urwälder.

### Jômon-Zeit (10.000 bis 300 v. Chr.)

Aus der **Jungsteinzeit (5000-3000 v. Chr.)** gibt es interessante Keramikfunde: Gefäße mit Schnurmuster (*jô-mon*), nach dieser Zeit kulturgeschichtlich benannt wird. Die Art der Verzierung ist eigenständig. Es gibt auch Verzierungen, die durch Muscheln angebracht wurden und Darstellungen der Meereswellen, weshalb eine deutliche Beziehung zur südlich gelegenen Inselwelt des malaiischen Archipels oder gar Polynesiens angenommen wird. In der Keramikherstellung war Japan damals sogar China voraus, das sich andererseits bereits um 1500 v. Chr. in der Bronzezeit befand, die erst viel später über Korea nach Japan „exportiert" wurde, was vielleicht auch an den mageren Bodenschätzen im Land lag.

Die Menschen dieser Zeit entwickelten bereits *Vorläufer der japanischen Kultur*, z.B. Schamanismus, Ansichten über die Natur; sie ernährten sich von Fisch, Muscheln, wilden Tieren, Nüssen, Früchten, Wurzeln und lebten in Grubenhäusern, die halb in die Erde gegraben wurden und mit Strohdächern gedeckt waren.

Die Jômon-Kultur war über ganz Japan verbreitet, einschließlich der Gebirge und Hokkaidos. Die Jômon-Zeit gliedert sich in mehrere Abschnitte. In der *späten Phase (2500-1000 v. Chr.)* siedelten angesichts einer Klimaverschlechterung größere Menschengruppen entlang der Ostküste. Aus dieser Zeit stammt auch der Muschelhaufen *(shell mound)* von Ômori im Süden Tokyos. Es gibt Theorien, daß damals schon mit Landwirtschaft begonnen wurde. Es bestand auch bereits Kontakt zur koreanischen Halbinsel.

## Yayoi-Zeit (300 v. Chr. bis 300 n. Chr.)

Die *Bronzezeit* reicht in Japan, bis ins 3. Jh. n. Chr., wobei jedoch erst um 300 v. Chr. Bronzewerkzeuge und -waffen über Korea nach Japan eingeführt und in der Folgezeit dort hergestellt wurden: Spaten, Pflugscharen, Schwerter, Speere, Bronzespiegel.

In diese Zeit, die *kulturgeschichtlich* nach der feineren, auf Töpferscheiben hergestellten Keramik als Yayoi-Zeit benannt ist, fällt auch die Herausbildung von Großverbänden und die Einführung des Naßreisanbaus. Neben Reis wurden auch Gerste und Hirse angebaut und als Haustiere neben dem Hund auch Schwein und Pferd eingeführt. Über Korea kamen u.a. Seidenraupenzucht, Webe-

rei, Gerberei, Bronzeguß und Schiffbau auf die Inseln. Zwei Volksgruppen dominierten damals: tunguside, nordsinide, gefolgt von südsiniden, paläomongoliden Menschentypen.

Begräbnishügel und *Totenkult* erinnern an Korea, die neben den noch beibehaltenen Grubenhäusern neu hinzugekommenen Haustypen (Pfahlbauten) an die südlichen Inseln. Bereits auf den *11.2.660 v. Chr.* wird die, allerdings *mythische, Reichsgründung* in der Ebene von Yamato bei Nara datiert. Der erste, ebenfalls noch mythische, Kaiser ist der *Jimmu Tennô*, der Überlieferung nach ein Enkel der Sonnengöttin *Amaterasu*.

Die *tatsächliche Gründung* eines regionalen Reiches scheint jedoch in den Jahren vor bzw. nach der Zeitenwende erfolgt zu sein. Mehrere Familienverbände *(uji)* gewannen dabei dank Grundbesitz und Ackerbau an Einfluß. Es bestanden häufige Kontakte über Kyûshû nach Korea und China, die kulturell weiter waren und von denen die Japaner lernen wollten – damals schon. In der Yamato-Zeit soll es häufig Kämpfe zwischen den aufstrebenden Stammesverbänden gegeben haben.

In den ersten schriftlichen *chinesischen Berichten über Japan (Wa* genannt) aus dem *3. Jh. n. Chr.* ist von *kleinen Wa-Staaten* die Rede, die von Frauen (Priesterinnen, Schamaninnen) angeführt wurden. Erwähnt wurde z.B. die Königin von Yamatai namens *Himiko*, die über mehrere kleinere Wa-Staaten regierte und auch einmal einen Gesandten an den Kaiserhof nach China schickte. Von Kaiser *Ming* erhielt sie ein goldenes Siegel, das aussagte, die Wa-Herrscherin sei der Wei-Dynastie freundlich gesonnen.

## Kofun-Zeit (300 bis 710 n. Chr.)

Unter *Sujin*, dem 10. Tennô (ca. *250 n. Chr.)* erstreckte sich das *Yamato-Reich* bereits von Kyûshû bis in die Gegend des heutigen Tokyo. Bestimmte Familien bekamen die Verwaltung der kaiserlichen Ländereien übertragen.

Im *4. und 5. Jh.* wurden mehrfach *Eroberungszüge nach Korea* durchgeführt und eine Art Schutzstaat namens *Mimana* im Süden der Halbinsel gegründet, der mit dem Reich von *Paekche* verbündet war und schließlich Mitte des 7. Jh. an das Königreich *Silla* verlorenging.

In der Kofun-Periode entstanden die großen, von Wassergräben umgebenen **Begräbnishügel** *(kofun)*, z.B. der des Kaisers *Nintoku* (395-427) bei Ōsaka, der als größte Grabstätte der Welt gilt. Die Tonfiguren der Haniwa-Krieger, die es heute in Nachbildungen als beliebte Souvenirs zu kaufen gibt, bildeten einen Ring um die Hügel. Der Hof von Yamato befand sich in der Nähe von Nara.

Mit den Koreanern kam zu **Beginn des 5. Jh.** ein Gelehrter namens *Wani* als Lehrer für den damaligen Thronfolger. So wurde in der Folgezeit die **chinesische Schrift** eingeführt und mit ihr nach und nach das Wissen des damaligen China, darunter auch die Werke des *Konfuzius* (551-479 v. Chr.), dessen Lehre die Autorität der Yamato-Herrscher stützte.

Der **Shintôismus** (s. Religion) mit seinem Kult um die Sonnengöttin entwickelte sich in jener Zeit quasi als Kompromiß zwischen dem mutterrechtlichen Kult der Ackerbauern um eine Fruchtbarkeitsgöttin und dem patriarchalischen Kult von Reiterstämmen um einen Sonnengott. Das *Amaterasu* geweihte **Nationalheiligtum in Ise** wurde bereits um **250 n. Chr.** gegründet.

Im Jahr **552** (andere geben 538 an) wurde durch den koreanischen König von *Paekche*, *welcher* mit den *Yamato* verbündet war, der **Buddhismus** (s. Religion) chinesischer Prägung in Japan eingeführt. Es kam zu Kämpfen zwischen den Sippen der *Mononobe*, die sich gegen die Ausbreitung des Buddhismus wehrten, und der *Soga*, die dafür waren; die letzteren trugen unter *Soga-no-Umako* den Sieg davon. Es wurden viele Tempel nach Vorbildern der Wei-Dynastie gegründet. Bestes und berühmtestes Beispiel ist der *Hôryûji* bei Nara (607 fertiggestellt, bis heute erhalten, s.Ausflüge: Nara). Der erste namhafte Förderer des Buddhismus wurde der Regent *Shôtoku Taishi* (573-621), der dem Land **604** auch die erste, aus 17 Artikeln bestehende, chinesisch orientierte **Verfassung** gab. Im Jahre 600 gab es den ersten japanischen Botschafter in China, und 608 gingen die ersten japanischen Studenten dort hin.

Unter Kaiser *Tenji* **(626-671)** verlor die Soga-Familie ihre Oberherrschaft. Im Jahre **645**

formulierte der Oberpriester *Nakatomi-no-Kamatari* das **Taika-Edikt,** durch das dem Kaiser alles Land zufiel und der Staat nach chinesischem Vorbild zu einem **Beamtenstaat** (Mandarine) umgestaltet werden sollte. Da die Ämter jedoch veerbt werden konnten, wurde dieses Ideal innerhalb weniger Generationen zur Farce.

An das **Ende des 7. Jh.** fiel der Beginn des Münzwesens, und das Heerwesen wurde geregelt. Der Staat wurde insgesamt immer stärker nach **chinesischem Vorbild** organisiert, allerdings mit den Unterschieden, daß erstens das japanische Kaiserhaus im Gegensatz zum chinesischen wegen dessen „göttlicher Abstammung" nicht absetzbar war (das gilt im Prinzip bis heute),und daß zweitens die japanischen Beamten nicht nach Fähigkeit (Bestehen von Prüfungen) ausgewählt wurden und die Ämter sogar erblich wurden. Um den Kaiser hatte sich ein ausgeprägtes **Hofleben** entfaltet. Kulturgeschichtlich wird diese Periode, in der die Grundlagen für die japanische Hochkultur gelegt werden, **Asuka-Periode** genannt, nach der gleichnamigen zeitweiligen Hauptstadt.

Erwähnt werden sollte noch, daß **668** Korea mit chinesischer Hilfe zum Königreich von *Silla* vereinigt wurde und in der Folgezeit zahlreiche geflüchtete koreanische Handwerker aus *Paekche* nach Japan kamen.

## Nara-Zeit (710-794)

Dieser 84 Jahre während Zeitabschnitt wurde nach Nara benannt, der **ersten dauerhaften Hauptstadt,** die damals allerdings Heijō-kyô hieß und nach chinesischem Vorbild schachbrettartig angelegt worden war. In diese Zeit fällt dank Kaiser *Shômu* eine Hochblüte des Buddhismus. Auch die **Literatur** weist einige bedeutende Werke auf: die im Jahre **712** auf chinesisch geschriebenen Aufzeichnungen aus alter Zeit, *Kojiki,* **720** die Reichsgeschichte *Nihon Shoki* und **759** die bedeutende Gedichtsammlung des *Manyôshu* (10.000 Blätter, etwa 5000 Gedichte vom Waka-Typ).

Der damalige Staat hatte 6 Millionen Einwohner. Unter *Shômus* Tochter, Kaiserin *Kôken* bzw. *Shôtoku,* wurde der **buddhistische Klerus** (vor allem die *Kegon-Sekte)* sehr mächtig und mischte sich zunehmend in die Staatsgeschäfte ein. Als Reaktion darauf plante Kaiser *Kammu*, der 50. Tenno, eine Verlegung der Hauptstadt, um Staat und Kirche zu trennen.

## Heian-Zeit (794-1185)

Die **neue Hauptstadt,** Heian-kyô, das heutige Kyôto, gab dieser Zeit den Namen. Neue **buddhistische Sekten** tauchten auf; anfangs hatten die esoterische *Tendai-* und die von *Kûkai/Kôbô Daishi* gegründete *Shingon*-Sekte mit ihren in den Bergen um die Stadt gelegenen Tempeln trotz ihrer düsteren Mystik großen Einfluß. Das Volk fand allerdings leichteren Zugang zur einfachen, heiteren Lehre der *1175* von *Hônen* gegründeten *Jôdo*-Sekte.

Zuvor war das Land in **Unruhe** geraten: der zentralistische Beamtenstaat chinesischer Prägung war vorüber, der alte Feudalismus wiederhergestellt, die Autorität des Kaisers stark geschrumpft, die Mönche und einige Familien, insbesondere die Sippen *Taira (Heike)* und *Minamoto (Genji)*, stellten ihre eigenen Armeen auf, der Stand der Samurai entwickelte sich; die *Fujiwara* wurden vor allem unter *Michinaga* zur mächtigsten Familie, das Volk litt unter den hohen Steuern auf das gepachtete Land.

Bei Hofe kümmerte man sich nur noch um Etikette und Vergnügen, vor allem um Kunst und Literatur. Während zu Beginn der Heian-Zeit sehr enge Beziehungen zum China der Tang-Dynastie bestanden, mußte sich Japan nach deren Ende **ab dem 10. Jh.** zunehmend auf sich selbst besinnen, was **zur Ausbildung einer eigenständigen Kultur** führte. Vorher sog man geradezu alles Chinesische auf, aber das Studium des Chinesischen blieb den Männern vorbehalten.

Die **Frauen** „mußten" auf Japanisch schreiben, wofür sie sich der angeblich bereits von *Kôbô Daishi* (774-822, Gründer der Shingon-Sekte) entwickelten geschwungenen **Silbenschrift Hiragana** bedienten. Diese Frauen schufen mit ihren Tagebuch- und Reiseaufzeichnungen *(Sei Shônagon, 996)* und schließlich dem ersten Roman *(Murasaki Shikibu: Genji Monogatari, „Erzählungen vom Prinzen Genji", 1008)* frühe Werke der **Weltliteratur.**

Währenddessen bildeten die *Fujiwara* im Nordosten (Tôhoku) einen eigenen Staat *(Hiraizumi)* und die *Minamoto* herrschten fast polizeistaatlich. Einen **Krieg zwischen den drei Klans (1156-67)** gewannen die *Taira*, wobei die *Minamoto* fast ausgerottet wurden. 13 Jahre lang blieben die *Taira*, die mehr als 30 Jahre zuvor das Piratenunwesen in der Inlandsee beendet hatten, die mächtigste Familie Japans und stellten **1180** den kindlichen Kaiser *Antoku*. Doch die verschonten Söhne der *Genji* sannen auf Rache, schlugen **1183** unter *Minamoto-no-Yoshinaka* erstmals die Taira-Armee und vernichteten sie schließlich **1185** unter *Minamoto-no-Yoshitsune* in der Seeschlacht von Danno-ura bis zum letzten Mann, einschließlich des gerade 7jährigen Kaisers *Antoku*.

## Kamakura-Zeit (1185-1333)

Der Bruder des Siegers und Volkshelden *Yoshitsune*, *Minamoto-no-Yoritomo* (1147-99) übernahm die Macht und verlegte die Hauptstadt fort vom dekadenten Kaiserhof im Osten, nach Kamakura. Dort erneuerte er den Staat – bereits unter dem Einfluß des gerade von *Eisai* aus China eingeführten *Zen* (ältester erhaltener Zen-Tempel: Engaku-ji in Kamakura, *Rinzai*-Sekte). Er ließ offiziell den Feudalstaat wiederauferstehen, doch die **Macht** lag nunmehr **beim Militär**. Damit begann die Kamakura-Zeit. Für 700 Jahre sollte nun das Kaiserhaus von der eigentlichen Macht ferngehalten bleiben. *Yoritomo* erhielt als oberster Befehlshaber und Militärregent den **Titel Shôgun.**

Unter ihm stieg der **Wehradel der Samurai** zur höchsten gesellschaftlichen Schicht auf, gefolgt von den Bauern, den Handwerkern und schließlich den Kaufleuten. Der Ehrenkodex des *Bushidô* nahm unter dem Einfluß des Zen Gestalt an: Selbstdisziplin, Gehorsam, Verachtung für Materielles.

*Yoritomo* hatte seinen beliebten Bruder, der in den Heldenepen immer wieder besungen worden war, ermorden lassen. Seinen Sohn, den Shôgun *Sanetomo*, ereilte **1219** dasselbe Schicksal. Dessen Frau, die der mit den *Taira* verwandten Familie der *Hôjô* entstammte, brachte daraufhin ihre Sippe de facto an die Macht, indem sie eine Reihe von

Gemälde der legendären 47 Samurai

Shôgunregenten stellten. Ab *1221* versuchte das Kaiserhaus seinerseits mehrfach, die Macht zurückzuerlangen – stets vergeblich. Im Land breitete sich wieder vermehrt **Unruhe** aus.

In diese Zeit fielen einige wichtige **religiöse Ereignisse:** *Shinran* gründete **1224** die *Jôdo-Shin-shu*, die später zur größten buddhistischen Sekte in Japan wurde; *Dôgen* gründete *1227* die *Sôtô*-Sekte des Zen-Buddhismus und *1252* wurde der Große Buddha von Kamakura, der *Daibutsu*, errichtet; *1253* gründete *Nichiren* die nach ihm benannte Sekte.

Im Jahre *1274* und *1281* kam es zu **Mongoleneinfällen** unter *Kublai Khan*. Vereint wurden sie erfolgreich abgewehrt, wobei Japan bei der zweiten Invasion allerdings der „Götterwind" *(kamikaze*, d.h. ein Taifun) zu Hilfe kam und den Rest der Truppen vernichtete. Danach setzte sich die **Zwietracht** wieder fort: die Soldaten verlangten Lohn für ihren Einsatz zur Rettung des Staates. Aber es gab weder Geld noch Land zu verteilen. Daraufhin verbanden sich viele Samurai unter Führung des zu den *Minamoto* gehörenden *Ashikaga Taka-uji* mit dem Kaiser *Go-Daigo* gegen die *Hôjô*. Damit endete Kamakuras Zeit als Hauptstadt.

## Ashikaga- bzw. Muromachi-Zeit (1333-1568)

Damit begann die Ashikaga- bzw. Muromachi-Zeit. Der **Shôgun** ließ sich in Kyôto nieder und kontrollierte den Kaiser, der sich seinerseits lieber um seinen Hof und die Klöster kümmerte. Einem Mordanschlag entging er *1337* schließlich nur knapp durch Flucht nach Yoshino (südlich von Kyôto), wo er in der Folgezeit seinen Übergangshof einrichtete. *Taka-uji* setzte zuvor einen neuen, ihm ergebenen Kaiser namens *Kômyô* ein und wurde selbst *1338* zum Shôgun ernannt, womit offiziell das **Muromachi-Shôgunat** begann.

**Bis 1392** gab es **zwei sich bekämpfende Kaiserhöfe**, den südlichen und den nördlichen Hof, die schließlich durch einen Friedensvertrag unter Einfluß des bedeutendsten Ashikaga-Shôguns *Yoshimitsu* wieder zusammenkamen und in der Folgezeit einander abwechselten. Unter *Yoshimitsu* begann **1397** übrigens der Bau des berühmten Kinkakuji-Tempels.

Die Shôgune liebten ebenso wie die immer noch einflußreichen *Fujiwara* das luxuriöse höfische Leben. Dank wiederaufgenommener Handelsbeziehungen mit dem China der *Sung*- und beginnenden *Ming*-Dynastie mehrte sich unter den mächtigen Familien der **Wohlstand.**

Verschiedene **Feudalherren (Daimyô)** gewannen an Stärke und kämpften erbittert um Macht und Einfluß. So kam es zum **Onin-Krieg (1467-77)**, in dessen Verlauf Kyôto zerstört wurde, und schließlich zur über hundert Jahre währenden Zeit der **Bürgerkriege (sengoku-jidai, 1467-1568)**, an denen neben den Daimyô und Samurai auch die Mönchsorden und die unzufriedenen Bauern teilnahmen.

Dennoch blühten in dieser Zeit die **Künste:** die Landschaftsgärten erreichten durch *Sôami* ihre Blüte, die Architektur wurde durch Zen beeinflußt; berühmte Beispiele der neuen Architektur sind der Goldene (Kinkaku-ji, **1397**) und der Silberne Pavillon (Ginkaku-ji, **1483**) in Kyôto. In der Malerei entwickelte sich die Tuschemalerei *(sumi-e)* unter dem Zen-Priester *Sesshû Tôyô* zum Höhepunkt; *Zeami* schuf die bis heute gespielten Nô-Dramen. Aufgrund der schwachen Zentralregierung entwickelten sich wirtschaftlich und kulturell in der Provinz eine Reihe von blühenden Handelsorten.

Mitten in die Zeit der Bürgerkriege fiel **1543** die **Ankunft der ersten Europäer** – Portugiesen – auf der Kyûshû südlich vorgelagerten Insel Tanegashima. Sechs Jahre später landete der Jesuiten-Missionar *Franz Xaver* in Kagoshima. Das für den weiteren Kriegsverlauf wichtigste Mitbringsel waren **Feuerwaffen,** die in Japan damals noch unbekannt waren. Wer solche Waffen haben wollte, mußte in seinem Gebiet uneingeschränkte Missionierungsarbeit zulassen. So kam es, daß in Süd-Kyûshû bald fast alle Daimyô und ihre Samurai sowie weit über hunderttausend ihrer Untertanen **Christen** wurden. **1581** gab es bereits 200 Kirchen.

## Azuchi-Momoyama-Zeit (1573-1603)

Der beherrschende Mann der letzten Jahre der Ashikaga-Zeit und Begründer der nächsten Epoche wurde der von den *Taira* abstammende Samurai *Oda Nobunaga* (1534-82), der auf kaiserlicher Seite darum kämpfte, die **zentrale Macht wiederherzustellen** und die Macht der Klöster zum Schutze der Bauern und des ganzen Landes zu brechen. Der befestigte Tempelberg Hieisan bzw. der dortige Haupttempel Enryaku-ji fiel **1571;** den letzten *Ashikaga*-Shôgun *Yoshiaki* verjagte er **1573.** Der bedeutendste Sieg *Odas* war der über den Osaka Honganji-Tempel im Jahre **1580.**

*Oda Nobunaga* nahm **westliche Errungenschaften** begierig auf und änderte die Architektur von Burgen, um sie gegen Feuerwaffen wirkungsvoller abzusichern. Sein Schloß Azuchi-jo am Biwa-See war das erste dieser neuartigen Burgen. Wäre er nicht **1582** von einem ihm untergebenen Rivalen angegriffen worden und durch Selbstmord ums Leben gekommen, wäre ihm vielleicht schon endgültiger Erfolg bei der Befriedung des Landes beschieden gewesen.

So setzte sein Gefolgsmann *Toyotomi Hideyoshi* (1536-98), der unter *Nobunaga* aus einfachen Verhältnissen zum Heerführer aufgestiegen war, den Prozeß erfolgreich fort. Er ließ die größte Burganlage der damaligen Zeit bauen: die Burg von Osaka. **1590** folgte mit Erlangen eines wirklichen **Friedens und der Einigung Japans** der Bau des Prunkschlosses von Momoyama.

*Hideyoshi* hatte nach wie vor Expansionsgelüste. Seine **Eroberungszüge nach Korea** in den Jahren **1592** und **1597** schlugen jedoch fehl (alle Koreaner weisen mit Stolz auf die gepanzerten „Schildkrötenboote" des Admiral *Yi* hin, mit deren Hilfe die Angreifer geschlagen wurden).

Der Erfolg der **Missionsarbeit** (damals gab es schon etwa so viele Christen wie heute – etwa eine Million) beunruhigte die Mächtigen; man witterte – wohl nicht ohne Grund – die Gefahr einer Kolonialisierung durch westliche Mächte als nächstes Ziel. Dadurch wies man ab **1587** erst die Jesuiten, dann alle Missionare aus und verbot schließlich das

Christentum ganz. Es kam zu **Christenverfolgungen** und *1597* zu 26 **Kreuzigungen** in Nagasaki.

*Hideyoshi*, seit 1585 *Kampaku*, (Regent für den erwachsenen Kaiser) ernannte *1598* kurz vor seinem Tod einen seiner Heerführer, den *Minamoto*-Sproß *Tokugawa Ieyasu* (1542-1616), zum Regenten für seinen noch minderjährigen Sohn *Hideyori*. Aber gegen den Widerstand mehrerer Feudalherren riß *Ieyasu 1600* nach seinem Sieg bei der Schlacht von Seki-ga-hara die Macht an sich.

Mit seiner Ernennung zum Shôgun im Jahre *1603* begann die über 250 Jahre während Tokugawa- bzw. Edo-Zeit. Im Jahre *1600* war übrigens der Engländer *Will Adams* an Bord der *Liefde* in Japan eingetroffen. Er wurde später zu einem von *Ieyasu* hoch geschätzten Berater.

Die vorangegangene Periode brachte neben den erwähnten Änderungen in der Schloßarchitektur (schönstes Beispiel: Himeji-Schloß) die Vervollkommnung der **Blumensteckkunst** *(Ikebana)*, der **Teezeremonie** durch *Sen-no-Rikyû* und der damit einhergehenden **Keramik**, insbesondere vom Raku-Typ. Von den vergeblichen Eroberungszügen nach Korea brachten die Generäle immerhin Töpfer mit, die die Traditionen der berühmten Porzellan- und Keramikmanufakturen von Satsuma, Arita und Hagi begründeten. **Prachtentfaltung** unter den Daimyô wurde angeregt, um dadurch Mittel zu binden, die sonst zur Vorbereitung von Umstürzen hätten verwendet werden können.

Japan hatte zum Ende dieser Periode etwa *25 Millionen Einwohner.*

## Tokugawa- bzw. Edo-Zeit (1603-1868)

*Ieyasu* erhielt *1603* den Titel des Shôgun und gründete damit das *Tokugawa-Shôgunat.* Er verlegte den Sitz des Shôgunats nach *Edo,* das sich unter ihm zur **bedeutendsten Stadt** des Landes in politischer, wirtschaftlicher und kultureller Hinsicht entwickelte. Zur Sicherung der Familienherrschaft ließ der Shôgun die Provinzfürsten jeweils ein halbes Jahr in Edo wohnen und behielt während deren Abwesenheit als Pfand Frauen und Kinder, d.h.

diese mußten ständig in Edo leben. Die Burg wurde in ihrer Anlage größer als die von Osaka, die *1615* im übrigen von Tokugawa-Truppen zerstört wurde *(Ieyasu* starb Monate später wohl an den Folgen einer Verletzung, die er sich dabei zugezogen hatte).

Das **Christentum** war während des Wirkens von Franziskanern zeitweise wieder geduldet worden. Aber bereits *1614* erfolgte ein **neuerliches Verbot.** Engländer versuchten, die spanische Konkurrenz abzuschütteln, indem sie dem Shôgun von einer bevorstehenden Unterstützung südlicher, christlicher Daimyôs bei ihrem Streben nach Vorherrschaft berichteten. Dennoch zogen auch sie sich nach dem erzwungenen Schließen der spanischen Handelsniederlassungen *1624* zurück. *1636* war die winzige künstliche Insel Dejima im Hafen von Nagasaki fertig, wohin zunächst die portugiesischen Händler abgeschoben wurden. Unter dem 3. Tokugawa-Shôgun *Iemitsu* wurde nach dem blutig niedergeschlagenen **Bauernaufstand von Shimabara** (1637-38; 37.000 getötete christliche Bauern), der sich gegen zu hohe Besteuerung richtete, das Christentum endgültig verboten.

Vorbeugend wurde **das ganze Land nach außen abgeschlossen;** kein Ausländer durfte es mehr betreten, kein Japaner verlassen. Lediglich eine kleine **Handelsniederlassung auf Dejima** wurde protestantischen Holländern und nichtchristlichen Chinesen eingeräumt. Durch dieses Fenster kamen in den nächsten zweihundert Jahren manche neuen Kenntnisse aus dem Westen ins Land und bezog der Westen Kunde aus Japan. Auch Deutsche hatten daran Anteil, nämlich die Ärzte *Engelbert Kaempfer* ab *1690* und *Philipp Franz von Siebold* ab *1823,* die jeweils die holländische Siedlung medizinisch betreuten.

Trotz der Abschottung blühte der **Handel.** Entlang der Handelswege (z.B. Tôkaidô zwischen Edo und Osaka) entstanden eine Vielzahl von Orten, die um die Rastplätze herum wuchsen. Die Städte, vor allem Edo und Osaka, blühten auf. Es entwickelte sich eine auf die Vergnügungen des Lebens ausgerichtete **Städtekultur:** Freudenviertel, Gasthäuser, Theater, Unterhaltungsliteratur und -malerei.

Im **Feudalstaat** waren die Stände festgeschrieben. Wer Geld hatte, aber gesellschaftlich nicht angesehen war, wie die Kaufleute *(chônin)*, konnte sich ungehemmt dem Vergnügen hingeben. Auch die Handwerker erlebten großen Aufschwung. Die Bauern hatten jedoch unter hoher Steuerlast (auf das gepachtete Land) zu leiden, weshalb es viele von ihnen – wie überall in der Welt – in die attraktiveren Städte zog.

Die **Samurai** standen zwar gesellschaftlich obenan, **verarmten** jedoch mangels Kriegen zunehmend (sie wurden nur in Reis bezahlt, den sie jedoch nicht exportieren durften) und waren insgesamt unproduktiv, zumal ihnen Geldgeschäfte nicht gestattet waren; allerdings wurden sie zu Bildung ermuntert.

Trotz etwa 1000 Bauernaufständen während der Edo-Zeit herrschte in dem Polizeistaat insgesamt **Frieden,** die städtische Kultur blühte, und die Künste konnten sich vervollkommnen. Aber damit einher begann auch eine gewisse Stagnation und das allmählich stärker werdende Verlangen nach Öffnung zur Außenwelt.

*1853/54* zwang der amerikanische Admiral *Matthew Perry* mit seinen „Schwarzen Schiffen" das Shogunat gegen den kaiserlichen Widerstand zur **Öffnung einiger Häfen für den Handel mit Amerika.** Es wurde ein „Friedens- und Freundschaftsvertrag" abgeschlossen. Später folgten **Abkommen** mit England (1854), Rußland (1855), Holland (1856) und Preußen (1861), alles ungleiche Verträge, die erst in der Meiji-Zeit revidiert werden konnten. *Townsend Harris* kam als erster Konsul der USA *1856* nach Shimoda; *1859* kam der

Händler *Glover* nach Japan und versorgte die Daimyôs von Chôshû und Satsuma mit Waffen gegen das Shogunat.

Der Kaiser scharte ab *1860* Gegner der Öffnungspolitik des Shogunats um sich; **Ausländerfeindlichkeit** machte sich breit, der englische Kaufmann *Richardson* wurde *1862* ermordet, als Rache dafür *1863* Kagoshima von britischen Kriegsschiffen bombardiert. Unter diesem Druck unterzeichnete dann auch Kaiser *Kômei 1865* die **Handelsverträge.**

Als *1867* der junge Kaiser *Mutsuhito (Meiji-Tennô)* als 122. Tenno den Thron bestieg, dankte der 15. und letzte Tokugawa-Shôgun, *Yoshinobu,* ab. Es kam noch zu letzten Kämpfen um das Weiterbestehen der Militärdiktatur; doch das **Kaiserhaus erhielt wieder die zentrale Macht zurück.**

## Meiji-Zeit (1868-1912)

Der Meiji-Tenno führte wieder das auf dem Taika-Edikt (von 646) beruhende **zentralistische Regierungssystem** ein. *1869* verlegte der Kaiser seinen Regierungssitz von Kyôto nach Edo, wodurch die Stadt ihren heutigen Namen bekam: *Tokyo* („Östliche Hauptstadt"). Gleichzeitig wurde die **Feudalgesellschaft abgeschafft;** die Daimyô mußten ihre Ansprüche auf ihre Herrschaftsgebiete an den Kaiser abtreten, konnten aber mit ihren Abfindungen die Grundlage für große Handelshäuser legen. Die gebildeten Samurai konnten sich in den Führungsebenen der Wirtschaft, als Beamte oder beim Militär hervortun, und somit doch einen Ausgleich für verlorengegangene Privilegien erlangen.

Der Tenno rief das Volk auf, voller Eifer **vom Westen zu lernen.** *1889* wurde eine Verfassung nach preußisch-bayrischem Muster eingeführt, mit ihr wurde die erste parlamentarische Regierung in Asien begründet; Japan wurde konstitutionelle Monarchie, doch der „göttliche Ursprung" des Kaisers blieb verankert und der Shintô gewann als Staatsreligion als Basis nationaler Einheit ab 1870 wieder an Bedeutung. Die gewöhnlichen Bürger durften zur gleichen Zeit Nachnamen annehmen, was zuvor nur Adligen gestattet war

Eine große Zahl **ausländischer Berater** kam ins Land (rund 500), darunter auch zahlrei-

Wandmalerei

che Deutsche: Braumeister, Städteplaner und Architekten, Militär- und Polizeiexperten, Juristen, Mediziner, Geographen, Geologen, u.a. zugleich studierten viele Japaner im Ausland. Japan gewann mit Riesenschritten **Anschluß an die Neuzeit.** Das Land hatte *1872* 33 Millionen Einwohner.

Mit der rasanten Entwicklung einer gingen starke **Expansionsgelüste:** Japan wollte nicht nur eine Industrie- sondern eine Großmacht werden und tat es den damaligen Mächten gleich. Ein erster **Krieg mit China** *1894/95* endete ebenso wie der **Russisch-Japanische Krieg 1904/05** mit einem japanischen Sieg; 1902 hatte Japan sich mit Großbritannien verbündet. *1910* wurde **Korea annektiert,** Taiwan war bereits 1895 japanische Kolonie geworden.

## Taishô-Zeit (1912-1926)

*1912* endete mit dem Tod des Kaisers die Zeit der „Erleuchtung" *(Meiji).* Es folgten die 14 Jahre der Taisho-Zeit, während der Japan im **1. Weltkrieg** auf der Seite der Alliierten kämpfte, wofür es das deutsche Gebiet Tsingtao (heute noch wegen des Bieres bekannt, das dank deutscher Braukunst Weltruf hat) erhielt. *1920* tratt Japan dem **Völkerbund** bei; *1921* machte der Thronanwärter *Hirohito* eine Europareise, von der er sein Leben lang zehrte (zuvor war kein Thronanwärter, geschweige denn Kaiser, jemals im Ausland gewesen). *1923* kam es dann zum großen **Kantô-Erdbeben,** bei dem 150.000 Menschen starben. Diese Periode zeichnete sich einerseits durch **Verfestigung der Demokratie,** Arbeiterbewegung, aufstrebenden Mittelstand und wachsenden Wohlstand aus, andererseits aber auch durch erste Anzeichen für autoritäre und militaristische Tendenzen seitens der Regierung.

## Showa-Zeit (1926-89)

*Ab 1929* litt das Land unter großen **wirtschaftlichen Schwierigkeiten.** Wie in Deutschland war damit der Boden für faschistisches Gedankengut bereitet. Japan drängte schon seit Jahrzehnten aufs Festland zwecks Schaffung der „Ostasiatischen Wohlstandssphäre". *1931* wurde die **Mandschurei**

*besetzt* und das Marionetten-Kaiserreich Mandschukuo ausgerufen. *1933* verließ Japan den Völkerbund, als es dort der Aggression bezichtigt wurde. Zwischen 1934 und *1936* riß das **Militär** die Macht an sich; doch der Kaiser verhinderte eine Rückkehr zum offiziellen Militärstaat. Mit Nazi-Deutschland wurde 1936 ein Militärpakt (Antikominternpakt) geschlossen.

*1937* kam es nach allgemeiner Mobilmachung zum **2. Krieg mit China.** *1940* schloß Japan mit dem Deutschen Reich und Italien einen **Dreimächtepakt** (Achse Berlin–Rom–Tokyo); 1941 wurde ein Nichtangriffspakt mit der Sowjetunion unterzeichnet. Am *7. 12. 1941* erfolgten der **Luftangriff auf Pearl Harbor,** die malaiische Halbinsel und die Philippinen, wodurch Japan in den **2. Weltkrieg** eintrat und bis 1944 äußerst erfolgreich blieb. **Ab 1943** kam es jedoch zur allmählichen Zurückeroberung durch die Alliierten. *1945* ging es rapide bergab: Tokyo wurde durch wiederholte **Luftangriffe** völlig zerstört, die Wirtschaft brach zusammen, großes Elend herrschte im Lande; aber erst durch die beiden **Atombomben** auf Hiroshima am *6.8.1945* und Nagasaki am *9.8.1945* kam es Mitte August zur bedingungslosen **Kapitulation und Besetzung** durch die US-Streitkräfte, die bis *1952* dauerte.

Japan wurde von den USA als **Bollwerk gegen den Kommunismus** aufgebaut und entsprechend gefördert. *1946* erhielt es eine neue Verfassung. Japan wurde zu einer Präsidialmonarchie. Während des Koreakrieges *(1949/50)* machte es gute Geschäfte (wie in noch stärkerem Maße während des Vietnamkrieges). *1951* erhielt es seine Souveränität zurück; *1956* trat es den Vereinten Nationen bei; *1960* wurde ein Sicherheitspakt mit den USA abgeschlossen.

**Wichtige internationale Ereignisse** waren *1964* die Olympischen Sommerspiele in Tokyo (im selben Jahr wurde die Shinkansen-Bahnlinie zwischen Tokyo und Osaka eröffnet), *1970* die Weltausstellung in Osaka und *1972* die Olympischen Winterspiele in Sapporo (beide Olympiaden waren die ersten Sommer- bzw. Winterspiele in Asien).

*1968* kamen die Ogasawara-Inseln, *1972* Okinawa an Japan zurück. *1968/69* gab es wie in Europa große Unruhen an den Universitäten. *1971* besuchte Kaiser *Hirohito* Europa. Im Jahre 1972 bewegten Terrorismusakte durch die japanische *Rote Armee Fraktion* das Land. *1974* erhielt *Eisaku Satô* den Friedensnobelpreis und *Kakuei Tanaka* trat wegen des Lockheed-Skandals zurück; *1978* wurde der chinesisch-japanische Freundschaftsvertrag unterzeichnet. *1988* begann der *Recruit*-Korruptionsskandal die Regierung zu erschüttern.

## Heisei-Zeit (seit Januar 1989)

Am *8. Januar 1989* begann eine neue Zeitrechnung: Kaiser *Hirohito* war nach langer Krankheit gestorben, sein Sohn *Akihito* (1959 mit der Bürgerlichen *Michiko* verheiratet) bestieg 1990 als *125. Tennô* den Thron und besuchte 1992 als erstes Ziel im Ausland die Volksrepublik China.

*Seit Beginn der 90er Jahre* leidet Japan wie alle Industrienationen an der *Rezession* nach dem Platzen der Spekulationsblase *(bubble economy)* der 80er Jahre.

Wie in Deutschland dürfen seit *1992* auch japanische Streitkräfte zu friedensbewahrenden Einsätzen nach Übersee entsandt werden, z.B. nach Kambodscha.

Am *9.Juni 1993* heiratete Kronprinz *Naruhito* die bürgerliche Diplomatin *Masako Owada*.

Im *Sommer 1993* wurde die seit 1955 regierende *Liberaldemokratische Partei (LDP)* erstmals von einer aus sieben Parteien bestehenden Koalition in die Opposition gedrängt. Erster Premierminister der **neuen Koalition** wurde *Morihiro Hosokawa*, ein Nachfahre mächtiger Daimyôs aus Kanazawa, der jedoch bereits am 8. April 1994 zurücktrat, weil auch ihm bzw. seinen Mitarbeitern vorgeworfen worden war, am **Sagawa-Kyûbin-Skandal** mehr oder weniger beteiligt gewesen zu sein. Die gleichnamige Transportfirma hatte große Summen an Politiker vor allem der *LDP* verteilt, um Vorteile daraus zu ziehen; dieser Skandal hatte letztlich zum Sturz der *LDP* geführt.

*1994* wurde ein Gesetz zur **politischen Reform** (u.a. Wahlreform) verabschiedet. Im selben Jahr erhielt *Oe Kenzaburo* den **Nobelpreis für Literatur**.

Am *17. Januar 1995* erschütterte ein starkes **Erdbeben** die Hafenstadt Kôbe und zerstörte sie zu einem großen Teil. Anders als Tokyo war Kôbe auf ein so starkes Beben weit weniger gut vorbereitet.

Im *Frühjahr 1995* rückte Japan wegen der **Sarin-Giftgasanschläge** durch die *Aum-Shinrikyô*-Sekte *Asaharas* erneut weltweit in die Schlagzeilen.

Ab **Anfang 1996** lag die **Führung** der seit 1994 regierenden Koalition nach 18monatigem Zwischenspiel mit dem sozialdemokratischen Ministerpräsidenten *Muryama* wieder in den Händen eines LDP-Mannes: *Ryûtarô Hashimoto*. Zweitstärkste Partei wurde die von der 10 Millionen Menschen starken buddhistischen Laienorganisation *Sôka Gakkai* kontrollierte *New Frontier Party (Shin-Shin-Tô)*.

Die Rezession begann sich abzuschwächen. Die 4monatige **Besetzung der japanischen Botschaft in Lima Anfang 1997** fand zwar außerhalb des Landes statt, stellte jedoch eine große Belastung dar.

*Anfang 1998* fanden die **Olympischen Winterspiele** in Nagano statt.

Von der schweren **Wirtschaftskrise** in Südostasien bleibt auch Japan nicht unberührt.

# Die Geschichte Tokyos

Die Gegend um Tokyo war mit Sicherheit schon lange besiedelt, wie z.B. die archäologischen Ausgrabungen aus der *Jômon*- bzw. *Yayoi-Zeit* beweisen. Auch die Geschichte des Asakusa-Kannon-Tempels reicht weit in die Vergangenheit zurück: Im Jahre *628* sollen Fischer mit ihrem Netz aus dem nahen Sumida-Fluß eine kleine Kannon-Statue gefischt haben, die dann zur Gründung des Tempels geführt hat.

Gegen **Ende des 12. Jh.** baute sich ein jüngeres Mitglied des in Chichibu residierenden *Taira*-Clans auf einem Ausläufer der leicht erhöhten Ebene von Musashi nahe der Mündung des Flüßchens Hirakawa und unweit der Mündung des Sumida-Flusses ein befestigtes Haus. Er nannte den Ort und seine Familie *Edo* („Flußmündung") und sich selbst fortan *Edo Shigenaga*. Obwohl er ein Spröß-

*Stadt und Bewohner*

ling der *Taira* war, half er klugerweise den Kontrahenten vom *Minamoto-Clan*, die dann auch während des Kamakura-Schogunats die Herren des Landes wurden.

Nach seinem Tod erweiterte die Familie ihren Landbesitz, der jedoch unter den Söhnen aufgeteilt wurde. Einer von ihnen hieß *Shibuya*, so heißt heute noch ein Stadtteil. Später kam das Land vorübergehend in den Besitz des wohlhabenden Hie-Schreins bei Kyôto. Danach stand es unter nomineller Kontrolle von zwei Vertretern des Ashikaga-Shôgunats. Tatsächlich hatte jedoch die in mehrere Zweige gespaltene Familie der *Uesugi* das Sagen über zwei der Provinzen, nämlich Musashi, wozu Edo gehörte, und Sagami. An der Grenze zwischen den beiden umstrittenen Gebieten, dort, wo jetzt der Kaiserpalast steht, errichtete 1457 der **Fürst Ota Dôkan** ein befestigtes Schloß, er gilt daher als eigentlicher **Gründer der Stadt.**

Man weiß wenig über ihn. Am bekanntesten ist die Geschichte von der gelben Rose: während eines Jagdausfluges geriet *Dôkan* in einen Wolkenbruch und bat in einem nahegelegenen Bauernhaus um einen Strohumhang. Eine schöne junge Frau erschien in der Tür. Statt des Umhangs überreichte sie ihm stumm eine gelbe Rose. Zurück im Schloß fragte er einen Berater, ob er sich einen Reim darauf machen könne. Der zitierte ihm ohne Zögern ein Gedicht aus der Heian-Zeit, das *Dôkan* eigentlich hätte kennen sollen:

*„Traurig bin ich fürwahr,*
*daß ich nicht einen Strohumhang habe*
*wie die siebenblättrige, achtblättrige*
*Blüte einer gelben Rose."*

*Dôkan* widmete fortan mehr Zeit der Dichtkunst, denn er war auch ein geschickter militärischer Stratege. Er unterhielt eine kleine Söldnerarmee; das dafür nötige Einkommen erzielte er vermutlich aus Zollforderungen für Transitgüter. Seinem Herrn, dem Oberhaupt eines Zweiges der *Uesugi*-Familie, war der Erfolg *Dôkans* suspekt. Deshalb ließ er ihn **1486 ermorden.** Nachdem die *Hôjô* die *Minamoto* in Kamakura abgelöst hatten, blieb das Schloß zwar weiterhin besetzt, aber der Hauptsitz der Familie war Odawara in Sagami.

Die *Hôjô* verloren ihr Land, weil sie sich *Toyotomi Hideyoshi* widersetzt hatten. Der machte kurzen Prozeß, eroberte Odawara und **1590** gehörten ihm die 8 östlichen Provinzen. Diese nun bot er seinem mächtigsten Kampfgefährten *Tokugawa Ieyasu* im Tausch gegen dessen drei strategisch bedeutsame Provinzen entlang des Tôkaidô und schlug vor, das Schloß in Edo zu errichten. Zum Mißfallen seiner Berater akzeptierte *Ieyasu* das Angebot und zog noch im selben Jahr nach Edo. Die Berater waren entsetzt, denn sie sahen in dem schmalen Streifen Land zwischen der Edo-Bucht und der Wildnis von Musashi wenig Attraktives. Auch fehlte es an Trinkwasser. Es schien, als hätte der schlaue *Hideyoshi* da einen guten Deal gemacht. Sowieso wollte er seinen potentiell gefährlichsten Rivalen möglichst weit weg von Kyôto und Osaka halten.

Doch der geduldige und weitsichtige *Ieyasu* sah schnell die Vorteile: Die tief eingeschnittene Bucht von Edo bot mehr Schutz als ein Hafen am offenen Meer, der Ort war der am weitesten vom Festland entfernte, von woher Invasoren wie seinerzeit die Mongolen kommen konnten. Edo lag am Schnittpunkt der Straßen nach Osten, Norden und durch die Berge sowie an der Schwelle zur Kantô-Ebene, der größten Schwemmlandebene des Landes. Freilich mußte einiges getan werden. Das wilde, hügelige Land von Musashi war wenig fruchtbar, eignete sich aber immerhin für die Pferdezucht. Da gab es sumpfige Gebiet durchzogen von mehreren Flüssen, zwischen dem Wasser und dem schmalen Streifen flachen, festen Landes vor den wie fünf Finger einer Hand verlaufenden Ausläufern der Musashi-Ebene (auf diesen Fingern liegen heute Ueno, Hongô, der Kaiserpalast, Azabu und Takanawa). Land mußte also gewonnen werden: Hibiya war eine Meeresbucht, die Ginza und Tsukiji waren noch Wasser, die Wellen reichten bis vor das Schloß.

Wie damals üblich plante *Ieyasu* zunächst eine Stadt nach dem Modell von Chang'an in China bzw. Kyôto. Dazu mußte er jedoch die Stadt um 100 Grad gegenüber der damals allgemein gültigen chinesischen Regel drehen: statt dem großen Berg für den Gott Xuanwu im Norden, stand der große Berg Fuji im Westen von Edo, im Osten hatte er dafür den Hirakawa-Fluß (für den Drachengott), im Süden die Edobucht (für den Phönix), im Westen den Tokaidô, bewacht vom Tigergott. Ein Haupttempel mußte im Nordosten zum Schutz vor von dort erwartetem Unheil errichtet werden. Es wurde der Kan'eiji in Ueno.

Noch während dieser Plan ausgeführt wurde, starb *Hideyoshi 1598*. *Ieyasu* besiegte die Truppen von *Hideyori*, dem Sohn und offiziellen Nachfolger von *Hideyoshi*, in der entscheidenden *Schlacht von Sekigahara,* wurde *1603* zum Shôgun ernannt und machte Edo zur Verwaltungshauptstadt des Tokugawa-Schogunats, das als *Edo-Zeit (1603-1867)* in die Geschichte einging und die bis heute andauernde Blütezeit von Tokyo einleitete.

Damit wurde jedoch ein neuer Stadtplan notwendig. Nach seiner Machtergreifung baute *Ieyasu* Edo bewußt als Gegengewicht zu Kyôto aus. Um die über zweihundert Daimyô unter Kontrolle zu halten, mußten sie jeweils ein Jahr in Edo leben, die Familien mußten ganz nach Edo ziehen, gewissermaßen als Pfand. Die Daimyô-Prozessionen nach Edo und in die Heimat zurück mußten auf Kosten der Provinzfürsten mit viel Aufwand und Pomp durchgeführt werden. Das ging ihnen an die Substanz. Vom Schloß aus ließ *Ieyasu* in einer weiten Spirale Gräben bzw. Kanäle um die Festung herum ziehen. Nahe am Schloß durften sich die engen Verbündeten und Vasallen von *Ieyasu* ansiedeln. Weiter außen auf der Hügelseite im Westen und Norden bauten die früheren bzw. potentiell gefährlichen Gegner ihre Residenzen. Alles war auf Kontrolle und *Herrschaftssicherung* ausgerichtet. So waren z.B. die Gärtner in den großen Gärten der Samurairesidenzen (z.B. die noch erhaltenen Landschaftsgärten Kôrakuen und Rikugien) großteils Spione. Allerdings saßen Spioninnen auch hinter dem Bett des Shôgun, um ggf. zu verhindern, daß der Herrscher Geheimnisse ausplauderte.

Mit den Daimyôs und ihren Samurai kamen zunehmend Leute in die Stadt, die hier eine Chance für ihren Lebensunterhalt sahen. In der Gegend des heutigen Nihombashi siedelten unterhalb des Schlosses und der Daimyô-Residenzen nahe am Meer die Kaufleute, nördlich davon in Kanda und südlich davon in Kyôbashi die Handwerker, die in bewachten, nach Zünften getrennten Vierteln lebten. Diese tiefliegenden Viertel waren die Unterstadt *(shita-machi)*.

Die Stadt war gerade gemäß dem Plan fertig geworden, die Residenzen der Daimyô erstrahlten im Glanz der *Momoyama-Epoche*, der über 60 m hohe Turm des Shôgun-Schlosses, der höchste im Lande, überragte Edo, das mit vierhunderttausend Einwohnern schon größer als Kyôto war – als zwei Wochen nach Neujahr des Jahres *1657* das erste der berüchtigten *Feuersbrünste* in der Stadt ausbrach: das *Furisode-* („langer Kimonoärmel") bzw. *Meireiki-* (benannt nach dem Zeitabschnitt Meireiki) Feuer, das nach 80 regenlosen Tagen, verstärkt durch starke Stürme, drei Tage lang wütete und eine zerstörte Stadt hinterließ: 108.000 Menschen starben in den Flammen, durch Ertrinken beim Versuch, den brückenlosen Sumida-Fluß zu durchqueren oder nach dem Brand im Schneefall an Erfrierung. *Drei Viertel der Stadt waren abgebrannt,* darunter der größte Teil des Schlosses einschließlich des nie wiederaufgebauten Turmes, mehr als 500 Häuser der Daimyô, rund 800 Samurai-Häuser, 350 Tempel und Schreine. Die Regierung verteilte Reis an die Bevölkerung und plante sofort den Wiederaufbau.

Breite Feuerschneisen wurden geschaffen, die Tempel in die damaligen Randbezirke verlegt, wo sie noch heute in großer Konzentration stehen: Tsukiji, Fukagawa, Honjo, Asakusa, Yanaka, Yushima, Hongô, Yotsuya, Azabu. Bei Ryôgoku wurde *1660* die erste *Brücke über den Sumida* gebaut. Sümpfe wurden trockengelegt, neues Land aus dem Meer gewonnen. Der vorher schon künstlich gegrabene Kanda-Fluß erhielt eine 7 m hohe Ufereinfassung. Kiefern wurden darauf gepflanzt, heute sind es Sakura-Bäume.

Die Daimyô bauten sich zwei zusätzliche Residenzen weiter entfernt vom Schloß: in der mittleren wohnten fortan die Familien, in der äußeren bewahrten sie Güter auf oder richteten sie als ländliche Villen ein, zur Erholung oder um sich dorthin im Falle eines neuen Großbrandes zurückzuziehen. Allerdings wurden sowohl das Schloß wie auch die Residenzen der Fürsten weit weniger glanzvoll aufgebaut.

Stadt und Bewohner

Kurze Zeit später begann die städtische Kultur wie nie zuvor zu erblühen, die berühmte **Genroku-Zeit (1688 bis 1704)** während der Herrschaft des berüchtigten fünften Shôgun *Tsunayoshi* begann. Nicht nur Edo profitierte davon, sondern auch die anderen beiden großen Städte Kyôto und Osaka, die in der kulturellen Entwicklung noch eine Vorreiterrolle spielten. *Tsunayoshi* hatte zwar die Künste sehr gefördert, aber seine Vorliebe für kleine Jungen und Mädchen sowie die Einführung der Todesstrafe bei Tötung von Hunden u.a. Maßnahmen ließen ihm keinen angesehenen Platz in der Geschichte.

Mit der Blütezeit von Edo wurde es auch wieder enger in der Stadt. Zwar wurden in den Vierteln der Handwerker und Kaufleute Häuserblocks von etwa 120 Meter Seitenlänge, Hauptstraßen von 18 Meter und Nebenstraßen von 12 Meter Breite angelegt. Doch obwohl die Innenräume der Blocks leerstehen sollten, wurden sie nach und nach mit slumähnlichen Langhäusern, den *ura-nagaya*, vollgebaut. Die Wohnungen dort bestanden aus einer winzigen Küche und einem 9 m² kleinen Wohn-/Schlafzimmer, draußen gab es Gemeinschaftsklos. Meist lebten hier Junggesellen. Die Zahl der Frauen nahm nur langsam zu (*1733* gab es doppelt soviele Männer wie Frauen, erst gegen Ende der Edo-Zeit war das Verhältnis annähernd ausgeglichen).

Mit den **beengten Wohnverhältnissen** wuchs wieder die Gefahr von Bränden, zumal die Langhäuser durchweg aus Holz gebaut waren. Unter dem Shôgun *Yoshimune* wurde durch den Magistraten *Ôka Tadasuke* ein wirksames System von **Brandwachen mit Feuerbeobachtungstürmen** (die man heute in vielen Vierteln noch sehen kann) aufgebaut und Feuerwehrbrigaden trainiert, die zum Stolz von Edo wurden. Zu Bränden kam es dennoch reichlich. Allein während der Tokugawa-Zeit gab es 97 Großbrände, kein Wunder bei der Bevölkerungsdichte: 69.000 Menschen pro km², das waren mehr als dreimal soviel wie im heute bevölkerungsreichsten Tokyoter Stadtteil Toshima. Im Vergleich dazu hatten die Samurai mehr Platz, in ihrem Wohnbereich lebten 14.000 Personen pro

km². In den Bezirken der Schreine und Tempel, die wie die Viertel der Handwerker und Kaufleute 20 % der Stadtfläche einnahmen, lebten nur 4500 Menschen pro km². **Mitte des 18. Jh.** hatte die Stadt **1,3 Mio. Einwohner,** mehr als jede andere Stadt der Welt.

Die auf augenblickliches Vergnügen ausgerichtete Kultur der Städter prägte das Leben in Edo. Da die Kaufleute und Handwerker die unteren Schichten bildeten und keine Aufstiegschancen hatten, im Laufe der von Frieden geprägten Jahre jedoch immer wohlhabender wurden, konnten sie ihren Hedonismus immer ungebremster ausleben, während vor allem die unteren Samurai immer ärmer wurden. Die Grenzen der Schichten verwischten sich zunehmend. Beide trafen sich in der „fließenden Welt" (*ukiyo*, die Halbwelt der Schauspielerinnen und Prostituierten) der **Vergnügungsviertel,** vor allem im eleganten Yoshiwara, das seinerzeit außerhalb der Stadt, nördlich von Asakusa lag und erst nach Ende des 2. Weltkrieges von den amerikanischen Besatzern geschlossen wurde. Die Vergnügungsviertel waren angesichts des allgegenwärtigen Frauenmangels die eigentlichen Mittelpunkte des städtischen Lebens. Hier konnten Städter wie Samurai die Zwangsjacke des konfuzianischen Moralkodex und der bürokratischen Strenge des Shogunats ablegen. Die heutigen Vergnügungsviertel von Shinjuku oder anderswo zeigen, daß sich am Hedonismus der Tokyoter nicht viel geändert hat.

Die seit mindestens drei Generationen ansässigen Bewohner der Stadt, die Edokko („Kinder Edos"), galten als leichtlebig, aufbrausend, emotional, verschwenderisch, aber auch großzügig, konnten kein Geld bei sich behalten, pflegten aber andererseits das Image von Connaisseurs *(tsû)* mit Vorliebe für schlichte Eleganz und Understatement. Es gab immer wieder Bestrebungen von oben, dem fröhlichen Treiben ein Ende zu bereiten, vor allem *1790* unter dem strengen *Matsudaira Sadanobu* (der u.a. auch das gemeinschaftliche Baden von Männern und Frauen verbot) und kurz vor Ende der Tokugawa-Zeit, als Edo bereits eindeutige Zeichen von **Dekadenz,** begleitet von **Kriminalität, Epidemien und Naturkatastrophen,** zeigte.

**1853** tauchte Admiral *Perry* mit seinen „Schwarzen Schiffen" auf (diese wurden als Auslöser der nachfolgenden Naturkatastrophen und Epidemien vermutet), bald kamen zunehmend Ausländer ins Land, und es kam zu Kämpfen zwischen Anhängern und Gegnern der Öffnung, zwischen den Truppen des schwach gewordenen Schogunats und denen des Kaisers. Letztere behielten die Oberhand. **1868** verließ der letzte Shôgun *Tokugawa Yoshinobu* ohne Blutvergießen das stattliche Edo-Schloß, um das herum die Stadt gebaut war, und der junge Kaiser *Meiji Tennô* zog von *Kyôto* dorthin um, womit sich der **Name der Stadt** änderte: von nun an war es die „östliche Hauptstadt", *Tô-kyô*.

Die Daimyôs kehrten in ihre Heimat zurück. Die Residenzen wurden geräumt. Um den Kaiserpalast herum entstand viel Brachland, welches Platz für das noch heute dort befindliche *Regierungsviertel* von Kasumigaseki und Nagatachô bot. Anfänglich machte sich auch das Militär außerhalb des Palastes breit, es gab ja auch genug Raum zum Exerzieren. Später, nach Abzug des Militärs, siedelte sich unter Führung von *Mitsubishi* das **Big Business** dort an, wo es heute noch zu finden ist, nämlich in Marunouchi und Ôtemachi. Entlang der Ufer des Sumida wurden **Fabriken** errichtet, ebenso entlang der Tokyo-Bucht zwischen Tsukishima und Shinagawa (heute reicht die Industriezone hinunter bis Yokohama und darüber hinaus). Asakusa blieb noch das Hauptvergnügungsviertel, doch es bekam zunehmend Konkurrenz von der Ginza. **1898** bekam die Stadt endlich einen Bürgermeister und ein **Rathaus,** es stand in Marunouchi, bis zum Umzug vor einigen Jahren nach Shinjuku. Die Stadt war in **15 Bezirke** unterteilt, die nach dem 2. Weltkrieg zu neuen, größeren Bezirken zusammengefaßt wurde.

Mit der Öffnung nach außen kamen die Errungenschaften des Westens. Der **Verkehr** verlagerte sich von den Wasserwegen auf die Straßen: Pferdebusse, später Pferdetrams und zu Beginn dieses Jahrhunderts **Straßenbahnen,** Fahrräder, aber auch Rikshas. Dazu wurden die ersten **Steinhäuser** gebaut und westliche Mode setzte sich zunehmend durch. Straßenbahnen waren beherrschendes Ver-

kehrsmittel bis in die **60er Jahre,** dann verschwanden sie bis auf eine Linie, und die **U-Bahn, S-Bahn** sowie die privaten Vorortbahnen übernahmen ihre Funktion und wurden zu einem lebensbestimmenden Element. Die Menschen ließen sich dort nieder, wo die Bahnen entlangführten.

Im 20. Jahrhundert wurde Tokyo jedoch zweimal zum großen Teil zerstört: am 1. September 1923, 1 Minute vor 12 Uhr durch das große **Kantô-Erdbeben,** dem 140.000 Menschen direkt und indirekt (vor allem durch die drei Tage wütenden Feuersbrünste) zum Opfer fielen. Sieben Jahre dauerte der Wiederaufbau. Viele Menschen zogen aus den dicht gedrängten, am schwersten durch das Erdbeben in Mitleidenschaft gezogenen Vierteln am Fluß in der Unterstadt, nach Westen, in die höher gelegenen Bezirke Shinjuku und Nakano.

Japan geriet unter das Joch der faschistisch geprägten Militärherrscher, die das Land in den **2. Weltkrieg** trieben und Tokyo von Tag zu Tag düsterer werden ließen. **1945** zerstörten die durch 700.000 amerikanische Brandbomben im Verlaufe von über hundert **Luftangriffen** entfachten Feuersbrünste – besonders schlimm waren die vom 9. und 10. März – erneut die Stadt und forderten nochmals 145.000 Opfer.

Zum Glück waren viele, die nicht in der Stadt bleiben mußten, zu Verwandten aufs Land gezogen; nach den Bombenangriffen taten dies zusätzlich viele Überlebende, vor allem Kinder wurden aus der Stadt geschickt. Die Menschen genossen das friedliche Leben in der Provinz, doch ihren Lebensunterhalt konnten sie nur in der Stadt verdienen. So kehrten sie wieder nach Tokyo zurück, damals gewissermaßen eine Stadt der Besitzlosen und Wanderer. Der **Wiederaufbau** erfolgte in erstaunlich kurzer Zeit, allerdings völlig ungeplant. Zehn Jahre später lag die Einwohnerzahl bei 6 Millionen, etwas mehr als zwanzig Jahre nach Kriegsende waren es doppelt so viele. Die Stadt hört zwar inzwischen auf zu wachsen – die Menschen ziehen zunehmend in die Nachbarpräfekturen –, doch sie hört nicht auf, sich dynamisch weiterzuentwickeln.

Stadt und Bewohner

## Politik und Verwaltung

Tokyo ist einerseits politische, wirtschaftliche, finanzielle und sonstige **Hauptstadt,** aber auch Sitz einer eigenen **Präfekturregierung,** des *Tokyo Metropolitan Government,* das von einem gewählten Gouverneur (zur Zeit ist es der beliebte Komiker und Schauspieler *Yûkio Aoshima*) angeführt wird. Früher wurden die Gouverneure von der Zentralregierung ernannt und unterstanden dem Innenministerium. Nach dem Krieg wurde auf Druck der Besatzer mehr Autonomie auf kommunaler Ebene eingeführt, um von der Basis aufwärts demokratische Strukturen zu schaffen.

Die 1947 erfolgte Gliederung der Stadt in **23 Bezirke (-ku)** löste die 1878 eingeführte Aufteilung ab. Die alten Bezirke sind allesamt noch als Stadtteile vorhanden.

Die Bezirke sind unterteilt in **Stadtteile,** die häufig auf *-machi* bzw. *chô* enden, und diese sind wiederum in *chôme,* größere Häuserblockkomplexe, unterteilt.

## Wirtschaft

Tokyo ist natürlich auch das Zentrum der Wirtschaft des Landes, die die zweitgrößte der Welt ist. Japans Bruttosozialprodukt macht 18 % des gesamten Bruttosozialproduktes der Welt aus; damit liegt es hinter der Europäischen Union (26 %) und den USA (25 %) an dritter Stelle. Die Volkswirtschaft von Tokyo ist größer als die von Kanada oder der VR China. Sie rangiert in der Welt an 7. Stelle. Ein Fünftel der Wirtschaftsleistung Japans wird innerhalb der Stadt erbracht. Heute haben alle großen nationalen und multinationalen Konzerne des Landes und die ausländischen Firmen hier ihren Hauptsitz, auch die Versicherungen, Zeitungs- und andere Verlage, Fernsehgesellschaften, die meisten Kaufhausketten, Elektronikfirmen, Autofabriken und deren Zulieferer. Tokyo ist auch Bildungshauptstadt mit Universitäten und anderen Hochschulen für mehr als eine Million Studenten.

Der wichtigste Wirtschaftszweig Tokyos ist der **tertiäre Sektor,** der einen Anteil von fast 75 % hat: Handel, Groß- und Einzelhandel, Finanzen (die Börse ist eine der größten der Welt), Banken (ein Drittel allen deponierten Geldes in Japan liegt in Tokyo), Transport, Kommunikation, Service. Der sekundäre (verarbeitende) Sektor hat jedoch seinen Anteil von 50 % in den 60er Jahren auf 25 % reduziert. Hauptproduktionszweige sind: Textilien, Lederwaren, Spielzeug, Edelmetallverarbeitung, Nahrungsmittel und Holz.

Aufgrund der Probleme durch Umweltverschmutzung mußten seit dem Ende der 70er Jahre viele dieser Industriezweige von ihren traditionellen Orten in der Shitamachi (Arakawa-, Sumida-, Taitô) in Außenbezirke wie Adachi- und Katsushika-ku bzw. auf neugewonnenes Land in der Tokyobucht verlegt werden. Die vorher im Küstenbereich angesiedelte Industrie

wurde z.T. in Nachbarprovinzen umgesiedelt. Die großen Firmen haben ihre neuen, mit allen Hightech-Schikanen ausgestatteten Forschungs- und Entwicklungszentren wegen der hohen Grundstückspreise im Stadtzentrum vor allem in westlichen Vororten errichtet.

Es gibt in Tokyo fast **800.000 Unternehmen,** die zusammen 8 Millionen Beschäftigte haben. Dennoch ist das Bild in wirtschaftlicher Hinsicht nicht ungetrübt, denn

• die Konjunktur stagniert seit einigen Jahren;

• die Arbeitslosigkeit ist für japanische Verhältnisse ungewohnt hoch;

• Betriebe und Investitionen allgemein wandern nicht nur in Nachbarprovinzen, sondern zunehmend auch ins Ausland ab;

• das produzierende Gewerbe schrumpft weiterhin, während das Dienstleistungsgewerbe wächst;

• seit 1993 besteht angesichts sinkender Steuereinnahmen und sinkendem Anteil an der Gesamtwirtschaft ein Haushaltsdefizit.

Die **Finanzkrise in Südostasien** hat auch Japan stark betroffen. Es zeigte sich dabei eine Schwäche des Finanzsystems, die lange Zeit als spezifische Stärke gegolten hatte: allzu leichtes Geld von den Banken und ein enges Zusammenspiel von Politik und Wirtschaft. Plötzlich wurde der Musterknabe Japan zum Prügelknaben; man warf ihm vor, keine weitreichenden Reformvorsätze zu fassen, um die eigene Wirtschaft und die der angeschlagenen Tigerstaaten aus der Krise zu führen.

# Tourismus

Jährlich kommen über **drei Millionen Besucher nach Japan,** zwei Millionen davon Touristen. Fünfmal so viele Japaner verlassen im gleichen Zeitraum ihr Land für zumeist kurze Ferienreisen. Nicht alle als Touristen registrierten Besucher kommen zum Sightseeing. Das Arbeitsministerium schätzt, daß sich fast 500.000 Ausländer illegal in Japan aufhalten, nachdem ihre Touristenvisa abgelaufen sind.

Der Tourismus spielt durchaus eine große Rolle für die Wirtschaft, wobei die Reiselust der Einheimischen zu Zielen im eigenen Land mit Abstand den größten Anteil an Einnahmen aus dem Tourismus ausmacht. Die meisten ausländischen Touristen kommen in Tokyo an. Viele Reisende bleiben unverhältnismäßig lange in der Stadt, im Verhältnis zu den Attraktionen des restlichen Japan. Mehr als 3 bis 4 Tage sind es jedoch nicht für den größten Teil der Besucher, was eigentlich viel zu kurz ist, um mehr als nur einen flüchtigen Eindruck von der Stadt zu bekommen.

# Umweltschutz

Japan war mal Umweltsünder Nr. 1 unter den größten Industrieländern. Aber anders als etwa in Deutschland wurden radikale Schritte unternommen, als Ursachen und Möglichkeiten,

diese zu beheben, bekannt geworden waren. Heute tut Japan für den Schutz der eigenen Umwelt mehr als andere Industrieländer, und der Waldbestand des Landes z.B. ist außerordentlich hoch. Die Menschen in Japan lieben seit jeher die Natur ihres Landes – man denke nur an die Beziehung des Shintoismus zur Natur –, sie verehren sie geradezu.

Die Fabriken sind weit sauberer geworden und aus den Ballungsgebieten weggezogen. Die Kanäle beherbergen nicht mehr explosive Chemikalien wie noch in den 70er Jahren, als einmal ein Kanal Feuer gefangen hatte, weil jemand seine Zigarette ins Wasser geworfen hatte. Einige Häuser waren damals abgebrannt.

Die schrecklichen Krankheiten mit den Namen *Minamata* und *itai-itai* als Folge von Cadmium- bzw. Quecksilbervergiftungen treten längst nicht mehr auf. Alle Autos haben Katalysatoren serienmäßig eingebaut. Den besten Beweis für eine **saubere Luft über Tokyo** liefert kein geringerer als der Fuji: Sein Kegel ist heute auch außerhalb der zwei, drei Neujahrstage, wenn die Fabriken und die Arbeit im allgemeinen ruhen, immer wieder von Tokyo aus sichtbar.

Dennoch gibt es noch manches zu verbessern: Die **Abwasserbeseitigung** belastet vor allem die Tokyobucht; trotz des dichten Netzes an Nahverkehrsmitteln sind die **Stadtautobahnen** tagsüber meist verstopft und der Lärmpegel ist hoch. Natürlich gibt es auch Probleme mit dem **Müll** in einer Gesellschaft, in der Verpackung äußerst

wichtig ist. Allerdings wird die Mülltrennung heute in der Stadt konsequent durchgeführt.

Leider ist das Verhalten japanischer Unternehmen außerhalb des Landes häufig weit weniger vorbildlich: Japan ist einer der Hauptabnehmer von **Tropenholz** und pflegt derweil die eigenen Wälder. (Vor einigen Jahren war einmal in der Zeitung zu lesen, daß dank der günstigen Preise für Tropenholz die eigenen Reserven zum Glück nicht angetastet werden müssen.) Japanische **Fischfangflotten** räumen gemeinsam mit den koreanischen, taiwanesischen und anderen mittels kilometerlanger Treibnetze die Fischbestände ab und jagen „zu Forschungszwecken" nach wie vor dafür freigegebene Wale.

# Die Bewohner und ihre Mentalität

## Die Herkunft des japanischen Volkes

In erster Linie sind die Bewohner Tokyos natürlich Japaner und teilen als solche die Charakteristika dieses 125-Millionen-Volkes, das nach der Bevölkerungszahl an sechster Stelle in der Welt steht. Als Volk sind die Japaner erstaunlich homogen; seit mehreren tausend Jahren hat sich seine Zusammensetzung nicht wesentlich verändert. Es wird angenommen, das einst mongoloide, nordostasiatische Stämme vor dem Ende der letzten Eiszeit vor 12.000 Jahren vom Festland über

Stadt und Bewohner

eine damals noch bestehende Landbrücke herübergekommen sind und die bereits vor ihnen ansässigen **Ainus** verdrängten bzw. sich mit ihnen vermischten. Auch von den **pazifischen Inseln** im Süden werden Menschen einst zugewandert sein.

Trotzdem halten sich die Japaner für sehr eigenständig, was für ihre homogene Kultur auch gilt. Selbst wenn vieles, was wir als charakteristisch für Japan empfinden, einst von China und zum geringeren Teil von Korea übernommen wurde, haben die Japaner doch alles nach ihren Bedürfnissen umgeformt und den eigenen Werten angepaßt. Und sie tun es noch heute, wobei das Land aus der Rolle der perfekten Nachahmer längst heraus und in vielen Bereichen der Forschung heute schon führend ist und auch im kulturellen Ausdruck eigene Wege geht.

## Die japanische Mentalität

Es gibt einige Konzepte, die für die japanische Mentalität charakteristisch sind, und deren japanische Bezeichnungen nur schwer in andere Sprachen übersetzt werden können:

### Amae

Genaugenommen ist dies das Gefühl des Säuglings an der Mutterbrust, ein Schlüsselbegriff japanischer Psychologie: das Bedürfnis nach Geborgenheit, Sich-gehenlassen, Verwöhnt-werden, der Wunsch, nicht auf andere Rücksicht nehmen zu müssen, niemandem verpflichtet zu sein. Im engen Familien- und Kollegenkreis z.B. findet diese Sehnsucht Erfüllung.

### Ninjo

Gefühl, Mitgefühl: guten Freunden, Nachbarn und Kollegen gegenüber fühlt man sich eng verbunden, aber auch verpflichtet.

### Giri

Verpflichtung: Personen gegenüber, die einem eine Gefälligkeit erwiesen haben, ist man verpflichtet; guten Freunden, die einem helfen, ist man zugleich auch verpflichtet; zu einer *Ninjo*-Beziehung gehört also auch *giri*. Wenn sich jemand für seine Firma abrackert und seine eigene Familie vernachlässigt, bewertet er *giri* höher als *ninjo*.

### Uchi/soto

Die Welt besteht aus Personen, die zur eigenen Innenwelt bzw. Gruppe gehören (*uchi* = innen) oder draußen (*soto*) sind, nicht zur eigenen Gruppe gehören. Auch *gai-jin* („Außen-Mensch", Ausländer) gehören definitionsgemäß nicht zur Innen-Gruppe.

Japaner entwickeln bekanntlich eine starke Gruppenidentität: Sie gehören einer Gruppe an und erfahren ihre Selbstverwirklichung gemeinsam mit der Gruppe. Man durchläuft im Leben phasenweise die Gruppen der Familie, der Schule und der Firma, bei den meisten Frauen ist es später wieder die Familie.

### Honne

Die wirkliche Meinung einer Person.

### Tatemae

Die gesellschaftlich vorgeschriebene Fassade, somit auch die erwartete Meinung.

### Das Verhältnis zu „Anderen"

Die Japaner fühlen sich als eine **große Familie,** an deren Spitze als eine Art Übervater der Tenno steht (bei dem gegenwärtigen Heisei-Tennô ist dies nicht mehr ganz so ausgeprägt).

Die Anderen *(ta-nin)* sind im Grunde alle nicht zur eigenen Gruppe gehörenden Menschen – eigentlich alle, die man nicht persönlich kennt – und grundsätzlich auch **Ausländer** *(gai-jin)*, die im eigenen Land seit Generationen leben: mehr als eine halbe Million Koreaner, die sich oft nur in ihrem Ausweis von Japanern unterscheiden, Chinesen und seit einigen Jahren erstmals in der Geschichte des Landes mehrere hunderttausend Ausländer, die nicht zur mongoloiden Rasse gehören, die ungeliebten Gastarbeiter aus dem Iran, aus Süd- und Südostasien.

Eine **diskriminierte Minderheit** des eigenen Volkes sind die **Burakumin,** auch *Eta* genannt. Vorfahren der Angehörigen dieser Bevölkerungsgruppe verrichteten früher vom Buddhismus verachtete Berufe: das Schlachten von Tieren und Lederverarbeitung.

Japaner meinen, daß Ausländer sie nie wirklich verstehen werden, selbst wenn manche Bücher von Ausländern, die Japaner verherrlichen, Bestseller werden. Sie lesen zu gern über ihre Einzigartigkeit und ihre speziellen Fähigkeiten, besonders, wenn internationale Experten ihnen dies sozusagen aus Weltsicht bestätigen. (Ich bekomme das von meiner Frau auch nach über 25 Ehejahren immer wieder aufs Butterbrot geschmiert.)

Tatsächlich tun sich Japaner mit dem Rest der Welt auch heute, 150 Jahre nach Aufgabe der jahrhundertelangen Isolation, noch schwer. Wie sonst ist Japans mangelnde Sensibilität gegenüber Umweltschäden außerhalb des Landes, die von seiner Industrie zu verantworten sind, zu erklären?

## Die Mentalität der Tokyoter

Ein Dutzend Millionen Menschen läßt sich nicht typisieren. Doch eine Stadt kann einen eigenen Menschenschlag herausbilden, der sich von der Umgebung unterscheidet. So gelten die Tokyoter unter Japanern als **großzügig, freigebig, amüsierfreudig,** aber auch als **streitlustig** – ein Erbe der Edozeit, in der Menschen aus allen Teilen des Inselreiches angelockt wurden, um hier ihr Glück zu suchen und in der starren, aber prosperierenden Gesellschaft ihr Geld für allerlei Vergnügen auszugeben. Bezeichnend ist das Sprichwort *„Yoigoshi no kane wa motta-nai"* (man behält Geld nicht über Nacht).

Für die **traditionsbewußten Menschen aus Kyôto** sind die Tokyoter zu laut und vergleichsweise unkultiviert, diese andererseits sind stolz darauf, direkter, offener und ehrlicher zu sein. Wenn man z.B. in Kyôto jemanden besucht und eingeladen wird, mit zu essen, darf man die Einladung aus Höflichkeit nicht annehmen. In Tokyo dagegen lehnt man auch dankend ab, aber wird die Einladung wiederholt, gilt sie. Die Menschen in Kyôto sind ihrerseits natürlich stolz auf ihre Stadt, die über tausend Jahre Haupstadt war, und sie halten sich für entsprechend kultiviert.

Die Tokyoter sind als diszipliniert und hart arbeitend bekannt, aber das wird ja Japanern im allgemeinen nachgesagt. Was die Stadt mit Sicherheit stärker charakterisiert als die anderen großen Städte des Landes, ist ihr stän-

Stadt und Bewohner

diger Wandel. Jede Generation schafft ihr eigenes Tokyo. Die Menschen sind technischen Neuerungen uneingeschränkt aufgeschlossen – *keine Spur von Technikfeindlichkeit,* wie wir sie hierzulande oft antreffen. Was machbar und sinnvoll ist, wird gemacht.

Trotz der gewaltigen Umweltbelastungen, denen die Riesenstadt ausgesetzt ist, werden Schutzmaßnahmen nicht selten konsequenter und schneller umgesetzt als bei uns. Die Menschen sehen trotz der jahrelangen Rezession ohne Ängste in die Zukunft. Angesichts ständiger unterschwelliger Bedrohung durch das erwartete nächste große Kantô-Erdbeben leben die Menschen vielleicht auch deshalb gelassener in das unbekannte Morgen hinein, weil sie eine solche Naturkatastrophe sowieso nicht verhindern können.

Die Menschen haben bedingt durch das gedrängte Zusammenleben gelernt, aufeinander *Rücksicht* zu nehmen, der Bürgersinn der Tokyoter ist vorbildlich zu nennen. Nachbarschaft wird gepflegt. Anders als in den übrigen Riesenstädten Asiens gibt es keine Slums. Die Wohnviertel sind auch nachts sicher. Die Werte und Tugenden, die ein Zusammenleben in einer Megalopolis erträglich und sogar angenehm gestalten, sind noch nicht ausgehöhlt. Wir fürchten uns vor amerikanischen Verhältnissen in unseren Großstädten, Tokyo aber ist die sicherste aller Metropolen. Trotz vieler Unbequemlichkeiten, denen die Menschen ausgesetzt sind – die positive, *optimistische Grundstimmung* in der Stadt überwiegt.

Die ausländischen Besucher bestaunen immer die *Kontraste und Widersprüche:* hier die futuristischen Bauten, dort altehrwürdige Schreine und Gärten, nebenan dreigeschossige Schnellstraßen, in deren Schatten liebevoll gepflegte Bonsai vor den Holzhäusern. Die Tokyoter sind wie alle Japaner stolz auf ihre eigenständige Kultur und vergessen sie nicht, aber die Anpassung an die Anforderungen des modernen Lebens gelingt ihnen scheinbar mühelos.

# Religion und Brauchtum

## Die Vermischung verschiedener Religionen

Fragt man moderne, städtische Japaner nach ihrer Religion, mögen sie sagen: keine; fragt man sie, ob sie Buddhisten sind, antworten sie vermutlich: ja; fragt man sie, ob Shintô ihre Religion ist, antworten fast alle ebenfalls mit ja. Schließlich ist der *Schintoismus* die ureigene japanische Religion, die außerhalb des Inselreiches nicht existiert.

Niemand wird jedoch in Japan offiziell nach der Religionszugehörigkeit gefragt; nirgendwo wird sie registriert; es gibt keine Religionssteuer; der Glaube ist Privatsache. In der Schule gibt es auch kein Fach „Religion". So wollte es die von den Amerikanern nach dem verlorenen Krieg diktierte Verfassung, nicht zuletzt um die Rückkehr zu einem nationalistischen Staats-shintoismus zu verhindern.

Buddhismus und Schintoismus, die beiden wesentlichen Religionen Japans, ergänzen sich im Alltag problemlos. 30 Tage nach der Geburt geht die Familie mit dem Neugeborenen zum Shintô-Schrein, um dort um Segen und Schutz zu bitten. Jeder Neubeginn wird im Schrein mitzelebriert: das Neujahrsfest und Hochzeiten, obwohl heute viele japanische Paare gern – weil es so romantisch ist – in einer Kirche heiraten möchten. (Natürlich wird die Braut dann ein Brautkleid tragen und nicht etwa den Kimono, der für Hochzeiten im Shintô-Stil obligatorisch ist.)

Aber für den Tod und die Zeit danach übernimmt der **Buddhismus** die Zuständigkeit. Ahnenverehrung ist zwar ein wesentliches Element des Schintoismus, aber Beerdigungen und Rituale zu bestimmten Zeitpunkten nach dem Tod von Angehörigen werden fast ausschließlich in buddhistischen Tempeln zelebriert.

Religionsausübung in Tokyo ist also nicht unbedingt eine Angelegenheit von Frömmigkeit – die findet man ohnehin eher auf dem Lande als in der Stadt – sondern geprägt von **Brauchtum.** Religiöse Zeremonien gehören zum Alltag, ohne so ernst genommen zu werden wie etwa in Thailand oder in islamischen Ländern.

Eine dritte Religion oder, besser ausgedrückt, ein drittes Wertesystem, das in Japans Kultur und Mentalität einen festen Platz gefunden hat, ist der von China übernommene **Konfuzianis-**

**mus,** der die Beziehung des einzelnen zum Staat und innerhalb von Ehe und Familie und überhaupt innerhalb der eigenen Gruppe regelt. Wie in China hat auch der **Taoismus** seine Spuren hinterlassen, etwa im Glauben an glücks- und unglücksbringende Phänomene. Die z.T. schamanistische Volksreligion hat auch noch gewissen Einfluß.

## Die traditionelle japanische Religionsauffassung

Die traditionelle japanische Religionsauffassung wird durch sieben Besonderheiten charakterisiert, die vor allem bis zu Beginn dieses Jahrhunderts galten:

1. Unterschiedliche religiöse Traditionen schließen sich nicht aus, sondern ergänzen sich.

2. Ein enge Beziehung besteht zwischen den Menschen und den **Gottheiten** *(kami)*; die Natur wird als von *kami* belebt empfunden.

3. Familie und **Ahnen** haben religiösen Bezug. So haben auch heute die meisten Familien zu Hause einen buddhistischen *(butsu-dan)* und/oder einen schintoistischen *(kami-dana)* **Hausaltar** zur Ahnenverehrung. Die zu *kami* gewordenen verstorbenen Familienmitglieder mögen sich zum Schutz der lebenden Nachfahren einsetzen.

4. **Reinigung** ist eines der Grundelemente japanischer Religiosität, das Konzept der Sünde gehört nicht dazu. Ethische Werte werden verschiedenen Religionen und Philosophien entnommen, so legt Shintô Wert auf rituelle Reinheit und Aufrichtigkeit, Buddhis-

mus auf Mitgefühl und Befreiung von Leidenschaften, Konfuzianismus auf Loyalität gegenüber Höhergestellten und Wohlwollen gegenüber Niedrigergestellten.

5. Religiöse Aktivitäten finden ihren Höhepunkt auf jährlich wiederkehrenden **Festen.**

6. Religion ist untrennbar mit dem Alltag verbunden, z.B. in der **Teezeremonie.**

7. Bis zum Ende des 2. Weltkrieges bestand eine enge Beziehung zwischen Staat und Religion. Religiöse Autorität ordnet sich auch heute noch staatlicher Macht unter. Schließlich stammt der erste (mythische) Kaiser nach schintoistischer Auffassung von der Sonnengöttin ab. Die in der Verfassung garantierte völlige **religiöse Freiheit** führte nach dem Krieg zur Gründung von Hunderten neuer Religionen.

## Schintoismus (shintô)

Die Vorfahren der Japaner waren **Animisten** wie andere Völker in der Region. Für sie war die Natur beseelt von Kräften, die in Japan den Rang von **kami,** Gottheiten, hatten. Jede besondere Naturerscheinung, vor allem Vulkane, Wasserfälle, aber auch alte, majestätische Bäume, wird auch nach schintoistischer Auffassung von *kami* bewohnt. So befinden sich Schreine (Andachtsstätten des Shintôismus, jap. *jinja* oder *jingu*) an den schönsten Stellen des Landes, auch auf Berggipfeln oder im Wasser. Man verehrt Erscheinungen der **Natur,** die mächtiger

sind als der Mensch und erhofft sich so Schutz. Verehrt werden aber auch die kaiserlichen und die eigenen **Ahnen,** die Geister Verstorbener als Schutzgötter.

Der Schintoismus (*shin-tô* = Weg der Götter) kennt keinen Stifter, keine heilige Schrift, keine Dogmen und keine Jenseitsvorstellungen.

### Schreine

Schreine dienen der Verehrung der jeweiligen dort wohnenden Gottheit, symbolisiert durch einen Metallspiegel, der sich auf dem Altar im Allerheiligsten befindet. Ein Gottesdienst in unserem Sinne findet dort jedoch nicht statt. Die Gläubigen betreten nicht einmal das Gebäude, sondern bleiben vor der Gebetshalle (die für besondere Zeremonien reserviert ist) stehen, ziehen an einer großen Schelle, um die Gottheit auf sich aufmerksam zu machen, werfen eine Münze (meist 10 ¥) in den Opferkasten, verbeugen sich, klatschen zweimal in die Hände, verharren zum kurzen Gebet, klatschen nochmals und verbeugen sich zum Schluß. Das dauert insgesamt vielleicht nicht einmal eine Minute und ist an keine Tageszeit gebunden.

Größere Schreine verkaufen Amulette bzw. überreichen sie als Gegengabe für eine Spende. **Wunschtafeln** (*ema*) sind auch beliebt (und ein hübsches Souvenir). Auf deren Rückseite schreiben die Gläubigen ihre Wünsche und hängen sie dann an der dafür vorgesehenen Stelle auf. Die **Wahrsagezettel** *(o-mikuji)* sieht man häufig an Ästen von Bäumen auf dem

Schreingelände verknotet. Das hat einen einfachen Sinn: Steht etwas Positives auf dem Zettel, soll dadurch die Vorhersage bekräftigt werden; war der Inhalt weniger erfreulich, soll sich die Vorhersage nicht erfüllen.

Es gibt heute noch knapp hunderttausend Schreine unterschiedlicher Wichtigkeit im Land. Für besondere Wünsche wenden sich die Gläubigen an spezielle Schreine, Wünsche gibt es genug: ein erträumter Partner, Schwangerschaft (das sind u.a. die Schreine mit den Riesenphalli), ein gesundes Baby, Genesung von Krankheit, bestandene Examen, beruflicher Erfolg ...

Die Schreine wurden nach dem Krieg privatisiert, zuvor haben die Gemeinden für ihre Erhaltung und den Unterhalt der Priester gesorgt. Während der Zeit des Staats-Shintô (von 1868 bis zum Ende des 2. Weltkrieges) hatte der Schintoismus eine besonders privilegierte Stellung inne, die Schreine wurden damals größtenteils vom Staat unterhalten.

Charakteristisch für Schreine ist das Balkentor, *torii* genannt. Die klassischen Schreine sind schlichte Gebäude mit gekreuzten Giebelbalken und Querbalken auf dem First. Seit dem Mittelalter hat sich die **Architektur** jedoch sehr stark an die der buddhistischen Tempel angenähert, so daß sich die Gebäude häufig nicht unterscheiden. Der berühmte **Meiji-Schrein** ist nur durch die *torii* als solcher zu erkennen. Der wichtigste Schrein Japans, der **Ise-Schrein** (Sitz der Sonnengöttin, nach der Mythologie die

Urmutter Japans), hat dagegen seine ursprüngliche Form seit Urzeiten behalten, zumal er alle 20 Jahre in genauer Kopie nebenan neu errichtet wird.

Weitere Merkmale von Schreinen sind die Wachhunde am Eingang, die Reinigungsbrunnen (die aber auch in Tempeln zu finden sind) und Steinlaternen. Die Priester sind in Weiß gekleidet und tragen hohe Mützen, die Schreinmädchen *(miko)* tragen ebenfalls weiße Kimonos mit roten Röcken.

### Schintoistische Feste

Die wichtigsten Schreinfeste finden im Frühjahr (Aussaat) und Herbst (Ernte) statt. Alljährlich wird der zum Schrein gehörende **mikoshi,** ein tragbarer Schrein, von jungen Leuten der Gemeinde unter „*wasshoi, wasshoi*"-Rufen und Hin- und Herschütteln des Schreins durch die Straßen der Nachbarschaft getragen. Die Gottheit soll sehen, was außerhalb des Schreins passiert. Solche Umzüge sind sehr sehenswert und unterhaltsam.

Wichtige Feste im Shintoismus sind auch die jeweils drei Tage andauernde Rückkehr der *kami* der Ahnen in die Welt der Lebenden: zur Tag- und Nachtgleiche im Frühjahr und Herbst und zum Bon-Fest.

## Buddhismus (bukkyô)

Der Buddhismus entwickelte sich in Indien und gelangte über China und Korea im 6. Jh. nach Japan. Koreanische Mönche brachten damit zugleich die Kultur des Festlandes und die chinesische Schrift mit, die von den Japa-

*Stadt und Bewohner*

nern in der Folgezeit angenommen wurde, da sie damals noch keine eigene Schrift hatten.

Der japanische Buddhismus gehört zur Richtung des **Mahayana** (*Daijô Bukkyô*, „Großes Fahrzeug"), nach der die Gläubigen sich nicht nur um das eigene Heil kümmern, wie im Hinayana- bzw. Theravada-Buddhismus *(Shojô Bukkyô)*, sondern auch um das der Mitmenschen. Nach dem Bodhisattvas verzichten sie auf ihren schon sicheren Eintritt ins Nirvana, um anderen Gläubigen auf ihrem Weg zur Erleuchtung behilflich zu sein und damit diese aus dem Kreislauf der Wiedergeburten ausbrechen können.

Zur Zeit der Regentschaft des Prinzen *Shotoku-taishi* (574-622), der sich als erster Herrscher zum Buddhismus bekannte, waren die Sekten noch sehr elitär und esoterisch. Besondere Bedeutung in Japan fand die Lotos-Sutra mit ihrer Lehre von Einheit und Gleichheit, die Prinzregent *Shotoku* sehr entgegenkam für die Schaffung eines auf Gesetzen begründeten Rechts- und Beamtenstaats.

### Sekten

Volkstümlich wurde der Buddhismus erst viel später. Die ältesten noch aktiven Sekten sind *Hosso* (gegründet 660) und *Kegon* (739). Die Sekten der Heian-Zeit, u.a. *Tendai-* und *Shingon* (806), haben heute noch zahlreiche Anhänger. In der Kamakura-Zeit entstanden die Sekten, die heute noch am populärsten sind: *Jôdo* (1174), *Zen* (1191), *Shin* (1224) und *Nichi-ren* (1253).

*Jôdo-* und *Shin-shû* verlassen sich auf die Gnade und Barmherzigkeit Amida-Buddhas: wer seinen Namen *(Namu Amida Butsu)* aus Überzeugung ruft, wird nach dem Tod im „Reinen Land" wiedergeboren. Das ist das im Westen (Richtung Sonnenuntergang) liegende Paradies für all jene, die aus eigener Kraft nicht ins Nirvana eingehen konnten. Es gibt keine Dogmen, keinen grundsätzlichen Unterschied zwischen Priestern und Laien. Priester dürfen also auch heiraten. Die bekanntesten Zweige der Shin-shû-Sekte sind *Nishi-* (West-) und *Higashi-* (Ost-) *Honganji*,

Der Jizô ist die Schutzgottheit der Kinder und Reisenden

deren große Tempel vor allem in Kyôto unübersehbar sind. Bekannt ist auch der **Tsukiji-Honganji-Tempel** nahe dem Fischmarkt Tsukiji in Tokyo.

Aus der Sekte des militanten *Nichiren* entstand in jüngerer Zeit die millionenstarke Laienorganisation der *Sôka Gakkai*, die als Folge eines Machtkampfes 1991 von der Sekte verstoßen wurde, doch mit der von ihr kontrollierten neuen Partei *Shin-Shin-Tô* nach wie vor politisch großen Einfluß hat.

Es gibt zahlreiche neue Religionen bzw. Laienorganisationen mit großer Anhängerschaft und gewisser Missionstätigkeit im Ausland, die sich z.T. jedoch stark vom eigentlichen Buddhismus entfernt haben (u.a. *Sekai Kyû Seikyô*, 1 Mio. Anhänger; *Reiyûkai*, 3 Mio., die daraus abgespaltene *Risshô Kôseikai*, 7 Mio.).

## Zen

Buddhismus in Japan, das ist für Westler vor allem Zen. Doch so populär wie etwa die *Jôdo-Shin-shû*-Sekte wurde Zen in Japan nie. Er blieb elitär und fand besonders unter den **Samurai** Verbreitung. Die wesentlichen Ziele sind Selbst-Erleuchtung und auf dem Wege dahin Vervollkommnung der eigenen Persönlichkeit durch **meditative Disziplin,** aufopferndes Verhalten im Alltag und Streben nach Wohltaten für die Menschheit. Selbst wenn der Gläubige den Zustand der Erleuchtung (*satori*) erreicht haben sollte, gehen die eigenen irdischen Verpflichtungen weiter. Charakteristisch für die radikale Auffassung

des Zen ist ein Ausspruch von *Ikyû Sôjun*, einem früheren Abt des berühmten Daitoku-ji-Tempels in Kyôto, demzufolge selbst Bordelle zur Meditation besser geeignet seien als Tempel.

Die beiden Hauptsekten des Zen sind *Rinzai* und *Sôtô* mit 2,5 bzw. 7 Mio. Anhängern. Während Rinzai sehr viel Wert auf das Lösen von *kôan* (Paradoxe, die durch Logik und Nachdenken nicht lösbar sind) durch Meditation legt, beschränkt sich Sôtô auf **Za-Zen,** schweigendes Meditieren im Lotossitz, manchmal auch im Gehen, ohne Meditationsinhalt. Ziel ist Leere, *mu:* Nichtigkeit, Gedankenlosigkeit, Entleerung von Illusionen; das Streben nach Erleuchtung soll jedoch absichtslos geschehen.

Zen lehrt Mißtrauen gegen Worte und Schriften; sie können niemals die letzte Wahrheit ausdrücken. Was zählt, ist die eigene Erfahrung. Meditation ist zwar wichtig als emotionale Erfahrung, aber ebenso wichtig ist im Zen die korrekte Verrichtung auch der einfachsten Alltagsverpflichtungen. Werden sie mit voller Aufmerksamkeit verrichtet, haben sie ebensoviel Wert wie Meditation. Das Aufgehen in einer Tätigkeit schafft ein hohes Maß an Zufriedenheit und Ruhe.

Zen hatte wie der Buddhismus allgemein **großen Einfluß auf die Kultur,** trug viel zu dem bei, was wir heute als typisch japanisch im Gegensatz zur chinesischen oder koreanischen Kultur erkennen können. Die Beschränkung auf das Wesentliche, das Weglassen von Überflüssigem und Ablenkendem sind überall sichtbar: in den Gärten,

Stadt und Bewohner

bei der Teezeremonie, beim Blumenstecken *(Ikebana)*, Bogenschießen, in den Kurzgedichten *(haiku)* mit ihren 17 Silben. In der Schule und bei der Berufsausbildung werden heute immer noch Methoden des Zen bewußt angewandt.

## Tempel

Tempel sind symbolisiert durch die **swastika,** ein Sonnenrad oder auch Hakenkreuz, allerdings andersherum drehend. Man erkennt Tempel, die von außen Schreinen sehr ähnlich sind, an der Haupthalle *(hon-dô, butsuden)* mit dem **Buddhastandbild,** bronzenen Lotosblumen und einem Weih-

rauchbehälter. Vor dem Altar liegt das Sitzkissen für den Priester. Links steht ein Bronzegefäß, rechts ein stilisierter hölzerner Fisch, beide dienen als eine Art Metronom beim Rezitieren der buddhistischen Schriften.

Kennzeichnend sind auch die fünfgeschossigen **Pagoden,** deren Stockwerke die fünf Elemente des buddhistischen Universums symbolisieren: Erde, Wasser, Feuer, Wind und Himmel. Zu jedem Tempel gehört außerdem ein Glockentürmchen mit einer Bronzeglocke, die in der Silvesternacht um Mitternacht 108 mal angeschlagen wird. Dadurch wird das neue Jahr eingeläutet, und damit sollen die 108 menschlichen Begierden *(joya)* ausgetrieben werden, im großen und ganzen freilich ergebnislos, wie wir täglich feststellen können.

Was darauf steht, soll in Erfüllung gehen: *ema*

## Christentum

Angesichts der überall spürbaren Toleranz und Großzügigkeit in religiöser Hinsicht ist es kein Wunder, daß es in Japan auch Christen gibt. Doch ihre Zahl überschritt nie rund eine Million Gläubige, das sind nicht mehr als zu Zeiten der ersten christlichen Missionstätigkeit unter dem portugiesischen Jesuiten *Franz Xaver* im 16. Jh.

Das im 17. Jh. verhängte Verbot des Christentums unter den Tokugawa-Shôgunen war kein Akt zeitweiser religiöser Intoleranz, sondern geschah, weil die christliche Lehre sich mit dem Feudalismus nicht gut vertrug, sie war den Diktatoren zu aufrührerisch. Auch fürchtete man – mit Recht – den Einfluß ausländischer Mächte. Der Glaube an nur einen Gott paßt ohnedies nicht zum japanischen Konzept, auch ist den meisten Japanern der christliche Glaube tendenziell zu intolerant. Die meisten Christen leben übrigens in Kyûshû – wie noch zur Zeit der ersten Missionswellen.

# Die japanische Sprache

Japanisch ist dank der über 120 Millionen Bewohner des japanischen Archipels eine der großen Sprachen der Welt. Es rangiert in der Zahl der Sprecher noch vor dem Deutschen. Außer den Japanern selbst sprechen es noch die größeren Minderheiten der Koreaner und Chinesen im Land. Aufgrund der kolonialen Vergangenheit und der

### Sprachführer

Im *Anhang* ist ein kleiner Sprachführer zu finden, in dem wichtige Begriffe des touristischen Alltags erläutert werden.

Wer mit wenig Aufwand das Nötigste lernen möchte, um alltägliche Kommunikationssituationen zu meistern, dem sei der kleine Band *Japanisch – Wort für Wort* aus der Kauderwelsch-Reihe empfohlen (Reise Know-How Verlag Peter Rump, Bielefeld; Bd. 6, 14.80 DM, Begleitcassette erhältlich).

Besatzungszeit während des 2. Weltkrieges können viele ältere Leute in Korea, China, Taiwan und anderswo heute noch Japanisch verstehen oder selbst sprechen. Wegen der wirtschaftlichen Bedeutung Japans in Asien und der Welt ist es heute an vielen ausländischen Schulen, auch in Deutschland, bereits Wahlfach und wird an Universitäten gelehrt.

*Andere Sprachen* spielen in Japan keine wesentliche Rolle. In Hokkaidô gibt es noch *Ainus,* die ihre eigene Sprache sprechen, jedoch immer weniger werden.

Am südlichen Ende des Archipels, auf den *Ryûkyû-Inseln,* zu denen auch Okinawa gehört, werden noch dem Japanischen verwandte, aber von Japanern nicht verstandene *Dialekte* gesprochen. Doch Standard-Japanisch, das auf dem Tokyo-Dialekt basiert, verdrängt auch dort nach und nach die regionalen Mundarten. Es gibt weitere regionale Dialekte, z.B. die von Kyôto und Ôsaka.

Stadt und Bewohner

## Die Herkunft des Japanischen

Japanisch hat gewisse strukturelle Ähnlichkeiten mit den **Altaisprachen** (zu denen Türkisch, Mongolisch und Tungusisch gehören). Der Satzbau des Koreanischen ist mit dem Japanischen sehr verwandt, aber der Wortschatz ist völlig anders. Von den **austronesischen Sprachen** (z.B. Polynesisch) hat Japanisch vor langer Zeit viele Wörter vor allem aus dem maritimen und pflanzlichen Bereich angenommen. Obwohl die Japaner von den Chinesen die Schrift übernommen haben, besteht **keinerlei Verwandtschaft mit dem Chinesischen,** außer daß viele Begriffe daraus entlehnt wurden.

Aus dem **Deutschen** wurden auch eine Reihe von Wörtern übernommen, insbesondere aus dem Bereich des Bergsteigens und Skifahrens, vor dem 2. Weltkrieg auch aus der Medizin.

### Wortschöpfungen aus dem Englischen

In moderner Zeit liefert das Englische die meisten neuen Wörter, wobei Japaner jedoch seit den 20er Jahren häufig aus englischen Begriffen **völlig neue Wörter** schaffen, insbesondere aus zusammengesetzten Begriffen, die im Japanischen dann stark verkürzt werden.

Viele dieser Neuschöpfungen sind intelligent und witzig, doch auch recht kurzlebig und für englische Sprecher kaum noch oder überhaupt nicht mehr nachvollziehbar.

## Japanische Schrift

Da die Japaner keine eigene Schrift entwickelt hatten, übernahmen sie im Rahmen früher Kontakte mit China (die seit dem 1. Jh. unserer Zeitrechnung bestanden), ab etwa dem 5. Jh. deren aus Ideogrammen (Bildzeichen) bestehende Schrift **kanji.** Da Japanisch und Chinesisch jedoch eine ganz verschiedene Sprachstruktur haben, war diese Schrift nur bedingt für das Japanische geeignet. Im Chinesischen, einer isolierenden Sprache, gibt es keine Veränderungen der Wörter, während sich im Japanischen vor allem Adjektive und Verben verändern. *Kanji*, von denen rund 2000 im Gebrauch sind, kann man auf zwei unterschiedliche Arten lesen, wodurch für ein und dasselbe Zeichen zwei (oder mehr) völlig verschiedene Ausspracheweisen möglich sind. Wenn sie allein stehen werden *kanji* rein japanisch gelesen *(kun-yomi)* und wenn sie mit anderen Zeichen einen zusammengesetzten Begriff bilden sino-japanisch *(on-yomi)*.

### Silbenschriften

Zusätzlich entwickelten sich zwei Silbenschriften mit jeweils 46 Zeichen. Beide leiten sich ursprünglich von chinesischen Schriftzeichen ab.

---

*Beispiele für „japanisiertes" Englisch:*
- **hansto:** *hanga storaiku* = *hunger strike*
- **wâpurô:** *wâdo purosessa* = *word processor* (Computer für Textbearbeitung)
- **pasokon:** *personal computer*
- **kombini:** *convenience store* (24-Stunden-Laden)
- **sekuhara:** *sekusharu harasumento* = *sexual harassment* (sexuelle Belästigung)

### Hiragana

| | | | | | | | | | | |
|---|---|---|---|---|---|---|---|---|---|---|
| ん n | わ wa | ら ra | や ya | ま ma | は ha | な na | た ta | さ sa | か ka | あ a |
| | ゐ i | り ri | い i | み mi | ひ hi | に ni | ち chi | し shi | き ki | い i |
| | う u | る ru | ゆ yu | む mu | ふ fu | ぬ nu | つ tsu | す su | く ku | う u |
| | ゑ e | れ re | え e | め me | へ he | ね ne | て te | せ se | け ke | え e |
| | を o | ろ ro | よ yo | も mo | ほ ho | の no | と to | そ so | こ ko | お o |

### Katakana

| | | | | | | | | | | |
|---|---|---|---|---|---|---|---|---|---|---|
| ン n | ワ wa | ラ ra | ヤ ya | マ ma | ハ ha | ナ na | タ ta | サ sa | カ ka | ア a |
| | ヰ i | リ ri | イ i | ミ mi | ヒ hi | ニ ni | チ chi | シ shi | キ ki | イ i |
| | ウ u | ル ru | ユ yu | ム mu | フ fu | ヌ nu | ツ tsu | ス su | ク ku | ウ u |
| | エ e | レ re | エ e | メ me | ヘ he | ネ ne | テ te | セ se | ケ ke | エ e |
| | ヲ o | ロ ro | ヨ yo | モ mo | ホ ho | ノ no | ト to | ソ so | コ ko | オ o |

Mittels der runder geformten Silbenschrift des **Hiragana,** vor dem 9. Jahrhundert ausschließlich von Frauen benutzt, danach auch von Männern zum Schreiben von Gedichten, konnte grundsätzlich jedes Wort und jede grammatische Form geschrieben werden.

Kinder lernen Hiragana als erste Schrift und können es häufig schon mit vier Jahren lesen. Eine Silbenschrift ist freilich auch leichter zu lernen als unsere Buchstabenschrift, da die Silben immer fast gleich ausgesprochen werden, unabhängig davon, ob sie am Anfang, am Ende oder in der Mitte eines Wortes stehen.

**Katakana,** eckiger geschrieben, diente anfangs zur Kennzeichnung der Aussprache chinesisch geschriebener buddhistischer Texte. Heute wird es vor allem zur schriftlichen Wiedergabe von Lautmalerei und zum Schreiben von Wörtern verwendet, die aus anderen Sprachen übernommen wurden, während Hiragana zur Schreibung japanischer Wörter und grammatischer Formen wie Verb-Endungen benutzt wird.

Stadt und Bewohner

# Die interessantesten Stadtteile

# Das ruhige Herz der Stadt: der Kaiserpalast

(Chiyoda-ku)

## Geschichte

Edo und damit Tokyo hat seinen eigentlichen Ursprung in der **Burg,** die *Ota Dôkan* (1432-86) im Jahre 1457 errichtet hatte (siehe Geschichte Tokyos). An Bedeutung gewann diese aber erst, nachdem sie 1590 von *Tokugawa Ieyasu* übernommen worden war. Während des Shogunats, das hier seinen Sitz hatte, wurde sie 1686 wesentlich erweitert, so daß sie den gesamten Bereich des Bezirks Chiyoda umfaßte. Ursprünglich wurde sie von drei Gräben und Wällen umgeben. Der äußere Wall hatte 36 Tore mit Wachtürmen *(mitsuke).*

Der Burgcharakter wurde im Laufe der krieglosen Jahrhunderte aufgegeben. Der heutige **Schloßcharakter** nahm Gestalt an. Andererseits sind die Gebäude aus der Edozeit durch Brände, Zerstörung während der Meiji-Restauration, Erdbeben und Bomben vernichtet worden, und die heutigen Gebäude stammen bis auf wenige Ausnahmen aus den späten 60er Jahren. *Kaiser Akihito* hat einen neuen Palast neben dem seiner Mutter bauen lassen. Bis dieser fertiggestellt war, wohnte er noch wie die Jahrzehnte zuvor im Akasaka-Palast. Zu dem Gebäudekomplex gehören u.a. die Ämter der *Imperial Household Agency*, die biologischen Forschungslabors, ein Erbe des Vaters, und die drei Palastschreine.

Der Palast ist zwar im Laufe der Jahrhunderte nach dem Glanz der Tokugawa-Zeit wieder geschrumpft, aber nach den bis Ende der 80er Jahre geltenden **Gundstückspreisen** hätte man, wäre das 1 Mio. m² große Areal verkäuflich, mit dem Erlös angeblich ganz Kalifornien kaufen können. Aber der Palast ist kein Spekulationsobjekt, sondern das grüne, ruhige Herz der überall sonst pulsierenden Riesenstadt.

## Innerer Paslastbezirk

Der innere Palastbezirk ist **nur an zwei Tagen für die Öffentlichkeit zugänglich,** am 2. Januar und am 23. Dezember, dem Geburtstag des Kaisers. An diesen Tagen kann man beobachten, wie die komplette Kaiserfamilie hinter den Fenstern der Residenz Tausenden fähnchenschwingenden und *„banzai"* rufenden Japaner/innen zuwinkt.

An den übrigen Tagen bleiben nur die Parks außerhalb der inneren Palastmauern zugänglich, die noch aus der Edo-Zeit stammen. Das Schloß der Edozeit selbst befand sich genau in diesem öffentlichen Teil des Palastgebietes.

## Niju-bashi

Als Ersatz für den unzugänglichen Palast dient für unzählige Erinnerungsfotos üblicherweise der malerische Winkel von Niju-bashi mit der gleichnamigen **Brücke,** den altmodischen Laternen und dem von Kiefern umgebenen Wachtürmchen über der Palastmauer (es ist der Fushimi-yagura, einer der drei erhaltenen von einstmals 21 Wachtürmen). Hier ist der Haupteingang für Besucher an den besagten zwei Feiertagen.

Zugänglich ist die Brücke durch den **Äußeren Palastgarten** (Imperial Palace Outer Gardens, *kôkyo gaien*), einem Vorplatz, an dem bis zu ihrer Zerstörung im Jahre 1868 während der Meiji-Restauration die Häuser des Ältestenrates und der bedeutendsten Daimyôs zur Zeit des Shôgunats standen. Die Kiefern des Parks stammen

aus dem Jahre 1889, die Denkmäler erinnern an *Takamura Koun* und *Kusunoki Masashige*, die an der Seite des Kaisers gegen das Shôgunat gekämpft hatten. Heute wird der Platz vom Herzen des Big Business in Marunouchi flankiert.

## Östlicher Palastgarten

Ein Besuch dieses Gartens (East Imperial Garden/*Higashi Gyoen*) ist lohnend. Es gibt drei **Zugänge:** Der übliche ist **Ôte-mon,** das frühere Haupttor, nahe der U-Bahn-Station Ôtemachi und dem *Palace Hotel*.

Im Palace Building befindet sich das *Suntory-Museum* (altjapanische Kunst und Kunsthandwerk, 10-17 Uhr, 1-1-1, Marunouchi, Tel. 3211-6936)

Der Zugang durch das Tor **Kita-ha-nebashi-mon** ist vielleicht am wenigsten gebräuchlich, aber wohl am reizvollsten, weil er sich mit einem Bummel durch den Kitanomaru-Park und seine Museen bzw. das Nippon Budô-kan verbinden läßt. Die passende U-Bahn-Station dafür ist Kudanshita (Ausgang 2).

Der dritte mögliche Zugang ist das Tor **Hirakawa-mon,** das man von der U-Bahn-Station Takebashi, (Ausgang 1a) erreicht. Im darüber befindlichen *Palace Side Building*, in dem sich das Hauptquartier der großen Tageszeitung *Mainichi Shimbun* (bzw. *Mainichi Daily News*) befindet, gibt es zahlreiche Eßlokale und Cafés zur Stärkung unterwegs.

Der **Besuch des Parks** ist kostenlos und von 9 bis 16 Uhr gestattet (Einlaß bis 15 Uhr, normalerweise Mo und Fr geschl., sowie vom 25.12. bis 3.1., Auskunft: Tel. 3211-1111). Am Eingang erhält man einen Plastikchip, der beim Hinausgehen (egal wo) wieder abgenommen wird.

Das **Haupttor Ôte-mon** hatte einst der Fürst von *Sendai* unter immensem Aufwand errichten lassen; 1967 wurde es nach mehreren Zerstörungen wiederaufgebaut. Der Weg steigt etwas an und führt an neueren Verwaltungsgebäuden und einem kleinen Lokal vorbei zu zwei Wachhäusern, dem *Dôshin-bansho* (rechts) und dem langen *Hyakunin-* („100 Mann-") *bansho* (links).

Man kann von dort nach rechts zum **Ni-no-Maru-Garten** gehen. Nördlich stehen die charakteristischen Bäume der 47 Präfekturen Japans, südlich schließt sich der reizvolle eigentliche Ni-no-maru-Garten an, der zur Ni-no-maru-Zitadelle gehörte. Diese diente einst als Alterssitz der Shôgune. Die Azaleenbüsche im Garten sind mit ihrer Blütenpracht im Frühjahr und Frühsommer besonders schön anzusehen. In der Nähe steht das **Teehaus Suwano-chaya** aus dem 19. Jahrhundert. Im übrigen prägen Kiefern das Palastgelände.

Zurück am Ausgangspunkt des Rundganges durch den Ni-no-maru-Garten steht man vor einem leeren Garten, rechts steht der Sockel des einstigen Hauptturmes. Südlich dieses Sockels steht ein schlichtes Gebäude, das bei der Thronbesteigungszeremonie für den neuen Kaiser eine Rolle gespielt hat. Es ist ein **Reisspeicher,** genannt *kokumotsu-gura*. Dort, wo sich

*Stadtteile*

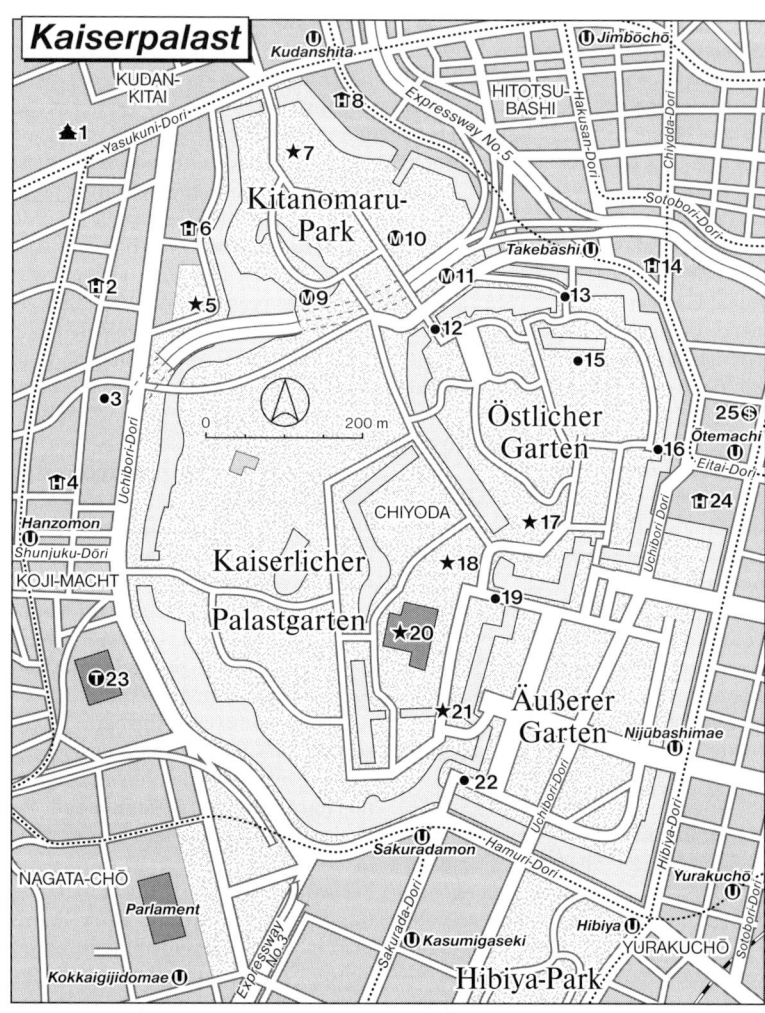

**Kaiserpalast**

Kudanshita · Jimbōchō
KUDAN-KITAI · HITOTSU-BASHI
Expressway No. 5
Yasukuni-Dōri · Hakusan-Dōri · Chiyoda-Dōri
▲1 · H8
★7 · Sotobori-Dōri
**Kitanomaru-Park**
H6 · M10 · Takebashi · H14
H2 · M11 · 13
★5 · M9 · 12
●3 · 15
Uchibori-Dōri · 0 — 200 m · **Östlicher Garten** · 25 · Ōtemachi
Eltai-Dōri
H4 · 16 · H24
Hanzomon · CHIYODA
Shunjuku-Dōri
KOJI-MACHT · ★17
**Kaiserlicher** · ★18
**Palastgarten** · 19
★20
T23 · Uchibori-Dōri
★21 · **Äußerer Garten** · Nijūbashimae
22
NAGATA-CHŌ · Sakuradamon · Hamuri-Dōri · Yurakuchō
**Parlament** · Sakurada-Dōri · Hibiya-Dōri · Sotobori-Dōri
Kokkaigijidomae · Expressway No. 3 · Kasumigaseki · Hibiya · YURAKUCHŌ
**Hibiya-Park**

der offene Garten erstreckt, stand früher die Hauptzitadelle *(hon-maru)*.

Geht man ein Stück nach Südwesten, liegt jenseits eines Teegartens eine **Gruppe von Bäumen,** an deren Stelle sich einst der mit Kiefern bemalte Gang des Schlosses *(Matsu-no-rôka)* befand, der im berühmten Drama der 47 Samurai eine entscheidende Rolle spielte. Hier nämlich wurde im Jahre

1701 Fürst *Asano* von Fürst *Kira Kozu-kenosuke* derart provoziert, daß er sein Schwert zog und – weil dies am Hofe des Shôgun verboten war – noch am selben Tag Selbstmord begehen mußte.

Am Südende des Östlichen Palast-gartens steht der gut erhaltene drei-stöckige **Turm Fujimi-yagura** (Fuji-Blick-Turm) aus dem Jahre 1659, der nach dem großen Brand wiederaufge-baut wurde. Der Turm ist jedoch von außen weit besser zu sehen als vom Garten aus. Geht man vom Turm nordöstlich in Richtung Turmsockel, kommt man am kleinen **Hon-maru-Rasthaus** vorbei, in dem alte und neue Fotos hängen, die einen guten Ver-gleich zwischen verschiedenen Ge-bäuden zu Beginn des Jahrhunderts und heute bieten.

Der östlich gelegene Hang zu den tiefer gelegenen Teilen des Gartens heißt **Shimi-zaka** (Gezeitenblick-Hang). Früher lag der Palast nämlich am Rande der Meeresbucht (Hibiya). Dort hinunter kann man ebenfalls in den Ni-no-maru-Garten gehen.

Als nächstes kommt man zu den Grundmauern des im Jahre 1607 er-richteten und beim großen Brand von 1657 abgebrannten und nie wieder aufgebauten **Hauptturmes** *(Tenshuka-ku)*. Einst war dieser mit 51 Metern der höchste Turm Japans. Von oben hat man auch heute noch eine gute Sicht über das Palastgebiet. Die niedrigen Palastgebäude sind zwar hinter Bäu-men verborgen, aber das grüne Dach des Nippon Budôkan ragt über die Baumwipfel hinaus. Natürlich sieht man auch die Bürohäuser von Ôtema-chi. Östlich, gegenüber dem Turm-sockel, steht die wenig attraktive *Tôka Gakudô* (Pfirsichblüten-Musikhalle), die Kaiserliche Musikakademie, in der die uralte, aus China übernommene

*Stadtteile*

Hofmusik des *gagaku* gelegentlich, z.B. zum Geburtstag des Kaisers, aufgeführt wird. Einladungen zu solchen Konzerten kann man schriftlich bei der *Imperial Household Agency* erbeten. Hinter der Musikhalle steht das Kaiserliche Archiv.

Rechts hinunter geht es zum **Hirakawa-mon.** Es ist das besterhaltene **Tor** des Edo-Schlosses und wurde im Masugata-Stil (zweiteiliges Tor) erbaut. Es war zwar das Haupttor der Zitadelle *San-no-maru*, ansonsten jedoch ein Nebeneingang zu den Quartieren des Shôgun und wurde hauptsächlich von Frauen benutzt. Die an der Seite des Tors gelegene Tür war das *Fujo-mon*, das „unreine Tor", durch das Leichen herausgetragen und Verbrecher herausgeführt wurden. Die Holzbrücke über den kleinen Graben gilt als besonders hübsch. Die Masugata-Tore waren so angelegt, daß potentielle Angreifer nach dem Stürmen des ersten engeren Tores in eine gewundene Hohlgasse kamen, in der sie aus Schießscharten beschossen werden konnten, ehe sie das zweite, massivere Tor zu bestürmen versuchten.

Hinter dem Tor rechts weiter bergan gelangt man zum **Kita-hanebashi-mon** (Nördliches-Zugbrücken-Tor), durch das man den Palastgarten ebenfalls verlassen kann.

### Kitanomaru-Park und Museen

Am südlichen Rand des Kitanomaru-Parks steht das **National Museum of Modern Art** (*Kokuritsu Kindai Bijutsukan*, 10-17 Uhr, Mo geschl., Eintritt 400 ¥, erster Sonntag im Monat frei, Tel. 3214-2561) mit Gemälden, Drukken, Kalligraphien und Skulpturen. Vertreten sind hauptsächlich japanische, aber auch ausländische Künstler, größtenteils aus dem 20. Jahrhundert.

Daneben steht das **Staatliche Archiv** (*National Archives, Kokuritsu Kôbunsho-kan*, Mo-Fr 9.15-17, Sa 9.15-12.30 Uhr, geschl. an So und Feiertagen, Tel. 3214-0621) mit geschichtlich zum Teil bedeutenden Originaldokumenten, auch aus der Literatur und Dichtkunst.

Ein Stück nördlich davon steht das **Science Museum** (*Kagaku Gijutsukan*, täglich 9.30-16.50 Uhr, 515 ¥, Tel. 3212-8471), das die stilisierte Form einer Hand hat. Es ist das größte Museum seiner Art in Japan und soll Aufschluß über den Stand von Wissenschaft und Technik geben, mit viel Gelegenheit zum Spielen und Ausprobieren. Die wesentlichen Bereiche sind Computer, Landwirtschaft und Raumfahrt.

Westlich gegenüber steht die **Kunsthandwerkgalerie** (*Crafts Gallery, Kôgei-kan*, Di-So 10-17 Uhr, 400 ¥, erster So im Monat frei, Tel. 3211-7781) mit Spitzenprodukten traditionellen Kunsthandwerks. Das Gebäude stammt aus der Meiji-Zeit und ist sehenswert.

Ein weiteres Stück nördlich steht das **Shimizu-Tor** aus dem Jahre 1610, das 1658 nach dem Brand wiederaufgebaut worden ist.

Wenig später steht man vor der berühmten Halle des **Nippon Budôkan** (*Japan Martial Arts Hall*), errichtet für die Olympiade 1964 als Arena für Judô und andere Kampfsportarten wie Aikidô, Karate, Kendô. Die Form

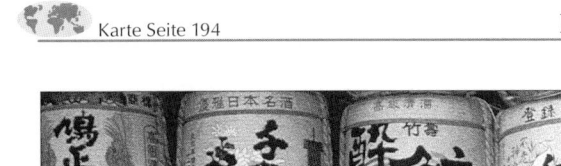

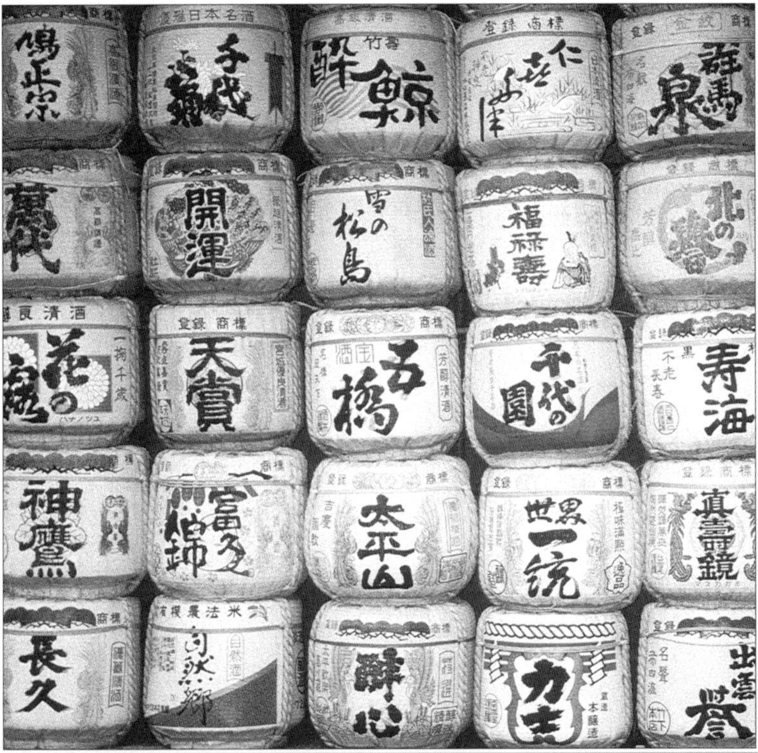

Stadtteile

ist einerseits der Halle der Träume *(Yume-dôno)* im Hôryu-ji bei Nara, dem ältesten erhaltenen Tempel Japans, nachempfunden. Das Dach jedoch soll nach Angaben des Architekten *Mamoru Yamada* – und der muß es ja wissen – den Fuji-San symbolisieren. Die Halle bietet knapp 15.000 Besuchern Platz und ist gelegentlich noch

Schauplatz von Großveranstaltungen wie Popkonzerten. Gelegenheit zum Zuschauen beim Training von Kampfsportarten hat man von 9.30-17.30 Uhr (Tel. 3216-5100).

Den nördlichen Ausgang bzw. Eingang bildet das *Tayasu-mon,* das um 1600 herum errichtet worden war. Das innere Tor ist beeindruckend massiv mit seinen rund 80 cm dicken Holzsäulen. Hinter dem Ausgang sieht man eine große steinerne Laterne mit einer

Sake-Fässer

goldenen Kugel, die in der Edo-Zeit den Schiffen in der Bucht als Orientierung diente.

### Yasukuni-Schrein

Vom Nordende des Parks ist es nicht weit zum großen, 1869 errichteten Yasukuni-Schrein, erkenntlich an den riesigen *torii* (der eiserne ist 25 m, der bronzene 22 m hoch). Eine Allee aus Kirsch- und Gingkobäumen (besonders attraktiv im Herbst) führt zu den Schreingebäuden auf dem Kudan-Hügel; hier residieren die *kami* der **gefallenen Soldaten** aller Kriege, darunter auch die für den Pazifischen Krieg auf japanischer Seite Verantwortlichen.

Kontrovers sind stets Besuche des Ministerpräsidenten oder anderer Regierungsmitglieder in offizieller Funktion, da der Staats-Shintô nach dem Krieg abgeschafft wurde. Auch ist eine Verehrung der damaligen Kriegstreiber unter den Nachbarn alles andere als gern gesehen.

Neben dem Schrein befindet sich das **Ihin-kan,** in dem militärische Relikte aufbewahrt werden (u.a. Kamikaze-Bomber). Außen sichtbar ist eine Lokomotive der berüchtigten Todeseisenbahn entlang des River Kwai in Thailand nach Burma. Hinter dem Schrein befindet sich ein stiller **Garten** mit drei Räumen für die Teezeremonie. Dieser Garten kann hinten durch einen kleines Tor in Richtung auf die Yasukuni-dôri verlassen werden. (Günstigste U-Bahn: Kudanshita, Ausgang 1 der Tôzai-Linie).

Die Lokomotive neben dem Yasukuni-Schrein

## Tip für Jogger

Der **5 km lange Rundweg** um die äußeren Palastmauern ist zu jeder Tageszeit bei Joggern beliebt. Der häufigste Start- und Zielpunkt befindet sich am Tor des **Sakurada-mon** (U: Sakuradamon/ Yûrakuchô-Linie) im Süden des Palastes. Hier gibt es nämlich eine Toilette, einen Trinkbrunnen, Bänke und eine Uhr.

### Chidori-ga-fuchi-Park

Wenn man nach dem Besuch des Kitanomaru-Parks die Runde um den Palast vollenden will, kommt man bald zum schmalen, 800 m langen Chidoriga-fuchi-Park, der zur Zeit der **Kirschblüte** zu den großen Schaustücken der Stadt gehört. Parties unter den Bäumen sind hier jedoch nicht gestattet. Man darf nur im Kirschblütentunnel flanieren. Außer im Winter kann man ganzjährig zur Fahrt auf dem Palastgraben Boote ausleihen.

### Essen und Trinken

- Etwas links des Uhrturmes, kurz vor dem Budô-kan, steht ein günstiges **Lokal,** in dem zwischen 11 und 17 Uhr kleine Mahlzeiten serviert werden, z.B. Nudeln, Curry-Reis, *o-den*, Hamburger.
- Schräg rechts gegenüber dem U-Bahn-Ausgang Kudanshita Nr.1 liegt dreißig Meter entfernt in einer Seitengasse der Yasukuni-dôri das bekannte und empfehlenswerte Lokal **Tamura,** ¥¥. In dem mit Antiquitäten und Volkskunst vollgestopften Lokal herrscht vor allem abends gute Stimmung. Es ist wochentags geöffnet (Tel. 3262-7379).
- An der Yasukuni-dôri liegt etwas hinter dem Toyota Building in Richtung Kudanshita das ebenfalls sehr empfehlenswerte Lokal **Furusawa,** ¥/¥¥, u.a. mit günstigem Fisch-Menü (tgl. 11-18 Uhr , So geschl., Tel. 3264-6483).

### Unterkunft

- **Tokyo YWCA Sadohara Hostel,** ¥, 20 Zimmer. 3-1-1 Sadoharachô, Tel. 3268-7313, Fax -4452.
- **Grand Hill Ichigaya,** ¥/¥¥, 179 Zimmer. 4-1 Ichigaya Honmurachô, Tel. 3268-0111.
- **Banchô Green Palace,** ¥/¥¥, 147 Zimmer, 2 Nibanchô (U: Kôjimachi), Tel. 3265-9251, Fax 3264-5256.
- **Fairmont,** ¥¥, englischer Stil, direkt beim Palastgraben, 210 Zimmer. 2-1-17 Kudan Minami (U: Kudanshita), Tel. 3262-1151, Fax 3264-2476.
- **Diamond Hotel,** ¥¥, 470 Zimmer. 2-5 Ichiban-chô (U: Hanzômon), Tel. 3263-2221, Fax -2222.
- **Kayû Kaikan Hotel,** ¥¥, 127 Zimmer 8-1 Sanbanchô (U: Hanzômon), Tel. 3230-1111, Fax -2529.
- **Kudan Kaikan Shin-kan Hotel,** ¥¥, 170 Zimmer. 1-6-5 Kudan-minami (U: Kudanshita), Tel. 3221-7238, Fax -7238.
- **KKR Tokyo Takebashi,** ¥¥, 161 Zimmer. 1-4-1 Ôtemachi (U: Takebashi), Tel. 3287-2921, Fax -2998.

# Das eigentliche Zentrum: die Ginza (Chûô-ku)

Der international bekannteste und, was die Geschäfte betrifft, eleganteste Stadtteil Tokyos ist die Ginza. Der **Name** setzt sich zusammen aus *gin* (Silber) und *za* (Sitz, Zunft). Ursprünglich war die Gegend sumpfig und nahe am Wasser der Tokyo-Bucht. Sie gehörte zu den ersten Teilen der Stadt, die dem Meer abgerungen wurden. Anfänglich ließen sich hier Handwerker und Künstler nieder. Im Jahre 1612 wurde die **Münze** der Tokugawa-Herrscher hierher verlegt, daher der Name.

**Stadtteile**

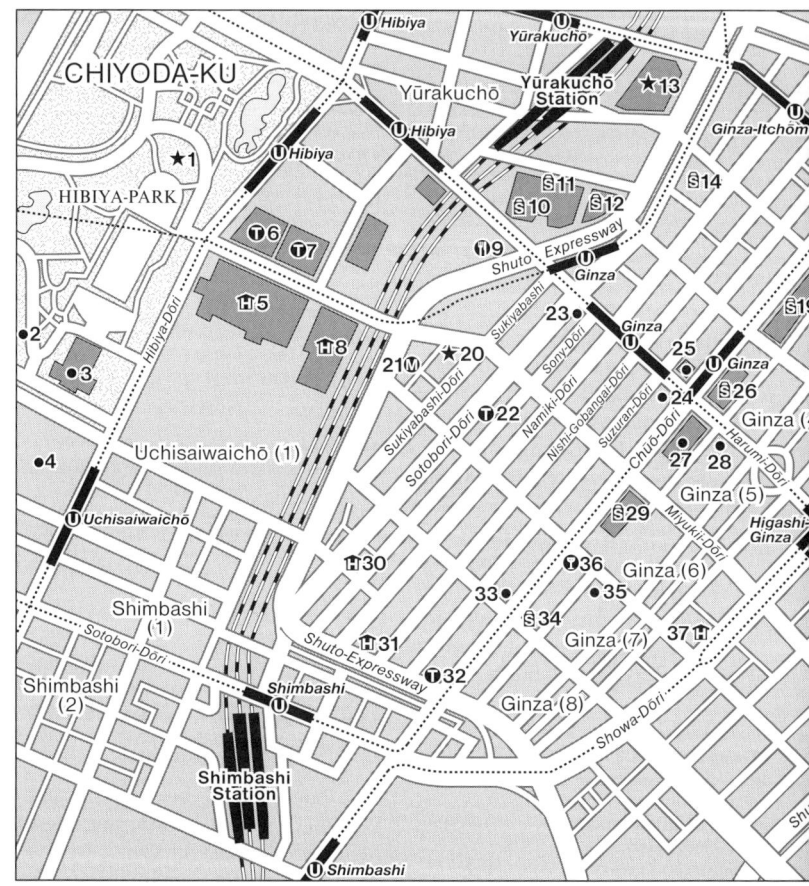

Nach einem der in Edo und Tokyo so häufigen **Brände** fiel die Ginza 1872 in Schutt und Asche und wurde vom britischen Architekten und Stadtplaner *Josiah Conder* nach modernen Gesichtspunkten **neu aufgebaut.** Über tausend Gebäude aus Ziegeln wurden errichtet. Die Straßen wurden gepfla-stert, Weiden angepflanzt, Gaslaternen errichtet. Wenn auch die Menschen zunächst in solchen ungesund anmutenden Steinhäusern nicht leben wollten, strömten sie doch in Scharen herbei, um diesen neuen Stadtteil zu sehen. Tagsüber kamen sie zum Einkaufen, abends flanierten sie durch die

# Ginza, Yūrakuchō

0 — 200 m

CHŪO-KU

Ginza (1)

Ginza (2)

Ginza (3)

16

17

8

38

Shimtomichō

39

40

Tsukiji (1)    Tsukiji (2)

41

Tsukiji

Tsukiji (3)

Tsukiji (4)

42

43

Showa-Dōri · · ·

Shuto-Expressway

Shin Ōhashi-Dōri

Stadtteile

beleuchteten Straßen. Und so entstand der Ruf der Ginza als erfolgreiches **Geschäftsviertel** und – wegen der Gaslaternen – als **Zentrum abendlichen Vergnügens.**

Zu seiner Attraktivität hatte auch wesentlich beigetragen, daß 1872 die **erste japanische Eisenbahnlinie** vom internationalen Hafen von Yokohama zum benachbarten Shimbashi führte und daß im ebenfalls benachbarten Tsukiji während der Meiji-Zeit die meisten Ausländer residierten.

Der Name *Ginza* wurde gleichbedeutend mit Einkaufsstraße, so ist es kein Wunder, daß es Hunderte von

Ginzas in Japan gibt. Die eigentliche Ginza ist jedoch nicht eine einzige Straße, sondern ein Viertel mit mehreren großen Geschäftsstraßen und Dutzenden kleiner Gassen.

**Westliche Einflüsse** in Tokyo faßten zuerst hier Fuß. Das alte Kaufhaus *Matsuzakaya* war das erste, in das die Käufer eintreten konnten, ohne vorher ihre Schuhe auszuziehen. So bekannte Firmen wie der Kosmetikriese *Shiseido* und der Uhrenkonzern *Seiko* begannen in der Ginza. Hier gibt es viele der berüchtigt teuren Clubs für erfolgreiche Geschäftsleute und Politiker mit entsprechendem Spesenkonto, viele der elegantesten Geschäfte und die größte Ansammlung von teuren Restaurants und mehr oder weniger teuren Lokalen, vor allem der japanischen Küche.

So darf sich die Ginza denn auch als das **Gourmet-Zentrum** Japans empfinden. Den jungen Leuten gilt sie jedoch als zu teuer und konservativ, verglichen mit Shibuya oder Shinjuku. Aber die Ginza, wenn man das so sagen kann, ist stolz auf ihr Niveau. So gibt es nirgendwo mehr **Kunstgalerien** als hier. Auch das klassische **Kabuki-Za-Theater** ist ein Muß auf der Liste besuchenswerter Institutionen.

### Entlang der Harumi-dôri

Die **bekannteste Straße der Ginza** ist die von Nordwesten nach Südosten verlaufende Harumi-dôri, die am Kaiserpalast beginnt und sich bis auf einige der aus dem Meer gewonnenen Inseln in der Tokyo-Bucht fortsetzt. Nach einem eventuellen Besuch des **Tourist Information Center,** das im *Tokyo International Forum* untergebracht ist, bietet sich ein erster Bummel durch das Zentrum der Ginza an. Dazu beginnt man am besten bei der Eisenbahnüberführung vom Bahnhof Yûrakuchô über die Harumi-dôri mit den berühmten Yakitori-Ständen**.**

Das auf der anderen Straßenseite stehende, silbrig glänzende **Yûrakuchô Mullion** genannte Doppelkaufhaus *(Hankyû* und *Seibu)* mit sehr guter Lebensmittelabteilung im Tiefgeschoß ist allemal einen Besuch wert. Es gibt mehrere Kinos in Stockwerk F9 *(Nichigeki Toho* und *Piccadilly)* und F11 *(Asahi Hall* und *Nihon Theater)*, in denen vor allem japanische Erstaufführungen stattfinden. Der Eingang beim Glockenspiel (jap.: *Marion no Glockenspiel)* hat sich zu einem beliebten Treffpunkt entwickelt.

Nicht mehr so beliebt sind die bereits in die Jahre gekommene Einkaufspassage unter der Stadtautobahn an der Sukiyabashi-Kreuzung, das **Sukiyabashi Shopping Center** und die anschließende, von Touristen wegen der zahlreichen Souvenirgeschäfte aber immer noch gern besuchte **Yûrakuchô International Arcade,** die rechts zwischen dem Gebäude *New Tokyo* (zahlreiche Lokale und ein Biergarten auf dem Dach) und dem *Hankyû Department Store* (luxuriöses Kaufhaus für Damenmode) beginnt.

Westlich der *International Arcade* stehen *Imperial Plaza* bzw. *Imperial Hotel* (s. nächstes Kapitel) und östlich das bekannte **Riccar-Kunstmuseum** *(Riccar Art Museum)*, das hauptsäch-

Kabukiza-Theater

lich Holzschnitte beherbergt, darunter eine bedeutende Sammlung von Werken von *Tôshûsai Sharaku* (10-18 Uhr, 2-3-6 Ginza, Tel. 3571-3254), sowie das *Gallery Center Building*, in dem sich eine Reihe von Kunstgalerien befindet.

Hinter der Sotobori-dôri-Kreuzung mit der in Japan üblichen *scramble crossing*, bei der die Fußgänger bei Grün die Kreuzung in jeder Richtung überqueren können (und die manche nun auch bei uns einzuführen versuchen), steht rechter Hand das **Sony Building** mit seinen acht spiralförmig ansteigenden Stockwerken und etlichen Modegeschäften und Lokalen

darin. Das 1966 erbaute und von *Ashihara Yoshinobu* entworfene Gebäude mit seiner Glasfront aus Bildschirmen ist ein bekannter und beliebter Treffpunkt, besonders, wenn es regnet. Einen Block weiter befindet sich rechts in der Sotobori-dôri das Erstaufführungskino *Miyuki-za* und das Nô-Theater *Ginza*.

Auf dem Weg zur nächsten Kreuzung, der Ginza-Hauptkreuzung, auch Yon-chôme-Kreuzung genannt (U: Ginza), wo sich die Harumi-dôri und die Chûô-dôri kreuzen, befindet sich rechts der bekannte **Buchladen Jena** mit großer Fremdsprachenabteilung (darunter auch deutsche Bücher). An der Kreuzung steht rechts das **San'ai Building.** Der 12stöckige Glaszylinder, 1963 entworfen von *Hayashi Shôji*, der als erster in Tokyo Licht als Mittel der Architektur einsetzte, ist eines der Wahrzeichen der Ginza; innen gibt es Modegeschäfte und einen Audio Showroom.

Nicht minder bekannt ist das gegenüber stehende **Hattori Building** mit seinem berühmten, 1932 erbauten Uhrturm *(Hattori* gehört die bekannte Uhrenfabrik *Seiko)*, das den Krieg überstanden hat und das **Luxusgeschäft Wakô** (extrem teurer Schmuck, Uhren, Handtaschen) beherbergt. Es ist zugleich ein beliebter Treffpunkt. Dahinter auf derselben Straßenseite befinden sich in der Chûô-dôri u.a. *Kimura-ya* (Backwaren), *Yamano* (Musikalien) und das elegante und teure Hauptgeschäft von *Mikimoto Pearl.*

### Abstecher in die Chûô-dôri

Gegenüber dem *Wakô-Building* stehen in der sonn- und feiertags für Fahrzeuge gesperrten Chûô-dôri die **Kaufhausfilialen** von **Mitsukoshi** und **Matsuya.** Daneben befindet sich das große Schreibwarengeschäft *Itôya* und der ebenfalls große Spielzeugladen *Sanrio Gallery,* sowie das **Tokyo Central Museum of Art** *(Tokyo Central Bijutsu-kan).* Es zeigt zeitgenössische Gemälde, Drucke, Skulpturen, Kalligraphien und Kunsthandwerk (10-18 Uhr, Eintritt frei, Ginza-Boeki Bldg. 5 F, 2-7-18 Ginza, Tel. 3564-0711).

Auf der **Seite des San-Ai Building** findet man in der Chûô-dôri in Richtung Shimbashi den 1663 eröffneten Laden *Kyûkyodô* für hervorragende **Japan-Papierprodukte** und Pinsel, dahinter das Schuhgeschäft *Washington,* das auch Schuhe in Maßarbeit anfertigt. Ein Stück dahinter liegen das Hauptgeschäft des Kosmetik-Konzerns *Shiseidô, The Ginza,* und das alte **Japan-Möbelgeschäft** *Hiratsuka.*

Auf der anderen Straßenseite steht **Ginza Core,** wo sich in Stockwerk F4 das 400 Jahre alte **Weihrauchgeschäft** *Kôju* befindet, in der Gasse dahinter steht nebenan ein Spezialgeschäft für **Teezeremoniezubehör,** *Ryûzendô.*

In der Chûô-dôri folgt im nächsten Block das **Kaufhaus Matsuzakaya,** dessen Hauptgeschäft in Ueno steht und 1611 als Kimonogeschäft gegründet worden war. Dahinter liegt die unter Biertrinkern sehr beliebte *Sapporo Lion Beer Hall,* und ein Stück weiter Richtung Shimbashi finden sich der von *Tokyo Gas* betriebene **Pocket Park,** ein gemütlicher Ort für Architekturfreunde, mit Modellen, Zeitschriften u.a. (10.30-19 Uhr, Mi geschl., 1-9-15 Ginza, Tel. 3573-1401) sowie die *Yamaha Hall* mit Musikinstrumenten.

### Östliche Harumi-dôri

Hinter der Hauptkreuzung befindet sich – wieder in der Harumi-dôri – rechter Hand das *Nihon-shu Center.* Hier wird der Herstellungprozeß von **Reiswein** (Sake) erklärt, außerdem sind 4500 verschiedene Reisweinflaschen ausgestellt. Monatlich wechseln die Verkaufsangebote für regionale Reisweine, die dann auch gegen einen Unkostenbeitrag getestet werden können.

Gleich hinter der nächsten Kreuzung, wo die Showa-dôri quert (U: Higashi-Ginza), steht linker Hand das *Kabuki-za,* das berühmteste **Kabuki-Theater** Japans, mit 1906 Sitzplätzen.

## Kunstgalerien

Die über 300 Kunstgalerien, für die die Ginza berühmt ist, befinden sich zumeist zwischen Chûô-dôri mit den großen Kaufhäusern und der Sotobori-dôri an der Grenze zu Yûrakuchô. Vertreten sind Antiquitäten, Holzschnitte und moderne Künstler. In der Namiki-dôri gibt es neben zahlreichen Galerien auch Bars, Clubs, teure Läden mit Importware und Zweigstellen der Zeitungen. In der hier befindlichen *Gallery Ueda Ginza*, einer der besten der Stadt, gibt es ein Verzeichnis von Tokyos Galerien für zeitgenössische Kunst.

## Information

● **Tourist Information Center,** im *Tokyo International Forum*, Mo-Fr 9-17 Uhr, Sa 9-12 Uhr, So und F geschlossen.

Stadtteile

Fast täglich finden hier Aufführungen statt. Die hintersten Reihen des Balkons sind für **Kurzzeitbesucher** reserviert, die sich schnell mal einen Akt anschauen oder einen Eindruck von Kabuki bekommen wollen. Am besten Opern- oder Fernglas mitbringen.

Ein weiteres bekanntes **Theater** ist das rechter Hand schräg hinter dem *Ginza Tokyû Hotel* vor der Stadtautobahn stehende **Shimbashi Embujô.** Auch in diesem Theater wird Kabuki aufgeführt, vor allem aber neuere Stücke und Komödien. Ursprünglich haben hier die berühmten Shimbashi-Geisha Tanz und Gesang geübt.

## Tsukiji

Geht man die Harumi-dôri am Kabukiza vorbei weiter und unter der Stadtautobahn hindurch zur nächsten Kreuzung, wo die Shin-Ohashi-dôri quert, kommt man in den Stadtteil Tsukiji („Errichtetes Land"), der wie viele Stadtteile nahe der Sumida-Mündung auf **künstlich aufgeschüttetem Land** liegt.

Ein Stück rechts der Kreuzung steht das große **National Cancer Center** *(Nihon Gan Centâ)*. Links liegt der U-Bahnhof Tsukiji der Hibiya-Linie.

Gleich außerhalb des Bahnhofs steht der 1934 von *Dr. Chûta Itô* erbaute, bewußt indisch anmutende große **Granittempel Tsukiji-Honganji** (bzw. *Nishi-*

Die Ginza im Regen

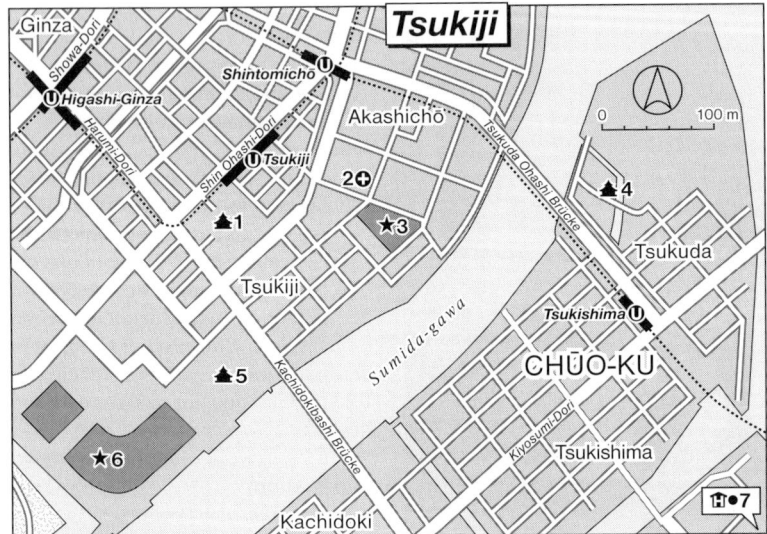

- ♣ 1 Nishi-Honji-Tempel
- ✚ 2 St. Lukas-Krankenhaus
- ★ 3 Akatsuki-Park
- ♣ 4 Sumiyishi-Jinja-Schrein
- ♣ 5 Namiyoke-Jinja-Schrein
- ★ 6 Fischmarkt
- 🏨 7 Harumi Grand Hotel und
- • Internationales Handelszentrum

*Honganji*) der buddhistischen Sekte *Jô-do-Shinshu*, Honganji-Fraktion, deren Sitz Kyôto ist. Er ist der größte Steintempel Japans. Für den Bau des ursprünglichen Tempelgeländes war Tsukiji erst geschaffen worden. Das Material kam von den verbrannten Resten Edos nach dem Furisode-Feuer von 1657 (s. Geschichte Tokyos). Die Statue des Sektengründers *Shinran* als Wandermönch steht draußen links vom Haupteingang. Jedes Jahr am 8. April wird dort Buddhas Geburtstag mit Kinderparade gefeiert. Die *International Buddhist Association* bietet jeden 2.

und 4. Sonntag im Monat um 17 Uhr kostenlose Vorlesungen (*Tsukiji Hong(w)anji Temple*, 3-15-1 Tsukiji, Tel. 3541-1131).

Ein Stück dahinter liegt das Gelände des gleich nach der Jahrhundertwende vom amerikanischen Missionsarzt *Rudolf Teusler* errichteten US-anglikanischen **Krankenhauses St. Lukas** (*Sei Roka Byôin*), das auch heute noch von in Tokyo lebenden Ausländern gern wegen seines hohen Leistungsstandards aufgesucht wird. Das Besondere an dem Krankenhaus war damals, daß es, getreu dem christlichen Ideal der

Nächstenliebe, allen Bevölkerungsschichten medizinische Behandlung bot, den Ärmsten gewährte es kostenlose Hilfe. Im südlich des Krankenhauses gelegenen kleinen **Akatsuki-Park** befindet sich übrigens eine Büste des deutschen Arztes und Japanforschers *Franz von Siebold* (1796-1866).

Da wo jetzt das Krankenhaus steht, war früher die **erste Ausländersiedlung Tokyos,** Holzhäuser im Kolonialstil. Meist lebten hier Ärzte, Missionare und Lehrer, weniger Händler. Gegenüber stand die erste US-Legation. Es gab hier im Viertel Akashichô noch eine Reihe weiterer Legationen und Vertretungen christlicher Kirchen und Sekten. All das ist heute verschwunden, damit den Erweiterungsbauten des Krankenhauses Platz gemacht werden konnte.

## Insel Tsukudajima

Nordöstlich des Krankenhausgeländes führt die 230 m lange Tsukuda-Ôhashi-Brücke hinüber zur Insel Tsukudajima. Dort liegt auch der U-Bahnhof Tsukishima (Yûrakuchô-Linie). Der **Name** rührt von dem Fischerdorf Tsukuda bei Osaka her. *Ieyasu* wurde einmal von den Fischern dieses Dorfes in einem Sturm aus Seenot gerettet und lud sie deshalb später ein, sich hier an der Mündung des Sumida niederzulassen. Er gab ihnen aus Dankbarkeit die Fischereirechte in der nahen Bucht.

Der links der Brücke gelegene **Sumiyoshi-jinja-Schrein,** benannt nach einem bekannten Schrein in Osaka, ist denn auch dem Schutz der Seeleute geweiht. Auf dem Schreingelände gibt

es einen Grabstein des bekannten Ukiyo-e-Künstlers *Sharaku* und ein Denkmal, das den Bonito-Fischen *(katsuo)* gewidmet ist. Bonito war in der Edo-Zeit der beliebteste Fisch.

Alle drei Jahre Anfang August findet das drei Tage dauernde **Schreinfest** statt. Dann wird der *o-mikoshi* wie früher zum Sumida-Fluß gebracht, heute jedoch nicht mehr zu Fuß, sondern per Boot. Ein anderes bekanntes Fest sind die Mitte Juli abendlich stattfindenen **Gruppentänze** des *Bon-Odori*, die hier etwas anders als im restlichen Tokyo gefeiert werden.

Bis 1964 war die Insel nur per Fähre erreichbar, so erhielt sich das Viertel seine Ursprünglichkeit, zumal es das Kantô-Erdbeben und den 2. Weltkrieg einigermaßen unbeschadet überstanden hat. Die **engen Gassen** mit ihren Bonsai vor den Häusern, die bei uns sicher nicht lange so unbewacht herumstehen würden, der Flußarm mit der **Tsukudakobashi** (*ôhashi* = große Brücke, *kobashi* = kleine Brücke) und den festgemachten **Booten,** sie geben dem Viertel eine gewisse Zeitlosigkeit. Im Laden *Tenyasu* wird *tsukudani*, eine in Sojasoße eingekochte Speise aus Fisch und Seetang, die traditionelle Nahrung der Fischer, hergestellt und verkauft.

Nahebei stehen die Denkmäler unseres Jahrhunderts, z.B. die 40stöckigen Appartmenthochhäuser *Okawabata River City 21.*

Eine Insel weiter befindet sich das **Internationale Handelszentrum** (*Kokusai Bôeki Center)* und nahebei das **Furniture Museum,** das alte japanische

Stadtteile

Möbel präsentiert (U: Ginza 15 Min., 10-16.30 Uhr, Mi geschl., 400 ¥, JTC Bldg. 3-10 Harumi, Tel. 3533-0098.)

### Der größte Fischmarkt der Welt

Geht man vom U-Bahnhof Tsukiji bzw. an der Kreuzung der Harumi-dôri mit der Shin-Ôhashi-dôri nach rechts, Richtung Westen, kommt man nach wenigen hundert Metern zum „Bauch" von Tokyo, dem **Tokyo Central Wholesale Market** *(Tokyo Chûô Oroshiri Shijô)*, in dem sich der weltberühmte Fischmarkt befindet. Will man ihn jedoch erleben, wenn die Auktionen in vollem Gang sind, muß man noch vor 6 Uhr dort sein (So u. F und ein- bis zweimal pro Monat geschlossen).

Vom **Haupteingang** *(seimon)* geht man an den Gemüsehändlern vorbei und erreicht dann die Stände der 1600 Fischhändler, die sich auf einigen hundert Metern aneinanderreihen. Dann kommt man zum **Auktionsplatz für Thunfische,** dem berühmtesten Teil des Großmarktes. Sowohl die schwarz glänzenden, frischen Fische wie die dampfenden, gefrorenen Fische sehen in ihrer Masse und Form sehr eindrucksvoll aus: Schwänze und Köpfe sind abgeschnitten, so wirken sie fast wie Bomben. Gewicht und Herkunft der Fische ist angegeben, sie kommen aus aller Welt hierher.

Die **Auktionen** finden frühmorgens gegen 5.50 Uhr statt. Bis 10 Uhr wird der ersteigerte Fisch von den Großhändlern verkauft und bis Mittag außerhalb des Marktes an den Ständen der Einzelhändler, der *jogai.* Wer durch das Marktgelände geht, muß

auf den relativ hektischen Marktverkehr aufpassen, der Großmarkt ist nicht für Touristen organisiert. Es empfiehlt sich, unempfindliches Schuhwerk und entsprechende Kleidung anzuziehen.

Am östlichen Rand des Marktes steht der bei den Marktleuten beliebte **Namiyoke-jinja-Schrein,** dessen Fest jährlich am 8. Juli stattfindet. Wer nicht nur zum Schauen gekommen ist, sondern auch zum **Essen,** kann sich in Tsukiji schon Sushi zum Frühstück genehmigen, z.B. bei *Daiwa Sushi* im 7. Abschnitt, *Iwasa-Sushi* neben dem Suijinja (6-14.30 Uhr) oder auch im bekannten *Sushisei* (siehe auch Essen und Trinken). Sushi in Fischmarktnähe ist nicht billiger, eher im Gegenteil, da der Fisch hier doch am frischesten ist.

Gefrorene Thunfische

# Einkaufen

●Neben dem Doppelkaufhaus **Mullion** ist hier insbesondere die **International Arcade** unter den Bahngleisen bekannt (s. Text: Harumi-dôri).

●**Printemps,** Tokyo-Filiale des berühmten Pariser Kaufhauses, in erster Linie Mode. 10-20 Uhr, Mi geschl., 3-2-1 Ginza (JR: Yûrakuchô, U: Ginza/Ginza-itchôme), Tel. 3567-0077.

●*Jena,* englische, deutsche, französische Bücher, Zeitschriften, Foto- und Kunstbände, günstige Lage in der Ginza-Hauptstraße. Mo-Sa 10.30-19.50, So u. F 16.30, 3. So geschl., 5-6-1 Ginza (U: Ginza), Tel. 3571-2980.

●**Nihonshu Center,** Reiswein-Spezialitäten aus ganz Japan. 10.30-18.30 Uhr, Do geschl., 5-9-1 Ginza.

●*Shimizu Camera,* Kameras. 4-3-2 Ginza (U: Ginza), Tel. 3564-1008.

●*Mikimoto,* das Spitzengeschäft für Perlen, mit Filialen in aller Welt, gut und teuer. 4-5-5 Ginza.

●*Diana,* Damenschuhe. 6-9-6 Ginza, Tel. 3573-4001.

●*Washington,* sehr gutes Schuhhaus, große Größen. In F5, nahe der Ginza-Hauptkreuzung, 5-7-7 Ginza, Tel. 3572-5911.

●*Tachikichi,* spezialisiert auf Kiyomizu-Porzellan. 11-19 Uhr, So geschl., 6-13 Ginza (U: Ginza), Tel. 3571-2924.

## Fisch in Japan

Kein Volk ißt mehr Fisch und Meeresfrüchte als die Japaner. Sie konsumieren jährlich über 12 Millionen Tonnen Fisch, einschließlich 300.000 Tonnen Krabben, Hummer etc., die vor allem aus Südostasien nach Japan kommen. **Pro Kopf** sind das **72 kg im Jahr** (im Vergleich zu 12 kg in Deutschland, was in etwa dem Weltverbrauch entspricht, aber im Vergleich zu anderen hochentwickelten Ländern sehr wenig ist).

Eine besondere Stellung nimmt bei den Japanern der **Blauflossen-Thunfisch** ein: vom weltweiten Fang verzehren sie allein 90 % (262.000 Tonnen jährlich).

●*Echigoya,* gute, aber teure Kimonos, Obis aus eigener Werkstatt, seit 200 Jahren im Geschäft. 10-19 Uhr, So u. F 12-18 Uhr, 2-6-5 Ginza (U: Ginza), Tel. 3561-1583.

●*Tsumugiya Kichihei,* berühmt für handgesponnene Baumwoll- und Seidenstoffe. 10-19 Uhr, So geschl., 5-9-20 Ginza (U: Ginza), Tel. 3571-0993.

●*Ginza-Kunoya,* berühmt für Kimono-Zubehör. 11-20 Uhr, 6-9-8 Ginza (U: Ginza), Tel. 3571-2546.

●*Itô-ya,* hauptsächlich Schreib- und Bürowaren. 9.30-19 Uhr, So u. F 10-18 Uhr, 2-7-15, Ginza (U: Ginza), Tel. 3561-8311.

●*Tokyo Kyûkyodô,* Schreibwaren, Postkarten, gute Papierabteilung. 10-20 Uhr, 3. So geschl., 5-8-6 Ginza (U: Ginza), Tel. 3571-4429.

●*Ryûzendô,* Fachgeschäft für Teezeremonie. 10.30-19 Uhr, So 12-18 Uhr, 1. und 3. So geschl., 5-8-6 Ginza (U: Ginza), Tel. 3571-4321.

●*Tôtô Ginza Pavillon,* Spezialgeschäft für Gourmets, mit Kochbüchern aus aller Welt, Kaffee und Säfte gratis. 10-18 Uhr, Chûô-dôri, Ginza 7-chôme (U: Ginza), Tel. 3573-1010.

●*Shiseidô The Ginza,* Hauptgeschäft des Kosmetikkonzerns, der auf Verbindung von Schönheit, Gesundheit und Kultur wert legt. 11-19(So)/20 Uhr, Chûô-dôri, Ginza 7-chôme (U: Ginza), Tel. 3572-2121.

●*Wanya Shoten,* Fachgeschäft für Nô-Theater. 11-20 Uhr, 8-7-5 Ginza (U: Ginza, ggf. auch Shimbashi), Tel. 3571-0514.

# Essen

## Family Restaurants

●*Fujiya,* ¥, Familienrestaurant, Hamburger-Steak 780 ¥, Menüs ab 1660 ¥. Gegenüber Sony-Bldg. (U: Ginza), Tel. 3572-4594.

●*Morinaga Love,* ¥, japanische Fastfoodkette. Hinter San-ai-Bldg. (U: Ginza, Tel. 3455-6660.

## Kyôdo und Nihon Ryôri

●*Akita-kan,* ¥, regionale Küche aus Nord-Japan, Nudelgerichte ab 800 ¥. 17-22.30 Uhr, am Wochenende geschl., 4-13-17 Ginza (U: Ginza), Tel. 3541-9388.

**Stadtteile**

● **Isaribi,** ¥/¥¥, preiswerte Hokkaido-Küche mit vielen Lachsgerichten. 17-2 Uhr, Sa bis 22 Uhr, So u. F geschl., 8-6-2 Ginza (U: Shimbashi), Tel. 3571-3923.

● **Kachô,** ¥¥, gute japanische Küche, günstiger Lunch: ab 2500¥. 11-21 Uhr, Ginza Core Bldg. B2, Chûô-dôri, Ginza 5-chôme.

● **Shimazutei,** ¥¥¥, Kagoshima-Küche aus Süd-Kyûshû, besondere Zutaten werden täglich frisch eingeflogen. 17-22 Uhr, So u. F geschl., Iijima Bldg. 2F, 6-4-8 Ginza (U: Ginza), Tel. 3574-6088.

### Kaiseki-Ryôri, Kappô

● **Jisaku,** ¥¥¥, direkt am Sumida-Fluß, existiert seit der Edo-Zeit, Spezialitäten Kaiseki, Sukiyaki, Shabu-Shabu, Mizutaki (Hühnerbrühe mit feinen Zutaten); ein besonderes Erlebnis, aber es hat seinen Preis: ca. 8000 ¥ für Mittag- und 20.000 ¥ incl. Getränke für Abendessen; Damen in Gruppen ab vier bekommen alles für 6000-8000 ¥. 12-22 Uhr, 14-19 Akashi-chô (U: Tsukiji), Tel. 3541-2391.

● **Munakata,** ¥¥, ausgezeichnetes Mini-Kaiseki, ca. 3000 ¥. 11.30-16 Uhr und 17-22.30 Uhr, Mitsui Urban Hotel B1, 8-6-15 Ginza (U: Shimbashi), Tel. 3574-9356.

### Sukiyaki Shabu-shabu

● **Kisoji,** ¥¥, u.a. Shabu-shabu, Lunch ab 1300 ¥. 11.30-14.30 und 17-21 Uhr, Ginza Jujiya Bldg.F5 (neben Ginza Core), Chûô-dôri, Ginza 5-chôme (U: Ginza).

● **Shabusen,** ¥¥, Shabu-shabu, günstiges Lunchmenü um 1500 ¥. Ginza Core Bldg. B1, F2, Chûô-dôri, Ginza 5-chôme (U: Ginza).

● **Zakuro,** ¥¥/¥¥¥, beliebtes, aber teures Shabu-shabu-Lokal. 11-21 Uhr, Ginza Sanwa Bldg. B1, 4-6-1 Ginza (U: Ginza), Tel. 3535-4421.

### Sushi

● **Fukusuke,** ¥¥, preiswertes Lunchmenü um 1500 ¥. 11-22 Uhr, Toshiba Bldg. (hinter Hankyû) B2, Ginza 5-chôme (U: Ginza).

● **Jiro,** ¥¥¥, Tempel für Sushi-Enthusiasten, gilt als bestes Sushi-Lokal in Tokyo, Lunch Nigiri 5000 ¥, abends ca. 20.000 ¥. 11.30-14 und 17-20 Uhr, So und F, im Juli/August auch Sa geschl. Tsukamoto-Sozan Bldg., B1, 4-2-15 Ginza (U: Ginza), Tel. 3535-3600.

● **Nakata,** ¥¥, sehr beliebt, traditionell, Set ab 3300 ¥. 12-21.30 Uhr, So geschl., 6-7-19 Ginza (U: Ginza), Tel. 3571-0053.

● **Tsukiji-Tamazushi,** ¥/¥¥, auch Varianten nach westlicher Art, Lunch: 900 ¥, Abendessen ab 1500 ¥. 11-22 Uhr, 1-9-4 Tsukiji (U: Higashi-Ginza), Tel. 3541-1917.

● **Sushisei,** ¥¥, sehr gut und sehr beliebt, ca. 3000 ¥, 100-300 ¥ pro Stück. 8-13 und 17-19.30 Uhr, Sa 10-14 und 17-21.30 Uhr; So geschl., direkt am Fischmarkt, 4-13-9 Tsukiji (U: Tsukiji), Tel. 3541-7720.

● **Edogin,** ¥¥, große Happen, volkstümliche Atmosphäre. 11-21.30 Uhr, So geschl., 4-51 Tsukiji (U: Tsukiji), Tel. 3543-4401.

### Fugu

● **Chikuyotei,** ¥¥, berühmt für die Aal-Gerichte, besonders beliebt im Sommer, *kaba-yaki* ab 2000 ¥. 11.30-14 und 16.30-20 Uhr, So u. F geschl., 8-14-7 Ginza (U: Higashi-Ginza), Tel. 3542-0787.

● **Tentake,** ¥¥, preiswerte Gerichte ab 3200 ¥, Menüs ab 7700 ¥, die 200 Sitzplätze sind meist belegt, im Sommer auch Aal. 12-22 Uhr, unterschiedlich geschl., 6-16-6 Tsukiji (U: Tsukiji), Tel. 3541-3881.

### Unagi

● **Tsukiji,** ¥¥, Lunch ab 1500 ¥. 8.30-19 Uhr, Ecke Nishi 5-bangai/Miyuki-dôri B1, Ginza 5-chôme (U: Ginza).

## O-den

●*Otako Honten,* ¥/¥¥, unprätentiöses Lokal, aber das beste O-den in der Umgebung, besteht seit über 60 Jahren, ca. 3000 ¥. 12-14 und 17-22.30 Uhr, So und F geschl., 5-4-16 Ginza (U: Ginza), Tel. 3571-0057.

## Tempura

●*Takeno,* ¥¥, Sashimi und *tempura moriawase* (gemischte Tempura-Platte), für die Großmarktarbeiter, entsprechend rauh, aber herzlich, ca. 3000 ¥. 11-20.30 Uhr, So und F geschl., 6-21-2 Tsukiji (in einer Seitengasse der Harumi-dôri rechts, kurz vor der Kashidoki-Brücke, U: Tsukiji), Tel. 3541-8698.
●*Tsunahachi,* günstiges Tempura-Lunchmenü um 1500 ¥. 9-21 Uhr, Di geschl., Matsuya F8, Chûô-dôri, Ginza 3-chôme (U: Ginza).

## Tonkatsu, Yakitori, Kushiage

●*Hayashi,* ¥/¥¥, Yakitori (Grill-Spießchen) zum selber brutzeln, die Einrichtung stammt aus Takayama; sehr gute Stimmung. 17-22.30 Uhr, So u. F geschlossen, 5-10-6 Ginza (U: Ginza), Tel. 3572-4584.
●*Toriyasu,* ¥/¥¥, günstiges Yakitori-Lunchmenü um 1500 ¥. 11.30-13.30 und 17-21 Uhr, Mihara-dôri, nahe Hotel Seiyô (U: Ginza-itchôme).

## Okonomiyaki

●*Hanabishi,* ¥/¥¥, beliebt bei jungen Leuten. 17-22 Uhr, Sa 13-22 Uhr, So u. F bis 20 Uhr, 4-12-3 Ginza (U: Ginza), Tel. 3451-2877.

## Râmen

●*Sankichi,* ¥, pro Portion 210 ¥. 11.30-14.15 und 16.30-19.15 Uhr, So u. F geschl., Ginza 9, No. 3 Bldg. B1, 8-5 Ginza (JR/U: Shimbashi, Ausg. Ginza, 10 Min.), Tel. 3571-1525.
●*Naokyû,* ¥, 11-21 Uhr, Sukiyabashi Hankyû/ Tôshiba Bldg. (gegenüber Sony Bldg., U: Ginza), Tel. 3571-0057.

## Nomi-ya

●*Hachimaki Okada,* ¥¥¥, Nomi-ya für Bosse, feine Häppchen; wer bereit ist, etwa 12.000-

17.000 ¥ (in bar) auszugeben, sagt zur Bedienung: *„Omakase-shimasu"* („Ich überlasse Ihnen die Auswahl"), zum Schluß: *„Okada chazuke".* 17-20.20, So und Feiertag geschl., 3-7-21 Ginza (U: Ginza), Tel. 3561-0357.
●*Chichibu Nishiki,* ¥/¥¥, seit über 60 Jahren bestehendes, beliebtes Sake-Lokal einer Brauerei aus der benachbarten Provinz Saitama, in traditioneller Atmosphäre, Sake ab 600 ¥. 17-22.30, So u. F geschl., 2-13-14 Ginza (U: Ginza), Tel. 3541-4777.

## Chinesisch

●*Eiki Chasô,* ¥¥, preiswerter Lunch, ca. 1500 ¥. 11.30-22.30 Uhr, San'ai Bldg. F6, Ginza 5-chôme-Kreuzung (U: Ginza).
●*Ginza Aster,* ¥¥, große Auswahl von einfachen bis raffinierten Gerichten, mehrere Filialen in Tokyo. 11.30-22 Uhr, Midori Bldg. 5-9-11 Ginza (U: Ginza), Tel. 3571-4550.

## Indisch

●*Ashoka,* ¥¥, Moghul-Menü ab 5000 ¥, Mo-Sa 11.30-21.30, So 12-19.30 Uhr, 7-9-18 Ginza (U: Ginza, Ausg. A3), Tel. 3572-2377.

## Deutsch

●*Lohmeyers German Restaurant,* ¥¥, seit langem beliebt. 11.30-21.15, So u. F 11.30-20.45 Uhr, 5-3-14 Ginza (U: Ginza), Tel. 3571-1142.

## Italienisch

●*Al Dente,* ¥¥, Spaghetti u.a., günstiges Lunchmenü. 11-20 Uhr, Sony Bldg. F6, Ginza 5-chôme (U: Ginza).
●*Aperio,* ¥¥, günstige italienische Lunchmenüs um 1500 ¥. 11.30-14 und 17.30-21 Uhr, B1, Yanagi-dôri, Ginza 1-chôme (U: Ginza-itchôme).
●*Effe,* ¥¥, günstiges Lunchmenü. 11.30-14.30 und 17-21.30, Fujiya Ginza Bldg. F3, Ginza 6-chôme (U: Ginza).
●*Trattoria Incontro,* ¥/¥¥, Lunch ab 900 ¥. 11-14.30 und 17-22 Uhr, Kami-Pulp-Kaikan 1F, 3-9-11 Ginza (U: Ginza), Tel. 3248-4881.

Stadtteile

## Rumänisch

●**Darye,** ¥¥, einziges rumänisches Lokal in Tokyo, ehrliche Küche. 11.30-15 und 17-21.30, So geschl., 7-8-5 Ginza (U: Ginza), Tel. 3573-3630.

## Thai

●**The Siam,** ¥¥, günstiges Lunchmenü um 1500 ¥. 11.30-14 und 17.30-23 Uhr, World Town Bldg. F8, Ginza 5-chôme (U: Ginza).

## Amerikanisch

●**Farm Grill,** ¥¥, gutes, preiswertes, modernes amerikanisches Essen, Büffet 3000 ¥. 17-22 Uhr, Ginza-Nine Sangokan Bldg. F2, 8-5 Ginza (U: Ginza), Tel. 5568-6156.

●**Volks,** ¥¥, Teakhaus, günstige Lunchmenüs um 1500 ¥. 11.30-22 Uhr, Sports Shinko Bldg. B1, Ginza 5-chôme (U: Ginza); Filiale an der Chûô-dôri nahe Shimbashi, Ginza 8-chôme.

## Bars und Clubs

●**Pilsen,** immer beliebt, vernünftige Preise. Mo-Sa 12-22 Uhr, So u. F bis 21 Uhr, Kojunsha Bldg. F1, 6-8-7 Ginza (U: Ginza, Ausg. A1 oder B3), Tel. 3571-3443.

●**Sapporo Lion,** beliebt, seit 1934, hohe Decke, schöne Mosaike, erste Bierhalle Japans, mehrere Filialen. 11.30-23 Uhr, Ginza Lion Bldg. F1, 7-9-20 Ginza (U: Ginza, Ausg. A4), Tel. 3571-2590.

●**Strathisla,** mehr für Whisky-Freunde, eigener Whisky, elsässische Küche. 11.30-23 Uhr, Yonei Bldg. 1F, B1, 2-8-20 Ginza (U: Ginza-Itchôme), Tel. 3535-3118.

●**Bar Cardinal,** britischer Pub, beliebt bei Geschäftsleuten und Office Ladies. 9-2 Uhr, Sony Bldg. B1, 5-3-1 Ginza (U: Ginza), Tel. 3573-0011.

●**Lupin,** beliebt und kaum verändert seit 1928, unter 2000 ¥. 17.30-23.30 Uhr, So u. F geschl., Tsukamoto Fudôsan Bldg. B1, 5-5-11 Ginza (U: Ginza), Tel. 3571-0750.

## Unterkunft

●**Business Hotel Van,** ¥/¥¥, 30 Zimmer, ab 8000 ¥. Direkt neben dem Tsukiji Honganji-Tempel, 3-17-10 Tsukiji (U: Tsukiji), Tel. 3543-8411.

●**Harumi Grand Hotel,** ¥¥, ab 20.000 ¥. 3-8-1 Harumi (U: Tsukiji), Tel. 3533-7111, Fax 3532-5315.

●**Ginza Tôbu Tokyo Renaissance Hotel,** ¥¥, 206 Zimmer, ab 18.000 ¥. 6-14-10 Ginza (U: Higashi-Ginza), Tel. 3546-0111, Fax -8990.

●**Ginza Tôkyû,** ¥¥, 440 Zimmer, ab 18.000 ¥, 5-15-9 Ginza (U: Higashi-Ginza), Tel. 3541-2411, Fax 3541-6622.

●**Mitsui Urban Ginza,** ¥¥, gute Lage, 253 Zimmer, ab 15.000 ¥. 8-6-15 Ginza (U: Shimbashi), Tel. 3572-4131, Fax 3572-4254.

●**Daitei,** ¥¥, ab 11.000 pro Person. 3-12-1 Ginza (U: Ginza/Higashi-Ginza), Tel. 3545-1111, Fax 3541-2882.

●**Atami-sô,** ¥¥/¥¥¥, früher Ryôkan, seit 1984 Hotel, nahe Kabuki-za, 76 Zimmer, ab 11.000 ¥. 4-14-3 Ginza (U: Higashi-Ginza), Tel. 3541-3621, Fax -3263.

●**Seiyô,** ¥¥¥¥, elegantes, ruhiges Spitzenhotel mit 80 unterschiedlichen Zimmern, unkonventionelle Architektur, ab 50.000 ¥. 1-11-2 Ginza (U: Ginza-Itchôme), Tel. 3535-1111.

# Südlich des Kaiserpalastes: Yûrakuchô, Hibiya, Kasumigaseki

(Chiyoda-ku)

## Yûrakuchô

Yûrakuchô schließt sich westlich nahtlos an die Ginza an, ist jedoch weniger elegant. In der unmittelbaren Nachkriegszeit, als General *McArthur* in der *Dai-Ichi Seimei Hall* am Palastgraben sein Hauptquartier hatte, wimmelte es hier von US-Soldaten und Prostituierten und denen, die mit den GI's kleine oder größere Geschäfte zu machen hofften; es gab in der Gegend einen großen Schwarzmarkt.

Neben dem *Dai-Ichi Seimei Building*, wo die gleichnamige Versicherungsgesellschaft untergebracht ist, befindet sich im *Kokusai Building* das **Imperial Theater** *(Teikoku Gekijô)* und die dem Ölkonzern *Idemitsu* gehörende sehenswerte **Idemitsu Art Gallery,** mit Zenga (Zen-Bildern) von *Sengai*, dazu japanische und chinesische Malerei, Bronzen, Keramik, Kalligraphien, Holzschnitte und wechselnde Ausstellungen. Schön ist auch der Blick auf die Stadt (10-17 Uhr, Mo geschl., 500 ¥, Kokusai Bldg. F9, 3-1-1 Marunouchi, JR: Yûrakuchô, U: Hibiya, Tel. 3213-3111).

Heute denken Einheimische bei Yûrakuchô vielleicht in erster Linie an leckere gegrillte Hühnerspieße *(yakitori)*, die es unter und neben der Eisenbahnunterführung am Yûrakuchô-Bahnhof gibt.

Von der Eisenbahnunterführung von Yûrakuchô sind es nur wenige Minuten zum Hibiya Park *(Hibiya Kôen)*.

## Hibiya

Der Name von *Hibiya*, das ursprünglich eine Meeresbucht war, verbindet sich vor allem mit seinem Park, heute ein beliebter Treffpunkt für Verliebte und auch für Angestellte der zahlreichen Firmen der Umgebung während der Mittagspause oder am frühen

Abend. Früher war der Park auch ein Ort großer Demonstrationen.

Der 16 ha große **Hibiya-Park** wurde 1903 als erster westlicher Park auf dem Gelände eines Exerzierplatzes angelegt. Um den Kaiserpalast herum lagen in der Tokugawa-Zeit die Residenzen der Daimyôs. Nach dem Fall des Shôgunats und dem Ende der Samurai-Zeit lagen große Grundstücke brach. Später entstanden dort die Konzentrationen des Regierungsviertels (Kasumigaseki) und des Big Business (Marunouchi, Ôtemachi, Nihombashi).

Hibiya ist abgesehen vom Park bekannt für seine **Theater** und **Kinos.** Zwei der bekanntesten Theater sind

Im Hibiya-Park

Stadtteile

*Nissei* und das berühmte Frauen-Revuetheater *Takarazuka*, direkt gegenüber dem vornehmen **Imperial Hotel** gelegen, das 1890 errichtet wurde, seither aber zweimal sein Äußeres total änderte. Es war einst berühmt für die von *Frank Llyod Wright* geschaffene Fassade, die unverzeihlicherweise aber schon 1967 einem größeren und moderneren Bau weichen mußte. Von dessen Panoramarestaurant auf dem Dach bietet sich nachts ein guter Blick auf Park und Umgebung.

Südlich schließt sich an den Park die 1979 entstandene **Hibiya City** an, die dem Rockefeller Center in New York nachempfunden wurde, einschließlich der Eisbahn (im Winter 11-19 Uhr). Sehenswert ist der NEC Showroom, daneben gibt es Dutzende von Geschäften und Lokalen (U: Uchisaiwaichô, Toei-Mita-Linie).

## Das Regierungsviertel Kasumigaseki

Ursprünglich hätte das Regierungsviertel auf dem Grund des Hibiya-Parks stehen sollen, aber der einem Sumpf abgewonnene Boden war nicht für eine Ansammlung schwerer Gebäude geeignet. So enstand das Regierungsgelände hinter dem Park im Stadtteil Kasumigaseki. Zwischen den Ministerien und anderen Regierungsgebäuden des Viertels steht unübersehbar das **Kasumigaseki-Building,** erbaut 1968, mit seinen heute bescheidenen 38 Stockwerken der erste Wolkenkratzer des erdbebengefährdeten Japan. Von einem der Lokale oder einem Bankettsaal im 35. Stock bietet sich ein schöner Blick auf die Stadt: Kaiserpalast und Ginza, Shimbashi und die Wolkenkratzer von Shinjuku.

Westlich an Kasumigaseki schließt sich **Nagata-chô, das Regierungsviertel,** an, in gewisser Weise das politische Zentrum seit der Meiji-Zeit: Hier steht das **Parlament** *(Kokkaigijidô),* auf Englisch *National Diet Building* genannt. Das mit einer Granitfassade bedeckte, sehr unjapanische, monumentale Gebäude wurde nach 17jähriger Bauzeit 1936 fertiggestellt. Die Front ist 206 Meter lang und 21 Meter hoch, der Turm erreicht knapp 66 Meter Höhe (geöffnet 9.30-16.30 Uhr, 1-7-1 Nagatachô).

Steht man vor dem Gebäude, sieht man zur Rechten das Haus des Rates, das **Oberhaus** *(sangi-in),* und zur Linken das Repräsentantenhaus, das **Unterhaus** *(shugi-in).*

Vor dem Parlamentsgebäude erstreckt sich ein 55 ha großer Park mit dem **Parlamentsmuseum** und einem Uhrturm im nördlichen Teil sowie einem traditionellen japanischen Garten im Südteil. Hier stand früher die Kaiserliche Villa Kasumigaseki; südlich nebenan liegen das Amt und die **Residenz des Premierministers** (wenige Minuten von der U-Bahn-Station Kokkaigijido-mae der Marunouchi-Linie).

Das 6stöckige Stahlbetongebäude der **Parlamentsbibliothek** *(National Diet Library)* steht in der nördlichen Nachbarschaft des Parlaments. Hier werden alle japanischen Veröffentli-

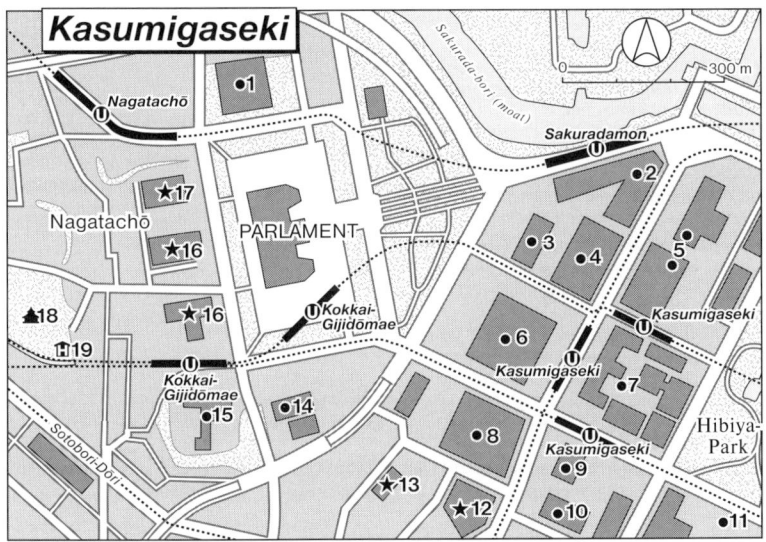

| | | |
|---|---|---|
| ● 1 | Parlamentsbibliothek | |
| ● 2 | Polizeipräsidium | |
| ● 3 | Transport- und Bauministerien | |
| ● 4 | Innenministerium | |
| ● 5 | Justizministerium und Gerichte | |
| ● 6 | Außenministerium | |
| ● 7 | Ministerium für Gesundheit, Arbeit und Landwirtschaft | |
| ● 8 | Finanzministerium | |
| ● 9 | Ministerium für Handel und Industrie | |
| ● 10 | Min. für Post und Telekommunikation | |
| ● 11 | Hibiya City | |
| ★ 12 | Toranomon-Konzerthalle | |
| ★ 13 | Kasumigaseki Building | |
| ● 14 | Amt des Premierministers | |
| ● 15 | Residenz des Premierministers | |
| ★ 16 | Unterhaus | |
| ★ 17 | Oberhaus | |
| ▲ 18 | Hie-Jinja-Schrein | |
| 🏨 19 | Capitol Tokyu Hotel | |

chungen, Bücher, Zeitschriften, Karten, aber auch Filme und Schallplatten gesammelt.

Das etwas weiter nördlich liegende **Nationaltheater** *(Kokuritsu Gekijô)*, 1966 eröffnet und dem Sosoin-Schatzhaus in Nara bzw. Vorratsspeichern der Jômon-Zeit nachempfunden, dient der Bewahrung und Förderung traditioneller Schauspielkünste. So enthält es ein Theater mit knapp 1750 Plätzen, in dem Kabuki, Tänze und alte Hofmusik *(gagaku)* aufgeführt werden. Im kleineren Theater mit 630 Plätzen sieht man vor allem Bunraku-Aufführungen. Es dient aber auch der japanischen Kunst des Geschichtenerzählens: *Kodan* und *Rakugo*, komische Geschichten. (3 Min. von der U-Bahn-Station Hanzomon der Hanzomon-Linie).

Stadtteile

## Einkaufen

●Sehr günstig läßt es sich in den Geschäften, die in den *Tiefgeschossen* der *Regierungsgebäude* liegen, einkaufen. Im Ministerium für Land-, Forstwirtschaft und Fischerei gibt es sogar frischen Fisch und Gemüse. Die Preise liegen meist 10-50 % niedriger als in normalen Geschäften. Auch essen kann man dort sehr preiswert.

●*Uyeda,* Perlen; sehr gutes Personal, preiswerter als *Mikimoto.* 1-2-15 Yûrakuchô, Chiyoda-ku; auch: *Imperial Hotel,* B1, 1-1-1 Uchisaiwai-chô, Tel. 3503-2587.

●*Hayashi Kimono,* gute Auswahl an gebrauchten und neuen Kimonos, recht teuer. 9.30-19 Uhr, in der *International Arcade,* gegenüber Imperial Hotel, 1-7 Uchisaiwaichô (U: Uchisaiwaichô), Tel. 3591-9826.

●*Sakai Kokodô Gallery,* Holzschnitte, seit über hundert Jahren im Geschäft. 10-19 Uhr, So ab 11 Uhr, 1-2-14 Yûrakuchô (U: Yûrakuchô), Tel. 3591-4678.

●*Ishida Biwa-ten,* Musikinstrumente. 9-19 Uhr, So u. F geschlossen, 3-8-4 Toranomon (U: Toranomon), Tel. 3431-6548.

●*Japan Sword, das* Geschäft für japanische Schwerter. 9.30-18 Uhr, So geschl., 3-8-1, Toranomon (U: Toranomon), Tel. 3434-4321.

## Essen

### Japanische Küche, Kyôdo

●*Donto,* ¥¥, günstiges Lunchmenü um 1500 ¥. 11-14 und 17-21.30 Uhr, So geschl., Yûrakuchô Denki Bldg. B1 (U: Yûrakuchô).

●*Robata Honten,* ¥¥, rustikale Küche, ein Überbleibsel der Nachkriegszeit, geführt von *Inoue-san,* einem Dichter, der auch ab und zu internationale Dichterlesungen veranstaltet, ca. 5000 ¥. Unter den Bahngleisen in Richtung *Imperial Hotel,* 1-3-8 Yûrakuchô (U: Yûrakuchô), Tel. 3591-1905.

●*Ton Ton,* ¥, noch ein Relikt der Nachkriegszeit, 5 Yakitori (Hühnerfleischspieße) für 350 ¥, Sake 180 ¥. 17-23 Uhr (JR: Yûrakuchô, unter der Eisenbahnbrücke).

●*Shokudô Wan,* ¥, neue japanische Küche in moderner Umgebung, ab 800 ¥. 11.30-22.30 Uhr, So geschl., Hibiya Chûnichi Bldg. F1, 2-1-4 Uchisaiwaichô (U: Uchisaiwaichô), Tel. 3503-2671.

### Chinesisch

●*Keiroku,* ¥/¥¥, beliebt bei Studenten aus Südostasien. 11.30-22 Uhr, So geschl., 1-2-8 Yûrakuchô (U: Yûrakuchô), Tel. 3580-1948.

### Indisch

●*Maharao,* ¥¥, preiswerte nordindische Küche, sehr beliebt. 11-22 Uhr, Mitsui Bldg. B1, 1-1-2 Yûrakuchô (U: Hibiya), Tel. 3580-6423.

### Thai

●*Chiang Mai,* ¥¥, authentische Thai-Küche, beliebt. 11.30-23 Uhr, Sa geschl., Kaede Bldg., 1-6-10 Yûrakuchô (U: Yûrakuchô, Westausgang), Tel. 3580-0456.

### Italienisch

●*Buono Buono* ¥¥, beliebt und geräumig, Lunch ab 1600 ¥, Abendessen ca. 6000 ¥. Täglich 11.30-22.30 Uhr, Nishi-Ginza Department Store 2F, 4-2-15 Ginza (U: Yûrakuchô), Tel. 3566-4031.

### Französisch

●*Apicius,* ¥¥¥, gute Wildgerichte, Herrenclubdekor, Lunch ab 5000 ¥, Abendessen über 10.000 ¥. 11.30-13.30 und 17.30-20.30 Uhr, So geschl., 1-9-4 Yûrakuchô (U: Yûrakuchô), Tel. 3214-1361.

## Bars, Discos, Revue

●*Old Imperial Bar,* klassische Hotelbar für ruhige Momente. *Imperial Hotel,* Hauptbau, 1-1-1 Uchisaiwaichô (U: Hibiya), Tel. 3504-1111.

●*Radio City,* große Disco, sehr beliebt, Einlaß nur in guter Kleidung, ab 5000 ¥ incl. Getränke und Essen. 17-24 Uhr, Toho Twin Tower Bldg. B2, 1-5-2 Yûrakuchô (U: Hibiya), Tel. 3503-3675.

• **Tokyo Takarazuka Theater,** Revuetheater, fast alle Darstellerinnen sind Frauen, sehr beliebt, vor allem bei weiblichen Teenagern; romantische Tänze, Gesangsnummern. 1-1-3 Yûrakuchô (U: Hibiya), Tel. 3591-1711.

## Unterkunft

• **Imperial** (Teikoku) **Hotel,** ¥¥¥¥, das klassische Tokyoter Luxushotel besteht seit 1890, direkt am Hibiya-Park gelegen nahe Regierungsviertel und Ginza; viele Gruppenreisende, gute Lokale, insbesondere die Sushi-Bar; 1059 Zimmer, ab 35.000 ¥. 1-1-1 Uchisaiwai-chô (JR: Yûrakuchô, U: Hibiya), Tel. 3504-1111, Fax 3581-9146.

# An der Tokyo-Bucht: Shimbashi, Shiba, Shinagawa

(Minato-ku, Shinagawa-ku)

## Shimbashi

Der Stadtteil Shimbashi schließt sich südwestlich an die Ginza an. Am Bahnhof Shimbashi (bzw. *Shin-bashi*, „neue Brücke") endeten früher die von Süden kommenden Züge. Die erste Eisenbahn in Japan verkehrte ab 1872 zwischen Shimbashi und Yokohama.

An der Stelle, an der die **erste Eisenbahnlinie** in Betrieb genommen wurde, gibt es eine 0-Meilen-Markierung. Wer vom Bahnhof Shimbashi die Straße nach rechts im Bogen in Richtung Hama-Rikyu-Garten und Tsukiji-Fischmarkt verfolgt, kommt am rechter Hand gelegenen Shiodome-Güterbahnhof vorbei. Hier befindet sich die Markierung.

Die frühere Bedeutung Shimbashis ist gewichen, und das Einkaufszentrum hat sich nordwärts Richtung Hauptbahnhof in die Ginza verschoben. Dennoch ist die Grenze zwischen der Ginza und Shimbashi eigentlich nicht wahrnehmbar.

Früher war Shimbashi auch ein Viertel der Geishas. Heute gibt es hier kleine Dienstleistungsunternehmen, Märkte, Einkaufsarkaden und preiswerte Kneipen.

Vom **Bahnhof Shimbashi,** in dessen Nähe es viele beliebte kleine Lokale gibt (vor allem in der Nähe des Schreins *Karasumori Jinja* hinter dem *New Shimbashi Building*), bietet sich als erstes Ziel der etwas südöstlich liegende Park *Hama Rikyû Teien* zum Besuch an.

### Hama-Rikyû-Garten

Der 10minütige Fußweg vom Bahnhof Shimbashi ist nicht sehr anregend. Eine gute Alternative ist es, den Parkbesuch mit einer Fahrt mit dem Wasserbus unter den Brücken des Sumida hindurch zu verbinden (s. Asakusa).

Der an der Tokyo-Bucht bzw. dem rechten Arm des Sumida-Flusses liegende, 25 ha große Garten gehörte früher der *Matsudaira*-Familie bzw. den *Tokugawas* und ist ein gutes Beispiel für einen Daimyô-Garten mit kleineren und größeren **Teichen,** um die herum Fußwege führen. Elegant wirkt das Teehaus am Hauptteich. Auch ein unzugängliches kleines **Vogelschutz-**

*Stadtteile*

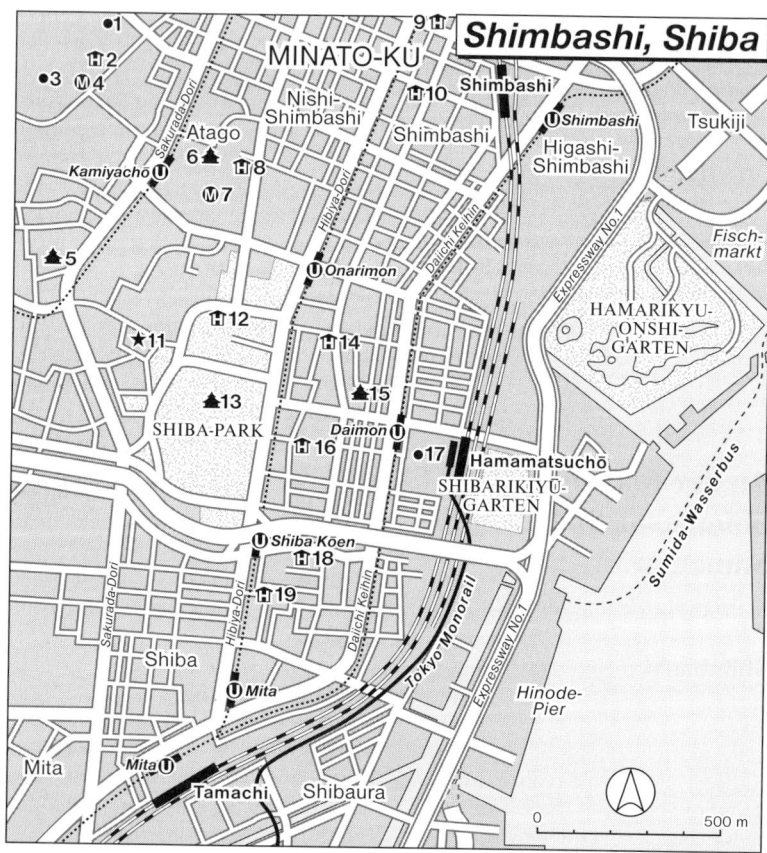

**Shimbashi, Shiba**

| | | | | |
|---|---|---|---|---|
| ● | 1 | Botschaft der USA | 🏨 12 | Tokyo Prince Hotel |
| 🏨 | 2 | Hotel Okura | ▲ 13 | Zōjō-ji-Tempel |
| ● | 3 | Ark Hillls | 🏨 14 | Shiba Park |
| Ⓜ | 4 | Okura Museum | ▲ 15 | Shiba-Dai-Jinju-Schrein |
| ▲ | 5 | Reiyūkai-Tempel | 🏨 16 | Miel Parque Tokyo |
| ▲ | 6 | Atago Jinja-Schrein | ● 17 | World Trade Center |
| Ⓜ | 7 | NHK Broadcasting Museum | 🏨 18 | Tokyo Grand Hotel |
| 🏨 | 8 | Atagoyama Tokyu Inn | 🏨 19 | Mita Kaikan |
| 🏨 | 9 | Dai-ichi Hotel/Annex | | |
| 🏨 | 10 | Sun Hotel Shimbashi | | |
| ★ | 11 | Tokyo Tower | | |

Stadtteile

**gebiet** mit einer Kolonie der seltenen Kawau-Meeresvögel befindet sich mitten im Park. Die z.T. über 300 Jahre alten Bäume vielerlei Gestalt verlocken zusätzlich zum Besuch. Im Frühjahr blühen die Kirschen, später Azaleen, im Sommer Iris. Geöffnet ist der Garten Di-So 9-16.45 Uhr, Eintritt 200 ¥.

### Rundfunk- und Fernsehmuseum

Geht man vom Bahnhof in leicht südwestlicher Richtung über die Hibiya-dôri hinweg nach Nishi- (West-) Shimbashi, kommt man nach rund 800 Metern zum **NHK Broadcasting Museum** *(Hôsô Hakubutsukan)* auf dem Atagohügel, das die Geschichte der

Entwicklung von Rundfunk und Fernsehen in Japan veranschaulicht (geöffnet 9-16.30 Uhr, Mo geschl., Eintritt frei, 2-1-1 Atago, U: Kamiyachô, Tel. 5400-6900). Hier wurden ab 1925 die ersten Rundfunkübertragungen Japans durchgeführt. Es gibt rund 20.000 Ausstellungsstücke aus der Geschichte des *NHK (Nihon Hôsô Kyôkai)*, der staatlichen Rundfunkgesellschaft.

### Atago-Schrein

Gleich nördlich nebenan steht der Atago-Schrein *(Seishôji)* auf dem gleichnamigen **Hügel,** auf den von der Vorderseite eine **steile Treppe** mit 86 Stufen hinaufführt. Diese Treppe ist dafür bekannt, daß immer wieder einmal Reiter zu Pferde über sie empor- und zum Teil auch hinabgeritten sind. Der Schrein wurde 1603 unter *Ieyasu*

Am Bahnhof von Shimbashi

errichtet und der Gottheit Homusubi-no-Kami geweiht, Beschützer gegen Feuer. Nichtsdestoweniger brannte das Schreingebäude im 2. Weltkrieg ab, wurde jedoch 1948 wiederaufgebaut. Auf dem Gelände gibt es auch einen Benten- und Inari-Schrein und einen mit Booten befahrbaren Karpfenteich.

## Shiba

Der Stadtteil Shiba liegt an den nördlichen Ausläufern der Tokyo-Bucht.

Atago-Schrein

Im **JR-Bahnhof Hamamatsuchô,** um den sich das Viertel erstreckt, steht eine Nachbildung des *Manneken Pis,* das über 200 Kleidungsstücke gestiftet bekommen hat und diese abwechselnd trägt. Hinter den Gleisen liegt der kleine Park **Kyû Shibarikyû Garden,** der im 17. Jh. von einem Kanzler des Shôgun angelegt worden war.

Hinter dem Park befindet sich der **Takeshiba-Sanbashi-Pier,** von dem aus Fähren zu den Izu- und Ogasawara-Inseln und zu Rundfahrten durch die Tokyo-Bucht starten. Die Wasserbusse nach Asakusa und zu Zielen östlich des Sumidagawa starten vom südlich davon gelegenen **Hinode-Pier.**

### Shiba-Park

Der Park **Shiba-Kôen** schließt sich südwestlich an Shimbashi an. Er gehörte früher zum Grundstück des Zôjô-ji-Tempels. Heute gibt es vom Park nur noch Reste, den Hauptteil nehmen außer dem verbliebenen Tempelgelände ein Golfübungsplatz, Sportanlagen, Parkplätze und das *Tokyo Prince Hotel* ein.

## Zôjô-ji-Tempel

Dieser im Jahre 1393 errichtete, im Shiba-Park gelegene Tempel der *Jôdoshu* war nach dem Kan'ei-ji der größte buddhistische Tempel Edos. Er war ebenfalls ein Familientempel der *Tokugawa* und hatte die Aufgabe, den Südwesten Edos vor bösen Geistern zu schützen. Das Mausoleum des Tokugawa *Hidetaka* fiel wie die anderen vier Dutzend Tempelgebäude den Flammen im 2. Weltkrieg zum Opfer.

Das wichtigste erhaltene Gebäude ist das große, dreifache, rot-lackierte **Eingangsstor** *(Sanmon)* aus dem Jahre 1605. Es ist im Stil der chinesischen Tang-Dynastie erbaut und enthält Statuen von Buddha mit zwei Bodhisattvas, 4 Devas und 16 Schülern Buddhas. Es ist mit dem „Schwarzen Tor" verbunden. Der Torkomplex gilt ebenso wie die beiden zum Mausoleum gehörenden Tore, die heute nur noch Parkplätze bewachen, als wichtiges Kulturdenkmal. Früher stand er direkt an der Edo-Bucht. Es ist das älteste Holzbauwerk Tokyos.

Die große Glocke im ebenfalls erhaltenen **Glockenturm** aus dem Jahre 1673 ist die größte Tempelglocke Ostjapans und die erste in Edo gegossene Bronzeglocke. Sie ist 3,30 m hoch und 15 Tonnen schwer. Erwähnenswert ist noch die sechseckige, 1605 errichtete **Bibliothek** mit 18.000 Holztäfelchen. Die Haupthalle ist 1974 wieder aufgebaut worden. Die Ankoku-den-Halle enthält die seit Jahrhunderten verehrte, weihrauch-geschwärzte Statue des Schwarzen Amida. Sie wird nur noch dreimal im Jahr öffentlich gezeigt.

## Tokyo Tower

Westlich hinter dem Shiba-Park erhebt sich der 1958 errichtete, weithin sichtbare Tokyo Tower. Die **Eiffelturm-Nachbildung** ist mit 333 Metern um 11 Meter höher als das Original. Es gibt eine große Aussichtsplattform in 150 Meter und eine kleinere in 250 Meter Höhe. Unten befinden sich ein Aquarium, ein Wachsfigurenmuseum, das *Modern Science Museum* und eine riesige Sammlung an Japan-Kitsch in den Andenkenläden (U: Daimon, Toei-Asakusa-Linie, 10 Min. oder Kamiyachô, Hibiya-Linie, 10 Min., JR: Hamamatsuchô, 15 Min.).

## World Trade Center

Östlich vom Shiba-Park steht gleich beim JR-Bahnhof Hamamatsuchô das World Trade Center. Als es im Jahre 1970 eröffnet wurde, war es das höchste Haus Japans. Vom 40. Stock in 153 m Höhe hat man heute immer noch eine gute Aussicht. Zwei Stockwerke darunter befinden sich Restaurants.

Das Gebäude beherbergt vor allem Außenhandelsbüros. Im Anbau nebenan liegen der größte **Busbahnhof** Tokyos und der Startpunkt der **Monorail-Bahn** zum Flughafen Haneda.

Stadtteile

## Shinagawa

Südlich von Shiba liegt der **Eisenbahn-knotenpunkt** Shinagawa. Früher war es eine Station am Tôkaidô, der über 500 km langen Straße von Edo nach Osaka, und wies das zweitgrößte Vergnügungsviertel nach Yoshiwara auf.

In der Meiji-Zeit stand hier ein größeres Industrieviertel, von dem heute nur noch das Hauptwerk von *Sony* übriggeblieben ist. Das Industrieviertel von Shinagawa hat sich ein Stück nach Osten an die Bucht verlagert, wo auf neugewonnenem Land zahlreiche Elektronik- und Maschinenfabriken, die zur Industriezone Keihin gehören, angesiedelt wurden.

Unweit des **Bahnhofs Shinagawa** liegen im Viertel Takanawa einige bekannte große Hotels: *Takanawa Prince*, *Pacific Tokyo*, *Shinagawa Prince*. Mittendrin gibt es die **Eisbahn** *Ice Arena Skating Center*. Von dort ist es nicht weit zum **Zen-Tempel Tôzen-ji.**

Westlich der U-Bahnstation Takanawadai befindet sich ein ästhetisch sehr ansprechendes **Museum für asiatische Keramik** und Geräte für die Teezeremonie, das *Hatakeyama Museum*, im Garten des Restaurants *Hannya-en* (10.00-16.30 Uhr, Mo geschl., 500 ¥; 2-20-12 Shiroganedai, U: Takanawadai, Toei-Asakusa-Linie, Tel. 3447-5787.

### Sengaku-ji-Tempel

Vom U-Bahnhof Sengaku-ji sind es nur wenige Minuten zum westlich gelegenen gleichnamigen Tempel. Die-

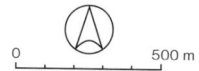

0      500 m

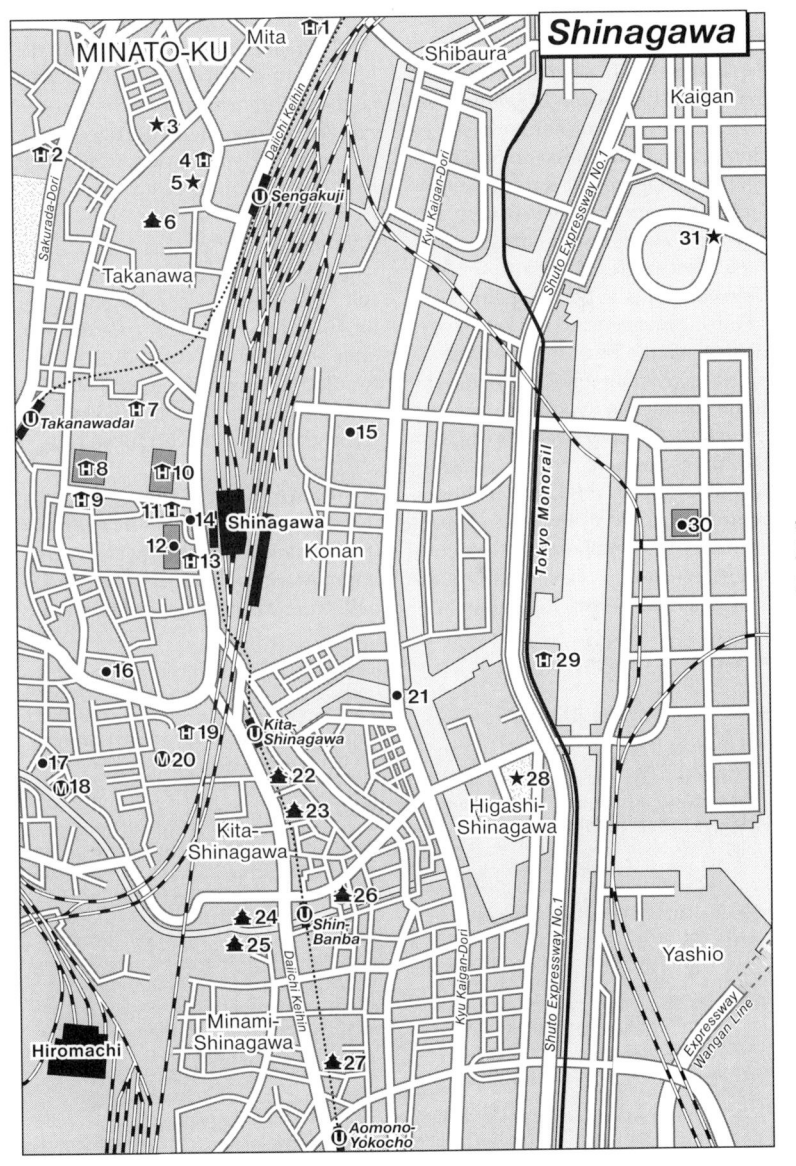

Stadtteile

ser der Sôtô-Zen-Sekte gehörende Tempel ist berühmt geworden durch die immer noch allen Japanern vertraute Geschichte der **47 Samurai,** die hier gemeinsam mit ihrem einstigen Herrn, dem **Daimyô Asano Naganori,** bestattet liegen. In Kabuki-Stücken und Fernsehdramen wird diese Geschichte, *Dai-Chushingura* genannt, auch heute noch, vor allem in den Wochen vor Neujahr, gern aufgeführt.

Der Tempel gehörte der Familie des Fürsten. An die Residenz von *Kira Kozukenosuke* erinnert noch eine Tafel im Sumo-Viertel von Ryôgoku.

Auf dem **Friedhof** des Tempels, dem Hauptziel der zahlreichen Besucher, liegen die Gräber des Daimyô und seiner treuen 47 Vasallen. Ganz rechts ist das Grab des Anführers der herrenlosen Rônin, *Oishi Kuranosuke,* ganz links das Grab seines 15jährigen Soh-

nes *Yoshikane*. Das erste Grab hinter dem Eingang gehört *Asanos* Frau, dahinter ruht er selbst. Außen am Weg liegt der Brunnen, in dem *Kira Kozukenosukes* Haupt nach vollzogener Rache gewaschen worden war, bevor man es ans Grab des Herrn legte.

## Rainbow-Bridge

Nordöstlich von Shinagawa gibt es seit 1993 eine gewisse Attraktion, die für Fußgänger nicht gut zu erreichen, aber gegen eine Gebühr zu begehen ist: die Rainbow-Bridge, eine Brücke, von der aus man einen interessanten Blick auf die Skyline von Tokyo hat.

## Schiffahrtsmuseum

Auf der Insel am andern Ende der Brücke steht das sehenswerte **Museum of Maritime Science** *(Fune no Kagakukan).* Hier gibt es Exponate aus

## Die Geschichte der 47 Samurai

Der Daimyô **Asano Naganori,** Herr von Ako an der Inlandsee, war *1701* am Hof des Shôgun zuständig gemacht worden für den Neujahrsempfang des Kaiserlichen Gesandten aus Kyôto. *Kira Kozukenosuke* war damals der **Protokollchef** und hatte den Auftrag, seinen Herrn in die Feinheiten des Empfangsprotokolls einzuweisen. Offenbar triezte er jedoch den jungen Asano und erklärte absichtlich nicht alle Einzelheiten korrekt, um ihn bloßzustellen. Als Folge von Kiras Provokation und Arroganz konnte sich Asano nicht länger beherrschen und **zog das Schwert** gegen Kira, ohne ihn jedoch zu töten.

Es war jedoch bei Todesstrafe verboten, das Schwert am Hofe des Shôgun zu zie-

hen. So mußte Asano noch am selben Tag sterben. Er durfte jedoch **rituellen Selbstmord (seppuku)** begehen. Seine **Samurai** waren mit seinem Tod natürlich **herrenlos (rônin).** Sie schworen ihrem Herrn Rache, weil Kira ohne Strafe davongekommen war.

Von den Rônin hatten sich 47 bereit erklärt, ihren Herrn zu rächen. Um nicht aufzufallen, hielten sie ihren Plan geheim und tarnten sich. Am 31. Januar 1703 war es schließlich soweit, Kira wurde getötet. Nach der erfolgreichen Rache blieb auch den Samurai keine andere Wahl, als ebenfalls **seppuku** zu begehen. Damit konnten sie ehrenvoll dem erwarteten Todesurteil zuvorkommen. Das Volk war darüber entsetzt, konnte aber nichts tun. Auch viele Daimyô waren im Grunde enttäuscht. Im Bewußtsein der Japaner sind die 47 Samurai jedoch als **Symbole für Loyalität** unsterblich geworden.

der Seefahrt, darunter das Antarktis-Forschungsschiff *Sôya*, das Kriegsschiff *Mutsu* und das U-Boot *PC 18*. Das Museum befindet sich in einer Stahlbetonnachbildung eines 60.000-Tonnen-Dampfers mit 70 m hohem Aussichtsturm (geöffnet 10-17 Uhr, 500 ¥, 3-1 Higashi-Yashio, Tel. 3528-1111; von Shinagawa mit Bus 20 Min.).

### Tempel und Schreine

Südlich des Bahnhofs Shinagawa, zwischen den Bahnhöfen Kita-Shinagawa und Shin-Bamba, gibt es eine Reihe von Tempeln und Schreinen, die noch an die Zeit erinnern, als hier der Tôkaidô entlangführte. Am *Ebara-jinja* aus dem 9. Jh. findet Anfang Juni ein lebhaftes Schreinfest statt, bei dem der tragbare Schrein *o-mikoshi* per Boot den Meguro-Fluß entlang zum Meer gefahren wird.

Gegenüber auf der anderen Flußseite steht der *Kaitoku-ji* mit seinem schönen, 250 Jahre alten Hauptgebäude. Ebenfalls am Fluß liegt der Zen-Tempel *Tôkai-ji,* der einst zu den bedeutendsten Tempeln Edos gehörte. Ein weiterer Schrein ist der nordöstlich davon gelegene *Shinagawa-jinja.* Gegenüber dem Tôkai-ji, auf der anderen Flußseite, steht der Seikô-in mit seinem alten Daimyô-Friedhof. Gleich östlich des U-Bahnhofs Shin-Bamba steht der *Shinagawa-ji,* auch *Honsen-ji* genannt, der bekannt ist für eine der sechs großen Jizo-Statuen.

### Museum für zeitgenössische Kunst

Westlich der Yamanote-Bahnlinie befindet sich in der Nähe des U-Bahn-hofs Kita-Shinagawa das *Hara Museum of Contemporary Art* in einem vom Bauhaus beeinflußten Gebäude mit Gemälden und Skulpturen aus der Zeit nach 1950 aus Japan, Europa und Amerika (11-17 Uhr, 700 ¥, 4-7-25 Kita-Shinagawa, Tel. 3445-0651.)

## Einkaufen

Außer einigen Antiquitätenläden hat diese Gegend wenig Bemerkenswertes zum Einkaufen zu bieten.

●*Kyôto Center,* Kunst und Handwerk aus Kyôto, Kyô Noren. 11-19 Uhr, Sa bis 18 Uhr, So u. F geschl., Kyôto Shimbun Ginza Bldg. 1F, 8-2-8 Ginza (U: Shimbashi, Higashi-Ginza), Tel. 3572-6484.

●*Heisandô,* berühmt für Rollbilder und Wandschirme. 10-17 Uhr, So u. F geschl., 1-2-4 Shiba-kô (U: Onarimon), Tel. 33434-0588.

●*Hitatsuka,* Antiquitäten, besonders begehrt sind die kleinen Kommödchen. 10-19 Uhr, So geschl., 8-7-6 Ginza (U: Shimbashi), Tel. 3571-1684.

●*Ikeda,* alte Stoffe. 11.30-19 Uhr, 5-22-11 Shiroganedai (U: Takanawadai, Toei-Asakusa-Linie), Tel.3445-1269.

## Essen

### Kyôdo – Regionale Spezialitäten

●*Tojinbo,* ¥¥, gute Hokkaidô-Küche. New Shimbashi Bldg. B1 (U: Shimbashi, Ausg. 8), Bahnhof Hibiya-Seite.

●*Yukun Sakagura,* ¥¥, Kyûshû-Lokal für Heimwehkranke, viele täglich frisch aus Kyûshû eingeflogene Spezialitäten, u.a. der Mutsugoro-Fisch, den es nur in der Ariakekai-Bucht gibt, wo er bei Ebbe aus dem Schlamm gefischt wird; Abendessen ab 5000 ¥. 11.30-13.30 und 17-21.45 Uhr, So, F und meist Sa (außer Dezember) geschl., Kyowa Bank Bldg. B1, 1-16-14 Shimbashi (U: Shimbashi), Tel. 3508-9296.

Stadtteile

●**Shimbashi Ôtomo,** ¥/¥¥, ausgezeichnete japanische Küche zu vernünftigen Preisen (vor allem die Lunch-Menüs; Abendessen (omakase) 7000 ¥. 11.30-13.30 und 17-21.30 Uhr, So geschl., JR: Shimbashi, nahe W-Ausg.

●**Happô-en,** ¥¥/¥¥¥, attraktives Hochzeits-Restaurant mit eigenem, 5 ha großem Park um einen Teich, 11.30-21 Uhr, 1-1-1 Shirokane-dai (U: Takanawadai,Tôei-Asakusa-Linie).

## Kaiseki

●**Daigo,** ¥¥/¥¥¥, hochklassige Shojin-Ryôri-Küche im Tempel (vegetarisches Kaiseki); 10-15 Gerichte, 14.000-18.000 ¥. 12-15 und 17-20 Uhr, Do geschl., Seisho-ji, 2-4-2 Atago (U: Onarimon,Toei-Mita-Linie; Kamiyachô-Hibiya-Linie), Tel. 3431-0811.

## Robatayaki

●**Musashi,** ¥, preiswert, pro Gericht 280 ¥. 17-22.40 Uhr, So u. F geschl., am Bahnhof Shimbashi, 2-9-17 Shimbashi, Tel. 3580-3550.

## Unagi

●**Nodaiwa,** ¥¥, seit der Edo-Zeit gibt es hier ausgezeichnete Aal-Gerichte, ab 2500 ¥. 11-13.30 Uhr und 17-19.30 Uhr, So u. F geschl., U: Kamiyachô, Tel. 3583-7852.

## Tempura

●**Hashizen,** ¥¥, altehrwürdiges Tempura-Restaurant, das bekannt ist für *kakiage* (gemischtes Gemüse in Tempura-Teig) auf Reis. 1-7-11 Shimbashi (U: Shimbashi), an der Einmündung der Showa-dôri, Tel. 3571-2700.

## Neue Japanische Cuisine

●**Hishinuma,** ¥¥¥, kreative japanische Küche mit westlichem Touch, ab 8000 ¥. 18-21.30 Uhr, So u. F geschl., Aurora Mita F1, 2-17-29 Mita (JR: Tamachi, U: Mita, Toei-Mita-Linie), Tel. 3453-0772.

## Chinesisch

●**Bodaiju,** ¥¥, gute vegetarische chinesische Küche mit den charakteristischen Fleisch-Imitationen, gesund und ohne Glutamat. 11.30-

14.30 Uhr und 17.30-20 Uhr, So u. F geschl., Bukkyo Dendo Center, 4-3-14 Shiba (U: Mita, JR Tamachi), Tel. 3456-3257.

●**Saikon,** ¥¥, schöne Lage auf dem Hügel neben dem Rundfunk-Museum, Lunch ab 1500 ¥, Abendessen: Menü ab 6000 ¥. 11.30-13.30 und 14-22 Uhr, So u. F geschl., U: Kamiyachô, Hibiya-Linie oder Onarimon, Toei-Mita-Linie, Tel. 3437-3618.

## Französisch

●**Côte d'Or,** ¥¥¥, klassisch, zurückhaltend, hervorragende Küche, Lunch 4500 ¥, Abendessen über 10.000 ¥. 12-14 und 18-21 Uhr, Mo geschl., Mita House F1, 5-2-18 Mita (JR: Tamachi ca. 15 Min., U: Mita, Toei-Mita-Linie), Tel. 3455-5145.

## Koreanisch

●**Kusa-no-ya/ie,** ¥/¥¥, preiswert und beliebt: Zwiebelpfannkuchen. 11.30-14.30 und 17-23.30 Uhr, 1. Mo geschl.; Azabu Jûban Shopping Arcade, 4-6-7 Azabu-Jûban, Minato-ku, nahe der Koreanischen Botschaft (U: Mita, Toei-Mita-Linie oder Roppongi, Hibiya-Linie, 20 Min.), Tel. 3455-8356.

●Entlang der Sakurada-dôri, in Azabu-jûban und nahe der Koreanischen Botschaft gibt es Dutzende von Lokalen, die *yakiniku* (Hühnerfleischspießchen) nach koreanischer Art anbieten.

## Spanisch

●**Mesón el Vasco,** ¥¥, gute baskische Küche, 4 Tische, gute Stimmung, ca. 7000 ¥. 17-22.30 Uhr, So u. F geschl., 1-25-6 Hamamatsuchô (JR: Hamamatsuchô), Tel. 3436-5720.

## Thai

●**Pecharet,** ¥/¥¥, alle sitzen bei Thai-Muttern um den Tisch, Spezialität: Curries und scharf gewürzter Fisch. 3-17-2 Nishi-Shinagawa (JR: Osaki), Tel. 3491-9975.

## Eis

●**Sowa,** ¥/¥¥, gute Eiskrem und Sherbet. 10-19 Uhr, Sa 10-16 Uhr, So u. F geschl., 3-19-9 Toranomon (U: Kamiyachô, Ausg. Mitsui-Taiyô Kobe Bank), Tel. 3431-3203.

# Bars und Clubs

●*Inn Stick Suzue Factory,* gute Bar mit Live-Musik von Jazz bis HipHop, modernes Design, Getränke ab 1000 ¥. 18-23.30 Uhr, Musik ab 19 oder 20 Uhr, bei Live-Musik geöffnet bis 4 Uhr, 1-15-1 Kaigan (JR: Hamamatsuchô, Südausg., nahe Tokyo Gas Bldg.), Tel. 3434-1677.

●*Tokyo Bay GoGo,* eine Art altmodische Western Bar, Getränke ab 700 ¥. Mo-Do 19-24 Uhr, Fr/Sa/vor Feiertagen bis 4 Uhr, Hinode Bldg. 3F, 2-1-5 Kaigan (JR: Hamamatsuchô, Südausg.), Tel. 3457-9931.

●*Great German Cook,* nach Art eines deutschen Landgasthofs, deutsches Essen und Bier. 11.30-14 Uhr und 17-22 Uhr, Wochenende u. F geschl., New Shimbashi Bldg. B1, 2-16-1 Shimbashi (JR Shimbashi, Ausg. Karasumori), Tel. 3501-3581.

●*Volga,* früher ein bekanntes russisches Restaurant, nun ein Steakhouse mit Live-Musik (Blues), Shows um 12 und 23 Uhr. 11-15 und 17-22 Uhr, 3-5-14 Shiba Koen (U: Kamiyachô), Tel. 3433-1766.

# Unterkunft

●*Tokyo Hamamatsuchô Seamen's Hall,* ¥, jap. Zimmer ab 3000 Yen, sehr beliebt bei Einheimischen, daher oft ausgebucht, Frühstück 550 ¥. Am Kyû-Shibarikyû Garten, 1-4-9 Kaigan (JR: Hamamatsuchô), Tel. 3433-5688.

●*Monterey Sannô,* ¥/¥¥, 179 Zimmer, ab 9000 ¥, im früheren Deutschen-Viertel, direkt am Bahnhof. 1-3-1 Sanno (JR: Ômori, Ausg. Nord), Tel. 3773-7111, -7766.

●*Sun Hotel,* ¥/¥¥, 219 Zimmer, ab 8000 ¥. 3-5-2 Shimbashi (JR: Shimbashi), Tel. 3591-3351, Fax -1977.

●*Miel Parque Tokyo,* ¥/¥¥, 122 Zimmer. 2-5-20 Shiba-Kôen (U: Shiba-Kôen/Onarimon), Tel. 3433-7211, Fax 3459-0456.

●*Keihin Hotel,* ¥/¥¥, 52 Zimmer, ab 9000 ¥. 4-10-20 Takanawa (JR: Shinagawa), Tel. 3449-5711, Fax-7230.

●*Shinagawa Prince,* ¥¥, gute Sportmöglichkeiten, 132 Zimmer, ab 10.000 ¥. 4-10-30 Takanawa (JR: Shinagawa), Tel. 3440-1111, Fax 3441-7092.

●*Azur Takeshiba,* ¥¥, EZ im Charakter von Schiffskabinen, ab 10.000 ¥. Am Takeshiba-Pier (JR: Hamamatsuchô), Tel. 3437-2011, Fax -2170.

●*Tokyo Grand Hotel,* ¥¥, japanische Zimmer, Kyôto-Küche, 122 Zimmer, ab 14.000 ¥. 2-5-3 Shiba (U: Shiba, Ausg. A1), Tel. 3456-2222, Fax 3454-1022.

●*Shiba Park,* ¥¥, angenehm ruhig und gemütlich, 400 Zimmer, ab 17.000 ¥. 1-5-10 Shibakôen (U: Onarimon, Ausg. A2), Tel. 3433-4141, Fax 5470-7519.

●*Haneda Tôkyû,* ¥¥, 306 Zimmer, ab 16.000 ¥, Pendeldienst zwischen Hotel und Flughafen (Monorail Haneda Flughafen). 2-8-6 Haneda Kuko, Tel. 3747-0311, Fax -0366.

●*Mitsui Garden Hotel Kamata,* ¥¥, modern und bequem, ab 10.000 ¥. 5-19-12 Kamata (JR Kamata, Ausg. Ost), Tel. 5710-1131, Fax -1151.

●*Dai-ichi Hotel Annex,* ¥¥¥, 170 Zimmer, ab 22.000 ¥. 1-5-2 Uchisaiwaichô (U: Uchisaiwaichô), Tel. 3503-1111, Fax -5777.

●*Tokyo Prince Hotel,* ¥¥¥, gleich neben dem Zôjôji-Tempel, beliebtes Gartenrestaurant, 484 Zimmer, ab 25.000 ¥. 3-3-1 Shiba-kôen (U: Onarimon), Tel. 3432-1111, Fax 3434-5551.

●*New Takanawa Prince,* ¥¥¥, jedes Zimmer mit Balkon, schöne Gärten, entspannend, 946 Zimmer. 3-13-1 Takanawa (JR: Shinagawa, 5 Min, U: Takanawadai) Tel. 3442-1111, Fax -1234.

●*Gotenyama Hills Hotel La Foret Tokyo,* ¥¥¥¥, großer japanischer Garten, 250 Zimmer, DZ ab 33.000 ¥. 4-7-36 Kita Shinagawa (JR Shinagawa), Tel. 5488-3911, Fax -3910.

●*Dai-ichi Hotel Hotel Tokyo,* ¥¥¥¥, das neue Dai-ichi-Flaggschiff, ab 30.000 ¥. 1-2-6 Shimbashi (U: Shimbashi), Tel. 3501-4411, Fax 3595-2634.

●*Weitere Hotels* im Takanawa Hotelpark: *Takanawa Prince, Hotel Pacific, Takanawa Tôbu, Takanawa Tôkyû.*

Stadtteile

# Das Viertel des Luxus: Akasaka
(Minato-ku)

Dieses Viertel hat den Ruf **teurer Abendunterhaltung.** Die traditionellen Gasthäuser, *Ryôtei*, in denen hinter schlichter sandfarbener Fassade Politik und Business gemacht wird, sind für Nichteingeweihte unerschwinglich, sie werden wohl nicht einmal eingelassen. Das gilt für Touristen wie für Einheimische. Heute noch werden wie damals Geishas in Rikshas zum Einsatz in den Lokalen gefahren. In der Blütezeit gab es 50.000 solcher zweirädriger Gefährte. Die Akasaka-Geishas galten früher als drittrangig, doch mit dem Einzug der Politiker erhöhte sich ihr Ruf, heute gehören sie zu den angesehensten der Stadt.

Der Name *Akasaka* bedeutet „rote Hügel". In der Tat gibt es hier viele kleine Hügel, auf denen nach Auszug der Daimyô (die hier während der Tokugawa-Zeit ihre großen Residenzen hatten) *Akane* angebaut wurde, eine Pflanze, aus der ein roter Farbstoff gewonnen wird, daher der Name.

Heute ist das Viertel Heimat einiger der bedeutendsten **internationalen Luxushotels** der Stadt: *New Otani, Akasaka Prince, Akasaka Tokyû,* im Volksmund wegen der gestreiften Fassade oft *Pajama-* (Pyjama-) *Hilton* genannt. In diesem Viertel gibt es aber nicht nur Luxushotels, sondern auch relativ preiswerte wie das *Asia Kaikan.*

In Akasaka findet man die *Deutsch-Japanische Handelskammer* sowie die *Ostasiatische Gesellschaft* mit dem *Goethe-Institut.* Auch die amerikanische Botschaft liegt in diesem Viertel.

In den Einkaufspassagen der großen Hotels gibt es jede Menge Luxusgegenstände zu erstehen. Der **Fernsehsender** *TBS (Tokyo Broadcasting System)* trägt dazu bei, daß sich in den Hunderten von kleinen Lokalen, Bars und Cabarets, Discos, Rock- und Jazzclubs in den Seitengassen viele Fernsehpersönlichkeiten einfinden.

Erwähnt werden muß aber auch der **Hie-Jinja,** der zu den bedeutendsten Schreinen Tokyos gehört.

## Rundgang

Ein guter Ausgangspunkt für einen Bummel durch Akasaka ist die **U-Bahn-Station Akasaka-Mitsuke.** Wenn man an der Kreuzung der Aoyama-dôri mit der Sotobori-dôri nach Norden blickt, fallen die beiden großen Hotels auf, die zu den besten der Stadt zählen: rechts das von *Kenzo Tange* entworfene **Akasaka Prince Hotel,** dessen alter, europäisch wirkender Bau rechts davon heute einen Bankettsaal und ein französisches Restaurant beherbergt. Dieses ursprüngliche Gästehaus des Hotels war auch einmal Residenz von Mitgliedern des früheren koreanischen Herrscherhauses.

Der Hotelkomplex links davon ist das **New Otani** mit seinen drei Teilen, dem alten 17stöckigen Hauptbau aus dem Jahre 1963 (rechtzeitig zur Olympiade 1964 erbaut), dem 40stöckigen Tower von 1974 und dem 1991 fertiggestellten 30stöckigen Garden Court,

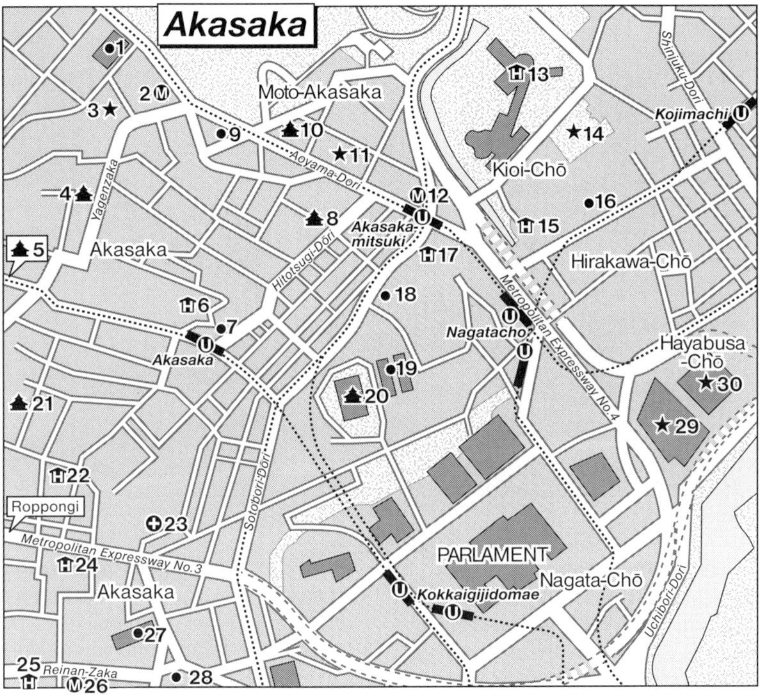
Akasaka
Moto-Akasaka
Aoyama-Dori
Yagenzaka
Akasaka
Hitotsugi-Dori
Akasaka-mitsuki
Akasaka
Kioi-Chō
Shinjuku-Dori
Kojimachi
Hirakawa-Chō
Metropolitan Expressway No. 4
Nagatacho
Hayabusa-Chō
Sotobori-Dori
Roppongi
Metropolitan Expressway No. 3
PARLAMENT
Nagata-Chō
Kokkaigijidomae
Uchibori-Dori
Akasaka
Reinan-Zaka
0
400 m

- ● 1 Kanadische Botschaft
- Ⓜ 2 Sōgetsu Art Center
- ★ 3 DAG-Haus (Goethe-Institut)
- ⛩ 4 Tempelbezirk, Hitotsugipark
- ⛩ 5 Nogi-Schrein
- Ⓗ 6 Shanpia Hotel
- ● 7 Fernsehsender TBS
- ⛩ 8 Jōdoji- und Jōgenji-Tempel
- ● 9 Polizei
- ⛩ 10 Toyokawa-Inari-Schrein
- ● 11 Akasaka Center Building
- Ⓜ 12 Suntory Museum
- Ⓗ 13 New Otani
- ★ 14 Shimizudani Park
- Ⓗ 15 Akasaka Prince
- ● 16 NHK-Fersehturm
- Ⓗ 17 Akasaka Tokyū Hotel
- ● 18 Sanno Grand Building
- ● 19 Hibiya High School
- ⛩ 20 Hie-Schrein
- ⛩ 21 Hikawa-Jinja-Schrein
- Ⓗ 22 Hotel Kanko
- ✚ 23 Akasaka Hospital
- Ⓗ 24 ANA Hotel Tokyo
- Ⓗ 25 Okura S. Wing
- Ⓜ 26 Okura Shukokan Museum
- ● 27 US-Botschaft
- ● 28 Kyodo Press Building
- ★ 29 Supreme Court
- ★ 30 National Theater

in dem sich das kleine *New Otani Art Museum* befindet, mit Werken aus der Sammlung des Hotelgründers *Yonejiro Otani* (vor allem japanische Maler wie *Shôen Uemura* und *Taikan Yokoyama* sind vertreten). Sehenswert ist der im japanischen Stil angelegte Hotelgarten, den man begehen kann, ohne Gast des Hotels sein zu müssen. Direkt hinter dem *New Otani* beginnt das Gelände der sehr angesehenen katholischen **Sophia-Universität** *(Jochi Daigaku)* mit der **St. Ignatius-Kirche.**

Westlich gegenüber dem *New Otani* und der Sophia-Universität liegt das weitläufige, für die Öffentlichkeit gesperrte Gelände des **Akasaka-Palastes** mit dem Akasaka-Staatsgästehaus *(geihin-kan).* Dieses äußerlich dem Buckingham Palace und innen dem Schloß von Versailles ähnelnde Gebäude wurde 1908 fertiggestellt und 1974 renoviert. Früher standen hier Wohnhäuser der Daimyô-Familie *Kishu*, die mit den Shôgunen verwandt war (Station der JR-Chûô-Linie: Yotsuya).

Vor den beiden Hotels am nordwestlichen Eck der Kreuzung ist das **Suntory Art Museum** untergebracht. Es zeigt Genremalerei, Volkskunst, alte Möbel und andere handwerkliche Erzeugnisse, Lackwaren, Glas, Keramik, Kostüme und Masken, besitzt einen Raum für Teezeremonie und hat insgesamt 2000 Exponate. (10-17 Uhr, Fr 10-19 Uhr, Mo geschl., 500 ¥, F 300 ¥; Suntory Bldg. F11, 1-2-3 Mo-

Die Sotobori-dôri

to-Akasaka, U: Akasaka-Mitsuke, Tel. 3470-1073.)

Wenn man ab der Kreuzung die Aoyama-dôri entlanggeht und an der Tamachi- und Misoji-dôri vorbei in die 3. Querstraße links einbiegt, kommt man in die bekannte **Hitotsugi-dôri.** Diese 600 Meter lange Straße, die von der Aoyama-dôri zum privaten Fernsehsender *TBS* führt, hat sich wegen der dort arbeitenden Fernsehleute zu einem munteren Vergnügungsviertel entwickelt: Cafés, vornehme Restaurants, Bars und Discos säumen die Straße, entsprechend lebhaft geht es dort während der Mittagspause und abends zu. Auch die beiden parallel verlaufenden Straßen sind Teil des Lokalviertels von Akasaka.

Gleich die erste Querstraße nach hundert Metern führt rechts zum **Akasaka-Fudôsan-Tempel,** der 1622 errichtet wurde und zur Shingon-Sekte gehört. Der verehrte Gott *Fudô-Myôô* ist ein Beschützer der Geschäftsleute und vertreibt böse Geister.

Von der Mitte der Hitotsugi-dôri bietet sich nochmals ein Abstecher zur Rechten an, zu den Tempeln *Jôdo-ji* und *Jogen-ji.* Etwas weiter führt links eine Querstraße zurück Richtung Sotobori-dôri. Nahe der Kreuzung dieser Straße mit der Tamachi-dôri gibt es den japanischen Fastfoodladen *Gyû Don Don* („Rindfleisch auf Reis"), gegenüber steht das koreanische Lokal *Yakiniku House Bari-Bari,* wo es Lunch für 1000 ¥ gibt.

Jenseits der Sotobori-dôri führen zwei Wege hinauf zum berühmten **Schrein Hie Jinja,** im Volksmund auch *Sannô Sama* genannt. In der Edozeit war dieser 1478 von *Ôta Dôkan* gegründete Schrein einer der bedeutendsten, weil er der Schutzgottheit der herrschenden Tokugawa-Familie geweiht worden war. Er dient heute dem Schutz vor Fehlgeburten und Kinderkrankheiten. Der im klassischen Shintô-Stil erbaute, im Großen Feuer von 1657 verbrannte und am jetzigen Platz unter *Ietsuna* 1659 neu errichtete Schrein fiel nach einem der zahlreichen Luftangriffe 1945 ein zweites Mal den Flammen zum Opfer. Das Schreingebäude wurde 1959, das Tor 1962 wiederaufgebaut.

Die beiden Wege führen von der Rückseite zum Schrein, der linke, von *torii* gesäumte führt zu einem Inari-Schrein. Oben gibt es ein kleines Museum, das über das Schreinfest informiert.

Das **Schreinfest Sannô Matsuri** findet in großem Stil alle zwei Jahre vom 10. bis zum 16. Juni statt (1998, 2000) und gehört zu den drei großen Festen Tokyos. Der Schrein ist der Berggottheit *Ô-yama Kui-no-Kami* geweiht. Dessen Bote ist der Affe, wie unschwer am Treppenaufgang zu sehen ist. Der Schrein liegt 5 Min. Fußweg von der U-Bahn-Station Asakusa der Chiyoda-Linie entfernt und etwa gleich weit von der Station Akasaka-Mitsuke und dem Bahnhof Kokkai-gijido-mae der Marunouchi und Chiyoda-Linie.

Wenn man auf der Vorderseite des Hie-Jinja-Schreins über die eine der Treppen (*otoko-* bzw. *onna-zaka*) hinuntergeht, kommt man ins Zentrum der Politik, nach **Nagata-chô.** Gleich

Stadtteile

hinter dem Hie-Schrein liegt das Parlament (s. Kap. Kasumigaseki).

Folgt man der Hauptstraße (Nogizaka) nach rechts, führt nach einigen hundert Metern ein Abstecher durch den kleinen **Hitotsugi-Park** hindurch zu einer Gruppe von **Tempeln** (*Hôdo-*, *Shutoku-*, *Senpuku-*, *Dôkyô-* und *Entsû-ji*-Tempel). Die Straße zwischen den letzten beiden Tempeln führt von hinten zur *OAG Hall*, dem Saal der **Ostasiatischen Gesellschaft** mit dem *Goethe-Institut* und der architektonisch sehr interessanten **kanadischen Botschaft.**

An der Aoyama-dôri liegt das moderne Hochhaus des **Sôgetsu Art Center** (Museum geöffnet 10-17 Uhr, Eintritt frei).

## Einkaufen

Akasaka ist kein berühmtes Einkaufsviertel. Dennoch gibt es eine Reihe interessanter Läden.

● **Tasaki Pearl,** Perlen, in vielen Hotels vertreten, aggressives Marketing, gute Qualität; die Krone der „Miss Universe" ist von *Tasaki* (Wert 850.000 DM), interessante Touristen-demonstrationen im Hauptgeschäft. 3-3 Akasaka.

● **Ayahata,** antike und gebrauchte Kimonos, je nach Qualität recht teuer oder sehr preiswert; auch Obi, Furoshiki, Hanten, blauweiße traditionelle Kleidung. 11-20 Uhr, So u. F geschl., 2-21-2, Akasaka (U: Akasaka), Tel. 3582-9969.

● **Inachu Japan,** Lackwaren, mit eigener Fabrik in Wajima, Präfektur Ishikawa. 10-19 Uhr, 1-5-2 Akasaka (U: Akasaka), Tel. 3582-4451.

● **Enderle Book Co. Ltd.,** deutsche (Schul-)Bücher. Mo-Fr 10-18 Uhr, Sa bis 17 Uhr, Ichiko Bldg. 1-5 Yotsuya (JR: Yotsuya), Tel. 3352-2481.

● **Bonjinsha,** größte Auswahl an Lehrbüchern, Wörterbüchern für Japanisch usw. (JR: Yotsuya, U: Kôjimachi) 10-19 Uhr, Tel. 3239-8673.

● **Chikuyusha,** Musikladen mit Shakuhachi-Schule (U: Yotsuya-sanchôme) 10-17 Uhr, So u. F geschl., 3 San'eicho, Tel. 3351-1270.

## Essen

### Japanisch

● **Hayashi,** ¥¥, rustikales Yakitori-Lokal im Takayama-Stil zum Selberbrutzeln, nette Atmosphäre. 11.30-13.30 und 17.30-23 Uhr, So u. F geschl., Sanno Kaikan F4, 2-14-1 Akasaka (U: Akasaka), Tel. 3582-4078.

● **Sushisei,** ¥¥, gutes preiswertes Sushi, ca. 3000 ¥. 11.45-14 Uhr und 17-22.30 Uhr, Sa 16.45-22 Uhr, So u. F geschl., 3-11-14 Akasaka (U: Akasaka-mitsuke), Tel. 3582-9503.

● **Tsuji-tome,** ¥¥¥, eines der berühmtesten Kaiseki-Restaurants, Lunch-Menü ab 20.000 ¥, Abendessen ab 28.000 ¥; *Tsuji-san* ist Autor vieler Kochbücher. 12-21 Uhr, So meist geschl., Toraya 2 Bldg., 1-5-8 Moto-Akasaka (U: Akasaka-Mitsuke), Tel. 3403-3984.

● **Yama no Cha-ya,** ¥¥¥, exquisite Teehausgerichte, u.a. Aal-Spezialitäten, Lunch 15.000 ¥, Abendessen 17.000 ¥. 11.30-13.30 und 18-19 Uhr, So/F geschl., 2-10-6 Nagata-chô (Akasaka-mitsuke), Tel. 3581-0656.

● **Yusan,** ¥¥/¥¥¥, Kaiseki für Einsteiger, klein, schlicht, 8-9 Gänge, 8000 ¥. Nahe Akasaka Prince Hotel (U: Akasaka-mitsuke), Mo-Sa 17-20 Uhr, 2-14-12 Hirakawa-chô, Tel. 3237-8363.

● **Zakuro,** ¥¥, Shabu-Shabu, beliebt, preiswert. 11-22 Uhr, Akasaka TBS Kaikan B1, 5-3-3 Akasaka (U: Akasaka), Tel. 3582-6841.

● **Nagaura Soba,** ¥/¥¥, Soba nach Rezept eines Zen-Tempels, rustikal. Akasaka Tôkyû B1, 11.30-21 Uhr, So geschl., Tel. 3581-0954.

### Chinesisch

● **Akasaka-Minmin,** ¥/¥¥, viel Auswahl, Ramen sind besonders beliebt, 12-14 und 17-22 Uhr, 8-7-14 Akasaka (U: Nogizaka), Tel. 3408-4805.

● **Hokkai-en,** ¥¥, exzellente Peking-Küche, ca. 6000 ¥. 11.30-15 Uhr und 17-22.30, So u.

F 17-22 Uhr, 2-12-1 Nishi-Azabu (U: Nogiza-ka), Tel. 3407-8507.

●*Keitokuchin Hanten,* ¥¥, benannt nach berühmter chinesischer Keramik, die auch zum Servieren der Speisen teilweise benutzt wird. 11-22 Uhr, 3-16-7 Akasaka (U: Akasaka-mitsuke), Tel. 3585-4821.

●*Rikyu,* ¥¥, gut, beliebt, laut; Lunch ab 1500 ¥, Abendessen ab 6000 ¥. Täglich 11-21.30 Uhr, Plaza Mikado B1, 2-14-6 Akasaka (U: Akasaka), Tel. 5570-9323.

●*Sannô Hanten,* ¥¥, eines der ältesten und beliebtesten China-Lokale. 11.30-22 Uhr, 2-12-4 Nagatacho (U: Akasaka-Mitsuke), Tel. 3581-2451.

## Koreanisch

●*Mugyudon,* ¥/¥¥, gute, authentische familiäre Küche, beliebt und preiswert, am besten zu mehreren, ca. 2500 ¥. 17-23.30 Uhr, So/F geschl., Akasaka Sangyo Bldg. F2, 2-17-74 Akasaka (U: Akasaka), Tel. 3586-6478.

## Indisch

●*The Taj,* ¥¥, europäisches Ambiente, aber erstklassische indische Küche, beliebt beim indischen Botschaftspersonal, Gerichte 1300-4500 ¥. 11.30-14 und 17.30-22 Uhr, Sa/So/F 11.30-15 und 17-21.30 Uhr, 3-2-7 Akasaka (U: Akasaka-mitsuke), Tel. 3586-6606.

●*Moti,* ¥¥, nordindische Küche, seit vielen Jahren sehr beliebt, nicht sehr scharf. Mo-Sa 11.30-22.30 Uhr, So u. F 12-22 Uhr, Kinpa Bldg. F3, 2-14-31 Akasaka (U: Akasaka, Ausgang 2), Tel. 3584-6640; Filiale in Akasaka-Mitsuke, Akasaka Floral Bldg. F2, 3-8-8 Akasaka, Tel. 3582-3620.

## Vietnamesisch

●*Aodai,* ¥¥, sehr beliebt. Mo-Sa 11-14 Uhr und 17-23 Uhr, So 17-23 Uhr, U: Akasaka, Ausgang 7, Tel. 3583-0234.

## Deutsch

●*Bei Rudi,* ¥¥, bewährte Küche, Musik, Gesang, gute Stimmung. 17-24 Uhr, So u. F geschl., 1-11-45 Akasaka (U: Akasaka), Tel. 3583-2519.

●OAG-Club *„Kreisel",* ¥¥, typisch deutsche Küche, gute Würste, beliebte Rote Grütze. 11.30-22 Uhr, So geschl., OAG-Haus, 7-5-56 Akasaka (U: Aoyama-itchome), Tel. 3583-9487.

## Italienisch

●*Granata,* ¥¥, lebhaft, volkstümlich, Lunch ab 1500 ¥, Wein ab 3800 ¥. Täglich 11-21.30 Uhr, TBS Kaikan Bldg. B1, 5-3-3 Akasaka (U: Akasaka), Tel. 3582-3241.

## Schweizerisch

●*Chez Prisi,* ¥¥, gute, ehrliche Schweizer Kost. 11-15 und 17.30-23 Uhr, Sa 17.30-23 Uhr, So/F geschl., Eiraku Bldg. B1, 2-12-33 Akasaka (U: Akasaka), Tel. 3224-9877.

## Spanisch

●*Los Platos,* ¥¥, geräumig, beliebt sind *tapas variadas* für 3000 ¥, dazu Brot und *vino tinto.* 12-22 Uhr, So/F geschl., 6-13-11 Akasaka (Akasaka), Tel. 3505-5225.

## Türkisch

●*Asena,* ¥¥, türkisch, gute Vorspeisenplatte, Büffet 3500 ¥, Bauchtanz Fr/Sa. 5-5-11 Akasaka (U: Akasaka), Tel. 3505-5282.

## Amerikanisch

●*Tokyo Joe's,* ¥¥/¥¥¥, Spezialität: Steinkrebse aus Florida, Crab Lunch: 2800 ¥, Florida Dinner: 7000 ¥. 2-13-5 Nagatachô (U: Nagatachô), Tel. 3508-0325.

## Vegetarische Küche

●*Akasaka Tofu-ya,* ¥¥. 17-23 Uhr, Sa/So/F geschl., Sanyo Akasaka Bldg. 1F, 3-5-2 Akasaka (U: Akasaka oder Akasaka-mitsuke), Tel. 3582-1028.

# Bars, Clubs und Discos

●*Beer Terrace Sekirei,* im Park des Meiji-Jingu Outer Garden. Mai-September 17-21.30 Uhr, 2-2-23 Meiji Kinen-kan (U: Aoyama-itchome), Tel. 3403-1171.

Stadtteile

Love-Hotel in Akasaka

●*Palm Tree Square,* Biergarten unter Palmen, neben Akasaka Prince Bekkan. 17-21.30 Uhr, Tokusetsu Ôkugai Space, 1-2 Kioichô (U: Akasaka-mitsuke), Tel. 3234-1111.

●*Los Platos,* spanische Bar, gute Tapas und Weine. 11.30-22.30 Uhr, Terrace Akasaka, 6-13-11 Akasaka (U: Akasaka), Tel. 3583-4262.

●*New Latin Quarter,* seit langem beliebter Hostessenclub mit Cabaret. 18.30-1.30 Uhr, Show um 20.30 und 22.30 Uhr, 2-13-8 Nagatacho (U: Akasaka-mitsuke), Tel. 3581-1326.

●*Ronde,* alles in Gold getaucht, Musik gedämpft, Disco zum Unterhalten, M: 5000, F: 4000. 17-24 Uhr, Pen-Japan Bldg. B1, 3-8-17 Akasaka, Tel. 3589-6707.

●*Tabac,* entspannte Atmosphäre, vernünftige Preise. 18-3 Uhr, Pacific Nogizaka Bldg. B1, 9-6-19 Akasaka (U: Nogizaka), Tel. 3408-2118.

●*Winds,* beliebt bei Biertrinkern, Budweiser vom Faß, preiswerte Gerichte. 17-2 Uhr, So u. F geschl., Akasaka Gessekai Bldg. 1F, 3-10-4 Akasaka (U: Akasaka-mitsuke), Tel. 3582-8951.

## Unterkunft

●*Hotel Tôkyû Kankô,* ¥/¥¥, 48 Zimmer, ab 9000 ¥. 2-21-6 Akasaka (U: Akasaka), Tel. 3582-0451, Fax 3583-4023.

●*Akasaka Shanpia,* ¥/¥¥, 232 Zimmer, ab 10.000 ¥. 7-6-13 Akasaka (U: Akasaka), Tel. 3586-0811, Fax 3589-0575.

●*Hotel Asia Kaikan,* ¥/¥¥, seit Jahrzehnten beliebtes, preiswertes, meist ausgebuchtes Hotel, 172 Zimmer, ab 6000 ¥. 8-10-32 Akasaka (U Aoyama-itchome: Nogizaka), Tel. 3402-6111, Fax -0738.

●**New Otani**, ¥¥¥, eines der größten Hotels in Asien, berühmter japanischer Garten, gute Lage, 1724 Zimmer, ab 28.000 ¥. 4-1-Kioicho (U Marunouchi-Linie: Akasaka-mitsuke, JR Chûô-Linie: Yotsuya, Ausg.: Kojimachi), Tel. 3265-1111, Fax 3221-2619.

●**Akasaka Prince**, ¥¥¥, von *Kenzo Tange* entworfenes Gebäude, gute Sicht von allen Fenstern, 761 Zimmer, ab 25.000 ¥. 1-2 Kioi-chô (U Marunouchi-Linie: Akasaka-Mitsuke, Ausg. Benkeibashi; Yûrakuchô-Linie/Hanzô: Nagatachô, Ausg. 5/7), Tel. 3234-1111, Fax 3262-5163.

●**Akasaka Tôkyû**, ¥¥¥, sehr günstig gelegen, neben deutscher Industrie- und Handelskammer, 535 Zimmer, ab 20.000 ¥. 2-14-3 Nagatachô (U: Akasaka-Mitsuke, Ausg. Belbee), Tel. 3580-2311, Fax -6066.

●**Capital Tôkyû Hotel**, ¥¥¥, früheres *Tokyo Hilton*, bequem und entspannend, westlichjapanisches Design, gute Lokale, 459 Zimmer, ab 26.000 ¥. 2-10-3 Nagatachô (U Chiyoda-Linie: Kokkai-gijidô), Tel. 3581-4511, Fax -5822.

●**ANA Hotel Tokyo**, ¥¥¥, gleich neben dem Suntory-Konzertsaal, im modernen Ark-Hills-Komplex, gute Aussicht von jedem Zimmer, gute, aber sehr teure Restaurants, 900 Zimmer, ab 26.000 ¥. 1-12-33 Akasaka (U Chiyoda-Linie: Kokkai-gijidô-mae, Ausg. 5), Tel. 3505-1111, Fax -1155.

●**Okura**, ¥¥¥/¥¥¥¥, sehr guter Ruf, vornehmer, zurückhaltender Spitzenservice, 884 Zimmer, ab ca. 29.000 ¥. 2-10-4 Toranomon (U Ginza-Linie: Toranomon, Ausg. 3; Hibiya-Linie: Kamiyachô, Ausg. 4B), Tel. 3582-0111, Fax - 3707.

# Das internationale Vergnügungszentrum: Roppongi (Minato-ku)

Während Akasaka noch manches vom Hauch des alten Tokyo in den kleinen Gassen, Tempeln und Schreinen bewahrt hat, ist Roppongi der **internatio-nalste Stadtteil,** den kein vergnügungssüchtiger Ausländer ausläßt. Hier stehen die teuersten Wohnungen für Ausländer; die benachbarten Stadtteile Akasaka, Roppongi und Azabu beherbergen schließlich auch die meisten Botschaften. Seit den 60er Jahren zogen die kosmopolitisch orientierten Cafés und Bars die intellektuelle Elite, Unterhaltungskünstler, Modeschöpfer und andere Berühmtheiten an.

Begonnen hatte die Attraktivität Roppongis als **gehobenes Wohnviertel** während der Meiji-Zeit, als sich hier höhere Beamte und wohlhabende Unternehmer niederließen. Der Name *Rop-pon-gi* bedeutet „sechs Bäume", vermutlich sechs Samurai-Familien, die das Zeichen für Baum als Bestandteil ihrer Namen hatten.

Die Tatsache, daß in Roppongi auch zwei Regimenter der Kaiserlichen Armee stationiert waren, führte indirekt zu dem westlich orientierten, internationalen Gesicht, das so kennzeichnend für das Roppongi von heute ist. Nach der Kapitulation Japans ließen sich nämlich genau dort die Amerikaner nieder, und es entstanden in der Nachbarschaft zahlreiche Lokale und andere Etablissements, die dem Amüsement der ausländischen Soldaten dienten: Bars, Cafés, Restaurants, Discos. Im Laufe der Jahre kam eine Vielfalt von Geschäften und Boutiquen hinzu.

Richtig zu leben beginnt das **Vergnügungszentrum** eigentlich erst abends. Berühmt sind neben der dichten Konzentration ausländischer Spezialitätenrestaurants vor allem die Bars

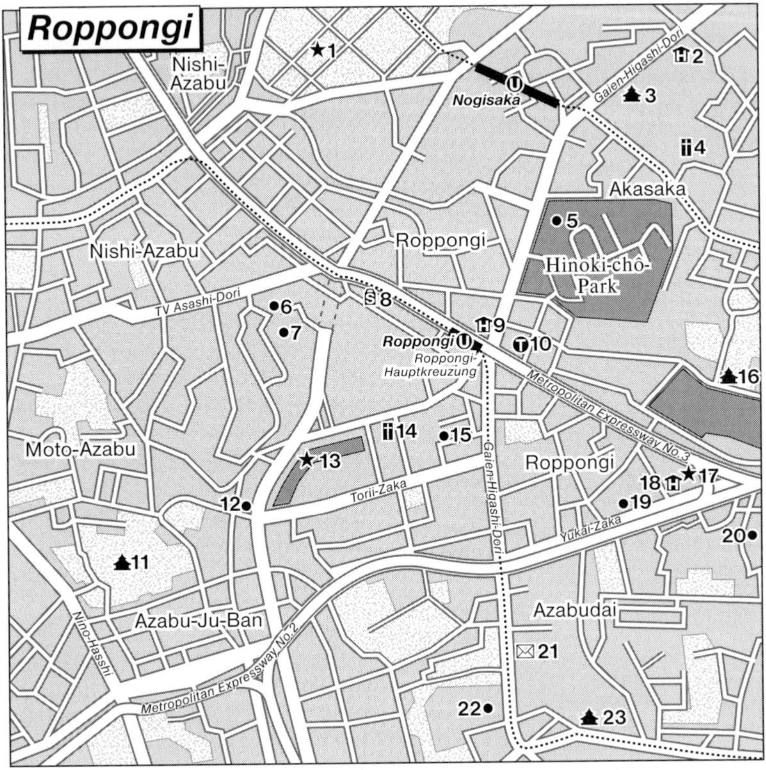

# Roppongi

Nishi-Azabu

★1

🏠2

Nogisaka

▲3

Galen-Higashi-Dōri

ii4

Akasaka

Nishi-Azabu

Roppongi

●5

Hinoki-chō-Park

TV Asahi-Dōri

●6

🅂8

●7

🏠9

Roppongi 🚇

Roppongi-Hauptkreuzung

🕿10

Metropolitan Expressway No. 3

▲16

Moto-Azabu

ii14

●15

★13

Roppongi

Galen-Higashi-Dōri

18● 🏠★17

Torii-Zaka

●19

12●

Yūkai-Zaka

20●

▲11

Nino-Hashi

Azabu-Ju-Ban

Azabudai

Metropolitan Expressway No. 2

✉21

22●

▲23

| | | | | | |
|---|---|---|---|---|---|
| ★ | 1 | Aoyama-Friedhof | ● | 15 | Roi Roppongi Building |
| 🏠 | 2 | Asia Kaikan | ▲ | 16 | Hikawa-Schrein |
| ▲ | 3 | Nogi-Jinja-Schrein | ★ | 17 | Bunmeido |
| ii | 4 | St. Paul Catholic Mission | 🏠 | 18 | Roppongi Prince Hotel |
| ● | 5 | Defence Agency | ● | 19 | IBM Japan |
| ● | 6 | TV Asahi | ● | 20 | Ark Hills |
| ● | 7 | Nikka Whisky Azabu Factory | ✉ | 21 | Azabu-Postamt |
| 🅂 | 8 | Wave (Musikladen) | ● | 22 | Russische Botschaft |
| 🏠 | 9 | Hotel Ibis | ▲ | 23 | Hachiman-Schrein/ |
| 🕿 | 10 | Haiyū-za-Theater | | | Reiyukei-Tempel |
| ▲ | 11 | Zenpuku-Ji | | | |
| ● | 12 | Thermalbad | | | |
| ★ | 13 | International House of Japan | | | |
| ii | 14 | Torii-Zaka-Kirche | | | |

0          400 m

und Discos. Das *Square Building* z.B. weist auf zehn Stockwerken allein sieben Diskotheken auf. Die abendlichen Trips beginnen meist an der Roppongi-Kreuzung. Wer sich dort verabredet, wählt üblicherweise das *Almond-Café* mit der rosa Fassade (so berühmt es als Treffpunkt ist, so wenig empfiehlt sich heute jedoch ein Besuch von innen). Die *Roppongi-zoku* (Roppongi-Clique) vergnügt sich bis in die frühen Morgenstunden. Tagsüber ist es ruhiger.

Es gibt jedoch auch sehr interessante **Einkaufsmöglichkeiten,** z.B. im *Wave,* einem der modernsten Musikläden der Welt, oder im ebenfalls sehr bekannten *Axis Building,* in dem sich eine Menge guter Inneneinrichtungsgeschäfte befinden. Neben Boutiquen und Modestudios haben sich zahlreiche Plattenfirmen und Filmproduktionen in Roppongi niedergelassen.

Hinter dem Hikawa-Jinja und dem Wohnviertel des amerikanischen Botschaftspersonals in Mitsuyama befinden sich im Ortsteil Tameike die Gebäude von **Ark Hills,** u.a. mit *TV Asahi* und der *Suntory Hall,* einem bekannten und guten Konzertsaal.

## Um die Roppongi-Kreuzung

Roppongi ist zwar ein Stadtviertel, das von Akasaka, Aoyama und Azabu begrenzt wird, aber unter Roppongi verstehen die meisten die Kreuzung der Roppongi-dôri mit der Gaien-Higashi-dôri. Dort liegt auch die **U-Bahn-Station Roppongi** (Hibiya-Linie). Hier trifft man sich z.B. vor dem *Almond Café* und zieht von dort aus zu den nächtlichen Vergnügungen des Viertels. Aber auch tagsüber hat dieses Viertel einige Attraktionen zu bieten.

Gleich an der nordöstlichen Ecke der Roppongi-Kreuzung steht das **Theater Haiyuza Geki-Jô,** das seit 1954 besteht; neben Theater- gibt es Film- und andere Aufführungen. Gegenüber auf der anderen Seite der Roppongi-dôri steht ein Stück zurückversetzt der Block mit dem **Square Building** und seinen Discos.

Von der Roppongi-Kreuzung in südöstlicher Richtung entlang der Fortsetzung der Gaien-Higashi-dôri gehend kommt man vorbei am **Roi Roppongi Building** mit Boutiquen, Lokalen, Clubs und *The Garden* zum Eis Essen oder Ausruhen. Anschließend gelangt man zum *Axis Building,* einem modernen **Einkaufszentrum,** berühmt für seine Inneneinrichtungs- und Designläden. Zuweilen gibt es hier Ausstellungen.

Die kleine Straße, die von der Roppongi-Kreuzung nach Süden führt, heißt **Imoarai-zaka** (Kartoffelwasch-Hangweg), ist wie überall in Roppongi vollgestopft mit Lokalen (das teilweise palmengesäumte Viertel links zwischen dieser Gasse und dem *Roi Roppongi* wird gern *Little Beverly Hill* genannt) und führt nach rund 10 Min. zum **Thermalbad** *Azabu Jûban Hot Springs (Koshi-no-Yu).* Dieses ist eines der natürlichen Thermalbäder *(Onsen)* inmitten von Tokyo, 1948 eröffnet und seither wohl wenig verändert. Dennoch ist es ein besonderes Vergnügen, die heilende Kraft des Wassers (gegen nervöse Beschwerden und Verbren-

**Stadtteile**

nungen) oder wenigstens seine Weichheit zu genießen (11-21 Uhr, Di geschl.).

Südwestlich der Kreuzung liegt links nach zwei-, dreihundert Metern das zum Seibu-Konzern gehörende *Wave*, eines der größten **Audio- und Videogeschäfte Tokyos** mit vier Stockwerken (11-20 bzw. 22 Uhr, 1. u. 3. Do geschl.). Bücher gibt es auch zu kaufen; im 5. Stock befindet sich ein Computergrafikstudio. Im Tiefgeschoß ist ein **experimentelles Kino** zu finden: *Cine Vivant* (B1, 6-2-27 Roppongi, Tel. 3403-6061). Ein holographischer Jizô beschützt den Hinterausgang.

Noch weiter südwestlich, Richtung Shibuya, liegt die *Pentax Gallery*, ein **Fotografiemuseum** mit über 3000 Ausstellungsstücken, von den ältesten bis zu den modernsten Kameras samt Zubehör, nicht nur von der Firma *Pentax* (tgl. 10-17 Uhr, So und F geschl., Eintritt frei, Kasumichô Corp,. 3-21-20 Nishi-Azabu, Tel. 3401-2186).

## Ark Hills

Folgt man der Roppongi-dôri etwa einen Kilometer weit in nordöstlicher Richtung, sieht man rechter Hand den Komplex von *Ark Hills* mit seinem Ensemble moderner Gebäude und der urbanen Mischung aus Bürogebäuden, Luxusappartements und Hotels. Hier findet sich das *ANA Hotel Tokyo*, und östlich dahinter das bekannte *Hotel Okura* mit dem **Okura Shukokan Museum** (Kunst und Kunsthandwerk

Ark Hills

aus dem alten Japan und Asien, U: Kamiyachô, 10-16 Uhr, Mo geschl., 400 ¥, 2-10-3 Toranomon, Tel. 3583-0781) und dem Konzertsaal **Suntory Concert Hall** mit ausgezeichneter Akustik und einer Orgel aus Österreich. Weiterhin gibt es im Ark-Hills-Komplex Läden, darunter die sehenswerte Darbietung von Badezimmerzubehör im 37. Stock des *Ark Mori Building*, Restaurants und ein Fernsehstudio *(TV Asahi)*. Nicht weit entfernt, nahe der US-Botschaft, gibt es auch ein Museum für Fahrradfreunde: das **Bicycle Culture Center,** ein der Entwicklung des Fahrrads gewidmetes modernes Museum (10-16 Uhr, So/F geschl., Eintritt frei, Jitensha-Kaikan No. 3 Bldg. 1-9-3 Akasaka, U: Toranomon, Tel. 3584-4530).

Ark Hills steht gewisserweise für das neue, Hightech-orientierte und anspruchsvolle Tokyo. In den „intelligenten" Gebäuden werden viele Funktionen automatisch durch Elektronik geregelt (U-Bahn: Toranomon, Ginza-Linie).

## Hikawa-Jinja-Schrein

Von der Roppongi-Kreuzung in nordwestlicher Richtung liegt rechts hinter dem Gelände der Verteidigungsstreitkräfte *(Bo-ei-chô, Defense Agency)* der kleine **Hinoki-chô-Park** mit schönem Baumbestand. Weiter östlich kommt man zum Schrein *Hikawa Jinja,* der im Jahre 951 gegründet worden war und ursprünglich dort stand, wo heute die TBS-Fernsehgesellschaft ihren Sitz hat. Unter dem 8. Shôgun *Yoshimune* wurde der Schrein an den heutigen Platz verlegt.

Das Gebäude ist schlicht gehalten. Auffällig sind die drei großen, etwa dreihundert Jahre alten Gingko-Bäume. Bekannt ist der Schrein auch für sein jährlich am 15. September stattfindendes Fest, das wie üblich nur alle zwei Jahre gefeiert wird.

Vom *Hikawa Jinja* kann man durch kleine Straßen in südwestlicher Richtung zur Roppongi-Hauptkreuzung oder zur U-Bahnstation Akasaka gehen.

## Nogi-Schrein

Von der Roppongi-Kreuzung in nordwestlicher Richtung liegt an der Gaien-Higashi-dôri bei der U-Bahn-Station Nogizaka rechts der **Nogi-Park** mit dem früheren Wohnhaus von General *Nogi.* Er war der Held des Chinesisch-Japanischen und Russisch-Japanischen Krieges, doch er beging nach dem Tod seines hochverehrten Kaisers *(Meiji)* gemeinsam mit seiner Frau rituellen Selbstmord, vielleicht, um ihm auch nach dem Tod noch zu Diensten zu sein. Der kleine Nogi-Schrein, der den beiden geweiht ist, steht hinter dem Haus. Dort findet an jedem zweiten Sonntag im Monat ein beliebter Antiquitätenflohmarkt statt (U-Bahn: Nogizaka, Chiyoda-Linie).

## Einkaufen

● **Yonamine Pearl Gallery,** Perlen, beliebt bei Ausländern, guter Service; auf Anruf kommt sogar ein Fahrer zum Abholen. 4-11-18 Roppongi, 2. Stock (U: Roppongi), Tel. 3402-4001.

● **Nogi-Schrein-Flohmarkt** *(nomi-no-ichi, flea market),* rund 30 Händler, Preise oft billiger als in Geschäften; nicht bei Regen. Jeden 2. So ganztags; U: Nogizaka.

Stadtteile

● **Roppongi Antique Fair,** Antiquitäten-flohmarkt, rund 20 Händler. Nur 4. Do/Fr: 8-18/20 Uhr, vor dem Roi Bldg., 5-5-1 Roppongi (U: Roppongi), Tel. 3583- 2081.

● **Bushi,** moderne Lackwaren, Möbel, Zimmerschmuck. 11-20 Uhr, Mo geschl., Axis Bldg. Roppongi (U: Roppongi), Tel. 3587-0317.

● **Kisso,** moderne Keramik, Lackwaren, Küchengeräte, auch bei Designern sehr beliebtes Geschäft. 11-14 und 17.30-21 Uhr, Axis Bldg. B1 (U: Roppongi), Tel. 3582-4191.

● **Yuya,** Boutique des Designers *Nagahata Yuya,* der aus alten und neuen Kimonostoffen Alltags- und Abendgarderoben schneidert. Gut für Ideen, was sich so alles aus vielleicht billig erstandenen gebrauchten Kimonos machen läßt – oder gleich zum Mitnehmen. 11-18.30 Uhr, So geschl., neben dem Axis-Bldg., 5-16-22 Roppongi (U: Roppongi), Tel. 3505-5501.

● **X-Site (ekkusaito-) Bathroom Showroom,** sehenswerte Ausstellung von Badezimmerzubehör auf über 1500 m². Mo-Sa 11-19 Uhr, F 37 Ark Mori Bldg., 1-12-32 Akasaka (U: Kamiyachô, Hibiya-Linie; Toranomon, Ginza-Linie).

● **Blue & White,** Kunsthandwerk, Keramik, Kissen, Körbe, Papier, Servietten, Textilien – alles blau-weiß. 10-18 Uhr, So 13-17 Uhr, F geschl., 2-9-2 Azabu-Jûban (U: Roppongi), Tel. 3451-0537.

● **Store Days,** experimenteller Avantgarde-Plattenladen, im selben Haus wie *Wave,* gute Buch- und Geschenkabteilung. 11-21 Uhr, Wave F4, 6-2-27 Roppongi, Tel.3408-0111.

● **Washikôbô,** Papier. 10-18 Uhr, So u. F geschl., 1-8-10 Nishi-Azabu (U: Roppongi), Tel. 3405-1841/1941.

## Essen

(U: Roppongi, falls nicht anders angegeben)

### Sushi/Sashimi

● **Fukuzushi,** ¥¥, sehr gut, Lunch 2500 ¥, Abendessen ab 6000 ¥. 11.30-14 Uhr und 17.30-23 Uhr, Do u. F 17.30-22 Uhr, 5-7-8 Roppongi, Tel. 3402-4116.

● **Sushisei,** ¥¥, sehr gut, beliebt und nicht zu teuer, ca. 3000 ¥ pro Person. 10.45-14 und 17-22 Uhr, So 12-14 und 16.30-21.30 Uhr, Mi geschl., 3-2-9 Nishi-Azabu (U: Nogizaka, Roppongi), Tel. 3401-0578.

● **Uo Kame,** ¥¥, köstlicher Fisch frisch vom Fischhändler, rauh aber herzlich, auf den Tisch kommt, was es gerade gibt, 3000 ¥. 18-22 Uhr, So u. F geschl., 2-12-3 Higashi-Azabu (U: Kamiyachô, Hibiya-Linie), Tel. 3583-7841.

### Kaiseki

● **Kisso,** ¥¥, gutes Kaiseki-Lokal, Lunch ab 1200 ¥, O-Bentô 1700-2500 ¥, Abendessen ab 8000 ¥. 11.30-14 und 17.30-21 Uhr, So geschl., Axis Bldg. B1, 5-17-1 Roppongi, Tel. 3582-4191.

### Shabu-Shabu

● **Shabu-Zen,** ¥¥, Shabu-Tabehodai (Büffet) mit Matsuzaka Beef 4300 ¥. Creston Hotel B1, Tel. 3485-0800. Filialen in Roppongi, Tel. 3585-5600.

● **Hassan,** ¥¥/¥¥¥, beliebtes Büffet mit Shabu-Shabu, Sukiyaki, Sashimi, Tempura, ab 6500 ¥, Denki Bldg. B1, 6-1-20 Roppongi, Tel. 3403-8333.

### Yaki-tori, Kushi-yaki

● **Monsen,** ¥¥¥, Haute-Cuisine-Yakitori in rustikaler Atmosphäre, aber: vorher reservieren, am besten in Gruppen; die Wahl überläßt man dem Chef: *omakase shi-masu:* 8-10 köstliche Spieße, ca. 10.000 ¥. 18-23 Uhr, Sa-Mo u. F geschl., 2-13-8 Azabu-Juban, Tel. 3452-2327.

### Robatayaki/Teppanyaki

● **Inakaya,** ¥¥¥, sehr unterhaltsame, rustikale Art zu essen, aber nicht unbedingt billig: 10.000-15.000 ¥ kommen leicht zusammen. 17-5 Uhr, 7-8-4 Roppongi, Tel. 3405-9866.

● **Kobe 77,** ¥¥/¥¥¥, Teppanyaki, sehr gute Steaks, garlic rice, zum Nachtisch: ice cream steak. 6-1-3 Roppongi, Tel. 3479-3689.

## Udon

●*Usagiya,* ¥/¥¥, hier werden die Udon vor den Augen der Gäste hergestellt, während sie an der Bar sitzen. 11-4 Uhr, So u. F bis 23 Uhr, Rokuei Bldg. B1, 7-14-11 Roppongi, Tel. 3401-6208.

## Neue Japanische Cuisine

●*Hashimoto,* ¥¥, gemütlich, täglich wechselndes 7-Gerichte-Menü, 7000 ¥. 17.30-23 Uhr, Sa 17-22 Uhr, So geschl., 4-4-11 Roppongi, Tel. 3408-8388.
●*Kuimonoya Raku 78,* ¥¥, lange Tische, junge Leute, gute Stimmung, preiswertes Essen. 17.30-23.30 Uhr, 7-14-2 Roppongi, Tel. 3403-0869.

## Nach 24 Uhr

●*La Boheme,* ¥¥, beliebt und gut, Lundic Bldg. F1, 4-11-13 Roppongi, Tel. 3478-0222.

## Chinesisch

●*Bodaiju,* ¥¥, gute chinesische Küche mit vegetarischen Fleischimitationen, kein Glutamat. 11.30-15 und 17.30-22 Uhr, 1-1-1 Nishi-Azabu, Tel. 3423-2388.
●*Shao Lee,* ¥¥, am Nishi-kôen, Küche und Gastraum in einem, Platz für 12 am großen schwarzen Marmortisch, gute Taiwan- und Vietnam-Küche, 2000-3000 ¥. 18-24 Uhr, So geschl., 7-12-15 Roppongi, Tel. 3408-1718.

## Indisch/Pakistanisch, Nepalesisch

●*Ganga Palace,* ¥¥, fürstliche Umgebung, Dekoration wie im Film, Lunch 1200 ¥, Curries ab 1500 ¥, Menüs ca. 5000 ¥. 11.30-14.30 und 17-23 Uhr, Bar geöffnet bis 5 Uhr, So/F geschl., Wind Bldg. B1, 7-4-8 Roppongi, Tel. 3796-4477.
●*Kantipur,* ¥¥, nepalesische und ein paar tibetische Spezialitäten. 11.30-23 Uhr, Roppongi Fuji Bldg. F2, 3-2-6 Nishi Azabu (U: Roppongi, Nogizaka), Tel. Filiale Shibuya 3770-5358.
●*Moti,* ¥¥, nordindische Küche, seit vielen Jahren sehr beliebt, nicht sehr scharf. 11.30-22 Uhr, Hama Bldg. F3, 6-2-35 Roppongi, Tel. 3479-1939, *Moti Darbar,* Roppongi Plaza F3, 3-12-6 Roppongi, Tel. 5410-6871.

## Indonesisch

●*Bengawan Solo,* ¥¥, gute javanische Küche seit 1954, vernünftige Preise. 7-18-13 Roppongi, Tel. 3408-5698.
●*Ichioko,* ¥/¥¥, preiswertes kalifornisch-balinesisches Café, ca. 3000 ¥, Lunch ab 1000 ¥; alles kommt auf den Tisch, was *Ueda-san* interessant findet: Tôfu-Steak, Käse-Gyôza, Pilze in Soße, Salate; der Chef ist ein Original; das Klo ist eine Sehenswürdigkeit für sich. 17.30-0.30 Uhr, So u. F geschl., 4-4-5 Roppongi, Tel. 3405-9891.

## Koreanisch

●*Hosenka,* ¥¥, günstig, gut, populär, ca. 5000 ¥. 12-14 Uhr und 17-3 Uhr, So 17-24 Uhr, 2-21-12 Azabu-Juban, Tel. 3452-0320.

## Thai

●*Erawan,* ¥¥, gutes Essen, vernünftige Preise, geräumig, tolle Aussicht. Roi Bldg. F13, 5-5-1 Roppongi, Tel. 3404-5741.
●*Maenam,* ¥¥, gut und preiswert. 3-1-20 Nishi-Azabu, Tel. 3404-4745.
●*Rice Terrace,* ¥¥, hervorragende Thai-Küche, angenehme Atmosphäre, vor allem im Untergeschoß. 2-7-9 Nishi-Azabu, Tel. 3498-6271.
●*Sabai,* ¥¥, Deluxe Thai-Essen, gute Gemüsegerichte. La Palette Bldg. 3F, 7-13-8 Roppongi, Tel. 3470-4110.

## Lateinamerikanisch

●*El Mocambo,* ¥¥, festlich, geräumig, große Auswahl an südamerikanischen Spezialitäten, freundliche Bedienung. Chitose Bldg. B2, 1-4-38 Nishi Azabu, Tel. 5410-0468.

## Nordamerikanisch

●*Fox Bagels,* ¥, die besten amerikanischen Brezeln, auch mit Deli-Belag, z.B. Wall Street Sandwiches, liefert auch außer Haus. 9-17 Uhr, Mi geschl., in der TV Asahi-dôri, auch Bagel-dôri genannt, 6-15-19 Nishi-Azabu, Tel. 3403-7638, Bestellungen: Tel. 3408-3141.
●*Spago,* ¥¥/¥¥¥, italo-kalifornische Küche, Gourmet-Pizzas, festliche, gesundheitsbewußte Atmosphäre. 17.30-23 Uhr, hinter dem

Stadtteile

Hard Rock Café, 5-7-8 Roppongi, Tel. 3423-4025.

● **Tony Roma's,** ¥/¥¥, Rippchen, Fisch und Huhn, gute Portionen, berühmt sind die riesigen Portionen Zwiebelringe. 16-22.30 Uhr, 5-4-20 Roppongi, Tel. 3408-2748.

● **Victoria Station,** ¥¥, Steakhouse mit etwa 12-teiligem Salatbuffet, beliebt bei nichtrauchenden Vegetariern. 11-23 Uhr, 4-6-2 Roppongi, Tel. 3479-4601.

## Französisch

● **Bistro de la Cité,** ¥¥, gemütlich, beliebt seit über 20 Jahren, gute Fischgerichte, Lunch 2000 ¥, Abendessen über 7000 ¥. 12-14 und 18-22 Uhr, Mo geschl., 4-2-10 Nishi-Azabu, Tel. 3406-5475.

● **Brasserie Bernard,** ¥¥, viele provencalische Spezialitäten, gut bürgerlich, beliebt bei Tokyoter Franzosen, Lunch ab 1500 ¥, Abendessen ca. 5000 ¥. 11.30-14 und 17.30-0.30 Uhr, 7-14-3 Roppongi, Tel. 3405-7877.

● **La Terre,** ¥¥, nettes Bistro, besonders reizvoll zur Kirschblüte, neben dem großen, modernen Reiyukei-Tempel, gegenüber der russischen Botschaft. 1-9-20 Azabudai, Tel. 3583-9682.

● **Marie Claude,** ¥¥, kleines, intimes Restaurant, Menüs wechseln mit den Jahreszeiten, 7 Tische, Lunch ab 3000 ¥, Abendessen ab 7000 ¥. 11.30-14 Uhr, Tee: 14-16 Uhr, Abendessen: 18-22 Uhr, Ochiai Azabudai Bldg. F2, 1-7-28 Roppongi, Tel. 3583-9567.

● **Queen Alice,** ¥¥, ruhig, viel Grün, einzelstehendes Haus, nur Menüs, Lunch ab 3500 ¥, Abendessen ab 7500 ¥. 12-15 und 18-22 Uhr, 3-17-34 Nishi-Azabu, Tel. 3405-9039.

● **Vincent,** ¥¥¥, erstklassig, Speisen wie im Kino, Lunch 3500-5000 ¥, Abendessen 7500-12.000 ¥. 11.30-14 und 18-22 Uhr, 1. und 3. So geschl., Inac Bldg. B1, 5-18-23 Roppongi, Tel. 3589-0035.

## Italienisch

● **Acqua Pazza,** ¥¥¥, klein, eng, aber sehr gut und „in", über 10.000 ¥. Mo-Sa, 18-23 Uhr, Kakubari Bldg. B1, 3-21-14 Nishi-Azabu, Tel. 3470-0564.

● **Cucina Hirata,** ¥¥¥, entspannte Atmosphäre, hohes Niveau der Küche, ca. 12.000 ¥. Ab

18 Uhr, So u. F geschl., Towanda Bldg. 3F, 3-12-1 Azabu-Jûban, Tel. 3457-0094.

● **Il Forno,** ¥¥, italo-kalifornisch, Pizza und Salat, gesundes Essen, vernünftige Preise. 11-23 Uhr, hinter *Aoyama Book Center,* Piramide Bldg., 6-6-9 Roppongi, Tel. 3796-2641/ 2642.

## Russisch

● **Ural,** ¥¥, russische Hausmannskost, Atmosphäre wie bei Mrs. Shvets zu Hause, Menüs ab 6000 ¥. 18-21 Uhr, So u. F geschl. sowie Juli/August, 1-9-7 Nishi-Azabu, Tel. 3403-1703.

## Schwedisch

● **Lilla Dalarna,** ¥¥, klein, informell, rustikal, Lunch 1000 ¥, Abendessen 3000-5500 ¥. 12-15 und 18-22 Uhr, So geschl., 5-9-19 Roppongi, Tel. 3478-4690.

● **Stockholm,** ¥¥/¥¥¥, leckeres Smörgasbord im Sweden Center für Leute mit Zeit, Lunch 4500 ¥, Abendessen 6000 ¥. 11-14 und 17-22 Uhr, Sweden Center B1, 6-11-9 Roppongi, Tel. 3403-9046.

## Hotel-Frühstück

● **Capitol Tokyû,** ¥¥, Tea Lounge, gemütliches Frühstück am Wochenende bis mittags, mit Blick auf japanischen Garten. 7-22.30 Uhr, 2-10-3 Nagatachô (U: Kokkai-gijidomae, Chiyoda/Marunouchi-Linie), Tel. 3581-4511.

## Bars, Clubs und Discos

(U: Roppongi, falls nicht anders angegeben)

## Discos, Tanz-Bars

● **328,** DJs spielen oft Funk, Rock; interessante Bar, verwirrender Eingang, freundliche Bedienung, gemischtes Publikum, ab 1500 ¥. Mo-Do 20-4 Uhr, Fr, Sa bis 5 Uhr, So bis 3 Uhr, Kôtsu Anzen Center Bldg. B1, 3-24-20 Nishi Azabu (U: Nogizaka, Ausg. 5), Tel. 3401-4968.

● **Area,** geräumige Decke, Eurobeat, House, anständige Kleidung. M: 4500 ¥, F: 4000 ¥. Wochenende und vor Feiertagen 500 ¥ ex-

tra, freies Getränk und Essen, 17 Uhr bis nach Mitternacht, Nittaku Bldg. B2, 3-8-15 Roppongi, Tel. 3479-3721.

● *Cipango,* Laser-Effekte, orientalisch-mexikanisches Interieur. Männer 4500 ¥, Frauen 4000 ¥ (am Wochenende und vor Feiertagen 500 ¥ extra, 10 Essens- und Getränkecoupons), 17 Uhr bis nach Mitternacht, Nittaku Bldg. 3F, 3-8-15 Roppongi, Tel. 3478-0039.

● *Cleo Palazzi,* Rap und Hip-Hop wie in N.Y., beliebt bei Schwarzen, ab 2000 ¥. 20-4 Uhr, 3-18-2, Roppongi, B1, Tel. 3586-8494.

● *Déjavu,* internationales Publikum, farbige Lichteffekte, Gaijin-Bar, ab 1000 ¥. So-Mi 19-5 Uhr, Togensha Bldg. Nr. 2, F1, 3-15-24 Roppongi, Tel. 3403-8777.

● *Droopy Drawers,* Soul, House; Einrichtung wie heruntergekommene unterirdische Passage. So-Do 3000 ¥, Fr/Sa 3500 ¥. 19 Uhr bis nach Mitternacht, Art Mansion B1, 6-7-8 Roppongi, Tel. 3423-6028.

● *Gas Panic 99,* gilt als bester Afterhour Club in Roppongi, neben *Déjavue,* Tel. 3470-7180.

● *Ex.Geoid/Flower,* Underground, Dekoration: Blick auf die Erde aus dem Weltraum, italienische Spitzenbeleuchtung, 3000 ¥. (Nichtmitglieder, incl. 1 Getränk), Frauen: Eintritt frei. Fr/Sa 4-12 Uhr, 3-5-5 Nishi Azabu, Tel. 3479-8161.

● *J Trip Bar End Max,* Funk, Soul, Rock, House; sehr beliebt, groß; gutes Lichtsystem, Männer 3500 ¥, Frauen 2500 ¥ (am Wochenende und vor Feiertagen 1000 ¥ extra. 18 Uhr bis nach Mitternacht, Hara Bldg. B2, B1, 3-4-18 Higashi-Azabu, Tel. 3586-0639.

● *Lexington Queen,* Hard Rock, Prominentendisco (geführt vom Klatschkolumnisten *Bill Hersey*), anständige Kleidung, Männer 4500 ¥, Frauen 3000 ¥, Models umsonst, wenn mit männlicher Begleitung (10 Essenscoupons, freies Getränk). 18 Uhr bis nach Mitternacht, Dai-san Goto Bldg. B1, 3-13-14 Roppongi, Tel. 3401-1661.

● *MZMZ,* Reggae, House, World, Mo-Do Männer 4000 ¥, Frauen 3000 ¥ (am Wochenende und vor Feiertagen 1000 ¥ extra) incl. 3 Getränke. 9 Uhr bis nach Mitternacht, So geschl., Rudocho Bldg. B1, 7-4-4 Roppongi, Tel. 3423-3066.

● *Pickford Live Hall,* beliebt, gute Bands, 3000 ¥ Eintritt, am Wochenende sehr voll.

20-5 Uhr, So geschl., Roppongi Raidick Bldg. B1, 4-11-13 Roppongi, Tel. 3423-1628.

● *Pigeon,* bester Reggae in Tokyo, ab 2000 ¥ Mo-Do 20-3.30 Uhr, Fr u. Sa bis 4.30 Uhr, So geschl., Kokubo Bldg. F3, 1-4-49 Nishi-Azabu (U: Nogizaka), Tel. 3403-2962.

● *Rowdy,* Garage und House, Fr Eintritt frei für Frauen, 2500 ¥ incl. 2 Getränke. ABIC Bldg. F8, Roppongi, Tel. 3405-4494.

● *Soul to Soul,* Soul, House; dunkle Tanzfläche, Eintritt 1000 ¥ (Wochenende und vor Feiertagen 500 ¥ extra), Getränke und Essen extra. 22-8 Uhr, So bis 6 Uhr, Azabudai Mansion 1F, 3-4-14 Azabudai, Tel. 3505-6573.

● *The Deep,* Insider Underground Club, ab 1000 ¥. 23-5 Uhr, Fr, 1. u. 4. Sa, Suzuki Bldg. B1, 8-12-15 Akasaka (U: Nogizaka, Ausg. 1, Roppongi, 10 Min.), Tel. 3796-0925, unter der Woche Foto-Galerie.

● *Yellow,* groß, dunkel, freitags besonders heiß und voll; Techno, House, sehr gute DJs, manchmal live, 3000 ¥ incl. 2 Getränke. 21-5 Uhr, So manchmal geschl., Cesaurus Bldg. B1, B2, 1-10-11 Nishi-Azabu (U: Nogizaka), Tel. 3479-0690.

## Discos im Square Building

● *Bango Bongo,* interessante Dekoration, Eintritt M: 4000 ¥, F: 3000, F7, Tel. 3479-5600.

● *Buzzzz,* viel Action, große Videowand, sehr geräumig, M: 4000 ¥, F: 3000 ¥. 18-5 Uhr, F5, Tel. 3470-6391.

● *Circus,* schwarze Musik, Eintritt M: 4000 ¥, F: 3000 ¥, Wochenende 500 ¥ extra, F10, Tel. 5474-0261.

● *Giza,* schon lange im Geschäft, ägyptisches und Weltraummotiv, viele Models, M: 4000 ¥, F: 3000 ¥, F3, Tel. 3403-6538.

● *Java Jive,* karibische Atmosphäre, u.a. Reggae, House; Essen, Models, Expats, GIs, viele junge Leute. M: 4000 ¥, F: 3000 ¥ (Getränkecoupons). 18 Uhr bis nach Mitternacht, B1, Tel. 3478-0087.

● *Venus,* im Rhythmus der Musik vibrierender Tanzboden, M: 4000 ¥, F: 3000 ¥, F6, Tel. 3470-0555.

● *Vietti,* beliebteste Disco, moderne italienische Dekoration, gute Biercocktails, separate Bar, M: 3500 ¥, F: 3000 ¥, Wochenende 500 ¥ extra, F4, Tel. 3401-7478.

## Clubs mit Live-Musik

●*After Six,* ruhiger Jazzclub mit Klavier, viel ausländisches Publikum, hauptsächlich amerikanische Pianisten, Eintritt 2500-5000 ¥, 19-2 Uhr, So geschl., Zonan Bldg. B1, 3-13-8 Roppongi, Tel. 3405-7233.

●*Cavern Club,* Beatle-Mania, Beatles-Wünsche werden Di, Do, Sa erfüllt, Liverpool-Food, Eintritt 1300 ¥, 18-2.30 Uhr, Saito Bldg. 1F, 5-3-2 Roppongi, Tel. 3405-5207.

●*Hot Corocket,* guter Reggae, meist afrikanische Bands, aber auch aus Jamaica und England, der Club für Reggae-Connaisseurs, Tanzmöglichkeit, viel ausländisches Publikum, Männer 4000 ¥, Frauen 3000 ¥ incl. 2 Getränke. Mo-Fr 19-3 Uhr, So bis 24 Uhr, Musik Mo-Fr ab 20.45 Uhr, Fr/Sa ab 20.30 Uhr, So 20-21 Uhr, Dai-ni Daisho Bldg. B1, 5-18-2 Roppongi (U: Roppongi, 13 Min.), Tel. 3583-9409.

●*Kentos,* Oldies und amerikanische Popmusik, Tanzmöglichkeit, 1300 ¥, Mo-Sa 18-2.30 Uhr, So u. F bis 24 Uhr, Musik ab 19.30 (6 mal pro Abend), Dai-ni Reine Bldg. B1, 5-3-1 Roppongi, Tel. 3401-5755.

●*Maggie's Revenge,* Aussie Bar mit guten Häppchen, 700 ¥. 21-3 Uhr, So geschl. Takano Bldg. F1, 3-8-12 Roppongi (U: Roppongi), Tel. 3479-1096.

●*Pigeon,* kleiner Reggae Club, 19-3 Uhr, Kokuba Bldg. F3, 1-4-49 Nishi-Azabu, Tel. 3403-2962.

●*Pit Inn,* Fusion und Rock, Eintritt 2500 ¥, 18.30-23 Uhr, Shimei Bldg. B1, 3-17-7 Roppongi, Tel. 3585-1085.

●*Salsa Corona,* lateinamerikanische Musik, gute Margarita, ab 1000 ¥. 20-5 Uhr, Harrington Gardens Bldg. B1, 7-7-4 Roppongi, Tel. 3746-0244.

●*Satin Doll,* Jazz und italienisches Essen, 1500-2700 ¥. 17.30-24 Uhr, Musik ab 19.20, 21, 22.40 Uhr (So u. F 20 Min. eher), Haiyuza Bldg. 3F, 4-9-2 Roppongi, Tel. 3401-3080.

●*Spats,* Oldies mit Live Band, lebhafte Atmosphäre, Eintritt 2000–2500 ¥. Roppongi Plaza Bldg. 5F, 3-12-6 Roppongi, Tel. 3405-5700.

## Bars

●*Acarajé,* brasilianisch-japanisch, unaufdringlich, internationales Publikum, ab 1000 ¥. 20-3 Uhr, Sa bis 5 Uhr, So oft geschl., Emerodo Bldg. B1, 1-8-19 Nishi-Azabu (U: Nogizaka), Tel. 3401-0973.

●*Acarajé Tropicana,* größer, besseres Essen als *Acarajé,* Happy Hour (50 %). Mo-Mi 18-20 Uhr, Wochenende 18-2 Uhr, B1, 1-1-1 Nishi-Azabu, Tel. 3478-4142.

●*Bar, Isn't It?,* kosmopolitisch, Einheitspreis 500 ¥, nahe Square Bldg., MT Bldg. F3, 3-8-18 Roppongi, Tel. 3746-1598.

●*Bogeys Bar,* für Humphrey Bogart Fans, Kopie der Bar in „Casablanca", ab 1000 ¥. Mo-Sa 18-5 Uhr, So u. F bis 2 Uhr, Togensha Nr. 2 Bldg. F2, 3-15-24 Roppongi, Tel. 3478-1997.

●*Café Mogambo,* ruhige, angenehme Atmosphäre, 18-5 Uhr, So geschl., Osawa Bldg. F1, 6-1-7 Roppongi, Tel. 3403-4833.

●*Exotica,* Bambus-Bar, viel Volkskunst, ab 1600 ¥. 19-4 Uhr, Casa Grande Miwa Bldg. B1, 7-5-11 Roppongi, Tel. 3403-1537.

●*Mega Magic,* das frühere *Henry Africa,* heute Sportbar, belebt und beliebt wie ein Pub, happy hour für japanisches Bier zw. 18 und 21 Uhr; Kicker, Videos, ab 1000 ¥. Mo-Do 18-2 Uhr, Fr u. Sa bis 4 Uhr, So bis 23. 30, Hanatsubaki Bldg. F2, 3-15-23 Roppongi, Tel. 3403-9751.

●*Le Séjour,* gutes Design für verschiedene Geschmäcker, voll gegen Morgen, ca. 2000 ¥, Mo-Sa 18-6 Uhr, So u. F bis 2 Uhr, Kaneko Bldg. Nr. 1 F3, 7-18-13 Roppongi, Tel. 3423-8260.

●*Paranoia Café,* Horror-Bar-Dekor, mit friedlichen Gästen, ab ca. 2000 ¥, Mo-Do 19-

2 Uhr, Fr, Sa bis 4 Uhr, So geschl., Victory Bldg. F3, 4-12-5 Roppongi, Tel. 5411-8018.

●*Penthouse,* angenehme Bar mit Südostasien-Schnickschnack und Bar-Dachs, guter Blick über die Dächer, ab 1000 ¥. 18-2 Uhr, So u. F geschl., Sansei Kaikan F9, 7-14-2 Roppongi, Tel. 3405-4588.

●*Pips (Ya Ya Club),* unter der Woche angenehm, am Wochenende oft wild, besonders wenn die Seeleute kommen; beliebt bei asiatischen ArbeiterInnen; ab 1000 ¥. 17-5 Uhr, Shuwa Bldg. B1, 3-14-12 Roppongi, Tel. 3470-0857.

●*Salsa Sudada,* lateinamerikanische Rhythmen, angenehme, internationale Atmosphäre, 18-6 Uhr, La Pallette Bldg. F3, 7-13-8 Roppongi, 5474-8806.

●*Star Bank,* lebt vom Flair des japanischen Easy Riders *Danny,* ab 1000 ¥. 19-2 Uhr, So u. F geschl., City Azabu Bldg. F2, 3-12-10 Azabu-jûban, Tel. 3453-4177.

●*Tropic of Cancer,* geleitet von *Hoki,* einst Geliebte von *Henry Miller* und Pianistin, Gaijin-Hostessen, Happy hour bis 21 Uhr, danach live Musik, ab 2000 ¥. 19-2 Uhr, So u. F geschl., Reine Roppongi Bldg. F4, 5-3-4 Roppongi, Tel. 5410-4737.

●*Wonder Bar,* Bar im Freien, beliebter Treffpunkt, ab 1000 ¥. 17-2 Uhr, Roi Bldg. F1, 5-5-1 Roppongi, Tel. 3423-4666.

●*Zorro,* spanische Bar, Tapas ab 600 ¥, Wein ab 800 ¥, Lokal einen Stock tiefer, 11.30-14 und 17.30-23 Uhr, So u. F geschl., A.T. Bldg. F1, B1, 4-12-2 Roppongi, Tel. 3423-3500.

## Unterkunft

●*Heart Inn (Nogizaka Kenhô-Kaikan),* ¥/¥¥, 27 Zimmer, ab 8000 ¥. 1-24-4 Minami-Aoyama (U: Nogizaka), Tel. 3403-0531, -3176.

●*Ibis,* ¥¥, lebhaft, mitten im Roppongi-Trubel, 200 Zimmer, ab 13.000 ¥. 7-14-4 Roppongi (U: Roppongi, Ausg. 4A), Tel. 3403-4411, 3405-8158, Fax 3479-0609.

●*Roppongi Prince,* ¥¥¥, entworfen von Kisho Kurokawa, beheizter Swimming Pool, 216 Zimmer, ab 20.000 ¥. 3-2-7 Roppongi (U: Roppongi, Ausg. 3), Tel. 3587-1111, Fax -0770.

# Die gehobenen Wohnviertel: Azabu, Hiro-o und Ebisu
(Minato-, Shibuya-ku)

Diese früher ruhigen Wohngegenden südwestlich von Roppongi, in denen einst Samurai ihre Residenzen hatten, gehören zu den teuersten Wohngegenden Tokyos, vor allem wegen der zahlreichen **Botschaften.** Die Deutsche und die Schweizer Botschaft liegen in Minami-Azabu, die Österreichische in Azabu-Jûban). Neben der Deutschen Botschaft liegt der **Prince Arisugawa Memorial Park** mit der großen Bibliothek *Tokyo Metropolitan Central Library.*

Heute gibt es in diesen Vierteln viele kleine Bars und Eßlokale. *Hiro-o* gilt als Ausländer-Ghetto: Viele ausländische Firmen bringen dort ihre Angestellten und Familien in stark bezuschußten Appartements unter. Es haben sich zwei der größten westlich orientierten Supermärkte dort angesiedelt. Neben dem U-Bahnhof gibt es ein für Bahnhöfe übliches japanisches Einkaufsviertel.

Einen Besuch wert ist der südlich der Österreichischen Botschaft gelegene **Tempel Zenpuku-ji,** auf dessen Gelände der mit über 750 Jahren älteste Gingko-Baum Tokyos (Wappenbaum der Stadt) steht.

## Einkaufen

Das Angebot an Einkaufsmöglichkeiten ist in dieser Gegend begrenzt, aber es gibt erwartungsgemäß einige

Stadtteile

Designer-Boutiquen und den international ausgerichteten Supermarkt **National Azabu** mit einem angeschlossenen Buchladen. Ein neues großes Einkaufszentrum steht am Bahnhof Ebisu.

- **Maison du Fromage Valençay,** ausgezeichnete Auswahl an Käse. 10-19 Uhr, So u. F geschl., 5-8-18 Hiroo (U: Hiro-o), Tel. 3473-6101.
- **Tokyo-Freundlieb,** eine der besten Bäckereien Tokyos. 9-19 Uhr, So 9-16 Uhr, Mi geschl., 5-1-23 Hiroo (U: Hiro-o), Tel. 3473-2563.
- **Fuso,** Antiquitäten, Wochenend-Sonderangebote. Sa/So 11-18 Uhr, 2-38-1 Ebisu (U: Ebisu), Tel. 3442-1945.

## Essen

(U: Hiro-o, JR: Ebisu, wenn nicht anders angegeben)

### Japanisch

- **Nanaki,** ¥/¥¥, handgemachte *soba* aus Nagano, rustikal, entspannt, 450-1600 ¥. 11.30-21.30 Uhr, So u. F geschl., 1-13-2 Ebisu-nishi, Tel. 3496-2878.
- **Ninniku-ya,** ¥¥, Knoblauchgerichte aus aller Welt, Knoblauch in jeder Zubereitungsart; trotz „Nachwirkungen" sehr empfehlenswert. 18.30-22.30 Uhr, So u. F geschl., 1-26-12 Ebisu, Tel. 3446-5887.

### Indisch/Pakistanisch

- **Kenbokke,** ¥¥, Curries mit 22 Gewürzen, Tandoori-Huhn und -Krabben, chic und modern. Empire Bldg. 2F, 4-11-28 Nishi-Azabu, Tel. 3498-7080.

### Afrikanisch

- **Piga-Piga,** ¥¥, Snacks und afrikanische Livemusik, am Wochenende immer voll. Nanshin Ebisu Ekimae Bldg. B2, 1-8-16 Minami Ebisu, Tel. 3715-3431.

### Deutsch

- **Regensmeier,** ¥¥, gute Salate, viele Fleischgerichte, auch Party-Service. 11-19 Uhr, 2. u.

3. Mo geschl., 5-1-27 Minami-Azabu, Tel. 3446-5154.

### Französisch

- **Azabu Kyara-tei,** gemütlich, freundlich, 20 Plätze, Menüs ab 5000 Yen, Lunch-Menüs ab 2000 Yen. 12-13.30 und 18-22 Uhr, So u. F geschl., 4-2-12 Nishi-Azabu, Tel. 3409-5155.

## Bars, Clubs und Discos

- **Hanezawa,** guter Biergarten in ruhigem Wohnviertel. 17-20.30 Uhr, 3-12-15 Hiro-o, Tel. 3400-2013.
- **La Bodeguita,** unter der Woche brasilianisches und kubanisches Essen, am Wochenende u.a. Samba und Salsa; Publikum vor allem Lateinamerikaner; ab 1000 ¥. Mo-Sa 18-24 Uhr, So u. F geschl., New Life Ebisu Bldg. F2, 1-7-3 Ebisu Minami, Tel. 3715-7721.
- **Cacciatora,** Publikum vorwiegend Fotografen und Designer; manchmal Livemusik, ab 1000 ¥. Mo-Sa 18 Uhr, So geschl., Nishida Bldg. F2, 1-18-2 Minami-ebisu, Tel. 3715-8218.
- **4 Play Ground,** Comic-Dekoration, viele Thai-Boxen-Fans, Gaijin-Wirt, gute Cocktails, ab 1000 ¥. Mo-Sa 19-2 Uhr, So geschl., Hasshin Bldg. B1, 2-25-12 Nishi-azabu (U: Nogizaka), Tel. 5466-1945.
- **J Trip „Wanna Dance?",** interessantes Dekor, dunkel, sehr gute DJs; ab 2000 ¥. So-Do 19-5 Uhr, Fr, Sa bis 8 Uhr, The Wall B1, B2, 4-2-4 Nishi-azabu (U: Hiroo oder Roppongi), Tel. 3409-7607.
- **Petit Chateau,** Transvestiten-Cabaret, 25.000 ¥ Eintritt, Getränke ab 1000 ¥. 23-5 Uhr, Shows 2 und 4 Uhr, So u. F geschl., Koyama Bldg. B1, 3-1-19 Nishi-Azabu (U: Roppongi), Tel. 3408-0204.
- **Shanghai,** angenehm, modern, preiswert, gleich neben dem Bahnhof Ebisu. Mo-Sa ab 8 Uhr, Bar 18-2 Uhr, So u. F bis 23.30 Uhr, New Life Ebisu Bldg. F1, 1-7-8 Ebisu, Tel. 3715-2207.

## Unterkunft

- **Azabu City Hotel,** ¥/¥¥, 2-12-3 Azabu-Juban (U: Roppongi, 10 Min.), Tel. 3453-4311.

# Die Mode-Paradiese: Aoyama und Harajuku

(Minato-ku, Shibuya-ku)

Östlich an Shibuya und westlich an Akasaka und Roppongi schließt sich der Stadtteil **Aoyama** an, der berühmt ist für recht teure Modeboutiquen, Designerläden und Restaurants, die an den Geldbeutel gehen. International bekannte Modeschöpfer wie *Hanae Mori* und *Issey Miyake* haben hier ihr Hauptquartier.

Aoyama ist das Einkaufsviertel der modebewußten jungen und älteren Erwachsenen, während das benachbarte **Harajuku** das Paradies der jungen Teenager, vor allem der

Mädchen, ist. Berühmt ist der große Aoyama-Friedhof.

Die **Aoyama-dôri** von Shibuya nach Akasaka sowie die sie kreuzende Omotesandô bilden die Hauptachsen, von denen zahlreiche kleine Gassen mit Boutiquen und anderen Geschäften abzweigen. Bekannt sind die Antiquäten-Gasse **Kottô-dôri** in der Nähe des Nezu-Museums und die Boutiquen-Gasse **Killer-dôri,** so benannt nach einer Boutique von *Junko Koshino.*

## Die Omotesandô und ihre Nebenstraßen

Untrennbar mit Aoyama verbunden ist die nach Harajuku führende Omotesandô, eine Straße mit Boutiquen und Cafés, die von manchen „Champs Elysées von Tokyo" genannt wird.

Die Omotesandô

Stadtteile

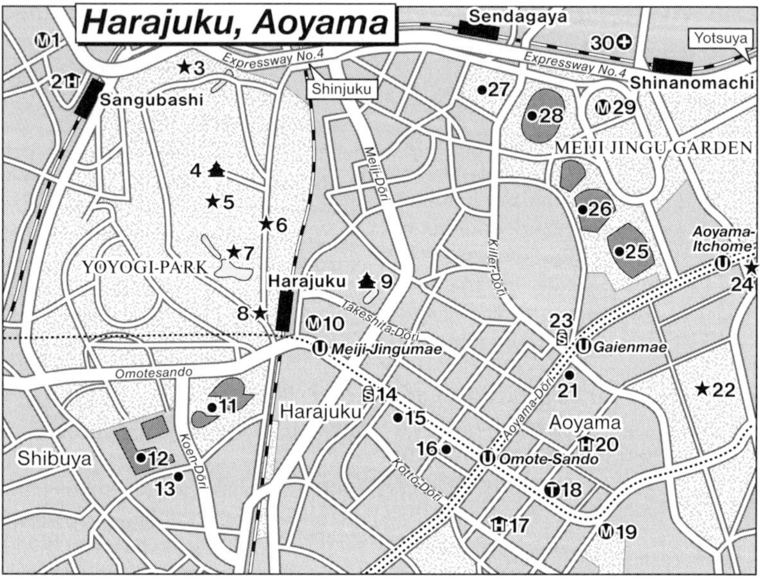

## Harajuku, Aoyama

Sendagaya · 30 · Yotsuya
Expressway No.4
M1
2 · Sangubashi · ★3 · Expressway No.4 · Shinanomachi
Shinjuku · ·27
·28 · M29
MEIJI JINGU GARDEN
4 · ★5
★6 · ·26
★7 · ·25 · Aoyama-Itchome
YOYOGI-PARK · Harajuku · 9 · 24
8★ · M10
Meiji-Jingumae · 23
Gaienmae
Omotesando · 14 · 21
·11 · Harajuku · ·15 · Aoyama
16· · 20
Shibuya · ·12 · Omote-Sando
13 · 18
17 · M19

| | | | | |
|---|---|---|---|---|
| Ⓜ | 1 | Schwert-Museum | ★ 22 | Aoyama-Friedhof |
| 🏨 | 2 | Sangubashi Miyako Hotel | ⓢ 23 | Kaufhaus Bell Commons |
| ★ | 3 | Schatzhaus | ★ 24 | Aoyama Twin Building |
| ⛩ | 4 | Meiji-Schrein | ● 25 | Chichibunomiya |
| ★ | 5 | Innerer Garten | | Rugby Stadium |
| ★ | 6 | Torii | ● 26 | Jingu Baseball Stadium |
| ★ | 7 | Iris-Garten | ● 27 | Tokyo-Metropolitan-Sporthalle |
| ★ | 8 | Eingangs-Torii | ● 28 | The National Stadium |
| ⛩ | 9 | Togo-Jinja-Schrein | Ⓜ 29 | Meiji Memorial |
| Ⓜ | 10 | Ota Memorial Art Museum | | Picture Gallery |
| ● | 11 | National Yoyogi Stadium | ✚ 30 | Krankenhaus |
| ● | 12 | NHK Broadcasting Center | | |
| ● | 13 | Shibuya Public Hall | | |
| ⓢ | 14 | Kaufhaus Kiddyland | | |
| ● | 15 | Oriental Bazar | | |
| ● | 16 | Hanne Mori Building | | |
| 🏨 | 17 | Minami Aoyama Kaikan | | |
| 🎭 | 18 | Tessenkai No Theater | | |
| Ⓜ | 19 | Nezu Museum of Art | | |
| 🏨 | 20 | Tokyo Aoyama Kaikan | | |
| ● | 21 | Japan Traditional | | |
| | | Crafts Center | | |

0     500 m

Die Omotesandô ist nicht nur für Mode-interessierte Teenager sehr attraktiv. Lange bevor die Straße junge Modeschöpfer anzog, die in der unmittelbaren Umgebung ihren Firmensitz haben, gab es den **Oriental Bazar,** in dem man immer noch gut Japan-Souvenirs kaufen kann.

Wem der Trubel entlang des Boulevards zu viel wird, der sollte einen Bummel entlang der beidseitig der Omotesandô verlaufenden **Kyû Shibuya River Promenade** machen, die neben dem Spielzeug-Kaufhaus *Kiddyland* beginnt. Der Fluß der „Uferpromenade" ist jedoch überbaut, war er doch zuletzt kaum mehr als ein Abwasserkanal. Ansonsten entspannt man sich – wenn es warm genug ist – in den **Straßencafés** à la Paris oder München-Schwabing (diese angenehmen Einrichtungen gibt es in Tokyo sonst fast nirgendwo).

### Takeshita-dôri

Das Paradies der Teenager ist die enge, 400 m lange Gasse Takeshitadôri, die parallel zur Omotesandô von der Meiji-dôri auf den Harajuku-Bahnhof zuläuft. Hier gibt es **Mode für junge Leute** zu relativ erschwinglichen Preisen. Mehrere Secondhand-Läden sind vorhanden, aber auch ein Spezialgeschäft für Hobby-Schlagersängerinnen mit angeschlossenem Aufnahmestudio. Wer über 20 Jahre alt ist,

Die Takeshita-dôri

Stadtteile

kommt sich in dieser Gegend wahrscheinlich schon alt vor. Die Lust der japanischen Teenager am Konsum ist noch ungehemmter als die der jungen Menschen in unseren Breiten. Im Sommer gehört es dazu, Eis zu schlecken oder Crêpes zu essen.

Im *Tôgô-Schrein* an der Ecke Meijidôri/Takeshita-dôri gibt es jeden 1. und 4. Sonntag im Monat einen Antiquitäten- und Keramikmarkt.

### Ôta Memorial Art Museum

Gleich neben dem U-Bahnhof Meiji-Jingûmae steht dieses Museum mit einer großen Sammlung von *Holzschnitten (ukiyo-e)*. Insgesamt gibt es dort 12.000 Drucke der berühmten Meister des 18. und 19. Jahrhunderts der Sammlung *Seizo Ôta* (geöffnet 10.30-17.30 Uhr, Mo geschl., 500 ¥, 1-10-10 Jingûmae, JR: Harajuku, U: Meiji-Jingûmae, Chiyoda-Linie, Tel. 3403-0880).

### Buntes Treiben am Eingang zum Yoyogi-Park

An der sonntags für den Autoverkehr gesperrten Straße von Harajuku nach Shibuya, die am nördlichen Teil der Omotesandô in der Nähe der eindrucksvollen Sporthallen des *National Yoyogi Stadium* beginnt, kann man der rebellischen und doch so angepaßten Jugend beim sonntäglichen Musizieren und Tanzen zusehen. Typisch japanisch: sehr gruppenbezogen, scheinbar wild und zügellos, in Wirklichkeit jedoch brav und geordnet. Alle gängigen Trends von Popmusik sind zu hören; das Schauspiel, das

jeweils gegen 18 Uhr endet, bietet einen bunten Einblick in die Spielarten der weltumspannenden Jugendkultur.

Seit einigen Jahren dient der Eingang zum Yoyogi-Park als Treffpunkt für als „Touristen" ins Land gekommene zentralasiatische Gastarbeiter (Iraner, Pakistani, Bangladeshi), die von den Firmen als billige Hilfsarbeiter begehrt, aber von den einheimischen Bewohnern der Stadt alles andere als geliebt werden.

### Yoyogi-Hachimangû-Schrein

Für an der Frühgeschichte Tokyos Interessierte lohnt sich ein Abstecher zum *Yoyogi Hachimangû*, auf dessen Gelände Gegenstände und ein *rekonstruiertes Haus der Jômon-Zeit* (vor 5000 Jahren) zu sehen sind. Er steht westlich des Yoyogi-Parks nahe dem Bahnhof Yoyogi-Hachiman der Odakyu-Linie bzw. dem U-Bahnhof Yoyogi-Kôen der Chiyoda-Linie.

Zu Fuß ist der Schrein von der Straße mit den Bands zu erreichen: an der Kreuzung mit der Yamate-dôri nach rechts (Norden), von da sind es 500 m bis zum Schrein.

## Yoyogi-Park

Harajuku ist Ausgangspunkt für einen Bummel in den weitläufigen Yoyogi-Park *(Yoyogi Kôen)* mit dem Meiji-Schrein und dem im Sommer wegen der Lilien sehenswerten *Inneren Garten (Jingû nai-en)*. Teile des Parks wurden anläßlich der Olympischen Spiele 1964 angelegt, andere etwas später. Er ist einerseits durch weite offene Ra-

Im Yoyogi-Park

*Stadtteile*

senflächen, andererseits durch die vom berühmten Architekten und Stadtplaner *Kenzô Tange* entworfenen **Sporthallen** *(Kokuritsu Yoyogi Kyôgijô)* gekennzeichnet.

Besonders im Juli lohnt ein Abstecher in den berühmten **Irisgarten** (linker Hand am Weg von Harajuku zum Meiji-Schrein); aber auch sonst ist der Garten sehenswert (JR Yamanote-Linie: Harajuku).

## Meiji-Schrein

Mitten im Park befindet sich der Meiji Jingû, eine der wichtigsten Sehenswürdigkeiten der Stadt. Der Schrein wurde erst nach dem Tod des bedeutenden *Meiji Tennô* (1850-1912), unter dem die Modernisierung des Landes begann, errichtet. Er ist also im Gegensatz zu den anderen bedeutenden Schreinen nicht alt, außerdem wurde er nach der fast vollständigen Zerstörung im Krieg erst 1958 wiederaufgebaut. Aber seine Lage inmitten von 20.000 aus ganz Japan herbeigebrachten Bäumen, die das 700.000 m² große Parkgelände ausfüllen, hebt ihn unter anderen Schreinen hervor.

Der *Ni-no-Torii* ist der größte hölzerne Torii des Landes.

In der **Neujahrsnacht** pilgern Zehntausende zu dem Schrein, der dem *Kami* (göttlicher Geist der Verstorbenen) von Kaiser *Meiji* und seiner Gemahlin *Shôken* (1850-1914) geweiht ist, um dort für ein gutes neues Jahr

und Glück zu beten und sich z.B. einen Glückspfeil als Talisman zu kaufen. In den ersten drei Tagen des Jahres besuchen einige Millionen Menschen den Schrein. Ein weiterer Höhepunkt ist der 15. Januar, wenn es im Schrein von den farbenfrohen Kimonos der 20 Jahre alt gewordenen jungen Frauen wimmelt. Die Männer kommen natürlich auch, stehen aber an diesem Tag eindeutig im Schatten der jungen Frauen.

Auch anläßlich des **Shichi-go-san-Festes** im November geht es angesichts der in Kimonos oder Sonntagsstaat gekleideten Kinder sehr bunt und lebhaft zu.

Der Schrein ist im Sommer von 5-18.40 Uhr geöffnet, im Winter von 6.40-16 Uhr (1-1 Kamizonocho, Tel. 3379-5511).

### Meiji-Schatzhaus

Einen Abstecher wert ist das Schatzhaus im Yoyogi-Park, in dem Gegenstände des Kaisers aus der Zeit, als Japan sich dem Westen öffnete, gezeigt werden (JR Yoyogi 13 Min., Sangubashi, 9-16.30 Uhr, Nov.-Feb. bis 16 Uhr, 3. Fr geschl., 200 ¥, 1-1 Kamizonochô, Tel. 3379-5511).

### Olympisches Dorf

Wenn man den Park nach Westen verläßt, kommt man nahe der Station Sangubashi (Odakyû-Linie) zum ehemaligen Olympischen Dorf von 1964, das jetzt *National Olympic Memorial*

Meiji-Schrein

*Youth Center* heißt. Darin gibt es eine Jugendherberge (s. Unterkunft Shinjuku).

## Rundgang durch Aoyama

Dieser recht lange Spaziergang ab der Kreuzung Omotesandô/Aoyama-dôri, dem Zentrum Aoyamas, streift Sehenswürdigkeiten, die von Besuchern der Stadt oft gar nicht wahrgenommen werden. Der vorgeschlagene Rundweg führt von der Kreuzung Richtung Süden durch die baumgesäumte Straße in Minami-Aoyama Go(5)-chôme mit **Boutiquen berühmter Modedesigner** in architektonisch interessanten Gebäuden.

Tip für Antiquitätenfreunde: Parallel zu der erwähnten Straße verläuft ca. 300 m westlich (Richtung Shibuya) die bekannte Kottô- bzw. Antiiku-dôri mit zahlreichen **Antiquitätengeschäften.**

Man kommt zunächst am **Tessenkai-Nô-Theater** *(Tessenkai Nôgaku Kenshûdo)* vorbei, dem einzigen Theater, in dem die Nô-Symbolik erklärt wird (ca.300 ¥, 4-21-29 Minami-Aoyama, Tel. 3401-2285).

### Nezu-Museum

Darauf gelangt man zum bekannten und lohnenden *Nezu Museum of Art*, das mit seinen rund 10.000 Exponaten auf **ostasiatische Kunst** spezialisiert ist. Zur Abteilung japanischer Kunst gehören Gemälde, Kalligraphie, Keramik, Lackwaren und Skulpturen, des weiteren gibt es chinesische Bronzen und koreanische Keramik. Besonders sehenswert ist der elegante japanische Garten mit fünf Teehäusern und bud-

dhistischen Statuen, Steinlaternen und einer Pagode. Gründer des Museums war *Nezu Kachirô* (1860-1940), langjähriger Präsident der Tôbu-Eisenbahn (geöffnet 9-16.30 Uhr, Mo geschl., 700 ¥, 6-5-36 Minami-Aoyama, U: Omotesandô, 10 Min., Tel. 3400-2536). Auf demselben Gelände steht der **Eihei-ji-Zen-Tempel.**

### Friedhof Aoyama

Vom Nezu-Museum ist es ein kurzer Spaziergang zum Friedhof *Aoyama Rei-en.* Dieser 1872 angelegte, mit über 100.000 Gräbern wohl größte städtische Friedhof weist viele berühmte Namen auf. Zahlreiche **Kirschbäume** machen ihn zur Kirschblütenzeit besonders attraktiv, weshalb zwischen den Gräbern dann zuweilen lautstark gefeiert wird (U-Bahn: Nogizaka, Chiyoda-Linie).

### Äußere Meiji-Gärten

Der weitere Spaziergang führt jenseits der Aoyama-dôri (beim U-Bahnhof Aoyama-itchome) weiter zur prachtvollen Gingko-Allee und zu den 486.000 m² großen Äußeren Meiji-Gärten *(Jingû Gaien, Meiji Jingu Outer Gardens).* Östlich wird diese Anlage von einem großen, der Öffentlichkeit nicht zugänglichen Park begrenzt. Dort befinden sich das **Staatsgästehaus** *(Geihin-Kan, Akasaka Detached Palace)* und der *Ômiya* bzw. **Aoyama Gosho,** wo der Kronprinz *Hironomiya* mit seiner bürgerlichen Frau *Masako* wohnt, die u.a. Deutsch spricht.

An Westrand der Äußeren Gärten befinden sich mehrere **Sportanlagen,**

Stadtteile

darunter das Nationalstadion, mit 75.000 Plätzen das größte Stadion Japans, ein Baseball- und ein Rugby-Stadion sowie die Yoyogi-Schwimmhalle und eine Sporthalle. Alle Anlagen sind für die Olympischen Spiele 1964 angelegt worden. Hinzu kam 1990 die futuristische Anlage des von *Fumio Maki* entworfenen städtischen Sportzentrums (Tokyoto Taiikukan, 1-17-1 Sendagaya).

## Meiji Memorial Picture Gallery

Am Ende der Gingko-Allee steht die besuchenswerte Bildergalerie *Kaigakan*, in der achtzig 2,70 x 3 m große Gemälde im japanischen und westlichen Stil an Kaiser *Meiji* und seine Zeit erinnern: die japanischen an die Abgeschiedenheit des alten Kaiserpalastes von Kyôto und die westlichen an die Zeit nach dem Umzug nach Tokyo und die rasante Modernisierung des Landes (9-16.30 Uhr, 300 ¥, JR Shinanomachi, Meiji Jingu Gaien, 9 Kasumigaoka, Tel. 3401-5179).

Das 1500 Meter lange Oval, das um die Galerie herumführt, ist übrigens eine beliebte Trainingsstrecke für Marathonläufer.

## Meiji Memorial Hall

Östlich der Galerie steht die Meiji Memorial Hall *(Meiji Kinen-kan)*, in der man in dem Saal Kaffee trinken kann, in dem Kaiser *Meiji* die Arbeit an der Verfassung verfolgt hat. Dieser Saal stammt aus dem *Akasaka Detached Palace* und wurde hierher verlegt (U-Bahn: Gaienmae, Ginza-Linie, bzw. Shinanomachi, Chûô/Sôbu-Linie).

## Tepia

Geht man zurück zur Aoyama-dôri, bietet sich ein Bummel entlang der westlich am Rugby-Stadion entlangführenden Straße mit einem Besuch des Hightech-Tempels Tepia an. Es handelt sich um ein sehenswertes, der Zukunft der Kommunikation gewidmetes, futuristisch anmutendes *Bauwerk aus Granit und Marmor,* entworfen vom bekannten Architekten *Maki Fumihiko* (10-17 Uhr, So bis 18 Uhr, *TEPIA Plaza,* 2-8-44 Kita-Aoyama, Tel. 5474-6111).

## Japan Traditional Crafts Center

In der Aoyama-dôri (Ecke Gaiennishi-dôri) ist auf der rechten Seite in Richtung Akasaka, kurz vor dem U-Bahnhof Gaienmae, in einem Eckgebäude das *Japan Traditional Crafts Center* mit einer großen Auswahl an *Kunsthandwerk* untergebracht.

## Einkaufen

Aoyama ist berühmt für *Designermode* mittlerer bis gehobener Preisklasse; als Beispiele seien die Modezentren von *Hanae Mori, LaForet, From 1st* und *Bell Commons* erwähnt. Bekannt sind die *Boutiquenstraße* Killer-dôri und die *Antiquitätenstraße,* die meist Kottô-dôri oder Antiiku-dôri genannt wird.

### Modegeschäfte

●*Bell Commons,* auffälliges Mode- und Eßzentrum für den anspruchsvollen Geschmack. 11-20 Uhr, 2-14-6 Kita Aoyama (U: Gaienmae), Tel. 3475-8121.

●*From First,* anspruchsvolle japanische und andere Designermode. 11-20 Uhr, 5-3-10 Minami-Aoyama (U: Omotesandô), Tel. 3499-3479.

●*Harajuku Quest,* ein noch neues aber sehr beliebtes Mode- und Eßzentrum. 11-20 Uhr, 1-13-14 Jingûmae (JR Harajuku, U: Meiji-Jingûmae), Tel. 3470-6331.

●*Laforet Harajuku,* das wohl bekannteste Modehaus mit zahlreichen Designer-Kollektionen; Sonderangebote besonders im Januar und Juli. 11-20 Uhr, 1-11-6 Jingûmae (JR Harajuku, U: Meiji-Jingûmae), Tel. 3475-0411.

●*Vivre 21,* Mode von japanischen und westlichen Designern, im Tiefgeschoß gutes Geschirr. 11-20 Uhr, 5-10-1 Jingûmae (JR Harajuku, U: Meiji-Jingûmae).

**Damenbekleidung in Übergröße (für uns noch normal):**

●*Hanae Mori Boutique,* Hanae Mori Bldg., 3-6-1 Kita-Aoyama (U: Omotesandô), Tel. 4400-3301.

●*Junko Koshino,* 6-5-36 Minami-Aoyama (U: Omotesandô), Tel. 3406-7370.

●*Miyake Issey,* 5-3-10 Minami-Aoyama (U: Omotesandô), Tel. 3499-6476.

**Herrenbekleidung in Übergröße:**

●*Grand Back,* Filiale Aoyama: 1-2-3 Kita-Aoyama (U: Aoyama-itchome), Tel. 3478-6941.

●*Miyake Issey Men,* 4-21-29 Minami-Aoyama, Tel. 3423-1407.

●*Yamamoto Kansai,* 3-28-7 Jingûmae, Tel. 3478-1958.

## Preiswerte Mode

In Harajuku, Shibuya und Shinjuku, wo die jungen Leute sich am liebsten in ihrer Freizeit aufhalten, gibt es Kaufhäuser und Boutiquen, in denen Mode sehr preiswert sein kann:

●*Dep't Store,* große Auswahl an getragener Kleidung. Jingûmae Kopo, 6-25-8 Jingûmae, Tel. 3499-2225.

●*Last Scene,* billige Designermode, 1-8-14 Jingûmae, Tel. 3404-4866.

●*Harajuku Chicago,* Secondhand-Kleidung. 11-20.30 Uhr, Olympia Annex Bldg. B1, 6-31-21 Jingûmae (JR Harajuku), Tel. 3409-5017.

●*Harajuku Genji,* Secondhand-Kleidung. 11-20 Uhr, Sekine Bldg. F2, 6-28-4 Jingûmae (U: Meiji-Jingûmae), Tel. 3499-6580.

## Andere Geschäfte in der Omotesandô

●Fast jeder Tourist mit Kindern besucht das große Spielzeugkaufhaus *Kiddyland* (s. Karte).

●*Shimada,* Bücher über Autos, Design, Grafik, Fotografie, Innendekoration. 11-20 Uhr, So u. F bis 19 Uhr, 5-9-19 Minami-Aoyama (U: Omotesandô), Tel. 3407-3863.

●*Galerie Konohana,* Volkskunst, insbesondere Kokeshi. 10.30-20 Uhr, Mo geschl., 6-3-12 Minami-Aoyama (U: Omotesandô), Tel. 3407-5757.

●*Oriental Bazar,* berühmtestes Geschäft für Touristen, die Kunsthandwerk suchen, dennoch viel Auswahl zu vernünftigen Preisen. 9.30-18.30 Uhr, Do geschl., 5-9-13 Jingûmae (U: Omotesando), Tel. 3400-3933.

●*Honjo Gallery,* Ukiyo-e, Antiquitäten, zeitgenössische Drucke. 10.30-17 Uhr, So u. F 12-16 Uhr, Palace Aoyama Bldg., 6-1-6 Minami-Aoyama (U: Omotesando), Tel. 3400-0277.

●*Karakusa,* gute Imari-Porzellansammlung. Jintsu Bldg., Kottô-dôri (U: Omotesandô), Tel. 3499-5858.

●*Morita Antiques,* gute Sammlung von Keramik, Textilien, Volkskunst. 10-19 Uhr, So geschl., 5-12-2 Minami-Aoyama (U: Omotesandô).

●*Antiquitätenflohmarkt* an jedem 1. u. 4. Sonntag im Monat am Tôgô-Schrein (Harajuku), Tel. 3403-3591.

## In der Aoyama-dôri

●*Japan Traditional Crafts Center* (*Zenkoku Dentôteki Kôgeihin Sentâ*), traditionelles Kunsthandwerk, zugleich Ausstellung und Verkauf. 10-18 Uhr, Do geschl., Plaza 246, 3-1-1 Minami-Aoyama (U: Gaienmae), Tel. 3403-2460.

●Wer sich für Motorräder interessiert, sollte sich nahe der Station Aoyama-itchome nicht den *Honda Showroom* in der Honda-Zentrale entgehen lassen. Mo-Fr 9.30-18.30 Uhr, sonst 10-18 Uhr, Honda Welcome Plaza, 2-1-

*Stadtteile*

1 Minami-Aoyama (U: Aoyama-Itchome), Tel. 3423-4118.

# Essen

## Japanisch

●**Genroku-Zushi,** ¥/¥¥, gutes, sehr preiswertes Sushi vom „Fließband", Preise je nach Art 120, 160 oder 240 ¥, am frischesten, wenn viele Kunden da sind. 11-21 Uhr, 5-8-5 Jingûmae (U: Jingûmae, JR: Harajuku, Omotesandô), Tel. 3498-3968.

●**Kogetsu,** ¥¥¥, makellose, kompromißlose Ko-ryôri-ya-Köstlichkeiten, ca. 15.000 ¥. 18-22 Uhr, So u. F geschl., 5-50-10 Jingûmae (U: Omotesandô), Tel. 3407-3033.

●**Kuimonya-raku,** ¥¥, gutes japanisches Essen, lebhafte Atmosphäre. 18-24 Uhr, So. geschl., Yoshino Bldg., 4-31-6 Jingûmae (Jingûmae), Tel. 3423-3759.

●**Maisen,** ¥¥, Riesen-Tonkatsu-Lokal, lebhaft, schnelle Servicegirls, ausgezeichnete Zutaten; *Hirekatsu teishoku* kostet 1500 ¥, das dunklere, chinesische *kurobuta hirekatsu teishoku* 2800 ¥. 11-22 Uhr, 4-8-5 Jingûmae (U: Omotesandô), Tel. 3470-0071.

●**Manin,** ¥¥¥, teures Restaurant im eindrucksvoll gestalteten Untergeschoß des Manin-Gebäudes, entworfen von *Philip Starck.* 6-22.45, So geschl., Manin Bldg. B1, 2-22-12 Jingûmae (U: Meiji-Jingûmae), Tel. 3478-3081.

## Chinesisch

●**Aux Sept Bonheurs,** ¥¥, hervorragende Küche (Shanghai und Szechuan), Liebe zum Detail, 7 Gänge ab 6000 ¥. 11.30-15 Uhr und 17-23 Uhr, 3-10-13 Kita-Aoyama (U: Omotesandô), Tel. 3498-8144.

●**Hokkaien,** ¥¥, authentische Peking-Küche mit lachendem Papagai, Menüs ab 5000 ¥. 11.30-14 und 17-22.30 Uhr, 2-12-1 Nishi-Azabu (U: Omotesandô), Tel. 3407-8507.

●**Ryunoko,** ¥¥, gute Szechuan-Küche, Kochkurse am 2. Sa im Monat um 14.30 Uhr für 3500 ¥. 11.30-15 und 17-21.30 Uhr, So u. F bis 21 Uhr, 1-8-5 Jingûmae (JR: Harajuku), Tel. 3402-9419.

●**Tompo,** ¥¥, sauber, ruhig, alle Gerichte frisch zubereitete chinesische Hausmanns-

kost, ca. 1500 ¥. 18-23.30 Uhr, 1. und 3. So geschl., 3-24-9 Jingûmae (U: Meiji-Jingûmae, JR: Harajuku), Tel. 3405-9944.

## Indisch

●**Bindi,** ¥¥, klein, familiär, gute südindische Curries, beliebt bei Modemachern. 12-14 und 18-21.30 Uhr, So u. F geschl., Apartment Aoyama B1, 7-10-10 Minami Aoyama (U: Omotesandô), Tel. 3409-7114.

## Thai

●**Cay,** ¥¥/¥¥¥, Thai-Theater-Restaurant, eher modisch als authentisch, manchmal Live-Musik, z.B. R&B oder New Wave; nur Abendessen. Spiral Bldg. B1, 5-6-23 Minami-Aoyama (U: Omotesando), Tel. 3498-5790.

## Vietnamesisch

●**Saigon Dep Lam,** ¥¥, beliebtes neues vietnamesisches Lokal mit leichter, leckerer Küche. 11.30-15 und 18-23 Uhr, Abendessen ca. 3000 ¥. Hanadorobo Bldg. F3, 4-28-16 Jingûmae (U: Meiji-Jingumae), Tel. 3478-2540.

## Lateinamerikanisch

●**Creole,** peruanische Hausmannskost. 12-14 und 17.30-23 Uhr, So geschl., Villa Gloria, 2-31-7 Jingûmae, Tel. 3423-2003.

●**La Mex,** ¥¥, gute Auswahl, freundliche Bedienung, Tex-Mex-Interieur, sehr „in". 11.45-14 und 18-23 Uhr, So nur abends, F geschl., Grand Maison B1, 1-15-19 Minami-Aoyama (U: Aoyama-Itchome), Tel. 3470-1712.

## Nordamerikanisch

●**Ari's Lamplight,** ¥/¥¥, lebhaftes Hamburger-Lokal mit Riesenportionen, vor allem der ausgezeichneten Zwiebelring-Tempura, am vollsten am letzten Fr im Monat. 17.30-2 Uhr, Roppongi-dôri, gegenüber Fuji-Film-Zentrale, Odakyu-Minami-Aoyama Bldg. B1, 7-8-1 Minami-Aoyama (U: Omotesandô), Tel. 3499-1573.

●**Rokko Grill,** ¥¥, Platz für 8 Gäste, am besten man reserviert einige Tage vorher das ganze Lokal für eine Gruppe und läßt *Mrs. Hotta* kochen, ca. 8000 ¥ pro Person. 18-24 Uhr, So u. F geschl., 2-3-8 Minami-Aoyama (U: Aoyama-itchome), Tel. 3404-8995.

## Dänisch

●*Andersen's,* ¥¥, eigentlich eine Bäckerei; beliebt ist der Champagner-Sonntagsbrunch mit Suppe, Salaten, Eiern, Brot, Kaffee und einem Glas Champagner für rund 2000 ¥. 8-21 Uhr, So 9-12 Uhr, 3. Mo geschl., 5-1-26 Minami-Aoyama (U: Omotesandô).

## Französisch

●*Café La Rue,* französisch jedoch mit viel kolonialem Einschlag: karibisch, nordafrikanisch, tahitisch, vietnamesisch; Lunch ab 1000 ¥, Abendessen ca. 5000 ¥. Täglich geöffnet, JT Plaza Bldg. B1, 4-28-12 Jingûmae (JR: Harajuku), Shibuya-ku, Tel. 3746-2344.

●*Joel,* ¥¥/¥¥¥, für kompromißlose Gourmets, Lunch ab 2000 ¥, Abendessen ab 8000 ¥. 12-14.30 und 18-22 Uhr, Kyodo Bldg. F2, 5-6-24 Minami-Aoyama (U: Omotesandô), Tel. 3400-7149.

●*Pastis,* großes, helles Restaurant Ecke Aoyama-/Kottô-dôri, gute Topfgerichte. 5-50-5 Jingûmae, Tel. 3499-2565.

●*L'Orangerie de Paris,* ¥¥¥, elegantes Restaurant, freundlicher Service, sehr gut zum Sonntagsbrunch vor der Modenschau auf den Tokyoter „Champs Elysées"; Lunch 4000 ¥, So-Brunch 3500 ¥, Abendessen ca. 10.000 ¥. 11.30-14.30 und 17.30-21.30 Uhr, So 11-14.30 Uhr, Hanae-Mori Bldg. oberstes Stockwerk, 3-6-11 Kita-Aoyama (U: Omotesandô), Tel. 3407-7461.

●*Valençay,* ¥/¥¥, sehr guter Käseladen mit preisgünstigem Lokal, z.B. Spaghetti mit verschiedenen Käsesoßen. 6-5-6 Jingûmae, Tel. 5466-2601.

## Italienisch

●*Antonio,* ¥¥, gutes Essen, angenehme Atmosphäre, nette Bedienung, beliebt seit über 30 Jahren. 11.30-14.30 und 17.30-22 Uhr, nahe Fuji-Filmzentrale, Dai 22 Daikyo Bldg. 1F, 7-3-6 Minami-Aoyama (U: Omotesandô), Tel. 3797-0388.

●*La Patata,* einer der besten Italiener Tokyos, Abendessen über 10.000 ¥, Lunch recht günstig. 2-9-11 Jingûmae, Tel. 3403-9664.

●*Oseille,* ¥¥, gute Weine und Antipasti, ca. 1200-2500 ¥, Wein ab 3000 ¥. 11.30-14 und 17.30-22 Uhr, So u. F geschl., 5-50-1 Jingûmae (Omotesandô), Tel. 3409-9454.

●*Vis-à-Vis,* ¥¥/¥¥¥, entspannte Atmosphäre, gute Küche mit leicht französischem Touch, gute Weine, Lunch ab 3300 ¥, Abendessen ca. 10.000 ¥. 12-14 und 18-22.30 Uhr, So geschl., 2-7-25 Kita-Aoyama (U: Gaienmae), Tel. 3478-7077.

## Spanisch

●*Poco a Poco,* ¥¥, authentisch, rustikal, für Genießer; Tapas 1000-2500 ¥. 18-23 Uhr, So u. F geschl., Soft Town Aoyama, 3-1-24 Jingûmae (U: Gaienmae), Tel. 3404-5888.

●*Tesoro,* ¥¥/¥¥¥, spanische Küche für Gutsituierte, günstiger Lunch; interessante, mediterrane Ausstattung. Citibank Bldg. B1, 5-51 Jingûmae (U: Omotesandô), Tel. 3407-0192.

## Vegetarisch und Fisch

●*Home,* ¥¥, nur organische Nahrungsmittel, Fisch aus der Gegend. Neben Büffet-Restaurant *Hiroba,* 3-8-15 Kita-Aoyama (U: Omotesandô), Tel. 3406-6492.

●*Mominoki House,* Gerichte werden auf handgemachtem Keramikgeschirr serviert, elegante Atmosphäre, gute Kuchen, gelegentlich Jazz-Pianist im Hintergrund. 11-23 Uhr, F ab 15 Uhr, So geschl., 2-18-5 Jingûmae (U: Meiji-Jingûmae, Ausgang Omotesandô), Tel. 3405-9144.

## Bis morgens geöffnet

●*La Bohème,* ¥¥, Filiale in Harajuku, Jingubashi Bldg. F2, 6-7-18 Jingûmae (U: Meiji-Jingûmae), Tel. 3400-3406.

Filiale in Minami-Aoyama, Kaneko Bldg. F1, 7-11-4 Minami-Aoyama (U: Omotesandô), Tel. 3499-3377.

●*Harajuku Zest,* ¥¥, Jingûmae Bldg. B1, 6-7-18 Jingûmae (U: Meiji-Jingûmae), Tel. 3409-6268. Filiale: Harajuku Zest Annex, 17-5 Uhr, Iida Bldg. B1, 5-8-7 Jingûmae, Tel. 3499-0293.

**Stadtteile**

## Cafés

●*Café de la Ropé,* guter Platz zum Beobachten der Menschen auf dem Boulevard. 11-23 Uhr, 6-1-8 Jingûmae (U: Meiji-Jingûmae, JR Harajuku), Tel. 3406-6845.

●*Spiral,* Café in der Lobby, lebt von der raumschaffenden Architektur *Fumihiko Makis.* 11-20 Uhr, 5-6-23 Minami-Aoyama (U: Omotesandô), Tel. 3498-1171.

●*Qu'il fait bon,* 25 verschiedene Kuchen. 11-20 Uhr, Omotesandô, 3-18-5 Minami-Aoyama.

## Bars

●*Aka,* Reggae-Bar mit jamaikanischen Snacks, gute Bierauswahl, ab 1000 ¥. Mo-Sa 12-14.30 und 18-24 Uhr, So u. F geschl., zwischen Takeshita- und Killer-dôri, Food Bldg. F1, 2-18-8 Jingûmae (JR: Harajuku) , Tel. 3478-3047.

●*Apollo,* sehr beliebt, gemischtes Publikum. NH Aoyama Bldg. B1, 3-2-5 Kita-Aoyama, Tel. 3478-6007.

●*Delmarva,* Restaurant und Bar, vernünftige Preise, Interieur wie Londoner Pub. 10-23 Uhr, Bar bis 5 Uhr, U: Omotesandô, Ausg. A4, Tel. 3406-8242.

●*Grass,* Hip Hop, Reggae, Soul. 3-25-12 Jingûmae, Tel. 3497-0303.

●*Kamado,* wochentags Bar mit japanischem Essen, samstags Club (Blues, Soul), gute Inneneinrichtung. B1, 2-9-11 Jingûmae, Tel. 3478-4956.

●*Kiss,* Café mit Internet (F2), Bar (2000 ¥ incl. 2 Getränke). 246 Omotesandô, zwischen Apollo und Omotesandô-Kreuzung.

●*Oh!God,* beliebt bei *gaijin* wie Einheimischen, angenehme Atmosphäre, Videos, ab 1000 ¥. 18-6 Uhr, Jingu-bashi Bldg. B1, 6-7-18 Jingûmae (U: Meiji-Jingûmae), Tel. 3406-3206.

## Clubs und Discos

●*Blue Note Tokyo,* mit dem gleichnamigen New Yorker Jazzclub verbunden, bei Spitzenmusikern Eintritt 12.000 ¥, sonst ab 6000 ¥, incl. 1 Getränk. 18-2 Uhr, Musik von 19.30-22 Uhr, So geschl., telefonische Reservierung notwendig; 5-13-3 Minami-Aoyama (U: Omotesandô Ausg. B1), Tel. 3407-5781.

●*Body & Soul,* neben Blue Note gelegener kleiner Jazz-Club, vernünftige Preise, ab 3000 ¥ incl. Eintritt. Musik ab 20 Uhr, Mo-Sa 18.30-24 Uhr, So geschl., Anise Minami-Aoyama Bldg. B1, 6-13-9 Minami-Aoyama (U: Omotesandô, Ausg. B1), Tel. 5466-3348.

●*Cay,* Reggae und Samba jeden Fr u. Sa, tropisches Interieur, gute Cocktails, Thai-Essen serviert von Bedienung in Thai-Kostümen, 7-10.000 ¥ wenn Band, sonst 5000-8000 ¥. 18.30-24 Uhr, So geschl., Spiral Bldg. B1, 5-6-23 Minami-Aoyama (U: Omotesandô), Tel. 3498-5790.

●*Crocodile,* hier spielen oft neue Bands auf, ab 1000 ¥. 18-2 Uhr, New Sekiguchi Bldg. B1, 6-18-8 Jingûmae (U: Meiju-Jingûmae, Ausg. 4), Tel. 3499-5205.

●*Maniac Love,* House, Trance, Ambient, sehr gute Anlage, After Hour Sonntag vormittag, Internet. 5-10-6 Minami-Aoyama, Tel. 3406-0625.

●*Shinkukan,* u.a. Soul und Reggae; frische Obstsäfte, 2500 ¥ incl. 2 Getränke. 4-4-14 Jingûmae, Tel. 3478-4946.

## Unterkunft

●*Tokyo Aoyama Kaikan,* ¥, freundlich, vor allem für Lehrer, aber auch andere Gäste, 192 Zimmer, ab 6000 ¥. 4-17-58 Minami-Aoyama (U: Omotesandô), Tel. 3403-1541, Fax -5450.

●*Minami-Aoyama Kaikan,* ¥, 67 Zimmer, ab 6000 ¥. 5-7-10 Minami-Aoyama (U: Omotesandô), Tel. 3406-1365, -5663.

●*The President Hotel,* ¥¥, neben der Residenz des Kronprinzen, gute Lage, nahe Roppongi, sehr angenehm, direkt neben U-Bahnhof, ab 12.000 ¥. 2-3 Minami-Aoyama (U: Aoyama-Itchome, Ausg. 3), Tel. 3497-0111, 3401-4816, Fax -4816.

●*Harajuku Trim,* ¥¥, Businesshotel mit Fitneßstudio. 6-28-6 Jingûmae (U: Jingûmae), Tel. 3498-2101, Fax 3498,-1777.

# Das Zentrum im Südwesten: Shibuya

(Shibuya-ku)

Der Name *Shibuya* bedeutet „unauffälliges Tal" und leitet sich wie beim benachbarten Aoyama von einer früheren Daimyô-Familie ab. Nicht weit vom Zentrum erstrecken sich auf dem Musashino-Plateau weite Wohnviertel, die nach dem großen Kantô-Erdbeben 1923 angelegt wurden. Shibuya hat sich, wie Shinjuku, um den Schnittpunkt von Eisenbahnlinien herum entwickelt. Es ist jedoch kleiner und weniger „wild" als manche Viertel von Shinjuku.

Schüler, Studenten und junge Angestellte kommen gern hierher, wie schon ein flüchtiger Blick auf den Bahnhofsvorplatz zeigt. Es gibt jede Menge kleine Lokale *(nomiya)*, preiswerte Diskotheken, Boutiquen, Theater, Kinos und Musikläden. Die Kaufhausgiganten *Tôkyû* (mit den Geschäften *Bunka Kaikan, Tôkyû Hands, Tôkyû Plaza, 109*) und Seibu (mit *Seibu A* und *B, Parco 1, 2, 3, Seed, Studio Parco*) liefern sich heftige Konkurrenz in unmittelbarer Nähe des Bahnhofs.

Wer sich vor dem Shibuya-Bahnhof verabredet, tut das wohl unweigerlich vor dem ***Denkmal von Hachikô,*** dem treuen Akita-Hund, der jeden Abend hierherkam, um seinen Herrn, einen Professor der Tokyo-Universität, abzuholen. Nach dessen Tod kam der treue Hund weitere sieben Jahre zum Bahnhof, bis er 1935 selbst starb. Sein Tod

*Im Zentrum von Shibuya*

*Stadtteile*

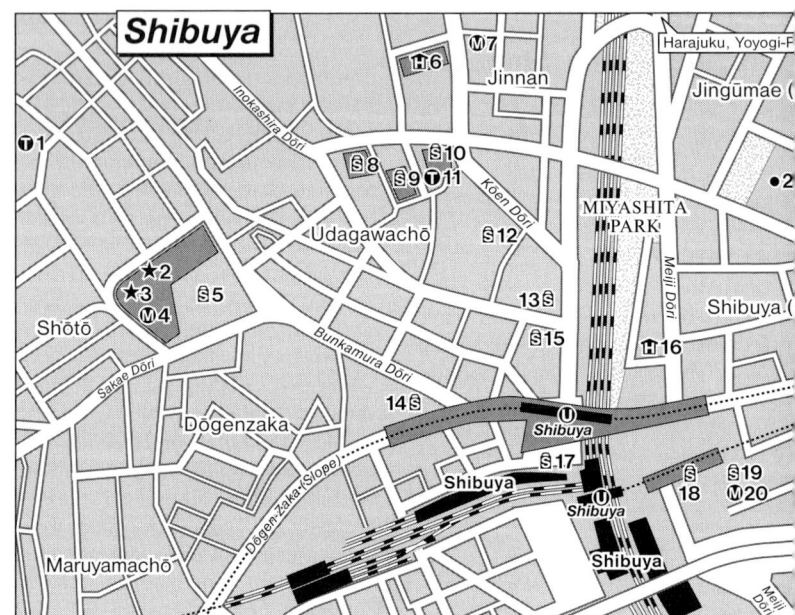

wurde auf der Titelseite der Zeitungen bekanntgegeben und schließlich errichtete man dem treuen Hund dieses Denkmal. Ausgestopft ist er im *National Science Museum* im Ueno-Park zu besichtigen. Manche behaupten allerdings, daß *Hachikô* nur deshalb weiterhin so lange kam, weil er von einem mitfühlenden Metzger stets etwas Fleisch zugesteckt bekam ...

In Shibuya lohnt es, sich einfach mit der Menschenmenge hier- und dorthin treiben zu lassen. Wer sich für Mode interessiert, findet hier wohl genauso viel Angebot wie im benachbarten Aoyama und Harajuku.

Ausgangspunkt für einen Besuch des Viertels ist der **Bahnhof** mit 6 Linien (JR: Yamanote-Linie, U: Ginza- und Hanzômon-Linie sowie die Linien der privaten Vorortbahnen: Tôkyû-Tôyoko-, Shin-Tamagawa- und Keiô-Inokashira-Linie). Rund eine Million Pendler benutzt täglich diesen Bahnhof mit seinen bis in den 3. Stock reichenden Bahnsteigen.

## Vom Bahnhof Richtung Harajuku

Auf der nach Norden führenden **Kôen-dôri** fahren abends die jungen Leute („Yuppie-Samurai"), die das nötige Kleingeld dazu haben, in ihren modischen Autos spazieren. Hier stehen Kaufhäuser *(Seibu, Marui, Parco)*, Bou-

Stadtteile

tiquen, Kinos und Lokale. Auf der rechten Seite befindet sich etwa 500 m vom Bahnhof rechter Hand das sehenswerte *Tobacco & Salt Museum,* das Gegenstände und Dokumente zur Geschichte des Tabaks und der Salznutzung zeigt (10-18 Uhr, Mo geschl., 100 ¥, 1-16-8 Jinnan, Tel. 3476-2041). Darin gibt es ein nettes, ruhiges Café.

Läßt man das *NHK Broadcasting Center* links liegen, kommt man, vorbei an den Sporthallen der Olympischen Spiele von 1960, direkt zum Yoyogi-Park (siehe Ayoyama und Harakuju).

Parallel zur Kôen-dôri kann man auch durch den Miyashita- und Jingûdôri-Park nach Harajuku gelangen.

Zwischen den beiden Parks liegt etwa 500 m vom Bahnhof links das interessante *Tokyo Energy Museum* der *Tokyo Electric Power Company (TEPCO)*: Hier gibt es viel zum Spielen und Anschauen, z.B. ein Reaktormodell (10.30-18.30 Uhr, Mi geschl., Eintritt frei, 1-12-10 Jinnan, Tel. 3477-1191).

## Vom Bahnhof Richtung Bunka-mura

Auf dem westlich des Bahnhofs gelegenen *Dôgenzaka-Hügel* (Dôgenzaka 2-chôme) befindet sich die größte Konzentration von *Love Hotels* in Tokyo. In nordwestlicher Richtung zweigt von der unterirdischen Passage die Bunkamura-dôri ab. Gegenüber dem **Modekaufhaus 109** führt die beliebte Spain-dôri (benannt nach einigen Häusern in spanischem Stil) zu den **Kaufhäusern** von *Parco* und dem Spezialkaufhaus für Bastler, *Tôkyû Hands.*

Die Bunkamura-dôri führt zum Haupthaus der Kaufhauskette *Tôkyû,* das direkt mit dem 1988 eröffneten **Kulturkomplex Tôkyû Bunka-mura** („Kulturdorf") verbunden ist. Dort gibt es Konzerthallen, Kinos, Ausstellungen, teure Boutiquen und Restaurants sowie ein Museum namens *The Museum,* das Gemälde in wechselnden Ausstellungen zeigt (Mo-Fr 10-18 Uhr, Sa, So u. F 10.30-18 Uhr, Erwachsene 800 ¥, Kinder 500 ¥, Tel. 3407-7409).

Ein Stück weiter entlang der Bunkamura-dôri und dann nach links kommt man nach etwa einem Kilometer zum bekannten **Kanze-Nô-Theater** und ein Stück dahinter zum reizvollen privaten **Töpferei-Museum** *Toguri Bijutsukan* (10-17 Uhr, 1030 ¥, 1-11-3 Shôtô).

## Vom Bahnhof Richtung Aoyama

Östlich des Bahnhofs kommt man am **Tôkyû Bunka Kaikan** (mit Planetarium und astronomischem Museum) vorbei zur leicht ansteigenden **Aoyama-dôri.** Biegt man vor dem Museum links in die Meiji-dôri ein, kann man entlang des Miyashita-Parks in Richtung Harajuku bummeln. Geht man die Aoyama-dôri entlang, sieht man nach etwa 600 m das **National Children's Castle**

*(kodomo-no-shiro)*, in dem es Theater, Läden und Spielgelegenheiten für Kinder gibt, z.B. didaktische Spielgeräte zur Förderung kindlicher Kreativität und zum Austoben.

Etwa 200 m vorher zweigt die Verbindungsstraße zur Meiji-dôri ab, an der das **Tokyo Metropolitan Children's House** steht.

Gegenüber dem „Nationalen Kinderschloß", auf der in Richtung Aoyama rechten Straßenseite, liegt die angesehene protestantische **Aoyama Gakuin University,** hinter der rechts die schon zu Aoyama gehörende Antiquitätenstraße Kotto- bzw. Antiikudôri abzweigt. Dahinter wiederum liegt das architektonisch außen wie innen interessante **Spiral Building** des *Wacoal*-Konzerns mit Ausstellungen, Läden, Cafés und Lokalen. Von dort ist es nicht mehr weit zum U-Bahnhof Omotesandô, dem Herzen von Aoyama.

Wer sich für die Shintô-Religion interessiert, sollte das **Shintô-Museum** *(Shintô Shiryôkan)* besuchen: Es liegt im Stadtteil Higashi 4-chôme auf dem Gelände der Kokugakui-Universität ein Stück südlich der Aoyama-Gakuin-Universität.

## Umgebung von Shibuya

### Südliche Vororte

Südlich von Shibuya liegt der gehobene **Vorort Daikan-yama** mit eleganten Boutiquen und Restaurants, die sich an der Yamate-dôri konzentrieren. Dort stehen neben mehreren Botschaften auch einige architektonisch interessante Gebäude: die nahe beieinander liegenden, von *Maki Fumihiko* entworfenen Häuser der *Hillside Terrace* und der Dänischen Botschaft.

Einige Stationen weiter mit der Tôyoko-Linie liegen die ebenfalls gehobenen Wohnorte **Jiyûgaoka** und **Den'en-chôfu,** in denen es sich gut einkaufen und essen läßt.

## Gotô-Kunstmuseum

Kurz vor der Station *Futago-Tamagawa-en* (Tôkyû-Shin-Tamagawa-Linie; nebenan schöner Park am Tamagawa-Fluß) liegt das bekannte Gotô-Kunstmuseum, in dem sich die berühmte Bildrolle der *Genji-Monogatari* aus der Heian-Zeit befindet; sie wird jedoch nur in der ersten Maiwoche gezeigt.

## Volkskunst-Museum

Westlich von Shibuya befindet sich nahe der Station Komaba-Tôdai-mae (zwei Stationen mit der Keiô-Inokashira-Linie) das attraktive **Japan Folk Crafts Museum** (*Nippon Mingeikan*) mit Volkskunst aus Japan, Korea und anderen Ländern, einschließlich der Sammlung von *Yanagi Soetsu*, der das japanische Wort für Volkskunst *(mingei)* geprägt hat (10-17 Uhr, Mo geschl., 1000 ¥, 4-3-33 Komaba, Tel. 3467-4527.)

## Einkaufen

Shibuya ist wie die benachbarten Viertel Harajuku und Aoyama eindeutig ein **riesiges Modezentrum.** Neben den *Seibu*-Häusern *A-kan*, *B-kan*, *Seed* und den angeschlossenen drei *Parco*-Modehäusern liegt unübersehbar das zweiteilige *Marui*. Auch *Tôkyû* bemüht sich mitzuhalten. Das größte Tonträger-Kaufhaus der Stadt, wenn nicht der Welt, **Tower Records,** steht gegenüber dem *Marui*-Hauptgeschäft. Zielgruppe sind überall vor allem junge Leute, von denen es denn auch in Shibuya wimmelt.

## Kaufhäuser

● **Marui,** begann als Modehaus, erweitert sich aber immer mehr zu einem allgemeinen Kaufhaus; Zielgruppe sind junge Leute. 2 Häuser: Young Building, Main Building (JR Shibuya), Tel. 3464-0101.

● **109,** auffälliger, runder Turm der Kaufhauskette *Tôkyû*, gegenüber dem Bahnhof. Mode mit Abteilungen für Teenager (109-2), junge Erwachsene unter 30 (One-Oh-Nine) und über 30 (One-Oh-Nine 30's). 10-21 Uhr.

● **Seibu,** Mi geschl., Tel. 3462-0111.

● **A-kan** (Damenmode), **B-kan** (Herrenmode), **Seed-kan** (importierte Kleidung, neueste Mode), **Loft-kan** (importierte Kleidung); **Parco 1, 2, 3** (*Seibu*-Tochter, ausgefallenere Mode als Seibu), Tel. 3464-5111. In unmittelbarer Nähe des Bahnhofs Shibuya; *Seibu* und *Parco* sind jedoch vor allem am Bahnhof Ikebukuro stark vertreten. *Parco* veranstalten den halbjährlichen Ausverkauf etwas früher als *La Forêt*: am 2. Freitag im Januar und Juli.

● **Tôkyû Department Store,** Di. geschl., Tel. 3477-3111.

● **Tôkyû Hands,** Spezialkaufhaus für Basteln, Hobbies, Do-it-yourself. 2. und 3. Mi außer F geschl., Tel. 5489-5111.

## Preiswerte Mode

● **Bunkaya Zakkaten,** 1-9-5 Shibuya, Tel. 3461-0985.

● **Pink Dragon,** 50er-Jahre-Kopien. 1-23-23 Shibuya, Tel. 3498-2577.

## „Retro Shops"

Die **Mode der 50er, 60er und 70er Jahre** in all ihren Spielarten erlebt in Tokyo zur Zeit in Form einer wahren

Stadtteile

Schwemme an Shops ein Comeback. Hier ein Vorschlag für eine schnelle Tour durch die Retro-Szene Tokyos, mit Beginn in der Meiji-dôri, gleich östlich des Bahnhofs: *Okidoki*, in einer Seitenstraße rechts hinter der Fußgängerbrücke; *Pink Dragon*, in der *Cat Street* genannten Seitenstraße, dahinter in Richtung Omotesandô folgen *Town Spot, Slapshot, Draper´s Bench, United Arrows*; an der Omotesandô weiter nach rechts und links in die nächste Seitengasse hinein: *Yanks, Real American Vintage, Shout, Champ, Ciao Bambina* und *Propeller* (gilt als der beste Retro-Laden).

## Plattenläden

●*Recofan,* guter, geräumiger Laden für gebrauchte Platten und CDs. Shirata Bldg. F4-6, 11-6 Utagawa-chô, Tel. 5454-0161.
●*Cisco Techno Shop,* Techno-Vinyl & CDs für anspruchsvolle Techno-Freaks. 11-21 Uhr, F1 Shin Tokyo Bldg., 10-2 Udagawachô, Tel. 3496-7028.
●*Tower,* das größte CD-Kaufhaus der Welt, gute Buchabteilung, jede Menge CD-ROMs. 1-22-14 Jinnan, Tel. 3496-3661.

## Weitere Geschäfte

●*Fromagerie Fermier,* französische und italienische Käse, vor allem Ziegen- und Schimmelkäse. 11-19 Uhr, So u. F geschl., 2-4-7 Shibuya, Tel. 5485-4770.

Am Bahnhof

●*Kammon Antiques,* gute Auswahl an *hibachi,* Kisten, Porzellan, Wandschirmen. 10.30-18 Uhr, So geschl., 4-3-12 Shibuya, Tel. 3406-1765.

●*Tsukamoto,* Volkskunst. 10-20 Uhr, Tôkyû Plaza 4F, 1-2-2 Dogenzaka, Tel. 3461-4410.

## Essen

(Bahnhof Shibuya, falls nicht anders angegeben)

### Tonkatsu

●*Katsukichi,* ¥/¥¥, eindrucksvolles Interieur, gute Schnitzel, Menüs ab 1400 ¥, gutes Salat-Büffet. 11.30-14.30 Uhr und 17-22 Uhr, KDD Bldg. B1, 3-9-10 Shibuya, Tel. 5485-1123.

### Yakitori

●*Torifuku,* ¥¥, Riesenauswahl an Yakitori-Leckerbissen, am Schluß eine Suppe, ca. 5000 ¥. 17-21 Uhr, Sa, So u. F geschl., Nombeiyokochô (Trinkergasse), 1-25-10 Shibuya, Tel. 3499-4978.

### Okonomiyaki

●*Taruya,* ¥, preiswert, beliebt bei jungen Leuten, ab 600 ¥, verschiedene regionale Varianten erhältlich. 17-23.30 Uhr, So geschl., 2-20-6 Dogenzaka, Tel. 3461-3325.

### Soba und Udon

●*Chôtoku,* ¥¥, 50 Variationen frisch gemachter Udon, ca. 1800 ¥. 11.30-21 Uhr, Mo geschl., 1-10-5 Shibuya, Tel. 3407-8891.

### Izakaya, gegrillter Fisch

●*Tamakyu,* ¥¥, ausgezeichneter Fisch und Reiswein; willkommen ist, wer die Gerichte wirklich wertschätzt. Neben Modekaufhaus Tôkyû 109, 16-22.30 Uhr, So u. F geschl., 2-30-4 Dogenzaka, Tel. 3461-4803.

### Sushi

●*Manyo Restaurant,* ¥¥, Teppan-yaki 2800 ¥; Sushi-ichi, Sushi-Büffet mit Suppe 2500 ¥. Letzte Bestellung 20.30 Uhr, Manyo Kaikan 1F, 24-1 Udagawachô, Tel. 3496-5394.

●*Uo-hachi,* ¥¥, Büffet: Krebs, Sushi, Sashimi, Tempura 3500 ¥. 17-23.30 Uhr, Wochenende ab 16.30 Uhr, Ju-ni-ka-getsu hon-kan B3, 1-18-7 Jinnan, Tel. 3464-8699.

### Râmen

●*Charlie House,* ¥, handgemachte Râmen-Nudeln. 11.30-14.30 und 17-20.30 Uhr, 1-15-11 Jinnan, Tel. 3464-5552.

### Chinesisch

●*Reikyô,* ¥¥, taiwanesische Küche, existiert seit Ende des 2. Weltkrieges, sehr beliebt. Mo-Fr 12-14 Uhr und 17-0.30 Uhr, Sa/So/F 12-0.30 Uhr, Di geschl., 2-25-18 Dogenzaka, Ausg. Hachikôguchi, Tel. 3464-8617.

●*Tainan Tami,* ¥/¥¥, authentisches taiwanesisches Essen, viel Schwein, sehr preiswert und entsprechend beliebt. 11-14 Uhr und 17-2 Uhr, 1-17-6 Dogenzaka, Tel. 3464-7544.

●*Seiryû Mon,* ¥, populäres taiwanesisches Lokal, preiswerter Lunch. 11.30-15 und 17.30-23.30 Uhr, Chitose Bldg., 32-7 Udagawachô, Tel. 3496-7655.

●*Koo-ka,* ¥, chinesisches Büffet 1000 ¥. 11.30-15 und 17-23 Uhr, Boulevard Bldg. 3F, 1-16-3 Jinnan, Tel. 3496-7220.

### Indisch/Pakistanisch/Nepalesisch

●*Kantipur/Nepal,* ¥¥, angenehme Atmosphäre, freundlich, auch tibetische Gerichte. 11.30-23 Uhr, Lunch bis 16 Uhr, Sunrise Sakuragaoka Bldg. B1, 16-6 Sakuragaoka, Tel. 3770-5358.

●*Mela,* ¥/¥¥, sehr gutes Gemüsecurry zum Lunch für 800 ¥, schöne Einrichtung. Kasumi Bldg. F3, 2-25-17 Dogenzaka, Tel. 3770-0120.

●*Maharana,* ¥/¥¥, Mo-Fr Lunch-Büffet 1000 ¥, am Wochenende 1300 ¥. 11-23.30 Uhr, Axis Bldg. 8F, 2-29-1 Dogenzaka, Tel. 3477-5188.

●*Mohan,* ¥, Lunch-Set ab 750 ¥, 11-22 Uhr, One-oh-nine 30 S 6F, 33-5 Udagawachô, Ausg. Hachiko-guchi, Tel. 3477-8326.

Stadtteile

## Indonesisch

●*Jambatan Merah,* ¥¥, jeden Monat neues Menü, auch Verkauf indonesischer Lebensmittel. 11.30-24 Uhr, Lunch bis 16.30 Uhr, nahe Bunkamura, Higashi-Indo-kan Bldg., 1-3 Maruyamachô, Tel. 3476-6424.

●*Warung I,* ¥¥, authentische und stilvolle Atmosphäre, gutes Essen, z.B. Obstsalat. 17.30-22.30 Uhr, Getränke bis 24 Uhr, Saito-Dai-ni Bldg., 2-29-18 Dogenzaka, Tel. 3464-9795.

## Thai

●*Chang-pha,* ¥/¥¥, günstige Gerichte wie vom Eßstand, Thai-Bedienung. Shibuya 109, F8, 2-29-1 Dogenzaka, Tel. 3477-5141.

●*Lan Thai,* ¥/¥¥, authentische Thai-Küche, preiswert, Lunch 1200 ¥. Shibukan Bldg. F3, 1-7-1 Dogenzaka, Tel. 3464-1144.

●*Pattaya,* ¥¥, beliebt bei *gaijin,* empfehlenswert sind die Krebs- und Krabbengerichte. 17-23 Uhr, Mi geschlossen, 1-28-8 Shoto, Ausgang Hachikô-guchi, Tel. 3770-8777.

## Vietnamesisch

●*Bourgainvillea,* ¥¥, südvietnamesisch, empfehlenswerte Menüs ab 3000 ¥, günstige Lage. Di-Fr 17-23 Uhr, Sa/So 11.30-15 und 17-23 Uhr, Mo geschl., Romane'80 Bldg. F2, 2-25-9 Dogenzaka, Ausgang Hachikô-guchi, Tel. 3496-5537.

## Lateinamerikanisch

●*Bacana,*¥¥, brasilianisch, gutes Churrasco, BBQ-Büffet „churrasco estilo rodizo" für 3000 ¥, Live Musik, sonntags kommen viele Brasilianer. 11.30-14 und 17-23 Uhr, am Wochenende u. F 11.30-23 Uhr, BEAM Bldg. F6, 31-2 Udagawachô, Tel. 5489-0109.

## Französisch

●*The House of 1999,* ¥¥¥, formell, elegant, zeitlos, exzellente Getränkeliste, Lunch 4000 ¥, Abendessen mehr als 10.000 ¥. 12-14 und 18-21 Uhr, F 18-21 Uhr, So geschl., 4-2-9 Shibuya (U: Omotesandô), Tel. 3498-3001.

## Italienisch

●*Bellini,* ¥/¥¥, italienisches Antipasta-Büffet 1900 ¥, komplettes Büffet 2500 ¥. 11.30-17 Uhr, Hyumax Pavillion B2, 20-15 Udagawachô, Tel. 5489-1371.

## Spanisch

●*El Castellano,* ¥¥, lockere Atmosphäre, familiär, gute Paellas, Salate, Seafood; Mo, Mi, Do, Sa Flamenco, ca. 5000 ¥. 18-23 Uhr, So geschl., Marusan Aoyama Bldg. F2, 2-9-11 Shibuya, Tel. 3407-7197.

## Griechisch

●*The Aegean,* ¥¥, authentische Küche. Oriental Bldg. B1, 3-18-3 Shibuya, Tel. 3407-1783.

## Russisch

●*Rogovski's,* ¥¥, besteht seit 1951, im nostalgischen, sozialistischen Freundschaftsstil, Pelmeni 600 ¥, Economy Set 2500 ¥. Owada Dai-ichi Bldg. F3, Shibuya Südausg., Tel. 3463-2911.

●*Samovar,* ¥¥, ältestes russisches Restaurant Tokyos, deftige Küche, herunterzuspülen mit Vodka und Pilsner. So und 3.Mo geschl., 2-22-5 Dogenzaka, Tel. 3462-0648.

## Türkisch

●*Odessa-Istanbul,* ¥/¥¥, türkische Küche, Snacks und Café, Pilav mit 3 Köfte 1400 ¥. 11-21 Uhr, Mo geschl., 1-1 Shinsen, (Shinsen, Inokashira-Linie) Tel. 3476-5144.

## Gesunde Kost/Vegetarisch

●*Shizen-kan,* ¥, Gesundheitsküche, 30 Gerichte, Büffet 1000 ¥, Abendbüffet 17-19 Uhr, 1500 ¥. 11.30-19 Uhr, 2. Sa bis 14 Uhr, So u. F geschl., 3-6 Maruyamachô, Tel. 3476-0591.

●*Shizen-kan Part II,* 11.30-20.45 Uhr, So u. F geschl., Royal Bldg. 1F, 3-9-2 Shibuya, Ausgang Hachikô-guchi, Tel. 3486-0202.

●*Tenmi,* ¥/¥¥, *John Lennon* ging hier einst gern essen; gut: *genmai,* brauner Reis mit vegetarischen Beilagen, als *teishoku* für ca. 1000 ¥, ruhige Atmosphäre, Verkauf von ge-

Einkaufsstraße

**Stadtteile**

sunden Lebensmitteln. Mo-Fr 11.30-14 und 17-22 Uhr, Sa 11.30-19 Uhr, So u. F 11.30-18 Uhr, 3. Mi geschl., Dai-ichi Iwashita Bldg. 2F, 1-10-6 Jinnan, (Shibuya, Ausgang Hachi-kô-guchi) Tel. 3496-7100/9703.

## Cafés

- **Pappy Monro's,** ¥, authentisches italienisches Eiscafé. 11-23 Uhr, neben Seibu-B-kan, Tel. 3464-4310.
- **Café Madu,** eines der beliebtesten Cafés, zur Straße offen (eine Seltenheit in Tokyo), 10 verschiedene Toasts. Nicht weit vom Shibuya Immigration Office, Tel. 5456-7533.

## Clubs und Discos

- **Bar Aoyama,** angenehme kunstgeschwängerte Atmosphäre, verschiedene DJ's, Internet. 20-4 Uhr, So 19-2 Uhr, Daikyô Bldg. 4-5-9 Shibuya (Roppongi-dôri), Tel. 3498-4415.
- **Club Asia,** asiatische Musik, Internet, 3000 ¥ (incl. 2 Getränke), Mädchen Eintritt frei. 1-8 Maruyamachô, Tel. 5458-5963.
- **DJ Bar Ink Stick,** originelles Dekor, ab 1500 ¥. So-Fr 18-2 Uhr, Sa bis 4 Uhr, Campari Bldg. F4, 1-6-8 Jinnan, Tel. 3496-0782.
- **J Trip Bar Dance Factory,** psychedelische Atmosphäre, gute Musik zum Tanzen, 3000 ¥ (Wochenende und vor Feiertagen Männer 4000 ¥, Frauen 3500 ¥). 18 Uhr bis nach Mitternacht, Kokusai Bldg. B2, 13-16 Udagawachô (Shibuya, Ausgang Hachikô-guchi), Tel. 3780-0639.
- **The Cave,** B1: Reggae, Soul, B2: House; junges Publikum, vor 21 Uhr 1500 ¥, nach 21 Uhr So-Do 3000 ¥, Fr/Sa 3500 ¥. M&I Bldg., 3-4-6 Udagawachô, (Shibuya, Ausgang Hachikô-guchi, 8 Min)., Tel. 3479-5600, 3780-0715.

●**S.I. Joe,** Fr u. Sa gute Tanzshows, Publikum um die 30, Männer 4000 ¥, Frauen 3000 ¥. 18-24 Uhr, Hotel P&A Plaza B1, 1-17-9 Dogenzaka, Tel. 3780-0720.

## Live-Musik

●**Agada Music Bar,** Spezialitäten aus dem Mittleren Osten, dazu Musik, Tanz, Multimedia-Shows und Installationen, Jam Sessions. Shiba Property Bldg. F1, 1-32-12 Higashi, Tel. 3486-2827.
●**Aspen Glow,** Country & Western, Westküstenmusik, mexikanisches Essen, 1200-2000 ¥, kann sehr voll werden. 18.30-1 Uhr, So u. F geschl., GM Bldg. F6, 2-28-2 Dogenzaka (Shibuya, Ausg. Hachikô-guchi 5 Min.), Tel. 3496-9709.
●**Club Quattro,** unterschiedliche Musik, was gerade in ist, eigenes Plattenlabel; Publikum: Teenager und Erwachsene, mit internationalen (ab 4000 ¥) und japanischen Künstlern (2000 ¥, incl. 1 Getränk). 18-20 Uhr, Quattro by Parco Bldg. 5F, 3-2-13 Udagawachô (Shibuya, Ausg. Hachikô-guchi 5 Min.), Tel. 3477-8750.
●**Hip Hop,** ab 22 Uhr Tanzlokal, beliebt bei *gaijin.* 18-5 Uhr, Violet Bldg. B1, 1-15-17 Shibuya, Tel. 3499-1340.
●**D-Zone,** nette DJs, Sa Live-Musik. 18-24 Uhr, 5-17-6 Jingûmae, Tel. 3407-6845.

## Bars

●**Billboard,** Blues- und Rock-Klassiker, nicht zu laut, angenehme Pub-Atmosphäre, ab 1000 ¥. So-Do 11-23.30 Uhr, Fr u. Sa bis 1 Uhr, Edoya Bldg. B1, 25-1 Udagawachô, Tel. 3464-9208.
●**Dr. Jeekahns,** futuristischer Spielpalast für Erwachsene, ab 2000 ¥. Mo-Fr 18-24 Uhr, Sa bis 24 Uhr, So 13-23 Uhr, 2-4 Maruyamachô, Tel. 3476-7811.
●**Wood & Stone,** DJ Bar im 1. Stock von *Dr. Jeekhan's,* jedes Getränk/Gericht 500 ¥. Tel. 3476-7819.
●**Loop,** klein und gemütlich, 2500 ¥ (incl. 2 Getränke). 2-1-13 Shibuya, Tel. 3797-9933.
●**NFL Experience,** für Football-Fans, gesundes Essen, Bier, Cocktails und Sportgetränke,

manchmal Live-Reggae, ab 1000 ¥. 11-4 Uhr, Tokyu Shibuya Beam Bldg. B1, 31-2 Udagawachô, Tel. 5458-4486.

## Unterkunft

●**Shibuya Tôbu,** ¥¥, gute Lage, 197 Zimmer, ab 12.000 ¥. 3-1 Udagawachô (Shibuya), Tel. 3476-0111, Fax -0903.
●**Shibuya Tôkyû Inn,** ¥¥, gute Lage, 224 Zimmer. 1-24-10 Shibuya, Tel. 3476-4891, Fax 3498-0189.
●**Shibuya Crest Hotel,** ¥¥, 53 Zimmer, ab 15.000 ¥. 10-8 Kamiyamachô (JR: Shibuya, 12 Min.), Tel. 3481-5800, Fax -5515.
●**Sunroute Shibuya,** ¥¥, ab 10.000 ¥. 1-11 Nanpeidai (Shibuya), Tel. 3464-6411, Fax -1678.
●**Hill Port Hotel,** ¥¥, gute Lage in Shibuya, 73 Zimmer, ab 13.000 ¥, 23-19 Sakuragakachô (Shibuya), Tel. 3462-5171, Fax 3496-2066.

# Das Stadtviertel mit Naturparks: Meguro
(Meguro-ku)

Dieser Stadtteil bietet auf den ersten Blick wenig Interessantes für Touristen. Hier findet man keine der bekannten Attraktionen. Dennoch gibt es in der Umgebung Meguros einige Besonderheiten, die mehr als einen Besuch wert sind. Hier liegen, mitten in der Stadt, zwei **Parks,** die von den übrigen abweichen: östlich des JR-Bahnhofs der *National Park for Nature Studies,* ein Stück praktisch unveränderter Natur der Musashino-Ebene, und südwestlich des Bahnhofs der Waldpark *Rinshi-no-Mori.* Dazwischen liegen einige sehr interessante **Tempel.**

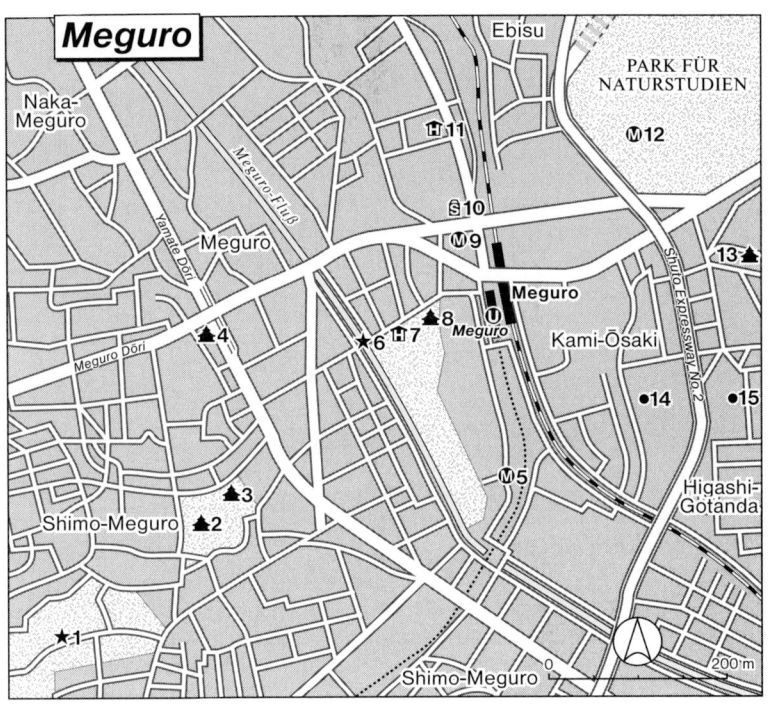

★ 1 Rinshino-mori-Waldpark
▲ 2 Meguro Fudō
▲ 3 Gohyaku-Rakan-ji
▲ 4 Ōtori-Jinja-Schrein
Ⓜ 5 Kostüm-Museum
★ 6 Tako-Brücke
🏨 7 Gajō-en
▲ 8 Dai-en-ji

Ⓜ 9 Kume-Kunstmuseum
Ⓢ 10 Tokyū Store
🏨 11 Hotel Sansuisō
Ⓜ 12 Teien-Kunstmuseum
▲ 13 8 Tempel von Ōsaki
● 14 Thailändische Botschaft
● 15 Indonesische Botschaft

## Westlich des Bahnhofs

### Daien-ji-Tempel

Geht man vom Westausgang *(nishi-guchi)* des **JR-Bahnhofs Meguro** (wo auch die Mekama-Linie ihren Ausgangs-punkt hat) gegenüber dem Bahnhof links neben der Sakura-Bank das Sträßchen Gyônin-zaka hinunter, kommt man nach 150 Metern zum Tempel Dai-en-ji. Er wurde 1624 von dem *Yamabu-shi* (Berg-Asketen) *Taikai-hôin* erbaut.

Verehrt wird hier eine Statue des *Dainichi-Nyôrai* (kosmischer Buddha, auch: *Dharmakaya*). Der Name der steilen Straße leitet sich von den Asketen ab, die *gyôja-gyônin* genannt wurden. Im Februar 1772 brach in diesem Tempel einer der drei großen Brände von Edo aus, der ein Drittel der Stadt wieder einmal in Schutt und Asche legte. „Zur Strafe" durfte der Tempel erst 76 Jahre später wiederaufgebaut werden.

Zu sehen sind **519 Statuen** von erleuchteten Schülern *(Arhats)* Buddhas und ihm selbst, die Unbekannte im Verlauf von 50 Jahren schufen. Keine Statue gleicht der anderen. Weitere

Sehenswürdigkeiten sind ein lebensgroßer *Shakya-nyôrai* (Buddha), eine elfgesichtige *Kannon*, ein *Amida* und einer der Glücksgötter, *Daikokuten*, der *Ieyasu* nachgebildet worden sein soll.

Einer **Legende** zufolge, die sich um den Tempel rankt, legte der Tempeldiener *Kichiza* wegen seiner unglücklichen Liebe zu *Oshichi*, der Tochter eines Gemüsehändlers, Ende des 17. Jh. das Gelöbnis ab, jede zweite Nacht, insgesamt 10.000 Mal, die vierzig Kilometer zwischen Daien-ji und dem Asakusa-Kannon-Tempel hin- und zurückzugehen und dabei unentwegt zu Buddha zu beten. Nach 54 Jahren hatte er es tatsächlich geschafft. Die Menschen, die zunehmend Anteil an seinem Gelöbnis nahmen, unterstützten ihn, und mit dem empfangenen

Eine Auswahl der 519 Statuen im Daien-ji

Geld pflasterte er die Hangstraße und baute die Tako-bashi-Brücke über den Meguro-Fluß. Seine Angebetete hatte übrigens hingerichtet werden müssen, weil sie, um ihrem Geliebten nahe zu sein, das neuerbaute Elternhaus angezündet hatte. So hatte sie gehofft, ihm wieder nahezukommen, denn einst hatten sich beide kennen- und liebengelernt, als die Familien eine Weile im Tempel Zuflucht suchen mußten, weil ihr Haus abgebrannt war. Beide sind im Tempel mit Statuen verewigt.

### Am Meguro-gawa-Fluß

Am Ende der Hangstraße Gyôninzaka vor dem Meguro-gawa steht das moderne Hotel und **Veranstaltungshaus Meguro Gajo-en** mit interessanter Innenarchitektur und einem japanischen Garten am Fluß. Hier können bis zu 60 Hochzeiten zugleich gefeiert werden. Jenseits der neuen **Tako-Brücke** steht ein sehenswertes Love-Hotel im Stil eines Märchenschlosses.

### Weitere Tempel

Jenseits der Yamate-dôri liegt der **Tempel Banryû-ji** der Jôdo-Sekte. Im Innern der Haupthalle des 1705 errichteten Tempels steht eine alte Amida-Statue aus der Heian-Zeit. Erwähnenswert sind noch zwei kleine Benten-Statuen, zu denen man betet, wenn man Erfolg haben möchte, und ein Jizô: Wer ihn mit Puder betupft und dann auch sein eigenes Gesicht bepudert, wird angeblich schöner werden.

Geht man auf der Yamate-dôri in südlicher Richtung und nach hundert Metern rechts, kommt man zum 1658

von *Ingen* gegründeten **Zen-Tempel Kaifuku-ji,** der ursprünglich in Fukagawa gestanden hatte und nach Überschwemmungen im Jahre 1910 hierher verlegt wurde. Eine 9stufige Pagode nahe dem Glockenturm soll von der Residenz *Takeda Shingens* stammen. Der gleichnamige Film von *Akira Kurosawa* erinnert an diesen Feldherrn.

Gleich nebenan steht der Tempel **Gohyaku-Rakan-ji,** der für seine Sammlung von 500 *Arhats* und seine Buddha-Trilogie bekannt ist. Auch diese Statuen sind sehr lebendig und jede von ihnen hat einen eigenen Gesichtsausdruck. Sie sollen vom Zen-Priester

Love-Hotel am Meguro-gawa

Stadtteile

*Shôun* (1648-1710) stammen und gehören zu den bedeutendsten religiösen Kunstschätzen Japans (geöffnet 9-17 Uhr, 300 ¥, 3-2-11 Shimo-Meguro).

## Meguro-Fudô-Tempel

Nicht weit entfernt steht der Haupttempel der Umgebung, der Meguro-Fudô, der um 808 von *Jikaku-daishi*, dem damaligen Oberhaupt der Tendai-Sekte, gegründet wurde und dem Lichtgott *Fudô* geweiht ist. Unter *Iemitsu* wurde der Tempel prächtig ausgebaut. Zwei Gebäude haben den 2. Weltkrieg unversehrt überstanden: Mae-Fudô-dô und links davon Seishidô unterhalb der Haupthalle.

Aus dem Teich hinter Mae-Fudô-dô entspringen zwei kleine **Wasserfälle:** *onna-daki* (weiblicher Wasserfall) und *otoko-daki* (männlicher Wasserfall). Darunter haben sich seit alters Asketen *(Yamabushi)* rituell gereinigt, wie man das am Takao-san (s. Kap. Umgebung) heute noch zweimal im Jahr sehen kann.

Die 80 cm große **Fudô-Statue** ist das Original aus dem Jahre 808. Sie wird jedes Jahr im Januar der Allgemeinheit gezeigt. An der Rückseite der Haupthalle steht draußen eine weiblich anmutende Statue des *Dainichi-nyôrai* (kosmischer Buddha).

## Waldpark Rinshino-mori

Geht man vom Fudô-Tempel etwas weiter in westlicher Richtung, kommt man nach knapp 300 Metern zum erst 1992 der Öffentlichkeit zugänglich gemachten Waldpark *(tôritsu-rinshi-no-mori-kôen)* mit seinen **280 Baumarten.** Es läßt sich dort herrlich im sehr natürlich wirkenden Wald spazierengehen. Früher diente das Areal der Forstforschung.

# Östlich des Bahnhofs

## Park für Naturstudien

Sehr natürlich ist auch der Nationale Park für Naturstudien *(Shizen-kyoiku-en)*, der einen halben Kilometer nordöstlich des Bahnhofs liegt. Der sehr schöne Park bietet ein Stück **ursprünglicher Natur** der Musashi-Ebene mit 8000 teilweise bis zu 500 Jahre alten Bäumen sowie **Sumpf- und Grasland.** Um Gedränge zu vermeiden, erhält jeder Besucher beim Betreten eine Marke und gibt sie beim Verlassen wieder ab – es gibt insgesamt nur 300 Marken. Am Eingang gibt es ein Informationszentrum (*Institute for Nature Study*, *National Science Museum*, geöffnet 9-16.30 Uhr, Mo geschl., 200 ¥, 5-21-5 Shirokanedai, Tel. 3441-7176, U: Meguro).

## Teien-Kunstmuseum

Auf dem Gelände des Parks steht das städtische Teien-Kunstmuseum, untergebracht im einzigen Art-Déco-Gebäude Tokyos. Es zeigt ständig wechselnde Ausstellungen mit Kunst der 30er Jahre (10-18 Uhr, 5-21-19 Shirokanedai, Tel. 3443-0201).

# Einkaufen

Einige Antiquitätenläden und Boutiquen liegen in diesem gehobenen Wohngebiet.

●*Gallery Meguro,* Antiquitäten, mehrere Händler, vernünftige Preise. 11-19.30 Uhr, Mo geschl., Stork Mansion 2F, 2-24-18 Kamiosaki (JR/U: Meguro), Tel. 3493-1971.

## Essen

### Japanisch

●*Issa-an,* ¥, ländliche Soba ohne Schnörkel, nahe dem Park für Naturstudien, 600-1300 ¥. 11.30-16 Uhr, So u. F bis 19 Uhr, Mi geschl., 2-14-3 Kami-Osaki (Meguro, Ostausgang), Tel. 3444-0875.
●*Tonki,* ¥/¥¥, ausgezeichnetes Tonkatsu an einer Riesentheke mit Platz für 40 Gäste: *hirekatsu teishoku,* Kohl kann nachbestellt werden; ca. 1600 ¥. 16-22.45 Uhr, Di geschl., 1-1-2 Meguro (Meguro, Westausgang, nahe Big Mac), Tel. 3491-9928.
●*Aji-no-Sato,* ¥¥, gesunde/vegetarische Kost. 11-14 und 15-17 Uhr, So u. F geschl., 3-3-6 Kami-Ôsaki, Shinagawa-ku (Meguro, Ostausgang), Tel. 3449-5001.

### Spanisch

●*Aviland,* ¥¥, mediterran (spanisch) und japanisch zugleich, gutes Essen, entspannte Atmosphäre, natürlich und preiswert, ca. 3500 ¥. 18-22.30 Uhr, So geschl., 2-8-4 Mita (Meguro), Tel. 3715-2970.
●*Sabado Sabadete,* ¥¥, spanisches Lokal, Paella aus 1-m-Pfanne, serviert um ca. 20.30-21 Uhr, immer gute Stimmung. 6-23 Uhr, So geschl., Genteel Shiroganedai F2, 5-3-2 Siroganedai (Meguro), Tel. 3445-9353.

### Thai

●*Kaewjai,* ¥¥, gutes Thai-Essen, günstiges Lunch-Büffet für 1800 ¥. 2-14-9 Kami-Osaki (Meguro, Ostausgang), Tel. 5420-7727.

## Unterkunft

●*Sansuisô,* ¥, einfaches Ryokan, keine Mahlzeiten, ab 5000 ¥. 2-9-5 Higashi-Gotanda (JR: Gotanda), Tel. 3441-7475.
●*Gajoen Kankô Hotel Meguro,* ¥¥, sehenswert die Mischung aus modern und traditio-

nell in futuristischem Äußeren, ab 12.000 ¥. 1-8-1 Shimo-Meguro (Meguro), Tel. 3491-0111/00749456.
●*Sanjôen,* ¥¥, mit historischem Garten, ab 12.000 ¥. 2-23 Kami-Ôsaki (JR: Meguro), Tel. 3779-1010, Fax -4070.

# Rund um den größten Bahnhof der Welt: Shinjuku (Shinjuku-ku)

Nördlich von Shibuya liegt Shinjuku, heute eines der größten **Vergnügungs- und Businesszentren** Tokyos, wobei beim Vergnügen das Hauptgewicht auf relativ preiswerter Unterhaltung liegt – was freilich nicht für jedes Angebot an nächtlichen Aktivitäten gilt.

Vor der Meiji-Zeit lag Shinjuku noch außerhalb der Stadtgrenzen, es gab dort preiswerte Unterkünfte und Bordelle. Shinjuku („neue Unterkünfte") war ein typisches Poststädtchen am *Kôshu Kaidô,* einer der von Edo ausgehenden Fernstraßen. Seit der Eröffnung des Bahnhofs Shinjuku im Jahre 1889 entwickelte sich die Gegend schnell zu einem bedeutenden Vergnügungviertel für die unteren Einkommensschichten. Seit 1932 gehört der Stadtteil zu Tokyo.

Die beiden Seiten des Bahnhofes sind vollkommen verschieden: auf der Westseite liegt die steril wirkende, geordnete Ansammlung von Wolkenkratzern auf den teuersten Grundstücken der Welt, mit dem monumentalen, vom berühmten japanischen Architekten *Tange Kenzô* entworfenen Rathaus. Die Ostseite ist dagegen ein

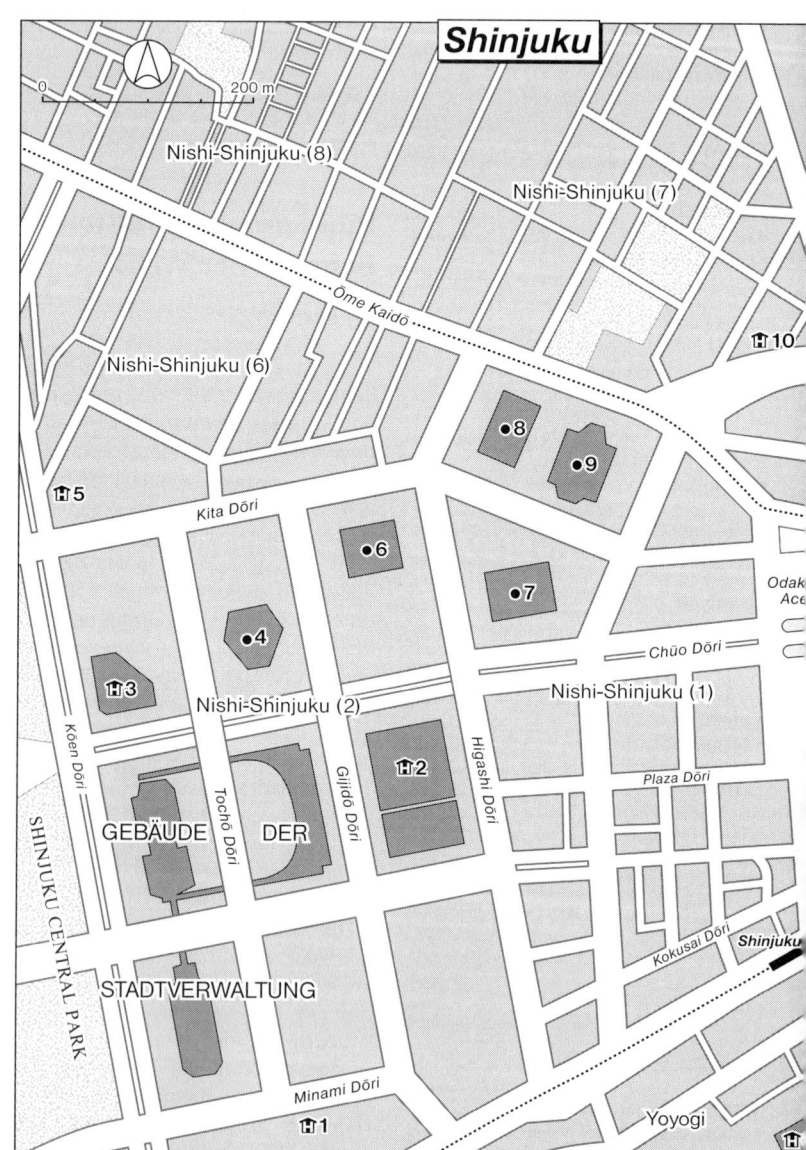

Shinjuku

0   200 m

Nishi-Shinjuku (8)

Nishi-Shinjuku (7)

Ōme Kaidō

Nishi-Shinjuku (6)

🏠10

🏠5

Kita Dōri

●8

●9

●6

●7

●4

Odak
Ace

Chūo Dōri

🏠3

Nishi-Shinjuku (2)

Nishi-Shinjuku (1)

Higashi Dōri

🏠2

Plaza Dōri

Kōen Dōri

Tochō Dōri

Gijidō Dōri

GEBÄUDE DER

SHINJUKU CENTRAL PARK

Kokusai Dōri

Shinjuku

STADTVERWALTUNG

Minami Dōri

🏠1

Yoyogi

🏠

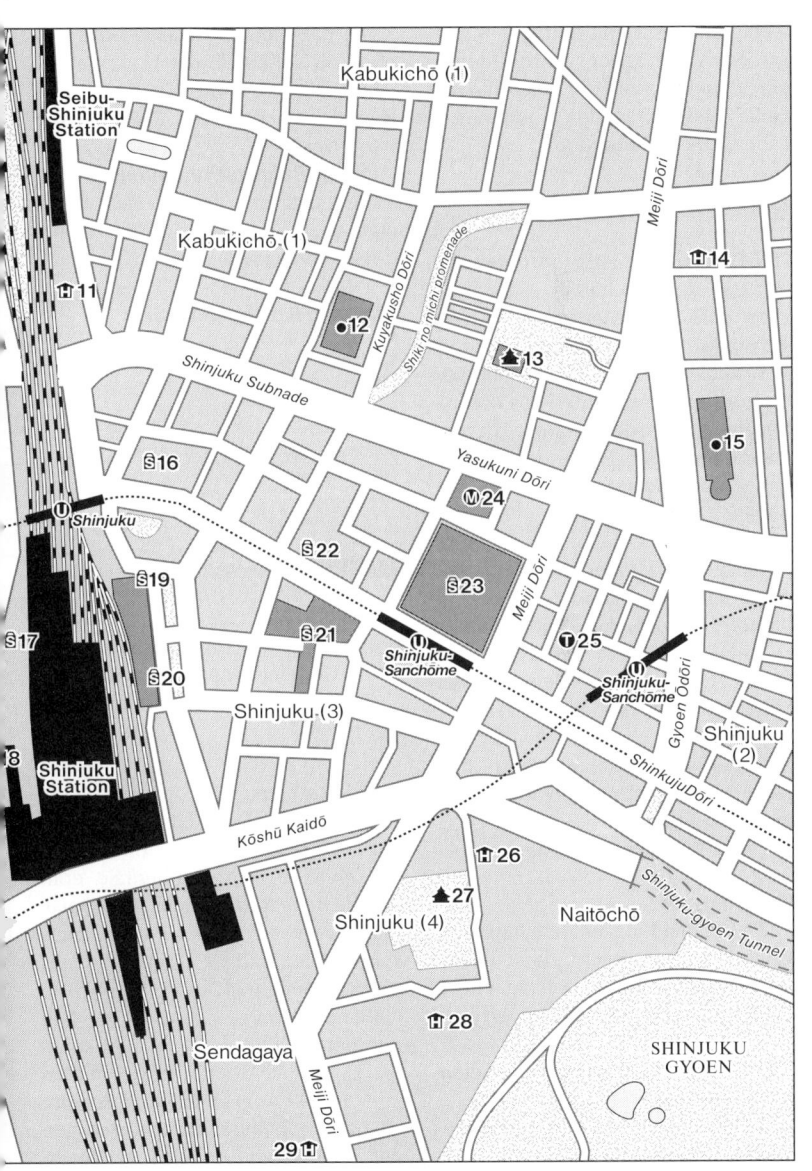

wenig chaotisch mit den engen Gassen des Vergnügungsviertels Kabuki-chô, dem Labyrinth der unterirdischen Einkaufspassagen, den Kaufhäusern, Läden, Lokalen und Kinos.

## Der Bahnhof Shinjuku

Der Bahnhof ist der **größte des Landes** und der geschäftigste der Welt. Zwei Millionen Menschen drängen sich täglich zu den Zügen. Werktags sind es die Berufstätigen aus den Vororten und die Studenten aus den nahegelegenen Universitäten, die den Hauptanteil der Reisenden ausmachen, am Wochenende sind es Ausflügler, die z.B. in die Berge des Chichibu-Tama-Nationalparks, Richtung Fuji-San oder darüber hinaus fahren.

Der Bahnhof liegt an den Linien **Yamanote, Chûô, Saikyô, Seibu-Ikebukuro, Odakyû** und **Keiô Shin-sen** (New Line). Auch die U-Bahn-Linien **Marunouchi** und **Shinjuku** haben hier einen Haltepunkt.

Wer einmal die berüchtigte **Rush Hour** erleben will, sollte zwischen 7.45 und 8.30 zu den Gleisen 11 (Sôbu-Linie) und 12 (Yamanote-Linie) gehen!

### Orientierung

Die Orientierung auf dem Bahnhofsgelände ist zwar nicht einfach, aber die Schilder sind zweisprachig, und irgendwie oder irgendwann erreicht man sein Ziel.

Der separate Bahnhof der **Seibu-Shinjuku-Linie** liegt auf der Ostseite, einige hundert Meter nördlich des mittleren Ausganges.

Der Bahnhof der **Odakyû-Linie** liegt ebenfalls außerhalb des Hauptgebäudes auf der Westseite. Gleich dahinter liegt der Bahnhof der **Keiô Shinsen** (New Line).

Die **U-Bahnstation Shinjuku** der Marunouchi-Linie liegt nördlich, diejenige der Toei-Shinjuku-Linie südlich des Hauptgebäudes.

### Gleise im Bahnhof Shinjuku:

- **1-2:** Saikyô-Linie
- **3-4:** N'EX (Narita Express), Chûô-Linie Richtung Matsumoto, ggf. auch Nagano
- **5-6:** Chûô-Linie nach Yotsuya, Ichigaya, Iidabashi, Suidobashi, Ochanomizu, Akihabara bzw. Tokyo
- **12-13:** JR Yamanote-Ringlinie

## Westlich des Bahnhofs

Die Westseite *(nishi-guchi)* des Bahnhofs gehört den **18 Wolkenkratzern** Shinjukus. Eine lange Untergrundpassage unter der Chûô-dôri führt direkt dorthin.

### Neues Rathaus

Am Rande dieses Ensembles liegt der höchste und attraktivste von allen, das an eine Riesenkathedrale erinnernde **neue Rathaus** (Tokyo Metropolitan Government, Tochô), von *Kenzo Tange* erbaut und 1991 eingeweiht. Es war kurzzeitig mit 243 m das höchste Gebäude Japans. Diesen Rang hält nun der *Landmark Tower* in Yokohama. Ein Besuch des Rathauses, in dem über **13.000 Angestellte und Beamte** Dienst tun, lohnt allein schon wegen der interessanten Aussicht von einem

| | | |
|---|---|---|
| ♨ | 1 | Washington |
| ♨ | 2 | Keio Plaza Hotel |
| ♨ | 3 | Hotel Century Hyatt |
| ● | 4 | Shinjuku Sumitomo Building |
| ♨ | 5 | Tokyo Hilton International |
| ● | 6 | Shinjuku Mitsui Building |
| ● | 7 | Shinjuku Center Building |
| ● | 8 | Shinjuku Nomura Building |
| ● | 9 | Yasuda Kasai-Kaijo Building |
| ♨ | 10 | Star Hotel |
| ♨ | 11 | Prince Hotel |
| ● | 12 | Shinjuku Ward Office |
| ♠ | 13 | Hanazono Jinja |
| ♨ | 14 | Hotel Sunlight Shinjuku |
| ● | 15 | Park City Isetan |
| ⑤ | 16 | Studio Alta |
| ⑤ | 17 | Odakyu-Kaufhaus |
| ⑤ | 18 | Keio-Kaufhaus |
| ♨ | 19 | Hotel Sunlight Shinjuku |
| ⑤ | 19 | My City, Ost-Eingang des Bahnhofs |
| ⑤ | 20 | My City, Haupteingang des Bahnhofs |
| ⑤ | 21 | Mitsukoshi |
| ⑤ | 22 | Kinokuniya Bookstore |
| ⑤ | 23 | Isetan |
| Ⓜ | 24 | Isetan-Kunstmuseum |
| ☎ | 25 | Varietétheater Suehiro-tei |
| ♨ | 26 | Shinjuku Business Hotel |
| ♠ | 27 | Tenryu-ji |
| ♨ | 28 | Business Hotel Manet, Business Inn Nomura |
| ♨ | 29 | Park Hotel |
| ♨ | 30 | Hotel Sunroute |

der Türme. In den **45. Stock** kann man **kostenlos hinauffahren,** eine preiswerte Cafeteria befindet sich im 32. Stock.

### Kaufhäuser

Die Westseite des Bahnhofs wurde erst seit Ende der 60er Jahre entwickelt und wirkt recht steril. Dennoch gibt es im Bahnhof auf dieser Seite zwei große Kaufhäuser: **Odakyû** und **Keiô,** die jeweils am Ende der gleichnamigen Bahnlinien liegen. Auch sonst belebt sich diese Seite zunehmend.

Stadtteile

Rathaus

## Ausstellungen

Freunde der Fotografie finden gute **Fotoausstellungen** und neueste Entwicklungen bei **Pentax** im *Pentax Forum* (10.30-18.30 Uhr, Mitsui Bldg., 2-1-1 Nishi-Shinjuku, Tel. 3384-2941).

In der Zentrale des Versicherungskonzerns **Yasuda** befinden sich im eigenen Museum (*Yasuda Kasai Bijutsukan*) einige berühmte **Werke des Impressionismus,** darunter die „Sonnenblumen" *van Goghs*, ersteigert für 24,7 Millionen Pfund (9.30-17 Uhr, So/F/Mo geschl., 500 ¥).

Hochhäuser in Shinjuku

## Kostüm-Museum

Einige Minuten nordwestlich vom Bahnhof Minami-Shinjuku (der nächsten Station der Odakyû-Linie) befindet sich das der berühmtesten Modeschule Japans angeschlossene Bunka-Kostüm-Museum *(Bunka Gakuen Fukushoku Hakubutsukan)*, das nicht nur für Freunde der Mode interessant ist (10-16.30 Uhr, So/F geschl., 400 ¥, auch erreichbar vom Shinjuku Südausgang).

## Schwertmuseum

Etwas weiter im Süden nahe Sangubashi an der Odakyû-Linie liegt das sehenswerte Japanische Schwertmuseum *(Tôken Hakubutsukan)* mit alten und neuen Schwertern bekannter Schwertschmiede (9-16 Uhr, Mo geschlossen, 515 ¥, 4-25-10 Yoyogi, Sangubashi, Ôdakyû-Linie bzw. Hatsudai, Keiô New Line, Tel. 3379-1386).

## Theater

Nördlich von Shinjuku, nahe Ôkubo oder Takadanobaba, liegt ein moderner, aber äußerlich fast authentischer **Nachbau von Bards Globe Theatre.** Die japanische Kopie ist jedoch überdacht (3-1-2-Hyakuninchô, JR: Ôkubo, Chûô-Linie bzw. Shin-Ôkubo, Yamanote-Linie, Tel. 3360-1121).

## Östlich des Bahnhofs

Der Ostausgang ist an der gegenüber dem Bahnhofsvorplatz ins Auge fallenden Bildwand des Alta-Gebäudes zu erkennen. Die **großen Kaufhäuser** *Isetan* und *Mitsukoshi* befinden sich ein Stück östlich.

Der Charakter der Ostseite *(higashi-guchi)* ist ganz anders als der der Westseite. Hier tobt das **Nachtleben.** Zentrum des von der *Yakuza* kontrollierten, sexorientierten Vergnügens ist **Kabuki-chô** (das einst geplante Kabuki-Theater wurde nie gebaut). Es gibt einschlägige Cafés, Striptease-Bars und Sex-Shows, aber auch Kinos, das Koma-Theater, wo volkstümliche japanische Stücke gespielt werden, Tausende von Lokalen und mehrere Discos. Nördlich schließen sich Love Hotels an.

Die **Goruden Gai,** ein heruntergekommener Straßenzug, ist voll von winzigen Bars und war lange Zeit beliebt bei Schriftstellern und Künstlern. Im Bezirk 2-chôme gibt es eine Reihe von **Homosexuellen-Bars.**

### Shinjuku-Gyoen-Park

Ein Stück südöstlich vom Bahnhof, zu Fuß in einer Viertelstunde zu erreichen, erstreckt sich der sehr sehenswerte Park Shinjuku Gyoen, der einen westlichen (englischen) und japanischen Teil besitzt. Lohnend ist auch ein Besuch der **Orchideen** im Gewächshaus. Der Park ist besonders beliebt zur Zeit der Kirschblüte und zur Chrysanthemen-Zeit im Herbst (9-16 Uhr, Mo geschl., 160 ¥, 11 Naitôchô, U: Shinjuku-gyoen-mae, Marunouchi-Linie, Tel. 3350-0151).

### Vom Bahnhof zum Park

Den Weg zum Park kann man mit einem kleinen Bummel durch die Ost-

Shinjuku-Gyoen-Park

**Stadtteile**

seite von Shinjuku verbinden. Man geht vom Ostausgang (er liegt an der Bildwand des Modekaufhauses *Studio Alta*) nach links und dann ein Stück die unterirdische **Einkaufspassage Subnade** entlang, läßt das Vergnügungsviertel Kabukichô, das erst abends richtig erwacht, links liegen und kommt am Beginn der langen Yasukuni-dôri heraus. Im **Kaufhaus Isetan** gibt es, wie in vielen anderen Kaufhäusern auch, etwas Kultur: das **Isetan Art Museum** (an der Rückseite).

Man kann aber vorher auch einen kleinen Schlenker machen und sich links in die begrünte **Shiki-no-michi-Promenade** (am Ende befindet sich das Barviertel „Golden Gai") begeben und den **Schrein Hanazono-Jinja** aufsuchen, an dem im November ein Markt für Neujahrsdekoration (*Kumade*, „Bärentatzen") stattfindet.

Ihn verläßt man am Ausgang zur Meiji-dôri, hält sich dort rechts, überquert dann die Yasukuni-dôri, hält sich auf der anderen Seite etwas links und biegt rechts in die 2. Gasse ein, die zum **Varietétheater Suehiro-tei** führt, das für seine traditionellen Geschichtenerzähler bekannt ist.

Wenn man links in die lohnende **Einkaufsstraße Shinjuku-dôri** einbiegt, kann man einen kurzen Abstecher zum **Taiso-ji** machen. Dieser Tempel aus dem Jahre 1668 beherbergt Tokyos größte Holzstatue von *Yama*, dem Gott des Todes (U: Shinjuku-sanchôme, Toei-Shinjuku-Linie). Von dort ist es dann nur noch ein kurzes Stück nach Süden zum Park Shinjuku-Gyoen.

### Staatliches Nô-Theater

Etwas südwestlich des JR-Bahnhofs *Sendagaya*, der nahe dem Eingang zum westlichen Teil des Parks liegt, befindet sich das staatliche Nô-Theater *(kokuritsu nô raku-dô)*.

## Westliche Vororte von Shinjuku

Um mehrere an der Chûô- und Odakyû-Linie gelegene Bahnhöfe herum westlich von Shinjuku haben sich attraktive, gediegene Zentren für Einkaufen, Speisen und Kultur entwickelt, die dem gehobenen Niveau der dort gelegenen Wohnviertel Rechnung tragen.

### Seijo und Shimo-Kitazawa

Ein gehobenes Wohnviertel, insbesondere in der Umgebung des Bahnhofs Seijo Gaku-en an der Odakyû-Linie. Leute aus Politik, Finanz, aber auch Kultur und Unterhaltung wohnen hier. Die Seijo-Universität liegt gleich in der Nähe. Lebendiger ist jedoch das benachbarte Viertel Shimo-Kitazawa mit einer großen Auswahl an Läden, Restaurants und Bars. Erwähnenswert ist auch das **Honda-Theater.**

### Nakano, Kôenji und Asagaya

Diese drei an der Chûô-Linie gelegenen benachbarten Vororte sind seit Bestehen der Eisenbahnverbindung beliebt. In **Nakano** wird es schon eng, aber um den Bahnhof herum hat sich eine aktive Kulturszene entwickelt *(All Japan Working Youth Hall, Nakano Sun Plaza Hall* u.a.).

Stadtteile

Das benachbarte **Kôenji** ist ein Wohnviertel, das bekannt ist für seine sieben am Ende der Meiji-Zeit hierher verlegten Tempel und das Ende August stattfindende Fest *Kôenji Awa Odori*, zu dem jährlich Hunderttausende zum Anschauen und Mitmachen kommen.

**Asagaya** war früher beliebt bei jungen Schriftstellern. Fern vom Sumoviertel Ryôgoku hat sich hier ein großer Sumo-„Stall" niedergelassen.

## Ogikubo und Nishi-Ogikubo

Größere Kaufhäuser geben der Umgebung des Bahnhofs Ogikubo, ebenfalls an der Chûô-Linie, einen großstädtischen Charakter. Nishi-Ogikubo ist bekannt für **Antiquitätengeschäfte;** ansonsten sind beide Orte in erster Linie Wohnviertel.

## Kichijôji

Auch die Umgebung dieses Bahnhofs hat sich durch eine Reihe großer Kaufhäuser und sonstiger Geschäfte zu einem belebten örtlichen Zentrum entwickelt. Südlich des Bahnhofs erstreckt sich der **Inokashira-Park,** östlich liegen mehrere Universitäten. Der Name leitet sich ab von einem Tempelbezirk in Kanda, von dem die Leute nach dem großen Meireki-Feuer im Jahre 1657 hierhergezogen waren.

Maler im Shinjuku-Gyoen-Park

### Kunitachi, Tachikawa und Hachiôji

*Kunitachi* ist mit mehreren Universitäten eine Stadt der Forschung und Wissenschaft geworden. *Tachikawa* lebte eine Zeit lang von den dort stationierten US-Truppen. Hier wurde ein großer Park, der *Showa Memorial Park*, angelegt.

*Hachiôji* war lange die „Hauptstadt der Maulbeerbäume", entsprechend war die Stadt bekannt für ihre Seidenstoffe und andere Textilien. Es gibt neben zahlreichen Tempeln, Schreinen, einigen Burgruinen und anderen Zeugnissen der Vergangenheit nunmehr einige Universitäten, die aus dem Zentrum hierher verlegt wurden. Die Berge liegen praktisch vor der Haustür.

### Einkaufen

Neben den **großen Kaufhäusern** *Odakyû* und *Keiô* (auf der Westseite), *Takashimaya* (im Süden) sowie *Isetan*, *Mitsukoshi* und dem fünfteiligen *Marui* (auf der Ostseite) gibt es noch das Einkaufszentrum im Bahnhof, das *My City* heißt, außerdem Modehäuser wie z.B. *Studio Alta*. Am meisten Lärm machen freilich die Kaufhäuser für Kameras, Kleinelektronik, Computer und Haushaltselektronik: *Yodobashi*, *Big Camera* und *Sakuraya*.

#### Westseite

● *Camera-no-Doi,* 10-21 Uhr, 1-18-27 Nishi-Shinjuku, Tel. 3348-2241.
● *Yodobashi Camera,* 9.30-20.30 Uhr, 1-11-1 Nishi-Shinjuku, Tel. 3346-1010.
● *Ten/Big Shoes Collection,* 10-19 Uhr, Maskin Bldg. F1, 7-8-13 Nishi-Shinjuku, Tel. 3369-7511.

#### Ostseite

● *Kinokuniya,* eines der größten Bücherkaufhäuser Tokyos; viel fremdsprachige Literatur, auch Linguistik (in F6). 10-19 Uhr, 3. Mi geschl., 3-17-7 Shinjuku (Shinjuku Ostausg., U: Shinjuku-sanchôme, Ausg. B7, B8), Tel. 3354-0131.
● *Isetan,* größtes Kaufhaus in Shinjuku. Mi geschl., Tel. 3352-1111.
● *Camera-no-Alps-Dô,* 10.30-20 Uhr, 3-23-1 Shinjuku, Tel. 3352-6336.
● *Camera-no-Sakuraya,* 10-20 Uhr, 3-17-2 Shinjuku, Tel. 3354-7898/3341-3636.
● *Miyama Shôkai,* Fotoladen für Profis, auch Secondhand. 10.30-20 Uhr, 3-32-8 Shinjuku, Tel. 3356-1841.
● *Flohmarkt Shinjuku Hanazono-Jinja,* 2., 3. So ganztags, hinter *Isetan* (U: Shinjuku-sanchôme), Tel. 3402-2181.
● *Bingoya,* berühmtes Geschäft für Volkskunst aus ganz Japan. 10-19 Uhr, Shokuandôri, 10-6 Wakamatsuchô (U: Waseda, Tôzai-Linie), Tel. 3202-8778.

### Essen

#### Japanisch

● *Amon,* ¥, Seafood: Hokkaidô, chinesisch, europäisch, asiatisch ab ca. 1000 ¥, Amon-Brot 300 ¥. 17-23 Uhr, 3-37-12 Shinjuku (Shinjuku Ostausg.), Tel. 5269-0033.
● *Aotsuyu,* ¥¥, klein, aber meisterhafte japanische Menüs, dazu Spitzen-Sake, besser reservieren, Rashômon Sake 8000 ¥, Menü 8000 ¥. 17-23.30, Sa, So u. F geschl., 1-1-5 Kabukichô (nahe Golden Gai, Shinjuku Ostausg.), Tel. 3205-1638.
● *Central Park,* ¥, 1000 Plätze, 140 Gerichte, ab 300 ¥, Ishi-yaki (Steingrill), Steak 880 ¥. 17-23 Uhr, Sa/So 15-23 Uhr, neben Koma-Theater in Kabukichô, Tôhô-Kaikan 5F (U: Seibu-Shinjuku), Tel. 3200-6588.
● *Chirinbo,* ¥, Izakaya, Knoblauchkroketten 800 ¥, Fischgratin 850 ¥. 17-5 Uhr, nahe Suehiro-tei, 3-8-7 Shinjuku (Shinjuku Ostausg.), Tel. 3350-6945.
● *Kaki-den,* ¥¥, Mini-Kaiseki: 18 winzige, jedoch exquisite Gerichte, im beliebten Treffpunkt des Teeschul-Restaurants, wo Schülerinnen der Teezeremonie bedienen; am

Schluß *matcha*, der Tee der Zeremonie; Koto-Musik zwischen 18 und 20 Uhr, 6000 ¥. 11-21 Uhr, Yasuyo Bldg. F8, 3-37-11 Shinjuku (Shinjuku Ostausg.), Tel. 3352-5121.

● *Totoya,* ¥/¥¥, Izakaya, 700 Plätze, 40 Theken, 44 Sorten Reiswein, mehr als 120 Gerichte: Yakitori, Kushiage, O-den. 17-23 Uhr, Sa/So 15-23 Uhr, neben Koma-Theater, Toa-Kaikan 6F, 1-21-1 Kabukichô (Shinjuku Ostausg.).

● *Niimura,* ¥¥, preiswertes Shabu-Shabu, gute Portionen, ab 2300 ¥. 11-3 Uhr, 1-14-3 Kabukichô (Shinjuku Ostausg.), Tel. 3205-2200.

● *Tsunahachi,* ¥/¥¥, größte Tempura-Kette in Japan, dies ist das „Mutter"-Lokal, sehr beliebt und lebhaft; Tempura Teishoku nur 1100 ¥, 8er Set ab 2000 ¥. 11.30-22.30 Uhr, 3-31-8 Shinjuku (Shinjuku Ostausg.), Tel. 3352-1012.

● *Cafeteria* in der *Tokyo City Hall,* ¥, Tochô, in F32, sehr preiswert und gute Aussicht. 10-17 Uhr, Lunch 11.30-14 Uhr.

## Chinesisch

● *Setsu-en,* ¥¥, eines der wenigen Lokale der Hunan-Küche, die ähnlich ist wie Szechuan, aber milder gewürzt; Huhn, Ente, Frosch u.a. 11.30-14 und 17.30-22 Uhr, So geschl., 3-8-9-Shinjuku (Shinjuku Ostausg.), Tel. 3354-4028.

● *Tainan Ta Mi,* ¥/¥¥, authentische taiwanesische Küche, gute Nudeln, alles vom Schwein, sehr preiswert, meist voll. Mo-Fr 11.30-15 und 17-4 Uhr, Sa/So/F 11.30-4 Uhr, Juban Bldg. 1F, 2-45-1 Kabukichô (Seibu-Shinjuku), Tel. 3232-8839.

● *Tokyo Daihanten,* ¥¥, Japans größtes chinesisches Restaurant mit 6 Stockwerken, verschiedene Küchen: Szechuan, Peking; am beliebtesten: kantonesisches *Dim Sum Brunch* am Sonntag in F3. 11-22 Uhr, 5-17-13 Shinjuku (Shinjuku Ostausg.), Tel. 3202-0121.

● *Tokyo Kaisen Market,* ¥/¥¥, Seafood-Markt und -Restaurant à la Hong Kong oder Bangkok. 2-36-1 Kabukichô (Shinjuku Ostausg.), Tel. 5273-8301.

## Kambodschanisch

● *Angkor Wat,* ¥¥, groß, voll und laut, von kambodschanischen Flüchtlingen geführt;

*omakase* (Empfehlung): die Bedienung sucht das Essen aus, pro Kopf etwa 3000 ¥, die meisten Gerichte ca. 1000 ¥. Mo-Sa 11-14 und 17-23 Uhr, So 17-23 Uhr, Jûken Bldg. 1F, 1-38-13 Yoyogi (JR: Yoyogi), Tel. 3370-3019.

## Koreanisch

● *Tokai-en* ¥/¥¥, im 6. Stock Lunch-Büffet für nur 1000 ¥ von 11-15 Uhr, sonst 2500 ¥ von 17-23 Uhr, Getränke-„Büffet" für 2000 ¥; beliebt seit über 20 Jahren, im 7./8. Stock separate Räume. Mo-Fr 17-23 Uhr, Wochenende 11-23 Uhr (Getränke werden unten bis 4 Uhr ausgeschenkt), 1-6-3 Kabukichô (Shinjuku Ostausgang), Tel. 3200-2934.

● *Zenshu-tei,* ¥/¥¥, winziges, beliebtes BBQ-Lokal. 15-1 Uhr, Mo geschl., ACB Kaikan F1, 2-36-3 Kabukichô (Shinjuku Ostausgang).

## Thai

● *Ban Thai,* ¥¥, authentisch mit Thai-Bedienung, zwischen 19 und 22 Uhr unbedingt reservieren, zuverlässige Küche, mittags weniger voll; besonders lecker: Krebs in Currysoße, Gerichte ca. 1500 ¥, Menü 3500 ¥. Mo-Fr 17-24 Uhr, Wochenende ab 11.30 Uhr, Dai-ichi Metro Bldg. F3, 1-23-14 Kabukichô (Shinjuku Ostausg.), Tel. 3207-0068.

● *Benjarong,* ¥/¥¥, günstiger Thai-Lunch 600 ¥ mit Kaffee. 11.30-14 Uhr, Abendessen 17.30-23 Uhr, So geschl., F nur abends, Miyata Bldg. F2, 1-4-12 Kabukichô (Shinjuku Ostausg.), Tel. 3209-7064.

● *Kao Keng,* winziges Thai-Lokal nach Art eines Eßstandes. 16-5 Uhr, So/F geschl., 1-3-2 Kabukichô (Shinjuku Ostausg.), Tel. 3200-2932.

● *Siam,* ¥¥, nordostthailändische Spezialitäten, Menü ab 3500 ¥. 17-3 Uhr, Umemura Bldg. F2, 1-3-11 Kabukichô (Shinjuku Ostausg.), Tel. 3232-6300.

## Vietnamesisch

● *Myun,* ¥/¥¥, Glasnudelsalat 800 ¥, rohe Frühlingsrolle 680 ¥, meist vietnamesische Gäste. 11-23 Uhr, YKB Shinjuku Gyoen Bldg. B1, 1-3-8 Shinjuku (Shinjuku Ostausg.), Tel. 5379-5240.

Stadtteile

## Afrikanisch

● *Kri-kri* (Kuri-Kuri), ¥¥, afrikanischer Touch, aber Gerichte und Dekors aus aller Welt, Antiquitäten, Speisekarten in Kinderbüchern, ca. 5000 ¥. 17-24 Uhr, Di u. F geschl., 3-38-12 Yoyogi (Sangûbashi, Ôdakyu-Linie), Tel. 5388-9376.

## Nordamerikanisch

● *Negishi*, ¥/¥¥, gute Beaf Stews, Zungenspezialitäten; gute Stimmung, Lunch: 700-1300 ¥, Abendessen ca. 2500 ¥. 11-22.30 Uhr, So bis 21.30 Uhr, 2-45-2 Kabuki-chô (Seibu Shinjuku), Tel. 3232-8020.

## Deutsch

● *Wein-Kaffee Keitel*, ¥/¥¥, „typisch deutsch", immer voll, Reservierungen notwendig, vollgestopft mit Kitsch, aber gute Küche; Spezialität des deutschen Kochs sind Nachspeisen, Lunch 800 ¥, Gerichte ca. 1500 ¥, komplettes Abendessen ca. 5000 ¥. 12-16 und 18-22 Uhr, Mo geschl., 5-6-4 Shinjuku (U: Shinjuku-gyoen-mae), Tel. 3354-5057.

## Französisch

● *Brasserie Chaya*, ¥¥, sehr gute Vorspeisen, professionell, geräumig, mit kleinem Garten und Karpfenteich, Lunch 2500 ¥, Abendessen 3500-6000 ¥. 11-21 Uhr, Mi geschl., Isetan F7, 3-14-1 Shinjuku (Shinjuku-sanchôme), Tel. 3357-0014.

● *Oventei*, ¥¥, gemütlich, wie in einem französischen Vorort, kleines Menü 1600 ¥. 11-21.30 Uhr, Abendessen ab 17 Uhr, Shinjuku Mylord Bldg. 9F, 1-1-3 Nishi-Shinjuku (Shinjuku), Tel. 3349-5851.

## Italienisch

● *Il Cipresso*, ¥¥, günstige Lage, vernünftige Preise, natürliche Zutaten, der Chef erfüllt auch Extrawünsche. 7-7-26 Nishi Shinjuku (Shinjuku Westausg.), Tel. 3227-0550.

## Spanisch/Lateinamerikanisch

● *La Playa*, ¥¥, gute Tapas, kein Menü: der Chef bereitet je nach Geldbeutel zu, am besten für 3000 ¥ aufwärts, dazu gute, alte Riojas. 18-24 Uhr, So geschl., Dai-ni Kunihisa

Bldg. F3, 3-10-11 Shinjuku (U: Shinjuku-sanchôme), Tel. 5379-0820.

● *Los Reyes Magos*, ¥/¥¥, nach Art eines Landgasthofs. 17.30-22.30 Uhr, 5-55-7 Yoyogi (Sangubashi, Ôdakyû-Linie), Tel. 3469-8231.

● *Rosita*, ¥¥, rustikale mexikanische Atmosphäre. Pegas-Kan Bldg. B1, 3-31-5 Shinjuku (Shinjuku Ostausg.), Tel. 3356-7538.

## Schweizer Küche

● *Rosélean*, ¥¥, gute Portionen, preiswert, besonders beliebt: Brunch So/F. Shinjuku Center Bldg. F11, 1-25-1 Nishi-Shinjuku (Shinjuku Westausg.) , Tel. 3344-5362.

## Russisch

● *Chaika*, ¥¥, authentische Küche, Menüs ab 3700 ¥. 3. So geschl., Biggs Shinjuku Bldg. B2, 2-19-1 Shinjuku (Shinjuku Ostausg.), Tel. 3354-2677.

## Gesunde Kost

● *Health Magic Fire Street*, ¥/¥¥, mageres BBQ Fleisch, Pitta-Brot mit Füllungen. Dai-ni Suzuka Bldg. F1, F2, 1-28-2 Kabuki-chô, Tel. 3209-0585.

## Discos

● *Automatix*, Techno, versch. DJs, 2000 ¥ incl. 1 Getränk. 2-15-26 Shinjuku (Shinjuku Ostausg.), Tel. 3358-2256.

● *69*, Reggae Club, beliebt bei Afrikanern, gut gemischtes Publikum, ab 1000 ¥. 20.30-24 Uhr, Dai-ni Seiko Bldg. B1, 2-18-5 Shinjuku (Shinjuku-sanchôme, Shinjuku-Linie Ausg. C8, Marunouchi-Linie Ausg. B2), Tel. 3341-6358.

● *Hi Time*, dunkler, pulsierender Reggae-Club, kraftvolle Bässe, die DJs lieben besonders Reggae-Rap, ab 2000 ¥. 21-5 Uhr, Mano Bldg. B1, 3-35-17 Shinjuku (U: Shinjuku, Marunouchi-Linie, Ausg. A5), Tel. 3357-4167.

● *Liquid Sky Dance Hall*, der vielleicht heißeste Ort für Techno-Fans, auch Bands verschiedener Stile; am bekanntesten ist der Techno-Experimentalist *Ken Ishii*, Eintritt ca. 4000 ¥.

● *OTO*, Techno/House-Club, So 1000 ¥, sonst ab 2000 ¥. 24-5 Uhr, 1-17-5-27 Kabuki-chô (Shinjuku Ostausg.), Tel. 5273-8264.

●*Samba Club,* Hotel-Disco auch für Singles. 17.30-2 Uhr, Hotel Century Hyatt F1, 2-7-2 Nishi Shinjuku (Shinjuku, Westausg.), Tel. 3342-8877.

## Live-Musik

●*Coco Loco,* Mi lateinamerikanische Live-Musik, sonst Restaurant mit Bier aus aller Welt. Dai-ni Toa Kaikan F3, 1-21-1 Kabukichô (Shinjuku Ostausg.), Tel. 3204-5565.
●*J,* Jazz in lockerer Atmosphäre. Mo-Do 18.30-1 Uhr, Fr und Sa bis 2 Uhr, Musik 19.15 Uhr, So u. F geschl., U: Shinjuku-gyoen-mae, Ausg. Okidomon, Tel. 3354-0335.
●*Loft,* seit über 18 Jahren Underground-Rock, New Wave Punk, Karriere-Startpunkt für neue Gruppen; 1400-3000 ¥, sehr beliebt bei Highschool-SchülerInnen. 19-22 Uhr, Wochenende 14-16 Uhr, Dai-ni Mizota Bldg. B1, 7-5-10 Shinjuku (Seibu-Shinjuku), Tel. 3365-0698.
●*Nissin Power Station,* Altersgruppe bis 20, Essen und Zuhören. 17.30-22.30 Uhr, Foodeum B1, 6-26-1 Shinjuku (Seibu-Shinjuku), Tel. 3205-5270.
●*Pit Inn,* seit langem beliebter Jazz-Club, modernisiert, ab 3000 ¥. 19-22.30 Uhr, Musik ab 19.30, Acord Bldg. B1, 2-12-4 Shinjuku (Shinjuku-sanchôme, Shinjuku-Linie Ausg. C8, Marunouchi-Linie Ausg. B2), Tel. 3354-2024.
●*Rolling Stone,* Heavy-Metal, ab 1000 ¥. Mo-Fr 18-4.15 Uhr, Sa/So 15-4.15 Uhr, Ebichu Bldg. B1, 3-2-7 Shinjuku (Shinjuku-sanchôme), Tel. 3354-7347.
●*Vagabond,* beliebter Jazz-Club, vollgestopft mit Krimskrams, ab 1000 ¥. Mo-Sa 17.30-23.30 Uhr, So bis 22.30 Uhr, F bis 23 Uhr, 1-4-20 Nishi-Shinjuku F2 (Shinjuku, Westausg.), Tel. 3348-9109.

## Für Lesben und Schwule

(U: Shinjuku 3-chôme, Toei-Shinjuku-Linie Ausg. C8, Marunouchi-Linie Ausg. B2, wenn nicht anders angegeben)
●*Fuji,* gut für Gruppen und Paare, Frauen auch erlaubt, ab 1000 ¥. So-Do 19.30-2.30 Uhr, Fr u. Sa bis 3 Uhr, Sentofo Bldg. B1, 2-12-16 Shinjuku, Tel. 3354-2707.
●*GB,* beliebt bei jungen Japanern, die gern mit Expats flirten, alle sprechen Englisch, gute Videos, ab 1000 ¥. Mo-Do 20-2 Uhr, Fr bis 2.30 Uhr, Sa bis 3 Uhr, So bis 1.30 Uhr, Business Hotel T Bldg. B1, 2-12-3 Shinjuku.
●*Kinsmen,* gemischtes Publikum, sehr angenehme, intime Atmosphäre mit riesigem Ikebana, ab 1000 ¥. 21-5 Uhr, im Sommer manchmal geschl., 2-18-5 Shinjuku F2, Tel. 3354-4949.
●*Kokuchô-no-Mizu-umi* („Schwarzer Schwanensee"), bei Frauen beliebte Travestie-Revue, Cover 2000 ¥, Getränke ab 600 ¥. 18-2 Uhr, Arao Bldg. B2, 2-25-2 Kabukichô (Seibu-Shinjuku), Tel. 3205-0128.
●*Kusuo,* viele „sportliche" Schwule, Karaoke mit kitschigen Liedern, man unterhält sich oder singt, ab 1000 ¥. So-Do 20-3 Uhr, Sa bis 4 Uhr, Sunflower Bldg. F3, 2-17-1 Shinjuku, Tel. 3354-5050.
●*Madonna,* freundliche Atmosphäre, für gut angezogene Lesben; Karaoke, Cover Charge: 2000 ¥. Mo-Sa 21-5 Uhr, So 19-2 Uhr, Fujita Bldg. F1, 2-15-13 Shinjuku, Tel. 3354-1330.
●*Sunny Bar,* gute Lesben-Bar zum Kennenlernen der Szene, Schwule auch zugelassen, ab 2500 ¥. Mo-Sa 20-5 Uhr, So bis 3 Uhr, 2. u. 3. So geschl., 2-15-8 Shinjuku F2, Tel. 3356-0368.
●*Shiroi Heya,* beliebte Schwulen-Bar mit „Hostessen". 21-4 Uhr, So geschl., Dai-ni Sky Bldg. B1, 5-10-1 Shinjuku (Shinjuku Ostausg.), Tel. 3354-3925.
●*Zip,* elegante Schwulen-Bar zum Sehen und Gesehenwerden, nicht zum Aufreißen, ab 1000 ¥. 20-5 Uhr, F1, 2-14-11 Shinjuku, Tel. 3356-5029.

## Bars

●*Hofbräuhaus München in Shinjuku,* Lizenzlokal des Münchner Originals, teils deutsche Bedienung, Wurstplatte 1500 ¥. Mo-Fr 17.30-23.30 Uhr, Sa/So u. F ab 15 Uhr, Meiji Seimei Shinjuku-Higashi Bldg., 1-1-17 Kabuki-chô (Shinjuku Ostausgang), Tel. 3207-7591.

**Stadtteile**

● **Kirin City,** Biersaal, sehr beliebt, Wurstplatte 600 ¥. 11-23 Uhr, Shinjuku-kurihashi Bldg. 2F, 3-15 Shinjuku (Shinjuku Ostausgang), Tel. 3226-8230.

## Unterkunft

### Westseite

● **Shinjuku Washington,** ¥¥, sehr modern, sieht aus wie ein riesiger Ozeandampfer, günstig, vernünftige Preise, ca. 2000 kleine Zimmer, ab 12.000 ¥. 3-2-9 Nishi Shinjuku, Tel. 3343-3111, Fax 3342-2575.

● **Sunroute Tokyo,** ¥¥, günstig gelegen, 543 Zimmer, ab 13.000 ¥. 2-3-1 Yoyogi (Shinjuku West-Ausg.), Tel. 3375-3211, Fax 3379-3040.

● **Star Hotel,** ¥¥, beliebt, recht günstige Lage, ab 12.000 ¥. 7-10-5 Nishi-Shinjuku (Seibu-Shinjuku, 1 Min., Shinjuku West-Ausg. 3 Min.), Tel. 3361-1111, Fax 3369-4216.

● **Shinjuku New City Hotel,** ¥¥, ab 10.000 ¥, 400 Zimmer. 4-31-1 Nishi Shinjuku (Shinjuku West-Ausg. 14 Min.), Tel. 3375-6511, Fax -6535.

● **Century Hyatt,** ¥¥¥, einer der Wolkenkratzer der Westseite, 800 große, gut möblierte Zimmer, 7-stöckiges Atrium, ab 22.000 ¥. 2-7-2 Nishi-Shinjuku, Tel. 3349-0111, Fax 3344-5575.

● **Keiô Plaza Inter-Continental Hotel,** ¥¥¥, einer der ersten Wolkenkratzer der Westseite, 1500 bequeme Deluxe-Zimmer ab 20.000 ¥, 2-2-1 Nishi-Shinjuku, Tel. 3344-0111, Fax 3345-8269.

● **Tokyo Hilton International,** ¥¥¥, 807 luxuriöse Zimmer, ab 28.000 ¥. 6-6-2 Nishi Shinjuku, Tel. 3344-0511, Fax 3342-6094.

### Ostseite

● **Tokyo Business Hotel,** ¥, 190 Zimmer, ab 6000 ¥. 6-3-2 Shinjuku (Shinjuku Gyoenmae), Tel. 3356-4605, Fax 3354-5780.

● **Shinjuku Business Hotel,** ¥, 39 Zimmer, 5000 ¥. 4-4-21 Shinjuku (U: Shinjuku-Sanchôme), Tel. 3341-1848.

● **Business Hotel Manet,** ¥, kleines Hotel nahe Shinjuku-Gyoen-Park, 32 Zimmer, ab 7000 ¥. 4-4-10 Shinjuku (JR Shinjuku, 5 Min.), Tel. 3354-3473, Fax -3473.

● **Business Inn Nomura,** ¥, kleines Hotel nahe Shinjuku-Gyoen-Park, 20 Zimmer, 5000 ¥. 4-4-10 Shinjuku (JR Shinjuku), Tel. 3351-3523.

● **Inabasô,** ¥, preiswertes Ryokan, nahe Bahnhof. 5-6-18 Shinjuku (U: Shinjuku-Sanchome), Tel. 3341-9581.

● **Central Hotel,** ¥/¥¥, 156 Zimmer, ab 10.000 ¥, 3-34-7 Shinjuku (JR Shinjuku), Tel. 3354-6611, Fax 3355-6611.

● **Shinjuku Prince Hotel,** ¥¥, ab 15.000 ¥, 571 Zimmer. 1-30-1 Kabukichô (Seibû Shinjuku, JR Shinjuku), Tel. 3205-1111, Fax -1952.

● **Shinjuku Park Hotel,** ¥¥, 202 Zimmer, ab 9000 ¥, am Shinjuku-Gyoen-Park. 5-27-9 Sendagaya (JR Yoyogi), Tel. 3356-0241, Fax -3352-2733.

### Jugendherberge

● **Tokyo Yoyogi Youth Hostel,** ¥, 60 Betten, im Olympischen Dorf von 1964. 3-1 Yoyogi-kamizono-chô (Sangubashi, Odakyû-Linie, 10 Min.), Tel. 3467-9163.

# Das Zentrum im Nordwesten: Ikebukuro
(Toshima-ku)

Ikebukuro hat viel Ähnlichkeit mit Shinjuku. In der Tat rangiert der Bahnhof in Bezug auf Fahrgastaufkommen an zweiter Stelle in Tokyo. An der Westseite steht der riesige *Tôbu Department Store*, das nunmehr größte Kaufhaus Tokyos, an der Ostseite das sehr lohnende Kaufhaus *Seibu & Parco* mit seiner Riesenfront, viele Jahre lang das größte Kaufhaus der Welt. In der Umgebung des Westausgangs gibt es eine ganze Reihe vergleichsweise preiswerter Business-Hotels.

In den 30er Jahren galt Ikebukuro als das **Montparnasse von Tokyo,** weil

Stadtteile

sich dort Künstler und Schriftsteller gern aufhielten. Wie bei Shinjuku leitete der Bahnhof mit den in die Vororte führenden Bahnlinien vor allem nach dem 2. Weltkrieg eine rasante Entwicklung ein. Eine Reihe ausländischer Firmen haben sich wegen der günstigen Verkehrsanbindung hier niedergelassen, zumal die Mieten nicht so horrende sind wie etwa in Marunouchi.

Wie im Vergnügungsviertel von Kabukichô in Shinjuku gibt es auch in Ikebukuro ein sexorientiertes **Nacht-**

**leben,** ein wenig an der Westseite, vor allem aber hinter dem *Bungeiza*-Theater der Ostseite. Dort kam es früher schon mal zu Schießereien unter Gangstern.

Aber auch „normale" abendliche Unterhaltung kommt nicht zu kurz. Es gibt jede Menge Restaurants, Bars und Kinos sowie das Kulturzentrum des **Tokyo Metropolitan Art Space** mit einer erwähnenswerten Konzerthalle. Die **Sunshine City** mit dem architektonisch langweiligen *Sunshine-60 Building* (das bis zur Fertigstellung des neuen Rathauses wenigstens den Titel des höchsten Hauses Japans trug) weist ein Hotel und ein größeres Einkaufszentrum auf. Daneben gibt es ein Aquarium, ein Planetarium, das An-

Wahlkampf in Ikebukuro

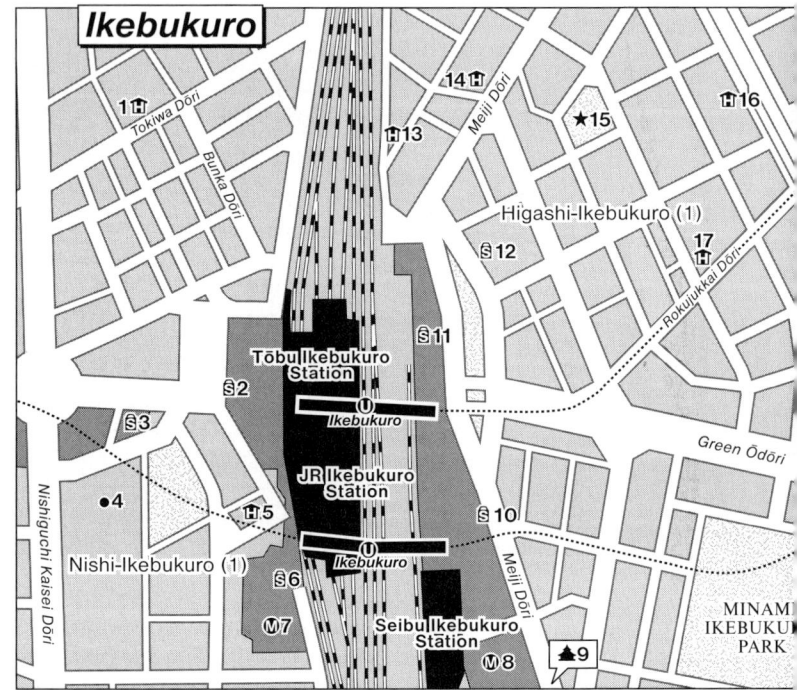

**Ikebukuro**

14 · Meiji Dōri
13
★15
16
Higashi-Ikebukuro (1)
12
17
11
Tōbu Ikebukuro Station
2
Ikebukuro
3
Green Ōdōri
4
5
10
Nishi-Ikebukuro (1)
JR Ikebukuro Station
Ikebukuro
6
Nishiguchi Kaisei Dōri
Rokujukkai Dōri
Meiji Dōri
Bunka Dōri
Tokiwa Dōri
MINAMI IKEBUKU PARK
7
Seibu Ikebukuro Station
8
9

cient-Orient-Museum und das Sunshine-Theater. Früher stand hier das Tokyo-Gefängnis, in dem einige Kriegsverbrecher hingerichtet wurden.

### Westseite des Bahnhofs

Das Riesenkaufhaus *Tôbu* dominiert am Bahnhof; gegenüber – jenseits des kleinen Ikebukuro-Nishi-guchi-Parks – steht das **Kulturzentrum Tokyo Metropolitan Art Space.** Nördlich liegt ein kleines, aber sehr lebhaftes Vergnügungsviertel mit Bars, Lokalen, Business- aber auch Stundenhotels. Das

beliebte *Kimi Ryokan* liegt in nordwestlicher Richtung gut 5 Min. entfernt.

### Ostseite des Bahnhofs

Zwischen dem Bahnhof und dem Komplex von Sunshine City mit dem unübersehbaren, gleichnamigen Wolkenkratzer liegt ein belebtes Einkaufs- und Vergnügungsviertel. Die *Mitsukoshi*-Filiale wurde zwar vor einigen Jahren modernisiert, steht aber noch im Schatten des Riesenkaufhauses *Seibu-Parco*. Südlich schließt sich das ausgezeichnete Sporthaus des Konzerns

|  |  |  |
|---|---|---|
| ⌂ | 1 | Ikefuji |
| Ⓢ | 2 | Tōbu |
| Ⓢ | 3 | Marui |
| ● | 4 | Tokyo Metropolitan Art Space |
| ⌂ | 5 | Business Hotel Ikebukuro Park |
| Ⓢ | 6 | Tōbu / Metropolitan Plaza |
| Ⓜ | 7 | Tōbu Museum of Art |
| Ⓜ | 8 | Sezon Museum of Art (Seibu SMA Building) |
| ♠ | 9 | Kichimojin-dō |
| Ⓢ | 10 | Seibu |
| Ⓢ | 11 | Ikebukuro Parco Store |
| Ⓢ | 12 | Mitsukoshi |
| ⌂ | 13 | Dai-ichi Inn Ikebukuro |
| ⌂ | 14 | Hotel Sunroute |
| ★ | 15 | Naka-Ikebukuro-Park |
| ⌂ | 16 | Grand Business |
| ⌂ | 17 | Ikebukuro Hotel Theater |
| ★ | 18 | Higashi-Ikebukuro-Park |
| ● | 19 | Toyota Amlux |
| ★ | 20 | Higashi-Ikebukuro Central Park |
| ⌂ | 21 | Prince Hotel |
| ● | 22 | Sunshine-60 Building |
| Ⓢ | 23 | Alpha Shopping Complex |
| ★ | 24 | Planetarium |
| ★ | 25 | Aquarium |
| ★ | 26 | Kulturzentrum Bunka Kaikan |
| Ⓜ | 27 | Ancient Orient Museum |
| ⊕ | 28 | Sunshine Theater |

**Stadtteile**

und das **Museum Sezon Bijutsukan** für zeitgenössische Kunst an (10-20 Uhr, Di geschl., Tel. 5992-0155).

Nicht weit entfernt liegt der quadratische **Minami-Ikebukuro-Park** mit 5 Tempeln.

### Sunshine City

Der Komplex von Sunshine City umfaßt das Gebäude **Sunshine 60,** das lange das mit 240 Metern und 60 Stockwerken höchste Gebäude Japans war. Das architektonisch erheblich interessantere Rathaus in Shinjuku hielt später den Spitzenplatz, bis das *Landmark* in Yokohama auch ihm den Titel abrang. Die Aussicht vom *Sunshine Building* ist im Gegensatz zum Rathaus noch nicht einmal kostenlos. Dafür ist der Blick auf die Wolkenkratzer von Shinjuku natürlich von Ikebukuro aus recht eindrucksvoll.

Zu Füßen des Kolosses erstreckt sich der **Alpha-Shopping Complex** mit einem berühmten, elektronisch gesteuerten Brunnen. Nebenan steht der *World Import Mart*, in dem sich neben Handelszentren aus aller Welt auch

Kleinstadtleben mitten in Tokyo

ein großes **Aquarium** und ein computergesteuertes **Planetarium** (10. Stock, 11-18 Uhr, 800 ¥) befinden.

Dahinter liegt das **Kulturzentrum Bunka Kaikan** mit dem *Sunshine Theater* und dem *Ancient Orient Museum* mit 700 Ausstellungsstücken aus dem Gebiet des Euphrat sowie aus Ägypten und Pakistan (10-17 Uhr, 400 ¥, 3-1-1 Higashi-Ikebukuro). Der Komplex ist zu Fuß vom Ikebukuro-Bahnhof (Ost-Ausgang) zu erreichen.

### Toyota Amlux

Für Autofreunde ist ein Abstecher zum 6geschossigen, im post-modernen Stil erbauten **Amlux-Showroom** empfehlenswert: Dort kann man einen Blick auf Konzeptautos und andere

Modelle von Toyota werfen, einschließlich Formel-1-Rennwagen. Interessierte können sich hier sogar ihr Traumauto selbst entwerfen (11-20 Uhr, So u. F 10-19.30 Uhr, Mo geschl., 3-3-5 Higashi-Ikebukuro, Tel. 5391-5900).

## Einkaufen

### Kaufhäuser

Zu einem Besuch Ikebukuros gehört ein Besuch des riesigen **Seibu** mit seinen 11 Stockwerken und dem angeschlossenen Boutiquen-Kaufhaus **Parco** im Norden sowie dem ausgezeichneten Sportkaufhaus **Seibu Sports Building** im Süden des Hauptgebäudes. Die Ikebukuro-Filiale des altehrwürdigen **Mitsukoshi** wurde inzwischen auch modernisiert.

**Tôbu Ikebukuro** am West-Ausgang stand lange im Schatten des *Seibu*, hat sich aber in den letzten Jahren gemausert und galt zeitweise als das größte Kaufhaus Japans und damit wohl der Welt (nun gibt es in Chiba eine noch größere *Sôgô*-Filiale). Wie alle großen Kaufhäuser Japans folgt es dem Konzept „ein Kaufhaus ist eine Stadt für sich".

Wie in Shinjuku liefern sich hier die **Elektronik-Kaufhäuser** *BIC* und *Sakuraya* an der Ostseite kundengünstige Konkurrenz, beide bieten Kameras, Kleinelektronik, Computer und Haushaltselektronik an.

● **BIC Camera,** Kameras, Computer, Haushaltselektronik. 10-20 Uhr, 1-11-7 Higashi-Ikebukuro (Ikebukuro, Ostseite), Tel. 3988-0002.

● **Camera-no-Kimura,** 8-20 Uhr, 1-18-8 Nishi-Ikebukuro (Ikebukuro, Ostseite), Tel. 3981-8437.
● **Sunshine City,** Antiquitätenflohmarkt in der Alpha Shopping Arcade B1. 3. Sa/So, Komingu Kottô-Ichi (U: Higashi-Ikebukuro), Tel. 3989-3331.

### Plattenläden

● **Art Vivant,** neue und experimentelle Musik, Ethno-Importe, nicht billig. B1 Seibu Museum (im *Seibu Department Store*), Tel.5992-0467.
● **HMV,** sehr gute Auswahl. 10-20.30 Uhr, 3. Mi geschl., F6 Metropolitan Plaza (JR: Ikebukuro W-Seite), Tel. 3983-5501.
● **Virgin,** gute Auswahl an Importen, mit Buchladen und Café. 10-20.30 Uhr, Mi geschl., B1 Marui (JR: Ikebukuro, W-Seite), Tel. 5952-5600.

## Essen

Sehr beliebt sind die Lokale im *Tôbu* und *Seibu/Parco*, wo es auf mehrere Stockwerke verteilt Dutzende von Lokalen und Restaurants gibt.

### Ostseite

● **Saigon,** ¥¥, sehr gute vietnamesische Küche. 1-7-10 Higashi-Ikebukuro, Tel. 3989-0255.
● **Taishoken,** ¥, Râmen, pro Portion 500 g Nudeln 530 ¥. 11-15 Uhr, Mi geschl., 4-28-3 Higashi-Ikebukuro (U: Higashi-Ikebukuro, Yûrakuchô-Linie), Tel. 3981-6929.

### Westseite

● **Mareichan,** gutes, preiswertes malaiisches Essen nach Art von Westmalaysia/Singapur. 3-22-6 Nishi-Ikebukuro, Tel. 5391-7638.
● **Bistro 33,** ¥¥, französisch, preiswerte, gute Gerichte, Lunch 1500 ¥, Abendessen ca. 5000 ¥. 11.30-14 und 17-22 Uhr, F 17-22 Uhr, So geschl., Bell Bldg. F1, 3-27-1 Nishi-Ikebukuro, Tel. 3986-7487.
● **Sariling Atin,** ¥¥, philippinisch, bestes *adobo* und *sinigang* in Tokyo. Sato Bldg. 3F, 2-13-3 Ikebukuro, Tel. 3985-5774.

Stadtteile

●*Agio,* ¥/¥¥, italienisch, Pizza-Ofen, Beef-Pizza 1400 ¥. 11-21.30 Uhr, Sunshine-Alba Bldg. 3F, 3-1-2 Ikebukuro, Tel. 3980-1626.

●*My Dung,* Filiale des beliebten vietnamesischen Lokals in Shinjuku. 5-1-6 Nishi-Ikebukuro, Tel. 3985-8967.

## Bars und Discos

●*Café Presto,* am Wochenende beliebt unter *gaijin,* im Erdgeschoß Laser-Videos für 100 ¥, im 1. Stock ruhiges Café, ab 1000 ¥. Mo-Sa 11-24 Uhr, So u. Café bis 23 Uhr, Fuji Bldg. F1, F2, 1-23-1 Minami-Ikebukuro (Ikebukuro, Ostseite), Tel. 3971-2873.

●*Rum Bullion,* angenehme Reggae-Bar, freundliche Atmosphäre, ab 1000 ¥. 20-5 Uhr, F1, 2-30-14 Nishi-Ikebukuro (Ikebukuro, Westseite), Tel. 5951-3455.

## Unterkunft

### Ostseite

●*Hotel Kaku,* ¥, ab 6000 ¥, ruhig, günstg gelegen, familiäre Atmosphäre. 2-15-10 Minami-Ikebukuro, Tel. 3982-1181, Fax -1188.

●*Sunroute Ikebukuro,* ¥/¥¥, günstige Lage, 144 Zimmer, ab 9000 ¥. 1-39-4 Higashi-Ikebukuro, Tel. 3980-1911, Fax -5286.

●*Dai-ichi Inn Ikebukuro,* ¥/¥¥, gut gelegen, ab 8500 ¥. 1-42-8 Higashi-Ikebukuro, Tel. 3986-1221, Fax 3982-4128.

●*Ikebukuro Hotel Theatre,* ¥/¥¥, 175 Zimmer, ab 9000 ¥. 1-21-4 Higashi-Ikebukuro, Tel. 3988-2261, Fax -2260.

●*Grand Business* ¥/¥¥, 284 Zimmer, ab 9000 ¥. 1-30-7 Higashi-Ikebukuro, Tel. 3984-5121, Fax -5127.

●*Ark Hotel Tokyo,* ¥¥, bequem, ab 9000 ¥. 3-5-5 Higashi-Ikebukuro, Tel. 3590-0111, Fax -0224.

●*Sunshine City Prince,* ¥¥, modernes Hotel im Sunshine-City-Komplex, 1166 Zimmer, ab 15.000 ¥, 3-1-5 Higashi-Ikebukuro, Tel. 3988-1111, -7878.

### Westseite

●*Kimi,* ¥, einfaches Ryokan bzw. Gaijin-House, beliebt unter Travellern; mit eigener Zim-

mer- und Jobvermittlung. 2-36-8 Ikebukuro (Ikebukuro Westausgang), Tel. 3971-3766, Wegskizze erhältlich bei der Police-Box am Westausgang.

●*Ikefuji,* ¥/¥¥, angenehmes, günstig gelegenes Businesshotel, ab 7000 ¥. 2-51-2 Ikebukuro (Ikebukuro Westausg. 4 Min.), Tel. 3984-0151, Fax 3986-8088.

●*Business Hotel Ikebukuro Park,* ¥/¥¥, 42 Zimmer, ab 8500 ¥, 1-13-5 Nishi-Ikebukuro, Tel. 3982-8989, Fax 5396-1789.

●*Ikebukuro Center City Hotel,* ¥/¥¥, 209 Zimmer, ab 9000 ¥. 2-62-14 Ikebukuro (Ikebukuro, Ausgang Nord), Tel. 3985-1311, Fax 3980-7001.

●*Holiday Inn Crowne Plaza Metropolitan,* ¥¥, 818 Zimmer, ab 16.000 ¥. 1-6-1 Nishi-Ikebukuro, Tel. 3980-1111, Fax -5600.

# Am Kanda-Fluß:
# Mejirodai und Zoshigaya
(Toshima-ku)

In dieser recht ruhigen Gegend empfiehlt sich besonders ein Bummel entlang des Kanda-Flusses und der Besuch einiger Parks, insbesondere des Chinzan-sô-Gartens und der Umgebung der angesehenen privaten Waseda-Universität.

### Zôshigaya-Kishimojin-Schrein

Einer der bekanntesten Schreine in der Umgebung ist der Zôshigaya Kishimojin. Er liegt ein kurzes Stück östlich der Meiji-dôri auf dem Weg von Ikebukuro durch Zôshigaya in Richtung Meijiro-dai und ist in einer Viertelstunde zu Fuß von Ikebukuro zu erreichen (vom Ostausgang des Bahnhofs Richtung Süden).

* ★ 1 Zōshigaya-Friedhof
* ♠ 2 Gokokuji
* ● 3 Ochanomizu Women's University
* ● 4 Japan Women's University
* ★ 5 Kansenen-Garten
* ● 6 Waseda-Universität
* Ⓜ    und Theater-Museum
* ★ 7 Shin-Edogawa-Park
* ⑪ 8 Chinzanso Restaurant
* 🏨    und Four Seasons Hotel
* ⅱ 9 St. Mary's Cathedral

Der Schrein ist der Schutzgottheit der Kinder, *Kishibôjin*, geweiht. Davor steht ein großer, mehr als 500 Jahre alter Gingko-Baum, dem positive Kräfte im Hinblick auf Geburt und Aufziehen von Kindern zugeschrieben werden.

Am bequemsten ist der Schrein mit Tokyos letzter Straßenbahn zu erreichen, der Tôden-Arakawa-Linie (Station Kishimojin-mae, z.B. ab JR-Station Ôtsuka).

### Zôshigaya-Friedhof
Östlich davon liegt der große Zôshigaya-Friedhof, auf dem eine Reihe bekannter Leute begraben sind, u.a. die Schriftsteller *Soseki Natsume* und *Lafcadio Hearn*.

### Gokoku-ji-Tempel
Östlich des Friedhofs liegt auf der anderen Seite der links nach Ikebukuro führenden Green-ôdôri der Tempel Gokoku-ji, der 1681 vom fünften Shôgun *Tsunayoshi* gegründet wurde und als einer der größten und besterhaltenen frühen Tempel Edos gilt. Sehenswert ist die Haupthalle und die Gekkoden-Halle, ein Nationalschatz; auch die Teehäuser sind sehr reizvoll. Im Gelände des Gokoku-ji liegen einige Mitglieder der kaiserlichen Familie begraben (U-Bahn-Station Gokokuji, Yûrakuchô-Linie).

### Music-Box-Museum
Nahe der Ecke Green-ôdôri und Shinobazu-dôri (im Süden des Tempelkomplexes) steht das *Music-Box-Museum*, in dem man klassische Stücke auf Walzen und Platten hören kann.

### Kathedrale St. Mary's
Im Viertel Mejirodai steht die 1964 errichtete, vom Großmeister *Tange Kenzô* entworfene *St. Mary's Cathedral* mit ihrer metallisch glänzenden Fassade, die an einen Vogel mit ausgebreiteten Flügeln erinnern soll und in deren eindrucksvollem Inneren sich eine Nachbildung der Pietà von *Michelangelo* befindet. Die Kathedrale erinnert an die Wiederzulassung des Christentums im Jahre 1864.

Stadtteile

### Chinzan-sô-Garten

Rechts gegenüber der Kathedrale steht das **Luxushotel und Gasthaus** *Chinzan-sô,* dessen wahre Attraktion, der 6,6 ha große Garten, unterhalb des Hauses liegt. Dieser Garten, der zu einer früheren Daimyô-Residenz der Herren von Kururi in der heutigen Nachbarprovinz Chiba gehörte, ist voll von herbeigeschafften Schätzen, darunter eine über 1000 Jahre alte **hölzerne Pagode.**

### Hosokawa-Residenz

Kehrt man nach dem Abstecher in den Garten zurück zur Meijiro-dôri und geht zurück zur nächsten Ecke, kommt man zu einem steil hinabführenden Weg, der *Munatsuki-zaka* genannt wird. Rechts davon erstreckte sich einst die Residenz der *Hosokawa* aus Kumamoto, deren Sproß *Hosokawa Morihiro* 1993 zum ersten Nicht-LDP-Premierminister ernannt wurde. Nicht weit entfernt liegt das private **Museum Eisei Bunko** mit Kunstschätzen der privaten Sammlung der Familie *Hosokawa,* einer der bedeutendsten Familien Japans (10-16.30 Uhr, 1./3./5. Sa geschl., 1-1-1 Mejirodai, Tel. 3941-0850).

### Am Kanda-Fluß

Am Ende des Hangweges ist links ein **Tor,** das zu einem früheren Wohnsitz des berühmten Haiku-Dichters *Bashô* führt. Deshalb heißt es heute noch **Bashô-an** und grenzt an den Chinzan-sô-Garten. Links gegenüber steht ein kleiner **Schrein,** *Sui-jinja,* im Schatten eines alten Gingko-Baumes.

Er soll vor Überschwemmungen schützen. Der Kanda-Fluß ist erstaunlich klar, hier schwimmen überraschenderweise große Zierkarpfen. Entlang des Flusses wurden Kirschbäume gepflanzt.

An zwei Stellen, östlich und westlich des Chinzan-sô erweitert sich der nördliche Uferstreifen zum **Edogawa-** und **Shin-Edogawa-Park.**

### Waseda-Universität

Wenige Minuten südwestlich des Shin(Neu)-Edogawa-Parks liegt das Gelände der angesehenen privaten Waseda-Universität. Theaterfreunde besuchen gern das auf dem Uni-Gelände stehende **Theatermuseum,** das im Tudor-Stil eines Shakespeare-Theaters gebaut wurde. Das *Tsubouchi Memorial Theater Museum* zeigt Gegenstände und Dokumente im Zusammenhang mit östlichem und westlichem Theater (9-17 Uhr, So ab 10 Uhr, an Feiertagen sowie Anf. März bis Anf. April, im August, Ende Okt., Ende Dez. bis Anf. Jan. geschlossen, Eintritt frei, Waseda Universität, 1-6-1 Nishi-Waseda, U: Waseda, Tel. 3203-4141).

### Kagurazaka

Östlich der Universität liegt das gemütliche Viertel Kagurazaka, das sich noch die Atmospäre aus den Zeiten der Samurai, die hier einst lebten, erhalten hat. Es gibt traditionelle Läden, Lokale und Restaurants, sogar ein paar Geishas leben noch hier, in der Nähe des Bishamon-Schreins im Herzen von Kagurazaka.

# Einkaufen

● *Bingo-ya,* Volkskunst. 10-19 Uhr, Mo geschl., 10-6 Wakamatsuchô (U: Waseda), Tel. 3202-8778.

# Essen

## Mejiro

● *Restaurant Beaux-Arts,* ¥¥, im Dekor viel Liebe zum Detail, täglich wechselndes Menü, Familienbetrieb, Lunch ab 2000 ¥, Abendessen ca. 8000 ¥. 11.30-14 und 17.30-21 Uhr, So geschl., Sakakiya Art Supplies Shop F2, 3-17-30 Shimo-Ochiai (JR: Mejiro), Tel. 3952-9715.
● *B-girl,* ¥, angenehm, freundlich, ab 1000 ¥. 18-5 Uhr, F2, 1-27-17 Naka-Ochiai (JR: Mejiro, 20 Min. bis Yamate-dôri), Tel. 3954-4294.

## Takadanobaba, Waseda

● *Rera Chise,* ¥/¥¥, Izakaya-Lokal mit *Ainu*-Gerichten, locker, preiswert. 2-1-19 Nishi-Waseda (JR: Takadanobaba), Tel. 3202-7642.
● *La Dînette,* ¥/¥¥, große Portionen, Lunch: 1000 ¥, Abendessen 2500 ¥, Reservierung notwendig, teure Weine. 2-6-10 Takadanobaba (JR: Takadanobaba), Tel. 3200-6571.
● *Bunryu,* ¥¥, guter, günstig gelegener Italiener; gegenüber dem Bahnhof. 1-26-5 Takadanobaba (JR: Takadanobaba), Tel. 3208-5447.
● *Il Castello,* ¥¥, preiswert, beliebt bei jungen Leuten, Toskana-Küche, Tauben, Wachteln, Lunchset ab 1500 ¥, Abendessen ab 3800 ¥. 11.30-14 und 17-23 Uhr, 1-34-14 Takadanobaba (JR: Takadanobaba), Tel. 3208-0432.
● *Nataraj,* ¥/¥¥, gute vegetarische indische Curries. 3-19-1 Nishi Waseda (U: Waseda), Tel. 3202-6987.
● *Gojûban,* ¥, japanische Küche, beliebt wegen der 15 Arten von gefüllten Teigkugeln *(manju)*. 10-23 Uhr, 3-2 Kagurazaka (U: Kagurazaka, Tôzai-Linie), Tel. 33260-0066.
● *Carmine,* ¥¥, authentische Küche, Gerichte aus ganz Italien, Lunch ab 1500 ¥, Abendessen ab 3500 ¥. 12-14 und 18-23 Uhr, So

geschl., 21 Naka-machi (U: Kagurazaka), Tel. 3260-5066.
● *Cambodia,* ¥/¥¥, gutes Essen, z.B. vietnamesische Okonomiyaki, Frühlingsrollen, Curries, Bier 500 ¥. Yoshino Bldg. 2F, 3-10-14 Takada, Toshima-ku (Takada, Toden-Arakawa-Linie), Tel. 3209-9320.

# Bars

● *Pub Elvis,* Karaoke-Bar für Elvis-Fans, Cover Charge 800 ¥. Mo-Sa 18-2 Uhr, So u. F geschl., Tack Eleven Bldg. F2, 2-19-7 Takadanobaba (JR Takadanobaba), Tel. 3232-0073.
● *Heavy Foot,* angenehme Bar für ein paar Drinks mit preiswerter Musikbox (100 ¥ für 3 Songs, meist Rock'n Roll), ab 1000 ¥. Mo-Sa 18-4 Uhr, So geschl., M.S.K. Bldg. B1, 6-38 Kagurazaka (U: Kagurazaka), Tel. 3260-1961.
● *Billy Barews Beer Bar,* winzige Bar mit riesiger Auswahl an Bieren und leckeren Snacks, viele Studenten, ab 1000-1500 ¥. Mo-Do 17-24 Uhr, Fr u. Sa bis 2 Uhr, So u. F bis geschl., 1-17-10 Takadanobaba (Takadanobaba), Tel. 3209-0952.

# Unterkunft

● *Taisho Central,* ¥/¥¥, 197 Zimmer, ab 9000 ¥. 1-27-7 Takadanobaba (JR: Takadanobaba, Ausg. Waseda), Tel. 3232-0101, Fax 3209-2349.
● *Best Western The Richmond Hotel Tokyo,* ¥¥, Resort-Hotel, 117 Zimmer, ab 13.000 ¥, 3-5-14 Mejiro, Tel. 3565-4111, Fax -4181.
● *Rihga Royal Hotel Waseda,* ¥¥¥, Zimmer im italienischen Stil, ab 22.000 ¥. 1-104-19 Totsuka-machi (U: Waseda, Tôzai-Linie, Ausg. 3A), Tel. 5285-1121, Fax -4321.
● *Four Seasons Hotel Chinzan-sô,* ¥¥¥¥, inmitten eines berühmten traditionellen japanischen Gartens, ab 30.000 ¥. 2-10-8 Sekiguchi (U: Edogawabashi, Yûrakuchô-Linie, Ausg. 1A, 10 Min.), Tel. 3943-2222, Fax -2300.

Stadtteile

# Das Universitäten-Viertel: Hongô
(Bunkyô-ku)

Hongô und die umliegenden Viertel von Ochanomizu und Kôrakuen sind Zentren des Lernens. Die *Tokyo Daigaku*, verkürzt **Tôdai,** ist die **begehrteste Universität des Landes,** Sprungbrett für garantierte Karrieren. Jedes Jahr im Januar und Februar, zur Zeit der Pflaumenblüte, pilgern Studenten vom Schrein *Yushima Seidô,* der in der Edo-Zeit zur Konfuzianischen Akademie gehörte, über den Yushima-Tenjin-Schrein zum Eingang der Tôdai. Bei den nachfolgenden Prüfungen der Eintrittsexamen entscheidet sich, ob der Gang genutzt hat. Ohne härtestes Lernen gibt es allerdings keine Chance auf Erfolg.

Der **Vergnügungspark Kôrakuen** liegt in der Nachbarschaft von Hongô. Der Name leitet sich vom nahegelegenen **Garten Koishikawa Kôrakuen** ab, der aus der frühen Edo-Zeit stammt und zu den bedeutendsten und schönsten der Stadt gehört. Er bietet einen starken Gegensatz zum lauten Geschehen der Umgebung. Nebenan im neuen **Tokyo Dome** ist die Heimat der Baseballmannschaft *Tokyo Giants.*

## Um den Bahnhof Ochanomizu

Der zweite Shôgun, *Hidetada,* kam eines Tages auf dem Rückweg von einem Jagdausflug an einem hier stehenden Tempel vorbei und trank Tee, der mit dem Wasser aus dem Tempelbrunnen zubreitet worden war. Er schmeckte ihm so gut, daß er sich fortan täglich das Wasser für seinen Tee von dort in den Palast schicken ließ. *Ocha-no-mizu* heißt Teewasser, daher also der Name des Viertels. Tempel und Brunnen gibt es nicht mehr, der Kanda-Fluß fließt darüber hinweg.

In der Gegend um Ochanomizu lagen früher zahlreiche Daimyô-Residenzen. Nach dem Ende des Shôgunats gab es viel brachliegendes Land, das für den Bau von Universitäten und Krankenhäusern genutzt wurde.

### Universitäten

Einige der bekanntesten Universitäten liegen in der direkten Umgebung von Ochanomizu und prägen damit den Charakter des Viertels. Die **Nihon Daigaku** *(Nichi-dai* = „Japan-Uni") ist die größte Uni im Land, und es ist nicht allzu schwer, dort aufgenommen zu werden. Sie hat viele gute Sportler. Die nebenan liegende **Meiji-Daigaku** hat einen etwas besseren Ruf.

Daneben gibt es – auf der nördlichen Flußseite – noch zwei **Medizinische Hochschulen:** die *Tokyo Medical & Dental University* und die *Juntendô Daigaku* (alle wenige Min. vom Bahnhof Ochanomizu bzw. Shin-Ochanomizu entfernt).

### Yushima-Seidô-Schrein

Gleich nördlich des Ostausgangs des Bahnhofs Ochanomizu, jenseits der Hijiri-Brücke, liegt rechts der konfuzianische Schrein Yushima Seidô. Er wurde 1690 unter dem 5. Shôgun *Tsu-*

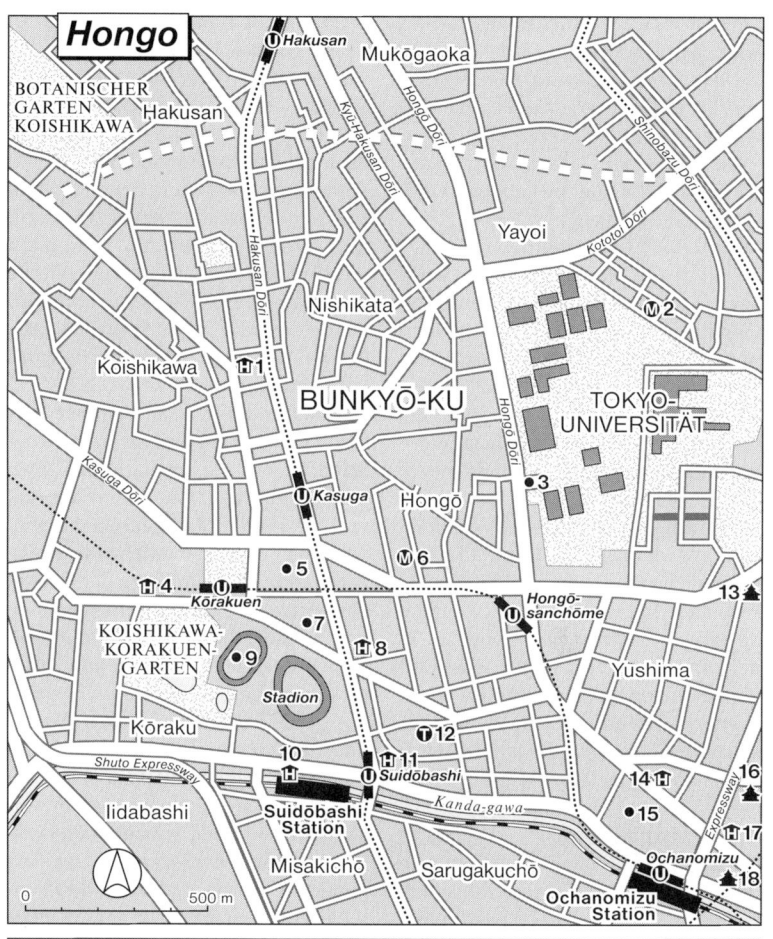

| | | |
|---|---|---|
| 🏨 | 1 | Daiei |
| Ⓜ | 2 | Yayoi-Kunstmuseum |
| ● | 3 | Akamon-Tor |
| 🏨 | 4 | Satelleite Hotel Korakuen |
| ● | 5 | Kôdôkan |
| Ⓜ | 6 | Bunkyo Museum |
| ● | 7 | Korakuen-Vergnügungspark |
| 🏨 | 8 | Suidobashi Grand Hotel |
| ● | 9 | Tokyo Dome |

| | | |
|---|---|---|
| 🏨 | 10 | Tokyo Green Hotel Korakuen |
| 🏨 | 11 | Satô |
| ☎ | 12 | Hoshô-Nô-Theater |
| ⛩ | 13 | Yushima-Jinja-Schrein |
| 🏨 | 14 | Tokyo Garden Palace |
| ● | 15 | Medical & Dental University |
| ⛩ | 16 | Kanda Myôjin-Schrein |
| 🏨 | 17 | Ochanomizu Inn |
| ⛩ | 18 | Yushima-Seidô-Schrein |

*nayoshi* als erste Hochschule für die Söhne der Daimyô gegründet und entwickelte sich langsam zu einer Art Universität. Er diente vor allem dem Studium der Lehren des Konfuzius.

Die Söhne der Daimyô konnten nur mit dem Diplom der bestandenen Prüfung später einmal ihren Vätern nachfolgen. Auch heute werden die Weisheiten des Konfuzius an dieser Stelle noch gelehrt, dazu auch chinesische Geschichte und Sprache. Eher jedoch ist dieser Ort eine Art Wallfahrtsort für angehende Studenten, die für ihr Eintrittsexamen an einer der prestigereichen Universitäten, insbesondere der nahegelegenen *Tôdai*, büffeln.

Das Schreingebäude ist im Stil der Ming-Dynastie gebaut, stammt jedoch erst aus dem Jahre 1935. Das ursprüngliche Gebäude fiel dem großen Erdbeben 1923 zum Opfer. Nur noch das Tor *Nyutoku-mon* ist original. In der am Ende der Treppe stehenden tempelartigen türlosen Halle *Taisei-den* steht ein **Standbild von Konfuzius.** Auch im Garten gibt es ein fünf Meter hohes Konfuziusdenkmal.

## Kanda-Myôjin-Schrein

Nur ein kleines Stück weiter nördlich des Konfuzius-Schreins liegt der schon während der Nara-Zeit gegründete Kanda Myôjin. Dieser ist einer der ältesten Schreine der Stadt, er soll bereits im Jahre 730 errichtet worden sein. Allerdings sind die sichtbaren Gebäude erst 1934 – nach dem großen Erdbeben – wiederaufgebaut worden. Sie sind treue Kopien der unter den *Tokugawa* entstandenen Ge-

bäude mit dem bei den Shôgunen so beliebten barockhaften Stil.

Ursprünglich war der Schrein der Shintô-Gottheit *Okunimushi-no-Mikuni* gewidmet. Später war er mit *Tairano-Masakado* verbunden, einem 940 enthaupteten Rebellen, der gegen den Kaiser in Kyôto kämpfte. Er wurde für die Menschen in Edo zum Symbol für das Aufbegehren gegen ungeliebte Autoritäten. Kurz vor *Ieyasus* Tod 1616 wurde der Schrein von Surugadai hierher verlegt und zum Schutzschrein für Edo erhoben.

Damit wurde das **Schreinfest** (das eigentlich an den Sieg *Ieyasus* in der Schlacht von Sekigahara im Jahre 1600 erinnern soll) zu einem der drei wichtigsten der Stadt, zumal die Shôgune die Parade der prachtvollen Festwagen am Palast vorbeiziehen ließen. Die Festwagen, die es in manchen anderen Städten Japans noch gibt, sind wegen der Oberleitungen aus Tokyo verschwunden, statt dessen werden drei große **kaiserliche Sänften** *(Horen)* und 76 *mikoshi* (tragbare Schreine) durch die Straßen getragen. Der größte *mikoshi* ist so schwer, daß er von vierhundert kräftig gebauten Freiwilligen getragen werden muß. Das Fest findet nur alle zwei Jahre am Wochenende vor dem bzw. am 14./15. Mai statt.

Hinter dem Schreingebäude liegt ein **Garten,** der im März von rosa Pflaumenblüten und im Mai von lilafarbenen Glyzinien übersät ist. Auf dem Schreingelände gibt es noch einen kleineren **Inari-Schrein.** Zu seiner Rechten führt eine steile Treppe hinun-

**Stadtteile**

ter zur Kuramae-dôri. Dieser Weg heißt *otoko-zaka* (Männer-Hangweg), der weniger steile Weg dagegen heißt *onna-zaka* (Frauen-Hangweg).

### Yushima-Tenjin-Schrein

Geht man vom Kanda Myôjin entlang der Kuramae-dôri rund 200 Meter nach Westen und dann 500 Meter in nördlicher Richtung, gelangt man zum zweiten Ziel der Studenten-Wallfahrt, dem Yushima Tenjin. Mehr noch als der Kanda Myôjin ist der Tenjin-Schrein berühmt für seine weißen Pflaumenblüten von Ende Februar bis Mitte März. Dann findet hier auch das **Pflaumenblütenfest** *(ume matsuri)*

Yushima-Tenjin-Schrein

statt. Die ersten Pflaumenbäume wurden bereits Mitte des 14. Jh. gepflanzt, und kein Ort in Tokyo eignet sich besser zum Betrachten dieser Blütenpracht als der Yushima Tenjin.

Bekanntlich finden in dieser Zeit auch die Eintrittsexamen statt, und *Tenjin*, der Gott des Lernens, erhält Tausende von **Wunschtafeln** *(ema)* mit der Bitte um Bestehen. Die *ema* lassen oft die Reihenfolge der Universitäten erkennen, bei denen die Aspiranten sich beworben haben. Der Wunsch nach der *Tôdai* mag vielleicht nicht in Erfüllung gehen, aber dann wenigstens Nr. 2 der Rangfolge ...

**Tenjin** war einst ein Gelehrter der Heian-Zeit mit Namen *Sugawara no Michizane*, der als Folge einer unrechtmäßigen Beschuldigung ins Exil nach Kyûshû mußte und dort bald einsam

starb. Da auf seinen Tod in Kyôto Un-
wetter folgten, glaubte man, daß diese
vom ruhelosen Geist des Verstorbenen verursacht wurden. Daraufhin
machte man ihn zum **Schutzgott des
Lernens** und der Literatur *(tenjin)* und
pflanzte in seine Schreine die von ihm
geliebten Pflaumenbäume.

Rechts vom Schrein steht eine Bühne, auf der Schreintänze und Trom-
melvorführungen dargeboten werden.
Rechts führt die steile Treppe *otoko-zaka*, links die flachere *onna-zaka* hinunter in Richtung U-Bahnstation *Yushima*
(Chiyoda-Linie).

## Das Uni-Viertel

### Tôdai-Universität

Um vom Yushima-Tenjin-Schrein zur
Tôdai und damit ans Ziel studenti-
scher Sehnsüchte zu gelangen, geht
man nach links (Westen) in die Kasu-
ga-dôri, folgt ihr bis zur Kreuzung mit
der Hongô-dôri und geht nach rechts
(Norden), bis man zum **Akamon** (Rotes Tor) kommt. Die Studenten, die in
die Tokyo-Universität, die *Tôdai* oder
*Tokyo Daigaku*, aufgenommen werden möchten, beenden hier, am
Haupteingang zu diesem Gebäude,
üblicherweise ihren Pilgerweg. Akamon ist mehr als nur der Name des Tores, es ist ein Synonym für die Universität als solche.

Sie ist die **staatliche Universität** mit
dem **höchsten Prestige.** Wer hier aufgenommen wird, kann sich seine be-

Tôdai-Universität

rufliche Laufbahn aussuchen: In eines der begehrten Ministerien oder einen der großen Konzerne aufgenommen zu werden oder eine wissenschaftliche Karriere zu beginnen – alles ist möglich. Der Traum fast aller Studenten Japans ist es, nach erfolgreicher Prüfung durch das Rote Tor schreiten zu dürfen.

Das Tor wurde 1828 anläßlich der Einheirat einer Tochter des Shôgun *Tokugawa Ienari* in die Familie *Maeda*, denen das ganze Grundstück einst gehörte, errichtet, daher die weibliche Farbe Rot und die weichen Formen des Tores. Die *Maeda-Daimyôs* waren einst die Herren über die Gegend von Kanazawa und galten als sehr reich.

Geht man den Weg durch die Hauptallee der Universität ein Stück nach Norden, kommt man zur **Yasuda-Halle,** die heute vor allem durch die Studentenunruhen von 1968 bekannt ist, da sich die revoltierenden Studenten dort ein Jahr verschanzt hielten. Nordöstlich davon kann man das Gelände am Yayoi-mon-Tor verlassen.

Rechts davon liegt das **Yayoi Art Museum,** das mit dem **Takehisa Yumeji Art Museum** (700 ¥ Eintritt für beide, Mo geschl.) verbunden ist. *Takehisa* war der berühmteste Zeitschriftenillustrator zu Beginn dieses Jahrhunderts.

Nach links führt der Weg zum **Yayoizaka,** der auf den U-Bahnhof Nezu und den Stadtteil Yanaka zuhält. Am Hang des Yayoi-zaka hatten Studenten bei Ausgrabungen an einem Muschelhügel 1884 Keramiken entdeckt, die aus der Zeit zwischen 300 vor und 300 nach Chr. stammen müssen. Sie unterschieden sich von der bereits be-

kannten Keramik der Jomon-Zeit (10.000 bis 200 v. Chr.), so bekam diese Epoche den Namen Yayoi-Zeit.

## Westlich der Uni

Etwa zwischen Hongô- und Hakusan-dôri erstreckt sich ein Viertel mit vielen alten Häusern und schmalen hügeligen Gassen. Hier lebten mehrere Schriftsteller und Schriftstellerinnen. Am bekanntesten unter ihnen war die bereits mit 24 Jahren an Tuberkulose verstorbene, sehr begabte, erste moderne Schriftstellerin Japans, *Ichiyô Higuchi* (1872-96), die häufig unglückliche Geschichten über gesellschaftlich Benachteiligte schrieb. Angesichts ihres beschwerlichen Lebens konnte sie sich gut mit ihren Heldinnen identifizieren.

Hinter dem **Tempel Hôhin-ji** liegt das private **Ichiyô-Museum** mit Krimskrams der einfachen Leute der Meiji-Zeit (gegenüber Akamon, Eintritt frei, wenn der Abt anwesend ist).

In dem Viertel stand früher der Tempel Honmyô-ji, in dem der Legende nach im Jahre 1657 das Große Feuer von Tokyo (Furisode- bzw. Meireki-Feuer) ausbrach – wegen eines Kimono-Ärmels *(furisode)*, der Feuer gefangen hatte. Es wird jedoch vielfach angenommen, daß das Feuer in Wirklichkeit in einer benachbarten Daimyô-Residenz seinen Ursprung hatte.

## Kôrakuen

### Kôdôkan-Judo-Zentrum

Direkt an der Kreuzung Kasuga- und Hakusan-dôri bei der U-Bahnstation Kôrakuen befindet sich das Mekka der

**Stadtteile**

Judofans, das Kôdôkan. Es ist das Hauptquartier des 1882 von *Jigoro Kano* gegründeten Sports. Übungshallen befinden sich in mehreren Etagen, besonders eindrucksvoll ist die 500 Matten große Halle im 2. Stock. Das **Training** findet täglich von 17 bis 19.30 Uhr statt, eine **Zuschauergalerie** ist im 3. Stock; darunter befinden sich die Hallen für Jugendliche und Frauen.

### Kôrakuen-Vergnügungspark

Der nebenan liegende, 1955 eröffnete Vergnügungspark mit seinen fest installierten **Karussells, Achterbahnen** und anderen Einrichtungen ist wegen seiner günstigen Lage sehr beliebt. Auf der Freilichtbühne finden immer wieder Veranstaltungen statt (U: Kôrakuen, Marunouchi-Linie).

### Tokyo Dome

Die eiförmige Kuppel des *„Big Egg"* überdacht eine Fläche von fast 47.000 m²; sie bietet 56.000 Zuschauern und den Spielern Schutz vor Regen und Kälte. Außerhalb der Baseballsaison dient die Halle anderen Zwecken (5 Min. vom Bahnhof Suidobashi).

Im Erdgeschoß befindet sich seit 1988 das **Baseball-Museum** (*Yakyû Taiiku Hakubutsukan*, 10-17 Uhr, 350 ¥, 1-3-61 Kôraku).

### Koishikawa-Kôrakuen-Garten

Östlich des Tokyo Dome befindet sich der 1629 anglegte Koishikawa Kôrakuen. Ursprünglich gehörte dieser angenehm ruhige, 9.500 m² große Park der Familie *Mito*. Charakteristisch für Gärten der Edozeit sind die verkleinerten und stilisierten **Nachbildungen berühmter Landschaften** Japans und Chinas mit künstlich angelegten Teichen und Hügeln, ja sogar symbolischen Reisfeldern. Dieser Park gilt als einer der schönsten traditionellen Gärten Tokyos.

Eine Wegbeschreibung auf Englisch für den ca. halbstündigen Rundgang ist am Eingang erhältlich (9-16.30 Uhr, 100 ¥, 1-6-6 Kôraku, Tel. 3811-3015).

## Nördlich von Hongô

### Botanischer Garten Koishikawa

Dieser nordwestlich von Hongô gelegene Garten ist mit der U-Bahn zu erreichen. Er liegt zwischen der U-Bahnstation Hakusan der Tôei-Mita-Linie und der Station Myôgadani der Marunouchi-Linie. Man geht von Hakusan etwa 600 m vom Ausgang A1 das Sträßchen Rengeji-zaka empor, an der Hakusan-Kirche vorbei, den Goten-zaka hinab und nach rechts um die Ecke zum Eingang in den Botanischen Garten.

Ursprünglich – zu Zeiten des Shôgunats – diente der über 160.000 m² große Garten *Koishikawa Shokubutsuen* dem Anbau von Heilpflanzen, von denen hier immer noch über hundert Arten zu finden sind. Heute kann man in diesem der Tôdai-Universität angeschlossenen Garten **2900 Pflanzenarten** sehen.

Im japanischen Teil ist der Garten so angelegt, daß er in jeder Jahreszeit seine besonderen Reize entfaltet. **Tropische Pflanzen** wachsen in einem Gewächshaus. Attraktionen sind der Ableger von *Newtons* Apfelbaum, unter dem er seine Theorie der Schwerkraft entwickelt haben soll, und einige der Trauben, mit denen *Gregor Mendel* seine Vererbungsexperimente durchgeführt hat.

Es gibt eine englischsprachige Karte für 100 ¥, entweder am Eingang oder an einem dahinter liegenden Kiosk.

### Rikugi-en-Park

Noch weiter nördlich liegt ein weiterer berühmter und sehenswerter Park, der Rikugi-en. Der viereckige, 8,6 ha große Garten gilt als einer der schönsten Tokyos. Er wurde von *Yoshiyasu Yanagisawa*, dem Kammerherrn des 5. Shôguns *Tsunayoshi*, Anfang des 18. Jahrhunderts angelegt. Seine **Landschaftsszenen** illustrieren klassische chinesische Gedichte. Wege führen durch den dicht von Bäumen bestandenen Park, und es gibt einige künstliche Hügel, Wasserläufe sowie einen **See** in der Mitte.

Der Name *Rikugi* bedeutet „sechs Regeln" und bezieht sich auf klassische Regeln der chinesischen Dichtkunst, wie sie von *Konfuzius* aufgestellt worden waren. Einst wurden in diesem Park 88 damals berühmte Szenen nachgebildet. Dennoch wirkt der Park – dies ist die Kunst vieler japanischer Gärten – ganz natürlich.

Am Eingang gibt es ein Faltblatt in englischer Sprache mit kurzer Erklärung der Einzelheiten. (7 Min. vom JR-Bahnhof Komagome, etwas weiter vom U- bzw. JR-Bahnhof Sugamo und dem U-Bahnhof Sengoku der Toei-Mita-Line).

### Sugamo – das Einkaufsviertel der Senioren

Was die Takeshita-dori bei Harajuku für Teenager ist, das ist eine Einkaufsstraße in Sugamo für alte Leute. Sie führt vom Bahnhof Sugamo in nordwestlicher Richtung entlang der alten Ausfallstraße Kyu-Nakasendô an den Tempeln Shinsho-ji und Togenuki-Jizô vorbei. Die am Eingangstor erkenntliche Einkaufsstraße führt alles, was alte Leute benötigen oder zu brauchen glauben: besondere Kleidungsstücke und vor allem der Gesundheit und dem langen Leben förderliche Nahrungs- und andere Mittel.

Den **Togenuki-Jizô-Tempel** suchen die Alten und Gebrechlichen vor allem an den Tagen mit „4" (= *shi*, Tod) auf, also am 4., 14. und 24. eines jeden Monats, und bürsten eine Figur im Hof an den Stellen des Körpers, wo sie für sich selbst Besserung oder Linderung erhoffen.

## Einkaufen

● **Kikuya-Shamisen-ten,** *shamisen,* japanische Saiteninstrumente ab 55.000 ¥. 9-19.30 Uhr, So/F geschl., 3-45-11 Yushima (U: Yushima), Tel. 3831-4733.

## Essen

● **Kizushi,** ¥¥¥, neben dem Aka-mon-Tor. Spitzen-Sushi, wenn man ein paar Tage im voraus bestellt und pro Person 7000-8000 ¥ auszugeben bereit ist. 11.30-14 Uhr, 17-21.30 Uhr, So geschl., 6-17-2 Hongô (U: Hongô-sanchôme), Tel. 3811-5934.
● **Toriei,** ¥¥, Nabe-Lokal (Eintopf), köstlicher *tori-nabe* (Huhneintopf), 5000 ¥. 17-

19.30 Uhr, So u. F geschl., 1-2-1 Ikenohata (U: Yushima, Chiyoda-Linie), Tel. 3831-5009.
●**Goemon,** ¥¥, eines der besten Tofu-Lokale in Tokyo, schönes Haus und reizvoller Garten, Menüs ca. 5000-7000 ¥. 17-20 Uhr, So u. F 15-18 Uhr, Mo geschl., 1-1-26 Hon-Komagome (U: Hakusan, Toei-Mita-Linie), Tel. 3811-2015.

## Unterkunft

●**Kôrakuen Kaikan,** ¥, ab 7000 ¥. 1 Koraku (Kôrakuen), Tel. 3815-8171.
●**Ikenohata Bunka Center,** ¥, 33 Zimmer, ab 7000 ¥, 1-3-45 Ikenohata (Yushima), Tel. 3822-0151, Fax -0165.
●**Ochanomizu Inn,** ¥/¥¥, 105 Zimmer, ab 8000 ¥. 1-3-7 Yushima (Ochanomizu), Tel. 3813-8211, Fax -9730.
●**Tokyo Green Hotel Kôrakuen,** ¥/¥¥, 133 Zimmer, ab 9000 ¥. 1-1-3 Koraku (JR Suidobashi), Tel. 3816-4161, Fax 3818-2406.
●**Hotel Satô,** ¥/¥¥, 82 Zimmer, ab 8000 ¥. 1-4-4 Hongo (JR Suidobashi), Tel. 3815-1133, Fax -1139.
●**Hotel Daiei,** ¥/¥¥, 80 Zimmer, ab 9000 ¥. 1-15-8 Koishikawa (U: Kasuga, Mita-Linie, 3 Min.), Tel. 3813-6271, Fax -6370.
●**Suidobashi Grand Hotel,** ¥/¥¥, 217 Zimmer, ab 8000 ¥. 1-33-2 Hongo (JR Suidobashi), Tel. 3816-2101, Fax -2332.
●**Tokyo Garden Palace,** ¥¥, 213 Zimmer, ab 9000 ¥. 1-7-5 Yushima (Ochanomizu), Tel. 3813-6211, Fax -6060.
●**Satellite Hotel Kôrakuen,** ¥¥, 251 Zimmer, ab 10.000 ¥, nahe Kôrakuen-Garten. 1-3-3 Kasuga (U: Kôrakuen), Tel. 3814-0202, Fax -5410.

### Jugendherberge

●**Tokyo Kokusai/International Youth Hostel,** 138 Betten F18, 1-1 Kaguragashi (Iidabashi), Tel. 3235-1107.

### In Sugamo

●**Mentels Sugamo,** ¥/¥¥, ab 8000 ¥, 51 Zimmer 1-12-3 Sugamo (JR: Sugamo), Tel. 3947-7411, Fax 3945-4596.

# Das Studentenviertel und Einkaufszentrum für Elektronik:
# Kanda (Chiyoda-ku)

Das nördlich des Tokyo-Bahnhofs gelegene Stadtviertel Kanda besteht eigentlich aus zwei Teilen mit ganz verschiedenem Charakter: Das zwischen den Bahnhöfen **Kanda und Ochanomizu** gelegene Gebiet ist ein **Stadtteil der Studenten,** mit unzähligen Secondhand-Buchläden und Verlagshäusern sowie Sportkaufhäusern und Geschäften für Musikinstrumente, besonders in der Umgebung des U-Bahnhofs Jimbôchô.

Das Gebiet um den **Bahnhof Akihabara** ist das Paradies der Elektro(nik)-Freaks, wo alle Neuheiten zuerst vermarktet werden und wo ausnahmsweise gehandelt werden darf.

Früher lebten in Kanda einfache Handwerker und Gemüsehändler. Dieses Stadtviertel gilt als die Urheimat der *Edokko*, der Kinder Edos, die es nie verstanden, Geld lange bei sich zu behalten. Die Badehäuser des Viertels wurden gern von den örtlichen Gangstern besucht, und die Frauen dort waren nicht zimperlich.

In der Meiji-Ära ließen sich hier jedoch zunehmend Intellektuelle nieder. Dank der Universitäten gibt es hier, genaugenommen in **Jimbôchô,** jede Menge **Antiquariate und Buchhandlungen.** Auch Freunde von Holzschnitten finden reichlich Auswahl, wenn auch die Preise mit der Zeit gehen.

Die meisten **Verlagshäuser** haben hier ihren Sitz. Neben Buchläden wimmelt es von **Sporthäusern** und **Musikgeschäften.**

## Rundgang

Wenn man am JR- oder U-Bahnhof Kanda aussteigt, ist man noch ein Stück von den Attraktionen entfernt, deretwegen man wohl hergekommen ist und die man mit Kanda verbindet. Die Station Ochanomizu ist eigentlich der bessere Ausgangspunkt für einen Besuch des Viertels.

Um vom **Bahnhof Kanda** ins Zentrum von Kanda zu gelangen, geht man zunächst in nördlicher Richtung die Chûô-dôri entlang, die von Nihombashi nach Ueno führt. Im Bahnhofsbereich kann man der ältesten **unterirdischen Einkaufspassage** Tokyos aus dem Jahre 1932 einen Besuch abstatten.

Die Chûô-dôri entlanggehend erreicht man nach etwa 300 m nach Überqueren der Yasukuni-dôri die **Mansei-bashi-Brücke,** hinter der das Elektronik-Viertel von Akihabara beginnt. Diese Brücke über den in der Edo-Zeit künstlich gegrabenen Kanda-Fluß bot früher einen Zugang zum Palast, denn der Fluß war zugleich äußerer Graben des riesigen Palastbezirks.

### Elektronikgeschäfte

In der Nähe des **Bahnhofs Akihabara** (ursprünglich: *Akiba-ga-hara* = Feld des Akiba-Tempels) konzentrieren sich jede Menge Geschäfte mit den neuesten Angeboten an **Unterhaltungs- und Haushaltselektrik** und -elektro-

nik. Das Gebiet erstreckt sich grob zwischen der Mansei-bashi-Brücke im Süden und der Kreuzung bei der U-Bahnstation Suehirochô (Ginza-Linie) im Norden, hauptsächlich entlang der Chûô-dôri.

Auch wenn man nichts kaufen will (viele Geräte sind ohnehin nur für den heimischen Markt bestimmt), ist ein Blick in diese laute Glitzerwelt doch lohnend. Die Preise allerdings sind in Hongkong und anderswo, auch wegen des starken Yen, meist niedriger, und die dominierenden Firmen von Akihabara, z.B. *Yanagiwa* oder *Laox*, sorgen dafür, daß die Preise nicht zu tief sinken.

Eine solche geballte Masse und Vielfalt an Elektronik findet man sonst wohl nirgends auf der Welt. Es gibt Läden für jede Art von Elektronik-Bauteilen, für **elektronische Musikinstrumente, Computer** oder **Haushaltsgeräte.** Im Basar unter den Gleisen liegen die Preise um 10-15 % niedriger als bei neuen Angeboten; ältere Modelle gibt es teilweise zum halben Preis. Manche Läden bieten Exportmodelle an (z.B. die *Yanagiwa-* und *Laox*-Filialen), die aber preislich wenig attraktiv sind. Am Wochenende herrscht ein riesiges Gedränge, daher empfiehlt es sich, unter der Woche hinzugehen.

*Yanagiwa* und *Ishimaru Denki* bieten vor allem Haushaltselektronik an, *Hirose Musen* verkauft in erster Linie **Fernseher und Videogeräte. Audiogeräte** gibt es z.B. bei *Laox, Dynamic Audio* und *Minami,* **Computer** u.a. bei *Asami,* ferngesteuerte **Modelle** bei

★1
Kōraku
Suidōbashi Ⓤ
2●
★3
BUNKYŌ-KU
Hongō

Suidōbashi Station

Sotobori Dōri
Kanda-gawa

●4
Misakichō
★8
●7

Ⓗ6
●5
●9

Hakusan Dōri

Nishi-Kanda
Sarugakuchō
Kanda-Surugadai
●11

Ⓗ10
12●

Kanda-Jimbōchō (2)
★13

*BUCHHANDLUNGEN*
Ⓗ15

Yasukuni Dōri
Jimbōchō Ⓤ
14 Ⓗ

Ⓤ Kudanshita
16★
Ⓤ Jimbōchō
SPOR

Kanda-Jimbōchō (3)
CHIYODA-KU

Shuto Expressway No.5
Hitotsubashi

KITANOMARU-PARK
Kanda-Nishikich

Ⓜ17

Ⓜ18
Expressway Loop Line

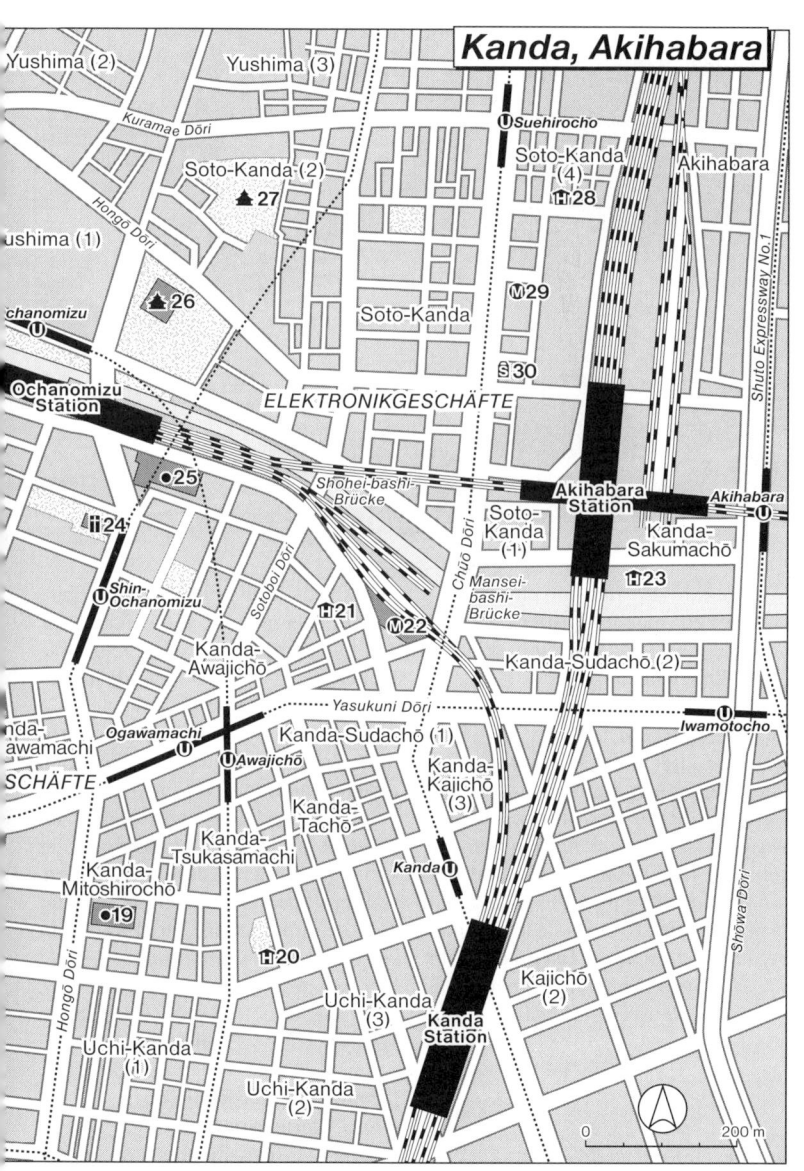

Kanda, Akihabara

Stadtteile

*New Kakuta X1*, um nur einige Vorschläge zu machen. Aber letztlich
braucht man viel Zeit zum gründli-
chen Vergleichen.

### Verkehrsmuseum

Neben der Mansei-bashi-Brücke
stand früher ein Bahnhof, in dessen
Gebäude heute das **Transportation
Museum** *(Kôtsû-Hakubutsukan)* untergebracht ist. Dieses Museum ist besonders für Eisenbahn-Fans interessant. Da steht z.B. die erste in Japan in
Betrieb genommene **Eisenbahn,** die
auf der Strecke Shimbashi–Yokohama
verkehrte, weiterhin ein Salonwagen,

den Kaiser *Meiji* benutzte, eine Shin-
kansen-Lokomotive ohne Verkleidung.
Am beliebtesten ist der Dampflok-
Simulator. Es gibt auch Modelleisen-
bahn-Anlagen.

Der erste Stock behandelt **Autos
und Schiffe,** man findet hier den
ersten Stadtbus und eine Kopie des
ersten Benzinautos von Benz. Im
2. Stock geht es um **Flugzeuge,** hier
kann man sich Filme anschauen,
während man in Flugzeugsesseln der
*JAL* sitzt. Im obersten Stockwerk gibt
es eine **Spezialbibliothek** (9.30-17
Uhr, Mo geschl., August und 26.3-6.4.
täglich geöffnet, 260 ¥, 1-25 Kanda
Suda-chô, Tel. 3251-8481).

### Lokale in Kanda-Awajichô

Das Viertel Kanda-Awajichô westlich des Museums eignet sich beson-

Paradies für Computerfreaks

ders zum **Lokal-Bummel.** Bekannt und fast immer voll sind zwei über hundert Jahre alte **Nudel-Lokale:** *Matsuya*, das nur hundert Meter südlich des Verkehrsmuseums an der Yasukuni-dôri liegt, und *Yabu-Soba* südlich des Kanda-Postamts. Wer einmal *sukiyaki* mit Hühnerfleisch *(tori-suki)* essen möchte, wird vom Lokal *Botan*, das etwa in der Mitte zwischen den beiden Nudel-Lokalen liegt, sehr angetan sein. Rechts um die Ecke vom *Matsuya* kommt man zur *Ômiya Bakery*, wo man an der Kasse für eine Plastiktasse bezahlt und sich dann soviel Kaffee, Milch oder Orangensaft nimmt, wie man möchte – an einem heißen Tag eine angenehme Erfrischung (So geschl.).

## Nikolai-Kathedrale

An der nächsten größeren Kreuzung (Yasukuni-/Sotobori-dôri) liegen die U-Bahnhöfe Ogawamachi (Shinjuku-Linie) und Awajichô (Marunouchi-Linie). Geht man nach Norden, kommt man zur **Shôhei-bashi-Brücke,** die Anfang des 17. Jh. erbaut wurde. Hält man sich vor der Brücke links und biegt in die Hongô-dôri ein, gelangt man zur orthodoxen Nikolai-Kathedrale. Diese **russisch-orthodoxe Backsteinkirche** mit einer 38 Meter hohen grünen Kuppel wurde 1891 im Auftrag des russischen Erzbischofs *Nikolai Kasatkin* erbaut. Die von dem in Japan sehr aktiven britischen Architekten und Stadtplaner *Josiah Conder* entworfene Kirche ist das größte und schönste Bauwerk im byzantinischen Stil in Japan (So 10-12.30, Di-Sa 13-16 Uhr).

| | | |
|---|---|---|
| ★ | 1 | Yellow Building/ Ice Palace |
| ● | 2 | Sporthalle Kôrakuen |
| ★ | 3 | Hôshô Nô Theater |
| ● | 4 | Medizinische Hochschule |
| ● | 5 | Nihon-Universität |
| 🏠 | 6 | Green Hotel Suidobashi |
| ● | 7 | Athénée Français |
| ★ | 8 | Maison Franco-Japonaise (Nichi-Futsu Kaikan) |
| ● | 9 | YMCA Asia Shonen Center |
| 🏠 | 10 | Hilltop Hotel |
| ● | 11 | Meiji-Universität |
| ● | 12 | YWCA |
| ★ | 13 | Casals Hall (Konzertsaal) |
| 🏠 | 14 | Tokyo Family Hotel |
| 🏠 | 15 | New Surugadai Hotel |
| ★ | 16 | Iwanami Hall |
| Ⓜ | 17 | Science Museum |
| Ⓜ | 18 | Tokyo National Museum of Modern Art |
| ● | 19 | YMCA |
| 🏠 | 20 | Grand Central Hotel |
| 🏠 | 21 | Hotel New Kanda |
| Ⓜ | 22 | Verkehrsmuseum |
| 🏠 | 23 | Akihabara Washington Hotel |
| ii | 24 | Nikolai-Kathedrale |
| ● | 25 | Hitachi |
| ♣ | 26 | Yushima-Schrein (Yushima Seidô) |
| ♣ | 27 | Kanda Myôjin |
| 🏠 | 28 | Silver Inn |
| Ⓜ | 29 | Minami Art Museum |
| Ⓢ | 30 | Yamagiwa |

Stadtteile

## Sportgeschäfte

Geht man die Hongô-dôri weiter nach Süden bis zur Kreuzung mit der Yasukuni-dôri, finden sich rechter Hand auf beiden Seiten der Straße zahlreiche Sporthäuser, z.B. *Minami*, das auf Berg- und Skiausrüstung spezialisiert ist. Auch Musikläden, Reisebüros und andere auf die Bedürfnisse von Studenten eingerichtete Geschäfte sind vorhanden.

## Museen

Biegt man von der Yasukuni-dôri an der nächsten größeren Kreuzung rechts (nach Norden) ab, erreicht man nach ca. 200 m die *Meiji-Daigaku-Universität.* Im Gebäude *Daigaku Kaikan* befinden sich zwei Museen.

Das *Archäologische Museum (Kô-kogaku Hakubutsukan)* zeigt sehenswerte Keramikgefäße sowie Figuren der Jômon-Periode und Haniwa-Figuren der Kofun-Periode (10-17 Uhr, August/September 10.30-15.30 Uhr, So geschl., im 4. Stock).

Im *Kriminalmuseum (Keiji Hakubutsukan)* kann man u.a. Folterwerkzeuge und Hinrichtungsgeräte aus Japan und von anderswo betrachten (10-16.30 Uhr, im Sommer Mo-Fr 10-16 Uhr, So geschl., im 2. Stock).

## Die Bücherstadt von Kanda

Südlich der Yasukuni-dôri liegt das 8stöckige Gebäude des großen Verlages *Sanseidô.* Hier beginnt die Bücherstadt, das Hauptziel für Leseratten. Die Geschäfte liegen sowohl entlang der Yasukuni-dôri als auch in den Parallelstraßen, vor allem der kleinen Straße zwischen Yasukuni- und Suzuran-dôri. 60 % aller *Verlage* in Japan haben ihren Sitz in Kanda.

In der Umgebung der U-Bahnstation Jimbôchô befinden sich Dutzende von Buchläden *(shobô shoten)*, aber auch große, moderne *Bücherpaläste.* Liebhaber zieht es vor allem in *Antiquariate* und Secondhand-Buchläden. Es gibt eine ganze Reihe von Läden mit *nichtjapanischer*, meist natürlich englischsprachiger *Literatur*, z.B. *Kitazawa Bookstore* (sehr elegant), *Tuttle Books* oder auch *Sanseidô-Bookshop.*

In den Secondhand-Läden gibt es zahlreiche Angebote an Fachbüchern aller Richtungen bis hin zu billigen Taschenbüchern in vielen Sprachen. Es gibt Läden, die sich auf Kunstbücher spezialisieren wie *Matsumura*, oder auf Kabuki und darstellende Künste wie *Toyoda Shobô*, auf Kalligraphie wie *Iijima-shoten*, auf China-Literatur wie *Uchiyama* oder *Toho Shoten.*

Bekannt ist das Viertel auch für einige Läden, in denen *Holzschnitte (Ukyio-e)* verkauft werden, z.B. *Hara-shobô* und *Ohya-shobô*, wo man auch alte Bücher bekommt, die schwarz-weiße Holzschnitte enthalten. Auch wenn die Preise für Holzschnitte sehr angezogen haben, sind sie dort noch immer weitaus preiswerter als in Europa. Und die Auswahl ist riesig.

Am letzten Samstag im August gibt es eine Art *Flohmarkt*, wenn alle Geschäfte vor ihren Läden Stände mit Sonderangeboten aufbauen.

Ein Bummel durch Kandas Bücherstadt ist natürlich bei aller Begeiste-

Karte Seite 306 **KANDA** 311

rung auf die Dauer anstrengend, aber es gibt viele auf Studenten eingerichtete **Lokale,** in denen man sich erholen kann, wie das Curry-Lokal *Kare Chateau,* das Thai-Lokal *Menam-no-hotori* und Cafés wie *Renoir* oder das winzige *Candle,* um nur ein paar zu nennen, auf die man vielleicht zufällig stößt.

Erwähnenswert ist noch die **Iwanami-Hall,** in deren Kino vor allem künstlerisch interessante Filme aus Japan und dem Ausland gezeigt werden.

## Einkaufen

### Bücher

●**Kitazawa Shoten,** meist englischsprachige Secondhand-Bücher, aber auch deutsche Titel vorhanden. 2-5-3 Kanda Jimbôchô (U: Jimbôchô), Tel. 3263-0011.

●**Sanseidô Bookshop,** fremdsprachige Bücher und Zeitschriften, besonders gut für grafische Künste. 10-19 Uhr, Di geschl., Sanseidô-Gebäude 5F (U: Jimbôchô Ausg. A5, A7), Tel. 3293-8119.

●**Tuttle Kanda Store,** vor allem Tuttle Books, aber auch andere Bücher. 1-3 Kanda Jimbôchô (U: Jimbôchô), Tel. 3291-7071.

●**Wonderland,** große Auswahl an Zeitschriften und Taschenbüchern. 1-9 Kanda Jimbôchô (U: Jimbôchô), Tel. 3233-2507.

### Antiquitäten und Kunsthandwerk

●**Tokyo Old Folk Craft & Antique Center,** ein Einkaufszentrum für Kunsthandwerk und Antiquitäten mit über 50 Händlern und großer Auswahl, recht preiswert. 10-19 Uhr, 1-23-1 Jimbôchô (U: Jimbôchô), Tel. 3295-7112.

●**Hara Shobô,** bekannt für große Sammlung von Holzschnitten. 2-3 Kanda (U: Jimbôchô).

●**O (h)ya Shobô,** bei Freunden alter Bücher und Holzschnitte bekannt, ein kleiner, bis zur Decke mit Schätzen für Sammler beladener, urjapanischer Buchladen, doch alles hat seinen Preis. 10-18.30, So geschl., 1-1 Kanda (U: Jimbôchô), Tel. 3291-0062.

●**Wanya Shoten,** spezialisiert auf Nô. 9.30-17.30 Uhr, So u. F geschl., 3-9 Jimbôchô (U: Jimbôchô), Tel. 3263-6771.

●**Kasachô,** Laternen ab 2500 ¥. 9-18 Uhr, So u. F geschl., 2-4 Kanda-Tachô (Kanda), Tel. 3256-7007.

●**Gyokusendô,** Pinsel für *sumi-e* und *shodo,* Zubehör für Kalligraphie und Bücher. 9-19 Uhr, So u. F geschl., 3-3 Jimbôchô (U: Jimbôchô), Tel. 3264-3741.

## Essen

●**Aikawa,** ¥, traditionelles Lokal, wo es gute japanische Menü-Sets *(teishoku)* gibt, Lunch-Sets ab 1000 ¥, empfehlenswert ist das mit Fisch (sakana teishoku); schräg gegenüber *Yabu-Soba,* im Tiefgeschoß des *Royal Building,* Kanda-Awajichô.

●**Hisago,** ¥/¥¥, rustikal, populär bei Studenten. 11.30-14 und 17.30-22 Uhr, 1. Sa/So geschl., 3-2 Ogawa-machi (U: Ogawa-machi/Awajichô, Marunouchi-Linie), Tel. 3294-0141.

●**Isegen,** ¥¥, Spezialität ist *anko-nabe,* ein Eintopf mit Anglerfisch, dessen Fleisch weiß und weich ist; man ißt dieses Gericht in den kälteren Monaten von September bis April. 11.30-14 und 16-21 Uhr, So geschl., 1-11-1 Sudachô (U: Shin-Ochanomizu, Chiyoda-Linie), Tel. 3251-1229.

### Sushi

●**Tochigi-ya,** ¥, 1 Stück ab 50 ¥, eine Portion ab 600 ¥. 23.30-1 Uhr, F 12-24 Uhr, So geschl., 2-6 Kanda-Surugadai (U: Ochanomizu), Tel. 3291-9426.

●**Kandagawa Honten,** ¥¥, freundliche Atmosphäre, sehr gute Aalgerichte, *una-ju* (Aal auf Reis) ab 2500 ¥. 11.20-14 und 17-19.30 Uhr, So geschl., 2-5-11 Soto-Kanda (U: Suehirochô, Ginza-Linie), Tel. 3251-5031.

### Sukiyaki, Shabu-shabu

●**Botan,** ¥¥, berühmt für *sukiyaki torisuki,* in kleinen separaten Räumen über Holzkohle gegart; komplettes Menü 6000 ¥, es gibt nur dieses eine, aber sehr lohnende Menü. 12-

20 Uhr, So u. F geschl., 1-15 Sudachô, Kanda (U: Shin-Ochanomizu, Ogawa-machi, Chiyoda-Linie), Tel. 3251-0577.

## Tempura

● *Imo-ya,* ¥, sehr preiswertes *tempura,* beliebt bei Studenten, Lunch-Set 550 ¥. 11-20 Uhr, So und F geschl., 1-4 Kanda-Jimbôchô (U: Jimbôchô, Ausg. A4), Tel. 3292-0509.

● *Tenmasa,* ¥/¥¥, Lunch ca. 1000 ¥, schöne Räume. 2-6-8 Sarugakuchô (Ochanomizu), Tel. 3291-4480.

## Tonkatsu

● *Tonkatsu Imo-ya,* ¥, sehr preiswerte Schnitzel für 600 ¥, beliebt bei Studenten. 11-20 Uhr, So meist geschl., 2-48 Kanda Jimbochô (U: Jimbôchô), Tel. 3265-0922.

## Soba und Udon

● *Yabu Soba,* ¥/¥¥, berühmtes, hundert Jahre altes Lokal für Soba-Nudeln nach Edo-Art, Gerichte ab ca. 600 ¥, kleine Portionen. Beliebt ist *seiro* – kalte Nudeln auf viereckigem Bambusrost mit Soße. Erster Laden einer größeren Kette, altes Haus mit schönem Garten 11.30-19 Uhr, Mo geschl., 2-10 Kanda-Awajicho (U: Shin-Ochanomizu, Ogawaramachi), Tel. 3251-0287.

● *Matsuya,* ¥, hundert Jahre altes Nudel-Lokal, Gerichte ab ca. 500 ¥; im Sommer sind u.a. *mori soba* und *goma soba* (Sesam) beliebt und im Winter *kare namban.* So geschl., 1-13 Kanda Suda-chô (U: Awajichô, Ogawamachi), Tel. 3251-1556.

● *Izumu-Soba-Honke,* ¥/¥¥, attraktives Hauptgeschäft der Izumo-Kette. 1-51 Kanda-Jimbôchô (U: Jimbôchô), Tel. 3291-3005.

## Russisch

● *Balalaika,* ¥¥, russische Küche mit großer Auswahl. 1-63 Kanda-Jimbôchô (U: Jimbôchô), Tel. 3291-6737/8363.

## Nordamerikanisch

● *Winds,* ¥¥, kalifornische Küche, gutes Seafood, angenehme Atmosphäre auf mit Bambus umstandener Terrasse. 1-7-4 Kanda (Ochanomizu), Tel. 3219-0633.

## Cafés und Teehäuser

● *Amanoya,* traditionelles Teehaus, seit 1847. 9.30-17.30 Uhr, So geschl., 2-18-15 Soto-Kanda (Ochanomizu), Tel. 3251-7911.

● *Rihaku,* nettes Café mit alter Keramik und Barockmusik, benannt nach dem chinesischen Dichter *Li Po.* 10-20 Uhr, So geschl. 2-24-Jimbôchô (U: Jimbôchô), Tel. 3264-6292.

● *Takemura,* traditionelles Teehaus in altem Haus. 11-20 Uhr, So geschl.,1-19 Sudachô (U: Ogawamachi/Awajichô), Tel. 3251-2328.

## Bar

● *Brussels,* beliebte Bierbar mit großer Auswahl an europäischen Bieren, freundliche Atmosphäre, ab 1500 ¥. Mo-Fr 17.30-2 Uhr, Sa bis 23 Uhr, So geschl., 3-16-1 Kanda Ogawamachi (U: Jimbôchô, Ausg. A5), Tel. 3233-4247.

## Unterkunft

### Nähe Bahnhof Kanda

●*Central Hotel,* ¥/¥¥, 124 Zimmer, ab 8500 ¥, 3-17-9 Uchi-Kanda, Tel. 3256-6251, Fax -6250.

●*Kanda Station Hotel,* 93 Zimmer, ab 9000 ¥. 1-4-3 Kajichô, Tel. 3256-3221, Fax -4862.

●*Sun Hotel Kanda,* ¥/¥¥, 183 Zimmer, ab 8500 ¥. 2-8-4 Uchi-Kanda, Tel. 3256-8181, Fax 3254-7766.

●*Hotel Olympic Inn Kanda,* ¥/¥¥, 70 Zimmer, ab 10.000 ¥, 30-1 Kanda-Toyamachô, 5256-5050, Fax -9455.

●*Grand Central Hotel,* ¥¥, 160 Zimmer, ab 10.000 ¥, günstige Lage zu den Bahnhöfen Kanda und Tokyo. 2-2-2 Kanda Tsukasachô, Tel. 3256-3211, Fax -3210.

### Nähe Bahnhöfe Ochanomizu und Akihabara

●*Tokyo Family Hotel,* ¥/¥¥, 40 Zimmer, ab 8000 ¥. 3-24 Kanda-Ogawamachi (U: Ochanomizu; Ogawamachi), Tel. 3293-3001, Fax -3005.

●*Tokyo Green Hotel Awajichô,* ¥/¥¥, 206 Zimmer, ab 9000 ¥. 2-6 Kanda-Awajichô (U: Awajichô), Tel. 3255-4161, Fax -4962.

●*Hilltop (Yamanoue),* ¥¥, 75 Zimmer, ab 15.000 ¥, sehr angenehm, beliebt bei Künstlern und Schriftstellern, gutes Essen, guter Service. 1-1 Kanda-Surugadai (Ochanomizu), Tel. 3293-2311, 3233-4567.

●*Hotel New Kanda,* ¥¥, ruhige Lage, nahe Akihabara, 142 Zimmer, ab 12.000 ¥. 2-10 Kanda Awaji-chô (JR: Ochanomizu; U: Awajichô), Tel. 3258-3911 Fax -3902.

●*New Surugadai Hotel,* ¥/¥¥, 54 Zimmer, ab 8000 ¥, 3-14 Kanda-Ogawamachi (Ochanomizu), Tel. 3291-0841.

●*Tokyo YMCA Hotel,* ¥¥, recht neu, 40 Zimmer, ab 10.000 ¥. 7 Kanda-Mitoshirochô (U: Awajichô), Tel. 3293-1911.

●*Ryumeikan,* ¥¥, Ryokan, 3-4 Kanda-Surugadai (U: Shin-Ochanomizu), Tel. 3251-1135.

●*Silver Inn,* ¥/¥¥, 32 Zimmer, ab 8000 ¥. 4-9-5 Soto-Kanda (U: Suehirochô; Akihabara), Tel. 3251-2791.

●*Akihabara Washington Hotel,* ¥¥, 312 Zimmer, ab 10.000 ¥. 1-8-3 Kanda-Sakumachô (Akihabara), Tel. 3255-3311, Fax -7343.

●*Hotel Friend,* ¥/¥¥, 104 Zimmer, ab 8000 ¥. 3-37 Kanda-Sakumachô (Akihabara), Tel. 3866-2244, Fax 5687-1098.

### Nähe Bahnhof Suidobashi

●*Hotel Tokyo Green Hotel Suidobashi,* ¥¥, 314 Zimmer, ab 10.000 ¥. 1-1-16 Misakichô (Suidobashi), Tel. 3295-4161, Fax 3295-8764.

●*YMCA Asia Seishonen Center,* ¥/¥¥, ab 7500 ¥. 2-5-5 Sarugakuchô (Suidobashi), Tel. 3233-0631, Fax -0633.

# Das Downtown-Viertel am Sumida-Fluß:

## Asakusa (Taitô-ku)

Asakusa hat seinen „Downtown-Charakter" (*shita-machi* = Unterstadt) besser bewahren können als andere Stadtviertel. Das macht den besonderen Reiz aus. Hier gibt es noch **traditionelle Handwerkerviertel** und manche Gasthäuser, die sich seit der **Edo-Zeit** fast nicht verändert haben. Zwar ist der Stadtteil im 2. Weltkrieg nicht besser weggekommen als andere, aber in den ehemaligen Downtown-Bezirken wie Ginza und Nihombashi wurde der Wiederaufbau bevorzugt und in Vierteln wie Asakusa eher vernachlässigt – was jedoch nicht für den Komplex des berühmten **Kannon-Tempels** gilt, der bereits im 7. Jh. gegründet worden sein soll.

Dieser Tempel, genaugenommen heißt er *Sensô-ji*, ist der Hauptgrund für die Existenz dieses Stadtviertels und seines besonderen Charakters.

*Stadtteile*

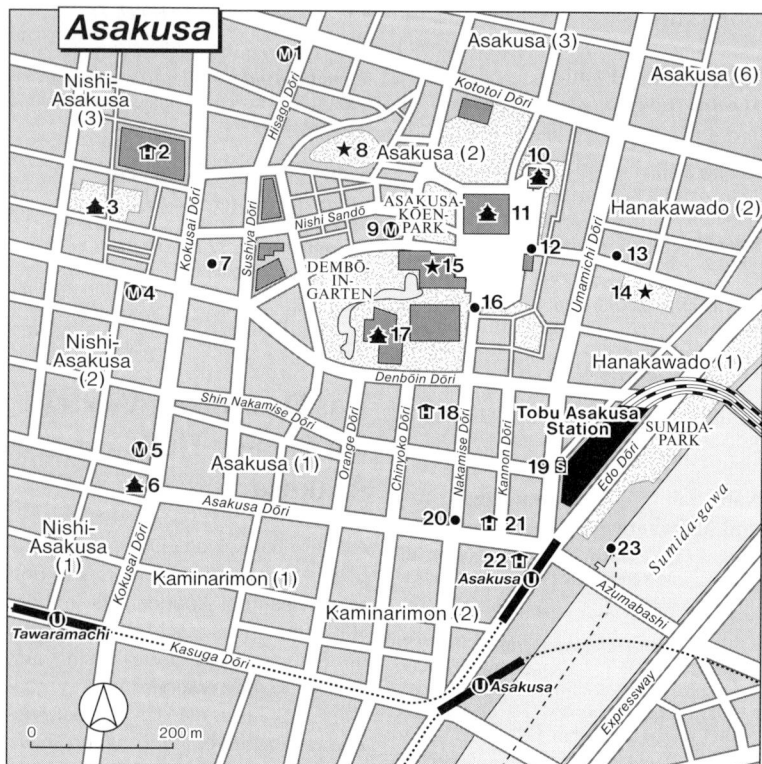

| ⓜ | 1 | Taitô Traditional Crafts Museum | ● | 13 | Tokyo Trade Center |
|---|---|---|---|---|---|
| 🏨 | 2 | Asakusa View Hotel | ★ | 14 | Hanakawado-Park |
| ♠ | 3 | Tempel Tengaku-in und Nichirin-ji | ★ | 15 | Pagode |
| ⓜ | 4 | Kunsthandwerk-Museum | ● | 16 | Hōzō-mon-Tor |
| ⓜ | 5 | Trommelmuseum | ♠ | 17 | Denbô-in |
| ♠ | 6 | Higashi-Honganji-Tempel | 🏨 | 18 | Ryokan Mikawa  Bekkan |
| ● | 7 | Rock-za Kaikan | Ⓢ | 19 | Matsuya-Kaufhaus |
| ★ | 8 | Hanayashiki-Vergnügungspark | ● | 20 | Kaminarimon-Tor |
| ⓜ | 9 | Asakusa Museum | 🏨 | 21 | Asakusa Plaza |
| ♠ | 10 | Asakusa-Jinja-Schrein | 🏨 | 22 | Kawase |
| ♠ | 11 | Kannon-dô | ● | 23 | Wasserbus-Station |
| ● | 12 | Niten-mon-Tor | | | |

Hier gab es wegen der Besuchermengen stets Vergnügungsangebote, und hierher wurde auch das berühmte Yoshiwara-Viertel verlegt, nachdem es das Shôgunat aus Ningyôchô verbannt hatte. Dieses Amüsierviertel mit seinen Theatern, Lokalen und Freudenhäusern war wohl der wahre Grund für die Popularität von Asakusa, hat mit der Modernisierung des Landes jedoch viel an Reiz eingebüßt. Es gehörte zur Edo- aber nicht mehr in die Tokyo-Zeit. Bei einem der *großen Brände* im Jahre *1911* brannte es ab und gelangte nie wieder zur Blüte.

Anstelle der Kabukitheater, die gegen Ende des Tokugawa-Shogunats hierher verbannt worden waren und dem Viertel noch zusätzlichen Aufschwung brachten, wurden *Kinos* eröffnet; so wurde hier 1930 der erste Film Japans gezeigt. Wegen der Musikshows, Lokale und Läden hatte das Viertel vor dem Krieg in etwa den Charakter von Shinjuku. Auch das erste Hochhaus der Stadt (*Jûnikai*, 12 Stockwerke) wurde hier 1890 errichtet. Außer dem Tempel sind die einstigen Attraktionen Asakusas vergangen.

Die jährlichen *Schrein- und Tempelfeste* sind sehr sehenswert; hier geht es ungezwungener zu als in den meisten anderen Stadtteilen. Der Stolz der *Edokko* ist noch zu spüren.

Westlich des Viertels, auf dem Weg nach Ueno, kreuzt die Asakusa-dôri das Viertel *Kappa-bashi,* wo es Gastronomiebedarf en gros gibt, darunter auch die berühmten Wachsnachbildungen der in Lokalen angebotenen Speisen (*sampuru,* von engl. *sample,*

Muster). Sie sind nicht gerade billig, geben aber gute Souvenirs ab.

## Tempelbezirk

Wer als Tourist zum ersten Mal nach Asakusa kommt, wird dies üblicherweise mit der U-Bahn (Ginza- oder Toei-Asakusa-Linie) tun, es gibt aber auch die Möglichkeit, mit dem *Wasserbus* auf dem Sumida-Fluß (siehe Exkurs) vorzufahren. In beiden Fällen sind es nur wenige Minuten zur Hauptattraktion des Stadtviertels, dem *Asakusa-Kannon-Tempel,* der auch *Sensô-ji* genannt wird.

### Kaminari-mon-Tor

Der naheliegendste und zugleich attraktivste Zugang erfolgt durch das *Kaminari-mon* (Donner-Tor) mit dem 3,30 Meter hohen und 100 kg schweren roten Lampion, einem Symbol des Tempelbezirks. Das Tor wurde nach dem Krieg wiederaufgebaut, doch die Köpfe der beiden Götterstatuen – links Donnergott *Fûjin,* rechts Windgott *Raijin* – sind alt. Auf der Rückseite sind die Drachengötter untergebracht.

### Nakamise-Gasse

Das Tor bildet den Zugang zur engen, tagsüber fast immer von Menschen gefüllten Gasse *Nakamise* (Mittel-Läden), die in der Mitte von der *Shin-Nakamise* (Neu-Nakamise) gekreuzt wird. Was in den *Läden* verkauft wird, ist zu einem nicht geringen Teil dasselbe Angebot wie zur Edo-Zeit, darunter auch *Kitsch und Krimskrams.* An Feiertagen und Wochen-

*Stadtteile*

enden herrscht stets großes Gedränge. In der Edo-Zeit standen hier anstelle der Läden Souvenirverkäufer mit den beweglichen Ständen, die man heute noch auf Tempelfesten sieht. Die Geschäfte wurden erst in der Meiji-Zeit errichtet. Einige Läden gehören immer noch den Familien der ursprünglichen Besitzer.

Typischerweise gibt es in der Nakamise-Gasse **Spezialitäten zum Essen** wie z.B. Reisgebäck *(o-sembei)*, Seetang *(o-nori)* und süßes Gebäck sowie **kunsthandwerkliche Dinge** wie Fächer (z.B. bei *Arai Bunsendô*, etwas links hinter dem ersten Block), Accessoires und Haarschmuck, japanisches Papier, Kimonos, Happi-Coats *(Matsu-*

*ri*-Festkleidung)*, traditionelle Messer und Scheren (z.B. bei *Kanesô*), Schuhe und Sandalen, Holzkämme (z.B. bei *Yonoya* in der Denbô-dôri), moderne Souvenirs, Puppen, traditionelles Spielzeug und – eine Rarität – einen Laden für Miniaturspielzeug (*Sukeroku*, am Ende der Straße rechts).

## Denbô-in-Tempel

Diesem Geschäft gegenüber liegt der *Denbô-in*, die Residenz des Abts. Als Kontrast zum geschäftigen Treiben im Einkaufsviertel bietet sich ein Spaziergang im sehenswerten stillen **Garten des Denbô-in** an. Zugang besteht von der Denbô-dôri durch ein großes schwarzes Tor. Der Eintritt selbst ist kostenlos, jedoch muß man sich die Karten im Sockel der großen fünfstöckigen Pagode *(go-jû-no-tô)* des Kannon-Tempels holen.

Eine Gasse zum Stöbern: die Nakamise

Der Garten wurde zu Beginn des 17. Jh., vielleicht sogar schon früher, angelegt. In der Mitte befindet sich ein Teich und an dessen Ufer die älteste Glocke Tokyos (aus dem Jahre 1387). In dem abwechslungsreich gestalteten Garten steht noch ein Teehaus, das ursprünglich aus Nagoya stammt, wo es Ende des 18. Jh. als Kopie eines abgebrannten Teehauses des berühmtesten aller Teemeister, *Sen-no-Rikyû (1522-91)*, errichtet wurde. Außerdem gibt es noch zwei schlichte Holzhäuser.

### Hôzô-mon-Tor

Neben dem Denbô-in, am Ende der Nakamise, steht das Tor zum eigentlichen Tempelbezirk, *Hôzô-mon* (Schatzhaustor), wegen der beiden Schutzgötter *(nio)* auch gern *Nio-mon* genannt. An seiner Rückseite hängen riesige Strohsandalen, die von Reisbauern in Nordjapan gespendet wurden. Die zwei außen hängenden Laternen wurden von den Marktleuten des Tsukiji-Fischmarktes gestiftet, die in der Mitte hängende von den Kaufleuten von Kobunachô.

### Geschäfte und Lokale

Wer vor Betreten des Tempels noch in dem Viertel mit seinen Hunderten von Läden herumbummeln will, kann z.B. in der östlich (rechts) gelegenen Parallelstraße das Geschäft *Fujiya* aufsuchen, das bekannt ist für die 3x1 Fuß großen, bunt **bedruckten Baumwolltücher** *(tenugui)*, die eigentlich zum Reinigen der Hände dienten, heute aber vor allem bei Festen als Stirnbänder verwendet werden. Sie sind preis-

werte und originelle Souvenirs (ab 800 ¥).

In derselben Gasse und in den Querstraßen gibt es wie überall im Viertel **kleine Lokale,** z.B. das rustikale, aber etwas teure *Kurumutsu* mit seiner offenen Feuerstelle in der Mitte, oder *Kintarô* und *Towada*, die vor allem Mittags preisgünstige Lunch-Sets anbieten.

### Kannon-dô-Tempel

Der **Tempelbezirk** wird volkstümlich auch *Asakusa no Kannon-sama* genannt. Der Legende nach haben im Jahre 628 zwei Fischer, die Brüder *Hamanari*, eines Tages beim Fischen im Sumida-Fluß nahe seiner Mündung eine kleine goldene Statue der Kannon, dem weiblichen Aspekt des Bodhisattva der Barmherzigkeit, in ihrem Netz gefunden. Sie nahmen die Statue zunächst nach Hause und übergaben sie dem Dorfchef *Haji-no-Nakamoto*. Ihr zu Ehren wurde von diesem bald darauf ein Tempel errichtet. Grabungen anläßlich der Restaurierungsarbeiten im Jahre 1945 nach den Luftangriffen, die den Tempel zum fünften Mal in seiner Geschichte zerstört hatten, brachten in der Tat **Funde aus dem 7. und 8. Jh.** zu Tage. Die Statue wird niemals gezeigt, sie wird in einem goldenen Schrein hinter dem Altar verschlossen aufbewahrt. Die Luftangriffe des 2. Weltkrieges überstand sie tief in der Erde vergraben.

Die große **Halle Kannon-dô** wurde 1958 in Stahlbeton als Kopie des zerstörten Originals wiederaufgebaut, das gewaltige Dach kam erst 1973 hin-

Stadtteile

zu. Die drei großen Lampions in der Vorhalle wurden von den Geishas aus Asakusa, Akasaka und Yanagibashi gestiftet. Auch viele große Votivbilder *(ema)* aus der Edozeit hängen hoch oben an den Wänden. Der Drache an der Decke ist von *Kawabata Ryûshi.*

Die 48 Meter hohe fünfstöckige rotgoldene **Pagode,** ein Nationalschatz wie die Kannon-dô, enthält im obersten Stockwerk eine Reliquie Buddhas, einen Knochensplitter aus einem Tempel in Sri Lanka. Die Pagode ist unter dem Shôgun *Iemitsu* errichtet und nach der Zerstörung im 2. Weltkrieg 1973 wiedererrichtet worden.

Der **Weihrauchbrunnen** rechts vor der Haupthalle ist gut geeignet, um die Gläubigen zu beobachten. Sie reiben sich den Rauch an die Stelle, an der sie Beschwerden haben oder eine Verschönerung ersehnen. Selbst mitmachen schadet nicht ...

Links neben der Haupthalle stehen die beiden **kleinen Tempel Yakushi-dô** (1649) und **Awashima-dô,** Frauenleiden und -fertigkeiten gewidmet. Es gibt auch eine sechseckige Kapelle für *Jizô,* eines der ältesten Gebäude der Stadt aus dem 15./16. Jh.

Rechts hinter Kannon-dô steht der **Asakusa-Schrein,** auch *Sanja* (drei Schreine) genannt, da er 1649 im Auftrag von *Iemitsu* den Findern der Kannon-Statue und ihrem Herrn zu Ehren errichtet wurde. Angesichts der Beliebtheit des *Sensô-ji* ist es kein Wun-

Kannon-dô-Tempel

der, daß auch *Ieyasu* im Schrein verehrt wurde. Die Gebäude (*Hon-den* = Haupthalle, *Hei-den* = Tributhalle, *Haiden* = Gebetshalle) befinden sich noch weitgehend im Originalzustand des 17. Jh., wurden jedoch in der Meiji-Zeit gründlich renoviert. Erwähnenswert sind die beiden **Bronze-Buddhas,** die 1687 vom Reishändler *Takase* gestiftet wurden, und der **Benten-Schrein** dahinter, mit der Bronzeglocke, die jeden Morgen um 6 Uhr beim Öffnen des Tores und in der Neujahrsnacht geschlagen wird.

Das große **Schreinfest Sanja-Matsuri** ist eines der drei großen Tokyoter Schreinfeste und findet alljährlich an dem Wochenende, das Mitte Mai am nächsten ist, statt. Am ersten Tag wird der selten aufgeführte Tanz *Binzasaramai* getanzt. Am zweiten Tag werden 100 **tragbare Stadtschreine** *(o-mikoshi)* hergebracht und am dritten und letzten Tag durch das Stadtviertel getragen, woran sich alle Bürger beteiligen können. Entsprechendes Gedränge ist an der Tagesordnung. Das *Sanja-Matsuri* ist das volkstümlichste und turbulenteste Schreinfest der Stadt.

Am östlichen Eingang steht das **Niten-mon-Tor** (von 1618), durch das das teilweise noch altertümliche Viertel Hanakawado erreicht wird. Manche meinen, daß sich hier der Charakter Asakusas am besten erhalten hat.

## Hanakawado

### Sumida-Park

Geht man vom Niten-mon-Tor in Richtung Osten, gelangt man zum langen, schmalen, direkt am **Sumida-Fluß** liegenden Sumida-Park im Hanakawado-Viertel, der zur Zeit der Kirschblüte besonders beliebt ist. Dort findet auch das traditionelle **Bogenschießen** vom Pferderücken aus *(Yabusame)* statt, und zwar an dem Sonntag, der im Höhepunkt der Kirschblüte liegt, normalerweise am ersten oder zweiten Sonntag im April. Die Reiter müssen im vollen Galopp entlang einem 300 m langen Parcours drei Pfeile auf drei hölzerne Scheiben abschießen, was nicht immer ganz gelingt. Es ist ein eindrucksvolles Bild, die Reiter in ihren altertümlichen Kostümen dahingaloppieren zu sehen, allerdings herrscht sehr großes Gedränge.

### Matsuchiyama-Shôten-Tempel

Geht man parallel zum Park ein Stück nach Norden, gelangt man zum links auf einem Hügel gelegenen *Matsuchiyama-Shôten*. Der Haupttempel, der bereits im Jahre 595 gegründet worden sein soll, ist *Shôten* geweiht, der Schutzgottheit für harmonische Vereinigung und leichte Geburt. Das Götterbild wird jedoch nie gezeigt. Die zweite verehrte Gottheit ist *Bishamonten*, Gott der Reichtümer und einer der **sieben Glücksgötter** *(shichi-fukujin).*

Nahe dem Eingang stehen einige **Jizô-Statuen,** die um 1600 angeblich im Tempelgelände ausgegraben wurden, ihnen gegenüber steht eine zwei Meter hohe **Kannon-Statue.** Wer zu den *Jizô* betet, soll im Leben Erfolg haben. Das Viertel westlich des Tempels diente dem vielleicht berühmtesten al-

# Bootsfahrten auf dem Sumida-Fluß

Der Sumida-Fluß, die Lebensader Edos, hat heute viel an Reiz verloren. Allerdings werden die Ufer zunehmend durch Grünanlagen verschönert. So oder so, eine Fahrt mit einem der Sumida-Wasserbusse lohnt immer.

Die Fahrt beginnt an der Anlegestelle bei der *Azuma-bashi-Brücke* im Stadtteil Asakusa (*Suijo-basu-noriba*, am westlichen Ufer) und führt unter *elf Brücken* hindurch zum *Hamarikyû-Onshi-Garten* und zum Takeshiba-Sambashi-Pier, von wo aus man natürlich ebenfalls die Fahrt antreten kann und in der Regel weniger Andrang vorfindet. Die Fahrzeit beträgt 30 Minuten und kostet 750 ¥ (incl. Eintritt in den Park). An Wochenenden fahren die Wasserbusse alle 20, unter der Woche alle 45 Minuten ab.

Hinter der *zweiten Brücke, Umaya-bashi*, liegen rechts die *Lagerhäuser (kura)*, in denen während des Shôgunats Reis, der als Steuer bezahlt und mit dem die Samurai entgolten wurden, aufbewahrt wurde. Heute haben sich dort Spielzeug- und Puppengroßhändler niedergelassen. Die nächste Brücke ist die *Kuramae-Brücke*, hinter der links die *Sumohalle, Kokugikan*, auftaucht. Anschließend folgt die *Ryôgoku-Brücke*, in deren Umgebung sich die *Edokko* an milden Sommerabenden spazierenrudern ließen. Früher kam man nach Überqueren dieser Brücke in eine andere Provinz, daher der Name *Ryôgoku* (zwei Länder).

Die *Shin-ôhashi* hat zwei große Stahlpfeiler, die *Kiyosu-Brücke* wird Kölnern sehr bekannt vorkommen. In der Gegend zwischen diesen beiden Brücken lebte einst der größte Haiku-Dichter, *Matsuo Bashô*, und von dort aus brach er 1689 zu seiner berühmten Reise in den Norden Japans auf, die er in seinem Buch „Ôku no Hosomichi" (Schmale Straße in den hohen Norden) beschrieben hat.

Die nächsten Brücken sind die *Sumida-gawa-ôhashi* des Shuto-Expressway und die *Eitai-bashi*. Letztere wurde 1696 zusammen mit der Ryôgoku- (1659) und der Shin-ôhashi (1693) als Folge des katastrophalen *Großbrandes von 1657* gebaut. Damals gab es nur eine Brücke im Norden, und viele Menschen kamen um, weil sie nicht über den Fluß in Sicherheit gelangen konnten.

Die *Tsukuda-ôhashi* und die *Kachidoki-bashi* liegen schon nah an der Tokyo-Bucht, letztere ist 246 Meter lang und eigentlich eine Zugbrücke, die jedoch wegen des vielen Verkehrs nicht mehr bewegt wird. Kurz vor dem Hama-Rikyû-Park liegt der *Fischmarkt* und das Fischereilabor des Tôkai-Distrikts. Die neue „*Regenbogenbrücke*" (Rainbow Bridge) wird auf dieser Tour schon nicht mehr unterquert.

Es gibt natürlich auch eine Luxus-Variante dieser Tour. Die Firmen *Abisei* (Tel. 3622-9495) und *Komatsuya* (Tel. 3851-2780) organisieren *abendliche Ausflüge in Vergnügungsbooten (yakata-bune)* mit Essen und Musik, heute allerdings nicht nur mit klassischer Shamisen-Begleitung, sondern auch mit Karaoke. Die größeren *Abisei*-Booten haben 15 Personen Platz und der Zwei-Stunden-Trip kostet etwa 10.000 ¥ pro Person.

ler Holzschnitt-Meister, *Katsushika Hokusai*, während seiner letzten Lebensjahre als Heimat. Hier befand sich auch ein lebhaftes Kabuki-Theaterviertel. An beides erinnern Denkmäler.

## Nordwestlich des Kannon-dô-Tempels

In der Meiji-Zeit enstand westlich des Tempelbezirks das *Unterhaltungsvier-*

**tel Rokku** mit Theatern für volkstümliche Komödien, wie die Asakusa-Engei-Halle. Hier ist noch manches vom Geist der Edo-Zeit zu erkennen. Heute überwiegen jedoch die zahlreichen Kinos.

Der nahegelegene **Hanayashiki-Vergnügungspark** entstand im Jahre 1853 und bietet noch altmodisches Kirmesvergnügen (10-18 Uhr, Di geschl., Eintritt: 400 ¥, Kinder 200 ¥, Fahrten extra, 2-28-1 Asakusa). Wer die Verlängerung der Sushiya-dôri, die Rokku-Hauptstraße, weitergeht, kommt in die überdachte Hisago-dôri, an deren Ende links das **Taitô Traditional Crafts Museum** (Tel. 3847-2587) liegt. An zwei Wochenenden pro Monat demonstrieren Handwerker dort ihre Fertigkeiten. Gegenüber gibt es **Papierlaternen,** die man beschriften lassen kann. Ein Stück davor liegt der Laden

*Adachi-ya,* in dem es Zubehör für die japanischen Feste gibt. In beiden lassen sich originelle Souvenirs finden.

## Das ehemalige Vergnügungsviertel Yoshiwara

Jenseits der Kototoi-dôri setzt sich die Hisago-dôri als Einkaufsstraße **Senzoku-dôri** fort und führt zum ehemals größten Vergnügungsviertel Edos, Yoshiwara. **Seit 1958** ist es **geschlossen,** und kaum noch etwas erinnert an die einstige Größe.

Gegenüber dem früheren Eingang ins Viertel stehen noch zwei alte Lokale, *Iseya,* bekannt für gutes Tempura, und *Nakae,* wo Pferdefleisch serviert wird. Die Yoshiwara-Besucher glaubten, daß dieses magere Fleisch gut gegen Geschlechtskrankheiten sei.

Stadtteile

# Yoshiwara – Prostitution in klassischem Stil

Yoshiwara, genaugenommen *Shin-* (Neu-)*Yoshiwara*, war das berühmteste der zahlreichen Vergnügungsviertel von Edo, in denen *Prostitution legal* war. Während seiner Blütezeit gab es dort bis zu *3000 Prostituierte* in rund 200 Etablissements. Erst mit dem 1957 verabschiedeten Prostitutionsgesetz wurde das Viertel offiziell geschlossen.

Aber die glanzvollen Tage endeten bereits Jahrzehnte vorher. Das erste Viertel dieses Namens (wörtlich: Schilfebene) entstand auf sumpfigem Land im heutigen Ningyôchô. Nach dem großen Meireiki-Feuer von 1657 (s. Geschichte Tokyos) wurde es nördlich von Asakusa auf 8 ha Fläche neu errichtet. Weiden, ein chinesisches Symbol für Prostitution, säumten den Eingang und die gitterförmig angelegten Straßen.

Yoshiwara war wie alle Vergnügungsviertel *von einem Graben und einer Mauer umgeben*. Es gab nur einen Eingang *(ômon)*, um die Kunden und Prostituierten unter Kontrolle zu halten. So konnte sich kein Kunde ohne zu bezahlen aus dem Staub machen und keine Prostituierte fliehen. *Teehäuser* dienten der „Geschäftsanbahnung". Frauen niedrigeren Ranges saßen hinter *hölzernen, vergitterten Fenstern,* später gab es Fotokataloge, nach denen die Kunden ihre Wahl trafen. Die hochrangigen Kurtisanen dagegen spazierten mit ihren *getas* frei durch das Viertel. Sie waren so berühmt wie Schauspielerinnen heute. Sehenswert waren die Paraden der Kurtisanen *(oiran dôchû).*

Wie z.B. in Thailand heute noch üblich, wurden Mädchen häufig von armen Familien mittels *langjähriger Verträge* von zehn und mehr Jahren quasi abgekauft (was an sich illegal war).

Neben den Bordellen gab es auch vielfältige, teilweise *anspruchsvolle Unterhaltung,* die großen Einfluß auf die Entwicklung der bürgerlichen Kultur der Edo-Zeit hatte: *kabuki,* Musik, Literatur und *ukiyo-e* (die Holzschnitte der „fließenden Welt").

Wer die Yoshiwara-Hauptstraße entlang geht, kommt zum **Benten-Schrein** mit einem 2,5 m hohen Standbild der *Benten*, den Frauen geweiht, die hier im Yoshiwara-Viertel beim großen Kantô-Erdbeben 1923 getötet wurden. Ein Stück weiter liegt der **Otori-Schrein,** in dem es im November die dekorierten Glücksrechen (*kumade*, „Bärentatze") zu kaufen gibt, ein beliebter Neujahrsschmuck. In dem Viertel gibt es einen Tempel, den *Jôkan-ji,* in dem mehr als 10.000 Yoshiwara-Mädchen in namenlosen Gräbern liegen. Die meisten wurden kaum älter als 20 Jahre.

Im nördlich von Yoshiwara gelegenen Viertel **Minowa** leben nahe der Namida-bashi (Tränenbrücke) im Bauwesen tätige **Tagelöhner** *(hiyatoi)* – ein von der Yakuza kontrolliertes Geschäft. Die Bewohner der Gegend sind überwiegend alleinstehende Männer. Wer in Tokyo nach **Slums** sucht, wird hier am ehesten fündig.

## Entlang der Kokusai-dôri

Die größere Straße westlich des Ôtori-Schreins heißt Kokusai-dôri. Sie führt aus dem Nordwesten wieder zurück ins Zentrum von Asakusa, zur Asakusa-dôri und zum U-Bahnhof Tawara-machi (Ginza-Linie). *Interessante Lokale* liegen links oder rechts der Straße, z.B. *Funakin*, wo es *suzume-yaki* (gegrillte Fischspießchen) gibt, oder in der Querstraße dahinter (eine Querstraße vor der Kreuzung mit der Kototoi-dôri) das beliebte Lokal *Ichi-mon*, wo mit hölzernen Nachbildungen alter Münzen bezahlt wird. In einer Seitenstraße liegt das Lokal *Bon*, in dem es gute vegetarische Zen-Küche gibt.

In einer der nächsten Querstraßen hinter dem *Asakusa View Hotel* liegen zwei lohnende Lokale, *Imahan*, das *sukiyaki* anbietet, und ein Stück weiter das Dojô-Restaurant *Iidaya* (*dojô* sind Schmerlen, winzige graue Fische).

Auf derselben Seite liegt kurz dahinter in einer Seitenstraße das *Asakusa-Kunsthandwerksmuseum (Asakusa Kôgei-kan)*.

Etwas weiter an der Kokusai-dôri liegt das interessante Geschäft *Miyamoto Unosuke Shôten*, das Matsuri-Zubehör (Festkleidung) führt. Im 4. Stock des Hauses befindet sich das *Trommelmuseum Taiko-no-Shiryôkan* (10-17 Uhr, Di geschl., Eintritt frei, 2-1-1 Nishi-Asakusa, U: Tawaramachi).

Gegenüber liegt der große Tempelbezirk des *Tokyo Higashi Hongan-ji*. In einer Seitenstraße steht das bekannte Okonomiyaki-Lokal *Sometaro*, das sich seit über hundert Jahren nicht verändert zu haben scheint.

## Kappabashi-dôri – die Straße für Gastronomiebedarf

Geht man die Asakusa-dôri vom U-Bahnhof Tawara-machi einen Block weiter nach Westen in Richtung Ueno, kommt man nach einigen Minuten zur Kappabashi-dôri. Zuvor fallen auf der Südseite der Asakusa-dôri die vielen Geschäfte mit *schintoistischem und buddhistischem Bedarf* auf. Hier gibt es die Hausaltäre und -schreine zu kaufen, die der Verehrung der verstorbenen Familienmitglieder dienen. Es gibt in diesem Viertel, Inarichô, rund 50 dieser zur Straße hin offenen Läden.

An der nächsten größeren Kreuzung (bei der 2. Ampel hinter dem U-Bahnhof) geht es rechts in die Kappabashi-dôri, in der es rund *200 Geschäfte mit Gastronomiebedarf* gibt. Der Name der Straße leitet sich ab von den Fabelwesen *kappa*, die dem Hersteller von Regenmänteln *(kappa)* einst beim Umbau einer Brücke, unter der es früher oft zu Überschwemmungen gekommen war, geholfen haben sollen.

Die beliebtesten Souvenirs aus Kappabashi dürften die *Wachsnachbildungen (sanpuru)* von japanischen Gerichten sein, die in Lokalen ausliegen, aber billig sind sie nicht.

## Einkaufen

Asakusa ist bodenständig und traditionell, entsprechend gibt es hier viel altes *Kunsthandwerk.* Die berühmte Tempelgasse Nakamise kann fast alle Souvenirwünsche erfüllen, japanischer geht's kaum. Aber Asakusa hat auch preiswerte *Schuhe* und andere *Lederwaren* zu bieten.

Kappabashi ist das Zentrum für (souvenirtauglichen) *Küchen- und Gastronomiebedarf.* An der Asakusa-dôri zwischen Asakusa und Kappaba-shi gibt es nahe der U-Bahnstation Ina-richô ein riesiges Angebot an **Haus-altären und -schreinen.**

● **Yamamoto Soroban-ten,** große Abakus-Auswahl, seit 50 Jahren im Geschäft. 2-35 Asakusa.

● **Isogai Tetsuzo Shoten,** der Marktführer für traditionelle Arbeiterkleidung. 8-20 Uhr, 1-10-2 Narihira (Narihirabashi, Tôbu-Isesaki-Linie; U: Honjo-Azumabashi, Toei-Asakusa-Linie), Sumida-ku. Tel. 3622-2665.

● **Kondo Shoten,** Bambusbehälter. 9.30-17.30 Uhr, So u. F. geschl., 3-1-13 Matsugaya (U: Tawara-machi, Ginza-Linie), Tel.3841-3372.

● **Hosendô-Kyuami,** spezialisiert auf Tanzaus-rüstung. 10.30-20 Uhr, 1-19-6 Asakusa (U: Asakusa), Tel.3845-5021.

● **Hase-toku,** spezialisiert auf Stroh-Zôri (San-dalen). 7-20 Uhr, 1-18-10 Asakusa (U: Asaku-sa), Tel.3841-2153.

● **Adachiya,** Matsuri-Kleidung (für Schreinfe-ste), z.B. *hanten* ab 3000 ¥. 10-20.30 Uhr, Di geschl., 2-22-12 Asakusa (U: Asakusa), Tel. 3841-4915.

● **Hyakusuke,** traditionelle Kosmetikartikel. 11-17 Uhr, 2-2-14 Asakusa (U: Asakusa), Tel. 3841-7058.

● **Miyamoto Unosuke Shoten,** Matsuri-Klei-dung (für Schreinfeste), im Haus des Trom-melmuseums. 8-17 Uhr, So u. F geschl., 6-1-15 Asakusa (U: Asakusa), Tel.3874-4131.

● **Kuroda-ya,** traditionelles Papier. 11-20 Uhr, Mo geschl., 1-2-11 Asakusa (U: Asakusa), Tel.3845-3830.

### Nakamise-dôri und Nebengassen

● **Bairindo,** Reisgebäck *(sembei),* seit 200 Jah-ren am Platz. 9-21 Uhr, Tel. 3841-2464.

● **Arai Bunsendô,** Fächer. 10.30-18 Uhr, Na-kamise-dôri, Tel. 3844-9711.

● **Idaya,** traditionelle Schirme aus Ölpapier und Bambus, Fächer. 8.30-20 Uhr, So geschl., 1-31-1 Asakusa, Nakamise-dôri, Tel.3841-3644.

● **Kanesô,** Scheren und Messer. Nakamise-dôri.

● **Sukeroku,** Miniaturspielzeug nach Edo-Art. 10.30-18 Uhr, Do geschl., 2-3-1 Asakusa, Na-kamise-dôri, Tel.3844-0542.

● **Sakai Naozo Shoten,** preiswerte Schuhe. Denbô-in-dôri.

● **Yonoya,** das beste Geschäft für Holzkäm-me, besteht seit 1673, ab 2000 ¥. 10-19 Uhr, Mi geschl., 1-37-10 Asakusa, Denbô-in-dôri, Tel. 3844-1755.

● **Fujiya,** *tenugui* (Stirn-, oder Halstücher), machen auch Sonderanfertigungen (ab 50 Stück). 10-20 Uhr, Do geschl., 2-2-15 Asaku-sa, in der Kanon-dôri, eine Straße östlich der Nakamise-dôri, Tel.3841-2283.

## Essen

### Sukiyaki/Shabu shabu

● **Asakusa-Imahan,** ¥¥, Lunch 1500/3000 ¥, Gyudon 1000 ¥, Menü ab 6000 ¥. 11.30-22 Uhr, 1. und 3 Di geschl., 3-1-12 Nishi-Asakusa (U: Tawaramachi), Tel. 3841-1114.

● **Yonekyu,** ¥¥, preiswert, z.B. *gyu-nabe* 2400-3600 ¥. 12-21 Uhr, 1. Di geschl., 2-17-10 Asakusa (U: Asakusa), Tel. 3841-6416.

### Sushi

● **Kibun-Zushi,** ¥¥, linke Parallelstraße der Nakamise bis zur 2. Kreuzung links.

● **Kintarô,** ¥/¥¥, günstige Lunchsets. Kannon-dôri, Asakusa 1-chôme.

### Fisch

● **Fugu Kaikan,** ¥¥, Fugu-Lokal. Kannon-dôri, nächste Querstraße rechts hinter der Shin-Nakamise-dôri, gegenüber steht das Fugu-/Kappô-Lokal *Tsutomu.*

● **Funakin,** ¥¥, gegrillte Fischspieße *(suzume-yaki).* Nahe Kokusai-dôri, Asakusa 3-chôme.

● **Iidaya,** ¥¥, Lokal für *dojô* (Schmerlen), emp-fehlenswert: *yanagawa* (Fischfilet mit Gemü-se und Ei). 11-22 Uhr, Mi geschl., Nishi-Asakusa 3-chôme, neben *Asakusa-Imahan.*

● **Komagata Dojô,** ¥/¥¥, fast 200 Jahre altes Lokal, seither fast unverändert, *Dojô-* (kleine Aalart) Eintopf oder -Omelette, je 1300 ¥. 11-21 Uhr, 1-7-12 Komagata (U: Asakusa/Gin-za-Linie), Tel. 3842-4001.

●**Miuraya,** ¥¥, sehr beliebtes Fugu-Lokal, recht preiswert. 12-22 Uhr, 2-19-8 Asakusa, Tel. 3841-3151.

## Tempura

●**Daikokuya,** ¥¥, berühmtes *ten-don* (*tempura* auf Reis), ca. 1500 ¥. 11.30-20.30 Uhr, Mi geschl., Dembô-on-dôri, 1-38-10 Asakusa, Tel. 3844-1111.

●**Iseya,** ¥¥, gutes *tempura.* 11.30-14.30 und 17-20 Uhr, Mi geschl., Sanyabori-dôri.

## Tonkatsu, Kushiage

●**Hantei,** ¥/¥¥, berühmtes altes Kushiage-Lokal, Spezialität: Menü mit 6 Kushiage-Spießen für 2500 ¥, weitere 6 kosten nur 1200 ¥; am Schluß gibt es Reis oder Nudeln. 17-22 Uhr, F 16-21 Uhr, So geschl., 2-12-15 Nezu, Tel. 3828-1440.

## Soba

●**Towada,** ¥, Soba-Lokal. Kannon-dôri, Asakusa 1-chôme.

## Okonomi-yaki

●**Sometarô,** ¥/¥¥, noch ein Relikt aus der Edo-Zeit, Okonomi-yaki zum Selbermachen, gut für große Gruppen, ca. 2000 ¥. 12-22 Uhr, Mo geschl., 2-2-2 Nishi-Asakusa (U: Tawaramachi/Ginza-Linie), Tel. 3844-9502.

●**Ichi-mon,** ¥/¥¥, nettes Lokal für Sake und kleine Gerichte, man zahlt mit hölzernen Nachbildungen alter Münzen (die man vorher an der Kasse kauft). Ecke Kokusai-/Kototoi-dôri, Asakusa 3-chôme.

●**Kurumutsu,** Sake-Lokal mit offener Feuerstelle. Mi geschl., Kannon-dôri, Asakusa 1-chôme.

## Vegetarisch

●**Bon,** ¥¥/¥¥¥ exquisite, leichte Zen-Küche, 7000-10.000 ¥. 12-15 und 17-19 Uhr, Di geschl., 1-2-11 Ryusen (Iriya), Tel. 3872-0375.

## Französisch

●**Super Dry Hall,** ¥/¥¥, im Gebäude mit der Goldenen Flamme (La Flamme d'Or), französische Küche; beliebt: Jumbo Shrimps 1300 ¥, beliebtestes Getränk: Beer half & half (hell und dunkel gemischt). 11.30-22 Uhr, 1-23-1 Azuma-bashi (U: Asakusa,Ginza-Linie), Tel. 5608-5381.

## Italienisch

●**La Ranarita,** ¥¥/¥¥¥, norditalienische Küche, gute Aussicht auf den Sumida-Fluß. Asahi Beer Tower F23, 1-23-1 Azumabashi (U: Asakusa), Tel. 5608-5277.

# Unterkunft

●**Asakusa Plaza Hotel,** ¥/¥¥, 70 Zimmer, ab 8000 ¥, 1-2-1 Asakusa (U: Asakusa), Tel. 3845-2621, Fax 3841-8862.

●**Hotel Kawase,** ¥/¥¥, preiswertes Businesshotel. 2-19-14 Kaminarimon (U: Asakusa), Tel. 3843-4910.

●**Mikawaya Bekkan/Asakusa Shigetsu,** ¥/¥¥, Ryokan, EZ 6000, Abendessen 2500 ¥, ruhige, traditionelle Atmosphäre, nahe Kannon-Tempel, beliebt bei *gaijin.* 1-31-11 Asakusa (U: Asakusa), Tel. 3843-2345, Fax -2348.

●**Asakusa View Hotel,** ¥¥, 342 Zimmer, ab 17.000 ¥. 3-17-1 Nishi-Asakusa (U: Tawaramachi, Ginza-Linie), Tel. 3847-1111, Fax 3842-2117.

●**Asakusa Vista Hotel,** ¥¥, 136 Zimmer, ab 10.000 ¥. 2-2-9 Kotobuki (U: Tawaramachi), Tel. 3842-8421, Fax -8515.

●**Kikuya Ryokan,** ¥, günstige Lage, ab 5000 ¥. 2-18-9 Nishi-Asakusa (U: Tawaramachi, 8 Min. Richtung Nordwesten), Tel. 3841-4051, Fax -6404.

Stadtteile

# Ein Park und seine Umgebung: Ueno und Yanaka (Taitô-ku)

Wer von Ueno spricht, meint meistens den großen **Ueno-Park.** Dieses Stück Land gehörte früher den *Tokugawas*, die hier einen großen Komplex von Tempeln errichtet hatten. Nach dem Ende des Shôgunats plante man auf dem Gelände, dessen Tempel bei den letzten Kämpfen um die Bewahrung des Tokugawa-Regimes zerstört worden waren, die Errichtung eines Medizinerkollegs. Einem holländischen Arzt ist es jedoch zu verdanken, daß hier *1873* der **erste öffentliche Park** Japans entstand.

Neben dem großen Brunnen vor dem Nationalmuseum steht, von Bäumen umgeben, das Denkmal dieses holländischen Militärarztes, *Antonius F. Bauduin*, der 1862 für drei Jahre und 1869 nochmals nach Japan gekommen war, um westliche Medizin zu lehren. Als er von dem Regierungsplan hörte, auf dem verlassenen und verwilderten Gelände des Ueno-Hügels ein Krankenhaus zu bauen, und deswegen um Rat gefragt wurde, schlug er vor, stattdessen einen öffentlichen Park anzulegen. So etwas hatte es bis dahin in Japan nicht gegeben. Sein Vorschlag wurde jedoch angenommen, und so gibt es heute diese Mischung aus Park und Architektur der Edo- und Meiji-Zeit sowie der Moderne, die charakteristisch für Ueno im allgemeinen und seinen Park im besonderen ist. Das Medizinerkolleg

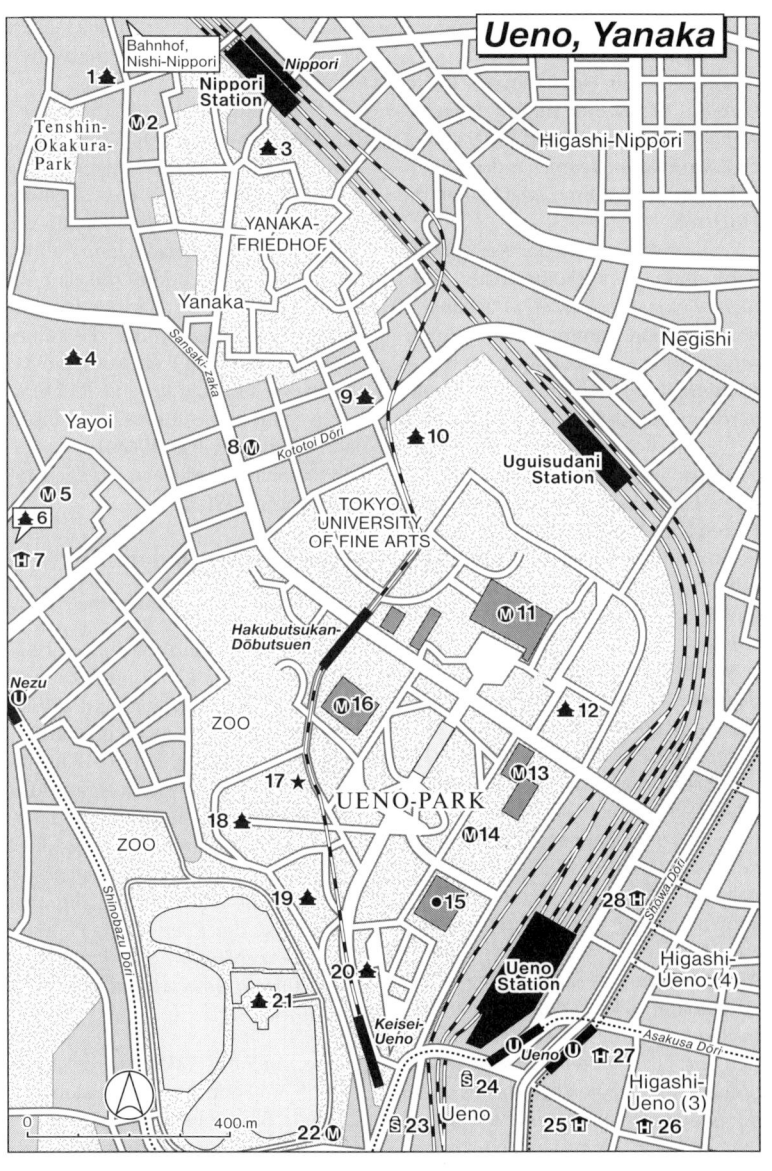

# Ueno, Yanaka

Bahnhof, Nishi-Nippori
▲1
Nippori Station
🅼2
Nippori
▲3
Higashi-Nippori
Tenshin-Okakura-Park
YANAKA-FRIEDHOF
Yanaka
Negishi
▲4
Yayoi
9▲
8🅼 Kototoi Dōri
▲10
Uguisudani Station
🅼5
▲6
🏠7
Sansaki-zaka
TOKYO UNIVERSITY OF FINE ARTS
Nezu Ⓤ
Hakubutsukan-Dōbutsuen
🅼11
ZOO
🅼16
▲12
17★
UENO-PARK
🅼13
18▲
🅼14
ZOO
Shinobazu Dōri
19▲
●15
28🏠
Shōwa Dōri
20▲
Ueno Station
Higashi-Ueno (4)
▲21
Keisei-Ueno
Ⓤ Ueno Ⓤ 🏠27
Asakusa Dōri
🆂24
22🅼
🆂23 Ueno
25🏠
Higashi-Ueno (3)
🏠26
0        400 m

Stadtteile

steht stattdessen in Ochanomizu, nicht allzu weit weg.

Anläßlich der Hochzeit von Kaiser *Hirohito* 1924 wurde das bis dahin kaiserliche Land der Stadt übergeben. Das **Nationalmuseum** war die Gegengabe der Stadt zum Gedenken an die Hochzeit.

Während der **Zeit der Kirschblüte** wird unter den Bäumen des Parks recht viel „gebechert" und gesungen. Jeden Abend kommen dann zigtausend Firmenangestellte und feiern das **Blütenfest.** Als Ausländer wird man gern eingeladen mitzufeiern. Solange die Leute nicht zu betrunken sind, ist es eine interessante Erfahrung.

Der Ueno-Park wurde in den letzten Jahren zum Treffpunkt der in Japan arbeitenden legalen und illegalen iranischen Gastarbeiter, weshalb er vielen Japanerinnen nicht mehr ganz geheuer ist.

Nördlich des Ueno-Parks liegt das traditionelle Viertel von **Yanaka** mit vielen kleinen Schreinen, Tempeln und alten Läden. Der Friedhof *(Yanaka Reien)* ist ebenfalls berühmt für die Kirschblüten.

Ueno ist das Einfallstor der Zuwanderer aus dem ländlichen Norden. Dadurch geht es dort weniger anspruchsvoll zu. Einst einer der größten Schwarzmärkte, besteht der parallel zur Eisenbahn verlaufende **Markt Ameyoko** *(Ameya Yokochô)* nach wie vor und hat viel von diesem Charakter bis heute bewahrt. Tatsächlich läßt es sich dort für Tokyoter Verhältnisse sehr preiswert einkaufen, zumal es einer der wenigen Märkte ist, auf denen man handeln kann. Und wo lustvoll

eingekauft wird, fehlen natürlich auch nicht die Lokale für die leiblichen Genüsse.

## Bahnhof Ueno

Der Banhhof Ueno ist einer der drei großen Bahnhöfe Tokyos, er ist gewissermaßen das Tor zum Norden Japans.

Vom Bahnhof **Keisei-Ueno** fahren der Keisei-Express und der Skyliner in Richtung Flughafen Narita. Vom **JR-Bahnhof Ueno** fahren u.a. die Yamanote-Linie Richtung Ikebukuro, die Yamanote/Keihin-Tôhoku-Linie Richtung Tokyo Station, die Jôetsu Shinkansen nach Niigata (Gleis 19-20) und die Tôhoku Shinkansen nach Sendai, Morioka (Gleis 21-22).

# Rundgang durch den Ueno-Park

Wer mit der U-Bahn (Ginza oder Hibiya-Linie) erstmals in Ueno ankommt, wird wohl zuerst der Hauptattraktion, dem Ueno-Park, einen Besuch abstatten wollen. Ausgang 7 der U-Bahnstation Ueno bzw. der Südausgang des JR-Bahnhofs in Richtung Okachimachi führen zu der großen **Treppe,** über die der Park erreicht werden kann. Es gibt auch einen direkten Zugang vom JR-Bahnhof, der *Kôen-guchi*, Parkeingang, genannt wird, dort kann man sich **Informationsmaterial** über den Park besorgen.

## Statue von Saigô Takamori

Oben am Ende der Treppe steht die bekannte Statue von *Saigô Takamori* (1827-77), der mit der Armee des Satsuma- und Chôshû-Klans 1868 im Auftrag des Kaisers das *Tokugawa-Shôgunat* stürzte, was glücklicherweise ohne Blutvergießen gelang. Das Denkmal ist ein beliebter Treffpunkt.

Ganz ohne Blutvergießen ging die Machtübergabe aber doch nicht ab. Rund zweitausend Samurai verschanzten sich nach dem offiziellen Ende des Shôgunats am 11. April auf dem Ueno-Hügel, der damals noch den *Tokugawa* gehörte, und lieferten der Armee am 15. Mai ein letztes Gefecht, bei dem u.a. ausgerechnet der Kan'ei-ji, der Schutztempel der *Tokugawa* zerstört wurde (s.u.).

### Kiyomizu-Kannon-Tempel

Hinter der Statue liegt der Kiyomizu-Kannon-Tempel aus dem Jahre 1698. Er gehörte zum Kan'ei-ji, der wie der Enryaku-ji auf dem Hiei-zan in Kyôto den Nordosten der Stadt vor bösen Geistern schützen sollte. Um die symbolische Ähnlichkeit noch zu verstärken, wurde der Kiyomizu-Tempel dem berühmten gleichnamigen Tempel an den Hängen des Hiei-zan mehr symbolisch als realistisch nachgebildet, und der Ueno-Hügel wurde *Tôei-zan* genannt, östlicher Hiei-zan.

Das Hauptstandbild entstammt dem Kiyomizu-dera in Kyôto und stellt die tausendarmige *Kannon (sen-ju Kannon)* dar. Daneben gibt es noch die überaus beliebte Statue der *Kosodate Kannon* (Beschützerin der Kinder). Dementsprechend wimmelt es dort von Puppen, die von Eltern, deren Wunsch um Kindersegen erhört worden ist, gestiftet wurden. Diese Puppen

werden jedes Jahr am 25. September in einer Zeremonie verbrannt (sonst würden es auf die Dauer zu viele).

### Entlang der Kirschblütenallee

Unterhalb des Tempels verläuft die Kirschblütenallee, die früher den Hauptzugang zum Tempel Kan'ei-ji darstellte. Bis hierher durfte damals das gemeine Volk zur Zeit der Kirschblüte kommen, und die Frauen führten bei der Gelegenheit ihre schönsten Kimonos vor. Links dieser Allee, die direkt auf das Nationalmuseum zuführt, liegt ein Schrein mit einem Tunnel aus gestifteten roten *torii*, der zum **Hanazono-Inari-Schrein** und dem dahinter liegenden **Gojo-Tenjin-Schrein** führt. Ein Teehaus, *Inshoten*, lädt zum Kaffee oder einer kleinen Mahlzeit ein.

Nahebei steht auch das große **Gasthaus Seiyoken,** das eines der ersten Restaurants für westliche Küche in Tokyo war. Bekannt ist es u.a. für seinen Curry-Reis, der dort allerdings in seiner vornehmen Variante um die 1000 ¥ kostet.

### Tokyo Bunka Kaikan

Jenseits des Aufganges vom Bahnhof zum Park, dem *Kôen-guchi*, steht die große Halle Tokyo Bunka Kaikan. Diese von *Kunio Maekawa* entworfene **Festhalle** wurde zum 500jährigen Jubiläum von Tokyo als Regierungssitz erbaut; der große Saal hat über 2300 und der kleine über 660 Sitzplätze.

### Tôshôgû-Schrein

Das nächste Ziel der Besichtigungsrunde ist der Nationalschatz des Tô-

Stadtteile

shôgû-Schreins. Dieser Schrein mit dem gleichen Namen wie der berühmtere und bedeutendere „Vetter" in Nikkô, ist *Ieyasu* geweiht, der dort als „östlicher Sonnengott" residiert. Er wurde 1627, neun Jahre vor dem Schrein in Nikkô, vom Abt *Tenkai-sojo* und dem Daimyô *Todo Takatora* errichtet.

Wer keine Gelegenheit hat, nach Nikkô zu fahren, kann sich hier einen kleinen Eindruck von der **reichen Schnitzkunst** und **farbenprächtigen Malerei** dieser von den *Tokugawa* so geliebten Schreinarchitektur machen. Zum Teil waren dieselben Schnitzer am Werk, z.B. *Hidari Jingoro*, der „linkshändige Jingoro", der in Nikkô u.a. die berühmten „Drei Affen" und die „Schlafende Katze" schuf. Am **Kara-mon-Tor** (Chinesisches Tor) stammen von ihm u.a. der auf- und der absteigende Drache, die sich altem Volksglauben nach zum Durstlöschen in den nahen Shinobazu-Teich begeben.

Die gemalten vier Löwen an der Fassade der Haupthalle, *Konjuki-den*, die unter dem dritten Shôgun *Iemitsu* 1651 umgebaut und kurz vor dessen Tod fertiggestellt wurde, stammen von dem berühmten Künstler *Kano Tan'yu*. Dieses Gebäude ist wie der Tôshôgû-Schrein in Nikkô im *Gongen-zukuri*-Stil der Momoyama-Zeit erbaut und galt mit seinen chinesischen Stileinflüssen als der Gipfel an architektonischer Verfeinerung. Die 240 Stein- und 50 **Bronzelaternen,** die den Weg vom großen *torii* am Eingang zum Kara-mon-Tor und zur Haupthalle flankieren, waren Geschenke der Daimyôs (Eintritt zum

Tôshôgû-Schrein: 200 ¥, Sommer 9-17.30 Uhr, Winter 9-16.30 Uhr).

Links neben dem Schrein liegt ein **Garten** mit rund 200 Arten von Päonien, die je nach Art im Winter (Januar bis Mitte Februar) oder im Frühjahr (Ende April bis Mitte Mai) blühen (Tôshôgû Botan-en, geöffnet zur Zeit der Blüte, Eintritt 800 ¥). Beim Mitteltor *(naka-mon)* liegt rechts eine mehr als **6 m hohe Steinlaterne,** die wegen ihrer Größe „Gespensterlaterne" *(obakedôro)* heißt.

Rechts neben dem Schrein steht die berühmte **fünfstöckige Pagode** aus dem Jahre 1639, die ursprünglich zum Kan'eiji gehörte und nun auf dem Gelände des Ueno-Zoos steht. Sie ist ganz im japanischen Stil erbaut. Rechts neben dieser Pagode befindet sich der Haupteingang zum Zoo.

## Ueno-Zoo

Der 1882 eröffnete Zoo ist der älteste des Landes mit 900 verschiedenen Tierarten und insgesamt 12.000 Tieren. Leider ist die **Tierhaltung** recht altmodisch und **beengt.** Mit Abstand größte Attraktion sind die von der Volksrepublik China geschenkten **Pandas,** die einmal pro Woche – freitags – „frei haben", also dem Blick der Zuschauer entzogen sind (9-16.30 Uhr, Mo geschl. 400 ¥, Kinder 100 ¥).

## Ueno Library

Hinter dem innerhalb des Parks liegenden Keisei-Bahnhof Hakubutsukan-dôbutsuen liegt die Ueno Library, ein Zweig der **Parlamentsbibliothek.** Auf deren Gelände steht ein Denkmal

einiger Künstler, die einst an der Musikhochschule studiert hatten, wurde das Gebäude verlegt und erhalten. Auch heute noch wird dort gelegentlich klassische Musik aufgeführt. Der Saal kann Dienstag, Donnerstag und Sonntag tagsüber besichtigt werden, am 2. und 4. Sonntag im Monat üben dort Studenten der Universität zwischen 14 und 16 Uhr.

### Kan'ei-ji-Tempel

Hinter der Kunsthochschule liegt der neue Tempel Kan'ei-ji, der 1877 durch Verlegung eines Tempelgebäudes, das zuvor zum *Kita-in* in Kawagoe gehört hatte, wiederbelebt wurde. Zwischen den beiden Tempeln besteht insofern eine Beziehung, als beide einst von dem Abt *Tenkai*, einem Vertrauten des ersten Tokugawa-Shôgun *Ieyasu*, errichtet worden waren. Diese Halle des Kita-in stammt aus dem Jahre 1638.

Rechts neben dem Tempel ist das Tor mit dem Namen **Emperor-Plaque-Gate** zu sehen, die Inschrifttafel wurde jedoch im 2. Weltkrieg zerstört. Rechts dahinter liegt der **Kan'ei-ji-Friedhof** mit den Mausoleen von sechs Shôgunen, die so angelegt wurden, daß die Shôgune noch im Tod die Stadt der Lebenden schützen sollten.

für *Lafcadio Hearn*, der in Matsue gelebt hat und berühmt ist für seine Sammlung von Volkserzählungen, insbesondere Geistergeschichten. Links daneben steht das **National Cultural Property Research Institute**.

### Tokyo University of Fine Arts

In nordwestlicher Nachbarschaft des Nationalmuseums liegt die prestigereiche Kunsthochschule **Tokyo Geijutsu Daigaku,** die 1897 zunächst als Musikhochschule gegründet worden war.

Davor steht die erste **Konzerthalle** Japans, **Sogakudô,** ein beigefarbener Holzbau mit grauen Ziegeln. Dank der Bemühungen zahlreicher Bürger und

## Die Ueno-Museen

Eine der Hauptattraktionen des Parks ist das Nationalmuseum. Es steht da, wo einst der Haupttempel des alten Kan'ei-ji mit einem goldenen Buddha im Innern seinen Platz hatte. Dort, wo

Stadtteile

Bettelmönch

einst die Nebentempel standen, befinden sich heute die anderen bedeutenden Museen des Parks.

**Nationalmuseum
(Tokyo Kokuritsu Hakubutsukan)**

Dieses in seiner *Monumentalität* etwas düster wirkende Museum ist das größte und *bedeutendste Museum Japans* mit rund 90.000 Exponaten. Es enthält die bedeutendste Sammlung *japanischer Kunst* und *archäologischer Funde,* hervorragend ist auch die Sammlung ostasiatischer Kunst.

Zur Linken, im *Hyokeikan-Flügel* befinden sich die Funde aus der *Kofun-Periode,* als die Herrscher in den heute noch sichtbaren Hügelgräbern in der Umgebung Osakas und Naras (Yamato) bestattet wurden. Charakteristisch sind die Keramikfiguren, *haniwa* genannt: Menschen, Tiere, Häuser und Schiffe. Typisch und am bekanntesten ist der „Mann in Keiko-Rüstung".

In Saal 9 werden *Jagd- und Fischfanggeräte* der Ureinwohner Japans, der *Ainus,* gezeigt, die heute nur noch in einigen Gebieten Hokkaidos in geringer Zahl leben und in erster Linie zur touristischen Vermarktung alte Traditionen pflegen.

In der *Haupthalle* in der Mitte sind zunächst *buddhistische Skulpturen* aus den verschiedenen Perioden zu sehen: Asuka-, Nara-, Heian-, Kamakura- bis hin zur Meiji-Zeit. Manchmal ist auch eine 1568 geschnitzte Erasmusstatue, die Gallionsfigur der holländischen *Liefde* ausgestellt, mit der *Will Adams,* berühmt durch den Roman und den Film „Shôgun", nach Japan kam. In weiteren Sälen des Erdgeschosses sind Samurai-Rüstungen, Gewänder und Keramik von der Kofun- bis zur Edo-Zeit zu sehen.

Im *1. Stock* gibt es Malereien, Schriftrollen, z.B. die *Heiji-Monogatari* aus der Kamakura-Zeit, einfarbige Tuschebilder *(suiboku),* die starke chinesische Einflüsse zeigen, prächtig bemalte Wandschirme aus der Momoyama-Zeit, Holzschnitte *(ukiyo-e)* und Lackarbeiten.

Im *rechten Flügel (Tôyô-kan)* werden asiatische Kunst und Kunsthandwerk präsentiert. Im *Hôryuji-Schatzhaus,* das nur donnerstags bei geeignetem Wetter (weder zu feucht noch zu heiß) geöffnet wird, sind Geschenke an die kaiserliche Familie zu bewundern, zumeist aus dem 7. und 8. Jahrhundert. (Wer sicher gehen will, frage besser vorher an: Tel. 3822-1111).

Links vor dem Komplex des Nationalmuseums steht das Eingangstor der Daimyô-Residenz des Fürsten *Ikeda,* das von *Marunouchi* hierher gebracht wurde.

●*Öffnungszeiten:* bis 16.30 Uhr, Mo geschl., Eintritt 400 ¥.

**Tokyo Metropolitan Art Museum
(Tokyo-to Bijutsukan)**

Zur Linken des Nationalmuseums steht das 1975 eröffnete, von *Kunio Maekawa* entworfene Ziegelgebäude des Tokyo Metropolitan Art Museum. Es enthält 2600 Werke *japanischer Künstler* aus den letzten fünfzig Jahren. Zweimal im Jahr werden diese für jeweils 100 Tage dem Publikum in der Museumsgalerie kostenlos gezeigt. In der übrigen Zeit finden wechselnde Ausstellungen statt.

●*Öffnungszeiten:* bis 17 Uhr, jeden 3. Mo geschl., Eintritt frei, Sonderausstellungen 900 ¥.

## National Science Museum (Kokuritsu Kagaku Hakubutsukan)

So vielfältig die Naturwissenschaften sind, so vielseitig ist das Angebot in diesem Museum (rechts vor dem Nationalmuseum): *Naturgeschichte, Fossilen* (darunter Dinosaurierknochen), Herkunft und Entwicklung des japanischen Volkes, traditionelle und moderne *Handwerkstechniken* bzw. Herstellungsverfahren, z.B. Keramik *(jiki)*, Porzellan *(toki)*, Glas, Japanpapier *(washi)*, Textilien und Lack *(urushi)*. Des weiteren werden *Flugzeuge* gezeigt, darunter ein aus dem Meer geborgener *Zero*-Jäger. Zudem gibt es eine Rakete und Gestein vom Mond. Im Gebäude für Ingenieurswissenschaften gibt es interessante *alte Maschinen* zu bestaunen. Wie alle guten technischen Museen bietet auch dieses Gelegenheit zum Anfassen und Experimentieren.

●*Öffnungszeiten:* 9-16.30 Uhr, Mo geschl., Eintritt: 400 ¥.

## National Museum of Western Art (Seiyu Bijutsukan)

Dieses neben dem National Science Museum gelegene, von *Le Corbusier* entworfene Museum enthält mehr als 80 *Skulpturen,* davon 56 von *Rodin* (gesammelt von *Kojiro Matsuka),* und 850 *Gemälde französischer Impressionisten,* vor allem *Monet, Gauguin* und *Courbet.*

Im Anbau, der von *Kunio Maekawa* entworfen wurde, sind Gemälde u.a. von *El Greco, Goya, Murillo, Rubens* und *Tintoretto* sowie Zeichnungen bzw. Drucke von *Dürer, Rembrandt, Picasso, Delacroix* und weiteren, modernen Malern vetreten. Vor dem Eingang steht, quasi als Erkennungszeichen, eine Kopie des „Denkers" von *Rodin*.

●*Öffnungszeiten:* 9-16.30 Uhr, Mo geschlossen, Eintritt: 400 ¥.

## Shinobazu-Teich

Dieser Teich, der an den größten Binnensee Japans, den Biwa-See, erinnert, ist zu jeder Jahreszeit attraktiv. Nach der Kirschblüte nebenan im Park knospen die Weiden, im Sommer blühen die *Lotosblüten* zur Zeit des Bon-Festes, im Herbst kommen Zugvögel kurzzeitig zu Besuch. Im Winterschnee ist der Teich besonders reizvoll. Berühmt ist er auch für die Kolonie von Kawau, *wilden Kormoranen,* die quasi zum Zoo gehören.

In der Früh begegnet man vielleicht dem einen oder anderen „Lumpen" (jap. *rumpen*, Obdachloser), der auf einer Bank am Teich die Nacht verbringt. Seit Ende der Bubble-Wirtschaft (also seit dem Platzen der Spekulationsblase) und der Rezession hat sich ihre Zahl sichtbar erhöht.

### Benten-dô-Schrein

Der Benten-dô liegt auf einer kleinen begehbaren *Insel* in der Mitte des Teiches, die über Dämme zu erreichen ist. Das achteckige Schreingebäude ist noch nicht alt, wirkt aber als

**Stadtteile**

Hintergrund vor den Lotosblüten auf dem Wasser sehr reizvoll. Der gemalte Drache im Innern stammt von *Kibo Kodama*.

Der *Benten* geweihte Schrein ist der Ausgangspunkt der alten **Pilgerroute zu den sieben Glücksgöttern.** Im Innern gibt es einen Holzschnitt mit den Glücksgöttern, in den die Pilger die Stempel der besuchten Schreine einsetzen können. Der Zusammenhang des Schreins mit dem Teich ist kein Zufall: der Biwa-See hat die Form der *biwa* (Laute), die von *Benten* gespielt wird.

Das **Fest Nôryô Taikai** (Fest der kühlen Sommerabende) findet im Benten-dô zur Zeit des *O-Bon* statt. Auch im Frühjahr, zur Zeit des Kirschblütenfestes *Hanami*, gibt es ein Tempelfest.

Ein hübscher Spaziergang führt rechts am Shinobazu-Teich und dem Benten-Schrein vorbei zur Shinobazu-dôri, hinter der das Gelände der **Tokyo-Universität** beginnt (s. Hongô). Gegenüber auf der anderen Straßenseite steht das **Yokoyama-Taikan-Gedenkhaus,** in dem der in Japan berühmte Vertreter moderner japanischer Malerei die letzten 15 Jahre seines Lebens verbracht hat (Do-So geöffnet, August und Mitte Dezember bis Januar geschl.).

### Shitamachi-Kulturmuseum

Geht man am südlichen Ufer des Teiches entlang in Richtung Ueno zurück, kommt man am Shitamachi - Kulturmuseum *(Shita-machi Fûzoku Shiryô-kan)* vorbei. Dieses der Vorstadtkultur gewidmete Museum versucht, die Geschichte, Mentalität und Sitten der **Vorstadtbewohner Edos**

festzuhalten und anschaulich zu machen. Über 50.000 Gegenstände des täglichen Lebens von „Downtown"-Tokyo wurden gesammelt, großteils von den Bewohnern der *shita-machi* gespendet.

Die einfachen Menschen Edos waren sehr bodenständig und lebenslustig. Einige **Häuser** wurden im Museum **wiederaufgebaut** und detailgetreu eingerichtet. Das Museum liegt wenige Minuten vom Ausgang Shinobazu des Ueno-Bahnhofs entfernt (geöffnet 9-16.30 Uhr, Mo geschl., 200 ¥, 2-1 Ueno-kôen, Tel. 3823-7451).

Eine Zweigstelle des Museums liegt in der Nähe des Tempels Jômyô-in an der Kototoi-dôri (s.u.). Es befindet sich in einem restaurierten ehemaligen Sake-Geschäft (Mo geschl., Eintritt frei, Tel. 3823-4408).

## Yanaka

Die **Tempelstadt** Yanaka gehört zu den Juwelen Tokyos und ist z.B. mit der Yamanote-Linie schnell erreichbar. Das Viertel beginnt unmittelbar oberhalb der Bahnhöfe Nishi-Nippori und Nippori und ist auch von Uguisudani und sogar von Ueno zu Fuß zu erreichen.

Nach dem Großbrand von 1657, als dieses Viertel ungeschoren davonkam, wurden auf Anordnung des Shôgunats zahlreiche Tempel, die durch die Flammen zerstört worden waren, hierher verlegt. So kommt es, daß man heute noch rund siebzig Tempel in Yanaka vorfindet.

Wer den Besuch des Ueno-Parks mit einem Bummel durch Yanaka verbinden möchte, kann hinter dem Kanei'ji-Tempel jenseits der Kototoi-dôri als erstes den **Jômyô-in-Tempel** aufsuchen, der für seine rund 15.000 Jizô, die seit 1850 dort aufgestellt wurden, berühmt ist. Geplant sind dereinst 84.000. Der Weg führt dann über den **Friedhof** *(Yanaka Reien)* in Richtung Bahnhof Nippori, wo üblicherweise ein Yanaka-Bummel begonnen wird.

### Tennô-ji-Tempel

Geht man vom hügelseitigen Ausgang des Bahnhofs Nippori gleich nach links, kommt man zum Tennô-ji. Dieser Tempel aus dem 13. Jh. wurde 1868 gemeinsam mit dem benachbarten Kan'ei-ji, dem er seit 1699 auf Befehl des Shôguns unterstellt worden war, bei den Revolutionskämpfen zerstört und seither nicht wiederaufgebaut. Davor gehörte er zu den bedeutendsten Tempeln Edos, nicht zuletzt wegen des Rechtes, Lotterien veranstalten zu dürfen.

Im Hof steht eine fünf Meter hohe **Buddhastatue** aus dem Jahre *1690,* der Yanaka-no-Daibutsu. Eine zum Tempelbezirk gehörende, jedoch etwas abseits stehende fünfstöckige Pagode existierte bis 1957, als sie gemeinsam mit einem unglücklichen Liebespaar abbrannte. Es gibt jedoch Bestrebungen, sie wiederaufzubauen. Nahe dem überdachten Eingang steht der **Bishamon-Schrein,** der zur Pilgerroute zu den Sieben Glücksgöttern in Yanaka gehört.

Früher gab es am Weg zum Tennô-ji, der während der Kirschblütenzeit einem **Blütentunnel** gleicht, zahlreiche

Teehäuser. Eine der Besitzerinnen, *Osen,* wurde sehr bekannt und begehrt durch Holzschnitte von *Harunobu.* Aber sie heiratete schließlich einen braven Samurai und lebte solide bis ins hohe Alter. Ein zu ihrem Gedenken errichteter Schrein steht im Daien-ji (s.u.).

### Asakura-Chôso-Museum

Geht man zurück zur vom Bahnhof Nippori aus heraufführenden, breiten, von Läden und Lokalen bestandenen Straße Goten-zaka zur nächsten Kreuzung und biegt links ab, kommt man zu einem dreigeschossigen Betongebäude mit einigen **Skulpturen.** Dies ist das sehenswerte Asakura-Chôso-Museum.

Im Privathaus des 1964 im Alter von 79 Jahren verstorbenen **Bildhauers Fumio Asakura** werden viele seiner Skulpturen ausgestellt. *Asakura* lebte hier von 1908 bis zu seinem Tode und verband japanische und westliche Einflüsse. Er war sehr stark von *Rodin* beeinflußt und fertigte vierhundert Statuen und andere Figuren, z.B. zahlreiche Katzen, an.

Neben dem exquisiten **Wohnhaus,** in dem jedes Detail seine Bedeutung hat und aus erlesensten Hölzern besteht, sind das **Teehaus** und vor allem der **Garten** zu erwähnen. Im viereckigen Teich des Gartens sind fünf Steine als Symbol für die fünf wichtigen konfuzianischen Tugenden aufgestellt: Wohlwollen *(jin),* Aufrichtigkeit bzw. Gerechtigkeit *(gi),* Korrektheit *(rei),* Weisheit *(chi)* und Treue *(shin).*

●**Öffnungszeiten:** Sa, So 9.30-16.30 Uhr, Eintritt: 400 ¥; 7-18-10 Yanaka.

**Stadtteile**

### Weitere Tempel

Schön ist auch ein Abstecher auf dem Weg in *Richtung Bahnhof Nishi-Nippori*. An der erwähnten Kreuzung der Goten-zaka steht rechts der Tempel *Kyôô-ji*, in dessen Tor fünf Löcher der Gewehrkugeln zu sehen sind, die während der eintägigen Schlacht von Ueno 1868 von der Armee verschossen wurden. Links befindet sich der *Enmei-ji* mit dem großen Pasania-Baum, einer Art Eiche, die seit 600 Jahren dort steht. Geht man zwischen beiden Tempeln geradeaus, kommt man vorbei am *Yôfuku-ji,* einem Tempel der Shingon-Sekte mit dem eindrucksvollen Tor Nio-mon aus den Jahren 1704 und 1711, dessen Figuren vom berühmten Holzschnitzer *Unkei* stammen sollen.

Danach führt der Weg vorbei an alten *Wohnhäusern aus der Edo-Zeit* und der Fuji-Blick-Straße sowie am *Jôkô-ji,* der auch *Yukimi-dera* (Schneebetrachtungstempel) heißt und für eine große Jizô-Statue berühmt ist. Schließlich gelangt man zum *Suwa-jinja.* Hier haben Eisenbahnfans das Vergnügen, einen Blick auf elf Bahnlinien werfen zu können. Der Weg endet am Bahnhof Nishi-Nippori.

### Daien-ji-Tempel

Geht man an der Kreuzung der Goten-zaka, an der der Enmei-ji-Tempel steht, geradeaus weiter, kommt man zu einer Treppe und unterhalb zu einem kleinen **Einkaufszentrum.** Vorher steht rechts in einer Seitengasse der bekannte *Buseki Flower Basket Shop,*

in dem es Korbwaren aus rauch-geschwärztem Bambus gibt.

Hält man sich an der nächsten Kreuzung links, kommt man am kleinen *Tenshin-Okakura-Park* vorbei zum *Daien-ji.* Bemerkenswert an diesem Tempel ist zunächst, daß der linke Teil der Haupthalle zur buddhistischen Nichiren-Sekte gehört und der rechte dem Reisgott Inari geweiht und damit ein Schrein ist. Die meisten Besucher kommen vielleicht jedoch wegen der beiden **Gedenksteine** zu beiden Seiten einer Kannonstatue. Der größere erinnert an *Harunobu* und der kleine-

Jizô-Statue

re, schöne an die legendäre Teehausbesitzerin *Osen Kasamori.* Der berühmte Holzschnitt-Meister *Harunobu* hat sie mit seinen *ukiyo-e* unsterblich gemacht, der Stein ist nun ihrem *kami* geweiht. Am 14./15. Oktober jeden Jahres findet hier das **Chrysanthemenfest** statt.

### Zenshô-an-Tempel

Geht man links in die Sansaki-zaka in Richtung Yanaka-Friedhof, kommt man zum **Zen-Tempel** Zenshô-an, der zur Rinzai-Sekte gehört und sonntags ab 18 Uhr Möglichkeiten zum **Meditieren** bietet. Auch der frühere, einst sehr einflußreiche Premierminister *Nakasone* pflegte dort zu meditieren. Während des Bon-Festes im August werden Rollbilder von Geistern gezeigt (Eintritt 200 ¥). Auffällig ist eine neue, vergoldete Kannonstatue, die erst seit 1991 hier steht (10-18 Uhr, Tel. 3821-4715).

### Geschäfte und Lokale

Geht man die Sansaki-zaka nach rechts in Richtung des U-Bahnhofs Sendagi (Chiyoda-Linie), kommt man an zahlreichen Läden und Lokalen vorbei. Erwähnenswert sind der *Isetatsuya*, in dem es Papiermaché-Figuren *(chiyo-gami)*, bedrucktes Papier *(washi)* und viele sonstige **Souvenirs** gibt, und der Kunsthandwerkladen *Kana Kana*. An Lokalen sind das Sushi-Lokal *Noike*, das für *anago-zushi* (Aal) bekannt ist, zu empfehlen sowie *Oshimaya*, ein Nudelladen, in dem es u.a. Paradies- und Höllen-Nudeln in mit Sesam gewürzter Soße gibt.

### Daimyô-Uhren-Museum

Geht man beim Daien-ji-Tempel geradeaus, kommt man hinter einer Linkskurve zum Daimyô-Uhren-Museum, benannt nach den rund 50 aufwendigen **Uhren der Edozeit,** die zweimal am Tag nachgestellt werden mußten und sich nach Sonnenauf- und untergang richteten (10-16 Uhr, Mo und Juli-September geschl., 400 ¥, 2-1-27 Yanaka).

In der Nähe stehen die beiden der Heilung dienenden **Tempel Enju-ji** (gegen Beinbeschwerden) mit einer Statue von *Nikka*, einem Heiligen der Nichiren-Sekte, der allein Riesenstatuen über 200 km auf den Berg Minobu geschleppt hat, und **Renge-ji** (gegen Schlaflosigkeit und Wutanfälle bei Kindern).

### Nezu-Schrein

Biegt man von der Sansaki-zaka kommend kurz vor dem Uhren-Museum rechts ab, kommt man am bescheidenen, aber sehr gastfreundlichen **Ryokan Sawano-ya,** das vor allem Westler beherbergt, vorbei zur Shinobazu-dôri. Überquert man sie, gelangt man zum berühmten **Nezu-Schrein.** Die an den Tôshôgû-Schrein in Ueno erinnernden Schreingebäude wurden 1706 für den Daimyô von Kôfu, *Ienobu,* erbaut. Dieser hatte seine Residenz in Sendagi, in der nördlichen Nachbarschaft. Er wurde 1709 zum 6. Shôgun ernannt. Nach der Zerstörung im 2. Weltkrieg wurde der Schrein originalgetreu wiederaufgebaut. Als Schrein soll er schon seit 1900 Jahren bestehen.

Stadtteile

Sehenswert ist das reich verzierte **Kara-mon-Tor** (chinesisches Tor). Jedes Jahr findet vom 14. April bis 5. Mai das **Azaleenfest** statt (es gibt am Hang rund 3000 Azaleen in allen gängigen Farben), anläßlich dessen das Hauptgebäude alle zwei Stunden für Besucher eine halbe Stunde lang zugänglich ist, nachdem diese sich einer Reinigungszeremonie unterzogen haben.

**Gemälde** von 36 klassischen Dichtern an den Friesen sind die Hauptattraktion dieses Schreins. Neben dem Hauptschrein gibt es noch einen für den Reisgott *Inari*.

Vom Schrein besteht die Möglichkeit, nach rechts entlang der Shinobazu-dôri zum U-Bahnhof Nezu (Chiyoda-Linie) und geradeaus weiter zum Shinobazu-Teich zu gehen. Ein Stück links hinter der Kreuzung mit der Kototoi-dôri stehen das alte, vornehme Restaurant *Kushiage Hantei* und nebenan das einfachere *Sabo Hantei*.

## Einkaufen

Der **Ameyoko-Markt** nahe der Keisei-Station Ueno ist lohnend. Auch das Kaufhaus *Matsuzakaya* mit seinen vielen traditionellen japanischen Produkten ist einen Besuch wert.

● **Beishu Hara,** Puppen des gleichnamigen berühmten Meisters. Mo-Sa 10-18 Uhr, 2-3-12 Taitô, Tel. 3834-3501.

### Am Südrand des Shinobazu-Teiches

(U- bzw. JR-Bahnhof Ueno, wenn nicht anders angegeben)

● **Dômyô,** Kimono-Zubehör, Geschäft für *obijime* und andere Schmuckkordeln. 10-19 Uhr,

So/F bis 17 Uhr, 2-11-1 Ueno, Tel. 3831-3773.

● **Hasegawa-Hashimoto-ten,** *geta, zôri* (traditionelle Sandalen), auch Schirme. 8.30-20 Uhr, 2-4-4 Ueno, Tel. 3831-3933.

● **Hashimoto,** handbemalte Papierdrachen von 1000 bis über 50.000 ¥. Mo-Sa 8-19 Uhr, 2-2-5 Higashi-Ueno (JR: Ueno/Okachimachi), Tel. 3841-2661.

● **Jûsanya-Kushi-ten,** Holzkämme zwischen 3000 und 10.000 ¥ pro Stück, seit 1736 im Geschäft. 10-18 Uhr, 1. u. 3.So geschl., 2-12-21 Ueno, Tel. 3831-3238.

● **Kyôya,** traditionelle Möbel, Schachteln, Schalen. Mo-Sa 10-18 Uhr, 2-12-10 Ueno, Tel. 3831-1905.

### Yanaka

● **Buseki Flower Basket Shop,** Korbwaren aus rauchgeschwärztem Bambus. 9-19 Uhr, 3-15-5 Nishi-Nippori, Tel. 3828-1746.

● **Isetatsu-ya,** Papiermachéfiguren *(chiyo-gami)*, bedrucktes Papier *(washi)*, Souvenirs. 10-18 Uhr, 2-18-9 Yanaka, Tel. 3823-1453.

● **Kana Kana,** Kunsthandwerk, nahe *Isetatsu-ya.*

● **Tokuo-ken,** Pinsel und Farben, Kototoi-dôri, nahe *Tanabe Bunkaidô.*

● **Tanabe Bunkaidô,** hier haben *Miró* und *Picasso* einige Pinsel gekauft. Kototoi-dôri, Ikenohata 4-chome.

## Essen

### Regionale Küche

● **Hokuhan,** ¥¥, authentische nordjapanische Küche, in Bahnhofsnähe, lebhaft, ca. 3000-5000 ¥. 17-22 Uhr, So u. F geschl., 6-7-10 Ueno, Tel. 3831-8759.

● **Uemura,** ¥¥/¥¥¥, Kappô-Lokal, gegenüber Shitamachi-Museum. Plaza-U-Bldg. F5, an der Chûô-dôri, Ueno 4-chome.

### Sushi

● **Kei,** ¥/¥¥, preiswertes Sushi-Lokal, in dem alle Happen gleich viel kosten (um die 200 ¥). Nordöstlich U-Bahnhof Nezu, Nezu 2-chome.

● **Noike,** *anago-zushi* (Aal). Mo/Mi-Sa 11.30-14 und 17-22 Uhr, So/F 11.30-20 Uhr, 120 m unterhalb Daien-ji-Tempel, Tel. 3821-3922.

## Sukiyaki, Shabu-shabu

●*Take-ya,* ¥/¥¥, Sukiyaki oder Shabu-shabu bis man satt ist, Männer 2000 ¥, Frauen 1800 ¥. Belitas Bldg. 6F, 6-14-7 Ueno (Ueno, Ausgang Hirokoji), Tel. 3836-3679.

## Tonkatsu,Kushiage

●*Hantei,* ¥/¥¥, berühmtes altes Lokal mit dem Charakter eines Ryôtei, in einem 3geschossigen Gebäude aus der Meiji-Zeit. Spezialität: Menü mit 6 Kushiage-Spießen für 2500 ¥, weitere 6 kosten nur 1200 ¥, am Schluß gibt es Reis oder Nudeln. 17-22 Uhr, F 16-21 Uhr, So geschl., 2-12-15 Nezu (U: Nezu, Chiyoda-Linie), Tel. 3828-1440.

●*Sabô Hantei,* ¥, traditionelles Teehaus, Snacks und Bentô, ab 800 ¥. Di-Sa 11-14 und 18-21 Uhr, F geschl., neben Hantei, Tel. 3827-5317.

## O-den

●*Otafuku,* ¥¥, Dutzende von O-den-Leckerbissen im über 70 Jahre alten Lokal, 3000-4000 ¥. 17-22.30 Uhr, So u. F 15-20.30 Uhr, Mo u. 2. u. 3. So geschl., 1-6-2 Senzoku (U: Iriya, Hibiya-Linie), Tel. 3871-2521.

## Soba und Udon

●*Oshimaya,* ¥, ein Nudelladen, in dem es Paradies- und Höllen-Nudeln in Sesamsoße gibt. Yanaka 3-chôme (U: Sendagi, Chiyoda-Linie).

## Vegetarisch

●*Sasa-no-Yuki,* ¥¥, berühmtestes Tofu-Lokal, Tempelküche, ab 1300 ¥. 2-15-10 Negishi (JR: Uguisudani), Tel. 3873-1145.

## Chinesisch

●*Little Hong Kong,* ¥/¥¥, authentisch, preiswerte Lunch-Sets. 11.30-23 Uhr, So u. F bis 22.30, 3-38-Yushima (U: Yushima, Chiyoda-Linie; Ueno-Hirokôji, Ginza-Linie), Tel. 3831-2638.

## Cafés

●*Imojin,* gutes altmodisches Eiscafé. 11.30-20 Uhr, 2-30-4 Nezu (U: Nezu), Tel. 3821-5530.

●*Café Kayaba,* bei Studenten sehr beliebt. An der Kreuzung Kototoi-dôri/Sansaki-zaka (JR Nippori/Uguisudani).

Stadtteile

## Bars und Clubs

● *Cannabis Sativa,* saubere, harmlose Reggae-Bar mit Videos und guter Aussicht; Cocktails, soviel man will: Männer 3500 ¥, Frauen 2500 ¥. Mo-Sa 19-5 Uhr, So geschl., Ueno Bldg. F10, 3-41-12 Yushima (U: Ueno Hirokôji, Ginza-Linie), Tel. 3831-7777.
● *G.H Nine,* preiswerter, lohnender Jazz-Club, ab 2000 ¥. 18-24 Uhr, Musik ab 19 Uhr, Ueno Bldg. F9, 4-4-6 Ueno (U: Ueno-Hirokôji, Ginza-Linie), Tel. 3837-2525.

## Rakugo-Theater

● *Suzumoto Engeijô,* das älteste Rakugo-Theater Tokyos, untergebracht in einem modernen Gebäude, nahe Shitamachi-Museum. 12-16.30 und 17-21 Uhr, Chûô-dôri, Ueno 2-chôme (Ueno), Tel. 3834-5906.

## Unterkunft

### Nähe Ueno

● *Business Inn Sunny,* ¥, 9 Zimmer, ab 7000 ¥. 3-15-9 Ueno, Tel. 3831-3211, 3835-0919.
● *Hotel Green Capital,* ¥/¥¥, 58 Zimmer, ab 8000 ¥. 7-8-23 Ueno, Tel. 3842-2411, Fax -2414.
● *Hotel Sun Targas,* ¥/¥¥, 72 Zimmer, ab 8500 ¥, 2-19-3 Ueno, Tel. 3833-8686, Fax -7775.
● *New Ise Hotel,* ¥/¥¥, 49 Zimmer, ab 8500 ¥. 3-13-1 Ueno, Tel. 3831-8666, Fax 3837-2145.
● *Nasuda,* ¥/¥¥, preisgünstiges Businesshotel, z.B. kl. Doppelzimmer 8500 ¥. 6-1-2 Ueno, Tel. 3841-2315, Fax 3841-2643.
● *Ueno First City Hotel,* ¥/¥¥, 52 Zimmer, ab 9000 ¥. 1-14-8 Ueno, Fax 3831-8215, Tel. 3837-8469.
● *Ueno Terminal Hotel,* ¥¥, 69 Zimmer, ab 10.000 ¥. 2-21-11 Ueno, Tel. 3831-1110, Fax -5635.
● *Hotel Parkside,* ¥¥, 101 Zimmer, ab 10.000 ¥. 2-11-18 Ueno (Yushima; Ueno-Hirokôji), Tel. 3836-5711, Fax -3459.

### Nähe U-Bahnstation Nezu

● *Yayoi Kaikan,* ¥, 135 Zimmer, ab 5500 ¥. 2-1-14 Nezu, Tel. 3823-0841, Fax 3828-8188.
● *Sawanoya Ryokan,* ¥, beliebt, nahe Ueno-Park in Yanaka. 2-3-11 Yanaka (U: Nezu, Ausg. 1), Tel. 3822-2251, Fax -2252.
● *Ryokan Katsutarô,* ¥, nahe Ueno-Zoo, älteres Ryokan, ab 5000 ¥. 4-16-8 Ikenohata (Keisei Ueno 10 Min.; U: Nezu, Ausg. Ikenohata, 5 Min.), Tel. 3821-9808, Fax -4789.

### Nähe Uguisudani

● *Watanabe Business Hotel,* ¥, 28 Zimmer, ab 6000 ¥. 1-10-10 Negishi, Tel. 3875-8607, Fax 3874-8865.
● *Sakura Ryokan,* ¥, modern, ab 5000 ¥. 2-6-2 Iriya (Uguisudani 6 Min. Taxi, U: Iriya 5 Min.), Tel. 3876-8118, Fax 3873-9456.

### Nähe Nippori

● *Sakiwa Hotel,* ¥, 26 Zimmer, 7000 ¥. 2-21-11 Nippori, Tel. 3891-7111, Tel. 3802-Fax 3102.

# Am Sumida-Fluß: Asakusabashi und Ryôgoku (Taito-ku, Sumida-ku)

Südlich von Asakusa erstrecken sich entlang beider Ufer des **Sumida-Flusses** lebhafte Stadtviertel, die – mit Ausnahme von Sumo-Fans – unter Touristen wenig bekannt sind, aber mit ihrem Charme der Edozeit durchaus einen Besuch wert sind.

*Kuramae* bedeutet „vor den Reisspeichern". Der als Steuer während der Tokugawa-Zeit aus den Provinzen angelieferte **Reis** wurde hier gelagert und dann an die 20.000 niedrigeren Samurai als Sold verteilt. Diejenigen, denen das Anstellen zu mühsam war, beauftragten – gegen Bezahlung natürlich – die Besitzer von Eßständen in der Gegend, für sie den Reis abzuholen. Später entwickelten sich diese zu Reiszwischenhändlern *(fudasashi)* und gewannen ab 1729 eine immer größere Monopolstellung. Den Samurai kauften sie einen Teil ihres Reis-Soldes ab und gaben auch Geld gegen Wucherzinsen.

*Koku* war die alte Maßeinheit für Reis; ein *koku* umfaßte 180 Liter und war unterteilt in 10 *to*, diese wiederum in 10 *sho*. Die großen Sakeflaschen, die 1,8 l enthalten, werden heute noch *sho-bin* genannt. Ein *sho* sind wiederum 10 *go*. Ein *koku* Reis reichte normalerweise für eine Person ein Jahr lang.

### Um den Bahnhof Kuramae

Heute ist die Gegend um den Bahnhof bekannt als **Kuramae Toy Town** *(Kuramae Omocha Machi)*, vor allem westlich der Edo-dôri und der Kokusai-dôri, die nach Norden in Richtung Asakusa führen.

Südlich des Bahnhofs, an der Kreuzung mit der Kuramae-bashi-dôri (an der östlichen Ecke) steht der Feuerwerksladen *Yamagata-shoten*. Von hier kann man einen kurzen Abstecher nach Westen zum **Torigoe-jinja** machen, der zu den ältesten Schreinen Tokyos gehört. Er ist bekannt und beliebt wegen zweier **Feste:** Zum *Dondo-Yaki* am 8. bzw. 9. Januar wird der traditionelle Neujahrsschmuck aus Kieferzweigen und Stroh dort verbrannt und im Feuer *mochi* (Reiskuchen) ge-

braten und dann zum Schutz gegen Krankheit im kommenden Jahr verzehrt. Das bekanntere Fest *Yo-matsuri* findet jedoch am Wochenende nahe dem 7. Juni statt, wenn der schwere *o-mikoshi* (tragbare Schrein) den ganzen Tag lang durch die Stadtviertel getragen wird.

## Asakusabashi

Südlich der Kuramaebashi-dôri erstreckt sich das Viertel Asakusabashi. Es wird wegen seiner vielen Puppenläden **Asakusabashi Doll Town** *(Asakusabashi Ningyô Machi)* genannt. In der zweiten Querstraße, die links von der Edo-dôri abzweigt, verlockt das stimmungsvolle **Yakitori-Lokal** *Toriyasu* zum Imbiß.

An der Edo-dôri, kurz vor dem Bahnhof Asakusabashi, sind links die alteingesessenen **Spielzeugläden** *Kyûgetsu* und *Shûgetsu* zu finden. In der linken Querstraße vor dem Bahnhof steht linker Hand das preiswerte **Geschäft für washi** (Japanpapier) *Sakura Horikiri* (Tel. 3864-1773), in dem auch unterrichtet wird, wie man Papierpuppen, beklebte Schachteln u.ä. herstellt.

Südlich des Bahnhofs Asakusabashi, der nur eine Station östlich von Akihabara liegt, gibt es, kurz vor der **Asakusa-Brücke** über den Kanda-Fluß, rechts das alte **Puppengeschäft** *Yoshitoku*. Die Brücke war in der Edo-Zeit ein Kontrollposten, an dem die Boote überprüft wurden, die den Kanda-Fluß stadteinwärts befuhren, und die Fußgänger, die in Richtung Asakusa oder nach Norden unterwegs waren.

*Stadtteile*

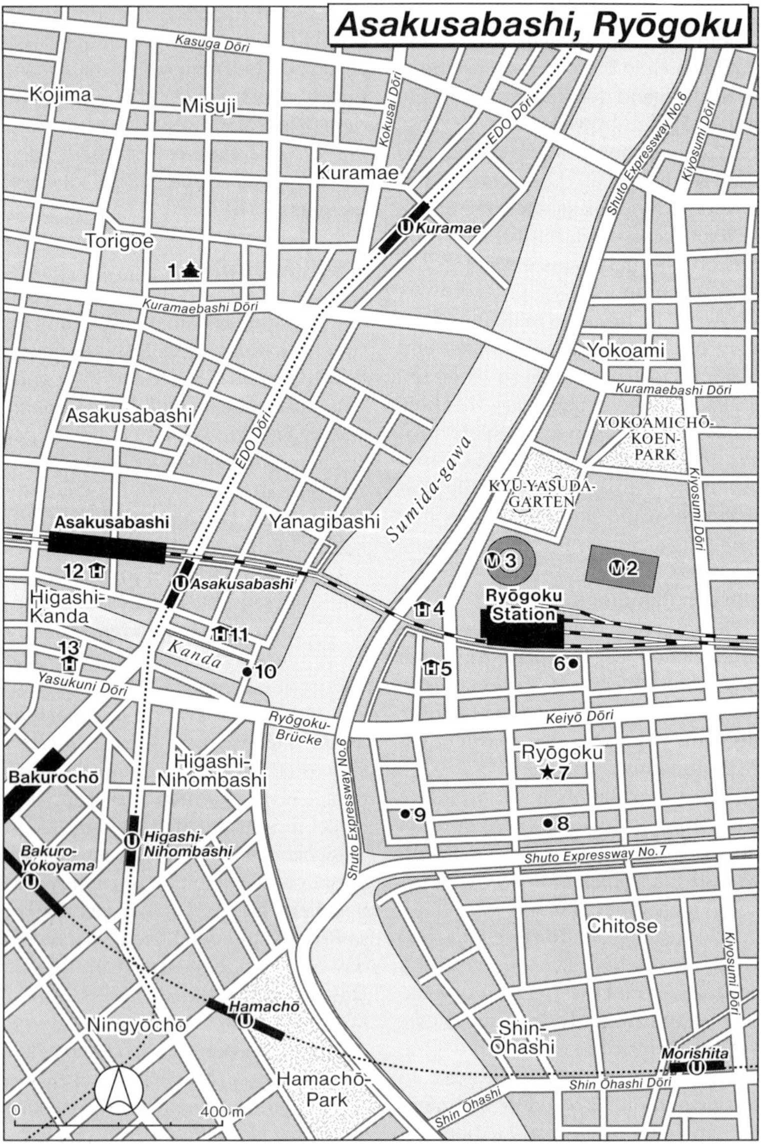

# Asakusabashi, Ryōgoku

Kasuga Dōri

Kojima

Misuji

Kuramae

Kokusai Dōri

EDO Dōri

Shuto Expressway No. 6

Kyosumi Dōri

Torigoe

**U** Kuramae

1 ▲

Kuramaebashi Dōri

Yokoami

Kuramaebashi Dōri

Asakusabashi

YOKOAMICHŌ-
KOEN-
PARK

EDO Dōri

Sumida-gawa

KYŪ-YASUDA-
GARTEN

**Asakusabashi**

Yanagibashi

Ⓜ 3

Ⓜ 2

12 ⌂

**U** Asakusabashi

4 ⌂

**Ryōgoku
Station**

Higashi-
Kanda

⌂ 11

Kanda

6 ●

13 ⌂

● 10

⌂ 5

Yasukuni Dōri

Ryōgoku-
Brücke

Keiyō Dōri

**Bakurochō**

Higashi-
Nihombashi

Shuto Expressway No. 6

Ryōgoku
★ 7

● 9

● 8

**U** Higashi-
Nihombashi

**Bakuro-
Yokoyama**
**U**

Shuto Expressway No. 7

Chitose

Kyosumi Dōri

Ningyōchō

**Hamachō**
**U**

Shin-
Ohashi

*Morishita*
**U**

0        400 m

Hamachō-
Park

Shin Ōhashi

Shin Ōhashi Dōri

Geht man am **Kanda-Fluß** entlang in Richtung seiner Mündung in den Sumida-Fluß, gelangt man zur grünen **Yanagi-bashi** (Weidenbrücke). Eines der besten Restaurants in dieser Gegend ist *Kameseirô*.

## Ryôgoku

Asakusabashi gegenüber auf der anderen Flußseite liegt das ganz im Zeichen des **Sumo-Ringens** stehende Viertel Ryôgoku. Von der Yasukunidôri über die **Ryôgoku-bashi** (Zwei-Länder-Brücke) gehend, erreicht man ihre Verlängerung, die Keiyô-dôro. Früher verließ man hier Edo und betrat ein anderes Land *(koku)*, heute ist es nur ein anderer Stadtteil: Sumida-ku.

## Sumo-Stadion Kokugikan

Neues Mekka der Sumo-Fans ist das staatliche, 1984 erbaute moderne Sumo-Stadion Kokugikan, direkt nördlich des Bahnhofs Ryôgoku, das für 11.500 Besucher Platz bietet. Der Sumo-Ring kann versenkt werden und Platz für andere Veranstaltungen machen.

Es gibt ein kleines, dem Sumo gewidmetes **Museum,** das wochentags kostenlos besichtigt werden kann, während der Turniere haben jedoch nur Zuschauer Zutritt. Die Atmosphäre live mitzuerleben ist lohnend, es geht sehr lebhaft zu. (Stehplätze ab 500 ¥, Sitzplätze bis über 10.000 ¥; 1-3-28 Yokoami, Tel.3622-0366).

## Edo-Tokyo-Museum

Neben dem Stadion steht unübersehbar das sehr interessante moderne Edo-Tokyo-Museum, das mit allen Mitteln eines Hightech-Museums gestaltet ist. Es ist der **Geschichte von Edo und Tokyo** und der Kultur seiner Bewohner gewidmet. So gibt es die Nachbildung eines Edo-Stadtviertels, das Modell des Edo-Schlosses sowie Kleidung, Filme, Dokumente und Gegenstände aus der Zeit zwischen Edo und heute zu sehen.

●**Öffnungszeiten:** 10-18 Uhr, Fr bis 21 Uhr, Mo geschl., Eintritt: 500 ¥; 1-4-1 Yokoami.

## Gärten

Nördlich der Sumohalle und des Museums liegen zwei Parks: Der ehemalige Daimyô-Garten **Kyû Yasuda** mit Gezeitenteich gehörte dem superreichen *Yasuda*-Clan (*Yoko Ono* ent-

Stadtteile

# Die Welt des Sumo

Japans rund *2000 Jahre alter National-sport (kokugi)* zu Ehren der Götter findet im Ausland – nicht zuletzt wegen der exotisch anmutenden Rituale und der aufregenden, oft nur Sekunden dauernden Kämpfe zwischen zumeist sehr massigen, schnellen Hünen – immer mehr, auch aktive Anhänger. Ursprünglich diente Sumo als Opferhandlung, Anklänge daran gibt es heute noch in manchen Schreinen. Professioneller Sport wurde Sumo erst während der Edozeit.

*Elemente des Schintoismus* finden sich im Gewand des Schiedsrichters *(gyôji)*, das dem von Adeligen aus dem 14. Jh. ähnelt, im Shimmei-Dach über dem Ring, dem Ring *(dôyô)* selbst, der aus einer quadratischen Plattform von 4.55 m Durchmesser aus festgestampfter Erde mit Stroh besteht, des weiteren in den für Shintô charakteristischen Reingungszeremonien mittels Salz, das über den Ring geschleudert wird, im dicken Zeremoniengürtel des *Yokozuna* aus geflochtenem Seil und gezackten Papierstreifen, beides Shintô-Symbole. Selbst das für *Frauen* geltende *Verbot,* den Ring zu betreten, rührt daher. Wie wird man wohl heute, da neuerdings auch Frauen Sumo betreiben, damit verfahren: benötigt man für sie eigene *dôyôs?*

Es gibt im Sumo *keine Gewichtsklassen,* sondern nur eine sehr stark abgestufte Hierarchie, die in der Banzuke-Liste vor jedem Turnier veröffentlicht wird. Das *Durchschnittsgewicht* der um die 1.85 m großen Ringer liegt bei etwa *150 kg.* Kaum ein erfolgreicher Kämpfer wiegt weniger als 100 kg, die dicksten bringen bis zu 250 kg auf die Waage.

Wenn die Kämpfe auch schnell vorüber sind, ist doch das minutenlange *Vorbereitungsritual* vor jedem Kampf wichtiger Bestandteil der Aktion: das Stampfen mit den Beinen (damit die *kami* aufmerksam werden), die erhobenen geöffneten Handflächen (keine Waffen), die wiederholte Reinigung mit Salz, die scheinbaren Fehlstarts von den weißen Linien in der Ringmitte aus, die 1.20 m voneinander entfernt sind – alles gehört zur psychologischen Vorbereitung.

Man versucht, den Gegner *aus dem Ring zu schieben,* ihn mittels Griff an den Gürtel *(mawashi)* aus dem Ring zu hebeln oder ihn mit Judo-ähnlichen Würfen zu Fall zu bringen. 70 Techniken sind von der *Japan Sumo Association* zugelassen, 48 davon gelten als klassisch. Wer als erster mit einem Körperteil außer den Fußsohlen den *Ringboden berührt* oder mit einem Körperteil den *Ring verläßt,* hat verloren. Typisch japanisch haben die Ringrichter *(shimpan)* schon seit Jahrzehnten im Zweifelsfall Zeitlupenaufnahmen des Fernsehens zur Entscheidungsfindung herangezogen.

Die Kämpfer stehen sich in den willkürlich zusammengestellten Gruppen Ost und West gegenüber. Jeder Ringer *(sumôtori)* muß an den 15 Turniertagen einen Kampf pro Tag bestreiten (in den unteren vier Divisionen sind es nur 7 Tage); wer mindestens 8 Kämpfe – also die Mehrheit – gewinnt, wird befördert *(kachikoshi),* ansonsten herabgestuft *(makekoshi).* Gelegentlich gewinnt ein Sieger mit 15:0 *(zenshô).*

Ein *Yokozuna,* der *ranghöchste Kämpfer,* sollte mehrere Turniere hintereinander gewinnen. Er kann diesen Rang nie wieder verlieren; spürt er, daß seine besten Tage vorüber sind, tritt er freiwillig zurück. In einer Zeremonie, der *dampatsushiki,* wird sein Haar im Ring abgeschnitten – in einer emotional stets sehr geladenen Atmosphäre. Diese von allen ranghohen Kämpfern *(sekitori)* bei ihrem *Rücktritt* durchgeführte Zeremonie verlangt, daß Freunde, frühere Rivalen, Verwandte und Prominente einer nach dem anderen ein wenig vom Haar seiner Gingkoblatt-Frisur *(ôi-chômage)* abschneiden. Mit Anfang dreißig hören die meisten Kämpfer auf und eröffnen eigene Ställe als uneingeschränkte Bosse *(oyakata),* falls verheiratet, unterstützt von der Ehefrau *(okami-san),* oder betreiben Lokale für *chanko-nabe*, das klassische Sumo-Gericht.

Es gibt im Jahr *6 Turniere (bashô)*, die am Sonntag nahe dem 10. des jeweiligen Monats beginnen: 3 davon in Tokyo (Januar, Mai, September), die anderen in Osaka (März), Nagoya (Juli) und Fukuoka (November).

Die Kämpfer stammen zumeist aus ländlichen Gebieten im Norden (Tôhoku, Hokkaidô) und Südwesten (Kyûshû). Ihre *Ausbildung* beginnen die jungen Burschen nach der Pflichtschulzeit mit etwa 15 Jahren, indem sie in einen der über 40 Sumo-„Ställe" (jap. *heya* = Zimmer) ziehen. Anfangs müssen sie neben dem harten Training alle Arten von Arbeiten verrichten, wie z.B. Putzen und Kochen. Je jünger und weiter unten in der Hierarchie, desto früher müssen sie aufstehen. Die jüngsten stehen um 5 Uhr im Ring, die *Sekitori* kurz nach 8 Uhr.

Die drei *Grundarten des Trainings (keiko)* umfassen neben dem Ringen unter Gleichrangigen und mit Älteren das Hin- und Herschieben von Älteren durch den Ring *(butsukari-geiko)* sowie die Routinen von *shiko*, das charakteristische Stampfen nach links und rechts, ca. 500 Mal pro Tag. Dazu gehören weiterhin *matawari* (spagatähnlich gegen den Ring sitzen, Oberkörper nach unten drücken) und *teppô* (gegen Holzpfeiler in der Ringmitte drücken, mit offenen Händen schlagen).

Das *tägliche Training* endet gegen 11 Uhr, es folgen das Bad und das Essen: typischerweise *chanko-nabe*, ein Eintopf aus Huhn, Schweinefleisch, Fisch, Tofu, Kohl, Bohnensprossen, Karotten und Zwiebeln. Er wird mit Reis gegessen und ist sehr gehaltvoll. Dazu wird Bier getrunken. Der Nachmittag ist frei. Wer ausgeht, muß korrekt mit Kimono bekleidet sein.

Trotz des harten Trainings und der Aussicht auf Einkünfte erst ab der zweithöchsten Division *(jûryô)* schliessen sich immer wieder auch *Ausländer* – meist Polynesier wegen ihrer Neigung zu Körperfülle – den Ställen an, nicht selten mit großem Erfolg. Der Hawaiianer *Akebono* (bürgerlich: *Chad Rowan*) war eine Zeitlang der einzige *Yokozuna*, bis Japan von *Taka-no-Hana* „erlöst" wurde.

Wer die Turniere verfolgen möchte und kein Japanisch versteht, kann im Radio *auf Englisch* simultan dabei sein (FEN 810 kHz). Auch an Universitäten und anderswo finden zuweilen Turniere statt.

Stadtteile

stammt diesem Clan), wurde dann aber der Stadt als Geschenk vermacht.

Der nebenan gelegene **Yoko-amichô-Park** enthält eine Gedenkstätte (Tôkyôto *Irei-dô*, 9-16 Uhr) für Erdbebenopfer und die Opfer der Bombenangriffe auf Tokyo in den Jahren 1944 und 1945, die um die 100.000 Menschenleben gefordert haben. Hierhin hatten sich 1923 bei einem Erdbeben Tausende von Menschen geflüchtet, wurden aber dennoch an diesem damals baumlosen Platz ein Opfer der Flammen und der infernalischen Hitze. Eine **Pagode** enthält die Knochen von 58.000 Opfern. Auch der etwa 2000 ermordeten Koreaner wurde gedacht – nach dem Erdbeben war das Gerücht aufgekommen, Koreaner hätten die Situation ausgenutzt und Brunnen vergiftet.

### Südlich des Bahnhofs Ryōgoku

Naheliegend ist zunächst ein Besuch des **Ekô-in-Schreins,** in dem die Tradition der großen Sumo-Turniere 1780 begann. In diesem Schrein wurde für den Frieden unbekannter Toter und sogar für Haustiere gebetet. Hier gibt es Gedenksteine für Opfer von Erdbeben und Schiffbrüchen. Auch ein Dieb liegt hier begraben, der wie *Robin Hood* die Reichen bestahl, um den Armen zu geben. Sein Name war *Nezumi-Kozo* (Rattenjunge), und von seinem Grabstein schlagen sich diejenigen einen Splitter ab, die ein riskantes Unterfangen vorhaben, u.a. Studenten.

In der Meiji-Zeit gab es auf dem Schreingelände ein erstes festes Gebäude für Sumo-Turniere, das aber leider abgerissen worden ist. In dem Viertel um den Schrein befinden sich mehrere der *heya* (Stall) genannten **Trainingsquartiere:** *Kasugano*, *Izutsu* und *Oshima.* Nahe letzterem kann man die Stelle sehen, an der einst das **Haus von Kira Kozukenosuke** *(Kira-teï Ato)* gestanden hatte; dessen Besitzer war es, an dem die berühmten 47 Samurai den Tod ihres Herrn 1702 gerächt hatten. Viel ist jedoch nicht zu sehen: einige Gedenktafeln und Bilder.

In der Umgebung von Ryōgoku gibt es viele **Geschäfte für Sumobedarf** und Souvenirs.

Sumo-Kokugikan und Edo-Museum

## Einkaufen

● **Musashiya Shoten,** Spielzeug. 9-18 Uhr, So u. F geschl., 1-7-1 Kuramae (U: Kuramae, Asakusabashi), Tel. 3851-5817.

● **Kyūgetsu,** eines der größten Puppengeschäfte in Japan. 9-18 Uhr, 1-20-4 Yanagibashi (JR, U: Asakusabashi), Tel. 3861-5511.

● **Ningyô no Nomura,** hat wohl die elegantesten Puppen. Asakusabashi, Tel. 3863-4711.

● **Yoshitoku,** traditionelle Puppen, seit 1711 im Geschäft. 9.30-17.30 Uhr, 6.5.-4.1. So geschl., 1-9-14 Asakusabashi, Tel. 3863-4419.

## Essen

### Asakusabashi

(U: Asakusabashi)

●**Daikoku-ya,** ¥¥¥, Familienbetrieb, entspannte Atmosphäre im alten Herzen Tokyos am Sumida-Fluß, leckeres Tempura nach Edo-Art, knapp 10.000 ¥. 11.30-14 und 17-21 Uhr, So u. F geschl., 1-2-1 Yanagibashi, Tel. 3851-4560.

●**Miyako-zushi,** ¥¥, exzellentes traditionelles Sushi-Lokal, gegessen wird, was frisch vom Fischmarkt kommt, über 6000 ¥. 11.30-14 und 17-21 Uhr, So u. F geschl., 1-10-12 Yanagibashi, Tel. 3851-7494.

●**Kameseirô,** ¥¥, exquisites Miyakodôri-bentô in Lackkästchen, an der Yanagi-bashi. 11.30-14 und 17-21 Uhr, So u. F geschl., Tel. 3851-3101.

### Ryôgoku

(JR: Ryôgoku)

●**Hyôtan,** ¥¥¥, guter *fugu* in gemütlicher Atmosphäre, *fugu-sashi* und *chiri-nabe* sind besonders empfehlenswert, ca. 10.000 ¥. 17-22 Uhr, geschl.: September-April So, Mai-August Sa,So u. F, 1-15-7 Midori, Tel. 3631-0408.

●**Tomoegata,** ¥¥, einer der besten Orte zum Kennenlernen der Sumo-Leibspeise: *chanko-nabe*, am besten *miso-* oder *shoyu*-Geschmack bestellen, am Schluß *yosui*, ca. 3000 ¥. 11.30-22 Uhr, So u. F 12-22 Uhr, 2-17-6 Ryôgoku, Tel. 3631-6729.

●**Kikoya,** gleich östlich der Ryôgoku-Brücke, bekannt für Aal und *dôjô* (Schmerle). 11-14 und 16.30-21 Uhr, So/F geschl., Ryôgoku 1-chôme.

●**Momonja,** Wildschwein, aber auch anderes Wild, gegenüber Kikoya. 12-14 und 17-21 Uhr, April-Juni am 1. und 3. So im Monat geschl., Ryôgoku 1-chôme.

●**Kawasaki,** Sumo-Eintopf *chanko-nabe* ohne Fleisch von Vierbeinern, nahe der Westseite des Ryôgoku-Bahnhofs.

## Unterkunft

### Asakusabashi

●**Asakusabashi Business Hotel,** ¥, 81 Zimmer, ab 7500 ¥. 1-11-9 Asakusabashi (Asakusabashi), Tel. 3865-4747, Fax -4848.

●**Business Hotel Nihombashi Villa,** ¥/¥¥, 179 Zimmer, ab 8500 ¥. 2-2-1 Nihombashi-Bakurochô (U: Bakurochô), Tel. 3668-0840, Fax -0909.

●**Belmonte Hotel,** ¥¥, 84 Zimmer, ab 10.000 ¥. 1-2-8 Yanagibashi (Asakusabashi), Tel. 3864-7733, Fax -7732.

### Ryôgoku

●**Ryôgoku River Hotel,** ¥, inmitten des Sumo-Viertels, 100 Zimmer, ab 7500 ¥. 2-13-8 Ryôgoku (Ryôgoku), Tel. 3634-1711, Fax 3635-2874.

●**Ryôgoku Pearl Hotel,** ¥/¥¥, günstig für Sumo-Fans, 302 Zimmer, ab 8000 ¥. 1-2-24 Yokozuna (Ryôgoku), Tel. 3626-3211, Fax 3626-2080.

# Das Viertel der Glücksgötterschreine: Fukagawa (Sumida-ku)

Fukagawa erstreckt sich auf der Ostseite des Sumida-Flusses südlich von Ryôgoku etwa bis zum Rand des Hafengebietes. In diesem Viertel liegen zahlreiche Tempel und Schreine der *7 Glücksgötter.*

### Bashô Memorial Hall

Zwischen der **Shin-Ôhashi-Brücke** („neue große Brücke") und dem **U-Bahnhof Morishita** (Toei-Shinjuku-Linie), wo man den Bummel durch Fukagawa am besten beginnt, geht

Stadtteile

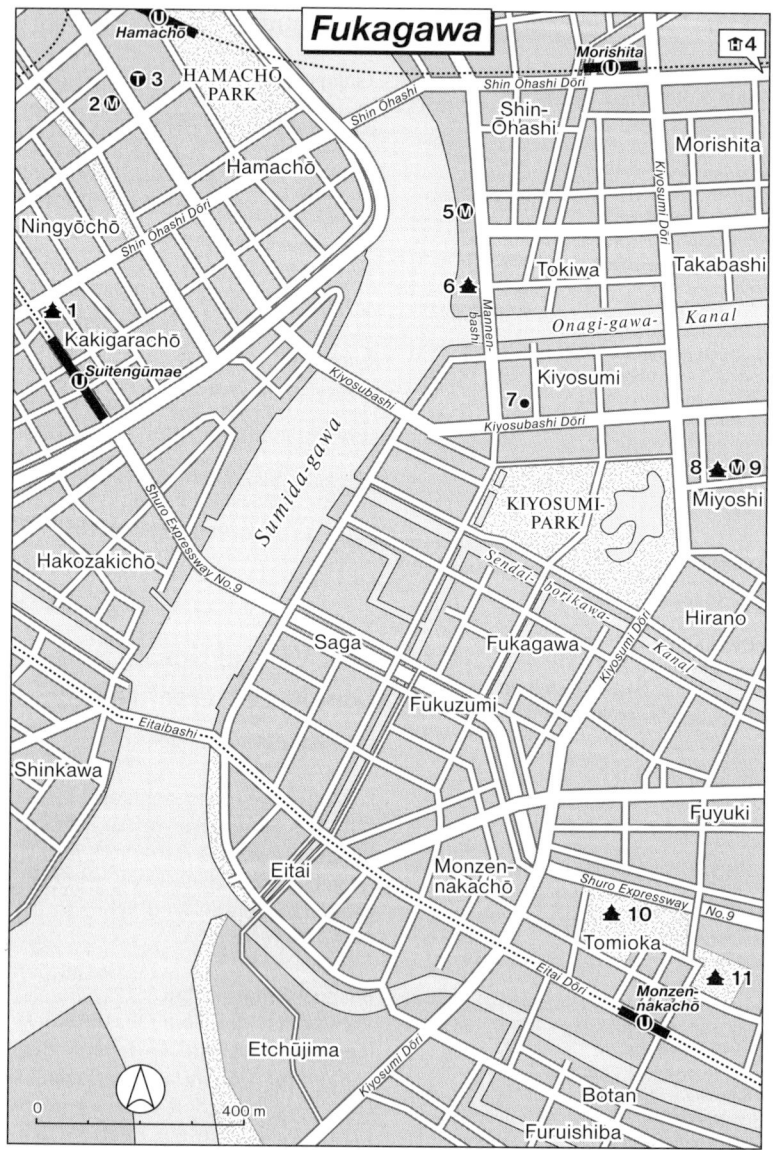

# Fukagawa

Hamachō

HAMACHŌ PARK

3

2 Ⓜ

Hamachō

Ningyōchō

Shin Ōhashi Dōri

Kakigarachō

1

Suitengūmae

Morishita

Shin-Ōhashi

Shin Ōhashi Dōri

Morishita

5 Ⓜ

Tokiwa

Takabashi

6

Mannen-bashi

Onagi-gawa-Kanal

Kiyosubashi

7

Kiyosumi

Kiyosubashi Dōri

8 Ⓜ 9

Miyoshi

Kiyosumi Dōri

KIYOSUMI-PARK

Sumida-gawa

Shuro Expressway No.9

Hakozakichō

Sendai-bori-kawa-

Hirano

Saga

Fukagawa

Eitaibashi

Fukuzumi

Shinkawa

Eitai

Monzen-nakachō

Fuyuki

Shuro Expressway No.9

10

Tomioka

Monzen-nakachō

11

Eitai Dōri

Etchūjima

Kiyosumi Dōri

Botan

Furuishiba

0    400 m

## Fukugawa-Shimmei-gû-Schrein

Wer die 7 Glücksgötter von Fukagawa besuchen möchte, geht vom Museum die kleine Querstraße nach Osten in Richtung Kiyosumi-dôri und kommt dann links zum Schrein **Fukugawa Shimmei-gû**, wo sich der Glücksgott *Jurojin* aufhält. Er wurde einst von *Fukagawa Hachiroemon* vor rund 450 Jahren erbaut. Ihm zu Ehren hatte *Ieyasu* diesem Viertel seinen Namen gegeben. Das Fest dieses Schreins findet jährlich vom 15. bis 17. August statt.

## Fukagawa-Inari-Schrein

Der nächste Glücksgötterschrein liegt etwas südlich des **Onagi-gawa-Kanals.** Man geht zunächst zur Kiyosumi-dôri und biegt dort rechts ab. Kurz vor der Brücke über den Kanal steht links ein schönes altes Haus mit dem bekannten **Dôjô-Restaurant** *Iseki*. Hinter der Brücke hält man sich an der ersten Querstraße rechts und kommt zum Fukagawa-Inari-Schrein, in dem der Glücksgott *Hotei* residiert.

## Sumo-Ställe

Wenn man vom Schrein die kleine Straße weiter in südlicher Richtung geht, kommt man kurz vor der Kiyosubashi-dôri an zwei Sumo-Ställen berühmter ehemaliger *Yokozuna* (Sumo-Meister) vorbei, dem von **Kitanoumi** und gegenüber dem von **Taihô.**

## Kiyosumi-Garten

Überquert man die Kiyosubashi-dôri, kommt man kurz darauf zum Eingang des Kiyosumi-Gartens, der 1688

man nach Süden auf das Bashô-Museum *(Bashô Kinen-Kan)* zu, das am Sumida-Fluß etwa 300 m südlich der Brücke steht.

Das ehemalige Wohnhaus des berühmtesten aller Haiku-Dichter, **Matsuo Bashô** (1644-94), liegt ein paar hundert Meter weiter südlich, dort, wo der kleine **Inari-Schrein Bashô-an** steht. Der Dichter hatte seinen Namen nach dieser Einsiedelei am Fluß gewählt. Sie befindet sich ein Stück nordwestlich der Mannenbashi (10.000-Jahre-Brücke) in einer schmalen Seitenstraße. Dort an einem Teich hatte er wohl einst sein vielleicht berühmtestes *haiku* vom Frosch geschrieben. Das Museum zeigt u.a. *haikus* (auch seiner Schüler) und Handschriften sowie Reisekleidung aus der Zeit des großen Dichters.

Stadtteile

angelegt wurde und ursprünglich zum Anwesen des reichen Holzhändlers *Kinokuniya Bunzaemon* gehörte. Im Jahre 1878 kaufte *Yataro Iwasaki*, der Gründer des *Mitsubishi*-Konzerns, das Grundstück. Die Familie schenkte es jedoch ein Jahr nach dem Großen Erdbeben von 1923, als der Garten vielen Menschen das Leben hatte retten können, der Stadt.

Im Mittelpunkt des Parks liegt ein **Teich mit einem Teehaus** und einer Steinlaterne. Die meiste Zeit blüht irgendetwas, und im Winter grünt es dank der Kiefern immer noch überall.

Eine Besonderheit des Gartens sind die 55, aus allen Teilen Japans stammenden und teilweise seltsam geformten **Felsblöcke** (Öffnungszeiten: 9-16.30 Uhr).

### Reigan-ji-Tempel

Wenn man zur Kiyosumi-dôri zurück und ein Stück nach rechts geht und in die nächste Querstraße links einbiegt, kommt man bald zum Reigan-ji, der u.a. für einen großen *jizô* (erkenntlich an Ball und Stab) bekannt ist.

### Fukagawa Edo Museum

Gleich danach kommt man zum Fukagawa Edo Museum *(Fukagawa Edo Shiryokan)*. Hier ist es gelungen, einen kleinen **Straßenzug des Stadtviertels Sagachô** im Untergeschoß so wirklichkeitsgetreu aufzubauen, daß man sich leicht um 150-200 Jahre zurückver-

Vorstadtgassen in Fukagawa

setzt fühlt, was durch die raffinierten Licht- und Geräuscheffekte noch verstärkt wird. Daneben gibt es Videos über noch lebende **traditionelle Handwerker** (Öffnungszeiten: 10-17 Uhr; Eintritt: 300 ¥).

## Weitere Glücksgötterschreine

Geht man an der nächsten (östlichen) Ecke nach rechts und biegt in die nächste Querstraße links ein, kommt man zum rechts gelegenen Schrein **Ryûko-in,** in dem der Glücksgott *Bishamon* verehrt wird.

Ein Stück südlich liegt ein weiterer Glücksgötter-Schrein, **Enku-in,** dem Glücksgott *Daikoku* gewidmet.

Die nächsten beiden Glücksgötterschreine liegen jenseits des Sendaiborikawa-Kanals links und rechts. Ein kurzes Stück nach links befindet sich der der Göttin *Benten* geweihte **Fuyuki Benten,** der früher der Familienschrein der *Fuyuki* war. Geht man zur Kreuzung zurück und weiter bis zur Kreuzung mit der Kiyosumi-dôri und biegt dort rechts ein, sieht man bald rechts den Schrein **Shingyô-ji,** der u.a. dem Glücksgott *Fukurokuju* geweiht ist und in einem sechseckigen Gebäude neben dem Hauptschrein residiert.

## Fukagawa-Fudô-Tempel

Weiter südlich, hinter der Stadtautobahn, liegt die **U-Bahnstation Monzen Nakachô** (Tôzai-Linie). Nicht weit von hier finden sich der Tempel der Shingon-Sekte, Fukagawa Fudô, und der benachbarte **Eitai-ji.** Am 1., 15. und 28. jeden Monats gibt es ein Tempelfest, anläßlich dessen die *goma-gi* ge-nannten Wunsch-Hölzchen verbrannt werden. (Der dämonisch wirkende Gott *Fudô* braucht Feuer als Nahrung.)

## Tomioka Hachimangû-Schrein

Etwas weiter östlich lag das frühere Vergnügungsviertel von Fukagawa, in dem es auch Geishas gab. Heute finden sich hier mehrere **gute Lokale.**

Mittendrin – und das ist kein Zufall – liegt der bedeutende Schrein Tomioka Hachimangû, dessen **Schreinfest** Mitte August zu den drei größten Schreinfesten Tokyos gehört. Dabei werden wie üblich **Mikoshi** durch die Straßen getragen. Der große neue goldene *mikoshi* ist mit Diamanten und Rubinen besetzt und so schwer, daß er nur für kurze Zeit von den **dreihundert Trägern** getragen werden kann. Bei der Parade werden insgesamt über 50 solcher tragbaren Schreine durch das Stadtviertel geschleppt. Das Fest findet jedoch nur alle drei Jahre mit dem ganzen Pomp statt, dazwischen begnügt man sich mit kleineren Ausgaben.

In dem 1624 gegründeten Schrein fanden früher oft Sumo-Kämpfe statt.

## Essen

### Zu Mieten

● **Haus im Kiyosumi Garten,** kann morgens, nachmittags oder abends für Parties o.ä. für insgesamt 3½ Std. gemietet werden – für unter 5000 ¥; allerdings muß man sich wenigstens einen Monat vorher anmelden. Wer möchte, kann sich dazu auch O-Bentô bestellen. 9-16.30 Uhr, 3-3-9 Kiyosumi (U: Morishita, Toei Shinjuku-Linie; Monzen-nakachô, Tôzai-Linie), Tel. 3641-5892.

*Stadtteile*

## Unterkunft

- **Hotel Sun Morishita,** ¥, 24 Zimmer, ab 6500 ¥. 3-6-2 Morishita (U: Morishita), Tel. 3631-4311, Fax -4454.
- **Business Hotel New Fukuya,** ¥, 48 Zimmer, ab 5000 ¥. 3-7-6 Morishita (U: Morisahita), Tel. 3632-7411.
- **Family Hotel Fukagawa,** ¥, 23 Zimmer, ab 5000 ¥. 3-18-6 Morishita (U: Kikukawa; Ryô-goku), Tel. 3631-7290.
- **Hotel B&G,** ¥/¥¥, 168 Zimmer, ab 8000 ¥. 1-6-3 Fukugawa (U: Monzen-nakachô), Tel. 3630-2711, Fax -2725.
- **Hotel BMC,** ¥/¥¥, 40 Zimmer, ab 8000 ¥. 1-2-20 Hirano (Monzen-nakachô), Tel. 3643-2131, Fax -2135.
- **East 21 Tokyo,** ¥¥, neu, im Süden von Fukagawa, ab 16.000 ¥. 6-3-3 Tôyochô (U: Tôzai: Tôyôchô, Ausg. 1), Tel. 5683-5683, Fax 5683-5775.

# Attraktionen an der Tokyo-Bucht

Auf dem **aufgeschütteten Land** am Rand der Tokyo-Bucht wird in Zukunft noch manches geschehen: moderne, neue Stadtviertel, Austellungsgelände und Super-Wolkenkratzer befinden sich in Planung. Entstanden sind bereits eine Reihe von Attraktionen für die **Freizeit.** Die größten Attraktionen liegen südöstlich von Fukagawa.

### Tokyo-to Yumenoshima Tropical Plant Dome

Das künstliche Tropenparadies mit **4500 tropischen Gewächsen** unter einer 28 m hohen **Riesenkuppel:** 1500 m² Fläche, 90 % Luftfeuchtigkeit bei 25 °C. Die Wärme ist ein Abfallprodukt einer nahegelegenen Indu-

strieanlage. Der Besucherandrang ist groß, werktags in der Früh ist es noch erträglich, sonst fast immer voll bis sehr voll.

- **Öffnungszeiten:** 9.30-16 Uhr, Mo geschl., Eintritt: 200 ¥. 3-2 Yumenoshima (U: Shin-Kiba, Yûrakuchô-Linie), Tel. 3522-0281.

### Aquadrom

Ein Stück weiter, in Richtung Disneyland, befindet sich im Kasai-Rinkai-Park das sehenswerte große **Meeresaquarium** (suizoku-en) mit schönem Blick auf die Tokyo-Bucht.

- **Öffnungszeiten:** 9.30-17 Uhr, Mo geschl., 600 ¥, 6 Rinkai-chô, Station Kasai-Rinkai Kôen, Keiyô-Linie.

### Tokyo Disneyland

Das dritte Disneyland besteht aus einem knapp 83 ha großen Park, der in **fünf Themengebiete** unterteilt ist: World Bazar, Adventureland, Westernland, Fantasyland und Tomorrowland. Neben wechselnden Attraktionen gibt es tägliche **Paraden** und bergeweise Souvenirs zu kaufen.

- **Anfahrt:** Disneyland liegt etwas außerhalb an der Tokyo-Bucht in der Präfektur Chiba und ist zu erreichen mit der JR-Keiyô-Linie bis Maihama bzw. mit der U-Bahn bis Urayasu und von dort mit Shuttle-Bus. Ab Tokyo Station fährt auch ein direkter Shuttle-Bus (ab Ausgang Yaesu, hinter dem Tekka Bldg., 35 Min., 600 ¥, Kinder 300 ¥). Busse verkehren auch ab Ueno, Yokohama und Narita-Flughafen.
- **Öffnungszeiten:** Mo-Fr 9-19 Uhr, am Wochenende bis 21 Uhr, leichte jahreszeitliche Schwankungen. Eintritt: 3000 ¥, Kinder 2000 ¥, Tagespaß alles inclusive 4400 ¥, Eintritt incl. 10 Fahrten 4100 ¥. 1-1 Maihama, Urayasu-shi, Chiba-ken, Tel. 3366-5600, außerhalb Tokyos: 0473-54-0001.

## Unterkunft

Eine Reihe von Luxushotels flankieren den Park von Disneyland zur Bucht hin. An Tagen wie Heiligabend sind sie monatelang vorher ausgebucht, weil dann viele junge Männer die Frau ihrer Wahl eine Nacht lang verwöhnen, was mit Geschenk, Abendessen und Übernachtung schnell über 1000 DM kostet.

### Nahe Disneyland

(JR: Maihama, Keiyô-Linie; U: Urayasu, Tôzai-Linie, Tel. Vorwahl: 0473)

●*Sun Route Plaza,* ¥¥¥, 506 Zimmer, ab 20.000 ¥. 1-6 Maihama, Tel. 55-1111, Fax 54-7871.
●*Tokyo Bay Hotel Tôkyû,* ¥¥¥, 704 Zimmer, ab 26.000 ¥. 1-7 Maihama, Tel. 55-2411, Fax 50-0109.
●*Sheraton Grande Tokyo Bay Hotel & Towers,* ¥¥¥, 782 Zimmer, ab 26.000 ¥. 1-9 Maihama, Tel. 55-5555, Fax -5556.
●*Tokyo Bay Hilton,* ¥¥¥¥, 740 Zimmer, ab 30.000 ¥. 1-8 Maihama, Tel. 55-5000, Fax 55-5019.
●*Dai-Ichi Hotel Tokyo Bay,* ¥¥¥¥, 427 Zimmer, ab 37.000 ¥. 1-8 Maihama, Tel. 55-3333, Fax -3366.

### Nahe dem Kongresszentrum

●*Makuhari Prince,* ¥¥, im 50-stöckigen *Makuhari New Metropolitan City,* direkt neben dem Messegelände des *Nippon Convention Center,* günstig auch nach Narita, Disneyland; ab 15.000 ¥. 2-3 Hibino (Keiyô-Linie: Kaihin-Makuhari), Mihama-ku, Chiba, Tel. 043-296-1111, -0977.

### Kasai Rinkai Kôen

●*Hotel Seaside Edogawa,* ¥¥, 32 Zimmer, ab 15.000 ¥. 6-2-2 Rinkaichô (Kasai-Rinkai-Kôen, Keiyô-Linie, 3 Min.), Tel. 3804-1180, Fax -1175.

# Das Geschäftszentrum an der Tokyo Station: Nihombashi

(Chiyoda-ku, Chûô-ku)

Mit Ausnahme der Bahnhofsgegend von Shinjuku sind nirgendwo Grundstücke so teuer wie hier im Zentrum des *Big Business.* Nach dem Auszug der großen Daimyô-Familien lag das Areal eine Zeit lang brach bzw. wurde als Exerzierfeld der Armee benutzt, später wurde es der Kaiserfamilie zum Kauf angeboten. Die konnten es sich jedoch nicht leisten; so griff 1889 die *Firma Mitsubishi* zu und erwarb das Grundstück.

Im Zentrum des Stadtteils liegt der *Bahnhof Tokyo,* Ausgangspunkt des Superexpresszuges Shinkansen. Die Vorderseite des Bahnhofs, die 1914 nach der Fassade des Amsterdamer Hauptbahnhofs modelliert wurde, zeigt zum Kaiserpalast und dem *Mitsubishi*-Grundstück. Nach und nach zogen auch die anderen großen Firmen hierher. Das altehrwürdige Geschäftszentrum von Nihombashi und Kyôbashi auf der Rückseite des Bahnhofs verlor damit an Bedeutung.

Anders als z.B. in Hongkong und New York weist das Businessviertel keine architektonischen Augenweiden auf.

## Tokyo Station

In gewisser Weise ist dies der *Hauptbahnhof* Tokyos, aber nur dem Namen nach. Den Bahnhof von Shinjuku

*Stadtteile*

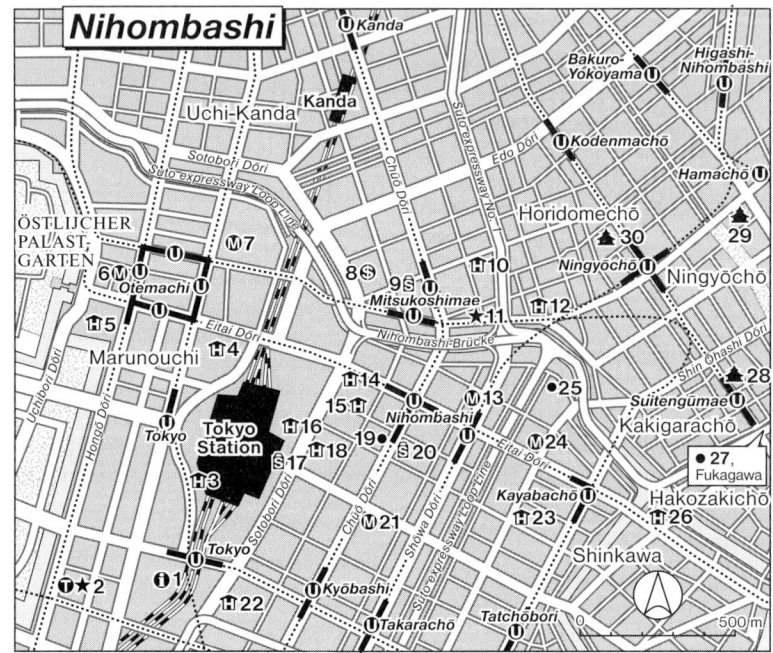

| | | | | |
|---|---|---|---|---|
| ❶ | 1 | Tokyo International Forum / T.IC. | 🏨 14 | Yaesu Ryumeikan |
| ❼ | 2 | Imperial Theater / | 🏨 15 | Yaesu Terminal Hotel |
| ★ | | Idemitsu-Kunstgalerie | 🏨 16 | Hotel Kokusai Kankô |
| 🏨 | 3 | Tokyo Station Hotel | Ⓢ 17 | Daimaru-Kaufhaus |
| 🏨 | 4 | Marunouchi Hotel | 🏨 18 | Haimato Hotel |
| 🏨 | 5 | Palace Hotel | ● 19 | Buchhandlung Maruzen |
| Ⓜ | 6 | IBM Information Science Museum | Ⓢ 20 | Takashimaya-Kaufhaus |
| | | | Ⓜ 21 | Bridgestone Museum of Art |
| Ⓜ | 7 | Communications Museum | 🏨 22 | Yaesu Fujiya |
| Ⓢ | 8 | Bank of Japan | 🏨 23 | Center Hotel Tokyo |
| Ⓢ | 9 | Mitsukoshi-Kaufhaus | Ⓜ 24 | Yamatane-Kunstmuseum |
| 🏨 | 10 | Tokyo City Hotel | ● 25 | Börse |
| ★ | 11 | Will-Adams-Gedenkstein | 🏨 26 | Kayabachô Pearl |
| ▲ | 12 | Tokiwa-Inari-Schrein | ● 27 | Tokyo City Air Terminal |
| 🏨 | | und Nihombashi-Saibô-Hotel | ▲ 28 | Suitengû-Schrein |
| Ⓜ | 13 | Drachen-Museum | ▲ 29 | Kasama-Inari-jija |
| | | | ▲ 30 | Suginomori-jinja |

passieren täglich mehr als zwei Millionen Menschen, im Bahnhof Tokyo sind es „nur" eine dreiviertel Million, die die dreitausend Züge benutzen, die hier hindurch- oder abfahren.

Der Bahnhof hat nach außen zwei Gesichter. Auf der modernen, der **Yaesu-Seite** (im Osten), steht das moderne **Tetsudô-Kaikan-Gebäude.** Dort befindet sich eine Filiale der Kaufhauskette *Daimaru*. Unterirdisch erstreckt sich eine kleine Stadt mit einer kaum überschaubaren Zahl an Lokalen und Läden.

An der Tokyo Station

## Marunouchi

Die klassische Seite des Bahnhofs ist die (westliche) Marunouchi-Seite. Die Westfassade stammt aus der Meiji-Zeit, wurde von *Kingo Tatsuno* entworfen und nach sechsjähriger Bauzeit fertiggestellt. Sie hielt immerhin dem großen Erdbeben von 1923 und – mit Ausnahme des Daches – den Luftangriffen des 2. Weltkriegs stand. Nahe dem Mittelausgang befindet sich die **Tokyo Station Gallery** mit drei Ausstellungsräumen, in denen jedes Jahr mehrere Ausstellungen veranstaltet werden. Hier steht auch das *Tokyo Station Hotel*.

Auf der Marunouchi-Seite befinden sich in unmittelbarer Nähe der U-Bahnstation Ôtemachi zwei Museen, die jedoch über unteschiedliche Ausgänge zu erreichen sind: Das

# Geschäftsverhandlungen in Japan

### Ein Einblick in die japanische Seele und ein paar praktische Tips

Wer mit japanischen Firmen geschäftlich zu tun hat, wird sich sicher gründlich auf die bevorstehenden Verhandlungen vorbereiten. Es gibt auf dem deutschen Markt eine Reihe von sehr hilfreichen Büchern, die sich ausführlich mit dem Thema Umgang mit Geschäftsbeziehungen in Japan befassen. Ich bin kein Geschäftsmann oder Experte für japanisches Management und Verhandlungstechnik, aber ich denke, ich kenne die japanische Mentalität und bin überzeugt, daß die hier gegebenen Tips nicht nur Geschäftsleuten nützlich sein werden, sondern auch einen allgemeinen Einblick in die japanische Seele geben.

## Gruppe und Hierarchie

Japaner streben im Grunde ihr Leben lang nach *amae,* dem Gefühl absoluter *Geborgenheit.* Am wohlsten fühlen sie sich daher innerhalb einer Gruppe: im Familien- und engsten Kollegen- oder Freundeskreis, wo sie sich gewissermaßen gehen lassen und ihren Gefühlen freien Lauf lassen können *(ninjo)* und nicht ständig sozialen Verpflichtungen *(giri)* nachkommen oder vor solchen auf der Hut sein müssen. Die meisten empfinden es nicht als Schande, auch als Erwachsene in *Abhängigkeitsbeziehungen* leben, etwa in der Ehe, im Gefüge einer Hierarchie oder im Verhältnis Vorgesetzter zu Untergebenen *(oyabun-kobun),* in dem sich das Verhältnis des Kindes zu den Eltern widerspiegelt.

Wer in eine Firma oder einen Verein eintritt, geht oft eine besondere Beziehung zu einem *älteren Kollegen* oder Mitglied ein, die *Sempai-Kohai* genannt wird. Der *Sempai* steht dem Jüngeren bzw. Neuling mit Rat und Unterstützung zur Seite und ebnet diesem damit den Weg in die neue Gruppe; dafür revanchiert sich der *Kohai* mit Loyalität, Respekt und Dankbarkeit.

## Harmonie und Vertrauen

Der Einfluß des *Konfuzianismus* hat ein starkes *Harmoniebestreben* in den mitmenschlichen Beziehungen hinterlassen, das auch heute noch wirksam ist. Wie in anderen asiatischen Ländern, stellvertretend sei die javanische Kultur Indonesiens genannt, wird in geschäftlichen Verhandlungen *Konfrontation abgelehnt* zugunsten eines Konsensus, an dem alle Ebenen eines Unternehmens beteiligt sind.

Wichtiger als geschickte Verkaufsgespräche sind *persönliche Beziehungen* zwischen den potentiellen Geschäftspartnern, die auf gegenseitigem Vertrauen beruhen. Dieses Vertrauen herzustellen ist unerläßlich, wenn die Verhandlungen letztlich zum Erfolg führen und die Geschäftsbeziehungen langfristig positiv verlaufen sollen. Wer diesen Punkt unterschätzt, darf sich über Mißerfolge nicht wundern. Vertrauensbildende Maßnahmen aller Art sind willkommen. Ist eine tragfähige Beziehung erst einmal hergestellt, werden künftige Probleme in aller Regel mit freundschaftlichem Wohlwollen und gegenseitigem Entgegenkommen ausgeräumt.

Wer als Neuling nach Japan kommt, braucht *Verbindungsleute,* die den Kontakt zur Zielfirma knüpfen und gewissermaßen als *Garanten für die Respektabilität* auftreten. Vertreter von Banken, Handelsgesellschaften, Handelskammern, Botschaften, Zulieferer oder Kunden der Zielfirma können die Rolle von Verbindungsleuten übernehmen. Wie bei einer persönlichen Beziehung hat man es mit gemeinsamen Bekannten am leichtesten, den Kontakt herzustellen. Auch können Verbindungsleute in der Anfangszeit am leichtesten Schwierigkeiten ausräumen helfen – bis die notwendige tragfähige Beziehung zwischen den Verhandlungspartnern steht. *Der westliche Boss darf nicht glauben, er könne gleich zum Chef der japanischen Firma vordringen und unter vier Augen auf die Schnelle einen Deal abschließen.*

Die Führungsebene entscheidet nicht ohne Berücksichtigung der Vorschläge oder Einwände der unteren Ebenen. Es geht darum, daß ein von allen Beteiligten getragener Konsens erzielt wird, der letztlich auch dazu führt, daß Entscheidungen nicht boykottiert, sondern von allen gemeinsam getragen werden.

*Angebote,* die vom mittleren Management entgegengenommen werden, müssen von unten herauf von allen relevanten Abteilungen *geprüft* und per Stempel *(hanko)* befürwortet werden. Bis dahin müssen immer wieder Fragen beantwortet und Zweifel ausgeräumt werden. Der Nachteil daran ist freilich, daß der *Prozeß der Entscheidungsfindung* uns ungeduldigen Westlern oft schwerfällig und langwierig anmutet.

## Geschenke und Bewirtung

Bekanntlich dürfen mittlere und höhere Firmenangestellte großer Firmen *enorme Summen* zur Bewirtung von Geschäftspartnern ausgeben. Die Rezession und strengere Regeln haben dem zwar Grenzen gesetzt, aber am Prinzip wird nicht gerüttelt. Man geht mit den Verhandlungs- oder Geschäftspartnern erst einmal gut Essen, danach in *Hostessen- und Karaokebars* trinken und singen und am Wochenende gemeinsam *Golf* spielen. So lernt man sich gegenseitig besser kennen und – hoffentlich – schätzen.

Anders als im Westen sind geschäftliche *Einladungen* zum ausgedehnten Frühstück oder Mittagessen nicht üblich. Lieber geht man nach der Arbeit noch zwanglos etwas trinken und einige Häppchen essen. Einladungen dazu sollte man möglichst annehmen, weil dabei vielleicht wichtige Angelegenheiten angesprochen werden sollen.

Man tauscht anläßlich der Geschenksaison im Sommer *(chūgen)* und zum Jahresende *(seibo)* mit den Geschäftsfreunden *Geschenke* aus und bedenkt vor allem diejenigen, denen man zu Dankbarkeit verpflichtet ist. Zu Jahresbeginn besucht man die Kunden und auch sonst zwischendurch, etwa, um neue, für die Verbindung relevante Mitarbeiter vorzustellen. Man geht zu Hochzeiten von Geschäftspartnern, schickt *Glückwünsche* anläßlich von Beförderungen und gibt Geschenke, wenn langjährige Mitarbeiter in den Ruhestand treten.

## Präsentation und Verträge

Eine gute Vorbereitung von Verhandlungen ist selbstverständlich. Japaner lieben *detailreiche, konkrete Präsentationen.* Das mitgebrachte Material sollte attraktiv aufgemacht und sehr informativ sein. Wenn es *auf Japanisch* vorliegt, ist das mit Sicherheit ein großer Vorteil. Eine Präsentation jedoch, die allzusehr auf verbaler oder darstellungstechnischer Überrumpelung beruht, hat in Japan keine Chance.

Zur guten Präsentation gehört auch das Auftreten selbst. Wer zeigen will, daß die eigene Firma gut dasteht, wird *nicht im Business Hotel* absteigen, um Geld zu sparen. Wie wir legen auch Japaner Wert auf *Pünktlichkeit* und *korrektes Auftreten.* Die Verbindung von Geschäfts- und Vergnügungsreisen wird auch in Japan nicht gern gesehen. Wenigstens während der Dauer der Verhandlungen sollten keine Behinderungen, z.B. durch Ausflüge, den Verlauf stören. *Mitreisende Ehepartner* sollten, soweit sie nicht in der Firma eine Rolle innehaben, während der Verhandlungen *nicht präsent* sein.

Japaner haben als Folge ihres Strebens nach Harmonie und Konsens grundsätzlich ein *Mißtrauen gegenüber Verträgen und Anwälten* und versuchen, ohne beide auszukommen. Mündliche Vereinbarungen genügen selbst für Millionenaufträge. Verträge sollten eher den Charakter von allgemein gehaltenen Vereinbarungen haben, die Spielraum für „veränderte Bedingungen" lassen. Auf jeden Fall sträuben sich Japaner normalerweise gegen Verträge, die alles bis ins Detail zu regeln versuchen. Probleme sollten freundschaftlich überwunden werden, nicht durch Machtspiele. Auch nach Abschluß von Verträgen oder schriftlichen Vereinbarungen sollten beide Seiten bereit zu *Nachverhandlungen* sein. Wenn die menschliche Basis stimmt, werden solche Nachverhandlungen stets im gegenseitigen Interesse verlaufen.

Auch nach der Rückkehr ins eigene Land sollte der Kontakt weiter gepflegt werden.

Stadtteile

**Communications Museum** *(Teishin Sôgô Hakubutsukan)* bietet eine große Briefmarkensammlung und Informationen zur Kommunikation sowie Gelegenheiten zum selber Ausprobieren (9-16.30, Fr bis 18.30, Mo geschl., 110 ¥, General Communications Bldg., 2-3-1 Ôtemachi, Tel. 3244-6821). Das **IBM Information Science Museum** präsentiert alle Arten von *IBM*-Computern (Ôte Center Building, Ausgang C9).

Nahe der U-Bahnstation findet man einen **Schrein** zu Ehren von *Taira-no-Masakados* Kopf: Während der Heian-Zeit erhob sich *Taira-no-Masakado* gegen den Kaiserhof und beherrschte zeitweise die Kantô-Ebene. Er wurde nach seiner Niederlage hingerichtet und sein Kopf soll durch die Gegend geflogen und am alten Platz des Kanda-Tenjin-Schreins gelandet sein (s. Hongô). Zum Schutz vor dem rachesüchtigen bösen Geist wurde dieser Schrein errichtet.

Im Viertel **Ôtemachi** haben einige **Zeitungen** ihren Sitz, an erster Stelle *Yomiuri Shimbun*, die größte Tageszeitung Japans (tägl. Auflage 15 Mio.), und die Wirtschaftszeitung *Nihon Keizai Shimbun* (tägl. Auflage 4,5 Mio.).

## Rundgang durch Nihombashi

In Nihombashi (wörtlich: „Japan-Brücke"), dem Stadtteil, der als erster dem Meer abgewonnen wurde, ließen sich zur Tokugawa-Zeit die großen Handelshäuser nieder. Dank straffer Organisation hatten sie sich aus kleinen Anfängen der aus Ise nach Edo herübergekommenen Händler entwickelt. Die bekanntesten Namen sind **Mitsui** und **Mitsukoshi,** die Teil des *Mitsui Zaibatsu* (Firmenkonglomerat) sind. Beide Firmen haben in Nihombashi ihren Hauptsitz.

### Nihombashi-Brücke

Die Nihombashi *(Nihon-bashi)* genannte Brücke nahe der **U-Bahnstation Mitsukoshi-mae** wurde erstmals 1603 als Holzbrücke über den Nihombashi-Fluß erbaut und war der Ausgangspunkt der Tokaidô-Straße Richtung Kyôto. Sie war zugleich der Punkt, von dem aus alle Entfernungen in Japan gemessen wurden und damit **symbolischer Mittelpunkt Japans** in der Edo-Zeit. Wie die Brücke einmal aussah, kann man anhand der zahlreichen Holzschnitte erkennen, die diese Brücke und die weißen Warenhäuser am Fluß zeigen.

Die im Jahre **1911** aus Stein und Metall erbaute, von den Hochstraßen fast erdrückte Brücke im **Renaissancestil** ist heute zusammen mit der nahen Kyôbashi (Kyôto-Brücke) die **älteste der Stadt.**

Hier ließen sich wie in der Ginza zahlreiche Handwerker und Kunsthandwerker nieder. Am Fluß standen in der Edozeit die Häuser der reichen Händler und der Samurais. Das erste Kabukitheater wurde hier 1624 von *Nakazawa Kanzaburô* erbaut. Links von der Nihombashi steht noch eine Brücke, von der aus ein Teil des früheren äußeren Palastgrabens *(sotobori)* zu sehen ist; heute liegt dort der kleine **Tokiwahashi-Park.**

Stadtteile

Geht man von der berühmten Brücke etwas nach Norden, kommt zuerst links das Hauptgeschäft des **Kaufhauses Mitsukoshi** und dahinter die Zentrale des **Mitsui-Konzerns.**

Westlich daneben steht die wuchtige **Bank of Japan,** entworfen vom *Conder*-Schüler *Dr. Kingo Tatsuno*, erbaut 1890-96. Das Viertel gegenüber Mitsukoshi war früher der Fischmarkt von Edo.

## Will-Adams-Denkmal

Hinter der Nihombashi-Brücke steht neben dem Juweliergeschäft *Tagawa* ein Denkmal, das an den Lotsen *Will*

*Adams*, auf japanisch *Miura Anjin*, erinnert. Der Engländer war als **Schiffbrüchiger** 1600 über Kyûshû an den Hof *Ieyasus* gekommen, weil sich der Shôgun für seine technischen Kenntnisse sehr interessierte. Er wurde sogar **Daimyô** und bekam ein Lehen auf der Miura-Halbinsel südlich des heutigen Yokohama. Er heiratete eine Japanerin und starb 1620 in Hirado. Im Westen wurde er durch den **Roman „Shôgun"** von *James Clavell* bekannt; daraus entstand auch eine mehrteilige Fernsehserie.

## Drachen-Museum

Südlich der Brücke steht an der Ostseite der Chûô-dôri eine Filiale des Kaufhauses *Tôkyû* und östlich direkt dahinter das sehenswerte **Kite Museum** *(Tako no Hakubutsukan)* mit 4000

Die Brücke, die dem Viertel den Namen gab

bemalten Papier- und anderen Drachen aus Japan und aller Welt, insbesondere aus China, Korea, Thailand, Malaysia, aber auch aus Frankreich und Italien. Die Sammlung wurde vom Besitzer der bekannten Restaurantkette *Taimeiken* zusammengestellt (11-17 Uhr, So geschl., 200 ¥, Teimeiken Bldg. 5 F, 1-12-10 Nihombashi, Tel. 3271-2465).

### Börse

Wenige Minuten Fußweg Richtung Osten steht im Stadtteil Kayabachô eine der wichtigsten Börsen der Welt, die **Tokyo Stock Exchange** *(Tokyo Shôken Torihiki-jô)*, die besichtigt werden kann. Es gibt Erklärungen per Film, und das Mitmachen am Spielcomputer ist möglich (Mo-Fr 9-16 Uhr).

### Yamatane-Museum

Südlich der Börse an der Eitai-dôri steht das *Yamatane Museum of Art*, das seit 1868 **japanische Gemälde** *(nihon-ga)* zeigt und Räume für Teezeremonie beherbergt (10-17 Uhr, Mo geschl., 600 ¥, Yamatane Bldg. 8, 9F; 7-12 Nihombashi-Kabuto-chô, Tel. 3669-7643).

### Bridgestone-Museum

An der Chûô-dôri stehen sich südlich der **U-Bahnstation Nihombashi** die **Buchhandlung Maruzen** mit einer großen Abteilung für fremdsprachliche Literatur und das elegante **Kaufhaus Takashimaya** gegenüber.

Südlich dieses Kaufhauses, an der nächsten größeren Kreuzung, befindet sich das bekannte *Bridgestone Muse-*

*um of Arts*. Es zeigt **holländische Malerei** des 17. Jh., französische **Impressionisten** und japanische Maler mit westlichem Stil (Di-So 10-17 Uhr, Sa 11-17.45 Uhr, 500 ¥. 1-10-1 Kyôbashi, Tel. 3563-0241).

## Ningyôchô

Nordöstlich an Nihombashi schließt sich das **traditionelle Viertel** Ningyôchô an. Der Name bedeutet wörtlich „Puppenstadt", weil dort Puppen für die Kabuki-Theater hergestellt wurden. Hier befand sich lange Zeit das sehr beliebte Vergnügungsviertel Yoshiwara. Auf Druck des prüden Shôgunats wurde das Viertel nach dem großen Feuer von 1657 jedoch nicht mehr hier wiederaufgebaut, sondern weiter in den Norden, ins heutige Asakusa (damals außerhalb der Stadt) verlegt. Die Geschäftsleute unternahmen fortan ihre Vergnügungstrips per Boot ab Kyôbashi. Auch die Puppenherstellung wanderte nach Norden, nach Asakusabashi. So wurde es in Ningyôchô recht ruhig.

### Suitengû-Schrein

Heute wie damals gehen **schwangere Frauen** zum **Gebet** in den Suitengû-Schrein am Südrand von Ningyôchô (U: Suitengû, Hanzômon-Linie). Der Name des Schreins bedeutet „Himmlischer Meerespalast", nach einem von einer Hofdame des besiegten *Heike*-Clans im 12. Jahrhundert errichteten Schrein in Kurume/Kyûshû, in dem um den Seelenfrieden des siebenjährigen Kaisers *Antoku* und seiner Mutter ge-

betet wurde. Die beiden hatten sich nach der Niederlage der *Heike* in der Schlacht von Dan-no-ura gemeinsam mit dem Heiligen Schwert in die See gestürzt, in der Annahme, dort den Himmlischen Meerespalast zu finden. Die Verbindung von Kind und Wasser führte zu der Überzeugung, daß der Suitengû-Schrein besonders für die Bitte um leichte Geburten geeignet sei.

Schwangere gehen im 5. Monat traditionellerweise an einem Tag des Hundes zum Schrein. Dort erhalten sie eine **Baumwollschnur** *(hara-obi)*, die sie um den Bauch binden und bis zur Geburt **zum Schutz des Bauches** tragen. Der Tag des Hundes wird gewählt, weil Hündinnen üblicherweise problemlos ihre Jungen zur Welt bringen und diese ebenso problemlos aufwachsen. Am 32. Tag nach der Geburt werden Jungen und am 33. Tag Mädchen erstmals dem Schrein präsentiert. (Den Namen erhalten die Neugeborenen am 7. Tag nach der Geburt.)

Auf dem Gelände gibt es noch einen Schrein für *Benten*, die einzige weibliche Gottheit unter den Sieben Glücksgöttern. Das Schreinfest mit Kagura-Tänzen und Mikoshi-Parade findet am 5. und 6. Mai statt, der monatliche **Tempelmarkt** am 5. eines jeden Monats.

## Matsushima-jinja-Schrein

In der Nähe von Ausgang 5 des U-Bahnhofs Suitengû steht dieser Schrein, in dem der Glücksgott *Daikoku*, der 16 verschiedene Arten von Wünschen erfüllen helfen soll, verehrt

wird. Im November gibt es hier wie an vielen anderen Schreinen den Markt für *kumade* (dekorierte Bambusrechen).

## Einkaufsstraße Amazake-Yokochô

Geht man vom Matsushima-jinja in nordwestlicher Richtung auf die Hauptkreuzung von Ningyôchô zu, kommt man zur beliebten Einkaufsstraße Amazake-Yokochô. Östlich der Hauptkreuzung sieht man die **alten Geschäfte** *Yanagiya* (*Taiyaki*-Waffeln), gegenüber *Shinoda-zushi* (*inari-zushi*, Reis/Gemüse in Teigmantel zum Mitnehmen), *Bachiei (shamisen*, traditionelle Musikinstrumente) und *Iwaido* (lackierte Korbkisten).

Geht man in der Amazake-Yokochô nach links (Südwesten) zur nächsten größeren Kreuzung (U: Ningyôchô, Südausgang), kommt man hinter dem alten Café *Kaiseken* zum Geburtsort des berühmten Schriftstellers *Junichiro Tanizaki* (1883-1965), an den eine Tafel erinnert.

## Weitere Glücksgötterschreine

Verfolgt man die Straße vom Geburtsort *Tanizakis* in südwestlicher Richtung bis zum Ende und geht dann nach rechts, kommt man zum Schrein **Koami-jinja,** der dem Glücksgott *Fukurokuju* geweiht ist. Am 27. November wird hier jedes Jahr das Fest *Doburoku Matsuri* gefeiert, bei dem Sake von der ersten Reisernte des Jahres ausgeschenkt wird.

Geht man von dort, sich links haltend, in nordwestlicher Richtung weiter, gelangt man zum **Tokiwa-Inari-**

Stadtteile

**Schrein,** der einem anderen der Glücksgötter geweiht ist. Von dort kommt man, in östlicher Richtung gehend, nach wenigen hundert Metern zur Ningyôchô-Kreuzung zurück.

Hält man sich dort in nordwestlicher Richtung, kommt man nach der zweiten Kreuzung links zum **Suginomori-jinja,** der einem weiteren der Glücksgötter geweiht ist. Gleich hinter der Kreuzung stehen rechts die beiden alten Geschäfte *Iseryu* (Keramik) und *Ubukeya* (handgemachte Scheren).

Östlich der Hauptkreuzung befindet sich der Glücksgötterschrein **Suehiro-jinja,** der *Bishamon* geweiht ist. In diesem Viertel lag das alte Yoshiwara-Vergnügungsviertel.

Geht man von der Hauptkreuzung in nordwestlicher Richtung, kommt man zu einer Grünanlage, die sich mitten durch Ningyôchô zieht, gleich dahinter liegt rechts der **Kasama-Inari-jinja,** der dem Glücksgott *Jurojin* geweiht ist.

### Am Hamachô-Park

Rechts, südöstlich haltend, kommt man von dort zum **Kurita-Museum,** das bekannt ist für seine Sammlung an Keramik und Porzellan (10-17 Uhr). Gegenüber steht das bekannte **Theater Meiji-za.**

Der benachbarte Hamachô-Park mit der gleichnamigen U-Bahnstation (Tôei Shinjuku-Linie) reicht bis zum Sumida-Fluß, an dessen Ufer eine Stadtautobahn über die Köpfe hinwegführt. Östlich des Parks sieht man die **Brücke Shin-ôhashi,** die nach Morishita und Fukagawa hinüberführt.

# Einkaufen

Neben den beiden ältesten **Kaufhäusern** Japans, *Mitsukoshi* und *Takashimaya*, gibt es in Nihombashi und Ningyôchô viele Läden, die **traditionelles Handwerk** herstellen und verkaufen.

● **The Prefectural Shopping Arcade,** Volkskunst aus einem Dutzend Präfekturen im *Daimaru*-Kaufhaus. Tokyo Station, Yaesu Chûô-guchi, 1-9-1 Marunouchi, Tel. 3212-8011.

● **Ishizuka,** große Auswahl an Volkskunst, traditionelle Kleidung, u.a. auch Bauernhosen aus Baumwolle *(mompe)*. 9.30-19.30 Uhr, So u. F geschl., Tokyo Station, 1-5-20 Yaesu, Tel. 3275-2991.

● **Iseryu Shoten,** Alltagskeramik. 8.30-18 Uhr, So u. F geschl., 3-8-2 Ningyôchô, Tel. 3661-4820.

● **Nishiura-Honpo,** spezialisiert auf *kiyomizu-yaki* (Keramik und Porzellan) aus Kyoto. 9-18 Uhr, So u. F geschl., Nishiura Bldg. 2-2-1 Ningyôchô (U: Ningyôchô), Tel. 3667-5851.

● **Vintage Kimono,** gebrauchte Kimonos. 3-2-7 Ningyôchô, Tel. 3661-0641.

● **Iwai Shoten,** Tsuzura-Kisten, man kann bei der Herstellung zusehen. 8-20.30 Uhr, So u. F geschl., 2-10-1 Ningyôchô, Tel. 3668-6058.

● **Ubukeya,** seit 1783 im Geschäft, erstklassige Scheren ab 2000 ¥, Küchenmesser ab 8000 ¥. 9-19 Uhr, So u. F geschl., 9-2 Ningyôchô, Tel. 3661-4851.

● **Bachiei Gakkiten,** *shamisen* (traditionelles Saiteninstrument). 9-20.30, So u. F geschl., 10-11 Ningyôchô, Tel. 3666-7263.

### Kaufhäuser

● **Takashimaya Nihombashi,** Hauptgeschäft einer Kette, die einst in Kyôto als Kimono-Geschäft begann, hat im Tiefgeschoß eine gute Antiquitätenabteilung. 10-19 Uhr, Mi geschl., 2-4-1 Nihombashi (U: Nihombashi), Tel. 3211-4111.

● **Mitsukoshi,** eines der altehrwürdigen Kaufhäuser Tokyos, gehört zum *Mitsui*-Konzern, begann 1673 als Kimono-Geschäft. 10-

19 Uhr, Mo geschl., U: Mitsukoshi-mae, Ginza/Hanzômon-Linie, Tel. 3241-3311.

●*Tôkyû,* Filiale des großen Kaufhauses mit vernünftigem Angebot und vernünftigen Preisen. Do geschl., 1-4-1 Nihombashi (U: Nihombashi), Tel. 3211-0511.

●*Maruzen,* das größte Bücher-Kaufhaus in Tokyo, gute Auswahl in Naturwissenschaften, sehr viel fremdsprachige Literatur, Bildbände, auch Schreibwaren und Holzschnitte. 10-18.30 Uhr, So geschl., 2-3-10 Nihombashi 2, 4F, (U: Nihombashi, Ausg. B3, JR: Tokyo Yaesu Nordausg.), Tel. 3272-7211.

### Traditionelle Läden

●*Ebiya Art Co.,* Antiquitäten, Hoflieferant, es gibt aber auch Erschwingliches. 10-18 Uhr, Sa/So/F geschl., 3-2-18 Nihombashi-Muromachi, Tel. 3241-1914.

●*Kiya,* Küchenmesser, Scheren. 10-17.30, So u. F ab 12 Uhr, 1-8 Nihombashi-Muromachi (U: Mitsukoshi-mae), Tel. 241-0111.

●*Heiando,* 9-18 Uhr, So u. F geschl., 3-10-11 Nihombashi (U: Nihombashi), Tel. 3272-2871.

●*Kuroeya,* Lackwaren aus allen Regionen, insbesondere Aizu und Wajima, Schalen ab 2000 ¥, Tabletts von 3000 ¥ bis 20.000 ¥. 9-17 Uhr, 4. Sa bis 12 Uhr, So u. F geschl., Kuroeya Kokubo Bldg. 2F, 1-2-6 Nihombashi (U: Nihombashi), Tel. 3271-3356.

●*Haibara,* traditionelles Papier, seit bald 200 Jahren im Geschäft. 9.30-17.30, Sa bis 17 Uhr, So u. F geschl., 2-7-6 Nihombashi (U: Nihombashi), Tel. 3272-3801.

●*Mayuyama,* Antiquitäten, viel Auswahl für Sammler. 9.30-18 Uhr, So u. F geschl., 2-5-9 Kyôbashi (U: Kyôbashi, Ginza-Linie), Tel. 3561-5146.

●*Kamiyama Sudareten,* fertigt Jalousien nach Auftrag an, was etwa 3 Wochen dauert. 8-20 Uhr, 1-8-8 Kyôbashi (U: Kyôbashi), Tel. 3561-0945.

●*Tsurukawa Gakki Honten,* Musikinstrumente, z.B. *koto.* 9.30-18 Uhr, Sa bis 17 Uhr, So u. F geschl., 1-12-11 Kyôbashi (U: Kyôbashi), Tel. 3561-1872.

●*Kashiwa-ya,* Laternen. 10-17 Uhr, So geschl., 2-3-13 Shintomi (U: Takarachô, Shintomichô), Tel. 3551-1362.

## Essen

Eine große Zahl von Eßmöglichkeiten befindet sich im *Marunouchi Biru* und im *Shin Marunouchi Biru* gegenüber der Tokyo Station und nahe der U-Bahnstation Ôtemachi (Marunouchi-Linie) im 2. Untergeschoß des *Ôtemachi Building.*

### Nihombashi

●*Nagasaki-ro,* ¥¥, Kyôdo Ryôri, Kyûshû-Küche. Harada Bldg., 1-4 Nihombashi (U: Nihombashi), Tel. 3241-0061.

●*Munakata,* ¥/¥¥, Kyôdo Ryôri, günstig und freundlich, Mini-Kaiseki ab 2500 ¥. 11.30-15.30 und 17-22 Uhr, 3-1-17 Nihombashi (U: Nihombashi), Tel. 3281-3288.

●*Hayashi,* Tempura. 1-12-10 Nihombashi (U: Nihombashi), Tel. 3241-5367.

●*Tenmo,* ¥¥, Spitzen-Tempura, gute Atmosphäre, ab 6000 ¥, seit 1885 im Geschäft. 12-14 und 17-20 Uhr, So geschl., 4-1-3 Nihombashi Honchô (U: Mitsukoshi-mae), Tel. 3241-7035.

●*Muromachi-Sunaba,* ¥¥, Nudellokal, seit über 40 Jahren gibt es hier *tenzaru-soba.* 11-19.30, So u. F geschl., 4-1-13 Nihombashi-Muromachi (JR Shin-Nihombashi, U: Mitsukoshi-mae), Tel. 3241-4038.

●*Shodoten,* ¥, bekannt für seine großen *shûmai* (Hackfleischbällchen in Teigmantel), die es als Lunch-Set gibt (U: Nihombashi). 11-15 und 17-21 Uhr, Sa 11-20 Uhr, So u. F geschl., 1-2-17 Nihombashi, Tel. 3272-1071.

●*A-Point,* ¥, Sandwiches nach Wahl, ca. 600 ¥. 8-22 Uhr, So geschl., Tôkyo Station, Yaesu S-Ausg., Tel. 3216-4808.

### Ningyôchô

(U: Ningyôchô, Hibiya/Toei Asakusa-Linie)

●*Imahan,* ¥¥, Sukiyaki, Rindfleischgerichte. Lunch 11.30-16.00, Ningyôchô 2-chôme.

●*Tamahide,* ¥/¥¥, besteht seit 1760, Sukiyaki, Hühnergerichte aus der Edozeit, mittags Lunchgerichte wie z.B. *oyako-donburi* (Reis mit Huhn und Ei, mit Ingwersuppe), abends

Huhn-Sukiyaki. 11.30-13.00 sowie abends, So/F geschl., Ningyôchô 2-chôme.

● **Kizushi,** ¥¥, gutes Sushi-Lokal, Ningyôchô 2-chôme.

● **Shinoda-zushi,** ¥, *inari-zushi* (Reis in Ei-Teigmantel) zum Mitnehmen, Ningyôchô 2-chôme.

● **Hômitei,** ¥/¥, äußerlich japanisch, innen gibt es schmackhafte westliche Gerichte, z.B. *yôshoku-bentô:* Hacksteak, Krabben, Schweinebraten, Salat. 11-14 und 17-21 Uhr, Mo geschl., Ningyôchô 3-chôme.

## Café

● **Kaiseken,** ¥, altmodisches Café an der Ningyôchô-Kreuzung.

## Unterkunft

### Marunouchi

● **Tokyo Station Hotel,** ¥¥, 60 Zimmer, ab 10.000 ¥. 9-1 Marunouchi (im Bhf. Tokyo, Marunouchi Süd-Ausg.), Tel. 3231-2511, Fax 3231-3513.

● **Tokyo Marunouchi Hotel,** ¥¥, 210 Zimmer, ab 12.000 ¥, nahe am Tokyo-Bhf. und Palast. 1-6-3 Marunouchi (U: Ôtemachi; Tokyo), Tel. 3215-2151, Fax -8036.

● **Palace Hotel,** ¥¥¥, alt, ruhig, direkt am Palastgraben, günstig für Termine im Haupt-Businessviertel Tokyos, 404 Zimmer, ab 22.000 ¥. 1-1-1 Marunouchi (U: Ôtemachi/Toei-Mita-Linie; Tokyo/Marunouchi-Linie, Ausg. C13), Tel. 3211-5211, Fax 3211-6989.

### Nihombashi

● **Haimâto,** ¥, sehr günstig gelegen, gleich gegenüber Tokyo Station, 58 Zimmer, ab 7000 ¥, Barzahlung. 1-9-1 Yaesu (Tokyo, Yaesu-Ausg. 2 Min.), Tel. 3273-9411, Fax -9412.

● **Yaesu Ryûmeikan,** ¥/¥¥, 40 Zimmer, ab 9000 ¥. 3-22 Yaesu (U: Nihombashi, 2-3 Min., Tokyo, 3 Min.), Tel. 3271-0971, Fax -0977.

● **Center Hotel,** ¥/¥¥, 107 Zimmer, ab 9000 ¥. 15-13 Nihombashi-Kabutochô (U: Kayabachô), Tel. 3667-2711, Fax 3661-5442.

● **Tokyo City Hotel,** ¥/¥¥, 267 Zimmer, ab 9000 ¥. 1-5-4 Nihombashi-Honchô (U: Mitsukoshi-mae, A4 Tokyo), Tel. 3270-3751, Fax 3270-8930.

● **Gimmond Tokyo,** ¥/¥¥, ab 9000 ¥. 1-6 Nihombashi Odenmachô (U: Kodenmachô, Ausg. 3), Tel. 3666-4111, Fax 3666-3040.

● **Kayabachô Pearl Hotel,** ¥¥, 262 Zimmer, ab 10.000 ¥, 1-2-5 Shinkawa (U: Kayabachô), Tel. 3553-2211, Fax 3555-1849.

● **Yaesu Terminal Hotel,** ¥¥, 117 Zimmer, ab 10.000 ¥. 1-5-14 Yaesu (Tokyo), Tel. 3281-3771, Fax -3089.

● **Yaesu Fujiya,** ¥¥, gegenüber Bahnhof Tokyo, beliebtes, günstig gelegenes Businesshotel, 377 Zimmer, ab 13.000 ¥. 2-9-1 Yaesu (Tokyo, Yaesu-Seite, Süd-Ausg.), Tel. 3273-2111, Fax -2180.

● **Hotel Kokusai Kankô,** ¥¥, 94 Zimmer, ab 15.000 ¥. 1-8-3 Marunouchi, Tel. 3215-3281, Fax -3186.

### Ningyôchô

● **Sumishô Hotel,** ¥/¥¥, 65 Zimmer, ab 9000 ¥. 9-14 Kobunachô (U: Ningyôchô), Tel. 3661-4603, Fax -4639.

● **Nihombashi-Saibô,** ¥¥, 126 Zimmer, ab 10.000 ¥. 3-3-16 Ningyôchô (U: Ningyôchô), Tel. 3668-2323, Fax -1669.

● **Business Hotel Kichô,** ¥¥, 31 Zimmer, ab 10.000 ¥. 2-32-8 Ningyôchô (U: Hamachô, Ningyôchô), Tel. 3666-6161, Fax -6162.

● **Royal Park Hotel,** ¥¥¥, 450 Zimmer, ab 20.000 ¥, gleich neben dem Tokyo City Air Terminal, mit Garten, Swimming Pool. 2-1-1 Nihombashi (U: Suitengumae), Tel. 3667-1111, Fax -1114.

**Stadtteile**

# Yokohama und Kawasaki

## Yokohama

Yokohama ist mit einer Bevölkerung von rund 3,2 Millionen und einer Fläche von 430 km² die *zweitgrößte Stadt Japans.* Eine internationale Atmosphäre hat sich die Nachbarstadt Tokyos bis heute aus der Zeit, als sie das japanische Tor zum Westen war, erhalten können. Heute betritt jedoch kaum noch ein Reisender im Hafen Yokohamas erstmals japanischen Boden – mit Ausnahme ein paar weniger, die, wie einst der Autor, mit dem Schiff von Sibirien herüberkommen.

Der großzügige, *weltoffene Geist,* der modische Stil und eine spürbare Kultiviertheit der Bewohner gehören heute wie damals zum Wesen Yokohamas. Für Japaner gilt die Stadt als modern – und immer noch ein wenig exotisch, wobei es die europäischen Stilelemente der Jahrhundertwende sind, die das Exotische ausmachen, und nicht etwa die wegen ihrer über hundert guten Restaurants bekannte Chinatown.

Die *Attraktionen* Yokohamas liegen für die einen in der *Nähe zum Wasser* (auch Tokyo ist eine Stadt am Meer, aber wer geht dort schon in den Hafen?) und in den *Parks,* für die anderen in den hervorragenden *Einkaufsvierteln* um den Hauptbahnhof und in Motomachi, Isezaki-chō und Chinatown. Manche werden von den *historischen Relikten,* den *Museen* oder den modernen, spektakulären Sehenswürdigkeiten wie dem futuristischen städtebaulichen Projekt *Minato Mirai 21* angezogen. Aber selbst für Liebha-

ber alter und bedeutender *Tempel, Schreine* und *Landschaftsgärten* hält Yokohama einiges bereit, u.a. einen der bedeutendsten Zen-Tempel Japans, in dem auch Besucher an Meditationssitzungen teilnehmen können.

Der Wohlstand der Stadt gründet sich in der *Industrie* und dem *Hafen,* über den u.a. Autos, Fernseher und Kameras exportiert und Öl, Maschinen sowie Sojabohnen importiert werden. Yokohama gehört mit dem Süden Tokyos und dem dazwischen liegenden Kawasaki zu der an der Tokyo-Bucht gelegenen *Keihin Industrial Zone.* Hier stehen neben Ölraffinerien Stahl- und Autowerke sowie Fabriken für chemische Erzeugnisse, Elektrogeräte, Nahrungsmittel und vieles mehr.

Einen Besuch Yokohamas beginnt man am besten von einem der zentralen *Bahnhöfe* aus. Im Norden der Innenstadt und Tokyo am nächsten liegt der Bahnhof Yokohama, weiter nach Süden folgen *Sakuragi-chō* und *Kannai,* der als zentralster Ausgangspunkt empfohlen sei.

## Geschichte

Yokohama begann seine Karriere Mitte des vergangenen Jahrhunderts als *Fischerdorf* mit kaum hundert Häusern. Als 1853 der amerikanische Commodore *Perry* mit seinen „schwarzen Schiffen" unweit Yokohamas aufkreuzte und damit Japans Öffnung für den internationalen Handel nach über 200 Jahren selbstgewählter Isolation erzwang, begann der Aufstieg Yokohamas zur bedeutendsten *Hafenstadt* des Landes. Bereits sechs Jahre später gehörte der Ort zu den ersten fünf Häfen, die sich für den Handel mit der Außen-

welt öffneten (die Regierung wählte diesen damals unbedeutenden Ort, um die ausländischen Händler von Edo fernzuhalten). Doch die Bedeutung Yokohamas wuchs durch die **Nähe zu Tokyo,** das 1868 offizielle Hauptstadt wurde, rapide. Das dreißig Kilometer entfernte Yokohama wurde **Tokyos Tor zum Westen.**

Kein Wunder daher, daß in dieser Stadt manche im Westen selbstverständlichen oder eben erst entwicklten **Einrichtungen** ihre **japanische Premiere** erlebten, und zwar in folgender Reihenfolge: Bäckerei (1860), Fotoladen, Sukiyaki-Restaurant (da erst mit den Westlern Rindfleisch ins Land kam, 1862), Bierbrauerei (1869), Tageszeitung (1870), öffentliche Toiletten (1871), Eisenbahnlinie (1872, zwischen Shimbashi und Sakuragichô), moderne Wasserversorgung (1887). Seit 1889 hat die Stadt eine Gemeindeverwaltung.

Seit jenen ersten Jahrzehnten hat der Name der Stadt einen besonderen Klang: Hierher kamen die **Weltreisenden** mit ihren Segelschiffen und später den Ozeanriesen, und alle trafen vor Tokyo in Yokohama ein. Viele der ersten Westler in Japan ließen sich hier nieder und gaben etlichen Gebäuden aus dieser Zeit ein europäisches Gepräge; und so ist denn auch heute der alte **Ausländerfriedhof** mit den Grabsteinen und Kreuzen auf den Gräbern von Amerikanern, Briten, Deutschen, Franzosen, Holländern, Schweizern und Russen eine der bekanntesten Sehenswürdigkeiten der Stadt.

Allerdings wurde Yokohama wie Tokyo während des **Großen Kantoerdbebens 1923** und während der **Luftangriffe** am Ende des Zweiten Weltkriegs fast völlig zerstört – und anschließend großzügig wiederaufgebaut.

# Umgebung des Bahnhofs Yokohama

An diesem Bahnhof findet sich das größte und beliebteste **Einkaufszentrum** Yokohamas. Wer zum Shopping kommt, braucht die Umgebung des Bahnhofs nicht zu verlassen und muß keinen Schritt auf die Straße setzen: Alle wichtigen Kaufhäuser und Läden sind **unterirdisch** zu erreichen.

Verläßt man den Bahnhof nach Osten, geht man durch die unterirdische Einkaufspassage **Porta** *(Porta Underground)* am *Lumine* vorbei zum modernen und riesigen **Sôgô Department Store.** Bis zur Erweiterung des *Tobu* in Ikebukuro war dieses Kaufhaus das größte der Welt. Hier befindet sich das **Hiraki Ukiyo-e Museum** mit der Holzschnittsammlung von *Hiraki* (10-19 Uhr, Di geschl., 500 ¥, F6, 2-18-1 Takashima, Tel. 465-2233).

Nebenan steht das **Sky Building,** in dem es ebenfalls zahlreiche Geschäfte gibt.

Vom Westausgang erreicht man das noch größere unterirdische Einkaufszentrum **Diamond** *(Diamond-chikagai),* das mit *Joinas, Okadaya More's* und *Cial* verbunden ist und an das die Kaufhäuser *Takashimaya* und *Mitsukoshi* sowie andere größere Geschäfte angeschlossen sind.

## Katastrophenschutz-Zentrum

Verläßt man die Passage nach Nordwesten zwischen *Mitsukoshi* (rechts) und *Tenri Building* (links) und geht unter der Autobahn hindurch, kommt man linker Hand etwas links der Hauptstraße zum **Yokohama Citizens' Disaster Prevention Center** *(Yokohama Shi-min Bosai Center).* Hier wird den Bürgern demonstriert, wie man sich bei Naturkatastrophen, vor allem bei Erdbeben und Feuer, richtig verhält. Was das Zentrum interessant

Yokohama

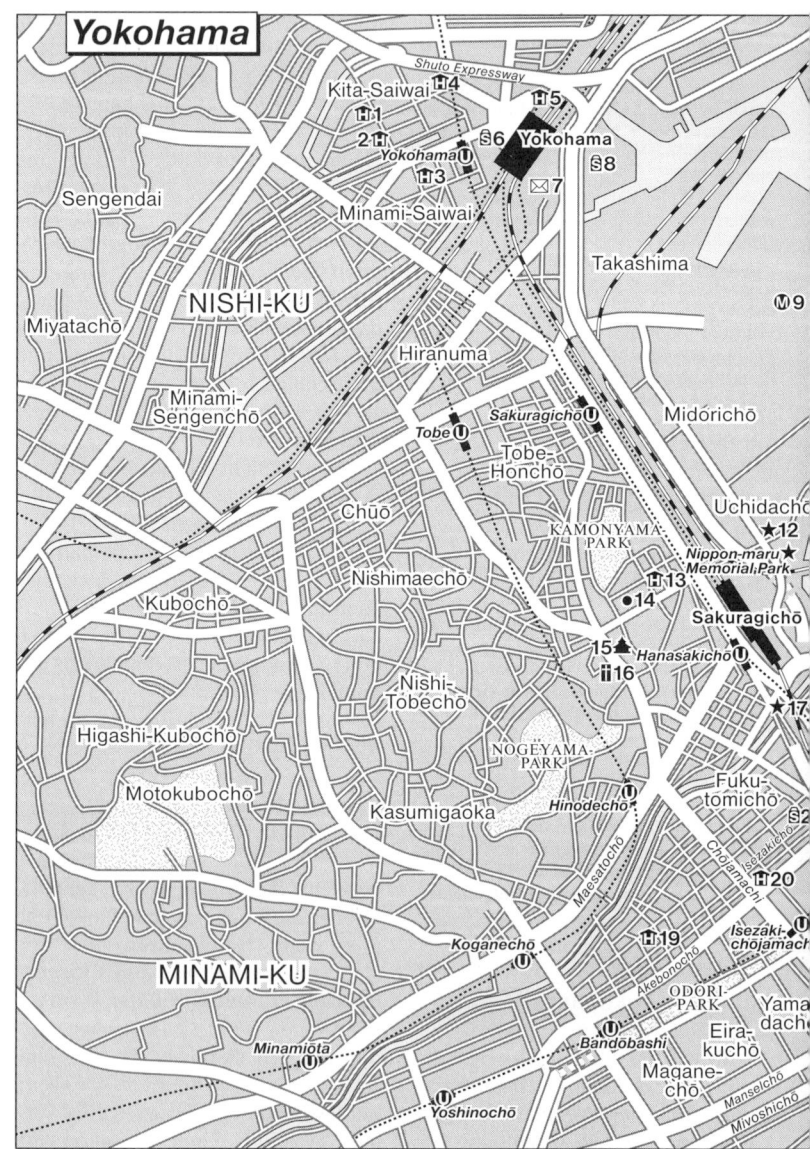

# Yokohama

Kita-Saiwai

🏨4

🏨1

2🏨

Yokohama Ⓤ

🏨3

§6

🏨5

Yokohama

§8

✉7

Minami-Saiwai

Sengendai

NISHI-KU

Miyatachō

Takashima

Ⓜ9

Minami-Sengenchō

Hiranuma

Midórichō

Tōbe Ⓤ

Sakuragichō Ⓤ

Tobe-Honchō

Chūo

Uchidachō

KAMONYAMA PARK

★12

Nishimaechō

Nippon-maru ★

Memorial Park

Kubochō

🏨13

●14

Sakuragichō

15🔺

Hanasakichō Ⓤ

Nishi-Tōbechō

👥16

★17

Higashi-Kubochō

NOGEYAMA PARK

Fuku-tomichō

Motokubochō

Kasumigaoka

§2

Hinodechō Ⓤ

🏨20

Koganechō Ⓤ

🏨19

Isezaki-chojamac...

Ⓤ

MINAMI-KU

Akebonochō

ODORI-PARK

Yama-dach...

Bandōbashi Ⓤ

Eira-kuchō

Minamiōta Ⓤ

Magane-chō

Mivoshichō

Yoshinochō Ⓤ

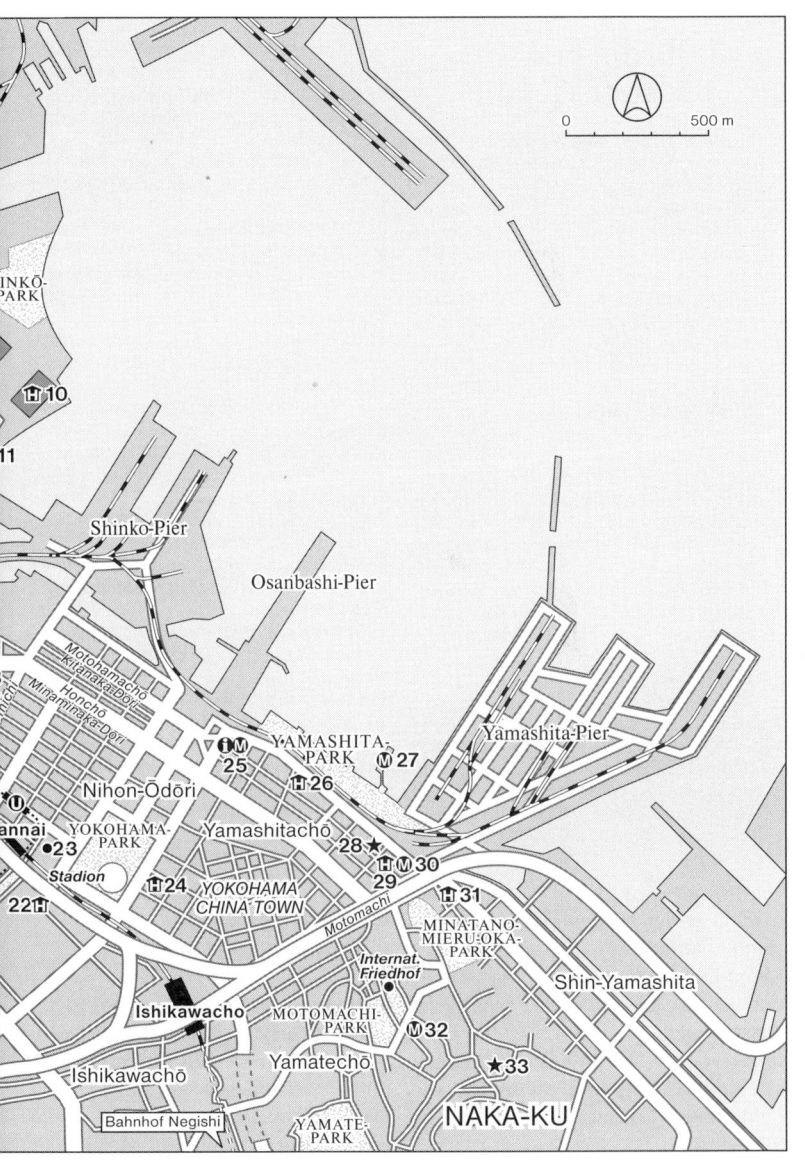

0      500 m

INKŌ-PARK

H 10

11

Shinko-Pier

Osanbashi-Pier

Motohamachō
Kitanaka-Dōri
Honchō
Minaminaka-Dōri

YAMASHITA-PARK
M 25

M 27

Yamashita-Pier

H 26

Nihon-Ōdōri

U

annai

●23

YOKOHAMA-PARK

Yamashitachō

28 ★

Stadion

H 24

YOKOHAMA
CHINA TOWN

H M 30
29

22 H

Motomachi

H 31

MINATO-NO-MIERU-OKA-PARK

Shin-Yamashita

Ishikawachō

Internat.
Friedhof
●

MOTOMACHI-PARK

M 32

Ishikawachō

Yamatechō

★ 33

Bahnhof Negishi

YAMATE-PARK

NAKA-KU

Yokohama

# Erdbeben –
# die stete Gefahr

Seit dem großen *Kanto-Erdbeben 1923* hat es kein wirklich schweres Erdbeben mehr in Tokyo und Umgebung gegeben. Kleine Erschütterungen, die nur Seismographen registrieren, gibt es täglich, mittlere Beben kennt jeder, der längere Zeit in Japan lebt. Meist verursachen sie keine oder nur ganz geringe Schäden. Seit Jahren rechnen die Menschen allerdings mit einem ganz großen Erdbeben: Da die großen Beben in einem Rhythmus von etwa 60 Jahren auftreten und *seit über 75 Jahren nichts passiert* ist, ist das Super-Beben überfällig.

Im Alltagsleben der Menschen deutet zwar scheinbar nichts auf eine Apokalypse hin, unterschwellig sind die Bewohner jedoch darauf eingerichtet, ebenso wie auf einen erneuten Ausbruch des Fuji-San. Das schwere Erdbeben von *Kobe 1995* hat die latente Bedrohung mehr als deutlich gemacht. Doch Tokyo und Yokohama sind besser darauf vorbereitet als Kobe.

## Was tun bei Erdbeben

Das Wichtigste ist, *Ruhe zu bewahren* und nicht in Panik zu geraten. Die meisten Erdbeben sind innerhalb von einer Minute vorüber, so lang diese Minute auch erscheinen wird.

1. Nicht hinausgehen, weil die Gefahr herabfallender Gegenstände größer ist; wer draußen ist, sollte ein *Gebäude* oder einen *freien Platz* aufsuchen. Jeder Bezirk, jedes Wohnviertel hat solche Plätze, die den Bewohnern bekannt sind: Schulhöfe, Parks oder Sportplätze.

2. Gas abdrehen, kleine *Feuer* sofort löschen (Gasöfen sind heute zum Glück selten geworden).

3. Schutz vor fallenden Gegenständen unter *Tischen oder Türrahmen* suchen.

4. Eine Tür nach außen als *Notausgang* öffnen, da Türen während eines Erdbebens leicht klemmen können.

5. Wenn man draußen ist, *enge Gassen,* Wände aus Betonblöcken und Stützmauern *meiden.*

6. Ruhe bewahren beim Verlassen von Orten mit großen *Menschenansammlungen,* z.B. Kaufhäuser, Theater, Kinos, Stadien; auf Lautsprecherdurchsagen achten.

7. Wenn man sich im *Auto* befindet, möglichst sofort links an den *Straßenrand* fahren und den Motor abstellen.

8. So bald wie möglich nach dem Erdbeben die vorherbestimmten *Evakuierungsplätze* aufsuchen.

9. *Nicht laufen,* sondern gehen, um Panik und unnötige Verletzungen zu vermeiden. Nur ein Minimum an persönlichen Habseligkeiten mitnehmen.

10. Nicht aufgrund von Gerüchten in Panik geraten; auf *Rundfunk- und Fernsehansagen* achten (Rundfunk: NHK AM 639, FEN AM 810, Fernsehen: NHK, Kanal 1 oder 2).

macht, ist der *Erdbebensimulationsraum.* Darin kann man das Große Kanto-Erdbeben in Bezug auf Stärke und Dauer nacherleben. Natürlich passiert nichts, dennoch ist es eindrucksvoll, was da für Kräfte am Werk sind und wie lange eine Minute Erdbeben „dauert" (Zutritt kostenlos, täglich 9-17 Uhr).

# Umgebung des
# Bahnhofs Sakuragichô

## Neubauprojekt „Minato Mirai 21"

Blickt man vom Bahnhof nach Nordosten, sieht man sofort mehrere moderne Hochhäuser. Am auffälligsten und höchsten ist der 70stöckige *Landmark Tower,* der mit 296 Metern der höchste Wolkenkratzer Japans ist. Er wurde vom amerikanischen Architekten *Hugh Stubbins* entworfen und hat umgerechnet mehr als 4 Mrd. DM gekostet. Dieses ist nur eines von vielen Gebäuden, die hier noch errichtet werden sollen. Das Projekt heißt *Minato Mirai 21* („Hafen der Zukunft 21"). Auf 186 ha **künstlich aufgeschüttetem Land** sollen bis zum Jahr 2000 um die 190.000 Menschen arbeiten und 10.000 Menschen leben. Gebaut werden deshalb neben dem Bürohochhaus des Landmark Tower und dem eleganten halbmondförmigen **Pacifico Yokohama** mit dem *Yokohama Grand Inter-Continental Hotel* und einem Konferenzzentrum diverse Hochhäuser mit Appartements, Einkaufszentren und Parks, die teilweise schon fertig sind. Hier steht auch ein Riesenrad à la Prater.

Besichtigt werden kann das große **Yokohama Museum of Art** mit Gemälden, Skulpturen und Fotografien (Tel. 221-0300) und der **Nippon-maru Memorial Park** mit dem Marinemuseum, wo das ausgediente Segelschulschiff *Nippon maru* im Trockendock liegt (Mo geschl., 600 ¥, Tel. 221-0277, -0280, 15 Min. zu Fuß vom Bahnhof). Mehrmals im Monat werden seine Segel gesetzt, was ein großartiger Anblick ist.

## Iseyama-Schrein

Wenige Minuten nordwestlich des Bahnhofs steht auf dem Hügel Iseyama der gleichnamige **Schrein,** der zum Ise-Schrein gehört und der bedeutendste Schrein Yokohamas ist (10 Min. zu Fuß von Sakuragichô).

| | | |
|---|---|---|
| ⛩ | 1 | Hotel Sunroute Yokohama |
| ⛩ | 2 | Cosmo Hotel |
| ⛩ | 3 | Yokohama Kokusai Hotel |
| ⛩ | 4 | Rich |
| ⛩ | 5 | Tōkyū Hotel |
| ⑤ | 6 | Takashimaya-Kaufhaus und Joinas |
| ✉ | 7 | Hauptpost |
| ⑤ | 8 | Sogō |
| Ⓜ | 9 | Yokohama Museum of Art |
| ⛩ | 10 | Pacifico Yokohama |
| ★ | 11 | Yokohama Cosmoworld |
| ★ | 12 | Landmark Tower |
| ⛩ | 13 | Kanagawa Youth Hostel |
| ● | 14 | Prefectural Youth Center |
| ♣ | 15 | Iseyama-Kodaijingū-Schrein |
| ⅱ | 16 | Nogeyama Christ Church |
| ★ | 17 | Eisenbahn-Denkmal |
| ⛩ | 18 | Heiwa Plaza Hotel und |
| Ⓜ | | Kanasawa Prefectural Museum |
| ⛩ | 19 | Central Inn Yokohama |
| ⛩ | 20 | Isezakichō Washington |
| ⑤ | 21 | Yokohama Matsuzakaya |
| ⛩ | 22 | Chatelet Inn |
| ● | 23 | Yokohama City Office |
| ⛩ | 24 | Business Hotel Sansei |
| Ⓜ | 25 | Seidenmuseum und |
| ❶ | | Touristen-Information |
| ⛩ | 26 | Hotel Yokohama |
| Ⓜ | 27 | Hikawa-maru-Museumsschiff |
| ★ | 28 | Marine Tower |
| ⛩ | 29 | Miel Parque Hotel |
| Ⓜ | 30 | Puppenmuseum |
| ⛩ | 31 | Bund Hotel |
| Ⓜ | 32 | Yamate Museum |
| ★ | 33 | Osaragi Jiro Memorial Hall |

Yokohama

## Nogeyama-Park

Der *Zoo Nogeyama Dôbutsu-en* ist Teil des Nogeyama-Parks und in 15 Minuten zu Fuß vom Bahnhof Sakuragichô (in westlicher Richtung) zu erreichen.

## Einkaufsstraßen

Geht man vom Bahnhof in südöstlicher Richtung über die Benten-Brücke über den Ôka-Fluß und parallel zur Bahn bis zur Kaufhausfiliale *Marui*, erreicht man die links abzweigende Einkaufsstraße *Basha-michi* (Pferdewagenweg), die rot gepflastert ist und mit ihren altmodischen Telefonzellen und Straßenleuchten den Eindruck einer *Straße des vorigen Jahrhunderts* erweckt. Die beliebte Einkaufsstraße ist gewissermaßen eine Fortsetzung der 1,3 km langen Fußgängerzone *Isezaki-chô* mit 500 Geschäften, die von *Marui* unter der Bahn hindurch (Nordausgang) nach Südwesten führt.

An der Basha-michi steht links das 1904 in deutschem Renaissance-Stil erbaute *Kanagawa Prefectural Museum,* ein Museum für Natur und Geschichte der Präfektur Kanagawa (9–16.30 Uhr, Mo sowie letzter Fr im Monat und um Neujahr geschlossen).

# Umgebung des Bahnhofs Kannai

## Yokohama-Park

Ein kurzer Fußweg führt zum *Yokohama koen*, dem ersten Park in westlichem Stil in Japan. Ein *Stadion* nimmt den größten Teil der Fläche in An-

spruch. Es ist die Heimat des Baseball-Teams *Taiyo Whales*, auch Fußballspiele und Konzerte werden hier veranstaltet. Ein Teil des Parks wurde in japanischem Stil umgestaltet.

## Seidenmuseum

Von der Parkmitte führt die breite, von Gingkobäumen bestandene Allee Nihon-odori direkt zum Hafen. Rechts vor dem Hafen stehen die *Yokohama Archives of History* mit Dokumenten aus der Zeit der Öffnung des Hafens (Mo geschl., 200 ¥, Tel. 201-2100) und das neunstöckige *Silk Center Building* mit dem *Silk Museum* (*Silk Hakubutsukan*, 9-16.30 Uhr, Mo geschl., 300 ¥).

Seidenmuseum

Im Erdgeschoß befindet sich eine **Touristeninformation.** Dieses Museum ist das einzige Seidenmuseum in Japan und erklärt den gesamten Prozeß der Herstellung. Die attraktiven Seidenprodukte sind natürlich für den Verkauf bestimmt.

## Yamashita-Park

Vom Silk Center ist es nur noch ein kurzes Stück zu dem am Ufer der Bucht gelegenen *Yamashita-koen* und zum **Osanbashi-Pier,** wo die Kreuzfahrtschiffe anlegen. In den Park gehen die Bewohner der Stadt gern in der Mittagspause – wenn es warm genug ist. Mehrere Hotels haben sich die Top-Lage vor dem Park gesichert, darunter *Hotel Yokohama, Continental Yokohama, New Grand* und *Star Hotel.* Am Rand des Parks liegt, für immer verankert, das **Museums- und Biergartenschiff Hikawa-maru,** das von 1930 an dreißig Jahre lang über den Pazifik geschippert ist (Eintritt 700 ¥, Tel. 641-4361).

## Hafenrundfahrten

Von der Anlegestelle rechts der *Hikawa-maru* kann man Hafenrundfahrten unternehmen:

- **Marine Shuttle,** alle 90 Min. von 10.30-18.30 Uhr, 90 Min. Rundfahrt, 2000 ¥.
- **Akaikutsu,** 6 Fahrten pro Tag von 11-17 Uhr, 60 Min. Rundfahrt, 1200 ¥, 40 Min. Rundfahrt 750 ¥.
- Hier legt auch die **Sea Bass** an, die zwischen Yokohama Station und Yamashita Park hin- und herfährt.

Yamashita-Park

Yokohama

## Marine Tower

Nahe dem südöstlichen Ende des schmalen Parks steht der 106 Meter hohe Marine Tower, ein Wahrzeichen der Stadt und der **höchste Leuchtturm der Welt.** Von der Beobachtungsplattform bietet sich ein guter Blick auf die Innenstadt mit Chinatown und dem Hafen mit der 1989 fertiggestellten, 860 m langen Bay-Brücke zwischen Honmoku- und Daikoku-Pier. Unten sind Geschäfte und der **Vogelzoo Birdpia.** (täglich 10-17 Uhr, Auffahrt zur Plattform 700 ¥).

## Puppenmuseum

Etwas östlich des Turms steht das bekannte Puppenmuseum *Yokohama Ningyô-no-Ie* (Mo geschl., 300 ¥, Tel. 671-9361), untergebracht in einem modernen Haus, das an ein Schloß erinnern soll. Die Sammlung umfaßt mehr als 4500 Puppen aus aller Welt, vor allem natürlich aus Japan. Es gibt auch ein Puppentheater.

Nebenan steht das **Yokohama Immigration Office.**

## Harbor View Park

Der Harbor View Park *(Minatonomieruoka-kôen)* liegt auf einem Hügel, auf dem früher einmal britische Garnisonstruppen untergebracht waren. Er bietet, wie der Name sagt, einen guten Blick über den Hafen, aber auch auf die Stadt.

Auf dem Parkgelände steht das **Osaragi Jirô Memorial Museum** (Mo geschl.). Das Arbeitszimmer des in Japan bekannten Schriftstellers *Osaragi Jirô* (1897-1973) wurde von seinem Haus

in Kamakura hierhergebracht. Er liebte seine Geburtsstadt Yokohama. Zumindest eines seiner Werke, „Kikyo", wurde unter dem Titel „Homecoming" ins Englische übersetzt.

## Ausländerfriedhof

Westlich schließt sich an den Park der Ausländerfriedhof **Gaijin-bochi** mit schöner Hanglage an. Dementsprechend ist er ein beliebter Hintergrund für Souvenirfotos. Zwei Museen stehen am Weg: das **Iwasaki Museum** mit europäischen Antiquitäten, Möbeln und Kleidung (Mo geschl.) und das in einem Holzhaus im Stil der Meiji-Zeit untergebrachte **Yamate-Museum,** das zeigt, wie Ausländer in Yokohama nach der Öffnung des Hafens lebten. Die hügelige Gegend des Yamate-Viertels heißt auch *Bluff* und war nach der Öffnung Japans eine beliebte Wohngegend für Ausländer, die in Yokohama lebten. Hier gibt es noch Kirchen, z.B. die **Christ Church on the Bluff** *(Yamate Church)*, Missionsschulen und Wohnhäuser aus dieser Zeit.

An den Ausländerfriedhof mit seinen über 4000 Gräbern, in denen viele westliche Pioniere des neuen Japan ruhen und von wo aus man einen schönen Blick auf das Stadtzentrum hat, schließt sich der **Motomachi-Park** an.

## Motomachi

Unten im Tal zu Füßen des Bluff erstreckt sich das **Einkaufszentrum** Motomachi entlang des Nakamura-Flusses zwischen dem **Bahnhof Ishikawacho** und dem Hafen. Wegen der Mi-

schung aus Boutiquen und anderen Läden, Cafés und Lokalen ist es besonders beliebt bei jungen Leuten.

## Chinatown

Besucher Yokohamas zieht es meist vor allem in die Chinatown – es sei denn, sie waren zuvor vielleicht schon in Tapei, Hongkong, Singapur oder in China selbst. Hier befindet sich die größte Chinesensiedlung Japans, bekannt vor allem wegen Hunderten von guten *chinesischen Restaurants,* Geschäften für *Kunsthandwerk* und Läden, in denen exotische Ingredienzen für *Medizin* verkauft werden. An allen vier Seiten des viereckigen Viertels stehen Eingangstore.

## Südliche Vororte

### Honmoku Fishing Park

Für Angelfreunde gibt es hier die Möglichkeit, von einer eigens zu Angelzwecken eingerichteten, L-förmigen Anlegestelle aus gegen eine Gebühr zu *angeln.* Gerät und Köder gibt es an Ort und Stelle.

●*Anfahrt:* 35 Min. mit Bus von der Ostseite der Yokohama Station; Di geschl.

### Sankei-en-Garten

Dieser 170.000 m² große Garten gehörte einst *Hara Tomitaro*, einem der reichsten Männer Yokohamas. Es gibt einen inneren und einen äußeren Garten. Im Inneren stehen zusammen-

Chinatown

Yokohama

getragene historische und andere alte Häuser, auch einige Bauernhäuser. Der Garten ist um zwei Teiche herum angelegt. Berühmt ist der Blick über einen der Teiche hinweg auf die **dreistöckige Pagode**. Zu jeder Jahreszeit lohnt der Besuch, weil fast das ganze Jahr über etwas blüht: Mitte bis Ende Februar Pflaumen *(ume)*, Anfang April Kirschen *(sakura)*, Anfang Mai Glyzinien *(fuji)*, Anfang bis Mitte Juni Iris *(ayame)*, im November Chrysanthemen *(kiku)*.

● **Anfahrt:** Der Park, der südlich des Hafens an der nächsten Bucht liegt, ist täglich geöffnet und in 20 Min. mit Bus Nr. 8 vom Bahnhof Sakuragichô zu erreichen (Bushaltestelle: Hommoku-sankei-en-mae). Auch von anderen Bahnhöfen fahren Busse: 10 Min. von der Negishi Station (JR Keihin-Tohoku-Linie), 35 Min. von der Ostseite der Yokohama Station.

### Hassei-den-Museum

Das Hassei-den ist eine Art Heimatmuseum mit Schwerpunkt auf **Fischerei und Landwirtschaft**. Zu sehen sind auch die Statuen der Acht Weisen.

● **Anfahrt:** Die Halle befindet sich auf dem Gelände des öffentlichen Parks *(Hommoku Shi-min koen)* neben dem Sankei-en-Garten in einem südöstlichen Vorort von Yokohama. Zufahrt: s. Sankei-en, von dort 10 Min. zu Fuß. Mi geschl., Eintritt frei.

### Mycal Honmoku

Per Bus (101, 102 bis Wadayama-guchi) vom Bahnhof Negishi (an der JR-Linie Keihin-Tohoku) zu erreichen ist dieser moderne **Einkaufs- und Unterhaltungskomplex**.

### Prähistorische Stätten Santono-dai

Für Freunde der japanischen Frühgeschichte gibt es hier ein **archäologi-**

**sches Museum** und **Rekonstruktionen der Nurdach-Hütten,** in denen die Japaner in vorgeschichtlicher Zeit lebten.

● **Anfahrt:** 20 Min. mit Bus von Negishi Station bis zur Haltestelle Tenjin-mae oder 20 Min. zu Fuß ab U-Bahnhof Maita. Mi, F und am letzten Tag im Monat geschl., Eintritt frei.

### Negishi Forest Park

Das im Waldpark liegende **Negishi Equine Museum** ist mit Sicherheit für **Pferdeliebhaber** interessant: Es ist ihrer recht bedeutenden Rolle in der japanischen Geschichte gewidmet. Im Park besteht die Möglichkeit zu **Ausritten mit Ponys** und anderen Pferden. Hier befand sich früher die erste westliche Pferderennbahn Japans.

● **Anfahrt:** 10 Min. zu Fuß von Negishi Station, 15 Min. per Bus von Sakuragichô Station. Mo geschl.

### Gumyô-ji-Tempel

Der Tempel ist bekannt für seine **Holzstatue der elfköpfigen Kannon**.

● **Anfahrt:** Eine belebte schmale Einkaufsstraße führt vom Bahnhof Gumyô-ji (Keihin-Kyûkô-Linie) zur gleichnamigen U-Bahnstation, an der der Tempel liegt.

## Umgebung des Bahnhofs Kanazawa-bunko

### Kanazawa Bunkô Museum

Große Bibliothek japanischer und chinesischer Klassiker, Gemälde, Kalligraphie, Skulpturen, historische Dokumente.

● **Anfahrt:** 10 Min. vom Bahnhof Kanazawa-bunko (Keihin-Kyûkô-Linie), 9-16.30 Uhr, Mo und die letzten 2 Tage im Monat geschl., 200 ¥, 142 Kanazawachô, Tel. 701-9069.

## Marine Park

Der einzige (künstlich angelegte) **Sandstrand** Yokohamas ist in 15 Minuten zu Fuß vom Bahnhof Kanazawa-bunko zu erreichen.

## Shomyô-ji-Tempel

In der großen Anlage des 1267 erbauten Tempels befinden sich die 1275 von Tempelgründer *Hojo Sanetoki* angelegte **Kanazawa-bunko-Bibliothek** mit alten Dokumenten und ein Garten (15 Min. zu Fuß vom Bahnhof).

## Kanazawa Natural Park

Dieser naturbelassene, waldreiche Park eignet sich gut zum Spazierengehen und **Wandern.** Es gibt auch einen **Zoo.**

●*Anfahrt:* mit Keikyu-Bus ab Bahnhof Kanazawa-bunko bis Haltestelle Natsuyama-sakaue.

## Weitere Attraktionen

### Children's Science Museum

Dieses moderne Museum bietet jede Menge Gelegenheit zum Herumspielen und ein großes **Planetarium.**

●*Anfahrt:* 3 Min. zu Fuß vom Bahnhof Yôkôdai der Keihin-Tohoku-Linie, Mo geschl.

### Kinderland (Kodomo-no-kuni)

Ein Ausflugspark mit Kinderspielplätzen, Schwimmbad, Eisbahn (im Winter), Fahrradweg, Bauernhof und Milchfabrik.

●*Anfahrt:* mit der Konomo-no-kuni-Bahn ab Nagatsuta Station der Yokohama-Linie. Mo geschl., Eintritt Kinder 100 ¥, Erwachsene 300 ¥.

Blick auf Marine Tower und Hafen

Yokohama

### Yokohama Dream Land

Ein klassischer **Vergnügungspark,** erreichbar in 20 Min. mit Bus ab den Bahnhöfen Ofuna (Endstation der Keihin-Tohoku-Linie) oder Totsuka, Eintritt 1200 ¥.

### Sôji-ji-Tempel

Dieser 1321 gegründete Zen-Tempel der Soto-Sekte bietet der Öffentlichkeit die Möglichkeit zum Meditieren *(Za-zen).*

●**Anfahrt:** 5 Min. zu Fuß vom Bahnhof Tsurumi (Keihin Tohoku-Linie).

## Anfahrt von Tokyo

Von **Tokyo Station** fährt alle 15 Min. ein Zug der Tôkaidô- oder Yokosuka-Linie bis **Yokohama Station,** Fahrtdauer 30 Minuten, 460 ¥. Alle 10 Min. gibt es einen Zug der Keihin-Tôhoku-Linie nach **Kannai Station,** Fahrtdauer 45 Min., 540 ¥. (Kannai Station ist der günstigste Bahnhof für einen Bummel durch das Stadtzentrum.)

Von **Shinagawa Station** alle 10 Min. mit der Keihin-Kyûkô-Linie zur **Yokohama Station,** der Expresszug *Tok-kyû* braucht nur 22 Min., 230 ¥.

## Feste in und um Yokohama

**Anfang Januar:** *Dezomeshiki,* traditionelle akrobatische Vorführungen der Feuerwehrleute, u.a. in Minato Mirai 21.
**14. Januar:** *Sagichô,* Feuer und Reisballrösten am Oiso-Strand.
**15. Januar:** *Chakirako,* Volkstanz junger Mädchen in Misaki.
**4. So im Februar:** *International Women Ekiden,* Staffellauf.
**3. Mai:** *Kokusai-kaso-gyoretsu,* internationaler Maskenzug.
**14./15. Mai:** *Iseyama*-Schreinfest, traditionelle Tänze und Zeremonien.
**Ende Mai/Anfang Juni:** Basar zur Erinnerung an die Öffnung des Hafens im Yokohama Park.
**1. Wochenende im Juni:** *Yokohama Dontaku,* Parade durch den Yamashita-Park in Meiji-Kostümen.
**1. So im Juni:** *Jamokamo-matsuri,* Schreinfest an *Shinmeisha* und *Donen-inari,* Namamugi Station (Keihin Kyûkô-Linie).
**20. Juli:** Feuerwerk im Yamashita-Park.
**27. Juli:** *Takigi-Nô,* Nô-Theateraufführung bei Fackellicht im Yamashita-Park.

**1. August:** Feuerwerk im Yamashita-Park.
**1. oder 2. So im August:** *O-uma-nagashi,* Strohpferde werden zu Wasser gelassen, am Pier Honmoku D.
**3. So im August:** Kanazawa-Festfeuerwerk im Marine Park, Kanazawa-bunko.
**1. September:** *Shio-matsuri,* kleine Grasboote werden aufs Wasser gesetzt, in der Hoffnung auf guten Fischfang; an der Nojiri-Brücke, Kanazawa-Hakkei Station (Keihin-Kyûko-Linie).
**Mitte September:** Osannomiya-Herbstfest am Hie-Schrein, U-Bahnstation Yoshinochô.
**Anfang Oktober:** *Dokan-matsuri,* Parade in Isehara.
**1. u. 10. Oktober:** Chinatown-Fest, Löwen-, Drachen- und Volkstänze.
**Mitte Oktober:** Herbstfest im Yamashita-Park.
**Ende Oktober:** *Kyokudaimoku,* Fest im Myorenji-Tempel mit 150jähriger Tradition; Kibogaoka Station (Sotetsu-Linie).
**2. So im November:** Marathonlauf in Yokohama (10/20 km).

Von **Shibuya Station** alle 40 Min. mit der Tôkyû-Linie zur **Yokohama Station,** Fahrtdauer 40 Min., 160 ¥.

## Information

- **Vorwahl Yokohama:** 045
- **Yokohama International Tourist Association:** im *Silk Center,* 15 Min. zu Fuß von Kannai Station (Mo-Fr 8.45-17 Uhr, Sa 8.45-12 Uhr, So u. F geschl., 1 Yamashita-chô, Naka-ku, Tel. 641-5824, -0841, -4759).
Hier gibt es z.B. Infos über Konzertveranstaltungen. Wer sich für einen Besuch in einem japanischen Haus(halt) interessiert, erkundige sich nach dem *Home Visit System.*
- **Yokohama Station:** Tel. 441-7300
- **Deutsche Schule Tokyo-Yokohama:** 1923 Higashikata-chô, Kohoku-ku, 222 Yokohamashi, Tel. 941-4841/2.

## Stadtverkehr

### Bus

Der **Blue-Line-Doppeldeckerbus** fährt von Sakuragichô Station zum Harbour View Park, tagsüber alle 30 Min., am Wochenende alle 20 Min. Er verkehrt auf folgender Route: Sakuragichô – Osanbashi Pier – Chinatown – Motomachi (Einkaufsstraße) – Harbour View Park – Yamashita Pier – Yamashita Park – Osanbashi Pier – Bashamichi (Einkaufsstraße) – Yoshidabashi – Sakuragichô.

### Taxi

Wer es bequem haben will, kann sich für 2½ Std. ein Taxi mieten (Tel.

Yokohama

623-8884); es kostet zwischen 8800 ¥ für kleine und 9500 ¥ für große Taxis. 1 Std. kostet 3600/3800 ¥. Man fragt aber am besten bei der Touristenvereinigung (s.u.), welcher Fahrer Englisch spricht.

### Boot

Von Yokohama Station zum Yamashita-Park kann man alle 30 Min. per Boot fahren: von der Anlegestelle gegenüber dem *Sôgô Department Store* mit der *Sea Bass* in 15 Min. zum Yamashita-Park. Dies ist vielleicht der interessanteste Weg von Yokohama Station in die Stadtmitte (10-18.30 Uhr, 450 ¥).

## Einkaufen

### Kaufhäuser

●*Sôgô,* das größte und attraktivste Kaufhaus Yokohamas, direkt am Bahnhof Yokohama (Ostseite).
●*Takashima,* 1-5-1 Minami-Saiwai, Nishi-ku, Tel. 319-2438, Mi geschl.

●*Mitsukoshi,* 2-7 Kita-Saiwai, Tel. 312-1111, Mo geschl.
● *Yurindô,* große Auswahl an ausländischen Büchern und Zeitschriften. 2-2-1-2 Minato-Mirai (JR: Kannai), Tel. 222-5500.

### Antiquitätengeschäfte

●*Haikara,* 2-367-1 Honmokuchô, Naka-ku, Tel. 623-9954.
●*Mikado,* im Silk Center, 1 Yamashitachô, Naka-ku, Tel. 662-7057.
●*Mingora,* 5-216-5 Yamamotochô, Naka-ku, Tel. 641-5258.
●*Isetatsu-ya,* Buntpapier aus Reispapier. Yamatechô 184, Tel. 623-2199.
● *Yamazaki,* Isezakichô 2, Naka-ku, Tel. 261-2352.

## Essen

### Kaiseki Ryôri

●*Chifuku,* buddhistisch-vegetarische Kaiseki-Küche. Social Port B1, 2-6-7 Hagoromochô (JR Kannai), Tel. 251-0176.
●*Negishi-en:* buddhistisch-vegetarische Kaiseki-Küche. 1-1 Negishi-chô, Tel. 621-3741.

### Shabu shabu/Teppanyaki

●*Araiya,* 2-17 Akebonochô, Naka-ku (JR: Kannai), Tel. 251-5001.
●*Take-uchi,* 5-75 Onoechô, Naka-ku (JR: Kannai), Tel. 681-3725.

### Sushi

●*Azuma-zushi,* 1-11-1 Minami-Saiwai, Nishi-ku (JR: Yokohama), Tel. 311-5240.
●*Inaka-zushi,* 1-41 Noge-chô, Naka-ku (JR: Sakuragichô), Tel. 231-2967.
●*Izuhei,* 5-68 Onoechô, Naka-ku (JR: Kannai), Tel. 681-1514.

### Fugu

●*Hamashin,* Aal- und Kugelfisch-Spezialitäten. 3-1 Yoshidachô, Naka-ku (JR: Kannai), Tel. 251-0039.

## Yakitori

●*Katotei,* Watanabe Bldg. F6, 1-1-5 Kita-Sai-wai, Nishi-ku (JR: Yokohama), Tel. 314-7001.

## Unagi

●*Kitahama,* Sôtetsu Joinus B1, 1-5 Minami-Saiwai, Nishi-ku (JR: Yokohama), Tel. 311-5408.

## Kama-meshi

●*O-kame,* 1-1 Akebonochô, Naka-ku (JR: Kannai), Tel. 261-3133.

## Tempura

●*Hageten,* Porta B2, 2-16 Takashima (JR: Yo-kohama), Tel. 453-6366.
●*Ten-kichi,* 2-1 Minatochô, Naka-ku (JR: Kan-nai), Tel. 681-2220.

## Tonkatsu

●*Katsu-han,* 6-94 Chôjamachi, Naka-ku (JR: Kannai), Tel. 261-4588.
●*Wakô,* (JR Yokohama) Porta B1, 2-16-1 Takashima, Nishi-ku, Tel. 453-6408.

## Okonomiyaki

●*Karikoma,* 1-14-4 Minami-Saiwai, Nishi-ku, Tel. 311-4297.

## Soba/Udon

●*Kineya,* Porta B2, 2-16 Takashima (JR: Yoko-hama), Tel. 453-6330.
●*Rikkuyuan,* 2-17 Masagochô, Naka-ku, Tel. 641-3035.

## Izakaya

●*Kai,* ¥/¥¥, Rettich-Muschel-Salat 400 ¥, Thunfisch-Sparerib 1200 ¥, Krebs-Tortilla 500 ¥. 17-24 Uhr, Dex-Bldg. B1, 3-36 Su-miyoshichô, Naka-ku, Tel. 045-663-1080.

Isezakichô

Yokohama

## Chinesisch

Eine Auswahl der Restaurants in Chinatown:
- **Toutourin,** ¥, ab 700 ¥. 11-21 Uhr, 90 Yamashitachô, Naka-ku (JR: Kannai, 8 Min.), Tel. 641-1122.
- **Youshuhanten,** ¥, ab 500-700 ¥. 149 Yamashitachô, Naka-ku (JR: Ishikawa-chô, 7 Min.), Tel. 651-0448.
- **Youshushuka,** ¥, ab 700 ¥. 147 Yamashitachô, Naka-ku (JR: Ishikawa-chô, 7 Min.), Tel. 641-6232.

## Internationale Küche

- **Garlic Jo's,** ¥/¥¥, Knoblauchspinat 1000 ¥, Knoblauch-Steak 1990 ¥, Knoblauch-Pizza 900 ¥. 17-23 Uhr, Sa/So ab 12 Uhr, Mo geschl., 1-36 Motomachi, Tel. 662-4660.
- **Honmoku Street Amusement King,** ¥, im *Honmoku Amusement Park*, Essen, Karaoke, Snooker, Basketball, Pizza 600 ¥, Pilav 600 ¥, Würstchen 500 ¥, Cocktails 500 ¥. Glovner House B1, nahe YMCA, 15-6 Hara Honmoku, Naka-ku, Tel. 045-624-2475.

## Deutsch

- **Alte Liebe Yokohama Joinus,** ¥¥, Sotetsu Joinus Bldg. B2, 1-5 Minami-Saiwai, Nishi-ku, Tel. 312-0181.
- **Ginza Tsubame Grill,** Lumine F6, 2-16-1 Takashima, Tel. 453-6752.

## Bars, Clubs und Discos

- **491 House,** guter Jazz Club, gegenüber dem *Circus*, Cover Charge 500 ¥, ab 1500 ¥. So-Fr 18-2 Uhr, Sa bis 4 Uhr, Tokunaga Bldg. F1, 82 Yamashitachô (Kannai), Tel. 662-2104.
- **American House,** Ami-Bar, ab 1000 ¥, nur Sitzplätze. Mo-Fr 17-2 Uhr, Sa u. So 13-1 oder 2 Uhr, 106 Yamashitachô (Kannai), Tel. 681-6780.
- **Bar Replay Jr.,** freundlicher, preiswerter, anspruchsvoller Jazz-Club, Cover Charge 500 ¥, ab 1500 ¥. Mo-Sa 17-3 Uhr, So u. F 15-1 Uhr, Labi Motomachi Bldg. F5, 1-13 Motomachi (Ishikawachô), Tel. 663-2828.
- **Brain Club PSY,** modern, angenehme Atmosphäre, Soul, ab 1000 ¥. Mo-Sa 19-5 Uhr,

So u. F bis 3 Uhr, Vistalia Moto-machi Bldg. B1, 4-179 Moto-machi (Ishikawachô), Tel. 641-5865.
- **Glam Slam,** Bar für Prince-Fans, gute Musik, sehr beliebt, ab 3000 ¥. 18-24 Uhr, 3-4 Shin-Yamashita (Ishikawachô), Tel. 624-3900.
- **Desperado,** nette Bar mit Oldies aus den 70ern, ab 1000 ¥. Di-So 20-4 Uhr, Mo geschl., 1-17 Ishikawachô (JR: Ishikawachô), Tel. 681-4712.
- **Kirin,** Bierhalle. Nakamura Bldg. F2, 1-10-1 Minami-Saiwai, Nishi- ku, Tel. 311-2904.
- **Bar Underground,** afrikanische Snacks, Live-Musik aus Ghana, 300 ¥ Eintritt, Getränke: Männer 4000 ¥, Frauen 3000 ¥, Gerichte um die 1000 ¥. 18.30-5 Uhr, Shankoze-Tokiwacho Bldg.B1, 3-22 Tokiwa-chô, Naka-ku.

# Unterkunft

## Nahe Bahnhof Yokohama

●*Yokohama Plaza,* ¥, 118 Zimmer, ab 7000 ¥. 2-12-12 Takashimachô, Tel. 461-1771, Fax -0644.

●*Hotel Cosmo Yokohama,* ¥/¥¥, 160 Zimmer, ab 9000 ¥. 2-9-1 Kita-Saiwai (JR: Yokohama, 7 Min.), Tel. 314-3111, Fax 316-1600.

●*Yokohama Kokusai Hotel,* ¥¥, 121 Zimmer, ab 10.000 ¥, 2-16 Minami-Saiwai, Tel. 311-1311, Fax 313-3486.

●*Yokohama Tôkyû,* ¥¥, 212 Zimmer, ab 15.000 ¥. 1-1-12 Minami-Saiwai, Nishi-ku (Ausg. West), Tel. 311-1682, Fax -1084.

●*Rich Yokohama,* ¥¥, 204 Zimmer, ab 12.000 ¥. 1-11-3 Kita-Saiwai, Tel. 312-2111, Fax -2143.

## Nahe Bahnhof Sakuragichô

●*Grand Intercontinental,* ¥¥¥¥, 604 Zimmer, ab 33.000 ¥. 1-1-1 Minato Mirai, Tel. 223-2222, Fax 221-0650.

●*Yokohama Royal Park,* ¥¥¥, ab 28.000 ¥. Landmark Tower, 52.-67. Stock, 22-1-3 Minato Mirai, Tel. 221-1111, Fax 224-5153.

●*Heiwa Plaza Hotel Bashamichi,* ¥/¥¥, 170 Zimmer, ab 8000 ¥. 5-65 Ôtachô, Tel. 212-2333, Fax -3294.

●*San-ai,* ¥, Businesshotel, 80 Zimmer, ab 7000 ¥. 3-95 Hanasakichô, Tel. 242-4411, Fax-7485.

## Nahe Bahnhof Kannai und Isezakichô Mall

●*Sansei,* ¥, 90 Zimmer, ab 7000 ¥. 222 Yamashita-chô, Tel. 662-0222.

●*Toyoko Inn Yokohama Kannai,* ¥, ab 7000 ¥. 1-10-5 Maganechô (U: Bandôbashi), Tel. 242-1045.

●*Chatelet Inn,* ¥, 114 Zimmer, ab 6000 ¥, 3-10-16 Matsukagechô, Tel. 664-5881, Fax 681-4360.

●*Central Inn,* ¥, 87 Zimmer, ab 7000 ¥. 4-117 Isezakichô, Tel. 251-1010, Fax-0921.

●*Chatelet Inn,* ¥/¥¥, 132 Zimmer, ab 8000 ¥. Gegenüber Yokohama-Stadion, jenseits der Bahnlinie, Tel. 681-4800, Fax 681-4360.

●*Grand Sun,* ¥/¥¥, 118 Zimmer, ab 9000 ¥. 8-122 Chôja-machi (Hinode/Keihin-Kûkô-Linie, 5 Min.), Tel. 241-7551.

●*New Otani Inn,* ¥/¥¥, ab 8000 ¥, 4-81 Sueyoshi (Koganechô/Keihin Kûkô-Linie), Tel. 252-1311.

●*Yokohama Isezakichô Washington,* ¥¥, großes modernes, recht preisgünstiges Cityhotel, 399 Zimmer, ab 10.000 ¥. 5-53 Chôjamachi, Tel. 2437111, Fax 253-7731.

## Nahe Yamashita-Park und Chinatown

●*Aster,* ¥, 66 Zimmer, ab 6000 ¥. 87 Yamashitachô (Ishikawachô, 10 Min.), Tel. 651-0141, -2064.

●*Echigoya Ryokan,* ¥, preiswert. 1-14 Ishikawachô (Ishikawachô, 2 Min.), Tel. 641-4700.

●*Park Hotel Yokohama,* ¥, 40 Zimmer, ab 6000 ¥, 186 Yamashitachô (Ishikawachô, 12 Min.), Tel. 681-0032, Fax 662-0586.

●*Yokohama International Seamens Hall,* ¥, 66 Zimmer, ab 5500 ¥, zwischen Marine Tower und Chinatown, Tel. 681-2358 (Paß zeigen).

●*Miel Parque,* ¥/¥¥, 43 Zimmer, ab 7000 ¥, direkt neben Marine Tower, bis 24 Uhr geöffnet, Tel. 662-2221, Fax 662-9919.

●*Star Hotel Yokohama,* ¥/¥¥, 126 Zimmer, ab 8000 ¥. 11 Yamashitachô (Ishikawachô, 10 Min.), Tel. 651-3111, Fax -3119.

●*Bund Hotel,* ¥/¥¥, 50 Zimmer, ab 9000 ¥, Tel. 621-1101, F -1105.

●*Hotel New Grand,* ¥¥, 71 Zimmer, ab 10.000 ¥. 10 Yamashitachô, Tel. 681-1841, Fax -1895.

●*The Hotel Yokohama,* ¥¥¥, 165 Zimmer, ab 25.000 ¥. 6-1 Yamashitachô, Tel. 662-1321, Fax -3536.

## Nahe Bahnhof Tsurumi

●*Central Plaza Hotel,* ¥/¥¥, 62 Zimmer, ab 8000 ¥. 4-5-13 Tsurumi-Chûô, Tel. 504-1122, Fax -1126.

●*Tsurumi Pearl Hotel,* ¥/¥¥, 144 Zimmer, ab 8000 ¥. 1-21-13 Tsurumi-Chuo, Tel. 501-8080, Fax 502-7159.

Yokohama

### Nahe Shinkansen-Bahnhof Shin-Yokohama

● *Fuji View Hotel,* ¥/¥¥, 195 Zimmer, ab 9000 ¥. 2-3-1 Shin-Yokohama, Tel. 473-0021, Fax -0260.

● *Shin-Yokohama Kokusai Hotel,* ¥¥, 200 Zimmer, ab 10.000 ¥. Direkt am Shinkansen-Bhf., 3-18-1 Shin-Yokohama, Tel. 473-1311, Fax 474-0152.

● *Shin-Yokohama Prince Hotel,* ¥¥, ab 13.000 ¥. Neben Shinkansen-Bahnhof, 3-4 Shin-Yokohama, Tel. 471-1111, Fax -1180.

### Jugendherberge

● *Kanagawa Youth Hostel,* 66 Betten (Sakuragichô, 7 min.), Tel. 241-6503.

# Kawasaki

Hinter diesem bei uns als Motorradmarke bekannten Namen steckt Japans neuntgrößte Stadt mit 1,2 Millionen Einwohnern, die genau zwischen Tokyo und Yokohama liegt. Da sie in erster Linie **Industriestadt** ist, kommen selten Touristen auf die Idee, ihr einen Besuch abzustatten. Dennoch hat sie einige Sehenswürdigkeiten zu bieten.

Während der Edo-Zeit entwickelte sich Kawasaki um seine Poststation und vor allem den heute noch bedeutenden **Tempel Kawasaki Daishi** herum.

Ab 1913 wurde auf neu gewonnenem Land an der Tokyo-Bucht eine **Industriezone** angelegt. Heute gibt es neben Petrochemie vor allem Produktionsstätten für Öl- und Kohleprodukte, Elektromaschinen, Stahl, Autos, Zement, Chemikalien und Lebensmittel. Der Hafen gehört zu den größten des Landes, hier werden vor allem Öl, Kohle, Eisenerz und Nahrungsmittel eingeführt.

In Bezug auf **Nachtleben** hat Kawasaki angesichts der großen Zahl von Firmen natürlich einiges zu bieten.

Derzeit wird an dem Projekt **Tokyo Bay Bridge & Tunnel** gearbeitet. Von Kawasaki sollen Brücken und Tunnel 15 km quer über die Tokyo-Bucht nach Kisarazu (Chiba) gehen.

## Sehenswertes

### Kawasaki-daishi-Tempel

Dieser Tempel schützt vor Unglück und wird deshalb vor allem nach Neujahr gern aufgesucht. Am 21. jeden Monats findet ein kleiner Tempelmarkt statt.

● **Anfahrt:** Mit der Daishi-Linie ab Bahnhof Keikyu-Kawasaki zum Bahnhof Kawasaki-daishi.

### Ikuta-ryokuchi-Park

Dieser Park wurde zunächst als Grünzone *(ryokuchi)* mit den in Japan beliebten Pflanzen angelegt: Pflaumen, Kirschen, Glyzinien, Azaleen, Iris und Hortensien. Später kam ein **Bauernhofmuseum** mit 21 Bauernhäusern und Gebäuden aus ganz Japan hinzu (300 ¥, Mo geschl., Tel. 044-922-2181). Hier werden die Strukturen der Häuser und die Lebensweise ihrer einstigen Bewohner gezeigt.

Vorne stehen Häuser, die charakteristisch für eine Poststation waren. Dahinter kommen bemerkenswerte mehrstöckige Häuser *(gassho zukuri)* aus Nagano, Toyama, Gifu und benachbarten Präfekturen (in einem ist ein Soba-Lokal eingerichtet); dann folgen die Häuser der Gegend von Kanto, Kanagawa und Tohoku. Dazwischen stehen ein buddhistischer Schrein und eine Kabuki-Bühne. Die Landschaft wirkt so vielfältig und natürlich, daß man fast vergessen könnte, daß man sich in einem Museum befindet.

Am Eingang erhält man einen guten englischsprachigen Plan mit Erklärungen zu den einzelnen Häusern.

Südöstlich neben dem Bauernhofmuseum steht das *Kawasaki City Traditional Crafts Center* (*Kawasaki-shi dento kogeikan*, kostenloser Eintritt, Tel. 044-900-1101), wo man nach vorheriger Anmeldung das Handwerk des *Indigo-Färbens* erlernen kann. Man bezahlt nur das Material, das gefärbt werden soll.

Westlich neben dem Freiluftmuseum steht das *Youth Science Museum,* das die örtliche Naturgeschichte zum Thema hat. Außerdem gibt es hier ein Planetarium und ein Teleskop (Eintritt kostenlos, Planetarium 50/100 ¥, Tel. 044-922-4731).

Nördlich davon, auf dem Rückweg zum Bahnhof, bietet sich ein Abstecher an: vom Ausgang beim Handwerkszentrum auf den kleinen Berg *Iimuro-yama,* auf dem früher eine Burg stand. Auf der anderen Seite des Hügels stehen alte Gräber. Dort befindet sich der Nordausgang des Parks.

●*Anfahrt von Tokyo:* ab Shinjuku mit dem Expreß *(kyuko)* der Odakyû-Linie in 20 Min. zum Bahnhof Muko-ga-oka-yu-en, 170 ¥. Wer vom *Craft Center* nicht zu Fuß zum Bahnhof zurückgehen will, kann ab Haltestelle Senshu-Daigaku-mae in 6 Min. für 180 ¥ dorthinfahren.

## Vergnügungspark Mukôgaoka-yûen

In diesem gartenartig gestalteten Park gibt es verschiedene Attraktionen, z.B. Riesenrad, Eislaufbahn und Schwimmbad.

●*Anfahrt:* In drei Minuten kann man vom Bahnhof Mukôgaoka-yûen (Odakyû-Linie) mit der Monorail-Bahn zum Park fahren (Eintritt 1200 ¥). Zwei Stationen weiter gibt es vom Bahnhof Yumiuri-Land-mae ebenfalls einen Zugang.

## Toshiba Science Museum

Im *Toshiba-kagaku-kan* kann man Hand an die neuesten elektrischen und *elektronischen Produkte* der Firma *Toshiba* legen, daneben gibt es noch verschiedene wissenschaftliche Demonstrationen.

●*Anfahrt:* vom Bahnhof Kawasaki mit Bus in 10 Min. bis Komukai-koban; werktags geöffnet, Eintritt kostenlos, Tel. 044-511-2300.

## Unterkunft

(Vorwahl: 044)

●*Sun Royal,* ¥, ab 2000 ¥. 1-5-11 Honchô (JR: Kawasaki 5 Min., Keihin Kûko 3 Min.), Tel. 244-3711.
●*Sky Court,* ¥, 120 Zimmer, ab 7000 ¥. 12-9 Minamichô, Tel. 233-4400.
●*Heiwa Plaza,* ¥/¥¥, 100 Zimmer, ab 9000 ¥. 5-1 Ogawamachi (JR: Kawasaki, 5 Min.), Tel. 222-3131, Fax -3171.
●*Business Hotel Park Kawasaki,* ¥/¥¥, 63 Zimmer, ab 9000 ¥. 8-21 Miyamotochô (JR: Kawasaki), 211-5885, Fax -5888.
●*Kawasaki Nikkô,* ¥¥, 184 Zimmer. Direkt am JR-Bahnhof Kawasaki, Tel. 244-5941, Fax -4445.

Kawasaki

# Ausflüge in die Umgebung

# Überblick

Großstädter zieht es an freien Tagen hinaus ins Grüne. Gerade die naturliebenden Japaner machen da keine Ausnahme. Das Häusermeer mag endlos erscheinen, aber dort, wo die Berge beginnen, ist es auf einen Schlag vorbei. Und auch das Meer ist nahe.

Das **dichte Netz der Privatbahnen** führt, in Verbindung mit gelegentlich notwendigen Busfahrten, bis an die Ausgangspunkte für **Wanderungen und Bergbesteigungen.** Wer mit dem Auto unterwegs ist, hat es bequemer, ist aber nicht immer schneller. Wer nur sonntags Zeit hat, muß in der Früh und bei der Rückkehr mit Staus rechnen. Auch die Züge sind dann fast so voll wie bei der alltäglichen Rush Hour. Wer unter der Woche oder wenigstens samstagmorgens losfährt, hat mehr vom Tag. Aber das fröhliche Treiben japanischer Familienausflüge mit den Picknicks unterwegs mitzuerleben, hat auch seinen Reiz.

Das Gebiet um Tokyo herum ist touristisch wohl so **gut erschlossen** wie kein anderes in Japan. Zum Kennenlernen der Landschaften gibt es dementsprechend ein großes Angebot an organisierten Fahrten von Tokyo aus. Die beschriebenen Ausflugsziele lassen sich jedoch auch sehr gut als Ein- bis Zwei-Tagestouren individuell erschließen.

# Der Berg Fuji und die fünf Seen

## Fuji-San

Die Hauptattraktion des Fuji-Hakone-Izu-Nationalparks ist der berühmte Berg Fuji-San, mit 3776 m Höhe **höchster, schönster und heiligster Berg** Japans. Er ist in gewisser Weise ein Symbol des Landes, Ausdruck fast vollkommener Harmonie, ein Berg, der sich mit den Jahres- und Tageszeiten verändert. Einmal im Leben sollte man ihn besteigen, heißt es. Aber das Sprichwort geht noch weiter: ... wer es ein zweites Mal tut, ist töricht. Ich war schon drei Mal oben.

Der Name soll sich von einem Ainuwort für „Feuer" *(fuji)* ableiten – der Vulkan ist in historischer Zeit 18 Mal ausgebrochen, zuletzt im Jahre 1707. Ein neuer **Ausbruch** wird sicher kommen, denn trotz des Fehlens von Schwefeldämpfen und Erdbeben gilt der Vulkan geologisch noch als aktiv.

## Klimabedingungen

Die Besteigung des Berges sollte nur in der Sommersaison erfolgen. Im **Juli/August** ist der Berg „offiziell geöffnet". Auch von Mitte Juni bis Anfang Oktober können jedoch sommerliche Verhältnisse angetroffen werden, d.h. der Berg ist dann schneefrei. Nur die **Hütten** sind außerhalb der Saison fest verrammelt, nicht einmal Winterräume wie auf den Alpenvereinshütten gibt es.

Der erste **Schnee** fällt meist Mitte Oktober und bleibt im oberen Teil des

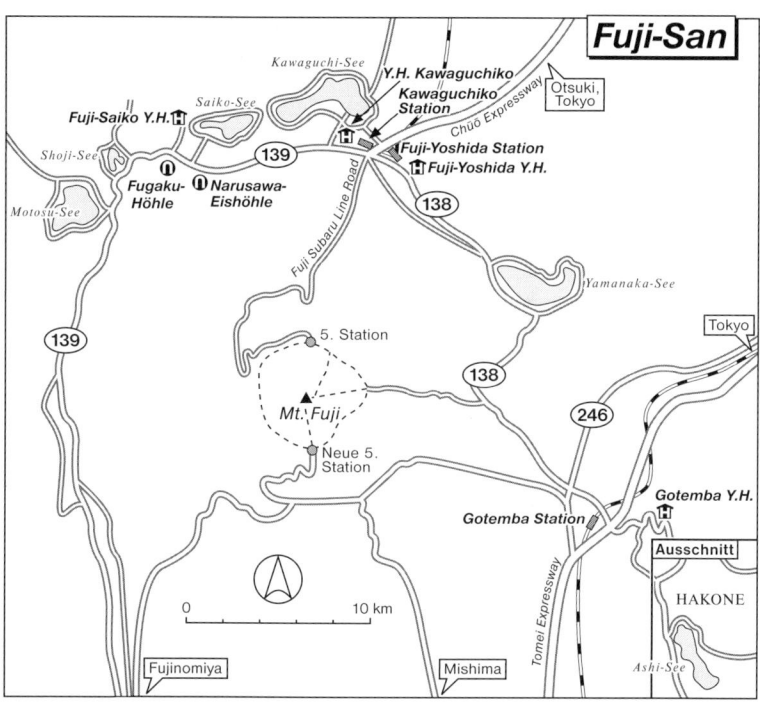

Berges ab etwa November liegen. Die Wege sind dann nicht mehr zu begehen. Von Bergsteigern, die z.B. für den Himalaya trainieren wollen, wird der Fuji gerade deshalb auch im Winter bestiegen, aber nur mit entsprechender Ausrüstung. Im Frühjahr, etwa im Mai, kann man auf den oberen Hängen auch **Skifahren,** aber dann taut auch schon bald der letzte Schnee, und der Berg präsentiert sich im sommerlichen braunen Kleid.

---

**Achtung: Nur im Sommer!**

Im Winter besteht auf dem Fuji-san die Gefahr von **Neuschneelawinen,** auch sind die **Wege meist vereist** und ohne Steigeisen nicht begehbar. Zu dieser Zeit gibt es auch keinerlei Hütten oder Schutzräume. Es starben schon Ausländer, weil sie das nicht wußten und von falschen Voraussetzungen ausgingen!

---

## Ausrüstung

Obwohl der Berg hoch ist, läßt er sich im Sommer problemlos ohne besondere Ausrüstung besteigen. Einfache **Joggingschuhe** genügen. Wer für die Knöchel festeres Schuhwerk braucht, wird mit Wander- oder Trek-

Ausflüge

kingstiefeln auskommen. Ansonsten empfiehlt sich je nach Zeitpunkt des Aufstieges ein **Pullover oder Anorak,** für Kälteempfindliche zusätzlich noch eine Wollmütze und Handschuhe. Die Durchschnittstemperatur im Sommer liegt bei **5-6 °C.** Für den Nachtaufstieg ohne Mondschein ist eine Taschenlampe notwendig.

Am besten bringt man sich die eigene **Verpflegung** und Getränke mit. Einfache Gerichte wie Curryreis und Nudelsuppen gibt es zwar in den Hütten unterwegs und auf dem Gipfel, sie sind aber der Höhenlage preislich angepaßt. An der 5. Station gibt es mehrere **Geschäfte,** die außer Souvenirs auch Kekse und sonstige Verpflegung (für den japanischen Geschmack) anbieten.

## Besteigung

Die fünf üblichen Anstiegsrouten auf den Fuji sind alte Pilgerwege, die in **zehn Stationen** *(gome)* unterteilt sind. Die meisten der jährlich rund 500.000 Gipfelbesteiger fahren jedoch mit dem **Bus bzw. Pkw** auf den guten Straßen von Norden (auf der *Fuji-Subaru-Linie* ab Fuji-Yoshida bzw. Kawaguchi-ko) oder von Süden (ab Fujinomiya oder Mishima) zur **5. Station** *(gogome/shin-go-gome)* in ca. **2400 m Höhe.**

Der Höhenunterschied von den sich um den Berg herum gruppierenden

Die 5. Station auf dem Weg zum Gipfel

**Seen** bis zum Gipfel beträgt fast 3000 m. Zu Fuß sind es von dort etwa **18 Kilometer,** ab der 5. Station verbleiben die 6-8 steilsten. Wer aus Tokyo kommt, wird den Aufstieg von Norden wählen. Die Gotemba- und Subashiri-Route im Süden sind gute Sandrutschen für den Abstieg. Deren neue 5. Station *(shin-go-gome)* liegt auf 1650 m bzw. 2000 m. Für den Aufstieg sind sie entsprechend mühsam und nicht zu empfehlen.

Manche Besteiger rasten unterwegs ein paar Stunden in einer der zahlreichen **Hütten** am Weg. Oberhalb der 7. Station gibt es mehr als nur eine Hütte pro Station, am Kawaguchi-Weg etwa 25, am Mishima-Weg 11.

Der Aufstieg erfordert je nach Kondition 4 bis 8 Std. reine Gehzeit für die gut 1400 Meter Höhenunterschied ab der 5. Station. Wer langsam und gleichmäßig aufsteigt, wird keine Probleme mit der Höhe bekommen.

Im Sommer sind die **Nachtaufstiege** am beliebtesten, geht es doch darum, rechtzeitig zum Sonnenaufgang am Gipfel zu stehen und der roten Scheibe – wenn oder falls sie über dem Wolkenmeer auftaucht – ein „Banzai" entgegenzurufen. So oder so ist das Farbspiel des Sonnenaufgangs sehr eindrucksvoll. Manchmal spielt just in diesem Augenblick zusätzlich eine Jazzband.

Bis zur 7. Station kann man auch **reiten** (was aber nicht billig ist). Enthusia-

Gipfelrundweg auf dem Fuji

Ausflüge

sten schieben sogar ihr Fahrrad zum Gipfel und zurück. Der Aufstiegsweg ist recht fest, nicht wie der auf Vulkanen sonst sehr mühsame Aufstieg auf loser Asche (zwei Schritte vor, einer zurück).

Oben am **Kraterrand,** am Ende des Kawaguchi-Weges, gibt es ein kleines Dorf mit Steinhütten, in denen sich Lager, Eßlokale, ein Shintô-Schrein und sogar ein Postamt befinden. Wer mit dem Pilgerstab geht, kann sich an jeder Station das entsprechende Zeichen einbrennen lassen.

Der Weg **um den Krater herum** lohnt bei guter Sicht. Dann überschreitet man auch den höchsten Punkt Japans: den Buckel, auf dem die ganzjährig bemannte **Wetterbeobachtungsstation,** die u.a. der Taifunwarnung dient, steht. Die Kraterumrundung (Durchmesser 800 m, Tiefe 200 m, Rundweg 3,5 km) dauert etwa eine Stunde.

Insgesamt lassen sich leicht 2-3 Stunden auf dem Gipfel zubringen. Der **Abstieg** ist in 1-3 Stunden zu bewältigen. Wer in großen Schritten über die **Aschenhänge** herunterrutscht, ist in gut einer Stunde am Parkplatz, wer brav im Zickzack dem Weg folgt, braucht 2-3 Stunden.

## Die 5 Fuji-Seen (Fuji Go-ko)

Der Besuch der berühmten fünf Seen, die im Bogen vom Nordosten bis Nordwesten **zu Füßen des Fuji** liegen, ist am bequemsten mit dem Auto durchzuführen, zumal dann auch die Sehenswürdigkeiten abseits der Panoramastraße (Nr. 138) besucht werden können. Es gibt jedoch auch organisierte Bustouren bzw. normale Busverbindungen von Ort zu Ort.

### Yamanaka-See

Von **Gotemba** (s.o.) kommend erreicht man zunächst den Yamanaka-See, den mit 6,5 km² **größten der fünf Seen.** Dort kann man segeln, windsurfen, Wasserski laufen, rudern, wandern, Golf spielen und im Winter Schlittschuh laufen. Im *Fuji Kôgen Leisure Land* kann man Tennis oder Golf spielen und im Winter skilaufen.

Von Hirano, am östlichen Ufer, läßt sich der 1413 m hohe **Ishiwari-yama,** ein hervorragender Aussichtsberg, in gut einer Stunde auf dem bezeichneten *Ishiwari Hiking Course* besteigen. In Verbindung mit dem *Ohira Hiking Course,* der am nordwestlichen Ufer an der Odeyama-Bushaltestelle beginnt und über den 1295 m hohen **Ohira-yama** führt, läßt sich eine etwas längere Wanderung durchführen.

Im Süden des Sees kann man den *Mikuni Panoramic Trail* zwischen der Kagosaka-Bushaltestelle und der Straße südlich von Hirano erwandern. Außerdem gibt es noch den knapp 50 km langen *Tokai Natural Trail,* der nördlich am Yamanaka-See vorbeiführt.

### Kawaguchi-See

Der 6,1 km² große Kawaguchi-See bietet vom Nordufer aus den **schönsten Blick** auf den Fuji. Im Sommer kann man sich in seinem Wasser nach der Bergbesteigung wunderbar den Vulkanstaub abwaschen, schwimmen

und die Muskeln lockern. Boot fahren und Segeln sind im Sommer sehr beliebt, im Winter Schlittschuh laufen und Skifahren an den nahen Hängen. Eine **Seilbahn** führt auf den Tenjo-Berg (1080 m). Von dort bietet sich ein grandioser Blick über den See auf den Fuji. Im See liegt die kleine **Insel Uno-shima** mit einem Schrein, der der Göttin *Benten* (Liebe und Schönheit) geweiht ist.

### Saiko-See

Der 2,1 km² kleine Saiko-See gilt als der fischreichste. Im Frühjahr und Herbst kann man **Forellen** angeln.

Hier gibt es sogar die grünen Algenbällchen *(marimo)*, die sonst nur in einigen Seen Hokkaidos zu finden sind. Nahe dem Südufer liegt die **Narusa-wa-Höhle,** in der eine bestimmte, am Kopf stark behaarte Fledermausart lebt; auch gibt es sehenswerte Lavaformationen.

### Shoji-See

Weiter geht es zum kleinsten der fünf Seen, dem 0,87 km² großen Shoji-See, der als der romantischste gilt. An seinem Südufer führt der Shoji-Pfad durch den **Urwald Aoki-ga-hara,** der auf der verwitterten Lava des Fuji-Ausbruchs von 864 gewachsen ist. Hier sind schon manche umgekommen, die sich im Wald verirrt hatten. Eine beliebte Wanderung führt auf den **Eboshi** (1257 m).

Kawaguchi-See

Ausflüge

## Motosu-See

Der letzte See, der tiefblaue Motosu-See, ist mit 133 m der tiefste. Hier kann man ebenfalls im Frühjahr und Herbst Forellen angeln.

## Nach Fujinomiya

Fährt man auf der Panoramastraße weiter nach Süden in Richtung Fujinomiya, kommt man nach 14 km an den berühmten **Shira-ito-Wasserfällen** vorbei, danach folgt der *Taiseki-ji,* ein 1289 von einem Schüler *Nichirens* gegründeter **Tempel,** neben dem sich das moderne Hauptquartier der *Nichiren-Shôshû* und der *Sôka Gakkai befindet,* einer buddhistischen Sekte mit Millionen Anhängern, die in gewisser Weise mit den Zeugen Jehovas verglichen werden kann.

In Fujinomiya steht der berühmte **Sengen-Schrein,** der bedeutendste der Schreine, die der Fuji-Gottheit *Konohana-sakuya-hime* gewidmet sind. Wie in Fuji-Yoshida findet vom 26.-31. August jeden Jahres das **Feuerfest Himatsuri** statt, bei dem von Shinto-Priestern große Brandfackeln angezündet werden. Auch an den Berghängen des Fuji werden entlang der Hauptwege Feuer wie bei unserem Sonnwendfest in den Alpen entfacht. Damit wird das Ende der Fuji-Besteigungssaison gefeiert.

## Information

●**Fuji Visitor's Center:** Tel. 0555-72-0211

## Anreise

●**Direktbus von Tokyo:** ab Shinjuku Bus Terminal (Yasuda Seimei 2nd Building, 1.Stock) oder Hammamatsuchô Bus-Terminal (neben World Trade Centre) in 2½-3 Std. bis zur 5. Station. Karten (ca. 5000 ¥ hin und zurück, ca. 2100/2300 ¥ einfach) gibt es vor Ort, Reservierungen sind aber auch in Reisebüros möglich. Abfahrt gegen 19 Uhr, Rückfahrt von der 5. Station gegen Mittag am nächsten Tag. Information: *Fuji-Kyûkô Railway,* Tel. (03) 3352-5487, *Keiô-Teito-Railway,* Tel. (03) 3376-2222.

●**Bus von Kawaguchi-ko:** zur 5. Station *(Fuji-Kyûko)* von Mitte April bis November; 55 Min.; 1500 ¥. Zwischen Tokyo (v.a. Shinjuku) und Kawaguchi-ko verkehren täglich 10-16 Busse (1450/1650 ¥).

●**Zug:** Normalerweise gibt es mit *East-Japan-Railway*-Zügen der Chûô-Linie alle 30-60 Min. einen Zug von Shinjuku nach **Otsuki** (normal: 1220 ¥, Expreß: 1 Std., 2820 ¥). Von dort fährt alle 20-40 Min. ein Zug der Fuji-Kyûko-Linie nach **Kawaguchi-ko** (50 Min., 980 ¥). Die Direktzüge an Sonn- und Feiertagen (z.B. hin 8.15, zurück 15.45, 2200 ¥) benötigen insgesamt 2½ Std.

Wer mit dem *Shinkansen* (Super-Express) in Shin-Fuji oder Mishima bzw. mit JR in Fujinomiya, Fuji oder Mishima eintrifft, kann im Juli/August mit Bussen in rund 2 Std. (je nach Ausgangspunkt 1900-2350 ¥) direkt zur 5. Station fahren.

●**Auto:** Mit dem Auto auf dem **Tômei-Expressway** bis Gotemba, dann rechts auf der Straße Nr. 138 bis zum Yamanaka-See (20 km) und weiter nach Fuji-Yoshida und Kawaguchi Station. Eine andere Möglichkeit ist die Route über den **Chuo-Expressway** direkt nach Fuji-Yoshida und andere Ziele rund um den Fuji-San.

●**Rückfahrt von Gotemba:** Wer auf dem Gotemba-guchi- oder Subashiri-guchi-Weg im Süden absteigt, kann vom Beginn der Straße in 35 bzw. 65 Min. mit dem Bus nach Gotemba fahren (nur Juli/August; 900 bzw. 2250 ¥) und von dort auf verschiedene Weise nach Tokyo zurückkehren:

a) **JR- oder Odakyû-Linie:** *Express Asagiri* (Reservierung notwendig; 4mal tägl., 1½

Std., 1890 ¥); JR-Direktzug (1mal tägl., 2½ Std., 1700 ¥).
b) *Tômei-Bus* zwischen Tômei Gotemba Station (15 Min. zu Fuß vom Gotemba-Bahnhof) und Tokyo Station (knapp 2 Std.; 1300 ¥).

## Unterkunft

(Tel.-Vorwahl: 0555, H = Hotel, R = Ryokan, M = Minshuku, P = Pension)

*Ausgangspunkt Kawaguchi-ko Station:*
● *Fuji-View Hotel* (H): ab 17.000 ¥, 10 Min. mit Auto ab Bahnhof Kawaguchi-ko, 511, Katsuyama-mura, Minami-tsuru-gun, Tel. 83-2211, Tokyo-Office: Tel. 3573-3911.
● *Fuji Lake Hotel* (R): Tel. 72-2209
● *Kawaguchi-ko Hotel* (R): Tel. 72-1313
● *Kogetsu-en* (R): Tel. 72-1180
● *Yamagishi Ryokan* (R): Tel. 72-2218
● *Mifuji-en* (R): Tel. 72-1044
● *Ashiwada* (M): Tel. 82-2321
● *Pension People* (P): ab 5000 ¥, 2 Min. von Bushaltestelle *Petite Pension Village*, 2123-14 Oishi, Kawaguchiko-chô, Minami-tsuru-gun, Tel. 76-6069.
● *Pension Blue Poppy* (P): Tel. 76-6510

*Ausgangspunkt Fuji-Yoshida Station:*
● *Hotel Mt. Fuji* (H): ab 13.000 ¥, 20 Min. mit Auto von Fuji-Yoshida, 401-05 Minami-tsuru-gun, Tel. 62-2111.
● *Yamanaka-ko Hotel* (H): ab 16.000 ¥, 20 Min. mit Auto ab Fuji-Yoshida, 401-05 Minami-tsuru-gun, Tel. 62-2511.
● *New Yamanaka-ko Hotel* (H, R): ab 15.000 ¥, 90 Min. mit Auto von Mishima, 506-296 Yamanaka-ko-mura, Tel. 62-2311.
● *Highland Resort* (H): 5 Min. mit Auto ab Fuji-Yoshida, 5-6-1 Shin-Nishihara, Tel. 22-1000.
● *Pension Boo-Foo-Uoo,* ab 5000 ¥, 15 Min. von Bushaltestelle Hirano, 2299-4 Hirano, Yamanaka-ko, Minami-tsuru-gun, Tel. 65-7990.

### Jugendherbergen

Kosten für die Übernachtungen in Jugendherbergen: 1900-2450 ¥ ohne Mahlzeiten, 2950-3750 ¥ mit Halbpension (Internationa-

len Mitgliedsausweis mitbringen oder bei der ersten Übernachtung beantragen).

*Entgegen Uhrzeigersinn von Gotemba aus:*
● *Gotemba YH:* von Gotemba Station in 20 Min. mit Bus zum *Higashiyama Camp-jo*, von dort 10 Min. zu Fuß; Higashiyama, Tel. 82-3045.
● *Yamanaka-ko Marimo YH:* von Fuji-Yoshida Station in 25 Min. mit Bus Richtung Hirano zur Haltestelle *Bugakuso-mae*, von dort 7 Min. zu Fuß; Minami-Tsuru, Tel. 62-4210.
● *Fuji-Yoshida YH:* 10 Min. zu Fuß von der Shimo-Yoshida-Station, Tel. 22-0533.
● *Kawaguchi YH:* 5 Min. zu Fuß von Kawaguchi-Station, Tel. 72-1431 (geschlossen: November bis Ende März).
● *Fuji-Saiko YH:* von Kawaguchi-Station in 35 Min. mit Bus nach Saiko-Minshuku, aussteigen bei *Youth Hostel mae;* geschlossen: 15. November bis 12. März; Ashiwada, Minami-Tsuru, Tel. 82-2616.

### Hütten am Fuji-san

Die Übernachtungsmöglichkeiten in den Hütten *oberhalb der 5. Station* sind sehr einfach, aber nicht billig: 3800 ¥ ohne Verpflegung, 4800 ¥ Halbpension. Die Hütte *Unjokaku* („über den Wolken") an der 5. Station (Tel. 72-1355) kostet mit Halbpension 6000 ¥, offen von Mitte April bis Mitte November.

# Hakone

Dieses touristisch voll erschlossene Gebiet, das 90 km westlich von Tokyo liegt, läßt sich bequem von dort aus in organisierten Tagesausflügen kennenlernen. Wer mehr Zeit hat und die Gegend ein wenig zu Fuß durchstreifen möchte, hat dazu mehr als genug Möglichkeiten. Als Unterkunft bietet sich dazu eines der vielen Ryokans an, daneben aber auch Hotels und eine Jugendherberge.

Ausflüge

Die Hauptsehenswürdigkeiten liegen in der *vulkanisch geprägten Landschaft,* beherrscht von dem im Inneren eines ehemaligen Kraters gelegenen berühmten *Ashi-See* mit dem majestätischen Fuji-San im Hintergrund (wenn er denn zu sehen ist).

Die rund 20 Millionen Besucher jährlich kommen auch wegen der historischen Relikte und der kulturellen und dem Vergnügen dienenden Angebote. Dazu gehören auch die *Thermalbäder.* Hakone ist eines der ganz großen und typischen Touristenzentren Japans. Es ist dort also einiges los, aber zumindest unter der Woche kann man auf den Wanderungen immer noch zu Ruhe und Stille finden.

## Vulkane und Krater

Der Vulkan *Hakone-yama* entstand vor rund 400.000 Jahren und war einst fast so hoch wie der Fuji, von ihm blieben jedoch nur der Kratersee und die weit niedrigeren Berge *Kami-yama* (1438 m) und *Koma-ga-dake* (1327 m) übrig. Über letzteren schweben Seilbahnen zu Tälern mit sichtbarer vulkanischer Aktivität (z.B. Schwefel-Fumarolen): *O-waku-dani* und *Ko-waku-dani.*

Auf die Gipfel am nordöstlichen Rand des Kraters führen *Wanderwege,* z.B. auf den *Kintoki-yama* (1213 m), von dessen Gipfel man einen guten Blick zum direkt gegenüberliegenden Fuji-San hat. Eine lohnende Kammwanderung führt von der Bahnstation Gora oder, besser, der Busstation Myagi-no-bashi (ab Odawara per Bus zu erreichen) zum 1169 m hohen **Myôjinga-take** und von dort in südöstlicher Richtung weiter über den Myôjô-gatake (924 m), Matsuo-yama und Tono-mine (566 m) hinunter zum **Amida-Tempel** und zur Bahnstation Tonozawa bzw. Hakone-Yumoto.

Jedes Jahr am 16. August, zur Zeit des Bon-Festes, wird am Myôjô-ga-take das riesige Zeichen für „groß" *(dai)*, 162 m lang und 81 m breit, abgebrannt, weshalb der Berg auch *Daimon-ji-dake* (Groß-Zeichen-Berg) heißt.

## Wanderrouten

### Auf der Alten Tôkaidô-Straße

Von Hakone Yumoto in 20 Min. mit dem Bus nach Hakone-machi bis Haltestelle Sukomogawa, von dort in einer halben Stunde zum Beginn der alten Tôkaidô-Straße (Kyukaidô-iriguchi) über Hatajuku, das **Teehaus Amasakechaya** und Moto-Hakone in insgesamt zwei gemütlichen Stunden (6-7 km) zum ehemaligen **Hakone-Kontrollpunkt** *(Hakone Sekisho)*. Mit dem Bus geht es in 45 Min. zurück nach Hakone-Yumoto.

### Auf alten Wegen der Kamakura-Zeit

Von der Haltestelle Rokudô Jizô in Hakone-machi zu den steinernen **Buddhastatuen** von Hakone *(Sekibutsu)* zu Fuß über das **Thermalbad Ashino-yu,** die Haltestelle Yusakamichi Iriguchi, den **Wasserfall Hiryu-no-Taki** zur Haltestelle Hatajuku, von dort mit dem Bus in 20 Min. nach Hakone Yumoto (ca. 5 km).

Eine Variante führt von der Haltestelle Yusakamichi Iriguchi über die Berge Takanosu-yama (834 m) und Asamayama, vorbei am ehemaligen **Schloß von Yusaka,** zur Haltestelle Kankô-kaikan-mae und nach Hakone-Yumoto.

### Kintoki-yama

Ab Shinjuku mit dem *Odakyû-Hakone-Highway-Bus* in etwas unter 2 Std. zur Haltestelle **Otome-guchi** oder von Hakone-Yumoto mit dem Bus nach Kojiri bis zur Haltestelle Sengoku, dann mit dem Bus nach **Gotemba** und bis Haltestelle Otome-guchi; ab hier zu Fuß zum **Otome-Toge-Paß** (1005 m) über Nagao-san zum Gipfel des **Kintoki-yama** (1213 m), bergab zu einer Abzweigung und dort entweder über den **Kintoki-Schrein** zur Straße (Haltestelle Kintoki Jinja Iriguchi) oder vorbei am **Teehaus Uguisu Chaya** und über den Yagurasawa-Toge-Paß zur Haltestelle Kintoki-Tozan-guchi; mit dem Bus zurück nach Hakone-Yumoto.

## Museen

● **Hakone Art Museum,** Sammlung von Keramik und Porzellan aus Japan; Bambus- und Moosgarten auf dem Gelände. Gora, Hakone-Tozan Eisenbahn, dann Zahnradbahn bis Kôen-kami; April-Nov. 9.30-16.30 Uhr, Dez.-März 9-16 Uhr, Do geschl., 800 ¥; 1300 Gora, Hakone-machi, Tel. 0460-2-2623.
● **The Hakone Open Air Museum,** Sammlung japanischer und westlicher Skulpturen des späten 19. und des 20. Jahrhunderts. Choko-ku-no-mori, Hakone-Tozan-Eisenbahn; März-Okt. 9-17 Uhr, Nov.-Feb. 9-16 Uhr, 1500 ¥, incl. Picasso-Museum; Ni-no-Taira, Hakone-machi, Tel. 0460-2-1161.

Ausflüge

## Feste

**27. März:** *Yudate-no-shishi-mai*, Löwentanz in Hakone
**Ende März:** *Tsubakimatsuri*, Kamelienfest in Yugawara
**Anfang April:** Kirschblütenfest, v.a. in Atsugi, Odawara
**Ende April:** *Tsutsuji-matsuri*, Azaleenfest in Hakone
**3.-5. Mai:** *Odawara Hôjô-godai-matsuri*, Festzug im Odawara-Schloßpark
**Anfang Juli:** Tanabata-matsuri in Hiratsuka
**15. Juli:** *Hamaori-sai*, Omikoshi-Parade zum Chigasaki-Strand
**27./28. Juli:** *Kosui-matsuri*, Feuerwerk und Wasserfest am Ashi-See
**1./2. August:** *Yassa Matsuri*, Yassa-Tanzparade in Yugawara
**5. August:** *Torii-yaki-matsuri*, Torii-Verbrennen und Feuerwerk am Ashi-See

Die alte Tôkaidô-Straße

**16. August:** *Daimonji-yaki*, Feuer auf dem Myôjô-ga-take, Hakone
**3. November:** *Daimyô gyoretsu*, Daimyô-Parade in Hakone
**17./18. Dezember:** *Daruma-ichi*, Daruma-Markt in Odawara

## Anreise

### Per Bahn

Nach **Odawara** gelangt man entweder ab Bahnhof Tokyo mit der Tôkaidô-Linie (auch mit Shinkansen Kodama möglich) oder mit der Odakyû-Linie ab Shinjuku. Diese Gesellschaft bietet den günstigen **Hakone Free Pass** an, mit dem Züge auf der Strecke Shinjuku – Hakone – Yumoto sowie die Hakone-Tozan-Eisenbahn und -Busse, die Hakone-Seilbahn, Hakone-Ausflugsdampfer und die Sounzan-Seilbahn ohne Zusatzkosten benutzt werden können.

### Mit dem Auto

Auf dem *Tômei Expressway* nach Atsugi und auf der *Atsugi-Odawara-Road* nach **Odawara** oder weiter bis Gotemba und von Osten ins Hakone-Gebiet hineinfahren. Es stehen eine Reihe von Panoramastraßen zur Verfügung, z.B. *Hakone Turnpike Driveway* und *Ashi-no-ko Skyline Driveway*.

## Verkehrsmittel im Hakone-Gebiet

### Bahn

● **Tozan Railway:** Odawara – Hakone-Yumoto – Tonosawa – Miyanoshita – Kowaki-dani – Gora, alle 15-20 Min., 45 Min. Fahrzeit.

### Bus

● **Tôzai Railway Bus:** Odawara – Hakone-Yumoto – Miyanoshita – Sengoku – Sengoku-Kôgen – Tôgendai, alle 10-15 Min., ca. 70 Min. Fahrzeit.
● **Izu Hakone Railway Bus:** Odawara – Hakone-Yumoto – Tonosawa – Miyanoshita – Ko-

Karte Seite 391

## Vorschlag für eine Tagesfahrt ab Tokyo

Mit dem *Romance Car* der Odakyû-Line von Shinjuku bis *Hakone-Yumoto* (90 Min.) – *Hakone Tozan Railway* bis *Gôra* (30 Min.), zwischen Kowakudani und Gôra bietet sich ein Besuch des lohnenden *Skulpturenwaldes (chôkoku-no-mori)* an – *Seilbahn* nach Sounzan (9 Min.) – Seilbahn über das vulkanisch aktive Tal von Owakudani nach Tôgen-dai (33 Min.) – *Schiff* bis Moto-Hakone (30 Min.) – zu Fuß nach Hakone-machi (20 Min.) auf einem Teilstück des alten, von großen Zedern gesäumten *Tôkaidô-Weges*, mit einem kleinen Museum und Kontrollpunkt *(Hakone Barrier Site / Hakone Sekisho)* – Bus bis *Atami* (80 Min.) – Zug nach *Tokyo* (z.B. Shinkansen Kodama).

wakien – Ashinoyu – Moto-Hakone – Hakone-Machi, alle 10-20 Min., ca. 70 Min. Fahrzeit. Ab Miyanoshita: Kowaki-dani – Kowaki-en – Sounzan – Ubako – Kojiri – Hakone-en.

### Seilbahn

●*Hakone Tozan Ropeway Cable Car* bzw. *Hakone Ropeway:* Gora – Sounzan – Owaku-dani – Ubako – Tôgen-dai; Gora – Sounzan – Tôgen-dai.
●*Izu Hakone Railway Ropeway:* Hakone-en – Koma-ga- take.

### Schiff auf dem Ashi-See

●*Izu Hakone Railway Sightseeing Boat Service:* Hakone-machi – Kojiri; Hakone-machi – Tôgen-dai.

### Unterkunft

(Tel.-Vorwahl: 0460)

●*Hakone Lake Hotel,* mit Bus 50 Min. vom Bhf. Odawara, Tel. 4-7611.

●*Sugiyoshi Ryokan,* mit Bus 40 Min. vom Bhf. Hakone-Yumoto, Odakyû-Linie, 56 Moto-Hakone, Tel. 3-6329.
●*Fuji Hakone Guest House,* ab 6000 ¥, mit Hakone-Tozan-Bus 50 Min. vom Bhf. Odawara, 912 Sengokuhara, Tel. 4-6577, Fax 4-6578.
●*Kagetsuen,* ab 8000 ¥, 60 Min. per Bus ab Odawara, 1244 Itari, Sengokuhara, 4-8621.
●*Moto-Hakone Guest House,* ab 5000 ¥, mit Bus Nr. 1 bis Ashi-no-ko-en-mae 55 Min. ab Bhf. Odawara, 103 Moto-Hakone, Tel. 3-7880, Fax 4-6578.
●*Gora Sounzan,* Jugendherberge auf dem Berg Sounzan, Tel. 0460-2-3827.

# Izu-Halbinsel

Die gesamte Halbinsel gehört zum *Fuji-Hakone-Izu-Nationalpark* und ist touristisch ebenso gut erschlossen wie das Hakone- und Fuji-Gebiet. Der erste Ort an der Küste von Tokyo aus ist *Atami,* der berühmte Badeort mit seinen Hunderten von Hotels, die alle Anschluß an Thermalquellen haben. Von dort lassen sich gut Ausflüge in das Gebiet der Halbinsel unternehmen.

Ein anderer Ausgangspunkt ist der nahe der Südspitze gelegene Badeort und Fischereihafen *Shimoda,* der eine gewisse geschichtliche Bedeutung dadurch erlangt hat, daß 1854 Commodore *Perry* dort mit seinen „Schwarzen Schiffen" landete und damit die Öffnung Japans für den Handel mit den USA erzwang. Daraufhin wurde schnell ein „Freundschaftsvertrag" zwischen beiden Nationen abgeschlossen. Ort der Handlung war der tantrische Tempel Ryôsen-ji, der heute allerdings eher wegen seiner erotischen Skulpturen und Phalli besucht

Ausflüge

wird. In Shimoda wurde dann 2 Jahre später auch das erste ausländische Konsulat in Japan eröffnet. Der Amerikaner *Townsend Harris* richtete es im Gyokusen-ji ein.

Der Hafen ist Ausgangspunkt für eine Fahrt zu den sieben Izu-Inseln.

## Sehenswertes

Lohnend ist ein Ausflug zur Südspitze mit dem felsigen *Kap Irôzaki,* nicht zuletzt wegen der guten Aussicht und dem Blick auf die Izu-Inseln. Die *Klippen* der Izu-Halbinsel, insbesondere die von *Jogasaki* (zwischen Ito und Shimoda), sind heute sehr beliebt bei Kletterern. Die Haltestellen, von denen aus sie am leichtesten erreichbar sind, heißen Tomido, Jogasaki-kaigan und Izu-Kôgen.

Die Westküste weist einige landschaftliche Attraktionen auf, etwa die **stark erodierte Küste** mit zahlreichen Höhlen (z.B. die Tensodo-Höhle bei Dogashima). *Mito* an der Suruga-Bucht bietet bei klarer Sicht einen schönen Blick auf den Fuji-San.

Von *Mishima* im Norden führt eine Bahnlinie nach *Shuzenji* am Katsura-Fluß, ein bereits seit dem 9.Jahrhundert gern besuchter Badeort. Im gleichnamigen *Tempel* aus dem Jahre 806 wurde 1193 *Minamoto Noriyori* von seinem Bruder, dem Shôgun *Minamoto Yoritomo* ermordet. Sein Sohn *Yorie* starb hier 1204 ebenfalls gewaltsam, getötet von *Hôjô Tokimasa.*

## Museen

### Atami

● *Museum of Art (MOA),* gute Sammlung japanischer und chinesischer Kunst, gegründet von *Mokichi Okada.* 9.30-17 Uhr, Do geschl., 1500 ¥, 26-2 Momoyamachô, Tel. 0557-84-2511.

● *Seiko Sawada Memorial Museum,* Skulpturen von *Seiko Sawada,* basierend auf japanischer Mythologie. 9-16.30 Uhr, Mo/F geschl., 300 ¥, 9-46 Baienchô, Atami-shi, Tel. 0557-81-9211.

### Ito

● *Ikeda Museum of 20th Century Art,* rund 1000 Gemälde des 20.Jahrhunderts, darunter viele große Namen. 10-17 Uhr, 720 ¥, 614 Tohtari Sekiba, Ito-shi, Tel. 0557-45-2211. Zu erreichen mit Bus zum *Izu Cactus Park.*

### Mishima

● *Musée Bernard Buffet,* größte und beste Buffet-Sammlung der Welt, Sammlung *Kiichiro Okano.* 9-16.30 Uhr, Mo geschl., 500 ¥, Bahnhof-Südausg., Bus Nr. 3 bis Surugadaira, Tel. 0559-86-1300.

● *Sano Art Museum,* vor allem japanische Schwerter, u.a. von *Tokugawa Ieyasu,* sowie ostasiatische Antiquitäten; draußen schöner Garten. 10-17 Uhr, Do/F geschl., 500 ¥, 1-43 Nakatamachi, Mishima-shi (Bahnhof-Südausg., 15 Min.), Tel. 0559-75-7278.

### Shimoda

● *Izu-no-Chôhachi Museum,* Wandgemälde des Malers *Chôhachi Irie* aus dem 19. Jahrhundert. 9-17 Uhr, 310 ¥, 23 Matsuzaki, Matsuzakichô, Kamo-gun.

● *Uehara Museum of Buddhist Art,* buddhistische Kunst, vor allem über 100 Jahre alte Statuen. 9-16 Uhr, 300 ¥, 351 Udogane, Shimoda-shi, Tel. 05582-8-1216.

## Information

● *Atami City Tourist Association:* Tel. 0557-82-1241
● *Shimoda City Tourist Association:* Tel. 05582-2-1531

## Anreise

Nach **Atami** kommt man von Tokyo am einfachsten und schnellsten per **Bahn** (55 Min. ab Tokyo). **Shimoda** kann direkt von Tokyo aus erreicht werden oder mit dem *Izukyû Express Railway* ab Atami.

## Unterkunft

- **New Fujiya Hotel,** ab 8000 ¥, 5 Min. mit Auto von Atami. 1-16 Ginzachô, Atami, Tel. 0557-81-0111, Fax 81-8052.
- **Shimoda Tôkyû Hotel,** ab 13.000 ¥, 6 Min. mit Auto von Shimoda. 5-12-1 Shimoda, Tel. 0558-22-2411, Fax 23-2419.

# Tanzawa-Ôyama-Nationalpark

Dicht bewaldete, steile Berge mit tief eingeschnittenen Tälern, **Schluchten und Wasserfällen** gehören zum Tanzawa-Ôyama-Nationalpark in der Präfektur Kanagawa und bilden eines der Tokyo am nächsten gelegenen Gebirge.

Die östlich des Fuji liegende Bergregion Tanzawa bietet für Kletterer im Sommer Gelegenheiten zum *„Bach-Klettern"* *(sawa-noboru)*, wobei man steilen Bachläufen aufwärts folgt und dabei Wasserfälle um- bzw. durchklettert. Im Winter laden die Bäche zum Eisklettern ein. Aber wie alle Gebirge Japans ist auch dieses mit schönen Fuji-Blicken und vielfältiger Vegetation zum **Wandern** wie geschaffen.

## Wanderungen

### Ôyama-san

Der 1246 m hohe **heilige Berg** des Shintô mit drei Schreinen – im Tal, auf halber Höhe und am Gipfel – liegt im Südwesten des Nationalparks. Von der Talstation der **Oyama-Seilbahn** kann man auf einem alten **Shintô-Pilgerweg** den Gipfel erklimmen. Man kommt an den Seilbahnhaltestellen Oiwake und Shimosha vorbei zum **Schrein Afurijinja** und zum Hauptschrein auf dem Gipfel, von wo sich ein sehr schöner Blick über die Tanzawaberge zum Fuji ergibt.

Zurück gibt es mehrere Varianten, die schnellste führt östlich über den **Aussichtspunkt Miharashi-dai,** vorbei am **Wasserfall Niju-no-taki** zurück zum Ausgangspunkt.

- **Anreise:** Per Bahn mit der Odakyû-Linie ab Shinjuku nach Isehara, von dort per Bus zur Talstation der Oyama-Seilbahn. Mit dem Pkw auf dem *Tômei Expressway* nach Atsugi, von dort ebenfalls nach Isehara.

### Mitsumine-san

Von Susugaya aus kann man in ca. 2 Std. den 935 m hohen Mitsumine-san besteigen. Als Abstieg bietet sich der Weg zum **Thermalbad Kotakuji-Onsen** an (Handtuch mitbringen, 1 Std. im Einzelbad kostet 1000 ¥), das ebenfalls in 2 Std. zu erreichen ist. Zurück benutzt man entweder einen Transfer-Bus, oder man steigt zur Haltestelle des Busses ab (15 Min.), der zum Bahnhof Hon-Atsugi fährt.

Die Berglandschaft mit reicher Vegetation gehört zu den Reizen dieser

Ausflüge

Wanderung, ergänzt durch das entspannende Bad am Schluß.

●**Anreise:** Per Bahn von Shinjuku mit dem *Romance Car* oder dem normalen Zug der Odakyû-Linie Richtung Odawara bis Hon-Atsugi (40-60 Min.). Dort am Bus-Stand Nr. 4 den Bus Nr. 20 der *Kanagawa Chûô Kôtsu* (Richtung Miyagase) nehmen, in Susugaya (nach 25-30 Min.) aussteigen.

### Über den Ono-san nach Yaga

Eine abwechslungsreiche, knapp vierstündige Wanderung führt auf den 723 m hohen Ono-san. Man fährt zunächst bis **Shin-Matsuda** und von dort mit Bus Nr. 62 oder 64 Richtung Nishi-Tanzawa oder Nakagawa-Onsen bis zur Haltestelle Kaminawa-Tonneru, einem Tunnel (40 Min. Fahrzeit).

Dort geht man 60 m zurück zu einer Abzweigung, die zum Ono-san führt. Etwa nach 1½ Std. führt wiederum eine Abzweigung in das kleine, hübsch gelegene **Dorf Takasugi,** wo es Wildschweinfleisch zu kaufen gibt. Der Abstecher in das Dorf dauert zusätzlich etwa 1½ Std. Vom Berg Ono, den man nach rund 2 Std. (ohne Dorf-Besuch) erreicht, hat man einen hervorragenden Blick auf den Fuji.

Hinunter nach **Yaga** geht man 1½ Std. Dort kommt man per Bahn nach Matsuda, von wo (Bahnhof Shin-Matsuda) Züge nach Tokyo (Shinjuku) fahren.

### Feste

**Anfang August:** *Ayu-matsuri*, Feuerwerk in Atsugi
**Anfang Mai:** *O-dako-age*, Riesendrachenfliegen in Sagamihara und Zama

**1. August:** *Kojo-sai*, Feuerwerk am Sagami-See
**Anfang November:** *Momiji-matsuri*, Ahorn-färbung in Yamakita

## Information

●**Kanagawa Prefectural Tourist Association:** Tel. 045-681-0007

# Takao-San-Berg

Der Takao-san liegt im **Meiji-no-mori-Takao-Quasi-Nationalpark,** einem kleinen Gebirge zwischen den Tanzawa-Bergen im Süden und dem großen Chichibu-Tama-Nationalpark (Oku-tama)

im Norden, das von Tokyo aus schnell erreichbar ist. Der Meiji-no-mori (Meiji-Wald) ist ein in der Meiji-Zeit angelegter, inzwischen stattlicher Zedernwald.

Der **600 m hohe Berg** dürfte der meistbestiegene der Umgebung Tokyos sein, nicht nur, weil er dem Stadtkern am nächsten liegt, sondern auch aus erzieherischen Gründen: Fast alle Schulkinder besteigen ihn im Laufe ihrer Schulzeit wegen der zahlreichen **Lehrpfade,** die zum Gipfel bzw. um den Gipfel herum führen. Hier wird also anschaulicher Naturkundeunterricht betrieben, weswegen es an manchen Tagen (besonders freitags) auch recht turbulent zugeht. Auf dem Gipfel gibt es ein extra für Lehrzwecke eingerichtetes *Forest-Information-Centre* – neben einigen Lokalen, den unvermeidlichen Getränkeautomaten und Souvenirläden.

## Besteigung

Von Takao-San-guchi geht es bergan zu einem der **6 Anstiegswege** – es sei aber nicht verschwiegen, daß auch ein **Sessellift** und eine **Kabinenbahn** vorhanden sind. Der übliche Weg ist Nr. 1 (rechts von den Liften), landschaftlich reizvoller ist jedoch Nr. 6 (im Tal) und der *Inari-Course* (links von Nr. 6 entlang des Kammes).

Wer genug Zeit hat und Tatendrang verspürt, kann vom Takao-San den Kamm entlang nach Norden wandern, vorbei am Kobotoke-Paß, an den Gipfeln Kagenobu- und Toko-yama sowie dem Myoo-Paß bis zum Berg **Jimbasan** (857m) mit der modernen Statue eines Schlachtrosses auf dem aussichtsreichen Gipfel.

Wer nicht denselben Weg zurücklaufen möchte, kann über den **Wada-Paß** zur Bushaltestelle Jimba-kogen-shita absteigen und mit Bus Nr. 15 nach Keiô-Hachiôji und von dort zurück nach Tokyo (Shinjuku) fahren.

### Yakuo-Tempel

Der Berg ist auch interessant wegen des Yakuo-Tempels und seiner Ableger, die zur esoterischen **Shingon-Sekte** gehören und bereits 744 gegründet wurden. Im Jahresverlauf gibt es rund 20, teilweise sehr interessante, selbst für die meisten Japaner als sehr „exotisch" empfundene **Rituale,** die von den *Yama-Bushi* (Bergpriester) genannten Angehörigen dieser uralten Sekte begangen werden: z.B. barfuß über Holzkohlenglut gehen (am 2. Sonntag im März) oder im eiskalten Schwall eines Wasserfalles sitzen und lautstark rezitieren (1. April, 17. Oktober). Im Tempel gibt man gern Auskunft über nähere Einzelheiten (z.B. mittels Informationsschrift auf Englisch).

### Anreise

Von Shinjuku mit der Keiô-Linie nach **Takao-San-guchi** (Fahrtdauer 47 bzw. 53 Min., je nachdem ob mit *tokkyû* oder *kyûko*).

# Chichibu-Tama-Nationalpark

Der westlich von Tokyo gelegene Nationalpark ist ein an Wochenenden sehr beliebtes Wandergebiet. Er umfaßt eine ausgedehnte Bergregion, deren höchster Gipfel der **Kimpu-San**

Ausflüge

(2595 m) ist. In diesem Gebirge liegt auch der mit 2018 m höchste Punkt der Provinz Tokyo, der *Kumotori-ya-ma,* dessen Besteigung zu einer längeren, aber lohnenden Rundtour zum Mitsumine-Schrein erweitert werden kann. Viel besucht werden auch der uralte Pilgerweg auf den *Mitake* und die *Kalkhöhlen von Nippara.*

Der Ausgangspunkt *Okutama* ist am bequemsten per Zug von Shinjuku aus erreichbar. Mit dem Auto über den Chuo-Expressway oder per Bahn mit der Chuo-Linie ab Shinjuku sind auch interessante Ziele im Süden dieses Gebirges in weniger als zwei Stunden zu erreichen: die im Herbst besonders schöne *Shosenkyo-Schlucht* bei Kofu oder der Aussichtsberg *Daibosatsu-rei.*

### Überquerung des Kumotori-yama

Eine recht lange, an einem Tage von Tokyo aus jedoch zu schaffende *Kammwanderung* führt über den 2018 m hohen Kumotori-yama zum altehrwürdigen Mitsumine-Schrein.

In *Kamozawa* am *Okutama-See* auf der Südseite des Berges beginnt der markierte Weg an der Haltestelle Tozan-guchi. Die Stationen bis zum Gipfel heißen Dodokoro und Nanatsuishi-yama, hinter dem Gipfel des Kumotori-yama geht es über Shira-iwa-yama und Kirimoga-mine zum *Mitsumine-Schrein,* den man nach 6-7 Std. erreicht.

Der *Abstieg* kann per Seilbahn oder zu Fuß zum Bahnhof *Mitsumine-guchi* auf der Nordseite erfolgen, von wo man mit der *Chichibu-Railway (Chichi-bu-Tetsudô)* bis Ohana-batake fährt und vom Bahnhof Seibu-Chichibu mit der *Seibu-Railway* zurück nach Tokyo (Ikebukuro).

●*Anreise:* von Tokyo (Shinjuku) per Bahn über Tachikawa nach Okutama, von dort per Bus nach Kamozawa, Haltestelle: Tozan-guchi.

# Ôku-Musashi-Berge

Dieses kleine Gebirge, das am bequemsten und schnellsten per Bahn von Ikebukuro aus erreicht wird, bietet eine Vielzahl netter Bergwanderungen auf bewaldete, oft steile *Gipfel zwischen 300 und 1300 m Höhe.* Unterwegs trifft man immer wieder auf alte *Tempel und Schreine,* teilweise mitten im Wald. Ab dem Städtchen *Chichibu* gibt es gar einen 90 km langen Pilgerrundweg zu 34 Tempeln.

Zwischen Hannô und Chichibu dient jede Station an der Seibu-Ikebukuro-Linie als Ausgangspunkt für Halbtages- und Tageswanderungen auf die Gipfel des Ôku-Musashi-Gebirges, das zur Präfektur Saitama gehört. Mancher Tempel und Schrein steht am Wege und erhöht die Attraktion der Wanderungen.

Im Flachland liegt östlich dieser Berge die Stadt *Kawagoe* mit einer seit der Tokugawa-Zeit erhaltenen, im Krieg unversehrt gebliebenen Altstadt (von Shinjuku mit der Seibu-Shinjuku-Linie in einer Stunde ereichbar). Nordwestlich davon, nahe Higashi-Matsuyama, liegt der waldreiche *Erholungspark Musashi Shinrin Kôen.*

## Wanderungen

Das dichte Wegenetz erlaubt je nach Kondition, Zeit und Lust die Verbindung von unterschiedlichen Zielen.

Es gibt in Ikebukuro am Startpunkt der Seibu-Linie eine kostenlose **Wanderkarte** mit Routen und Zeitangaben (nach der *„Okumusashi/Chichibu Leisure Map"* fragen). Sie ist zwar nur auf Japanisch erhältlich, aber mit Fragen und dem Vergleichen der Schriftzeichen auf den Wegweisern auch für uns „Analphabeten" lesbar.

### Naturpfad ab Hannô

Eine Station hinter Hannô liegt **Koma,** der erste Bahnhof im Gebiet Ôku-Musashi. Eine hübsche, kleine Wanderung führt auf dem bereits in Hanno beginnenden **Naturpfad** zum 305 m hohen Hiwada-yama. Der nächste Gipfel, Monomi-yama ist schon etwas höher: 375 m.

Die Wanderung kann jederzeit beendet werden, indem man einfach nach Süden zum nächstgelegenen Bahnhof absteigt, z.B. Musashi-Yokote oder ein Stück westlich Higashi-Agano.

### Ab Bahnhof Nishi-Agano

Ein beliebter Ausflug führt von diesem zwei Stationen hinter Higashi-Agano gelegenen Bahnhof aus erst nördlich, dann nordöstlich zum 1300 Jahre alten **Tempel Takayama-Fudô**

Ausflüge

(Tempelfest am 15. April), wo ein „wundertätiger, fruchtbarkeitsspendender" alter *Gingko-Baum* mit euterartigen Auswüchsen steht. Der Gebirgskamm erreicht 770 m Höhe; die Panoramastraße *Green Line* führt an dieser Stelle entlang.

Vom gleichen Bahnhof aus führt in westlicher Richtung der Anstieg zum 851 m hohen *Izu-ga-dake,* der einen steilen Gipfel hat, auf den man sich an Ketten hinaufzieht (ungefährlich).

## Anreise

Von *Ikebukuro* mit der Seibu-Linie nach *Hannô.* An Sonn- und Feiertagen fahren die Ausflugszüge z.T. non-stop bis Hannô durch.

## Jôshin'etsu-Highland-Nationalpark

Ein gutes Stück nördlich der Ôku-Musashi-Berge liegt der Jôshin'etsu-Highland-Nationalpark, der einen Teil des „Rückgrates" der Insel Honshu bildet. In seinem Süden liegt *Karuizawa,* die beliebte, prestigereiche Sommerfrische derjenigen Tokyoter, die sich dort ein Häuschen leisten können – um den Preis potentieller Bedrohung durch den aktiven *Vulkan Asama-yama* (2568 m), der leicht bestiegen werden kann, aber in historischer Zeit bereits 50mal ausgebrochen ist.

Nördlich und nordöstlich liegen eine Reihe von Orten, größtenteils *Thermalbäder,* die vor allem als Wintersportorte gute Namen haben: Manza Onsen, Shiga Kôgen, Kusatsu, Naeba, Yuzawa. Im Nordosten des Nationalparks liegt der berüchtigte *Kletterberg Tanigawa-dake,* 1960 m hoch, an dem schon rund 700 Bergsteiger starben: brüchiger Fels, häufige Wetterstürze, Lawinen im Winter.

# Nikkô

Ein japanisches Sprichwort behauptet: „Sage nicht *kekkô* (prachtvoll), bevor du nicht Nikkô gesehen hast." Natürlich ist es ein Wortspiel, aber ein Ausflug nach Nikkô lohnt schon wegen seiner atemberaubend schönen Umgebung: die Lage in einem Gebirgstal zu Füßen des *Vulkans Nantai-San* (2484 m), umgeben von heißen Quellen, der herrlich gelegene *Chûzenji-See,* von dessen Ausgang in 1300 m Höhe der berühmte Kegon-Wasserfall hundert Meter in die Tiefe stürzt.

Das Hinterland von Nikkô, Oku-Nikkô, hält weitere landschaftliche Attraktionen bereit: die *sumpfige Hochebene* zwischen dem Chûzenji- und Yu-See *(Yu-no-ko),* Senjô-ga-hara, der etwas luxuriöse *Thermalort Yumoto,* Ausgangspunkt für die Besteigung des höchsten Berges der Umgebung, des 2578 m hohen *Shirane-San.* Ein Stück dahinter liegt ein berühmtes Wandergebiet, die Sumpflandschaft auf der Hochebene Oze-ga-hara.

Die berühmteste Sehenswürdigkeit von Nikkô ist jedoch von Menschenhand errichtet: das *Mausoleum für Tokugawa Ieyasu,* den ersten der

großen Shôgune und Begründer der Dynastie der *Tokugawa*-Familie, die Japan vor seiner Öffnung nach außen fast 260 Jahre lang regiert hatte. Der **Tôshôgû-Schrein** ist die **prachtvollste Anlage in Japan,** viele seiner Bauwerke sind durch ihre Barockfülle gekennzeichnet, die im starken Kontrast zur Selbstbescheidung des Zen stehen. Die Anlage ist Ausdruck der Macht der *Tokugawa* und als solche zu verstehen: alle Daimyô mußten sich an den Kosten beteiligen (und wurden so daran gehindert, selbst allzu reich zu werden). Einer von ihnen, *Matsudaira Masatsuna*, ließ die einst 200.000 **Japan-Zedern** (Kryptomerien) zwischen 1625 und 1651 pflanzen, das war sein „bescheidener" Beitrag zu den Gesamtkosten. Heute kann man noch rund 13.000 dieser inzwischen über dreihundert Jahre alten stattlichen Bäume, die eindrucksvolle **Alleen** bilden, bewundern.

Der Besuch der Stadt, die rund 30.000 Einwohner hat, wird oft als **Tagestour** durchgeführt, aber es empfiehlt sich wenigstens eine Übernachtung, möglichst in einem **Ryokan.** Wenn möglich, sollte man wegen der Besucherscharen Wochenenden und Feiertage meiden. Wer nur einen Tag Zeit für Nikkô hat, wird sich mit dem Besuch des Tôshôgû-Schreins und einer schnellen Fahrt hinauf zum Chûzenji-See mit Besichtigung des Kegon-Wasserfalls begnügen müssen.

Oberhalb des Chuzenji-Sees

Ausflüge

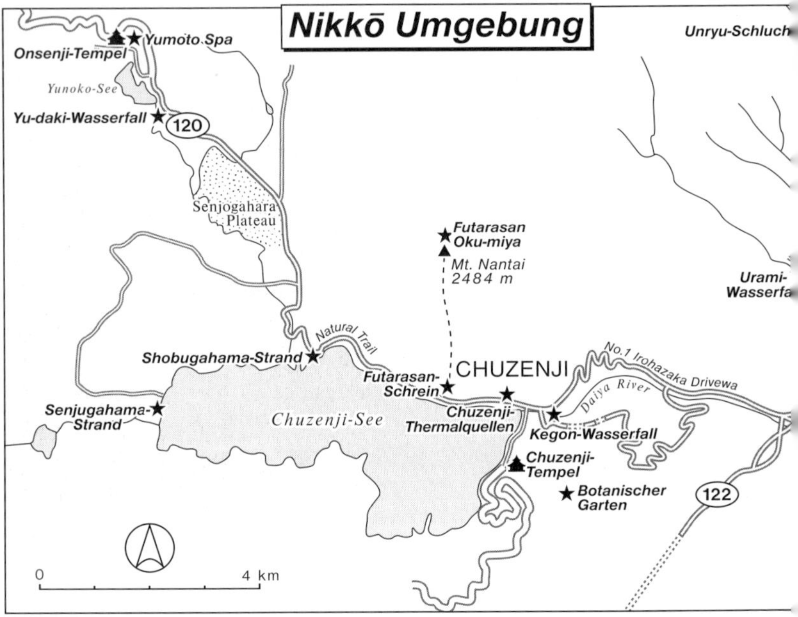

## Nikkō Umgebung

Unryu-Schluch

Yumoto-Spa ★
Onsenji-Tempel

*Yunoko-See*

Yu-daki-Wasserfall ★ 120

Senjogahara
Plateau

Natural Trail

★ Futarasan
Oku-miya
▲ Mt. Nantai
2484 m

Urami-
Wasserfa

Shobugahama-Strand ★

Futarasan-
Schrein ★ ★ CHUZENJI

No.1 Irohazaka Drivewa

Daiya River

Senjugahama-
Strand ★

*Chuzenji-See*

Chuzenji-
Thermalquellen

Kegon-Wasserfall

★ Chuzenji-
Tempel

★ Botanischer
Garten

122

0          4 km

---

## Nikkō

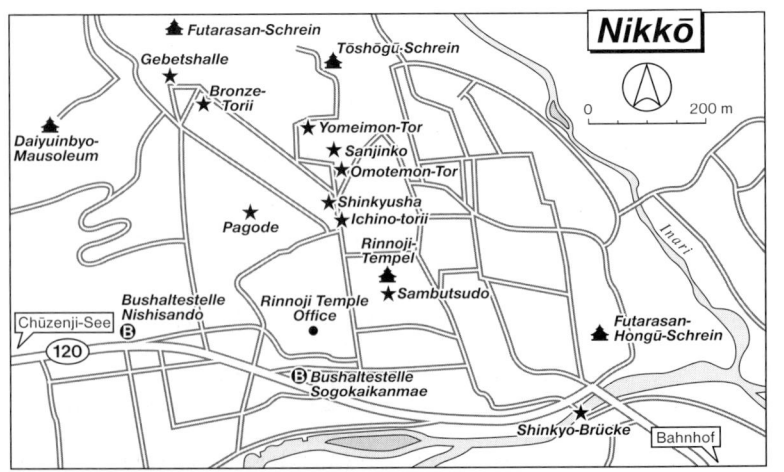

▲ Futarasan-Schrein

Gebetshalle
★

★ Bronze-
Torii

▲ Tōshōgū-Schrein

0          200 m

▲ Daiyuinbyo-
Mausoleum

★ Yomeimon-Tor

★ Sanjinko

★ Omotemon-Tor

★ Shinkyusha

★ Pagode

★ Ichino-torii

Rinnoji-
Tempel ▲

★ Sambutsudo

Inari

Bushaltestelle
Nishisandō
Ⓑ

Rinnoji Temple
Office ●

Chūzenji-See
120

Ⓑ Bushaltestelle
Sogokaikanmae

▲ Futarasan-
Hongū-Schrein

★ Shinkyō-Brücke

Bahnhof

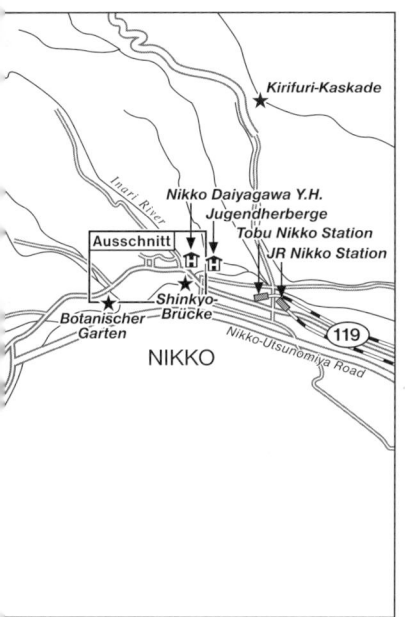

Pagode im Tôshôgû-Schrein

Im Hinterland gibt es eine große Zahl reizvoller Wandermöglichkeiten, für die man mehrere Tage ansetzen sollte (mit Übernachtung in einem der vielen kleinen Thermalbäder).

## Sehenswertes

### Shinkyo-Brücke
Wenn man vom Bahnhof in etwa 15 Minuten talaufwärts durch den mit **Ryokans, Lokalen und Souvenirläden** vollgestopften Ort geht, gelangt man zur rot lackierten, heiligen Shinkyo-Brücke über den Fluß Daiya. Der Legende nach soll der Priester *Shôdô* (735-817) auf dem Rücken zweier Schlangen den Fluß überquert haben.

Nun führt die Straße rechts am Fluß vorbei. Geradeaus geht es (per Bus) in Richtung Chûzenji-See.

### Tempel und Schreine
Hinter der Brücke beginnt der breite Weg (Omotesandô) durch den Zedernwald zu den Tempeln und Schreinen. Als erstes taucht der **Rinnô-ji** auf, ein buddhistischer Tempel der Tendai-Sekte, der Überlieferung nach bereits 848 nach dem Modell eines Tempels auf dem Hiei-San bei Kyôto errichtet. Die Halle der drei Buddhas, **Sambutsu-dô,** stammt von 1648.

Auf die Tempelanlage, zu der der üppige Garten Shoyo-en gehört, folgt der 13 m hohe **Bronzepfeiler Sorintô,**

Ausflüge

Symbol des Weltfriedens, mit 10.000 eingeschlossenen buddhistischen Schriften. Den fast neun Meter hohen *torii* aus Granit durften in der Feudalzeit nur noch Samurai, Daimyôs und die Shôgune selbst durchschreiten.

Dahinter beginnt der Bereich des **Tôshôgû-Schreins** (so benannt nach dem Totennamen von *Ieyasu, Tôshô-daigongen* (östlicher Sonnengott). Links steht eine **Pagode,** ein buddhistisches Symbol – hier verschmelzen bewußt shintoistische und buddhistische Elemente. Das Omote- bzw. **Niô-mon-Tor** fällt durch die beiden wilden Deva-Könige *(Niô)* auf. Der heilige Pferdestall dahinter weist die vielleicht

berühmteste Schnitzerei der Welt auf: die drei Affen, die andeuten, daß sie nichts (Böses) sehen, sagen und hören.

Weiter geht es in den mittleren Hof mit **Glocken- und Trommelturm.** Die Bronzelaterne (1636) wurde von Holland gestiftet und zeigt das Tokugawa-Wappen verkehrt herum. Dann steht man auch schon vor dem Schaustück der Anlage, dem **Yômei-mon** (Sonnenlicht-Tor), das im chinesisch beeinflußten Stil der Azuchi-Momoyama-Periode erbaut wurde und vor dem man den ganzen Tag stehen und die Einzelheiten des völlig überladenen Tores betrachten möchte. Beeindruckend ist auf jeden Fall die handwerkliche Leistung und Pracht.

Nach links geht es in den buddhistischen Tempel **Yakushidô,** der berühmt ist für den „weinenden Drachen" *(na-*

Heilige Brücke

*ki-ryu)* in der Honjidô-Halle: Klatscht man in die Hände, rasselt die Decke mit dem gemalten Drachen. Den inneren Hof hinter dem Yômei-mon-Tor durften nur noch Daimyô und hohe Samurai betreten.

Das an den Hof anschließende weißgoldene **Kara-mon-Tor** (Chinesisches Tor) ist ebenfalls im chinesischen Stil erbaut. Dahinter steht das Allerheiligste, der **Misoradono-Schrein,** in dem die Seelen von *Ieyasu, Toyotomi Hideyoshi* sowie *Minamoto Yoritomo* als Gottheiten *(kami)* verehrt werden. Die Seelen der beiden letzteren wurden auf Befehl von Kaiser *Meiji*

hierher „verlegt", um der einseitigen Verehrung der *Tokugawa* an diesem Ort entgegenzuwirken.

Am Ende des rot lackierten Korridors ist die berühmte Schnitzerei der „schlafenden Katze" (von *Hidari Jingoro)* zu sehen. Hinter dem Tor **Sakashita-mon** geht man über 207 Stufen zum schlichten Grabmal des *Ieyasu.*

Zwischen 1634 und 1636 arbeiteten 15.000 Handwerker und Künstler an dem gesamten Komplex. Man nimmt an, daß insgesamt 100.000 Arbeiter am Bau des Schreins mitgewirkt haben.

Aber diese Anlage ist nicht alles. Es gibt noch den **Futara-san-Schrein** aus dem Jahre 1617, der dem Gott des Vulkans Nantai-San geweiht ist. An seinem Fuß und auf dem Gipfel stehen zwei weitere Schreine dieses Namens.

Weiter links im Wald steht das Mausoleum für den Enkel *Ieyasus* (der den

Kara-mon-Tor

Ausflüge

Bau des Tôshôgû initiiert hatte): der ebenfalls sehr sehenswerte **Daiyu-in,** ähnlich im Stil, aber schlichter als der Tôshôgû.

● Der **Eintritt** in die Anlage des Tôshôgû kostet 1030 ¥, nicht billig, aber das Geld wert.

## Wanderungen

Wer über Nacht bleibt, kann – bei schönem Wetter – lohnende Wanderungen unternehmen, z.B. eine bequeme Tour **vom Yuno-See zum Chûzenji-See** entlang des Hochmoors von Senjô-ga-hara oder die Bergwanderung **auf den Nantai-San,** die vom Futarasan-Schrein am Chûzenji-See ausgeht und drei bis vier Stunden (nur Aufstieg) dauert. Der Weg ist gut, aber teilweise steil. Oben gibt es einen kleinen Schrein am Gipfel, einen Krater und als Belohnung hoffentlich eine herrliche Rundumsicht.

## Anreise

● Die Anreise nach Nikkô erfolgt üblicherweise mit der **Tôbu-Linie von Asakusa** nach Tôbu-Nikkô in einem der direkten Züge mit weniger als stündlichem Abstand. Die Fahrzeit beträgt je nach Zugtyp etwa 2 Stunden. Der *Limited Express* hat nur reservierte Sitze und kostet 2280 ¥ einfach, der *Rapid* hat nur freie Sitze und kostet erheblich weniger: 1140 ¥.

● Man kann auch mit **JR-Zügen** fahren, z.B. von **Ueno** nach Utsunomiya und dort umsteigen nach Nikkô. Nach Utsunomiya fahren unterschiedliche Züge, auch der *Tohoku-Shinkansen* (Superexpreß) hält dort, ist aber wegen des hohen Zuschlages sehr teuer. Ab Utsunomiya gibt es häufige Zugverbindungen nach Nikkô (einfach 720 ¥).

## Information

● **Nikkô Tourism Association:** Tel. 54-2496
● **Nikkô City Tourism:** Commerce & Industrie Division, Tel. 54-1111
● **Tôbu Bus:** Nikkô Office, Tel. 54-1138

## Unterkunft
(Vorwahl: 0288)

● **Nikkô Kanaya Hotel,** ab 8000 ¥, 5 Min. mit Auto von Tôbu-Nikkô, 1300 Kami-hatsuishi-machi, Tel. 54-0001.
● **Turtle Inn,** ruhig und günstig gelegen, ab 5000 ¥, mit Bus 7 Min. vom Bhf. 2-16 Takumi-chô, Tel. 53-3168.
● **Aizuya,** 12 Min. vom Bhf., 928 Nakahatsuishi-machi, Tel. 54-0039.
● **Logette St.Bois,** 15 Min. vom Bhf., 1560 Tokorono, Tel. 53-0082.

### Jugendherbergen

● **Jugendherberge Nikkô,** 25 Min. vom Bhf., Tokorono, Tel. 54-1013.
● **Nikkô Daiyagawa Youth Hostel,** 20 Min. vom Bhf., Nakahatsuishi-machi, Tel. 54-1974.

# Bôsô-Halbinsel

Die Bôsô-Halbinsel, die zur Präfektur Chiba gehört und die Ostseite der Tokyo-Bucht bildet, bietet nicht nur lange, oft leere **Strände am Pazifik** und ungezählte kleine Berge, die zum **Wandern** einladen, sondern auch – kein Wunder angesichts der Nähe zu Tokyo – eine ganze Reihe touristischer und kultureller Attraktionen.

Ein eigenes Fahrzeug ist bei den Entdeckungs- oder Ausflugsfahrten zweifellos von Vorteil, aber – wie immer in Japan – kommt man auch mit Zug und Bus ans Ziel. Trotz der Nähe zu Tokyo ist die Bôsô-Hantô noch recht ruhig geblieben.

## Nokogiri-yama

Bekannt ist der, auch von Kurihama (südlich von Yokohama) aus mit der Fähre erreichbare **Aussichtsberg** Nokogiri-yama, auf den eine Seilbahn führt. Standesgemäßer ist der Aufstieg jedoch zu Fuß, denn oben steht der große **Nihon-ji-Tempel.** Bei guter Sicht lohnt der Blick auf die Bucht von Tokyo zur einen und die Berge des Hinterlandes zur anderen Seite. Ein Thermalbad *(Hota-Onsen)* ist in der Nähe.

## Südspitze

Südlich von Tateyama, ganz im Süden der Halbinsel, gibt es einen **Vogelpark,** den **Shirahama-Blumenpark** (Botanischer Garten), sowie die weiter östlich gelegene **Stalaktitenhöhle Shirahama.**

## Ostküste

Ein Stück die Ostküste hinauf folgt Kamogawa mit der *Sea World* (Delphinschau) und einem **Aquarium.** Nördlich von Katsuura schließt sich bei Ichinomiya-shi der lange Strand an, dessen Name bezeichnend ist: **Kuju-ku-ri-hama** („99-Ri-Strand") – er ist immerhin über 60 km lang und reicht bis Iioka-shi, das in der Nähe des Flughafens **Narita** liegt.

# Miura-Halbinsel

Südlich von Yokohama an der Westseite der Tokyo-Bucht liegt diese klei-

ne Halbinsel. Sie bietet die Möglichkeit zu einer sehr reizvollen **Küstenwanderung** im Süden und kleinen Bergwanderungen, u.a. zum beliebten **Klettergarten Takatori-yama,** der als Picknickort an Sonntagen stark frequentiert wird. Geklettert wird dort an Sandsteinbrüchen.

Zu der Region gehört auch ein anderes „Muß"-Ziel: **Kamakura,** der Sitz der ersten Shôgune im 13. Jahrhundert, mit dem Großen Buddha *(Daibutsu)* und den ältesten **Zen-Tempeln** Japans. In der Nähe liegt die kleine, mit dem Festland verbundene **Insel Enoshima.**

## Wanderung um das Kap Tsurugi

Eine lohnende Wanderung führt um das Südkap Tsurugi herum. Man geht von Togari immer an der Küste entlang nach Westen und erreicht nach 2-3 Std. die Bushaltestelle Matsuwa-kaigan. Wer Zeit und Lust hat, kann noch zur kleinen **Insel Jogashima** weitergehen, die durch eine Brücke mit dem Festland verbunden ist, und von dort den Bus zum Bahnhof Misaki-guchi nehmen.

●**Anreise:** Mit der Keihin-Kyûko-Line geht es z.B. ab Shinagawa in Richtung Endstation der Halbinsel, Misaki-guchi. An der vorletzten Station Miura-kaigan aussteigen und mit Bus Nr. 2 nach Togari weiterfahren (ca. 12 Min. Fahrt).

## Wanderung zum Jimmu-Tempel und Takatori-yama-Steinbruch

Von der Station Jimmu-ji geht man an der Hauptstraße ein Stück zurück und biegt bei einem Schulsportplatz rechts ab. Der Weg zum Jimmu-Tem-

*Ausflüge*

pel, den der vor einigen Jahren verstorbene Kaiser *Hirohito* wegen seiner botanischen Interessen gern besuchte, führt durch ein kleines Tal. Unterwegs kann man preiswert **Bonsai** erstehen. Der Tempel bot im 16. Jahrhundert einmal fliehenden Samurai Schutz vor *Hideyoshis* Truppen. Er soll aus dem 8. Jahrhundert stammen und von *Gyogi* (668-749) gegründet worden sein.

Der Weg führt weiter über einen felsigen, aber bewaldeten Grat zum ehemaligen **Steinbruch des Takatori-yama** (139 m), der heute ein beliebter Klettergarten ist. Das **Klettern** an dem meist senkrecht behauenen Sandstein mit Bohrlöchern darin ist ohne Seilsicherung nicht anzuraten. An Sonn- und Feiertagen wird die Gegend von Picknickern und Wanderern aufgesucht.

Ein Stück weiter südlich gibt es einen großen, aus dem Fels gehauenen **Buddha.** Der Weg entlang des Kammes ist landschaftlich reizvoll: ein Stück fast intakter Natur, umgeben von nah herandrängenden Siedlungen und untergraben von Autobahnen. Der Abstieg kann nach **Keihin-Taura** oder **Oppama** erfolgen (wo sich übrigens ein Nissan-Werk, das besucht werden kann, befindet). Mit der Keihin-Kyûko-Linie geht es dann wieder zurück nach Yokohama oder Tokyo.

●**Anreise:** Keihin-Kyûko-Linie Richtung Shin-Zushi. An der vorletzten Station, Jimmu-ji, aussteigen.

### Nissan-Werk

Das Werk des Autoherstellers in Oppama kann besichtigt werden. Nach telefonischer Anmeldung ist es möglich, an einer englischsprachigen Führung teilzunehmen. (Fotografieren, Rauchen und das Tragen hochhackiger Schuhe sind nicht gestattet).

Oppama liegt an der Keihin-Kyûko-Linie an der Ostküste der Halbinsel.

●**Nissan, Oppana Plant:** Mo-Fr 10-12 und 13.30-15.30 Uhr (Japanische Führungen), am 2. und 3. Di mit Ausnahme Mitte August und Jahresende/-beginn 10-12 Uhr Führung auf Englisch, zusätzlich nach Anmeldung. Kontakt: *International Corporate Communications Dept. Nissan Motor Co.*, 6-17-1 Ginza, Tel. 5565-2149.

### Feste auf der Miura-Halbinsel

*Tabakfest* mit Festzug in Hadano (Ende Sept.), *Kannonzaki-todai-matsuri*, **Leuchtturmfest** in Yokosuka.

## Kamakura

Wer das Herz der japanischen Kultur sehen will, muß bekanntlich nach Kyôto fahren, einschließlich eines Abstechers nach Nara. Aber von Tokyo sind es über 500 km bis dorthin. Vor den Toren Tokyos gibt es jedoch ein Ziel, das denen, die keine Gelegenheit haben, Kyôto und Nara zu besuchen, einen kleinen Ersatz bieten kann. Tatsächlich sollte kein Tokyo-Besucher Kamakura auslassen, wenn wenigstens ein halber Tag für Tempel-Kultur „abgezweigt" werden kann.

Kamakura, am nordwestlichen Rand der Miura-Halbinsel gelegen, war unter dem ersten Shôgun *Minamoto Yoritomo* **1192** an Stelle von Kyôto zum **Sitz der Militärregierung** *(bakufu)* bestimmt worden und blieb bis 1333 faktische Hauptstadt. Der Zen-Buddhis-

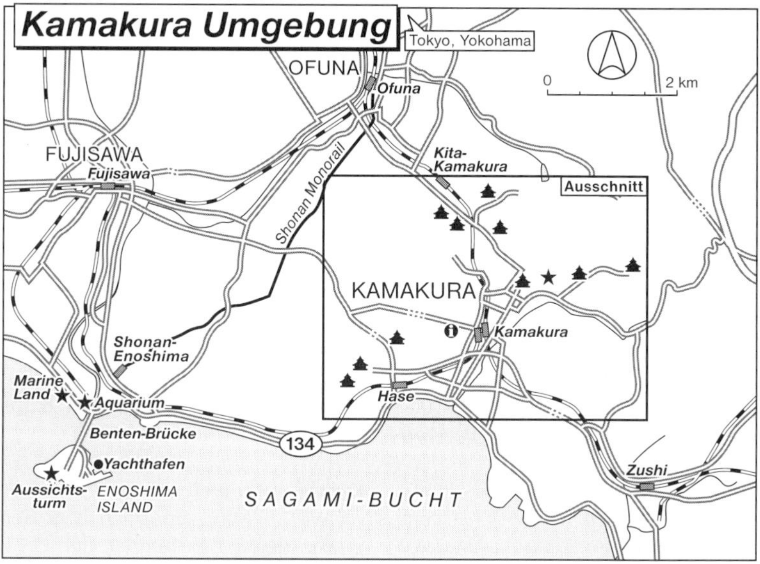

## Kamakura Umgebung

Tokyo, Yokohama

OFUNA

Ofuna

FUJISAWA

Fujisawa

Shonan Monorail

Kita-
Kamakura

Ausschnitt

KAMAKURA

Kamakura

0        2 km

Shonan-
Enoshima

Marine
Land

Aquarium

Benten-Brücke

Yachthafen

Aussichts-
turm

ENOSHIMA
ISLAND

134

Hase

SAGAMI-BUCHT

Zushi

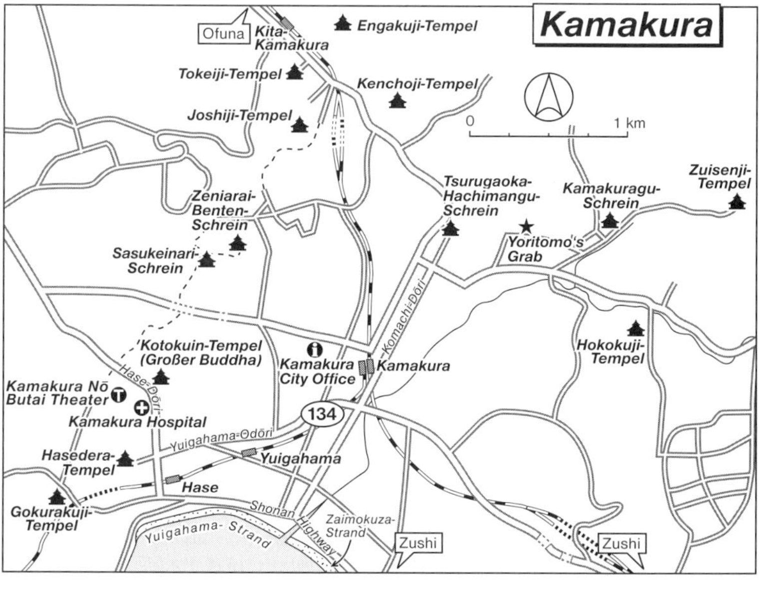

## Kamakura

Ofuna   Kita-
Kamakura

Engakuji-Tempel

Tokeiji-Tempel

Kenchoji-Tempel

Joshiji-Tempel

0        1 km

Zeniarai-
Benten-
Schrein

Sasukeinari-
Schrein

Tsurugaoka-
Hachimangu-
Schrein

Kamakuragu-
Schrein

Zuisenji-
Tempel

Yoritomo's
Grab

Kotokuin-Tempel
(Großer Buddha)

Kamakura Nō
Butai Theater

Kamakura Hospital

Kamakura
City Office

Kamakura

Hase-Dōri

Komachi-Dōri

Hokokuji-
Tempel

134

Hasedera-
Tempel

Yuigahama-Ōdōri

Yuigahama

Gokurakuji-
Tempel

Hase

Shonan Highway

Yuigahama- Strand

Zaimokuza-
Strand

Zushi

Zushi

Ausflüge

mus erlebte dank seiner asketischen Strenge und Schlichtheit folgerichtig eine erste große Blüte während der Kamakura-Zeit. So kann man heute noch einige der wichtigsten **Zen-Tempel** aus jener Zeit, aber auch eine Reihe anderer Tempel und Schreine besichtigen, nicht zu vergessen natürlich das berühmteste Standbild Japans, den **Großen Buddha Daibutsu.** Die Zen-Tempel Kamakuras gehören zur Rinzai-Sekte.

Eine Besonderheit der Stadt sind die **kiridôshi,** kleine Sträßchen, die zum Teil schon 800 Jahre alt sind. In und um Kamakura gibt es reizvolle **Wanderwege.**

Wer nicht eine organisierte Halbtagestour bucht und mehr Zeit hat, kann z.B. mit der Bahn (Yokosuka-Line) von Tokyo aus zum eine Station vor dem Zentrum gelegenen **Bahnhof Kita-Kamakura** fahren. Von dort läßt sich Kamakura quasi von hinten reizvoll „aufrollen", denn in der näheren Umgebung des Bahnhofs stehen drei bekannte Tempel.

## Engaku-ji-Tempel

Der Engaku-ji wurde 1282 gegründet. Seine Reliquienhalle *shari-den* mit ihrem Doppeldach (enthält einen chinesischen **Quarzschrein** mit einem Zahn Buddhas) stammt noch aus dem Gründungsjahr und ist somit das älteste Zen-Gebäude Japans. Berühmt ist auch die **Tempelglocke** aus dem Jahre 1301. *Daisetsu Suzuki,* einer der im Westen bekanntesten Zen-Gelehrten, lebte hier bis zu seinem Tode 1966 (geöffnet 8.00-16.30 Uhr, 200 ¥).

## Tôkei-ji

Gegenüber liegt der bekannte **„Scheidungstempel"** Tôkei-ji. Damals gab es keine Möglichkeit für Frauen, sich scheiden zu lassen. Der Tempel war so etwas wie ein Frauenhaus: Wer es schaffte, sich in ihn hineinzuflüchten – es genügte, wenn die Flüchtenden ihre Sandalen über das Tor warfen – konnte sich nach zwei, drei Jahren Nonnendasein als geschieden betrachten. Der Tempel liegt landschaftlich sehr schön. Auf der Rückseite fanden eine Reihe berühmter Japaner ihre letzte Ruhestätte (geöffnet 8.30-17 Uhr, 50 ¥, Schatzhaus 300 ¥).

## Kenchô-ji-Tempel

Etwa 20 Min. südöstlich liegt der größte der 5 Zen-Tempel, der 1253 vom chinesischen Priester *Tao Lung* gegründete Kenchô-ji, der allerdings 1415 abbrannte und im 17. Jahrhundert orginalgetreu wiederaufgebaut wurde. Zu den Schätzen gehört die 1225 gegossene **Glocke** und eine **Holzstatue** des 5. Shôguns *Hôjô Tokiyori* (geöffnet 9-16.30 Uhr, 200 ¥).

## Tsurugaoka-Hachimangû-Schrein

Weiter in südöstlicher bis östlicher Richtung gehend, kommt man zum Tsurugaoka-Hachimangû-Schrein, der als wichtigster Schrein Kamakuras gilt und in den Tagen des Shôgunats manches Drama erlebt hat. So wurde dort im Schatten eines 1000 Jahre alten Gingko-Baumes 1219 der junge Shôgun *Sanetomo* von seinem Neffen *Kugyô* ermordet – als Rache für den ermordeten Onkel *Yori-ie* (s. Geschichte), womit die *Minamotos* ausgelöscht waren. Der Schrein war 1191 von *Yoritomo* für seinen ungeborenen Sohn an den heutigen Standort verlegt worden. Im **Schatzhaus** gibt es Kunstschätze aus mehr als 1000 Tempeln zu sehen (geöffnet 9-16 Uhr, 150 ¥). Das **Grab Yoritomos** liegt etwas östlich des Schreins.

### Zuisen-ji und Hôkokuji

Am nordöstlichen Stadtrand liegt der Zuisen-ji, 1327 von *Soseki* gegründet. Sein aus Fels, Sand und Wasser angelegter Garten gilt als **schönster**

Großer Buddha

**Zen-Garten** Kamakuras. Ein anderer lohnender Zen-Tempel in der Nähe ist der stille Hôkokuji, der in einem reizvollen Bambushain am östlichen Stadtrand steht.

### Zeniarai-benten-Schrein

Macht man vom Tôkei-ji aus eine kleine Wanderung entlang des *Kuzuhara-ga-oka Hiking Course* über einen niedrigen Hügel im **Kuzuhara-ga-oka-Park** nach Süden, kommt man zum bemerkenswerten Zeniarai-benten-Schrein. Dort soll man – besonders im Jahr der Schlange – im Quellwasser einer Grotte sein **Geld waschen** und es somit auf wundersame Weise **vermehren.** Dieser originelle Schrein ist zweifellos einen Besuch wert.

### Großer Buddha

Vom Zeniarai-benten geht man rund 20 Minuten nach Südwesten, entlang des Daibutsu Hiking Course bis zum **Daibutsu,** dem weltberühmten **13 m hohen Bronzestandbild** des meditierenden Großen Buddha. Seit 1252 sitzt der von *Ono Goroe* oder *Tanji Hisamoto* gegossene Amida-Buddha an dieser Stelle. Bis 1495 befand er sich in einer Tempelhalle, wie sein größerer Bruder in Nara (im Tôdai-ji), seit einer Springflut in jenem Jahr jedoch sitzt er im Freien, wodurch die starke Wirkung von vollkommener Harmonie, Ruhe, gesammelter Kraft, Abkehr von weltlichen Leidenschaften wie Gier, Neid und Eifersucht noch stärker zur Geltung kommt. Der 93 Tonnen schwere Große Buddha steht im Tempelbezirk des **Kôtoku-in,** der sehr sehenswert ist.

Ausflüge

Hasedera

### Hasedera-Tempel

Wenige Minuten südlich liegt der Hasedera-Tempel, von dem aus sich ein schöner Blick über die Hügel und die **Bucht von Kamakura** bietet. Er besitzt eine hölzerne Statue der elfköpfigen Kannon aus dem Jahre 721. Aus dem gleichen Baum wurde vom Mönch *Tokudo* eine zweite Statue geschnitzt, die im Hase-Tempel in Nara steht. Der Legende nach übergab der Mönch eine der beiden Statuen dem Meer, auf daß sie sich ihren Standort selbst aussuche. Und so sei sie nach Kamakura gekommen.

Fast noch berühmter ist der Tempel wegen der ungezählten **steinernen Ji-zô-Figuren** mit ihren roten Lätzchen und dem mitgegebenen **Spielzeug,** am häufigsten sind es Windrädchen. Es handelt sich um Andenken an verstorbene, vor allem ungeborene, also abgetriebene Babies (in Japan sind Anti-Baby-Pillen unüblich, Abtreibungen dagegen an der Tagesordnung). Immerhin wird der Seelen gedacht. Jizô ist u.a. der **Schutzpatron der Kinder.**

Nach traditioneller Auffassung werden die Kinder nach dem Tod zum Fluß Sai-no-Kawara gebracht, wo sie die Hexe *Shozuka-no-Baba* daran hindern will, ins Paradies zu gelangen. Sie zwingt die armen Kinder, Steintürme zu bauen, die sie aber immer wieder zerstört, auch stiehlt sie ihnen die Kleidung. Die Jizô nun verstecken die Kleinen in ihrem weiten Gewand und bringen sie ans Ziel. Die Lätzchen stehen für die Kinder-Kleidung und die Steine im Schoß für die aufzustellenden Steintürme.

## Strände

Vom Hasedera-Tempel sind es nur wenige Minuten zum Strand, der freilich – so nah an Tokyo – an Wochenenden überfüllt ist, unter der Woche jedoch reichlich Platz bietet. Aber weder der Strand noch das Wasser ist besonders einladend. Einige **Wellenreiter** vergnügen sich stets in den meist niedrigen Wellen, die hier gut zum Einsteigen in diesen Sport geeignet sind. Beliebt ist die Bucht auch bei **Windsurfern.**

Die Strände **Zaimokuza** und **Yuigahama** gehören zu den beliebtesten, hier gibt es alle notwendigen öffentlichen Einrichtungen und Fastfood-Läden. Am Zaimokuza wird gern gegrillt.

## Insel Enoshima

Wer genug Zeit hat, sollte zur kleinen, mit dem Festland verbundenen Insel Enoshima fahren, z.B. mit der Enoden-Linie von den Bahnhöfen Kamakura, Hase oder Fujisawa. Die Fahrt dauert keine 20 Minuten. Eine **600 m lange Brücke** führt zur bewaldeten Insel hinüber. Neben Ryokans, Minshuku, Lokalen und Andenkenläden gibt es dort auch Sehenswertes, z.B. den **Schrein der „nackten Benten"**, der Göttin der Liebe, des Glücks und der

Schönheit. Eine vom Meer ausgewaschene **Grotte** ist ebenfalls dieser Göttin gewidmet.

Der botanische Garten und ein lohnender Naturpfad mit Blick auf Klippen und Meer sind weitere Attraktionen. Auf dem Festland vor der Insel liegt das *Marineland* mit einer Delphinschau. Enoshima war vor wenigen Jahrzehnten, als die Bewohner von Kamakura noch nicht so viel Geld hatten, das Ziel für ein paar Tage Urlaub oder Ferien.

Jeden 3. Sonntag im Monat findet im Ryûkôji-Tempel ein **Antiquitätenmarkt** statt.

● **Anfahrt von Tokyo:** Auf die Insel kann man auch direkt von Shinjuku mit der Odakyû-Linie in etwas über einer Stunde fahren.

## Information und Fahrradverleih

Lohnend ist ein Erkunden der Stadt mit dem Fahrrad, das es z.B. für 1500 ¥ pro Tag gleich neben dem **Tourist Information Center** (T.I.C., Tel. 23-3050/3350) nahe dem Bahnhof Kamakura zu leihen gibt. Die für die Ausflüge nötige **Karte** mit Begleitheft gibt es für 200 ¥ im T.I.C.

## Windsurfen

Für ca. 8500 ¥ pro Tag kann man bei **Far East Windsurfing Shop and School** Bretter ausleihen. Wer es lernen möchte, wende sich dort an *Tomimoto Kazuhiro*. (An der Wakamiya-Hauptstraße in Strandnähe, Tel. 0467-22-5050).

## Museen

● **Kamakura Museum,** Kunst des 12.-16. Jh. 9-16 Uhr, Mo geschl., 150 ¥, 2-1-1 Yukinoshita (Kamakura Station 12 Min.), Tel. 0467-22-0753.
● **Museum of Modern Art,** *Annex,* japanische und ausländische Kunst vom 19.Jh. bis zur

Ausflüge

Gegenwart. 10-17 Uhr, Mo geschl., 200 ¥, Tsurugaoka-Hachimangû, 2-1-53 Yukinoshita (Kamakura Station 10 Min.), Tel. 0467-22-5000.

## Feste in Kamakura

**12. Februar:** *Aragyo:* asketisches buddhistisches Ritual im Chosho-ji
**Mitte April:** *Kamakura-matsuri,* im Tsurugaoka-Hachiman-Schrein
**7./9. August:** *Bon-bori-matsuri,* Papierlaternen am Tsurugaoka-Hachiman-Schrein
**10. August:** *Kamakura hanabi taikai,* Strandfeuerwerk
**16. September:** *Yabusame,* Tsurugaoka Hachimangu
**18. September:** *Menkake-gyôretsu,* Maskenzug am Goryo-jinja
**21./22. September:** *Takigi Nô,* Kamakura-gu-Schrein
**28. November:** *Benten Festival,* am Engakuji

## Unterkunft

● *Kai Jô Tei,* empfehlenswertes Minshuku mit schöner Aussicht über die Klippen, ca. 7000 ¥ pro Person mit zwei Mahlzeiten (auf der Insel Enoshima).

# Izu-Inseln

Die sieben Izu-Inseln südlich der To-kyo- und Sagami-Bucht, die auf einer Nord-Süd-Achse etwa in einer Reihe liegen, eignen sich wegen der recht langen Überfahrt für Ausflüge von mindestens zwei Tagen.

## Ôshima

Die „Große Insel" ist die größte der sieben Izu-Inseln und liegt Tokyo und dem Festland am nächsten: 120 km südlich der Hauptstadt, aber nur 41 km östlich von Shimoda auf der Izu-Halbinsel. Ihre Fläche beträgt 68 km², ihr Umfang 50 km. Ôshima hat etwa 10.000 Einwohner und wird beherscht vom 764 m hohen aktiven Vulkan Mihara. Die Hauptreisesaison dauert von Januar (Zeit der Kamelien-blüte) bis August.

## Vulkan Mihara-yama

Wenn der Mihara-yama, der **1986 zuletzt ausgebrochen** ist, nicht grollt, läßt er sich auf verschiedenen Wegen zu Fuß besteigen. Früher war es bisweilen „Mode", daß sich Romeo-und-Julia-Paare in den Krater stürzten, um wenigstens im Tod vereint zu sein. Ansonsten war die Insel seit jeher ein Ziel für Flitterwöchner, die nicht allzu weit verreisen wollten oder konnten. In der Edo-Zeit diente sie als Sträflingsinsel.

## Weitere Sehenswürdigkeiten

Sehenswert sind neben den **Kameli-en,** die im Januar mit ihrer Blüten-pracht die Insel überdecken, z.B. im **Park Oshima Shizen Kôen** oder entlang der Camellia Avenue, die bizarre Nachbarinsel Fudejima nordöstlich von Habu, der altehrwürdige **Omiya-jinja-Schrein** und der **Markt Asa-ichi** in Okada.

## Unterwegs auf Ôshima

Der bequemste und unabhängigste, wenn auch nicht preiswerteste Weg, die Insel kennenzulernen, ist, ein **Auto oder Taxi** zu mieten.

Es gibt natürlich auch **organisierte Busrundfahrten,** die für einen bequemen Überblick über die Sehenswürdigkeiten sorgen. Für den frühen Bus um 7 Uhr ab Okada und 7.30 Uhr ab Motomachi ist eine Reservierung notwendig (4000 ¥). Empfehlenswerter ist der Bus um 10 Uhr (1800 ¥), allerdings ist dessen Runde etwas kleiner.

**Öffentliche Busse** fahren ab Motomachi in 30 Minuten zum Gipfelkrater des Mihara (740 ¥), in 40 Minuten zum reizvoll gelegenen Fischerhafen Habu-no-Minato im Süden (570 ¥) oder in 45 Minuten zum Oshima-Shizen-Kôen-Park (570 ¥).

Auch Radtouren um die Insel werden gern gemacht. **Fahrräder** können stunden- und tageweise ausgeliehen werden, aber die Straßen weisen viele Steigungen auf. Wer es auf zwei Rädern bequem haben will, kann **Leichtmotorräder** (50 ccm) mieten.

## Information

●**Oshima Tourist Association,** Tel. 2-2177. In Tokyo: *Izu-Shichitô Kankô Renmei* (Tourismusverband), Tosho Kaikan, 1-4-7 Kaigan, Tel. (03) 3436-6955.

## Anreise per Schiff

●**Fährgesellschaft:** *Tôkai Kisen,* F11 Takeshiba North Tower, 1-11-1 Kaigan, Tel. 3432-4555.
●Ab **Tokyo,** Hamamatsuchô-Takeshiba-Pier, für 3310 ¥ (2.Kl.) oder 6620 ¥ (1.Kl.), private Zimmer 9930/11.580 ¥ (Feb.-Juni); 22 Uhr ab Tokyo, 5.30 Uhr an Okada bzw. Motomachi (je nach Wetter), 14.50 ab Oshima (meist: Motomachi), 19.10 (Mo-Fr), 20 Uhr (Sa/So) an Tokyo. Busverbindung zwischen Okada und Motomachi 15 Min.
●Ab **Atami Port** (15 Min. mit Bus von JR-Bahnhof Atami) nach Motomachi: Schnellboot (5350 ¥, Fahrzeit 1 Std.) 10 und 14.30 Uhr ab Atami, normale Boote (Fahrzeit 2 Std. 40 Min.) 9.10 und 13.50 ab Atami

(2. Kl. 2380 ¥, 1. Kl. 4760 ¥). Rückfahrt ab Motomachi: 13 und 16 Uhr mit Schnellboot, 11.50 und 16.10 Uhr mit dem normalen Boot.
●Ab **Itô Port** (Fahrzeit 1 Std. 30 Min.) 10 und 13.30 Uhr, ab Ôshima 11.10 und 16.10 Uhr (2. Kl. 2070 ¥, 1. Kl. 4140 ¥).
●Ab **Inatori Port** (Fahrzeit 1 Std. 10 Min., Schnellboot im Juni: 40 Min.) 9.30 Uhr, ab Ôshima 15.20 Uhr (2. Kl. 2010 ¥, 1. Kl. 4020 ¥).

## Anreise per Flugzeug

●Ab **Haneda** (Tokyo) in 40 Min. für 6550 ¥ einfach, 11.800 ¥ hin und zurück, 3 Flüge täglich in beiden Richtungen, Reservierung: *Air Nippon,* Tel. (03) 3780-7777.

## Unterkunft (Vorwahl: 04992)

●**Youth Hostel Mihara Sansô,** Jugendherberge, 4200 ¥, Nichtmitglieder 4800 ¥, Motomachi, Tel. 2-1111.
●**Izu Ôshima People's Lodge,** Minshuku mit Halbpension, 7000 ¥, Tel. 2-1285
●**Umi-no-Furusato-mura,** nahe Ôshima-Park, Übernachtung in Mehrbetthütten oder -zelten, ab 2000 ¥. 2-1 Aza Genya, Senzu, Tel. 4-1137.
●**Ôshima Onsen Hotel,** ab 15.000 ¥, Tel. 2-1673.

# Restliche Izu-Inseln

## Toshima

Die kleinste der sieben Inseln liegt 27 km südwestlich von Ôshima und mißt 4,2 km² und 8 km Umfang. Sie hat ganze 300 Einwohner und wird vom 508 m hohen **Miyazuka-yama** beherrscht. Steilküsten umgeben fast die gesamte Insel. Die Zeit der Kamelienblüte ist von Dezember bis Februar.

●**Fährverbindung** besteht von Ôshima.

## Nii-jima

Nii-jima ist von Norden gesehen die nächste Insel und liegt 150 km südlich

**Ausflüge**

von Tokyo. Sie mißt 27 km Umfang und hat 3000 Einwohner; der Hauptort ist **Nii-jima-hon-mura.** Die höchste Erhebung ist der 432 m hohe **Miyatsu-ka-yama.** Die Insel ist mit ihrem großen Badestrand *Habushiura* ein guter Ausgangspunkt für Wassersport, z.B. Baden, Surfen, Tauchen, Segeln und Sportfischen, und sehr beliebt bei jungen Leuten.

● **Fährverbindung:** 22 Uhr ab Tokyo, Takeshiba-Pier, 8.10 Uhr an Nii-jima, 12.10 Uhr ab Nii-jima, 19.10/20 Uhr an Tokyo (2. Kl. 4450 ¥, 1. Kl. 8900 ¥).

● **Unterkunft:** Campingplatz *Wadahama;* rund 150 Minshuku (etwa 6000 ¥); Ryokan: z.B. *Niijima Onsen Lodge,* ab 6000 ¥, Tel. 04992-5-0374; *Onoya Ryokan,* ab 6500 ¥, Tel. 04992-5-1100; *Azumaya Ryokan,* 7000 ¥, Tel. 04992-5-0651; *Fujiya Ryokan,* ab 7000 ¥, Tel. 04992-5-0174; Hotel: *Niijima Grand Hotel,* ab 15.000 ¥, Tel. 04992-5-1661.

### Shikine-jima

Die kleine Insel Shikine-jima (800 Einwohner) liegt 6 km südwestlich von Nii-jima. Sie ist relativ flach und hat die am stärksten zerrissene Küstenlinie unter den Izu-Inseln. Zwei schön gelegene Thermalbäder gibt es auf der Insel.

● **Fährverbindung:** 22 Uhr ab Tokyo, 8.40 Uhr an Shikine-jima; 11.30 Uhr ab Shikine-jima, 19.20 Uhr an Tokyo; Reservierung: s. Ôshima.

● **Unterkunft:** rund 90 Minshuku (etwa 6000 ¥); Ryokan: *Shikinekan* (ab 6500 ¥) Tel. 04992-7-0007; *Yoshinoya* (ab 6500 ¥) Tel. 04992-7-0011; *Mimatsuya* (ab 7000 ¥) Tel. 04992-7-0037.

### Kozushima

Kozushima (2000 Einwohner) ist ebenfalls sehr klein und hat viele **Strände** zu bieten: *Takô-hama* mit schönem weißen Sand sowie *Kaesu, Nagahama, Sawajiri* und *Maehama.* Die Landschaft mit dem 574 m hohen Tenjo-yama ist insgesamt sehr reizvoll.

● **Fährverbindung:** 22 Uhr ab Tokyo, Takeshiba-Pier, 9.20 Uhr an Kozushima; 10.40 Uhr ab Kozushima, 19.20 Uhr an Tokyo (2. Kl. 4710 ¥, 1. Kl. 9420 ¥), Reservierung: s. Ôshima.

● **Unterkunft:** Zur Auswahl stehen mehrere Campingplätze und rund 180 Minshuku (um 6000 ¥ mit zwei Mahlzeiten); Ryokan (ab 6-7000 ¥): z.B. *Miharu Ryokan,* Tel. 04992-8-0597, *Yamashita Ryokan & Bekkan,* Tel. 04992-8-0050/8-0131.

### Miyake-jima

Die drittgrößte der sieben Inseln (4600 Einwohner) liegt 186 km südlich von Tokyo und mißt 35 km Umfang. Früher war sie eine Gefangeneninsel. Der **Vulkan Oyama** (814 m) ist 1983 zum letzten Mal ausgebrochen und sowohl zu Fuß als auch über Straßen erreichbar. Vogelfreunde werden hier auf ihre Kosten kommen, es gibt auf der Insel **200 verschiedene Vogelarten.** Schöne Strände laden zum Baden, Surfen und auch zum Fischen ein.

Lavafelder, Toga-Schrein, Tairo-Teich, u.a.

● **Information:** *Miyakejima Tourist Association,* Tel. 04994-6-1144.

● **Verkehrsmittel:** stündlicher Busverkehr um die Insel herum; es gibt auch Taxis und PKW (*Nissan,* Tel. 2-0291; *Toyota,* Tel. 2-0501; Motorräder (*Sato,* Tel. 2-1047) und Fahrräder zu mieten.

● **Fährverbindung:** nachts ab Hamamatsucho/Takeshiba-Pier, morgens an Miyakejima (2. Kl. 4280 ¥, 1. Kl. 8570 ¥).

● **Flugverbindung:** in 45 Min. ab Haneda (8210 ¥), Tel. ANA (03) 5489-8800.

● **Unterkunft:** 1 Jugendherberge, rund 100 Minshuku mit Familienanschluß und deftiger Inselkost, 8 Ryokan.

## Hachiô-jima

Die zweitgrößte Izu-Insel liegt 290 km südlich von Tokyo (68 km², 59 km Umfang). Um den 854 m hohen Nishi-Yama herum wächst teilweise tropische Vegetation. Hachiô-jima ist beliebt bei jungen Leuten und bietet gute Möglichkeiten für Wassersport.

● *Fährgesellschaft:* *Tôkai Kisen,* F11 Takeshiba North Tower, 1-11-1 Kaigan, Tel. 3432-4555.

# Ogasawara-Inseln

Diese aus etwa 30 Inseln bestehende Gruppe liegt zwischen 900 und 1200 km südöstlich von Tokyo, gehört aber verwaltungsmäßig noch zur Präfektur Tokyo. Die Inselgruppe war bis 1968 unter **amerikanischer Besatzung** und wurde 1972 zum **Ogasawara-Nationalpark** erklärt. Die beiden einzigen von Tokyo aus erreichbaren Inseln sind **Chichi-jima** und **Haha-jima.** Das Klima und die Vegetation sind tropisch, die Durchschnittstemperatur beträgt 23 °C.

Die Ogasawara-Inseln (auch *Bonin-Inseln* genannt) bieten gute **Wassersportmöglichkeiten.** Es gibt Verleihstationen für Motorboote und Kayaks sowie für Ausrüstung zum Tauchen und Surfen.

## Information

● *Ogasawara Kankô Kyôkai,* Tel. (03) 3451-5171

## Mietfahrzeuge

● *Fahrrad:* pro Tag 1800 ¥
● *Motorrad:* pro Tag 2500-5000 ¥
● *PKW:* 5-9000 ¥ für 3 Std.

## Fährverbindung

● *Von Tokyo:* 10 Uhr ab Takeshiba-Pier, 14.30 am nächsten Tag an Futami (Chichi-jima); 12 Uhr ab Futami, 17 Uhr am nächsten Tag an Takeshiba-Pier; 2. Kl. 22.140/24.620 ¥ (Juli/August), 1. Kl. 44.290/49.230 ¥. Reservierung (bis zu 3 Monaten im voraus): *Ogasawara Kaiun,* F9, Asahi Bldg., 5-29-19 Shiba, Tel. 3451-5171.
● *Chichijima–Hahajima:* 6 Uhr, 7.30 Uhr, 15.15 Uhr, **Hahajima–Chichijima:** 9 Uhr und 14 Uhr (Fahrzeit 2 Std., 2. Kl. 3300 ¥, 1. Kl. 6600 ¥), Reservierung: *Izu Shotô Kaihatsu,* Tel. 3455-3090.

## Unterkunft

● *Camping* ist auf den Inseln nicht erlaubt.
● Auf Chichi-jima gibt es über 20 **Minshuku** (ab 5500 ¥), z.B. *Ogasawara Marina,* Tel. 044-977-5740; *Green Villa Lodge,* Tel. (03) 3454-4431; *Villa Seaside,* Tel. (03) 3686-7779. Auch auf Haha-jima gibt es mehrere Minshuku.
● *Hotel: Ogasawara Kankô Hotel,* ab 8000 ¥, Chichi-jima, Tel. (03) 3337-7541.

Ausflüge

# Kyôto und Nara

## Überblick

Eigentlich ist eine Fahrt nach Kyôto und dem 30 km entfernten Nara mehr als ein Ausflug, schließlich sind die beiden **früheren Hauptstädte** über 500 km von Tokyo entfernt. Andererseits gehört ein Besuch ins **kulturelle Herz Japans** einfach dazu.

Mit dem Zug läßt sich Kyôto **notfalls an einem Tag** besuchen, dauert doch eine Fahrt mit dem *Hikari*, dem schon klassischen Superexpreß, nicht einmal 3 Stunden – es bliebe also genug Zeit, um einige der bedeutendsten Tempel mit ihren Gärten, mehrere Schreine und Paläste zu besuchen und am Spätnachmittag wieder nach Tokyo zurückzukehren. Natürlich ist das eine Notlösung, besser sind drei Tage bis eine Woche Zeit. Die Beschreibung Kyôtos und Naras ist auf einen Ausflug oder kurzen Aufenthalt ausgerichtet, gibt aber genug Anregungen für mehr.

## Kyôto

Kyôto ist trotz der 1600 erhaltenen Tempel und der 270 Shintô-Schreine, der Paläste und Gärten keine Stadt, die nur in der Vergangenheit lebt. Sie ist mit knapp 1,5 Mio. Einwohnern die **siebtgrößte Stadt Japans.** Da sie im Zweiten Weltkrieg glücklicherweise von Bomben verschont wurde, beherbergt die Stadt Bau- und Kunstwerke aus fast allen Epochen der japanischen Geschichte und steht auf der Liste des Unesco-Weltkulturerbes.

Die **Kyôto-Universität** ist die bedeutendste staatliche Universität nach der von Tokyo. Daneben gibt es noch mehr als 30 weitere Universitäten und Kollegs, dazu 24 Museen und die bedeutende **Kyoto International Conference Hall.**

Als Teil der **Hanshin-Industriezone** gehören zur Stadt vor allem chemische Industrie und Elektromaschinenbau im nach Süden offenen Tal, von wo es nur wenige Kilometer nach Osaka sind und wo sich beide Städte langsam einander nähern.

Auch die Millionen von **Touristen** sind ein wichtiger Wirtschaftsfaktor, der auch das traditionelle Handwerk am Leben erhält.

## Geschichte

Mehr als tausend Jahre, von 794 bis 1868, war Kyôto die **Hauptstadt** des Inselreiches. Ursprünglich hieß sie *Heian-kyô* (Hauptstadt des Friedens), danach *Miyako* (Kaiserliche Hauptstadt), schließlich einfach *Kyôto* (Hauptstadt-Stadt). Seit dem Umzug des Meiji-Tennô im Jahre 1868 nach *Edo*, wodurch dieses zu *Tokyo* (Östliche Hauptstadt) wurde, residiert der Kaiser nicht mehr in Kyôto. Die politische Macht hatte die einstige Hauptstadt davor schon vorübergehend verloren.

Die erste dauerhafte Hauptstadt Japans war das im Jahre 709 gegründete **Nara.** Davor waren die Hauptstädte nach dem Tod des Kaisers stets verlegt worden. Lange währte der Glanz Naras jedoch nicht. Bereits im Jahre 784 zog der damalige Kaiser *Kammu* aus Nara aus und ließ sich zunächst für zehn Jahre in Nagaoka nieder, vermutlich um sich dem wachsenden Einfluß der Buddhisten zu entziehen, und gründete dann eine neue Hauptstadt, deren 4,6 x 5,3 km großer Grundriß sich wie schon Nara an Chang-an (heute: Xian), der chinesischen Hauptstadt der Tang-Dynastie (618-907), orientierte.

Das Tal, in dem die neue Hauptstadt errichtet wurde, war seit dem 7. Jh. durch die aus Korea stammende Familie Hata besiedelt. Der *hölzerne Maitreya-Buddha* in ihrem Familientempel, dem 603 errichteten Kôryû-ji, ist eines der ganz frühen Meisterwerke des Buddhismus in Japan.

Der erste Name dieser neuen Hauptstadt war Heian-kyô, und die damit beginnende Heian-Zeit war – wie der Name beschwört – recht friedlich. Die Kaiser waren mächtig, die *Kultur bei Hofe* hochentwickelt. Dieser Zeit verdankt Japan große Werke der Dichtkunst und die ersten psychologischen Romane der Weltliteratur, allen voran die *Genji Monogatari*, die Erzählungen des Prinzen *Genji*, geschrieben von der Hofdame *Murasaki Shikibu*.

Im Laufe der Zeit wurde die Macht der Kaiser, die sich mehr dem luxuriösen Hofleben als der Politik hingaben, geschwächt. Im 12. Jh. war es die Familie *Taira (Heike)*, die die Macht zeitweise an sich riß, um schließlich 1185 von *Yoritomo Minamoto (Genji)* gestürzt zu werden. Damit begann das *Kamakura-Shôgunat*, bei dem erstmals Shôgune (Generale) die politische Macht innehatten und nicht mehr die Kaiser in Kyôto. Die ersten Zen-Tempel entstanden; der Zen-Buddhismus paßte gut zur Philosophie des *Bushidô* (Weg des Kriegers, Samurai).

Im 14. und 15. Jahrhundert regierten die *Ashikaga-Shôgune,* die die politische Macht wieder nach Kyôto geholt hatten. Ihnen sind zahlreiche Zen-Tempel und -Gärten zu verdanken, für die Kyôto heute noch berühmt ist.

Mit der Abdankung des 8. Ashikaga-Shôguns *Yoshimasa* begann ein hundertjähriger *Bürgerkrieg* (*sen-goku-jidai*), der von *Oda Nobunaga* (1534-82) beendet wurde. Sein Nachfolger *Toyotomi Hideyoshi* (1536-98) vollendete den Einigungsprozeß und sorgte dafür, daß Kyôto wieder in Glanz erstrahlen konnte.

Dessen Verbündeter *Tokugawa Ieyasu* (1543-1616) gelangte nach *Hideyoshis* Tod an die Macht und begründete 1603 das *Tokugawa-Shôgunat* in Edo. Doch auch in dieser Zeit blühte Kyôto, da in den Jahrhunderten des Friedens unter dem Tokugawa-Shôgunat die Kaufleute immer wohlhabender wurden und die Künste großzügig förderten.

So blieb Kyôto immer die *Hauptstadt der japanischen Traditionen.* Die Menschen dort sind stolz auf ihre Stadt; der Kyôto-Dialekt ist eleganter, verfeinerter, wie sich die Bewohner Kyôtos wohl überhaupt für kultivierter halten.

# Besichtigung der Stadt

## Den Zeitpunkt wählen

Kyôto ist das kulturelle und historische Herz Japans, was bedeutet, daß fast alle Japaner und vor allem die Schüler es irgendwann besuchen. Die meisten kehren mehrfach zurück, weil ein Besuch nicht ausreicht. Außer vielleicht im Sommer, wenn es im Talkessel von Kyôto unangenehm heiß und stickig werden kann, wenn aber auch das größte Fest, das *Gion Matsuri* stattfindet, gibt es viele Gründe, die Stadt und ihre Umgebung immer wieder aufzusuchen. Denn zu jeder Jahreszeit, auch gerade im stilleren Winter, entfaltet Kyôto seine besonderen Reize.

Die Folge ist, daß es in vielen Tempeln, Schreinen und Gärten sehr laut zugehen kann, wenn die Schulklassen vor allem im Frühjahr und Herbst, darin „einfallen". Wer das mag, hat sicher Spaß am lebendigen Treiben. Wer jedoch meditative Stille sucht und die Umgebung auf sich einwirken lassen möchte, muß den Zeitpunkt der Besichtigungen klug wählen. Günstig sind die erste Stunde nach der Öffnung der Tore und die letzte Stunde vor deren Schließen. Auch um die Mittagszeit, wenn die meisten beim Essen sind, geht es ruhiger zu. Ein anderer guter Tip ist, die Besichtigung von

Kyôto

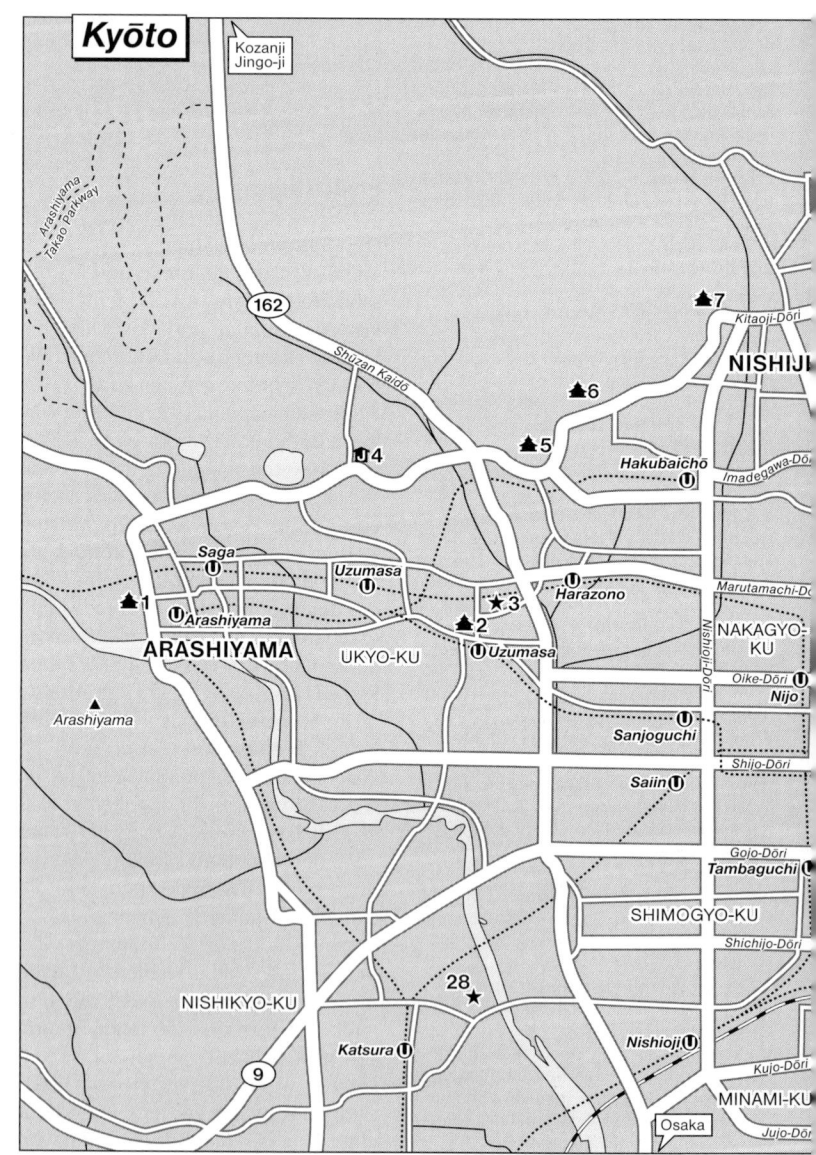

Kyōto

Kozanji
Jingo-ji

Arashiyama Takao Parkway

162

Shūzan Kaidō

Kitaoji-Dōri

NISHIJI

6

5

Hakubaichō

Imadegawa-Dō

4

Saga

Uzumasa

Harazono

Marutamachi-Dō

1

Arashiyama

3

2

Nishioji-Dōri

NAKAGYO-KU

ARASHIYAMA

UKYO-KU

Uzumasa

Oike-Dōri

Nijo

Arashiyama

Sanjoguchi

Shijo-Dōri

Saiin

Gojo-Dōri

Tambaguchi

SHIMOGYO-KU

Shichijo-Dōri

28

NISHIKYO-KU

Katsura

9

Nishioji

Kujo-Dōri

MINAMI-KU

Osaka

Jujo-Dō

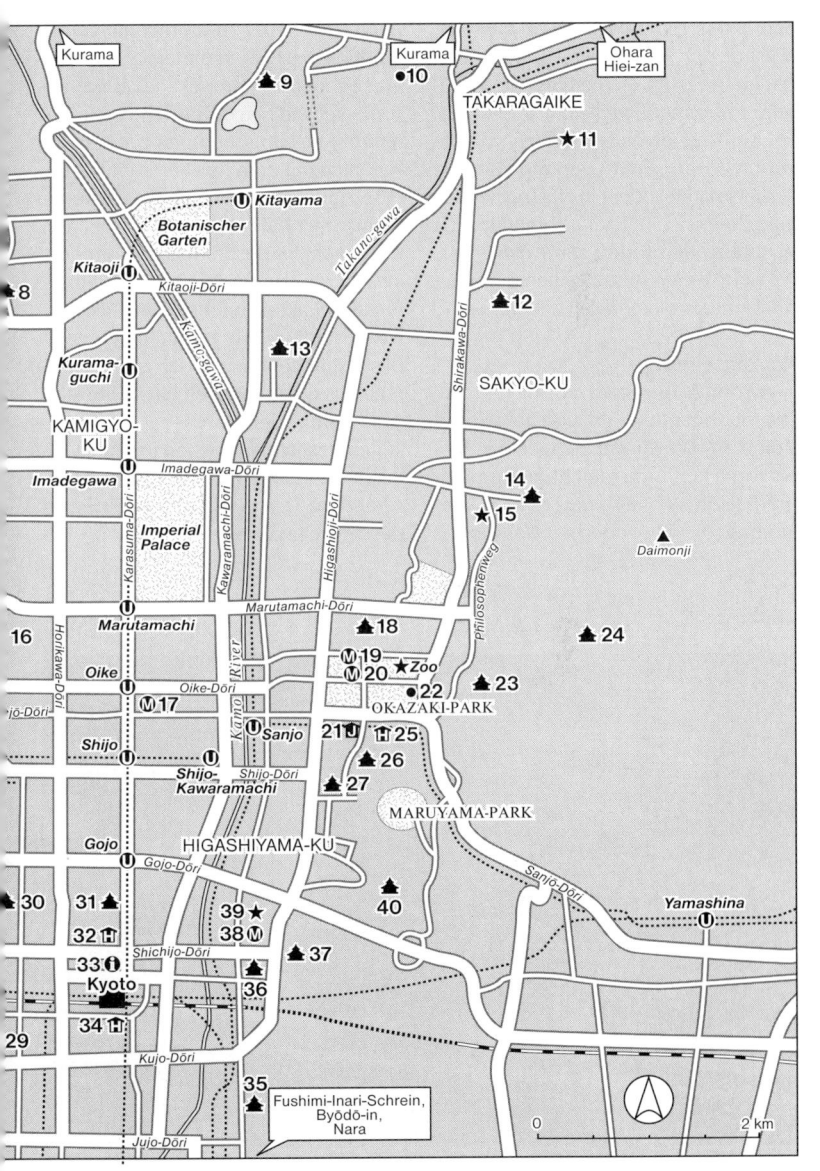

Schreinen, Tempeln, Palästen und Gärten auf den Vormittag zu legen und nachmittags durch die alten Stadtviertel zu bummeln, vielleicht traditionelles Kunsthandwerk zu kaufen, Märkte wie *Nishiki*, einen der monatlichen Tempelmärkte, oder ein Nô-Theater aufzusuchen und am Spätnachmittag noch einmal zu den Orten zurückzukehren, die beim ersten Besuch einen besonderen Eindruck hinterlassen haben.

### Was ansehen?

Wie man die Stadt am besten besichtigt, hängt auch davon ab, wieviel Zeit man hat. Zu viel in einen Tag hineinzupacken, führt leicht zu Tempelmüdigkeit, schnell verliert man den Sinn für die Besonderheit der einzelnen Orte. Lieber zusammenhängende Stadtteile zu Fuß erkunden, als per Taxi von Schrein zu Tempel zu Garten fahren. Wer eine Kyôtobesichtigung bei einem Reiseunternehmen bucht, wird natürlich mit dem Bus herumgefahren.

So oder so, letztlich ist das Kyôto-Erlebnis nachhaltiger, wenn es gelingt, ein Gefühl für die Stadt zu bekommen, als alle „wichtigen" Sehenswürdigkeiten abgehakt zu haben, zumal die Millionenstadt selbst ja auf den ersten Blick nicht gerade idyllisch ist. Wer weniger als einen Tag Zeit hat, sollte statt Abklappern der Hauptsehenswürdigkeiten deshalb am besten in Ruhe vielleicht nur den sogenannten *Philosophenweg* (*tetsugaku no michi*) und dessen Umgebung aufsuchen, be-

Wasserschöpfer

nannt nach *Ikutaro Nishida* (1870-1945), der hier täglich entlangzugehen pflegte. Er folgt einem alten, von Sakura-Bäumen bestandenen Kanal, vom Ginkaku-ji über Hônen-in, Eikandô zum Nanzen-ji, evtl. auch noch zum Yasaka-Schrein.

Im Text ist der Weg aus praktischen Gründen jedoch andersherum beschrieben. Wer viel sehen will, hat die zugehörigen Informationen, wer sich mit einigen wenigen Zielen begnügen will, läßt einfach alle übrigen aus.

## Besichtigungsbeschränkungen

Es gibt einige bedeutende Sehenswürdigkeiten, die nicht „einfach so" besucht werden können:

● Für den **Alten Kaiserpalast** *(Kyôto Gosho)* muß man sich voher registrieren lassen (Paß nicht vergessen, Antrag 20 Minuten vor den Führungen um 10 und 14 Uhr (Sa Nachm., 2. und 4. Sa/So/F sowie um Neujahr geschl.).

● Der Besuch des sehenswerten **Moostempels** *(Saihô-ji bzw. Koke-dera)* im Südwesten läßt sich in der Regel vom Hotel aus vorher regeln.

● Schwieriger ist es, mit den berühmten **Kaiserlichen Villen** *(Shûgaku-in)* im Nordosten und **Katsura-in** im Südwesten, deren Besuchsgenehmigung wie beim Alten Palast von der *Imperial Household Agency* (Ku-nai-chô, Kyoto Office, Mo-Fr 8.45-12 und 13-16 Uhr, 1. und 3. Sa 8.45-12 Uhr, Tel. 211-1215, nahe U-Bahnhof *Imadegawa*) nach vorherigem schriftlichen Antrag erteilt wird (Alter mind. 20 Jahre, Paß mitbringen), wobei die Nachfrage nach der eleganten Katsura Imperial Villa enorm ist: Japaner warten Mo-

| | | |
|---|---|---|
| ▲ | 1 | Tenryūji-Tempel |
| ▲ | 2 | Koryuji-Tempel |
| ★ | 3 | Toei Movieland |
| ⛺ | 4 | Utano-Jugendherberge |
| ▲ | 5 | Ninnaji-Tempel |
| ▲ | 6 | Ryōanji-Tempel |
| ▲ | 7 | Rokuon-ji-Tempel |
| ▲ | 8 | Daitokuji-Tempel |
| ▲ | 9 | Entsuji-Tempel |
| ● | 10 | Kyoto International Conference Hall |
| ★ | 11 | Kaiserliche Villa |
| ▲ | 12 | Shisendō-Tempel |
| ▲ | 13 | Shimogamo-Schrein |
| ▲ | 14 | Ginkakuji-Tempel |
| ★ | 15 | Hakusasonso Villa |
| 🏯 | 16 | Nijo Schloß |
| Ⓜ | 17 | Museum of Kyoto |
| ▲ | 18 | Heian-Schrein |
| Ⓜ | 19 | Kyoto Municipal Museum of Traditional Industry |
| Ⓜ | 20 | National Museum of Modern Art |
| ⛺ | 21 | Higashiyama-Jugendherberge |
| ● | 22 | Kyoto International Community House |
| ▲ | 23 | Nanzenji-Tempel |
| ▲ | 24 | Nanzen-ji-Tempel |
| 🏨 | 25 | Miyako Hotel |
| ▲ | 26 | Shoren-in- und Chion-in-Tempel |
| ▲ | 27 | Yasaka-Schrein |
| ★ | 28 | Katsura Imperial Villa |
| ▲ | 29 | Toji-Tempel |
| ▲ | 30 | Nishi-Honganji-Tempel |
| ▲ | 31 | Higashi-Honganji-Tempel |
| 🏨 | 32 | Kyoto Tower Hotel |
| ❶ | 33 | Tourist Information Center |
| 🏨 | 34 | Keihan Hotel |
| ▲ | 35 | Tofukuji-Tempel |
| ▲ | 36 | Sanjūsangendō-Tempel |
| ▲ | 37 | Chishakuin-Tempel |
| Ⓜ | 38 | Kyoto National Museum |
| ★ | 39 | Kawai Kanjiro's House |
| ▲ | 40 | Kiyomizu-Tempel |

Kyôto

> 🚺 Ein Hinweis: Alle **Museen** in Kyôto sind **montags** bzw., wenn dieser Tag ein Feiertag ist, dienstags **geschlossen**.

nate darauf, Ausländer werden immerhin bevorzugt. Also ggf. gleich nach der Ankunft in Japan beantragen, wenigstens zwei Tage vorher; das TIC in Yûrakuchô oder Kyôto erklärt die Prozedur.

## Information und Orientierung

Wer am **Kyôto-Hauptbahnhof** (*Kyôto eki*) ankommt, sollte sich am besten erst einmal Informationsmaterial besorgen, das es in der **Touristen-Information** *(TIC)* im *Kyôto Tower Building* (dem einzigen Gebäude mit mehr als 10 Stockwerken in der Stadt) gegenüber dem Bahnhof gibt. Dort erhält man kostenlos einen sehr brauchbaren **Stadtplan,** in den auch die Bus- und Straßenbahnlinien eingezeichnet sind.

Die Orientierung ist, anders als in Tokyo, sehr einfach, weil die Stadt in Nord-Süd-Richtung angelegt ist und weil alle Straßen Namen haben. Wer vom Bahnhof aus Kyôto zu Fuß erwandern möchte und wenig Zeit hat, springt am besten gleich zum Abschnitt „Östliches Kyôto (Higashi-yama)". Diese Beschreibung beginnt jedoch mit dem nördlich des Bahnhofs gelegenen Bezirk Zentral-Kyôto, der zwar einige wichtige Paläste, Märkte und Einkaufsstraßen aufweist, aber angesichts des urbanen Verkehrs und Treibens weniger vom alten Kyôto vermittelt als die Randbezirke.

## Zentral-Kyôto

### Higashi-Hongan-ji-Tempel

Die Straße hinter dem *Kyôto Tower Hotel* ist die Shichijô-dôri. Dort steht gleich der Higashi Hongan-ji, der an seinem monumentalen Dach erkennbare Haupttempel der buddhistischen **Jôdo-Shin-Shû-Sekte** („Wahre Reines-Land-Sekte"), die 1224 von *Shinran* gegründet wurde und heute in zehn Zweige gegliedert ist, mit 10.000 Tempeln und 12 Mio. Anhängern die größte buddhistische Sekte Japans. Dieser Tempel wurde 1602 auf Anregung von *Tokugawa Ieyasu* als Sitz eines vom Hongan-ji abgespaltenen Zweiges errichtet: Der Shôgun wollte verhindern, daß diese Sekte noch einmal so stark wurde wie vor der Einigung Japans.

Sehenswert ist ein aus Millionen von Haaren **geflochtenes Seil,** das zehntausende Frauen für den Neubau des durch einen Brand zerstörten Tempels im Jahre 1895 gespendet hatten. Wie in allen Tempeln der *Jôdo-Shin-Shû* wird dort *Amida Buddha*, der Buddha des Reinen Landes, verehrt.

Zum Gelände des Tempels gehört auch eine **Nô-Bühne** und der von *Enshû Kobori* (1579-1647) im 17. Jahrhundert angelegte **Kikoku-Garten,** der nach Voranmeldung im Tempelamt besichtigt werden kann.

●*Öffnungszeiten:* Der Tempel kann von 9 bis 16 Uhr kostenlos besucht werden.

### Nishi-Hongan-ji-Tempel

Nicht weit westlich davon steht der ältere Nishi (Westliche) Hongan-ji, der 1591 im Auftrag von *Toyotomi Hideyoshi* von seinem ursprünglichen Platz auf dem Higashiyama-Hügel, wo er 1272 errichtet worden war, hierher verlegt wurde. Er ist das Hauptquartier der Hongan-ji-Fraktion der Jôdo-Shin-

Shû-Sekte. Dieser Tempel wird weniger häufig besucht als der Nachbar, weist jedoch bedeutende Beispiele der **Architektur der Momoyama-Zeit** auf, mit sehenswerten Malereien, Schnitzereien und Metallverzierungen in der Halle des *Daishô-in*.

Berühmt ist auch das mit Schnitzereien überladene **Kara-mon-Tor** (chinesisches Tor). Dieses und der Hiun-Pavillon standen ursprünglich in *Hideyoshis* Fushimi-Schloß.

● **Führungen** (auf Japanisch), für die eine Anmeldung erwünscht ist, finden Mo-Fr um 10 und 11 Uhr, sowie um 13.30 und 14.30 Uhr statt, samstags nur vormittags. Buchungen sind möglich im Tempel selbst oder im TIC.

### Kostümmuseum

Wer sich für alte Kostüme interessiert, wird sicher vom Kostümmuseum in der Nähe des Hongan-ji-Tempels an der Horikawa-dôri angetan sein.

● **Geöffnet** 9-17 Uhr, So. u. F. geschl., 400 ¥, Tel. 361-8388.

### Entlang der Karasuma-dôri

Geht man vom Higashi-Hongan-ji auf der Karasuma-dôri entlang nach Norden (eine U-Bahn-Linie führt vom Bahnhof nordwärts bis zum Ende der Straße) und quert die Gojô- und die Shijô-dôri (rechts das Kaufhaus *Daimaru*), gelangt man zum sehenswerten **Nishiki-Markt** (einen Block nördlich zwischen der Takakura- und Teramachi-dôri). Er gibt einen guten Einblick in die Herkunft der Zutaten für die Gourmet- und Alltagsküche Kyôtos.

Links hinter der Shijô-Kreuzung kommt man an der **Kongo-Nô-Bühne** vorbei zum neuen **Museum of Kyôto**, das einen umfassenden Einblick in die Geschichte und Kultur Kyôtos gibt (10-21 Uhr, 3. Mi geschl.).

### Nijô-jô-Schloß

An der Kreuzung mit der Oike-dôri kann man nach links zum Nijô-jô-Schloß gehen. Das Hauptgebäude des im **Momoyama-Stil** erbauten Schlosses, das von *Tokugawa Ieyasu* 1603 in der Nähe des alten Kaiserpalastes errichtet worden war, um die Macht des Shôgun gegenüber dem Kaiser zu demonstrieren, existiert nicht mehr. Nur die *Ni-no-maru* genannten, gestaffelten Empfangspavillons des zweiten Palastes, die nach innen zu immer intimer gestaltet sind, sind erhalten.

Ähnlich wie in Nikkô bestechen das prunkvolle Äußere der **Holzschnitzereien** an den Toren und Fassaden und die Malereien an den Schiebetüren im Inneren. Berühmt ist der *„Nachtigallenboden"*, der bei jedem Schritt knarrt und somit Eindringlinge verrät. Sehenswert ist auch der Garten, in dem zu Zeiten von *Ieyasu* Bäume fehlten, da er den Anblick fallender Blätter nicht ertragen konnte.

● **Geöffnet** 8.45-17 Uhr, 500 ¥, Kinder 190 ¥.

### Alter Kaiserpalast

Die nächste Hauptkreuzung mit der Marutamachi-dôri führt zum **Kyôto Gosho**, der erst 1855, aber in relativ enger Anlehnung an das Original, neu errichtet worden ist. Er besticht durch seine Schlichtheit.

Kyôto

### Shôkoku-ji-Tempel

Nördlich des Palastes liegen die private **Dôshisha-Universität** und der ehrwürdige, ruhige Shôkoku-ji, einst einer der größten Zen-Tempel der Stadt. Hier wirkten die großen Tuschemeister des 15. Jahrhunderts *Josetsu*, *Shûbun* und *Sesshû*. Im modernen **Tempelmuseum Jotenkaku** (Eintritt 600 ¥) befindet sich der berühmte Wandschirm von *Hasegawa Tôhaku* (1539-1610) mit den Affen im Bambus-Hain. Sehenswert ist der schöne, ruhige Garten im Untertempel **Daikomyô-ji,** der an den Ryôan-ji (s.u.) erinnert.

### Nishijin Textile Center

Westlich des Alten Palastes liegt an der Ecke Horikawa-/Imadegawa-dôri das Nishijin Textile Center, wo die berühmten **Nishijin-Seidenstoffe** und **Kimonos** ausgestellt werden. Das Viertel Nishi-jin ist seit alters für die Seidenweberei bekannt. Hier steht auch das **Kyôto Municipal Archaeological Museum.**

### Shimogamo-Schrein

Nördlich des Zusammenflusses von Kamo-gawa und Takano-gawa liegt inmitten von dichtem Baumbestand der uralte Schreinbezirk des Shimogamo-Schreins, der schon vor der Gründung Kyôtos existierte. Heute ist er vor allem bekannt für das alljährlich im Frühjahr stattfindende **Aoi-Fest,** das hier seinen Ausgang nimmt.

### Am Kamo-gawa-Fluß

Für **Einkaufsbummel** ist besonders die parallel am Kamo-gawa entlang-

führende **Kawaramachi-dôri** geeignet. Zwischen Shijô- und Sanjô-dôri verläuft parallel dazwischen die schmale Gasse **Pontocho,** die eine **Straße der Geishas** ist: Am Fluß stehen Häuser der Geishas, bzw. *Geikos* (wie sie in Kyôto heißen) und der *Maikos*, ihrer jüngeren, bunteren Schwestern. In die **Geisha-Häuser** kommen Ausländer nur mit Einführung durch Japaner, aber ein Bummel durch das Viertel ist allemal lohnend. (Vorsicht: Bars mit Schleppern sind Geldfallen!)

Bambus-Hain

### Tôji-Tempel

Nicht weit südlich des Bahnhofs steht noch ein erwähnenswerter Tempel: der Tôji, 796 gegründet. Sehenswert ist das *Schatzhaus* aus dem Jahre 1197 mit Kunstschätzen des esoterischen Buddhismus der Shingon-Sekte, das *Renge-Tor* von 1191 und – am auffälligsten – die mit 56 Metern höchste *fünfstöckige Pagode* Japans, 1644 errichtet unter *Tokugawa Iemitsu*. Am 21. jeden Monats findet hier ein großer Tempelflohmarkt statt.

## Südöstliches Kyôto (Higashiyama)

### Sanjûsangendô-Tempel

Geht man vom Bahnhof gleich nach rechts, kommt man nach Überqueren des Flusses Kamo-gawa, der in Nord-Südrichtung durch Kyôto fließt, zum sehenswerten Sanjûsangendô-Tempel, wo in einer langen Halle *1001 Kannonstatuen,* von denen keine der anderen gleicht, stehen. Im Mittelpunkt steht die mehr als 3 m hohe, *tausendarmige Kannon* (senjû), die 1254 vom berühmten Bildhauer *Tankei* (1173-1256) geschnitzt wurde. Übrigens muß eine tausendarmige Kannon nicht mehr als 40 Arme haben, weil nach der buddhistischen Lehre ein Arm imstande ist, 25 Welten zu retten ...

Am 15. Januar jeden Jahres findet das *Tôshi-ya-Fest* statt, wenn in der Halle ein *Bogenschießen* veranstaltet wird. Im Jahre 1686 schoß ein Schütze innerhalb von 24 Stunden 8000 Pfeile vom Süd- zum Nordende der Halle.

Sehenswert sind auch die 28 *Standbilder der Schutzgötter,* die alle einen anderen Gesichtsausdruck haben.

● *Besichtigung* von 8-17 Uhr, im Winterhalbjahr von November bis Mitte März bis 16 Uhr, Eintritt 400 ¥. Ab Bahnhof 15 Min. zu Fuß, Bus Nr. 206 oder 208 bis Haltestelle Sanjûsangen-dô-mae.

### Kyôto Nationalmuseum und Umgebung

Gegenüber dem Tempel steht das in zwei Gebäuden untergebrachte Nationalmuseum mit mehr als 10.000 wertvollen *historischen und künstlerischen Exponaten,* die meist aus Schreinen und Tempeln stammen (Di-So 9-16 Uhr, 300 ¥, Mo und um Neujahr geschl.).

Bevor man in nördlicher Richtung weitergeht, sieht man gegenüber dem *Kyôto Park Hotel* den Tempel **Chishaku-in** mit einem Garten, der im 16. Jahrhundert vom berühmten Teemeister *Sen-no-Rikyû* angelegt worden ist (9-16.30, 350 ¥).

Wendet man sich nach Norden, kommt man zur **Kawai-Kanjirô Memorial Hall.** Hier gibt es ein privates Töpfereimuseum im ehemaligen Wohnhaus des 1967 verstorbenen Künstlers *Kawai Kanjirô* (Di-So 10-17 Uhr, im August und um Neujahr bis 20 Uhr, 700 ¥).

### Kiyomizu-dera-Tempel

An weiteren Tempeln vorbeigehend gelangt man hinter der Higashiyama-Umgehungsstraße zu den Sträßchen Gojô-zaka und Kiyomizu-zaka (*zaka* = „Hangstraße"), die sich zum berühmten Kiyomizu-dera-Tempel emporwin-

Kyôto

den. Er zählt zu den berühmtesten und beliebtesten der Stadt, vor allem wegen seiner prächtigen Lage am Berghang. Der Tempel wurde 798 als Zweigtempel der **Hossô-Sekte,** die in Nara ihren Sitz hatte, gegründet. Das gegenwärtige massive Tempelgebäude stammt aus dem Jahre 1633 und wurde ohne Verwendung eines einzigen Nagels errichtet.

Unter der großen Terrasse fließt der **Otawa-Wasserfall,** von dessen Wasser die Gläubigen aus einem großen Becken mit Schöpfern trinken (*kiyo mizu* = reines Wasser). Es gibt verschiedene weitere Tempel und Schreine auf dem Gelände.

● **Geöffnet** 6-18 Uhr, Bus 206 ab Bahnhof bis Haltestelle Gojô-zaka, Eintritt 300 ¥, Kinder 200 ¥.

## Um den Kiyomizu-Tempel

Alle **Gassen** dieser Gegend sind vollgestopft mit kleinen Lokalen und Läden, die regionales **Kunsthandwerk,** vor allem Porzellan und Keramik *(kiyomizu-yaki)*, verkaufen.

Noch reizvollere Gassen entdeckt man, wenn man rechts vom Ausgang des Kiyomizu-Tempels die *Kiyomizu-zaka* rund 200 Meter zurückgeht und dann nach rechts über Stufen in die *Sannen-zaka* und anschließend wieder

Kiyomizu-dera-Tempel

über Stufen rechts in die *Ninen-zaka* einbiegt. Hier findet man viele **alte Wohnhäuser, Läden und Teehäuser.**

Erwähnenswert ist auch die **Yasaka-Pagode** *(Yasaka-no-tô)*, ein Wahrzeichen Kyôtos. Man findet sie nach Verlassen des Kiyomizu-michi in der nächsten Quergasse links.

Der nächste Tempel am Weg ist der **Kôdai-ji** aus dem Jahre 1605 mit schönem Garten, gestaltet von *Kobori Enshû*, und Teehäusern, entworfen von *Sen-no-Rikyû* (500 ¥, 9-16 Uhr).

## Maruyama-Kôen-Park

Weiter in nördlicher Richtung gehend, gelangt man rechter Hand zum Maruyama-Kôen, der besonders zur Zeit der Kirschblüte einen Besuch lohnt. Hier steht auch der **Yasaka-Schrein,** an dem es sehr lebhaft zugeht und der das Zentrum des jährlichen Gion-Festes ist.

## Theater Gion Corner

In der Nähe des Parks steht das Theater Gion Corner, das Touristen einen schnellen Überblick über einige **klassische darstellende Künste** bietet. Das einstündige Programm präsentiert Einblicke in Teezeremonie, Koto-Musik, Ikebana (Blumenarrangement), Gagaku (alte Hofmusik), Kyôgen (komische Szenen, Zwischenakte zu Nô-Spielen), Bunraku (Puppentheater) und Kyômai, den **Kyôto-Tanz,** der von den Tanzmädchen *Maiko*, den angehenden **Kyôto-Geishas,** dargeboten wird.

In derselben Straße, Hanami-kôji, befinden sich zahlreiche Restaurants und **Geisha-Häuser.** Hier kann man am Spätnachmittag die farbenprächtigen *Maiko* auf dem Weg zu ihren Terminen tippeln sehen.

● *Theatervorstellungen:* März-November, täglich um 19.40 und 20.40 Uhr, nicht am 16. August, 2500 ¥, Tel. 075-561-1119.

## Chion'in-Tempel

In nördlicher Richtung liegt links hinter dem Maruyama-Park der große Tempelkomplex des Chion'in. Es ist der 1234 gegründete Sitz der von *Hônen* begründeteten großen Jôdo-Sekte. Die Tempelgebäude stammen aus dem 17. Jahrhundert. Das **San-mon-Tor** und die 74 Tonnen schwere **Glocke** sind die größten des Landes.

● *Geöffnet* 9-16 Uhr, Eintritt 300 ¥, Kinder 200 ¥, Bus Nr. 206 bis Haltestelle Chion'-in-mae.

Kyôto

### Shôren-in-Tempel

Wenige Minuten später erreicht man rechter Hand den Shôren-in mit einem der schönsten Gärten Kyôtos, gestaltet von den Meistern *Sôami* und *Enshû*. Er wurde 1144 als Sitz der Tendai-Sekte gegründet. Die heutigen Gebäude wurden zwar erst 1895 errichtet, die bemalten Schiebetüren stammen jedoch aus dem 16. und 17. Jahrhundert. Die Äbte des Tempels waren stets kaiserliche Prinzen.

● *Geöffnet* 9-17 Uhr, Eintritt 400 ¥, Kinder 200 ¥.

## Okazaki-Park

Überquert man die Sanjô-dôri und die *Keihan Electric Railway* kommt man in den Okazaki-Park, an dessen nördlichem Ende die rote **Heian-Schrein** steht. Er ist eine zur 1100-Jahr-Feier der Stadt im Jahre 1895 errichtete, um ein Drittel verkleinerte Nachbildung des ersten von Kaiser *Kammu* erbauten Kaiserpalastes in Kyôto mit sehr sehenswertem Garten auf der Rückseite.

Etwas abseits am südöstlichen Rand des Parks steht das **Kyôto International Community House,** das zu Ehren des 1994 gefeierten 1200. Jahrestages der Hauptstadtgründung Kyôtos erbaut wurde und vor allem Ausländern mit Informationen zur Stadt zur Verfügung steht.

Gleich nebenan steht der kleine **Murin-an** mit einem interessanten, westlich beeinflußten, von *Ogawa Jihei* 1895 angelegten Garten aus der Meiji-Zeit (9-16.30 Uhr, 250 ¥, Tel. 771-3909).

Ein Stück weiter westlich steht die **Kanze Kaikan Hall,** in der Nô aufgeführt wird, und dahinter das **National Museum of Modern Art** (Di-So 9.30-17 Uhr, 400 ¥). Hinter diesem befindet sich das sehenswerte **Kyôto Municipal Museum of Traditional Industry** *(Kyôto Dentô Sangyô Kaikan)*, in dem nicht nur traditionelles **Kyôto-Kunsthandwerk** wie Seide, Brokat, Porzellan, Lackwaren, Puppen, Damaszenerwaren, Bambus- und Papierprodukte und Fächer ausgestellt werden, sondern auch deren Herstellung demonstriert wird. Im Museumsladen können die Erzeugnisse gekauft werden.

Gegenüber steht das **Municipal Museum of Art** mit Werken moderner japanischer Künstler (Di-So 9-17 Uhr, 300-1100 ¥), dahinter liegt der **Okazaki-Zoo** (9-16.30 Uhr, außer Mo, 400 ¥).

## Nordöstliches Kyôto

### Nanzen-ji-Tempel

Der Tempel Nanzen-ji liegt zehn Minuten zu Fuß vom Heian-Schrein in östlicher Richtung und ist das Hauptquartier der **Rinzai-Sekte** des Zen-Buddhismus. Ursprünglich war es der Alterssitz von Kaiser *Kameyama*. Mit dessen Ableben wurde er 1291 in einen Zen-Tempel umgewandelt.

Sehenswert sind Gemälde an den Schiebetüren, darunter die des „Springender-Tiger-Garten" aus der Kano-Malschule, und auch einige im 17. Jahrhundert von *Kobori Enshû* angelegte **trockene Gärten** des Karesansui-Stils, in denen der weiße Sand

Wasser symbolisiert. Sie sind typische Zen-Gärten.

Der Tempelkomplex weist mehrere weitere Tempel auf, in denen es ruhiger zugeht. Ein hübscher Weg führt übrigens vom Nanzen-ji durch einen Tunnel zum südwestlich gelegenen, bekannten *Miyako-Hotel*.

● *Geöffnet* 8.30-16.30 Uhr, 350 ¥, Kinder 400 ¥.

## Philosophenweg

Nicht weit vom Nanzen-ji sieht man den **Eikan-dô-Tempel,** der bereits 855 gegründet wurde. Bekannt ist eine Buddhastatue des *Amida Nyôrai* mit nach hinten gerichtetem Kopf. Ein schöner Blick bietet sich von der **Tahotô-Pagode** (400/300 ¥, 9-16 Uhr).

Nun folgt das berühmte Kernstück des verkehrsfreien Philosophenweges (*Tetsugaku-no-michi*), der dem kleinen, kirschbaum-bestandenen *Sosui-Kanal* folgt. Angesichts der Berühmtheit dieses hübschen Weges, wird der halbstündige Spaziergang tagsüber von vielen Touristen begangen. Wer Ruhe haben möchte, sollte früh am Morgen oder am Abend kommen. Es gibt an diesem beliebten Weg inzwischen mehrere **Geschäfte und Cafés,** eines davon, *Atelier,* wird von Frau *Watanabe,* die mit dem Stiefsohn von *Tanizaki* verheiratet ist, geführt. Ihr wurde die junge Frau in *Tanizakis* „Tagebuch eines verrückten alten Mannes" nachempfunden.

Kurz vor Ende des Weges kann man rechts den still im Wald gelegenen Tempel **Hônen-in,** der 1680 zu Ehren von *Hônen* errichtet wurde, aufsuchen.

Hier liegt der berühmte Schriftsteller *Tanizaki Jun'ichirô* (1886-1965) begraben.

## Ginkaku-ji-Tempel

Am Ende des Philosophenweges liegt rechts der Ginkaku-ji, der **Tempel des Silbernen Pavillions,** der 1482 vom Ashikaga-Shôgun *Yoshimasa* als Ruhesitz errichtet wurde. Ursprünglich sollte der Pavillon als Gegenstück zum *Goldenen Pavillon* mit Silber bedeckt werden, daher der Name. Berühmt ist der Garten mit den aus weißem Sand geformten, abgeflachten Kegeln, die vollmondbeschienene Berge an einem See symbolisieren. Angesichts der Beliebtheit des Tempels geht es auch hier meist nicht gerade ruhig zu,

● *Geöffnet* 8.30-17 Uhr, Eintritt 400 ¥.

## Hakusa-Sonsô-Museum

An der Weggabelung, an der es nach rechts zum Ginkaku-ji geht, kann man links in den Ginkaku-ji-michi abbiegen, wo man nach wenigen Metern linker Hand zum Garten und Museum des *Hakusa Sonsô* gelangt, einst das Wohnhaus und Atelier des bekannten Malers *Hashimoto Kansetsu.* Das Wohnhaus, der Garten und die darin stehenden Teehäuser sind sehr sehenswert.

● *Geöffnet* 10-17 Uhr, 700 ¥, Tel. 751-0446.

## Shisendô-Tempel und Kaiserliche Villa

Ein Stück weiter im Norden, östlich der Shirakawa-dôri, steht der kleine Shisendô-Tempel mit seinem 1636 von

Kyôto

*Ishikawa Jôzan* angelegten Garten, ein Meisterwerk der Gartenkunst, das im Frühjahr mit prachtvollen Azaleen und im Herbst mit gefärbtem Laub besticht (9-17 Uhr, 400 ¥).

Nördlich davon steht die Kaiserliche Villa **Shûgakuin.** Im Garten, der im 17. Jahrhundert angelegt wurde, verschmelzen Natur (die als „geborgte Landschaft" miteinbezogen ist) und Gartenkunst. (Geführte Touren um 9, 10, 11, 13.30 und 15 Uhr, Anmeldung mindestens einen Tag vorher bei der *Imperial Household Agency*, Paß mitbringen, Mindestalter 20 Jahre.)

●*Anfahrt:* Bus Nr. 5 fährt entlang der Shira-kawa-dôri zur *Kyôto International Congress Hall,* an der Haltestelle Shûgakuin-Rikyû-michi aussteigen.

## Nordwestliches Kyôto

### Daitoku-ji-Tempel

Nördlich vom **Textilviertel Nishijin** steht der große Zen-Tempelkomplex des 1324 gegründeten Daitoku-ji, der ausgezeichnete Beispiele von Zen-kunst und Zen-Gärten enthält. Die meisten Gebäude dieses zur Rinzai-Sekte gehörenden Komplexes stammen aus dem 16. und 17. Jahrhundert. Sehenswert sind auch mehrere der acht zugänglichen Untertempel, z.B. der **Daisen-in** mit einem berühmten Steingarten (9-17 Uhr, 400/270 ¥),

Ginkaku-ji-Tempel

**Kôtô-in** (9-16.30 Uhr, 300/100 ¥), **Ryôgen-in** und **Zuiho-in** mit schönen Gärten.

●**Anfahrt:** U-Bahn bis Kitaoji, dann zu Fuß oder mit Bus Nr. 1 oder 204 oder ab Kyôto Station mit Bus Nr. 205/206 zum Tempelkomplex, Haltestelle Daitokuji-mae.

## Rokuon-ji-Tempel

Nicht weit westlich des Daitoku-ji liegt am Stadtrand einer der berühmtesten Tempel Japans, Rokuon-ji, mit dem goldenen Pavillon des **Kinkaku-ji,** der 1397 als Alterssitz des Ashikaga-Shôguns *Yoshimitsu* erbaut und nach seinem Tode in einen Tempel umgewandelt worden war. Das Original wurde 1950 von einem Zen-Mönch, der eifersüchtig auf den Tempel war, durch Brandstiftung zerstört. (*Yukio Mishima* schrieb darüber den Roman

„Der Goldene Pavillon"). Beim Neubau wurde die Vergoldung mit Blattgold nach unten erweitert.

Schön ist ein Spaziergang um den Teich, besonders im Herbst wegen der Laubfärbung. Der Tempel selbst (nicht der Pavillon) enthält sehenswerte Kunstschätze.

●**Anfahrt:** U-Bahn bis Kitaoji, dann mit Bus Nr. 204, ggf. ab Kyôto Station mit 205 bis Haltestelle Kinkaku-ji-michi. 9-17.30 Uhr, Eintritt 300 ¥, Kinder 200 ¥.

## Ryôan-ji-Tempel

Entlang der Kitsuji-dôri kommt man am **Domoto-Museum** vorbei. Hier werden Gemälde, Drucke und Keramiken des Künstlers *Domoto Insho* (1891-1975) ausgestellt (Di-So 9.30-17 Uhr, 500 ¥).

Ryôan-ji-Tempel

Kyôto

Südwestlich des Rokuon-ji steht der nicht minder berühmte Zen-Tempel Ryôan-ji. Der Tempel gehört ebenfalls zur Rinzai-Sekte und wurde 1473 gegründet. Er wird vor allem besucht wegen seines kleinen **Steingartens,** in dem 15 **Felsbrocken** (von denen nur 14 auf einmal zu sehen sind) über eine geharkte Granitkiesfläche einzeln und in Gruppen verteilt liegen.

Dieser vom großen Meister *Sôami* 1499 angelegte Garten ist der wohl berühmteste Zengarten des Kare-san-sui-Stils, in dem Wasser durch Sand oder Kies dargestellt wird. Die den Garten begrenzende Erdmauer trägt zum Gesamteindruck wesentlich bei und ist ebenfalls ein Nationalschatz. Der Rest des Tempels mit dem großen Garten ist nicht minder sehenswert und wird weniger massiv besucht als der kleine Steingarten.

●*Anfahrt:* Bus Nr. 50, Haltestelle Ryôanji-mae, 8-17 Uhr, 400 ¥.

### Ninna-ji- und Myôshinji-Taizoin-Tempel

Geht oder fährt man weiter in südwestlicher Richtung, sieht man rechts den Ninna-ji, eine weiträumige Anlage, die im 9. Jahrhundert einen Kaiserpalast beherbergt hatte und heute wegen der Kirschblütenfeste beliebt ist (9-16 Uhr, 500 ¥).

Ein Stück abseits der Route südöstlich steht die große, aus 40 Tempeln bestehende Anlage des **Rinzai-Zen-Tempels** Myôshinji-Taizoin, von der nur zwei besichtigt werden können (9-17 Uhr, 400/100 ¥).

### Movieland und Kôryû-ji-Tempel

Südlich davon liegt die **Filmstadt** *Tôei Uzumasa Movieland (eiga mura),* die ihre Besucher zuweilen in die Vergangenheit eines feudalen Städtchens versetzt, komplett mit Bewohnern in zeitgenössischer Kleidung.

Gleich in der Nähe steht der 603 gegründete Tempel Kôryû-ji, der die elegante, wohl aus Korea stammende **Holzplastik des Miroku-Bosatsu,** die im 7. Jahrhundert geschaffen worden ist, beherbergt. Der Tempel selbst wurde 622 *Shôtoku* zu Ehren gegründet.

●*Anfahrt:* Beide Ziele sind erreichbar mit Bus Nr. 11 bzw. 61, 62 und 63, z.B. ab Busbahnhof Sanjô-Keihan Station (im Stadtzentrum).

## Ausflüge in die nähere Umgebung

### Sagano-Arashiyama

Dieser im Westen gelegene, hügelige Außenbezirk bietet reizvolle **Wandermöglichkeiten** entlang des Oi- bzw. Katsura-Flusses durch **Wälder,** die mit ihren Kiefern und Sakura- und Ahornbäumen zu jeder Jahreszeit ihre Reize entfalten, zu idyllisch gelegenen Tempeln wie dem **Tenryû-ji,** dem bedeutendsten der fünf großen Zen-Tempel Kyôtos mit sehr schönem Garten, und den Tempeln Jôjaku-kôji, Nison-in, Giyô-ji, Nembutsu-ji und Shaka-dô. Auf der anderen Flußseite liegen der Kokuzo-Horinji-Tempel und der Iwatayama-Affenpark.

●*Anfahrt:* mit Bus Nr. 61, 62 oder 63 ab Sanjô-Keihan Station bzw. 71, 72 oder 73 ab Kyôto Station oder Kaifuku-Railway bis Arashiyama.

## Kaiserliche Villa

Der Garten der südlich von Arashiyama gelegenen Kaiserlichen Villa **Katsura** bietet eines der herausragendsten Beispiele für japanische Gartenkunst.

●**Anfahrt:** mit Bus Nr. 33 z.B. ab Kyôto Station bis Haltestelle Katsura-Rikyû-mae. Für den Besuch bedarf es einer Sondergenehmigung (s. „Besichtigungsbeschränkungen" am Anfang dieses Kapitels).

## Ohara

Dieses etwas nördlich von Kyôto gelegene Dorf ist ein beliebtes Ausflugsziel. Der mitten im Wald gelegene **Tempel Sanzen-in** stammt aus dem Jahre 1138 und ist berühmt für die außerordentlich entspannt wirkenden Standbilder der Amitabha-Trinität und seinen natürlichen Garten, der besonders attraktiv zur Zeit der Laubfärbung ist.

Mit dem idyllisch am Waldrand gelegenen **Tempel Jakkô-in** verbindet sich die tragische Niederlage des **Heike-Clans.** Nach der Schlacht von Dannoura im Jahre 1185, bei der auch der Kindkaiser *Antoku* umkam, zog sich die Mutter hierhin als Nonne zurück.

In der Umgebung lassen sich schöne Spaziergänge machen. Die Frauen des Ortes, *Ohara-me,* haben eine eigene **Tracht,** die sie bisweilen noch tragen.

●**Anfahrt:** vom Bahnhof Kyôto mit Bus Nr. 16/17 ab Sanjô-Keihan Station oder 17/18 ab Kyôto Station in 1 Std. zu erreichen.

## Berg Hiei-zan

Auf dem Weg nach Ohara sieht man rechts eine Bergbahn und eine anschließende **Seilbahn,** die auf den 939 m hohen Hiei-zan fahren. Von dessen Gipfel, der auch per Auto und Bergbahn von der Rückseite, die landschaftlich attraktiver ist, erreicht werden kann, bietet sich ein schöner Blick auf den **Biwasee** im Osten und die Stadt im Südosten.

Oben herrschten einst die kriegerischen Mönche des auf dem Berg gelegenen **Enryaku-ji-Tempels,** der 785 von *Saichô* als Hauptsitz der Tendai-Sekte gegründet worden war und zeitweise über 3000 Gebäude zählte. Die Mönche überfielen mehrfach Kyôto und griffen sogar den Kaiserpalast an. Auf Befehl von *Oda Nobunaga* wurde die Anlage 1571 zerstört und unter den *Tokugawa* wieder nach und nach aufgebaut. Der Tempel zählt immer noch zu den bedeutenden Tempeln Japans. Insbesondere der westliche Teil, *Saitô,* hat noch etwas von der ursprünglichen Atmosphäre.

●**Anfahrt:** Zu erreichen z.B. mit Direktbussen zum Tempel und Gipfel ab Bahnhof Kyôto (650 ¥, 70 Min., um 9.50, 10.45, 11.45 und 13.50 Uhr) bzw. ab Keihan-Sanjô Station (650 ¥, 52 Min., um 8.55, 9.35, 11.06 und 12.06 Uhr), auch mit den Bussen 16, 17 und 18 in Richtung Ohara bis zur Haltestelle Yase-yuenchi und von dort zur zweigeteilten Seilbahn zum Gipfel (939 m).

●**Öffnungszeiten** des Tempels: 8.30-16.30 Uhr, Eintritt 400 ¥.

## Renge-ji-Tempel

Kurz vor **Yase,** nahe dem Bahnhof Miyake-hachiman, befindet sich der Renge-ji mit einem berühmten Garten, der wunderbar in die Umgebung eingebettet ist. Ein riesiger Gingkobaum markiert den Eingang. Besonders im Herbst bietet er einen prachtvollen Anblick.

●**Geöffnet** 9-17 Uhr, Eintritt 400 ¥, Tel. 781-3494.

Kyôto

## Wanderung über den Kurama-yama

Das nach Kurama führende Tal bietet reizvolle Spaziergänge und Wanderungen. Man fährt mit der Linie *Eizan Electric Railway Kurama* vom Bahnhof Demachi-Yanagi zum Bahnhof **Kibune-guchi.** Von dort geht man eine knappe halbe Stunde entlang eines kleinen Flüßchens zum **Kibune-Schrein.** Hier führt eine rote Brücke über den Fluß. Auf der anderen Seite des Berges Kurama-yama (513 m) liegen östlich der **Kurama-dera-Tempel** und der **Yuki-Schrein.** Taleinwärts befindet sich das **Thermalbad Kurama Onsen** (1000 ¥, 100 ¥ fürs Handtuch, 10-21 Uhr, Tel. 741-2131).

In Kurama findet alljährlich am 22. Oktober das berühmte, dämonische **Fackelfest** statt. Mit der Bahn geht es von Kurama zurück nach Kyôto.

## Takao

Dieser nordwestliche Außenbezirk bietet ruhige Tempel in waldreicher Umgebung. Die bekanntesten Tempel sind Jingo-ji, Kôzan-ji und Saimyô-ji.

●*Anfahrt:* mit verschiedenen JR-Bussen, z.B. Nr. 8 ab Shijô-Omiya-Station, in einer Stunde bis Jingo-ji zu ereichen.

## Hozu-gawa-Fluß

Sehr beliebt sind in der Zeit von Mitte März bis Ende November die **Bootsfahrten** auf einem 16 km langen Abschnitt des Hozu-Flusses von Kameoka nach Arashiyama, die mit ungefährlichen, aber unterhaltsamen **Stromschnellen** gewürzt sind.

●*Anfahrt:* Von Kyôto fährt man zuerst auf der JR-Sagano-Linie nach Kameoka und geht von dort aus zu Fuß in einigen Minuten zum Fluß. Genaue Informationen hält das TIC bereit.

## Feste in Kyoto

(Einzelheiten beim TIC zu erfragen)

**1.-30. April:** Kirschblütenfeste *Miyako Odori,* Kirschblütentanz der *Maikos* im Kaburenjô im Gion-Viertel
**1.-24. Mai:** *Kamogawa Odori* (Maiko-Tänze) im Pontocho-Kaburenjô-Theater
**15. Mai:** *Aoi Matsuri,* höfische Prozession im Stil der Heian-Zeit
**3. So im Mai:** *Mifune Matsuri,* Bootfest auf dem Oi-Fluß
**1./2. Juni:** *Takigi Nô* im Heian-Schrein
**Mitte Juni - August:** Kormoranfischen auf dem Uji-Fluß
**16./17. Juli:** Gion-Fest des Yasaka-Schreins, Prozession der großen Festwagen
**16. August:** *Daimonji Okuribi,* Abbrennen des Zeichens für „groß" auf dem Daimonji-Hügel am Ende des Bon-Festes
**22. Oktober:** *Jidai Matsuri,* Fest der Zeitalter, Prozession mit Darstellungen der Geschichte Kyôtos
**November:** *Momiji Matsuri* (Ahornfest) in Arashiyama, Nachspielen mittelalterlicher höfischer Bootsausflüge
**Dezember:** Große Kabuki-Aufführungen zum Jahresende *(Minami- za)*
**31. Dezember:** *Okera Mairi* im Yasaka-Schrein (Abholen des reinigenden Feuers)

## Einkaufen

Traditionelles Kunsthandwerk in Kyôto zu kaufen, ist eine gute Idee. Schließlich hat vieles dort seinen Ursprung, und man kann den Handwerkern in ihren mehr als hundert Jahre alten Läden dabei zuschauen, wie das gute Stück in Handarbeit entsteht. Ein Besuch in einem der alten Läden in irgendeiner Seitengasse vermittelt vielleicht am Ende das wahre Kyôto-Erlebnis.

Für diese Dinge und viele andere ist Kyôto berühmt: Bambusbehälter und -geräte, Brokat, Fächer, hölzerne Kämme und Gefäße, Holzschnitzereien, Lackwaren, Nô-Masken, Papierschirme, Porzellanteeschalen, Puppen, Seidenkimonos und deren Zubehör. Wer sich ernsthaft für diese Dinge interessiert, sollte sich das Buch „Old Kyôto. A Guide to Traditional Shops, Restaurants and Inns" von *Diane Durston (Kodansha International)* besorgen.

### Einkaufsstraßen und -zentren

- **Kyoto Station:** 1. Stock (F2), unterirdische Einkaufspassage *Porta* zwischen JR und U-Bahnhof, Einkaufszentrum *Avanti* an der Bahnhofssüdseite
- **Shinkyogoku-Arkade** entlang der Sanjô- bis zur Shijô-dôri
- **Shijô-dôri** zwischen Higashiôji- und Kaufhaus *Daimaru*
- **Teramachi- und Shinkyogoku-dôri** nahe der Kreuzung Shijo-/Kawaramachi-dôri

### Kaufhäuser

- *Daimaru, Fuji Daimaru, Hankyû* und *Takashimaya,* alle zwischen Shijô-dôri/Kawara-machi-dôri und Karasuma-dôri

### Empfehlenswerte Geschäfte

Wer wenig Zeit hat und schnell einen Überblick über das Angebot an **Kunsthandwerk** erhalten will, sollte das *Kyôto Craft Center* gegenüber dem *Gion Hotel* besuchen. Es ist ganz auf Touristen eingerichtet und hat eine Riesenauswahl. Man kann bei der Herstellung mancher Produkte zuschauen.

Wer **Keramik und Porzellan** sucht, wird sicher in einem der vielen Ge-

schäfte in der Chawan-zaka (Teeschalen-Gasse, offiziell: *Kiyomizu-zaka*), die zum Kiyomizu-Tempel führt, fündig.

- **Aizen Kobo,** indigogefärbte Textilien. Ein Block südlich der Imadegawa, zwei Block westlich der Horikawa-dôri im Nishijin-Textilienviertel, Tel. 441-0355.
- **Jusana,** Holzkämme, hergestellt in 6.Generation von *Takeuchi Michikazu,* eine Auswahl davon durfte für den neuen Ise-Schrein gespendet werden. An der Shijô-dôri, östlich der Shinkyogoku, Tel. 221-2008.
- **Kagoshin,** Bambuskörbe und -vasen. Sanjô-dôri zwischen Higashi-oji und Kamo-gawa, Tel. 771-0209.
- **Miyawaki Baisen,** Fächer samt Ständer, seit 1823. In der Mitte von Nakagyo-ku, Tel. 221-0181.
- **Morita Wagami,** ausgezeichnete Auswahl an handgeschöpftem Japan-Papier, darunter auch Kissenhüllen, aus dem Papierherstellerdorf Kurodani im Norden Kyôtos. Adresse beim TIC zu erfragen, Tel. 341-0123.
- **Shoyeidô,** Weihrauch, z.B. *Horin Horikawa* oder *Kaze no Kaori,* zwölf unterschiedliche Weihrauchstäbchen, für jeden Monat eines. An der Karasuma-dôri, nördlich von Nijô, Tel. 231-2307.
- **Taruden,** hölzerne Behälter aus Sawara-(Zypressen-) holz. Nahe Daitoku-ji nördlich der Imadegawa, westlich von Omiya an der Rosanji-dôri, Tel. 431-3087.
- **Takiguchi,** guter Laden für modernes Porzellan. In der Gasse Gojô-zaka, Tel. 561-2668.

### Antiquitäten

In einer alten Stadt wie Kyôto gibt es viele Antiquitätengeschäfte. Traditionellerweise haben die alteingesessenen Läden ihren Sitz in der **Shin-monzen** und **Furu-monzen.** Jüngere Händler haben sich dagegen da niedergelassen, wo die Mieten erschwinglicher sind. Zur Orientierung reicht auf jeden Fall ein Gang in die beiden Straßen na-

Kyôto

he dem Gion-Viertel: Pontocho und Shijô-dôri.

Der Yen ist teuer, folglich sind die Preise hoch bis unerschwinglich. Aber ein Besuch von Antiquitätenläden ist in gewisser Weise besser als ein Museumsbesuch: Man darf die Dinge betasten, und die Händler geben bereitwillig Auskunft. Es gibt drei Hauptarten von Antiquitäten in Kyôto: buddhistische Kunst, Zubehör für die Teezeremonie und Gegenstände des Alltags. Alte, verstaubte kleine Läden erlauben sicher manchen Fund.

### Umgebung der Shin-monzen-dôri:

●**Kawasaki Bijutsu,** ausgezeichnete Auswahl an Wandschirmen *(byôbu)* und Kommoden *(tansu)*. Östliches Ende der Shin-monzen, 10-18 Uhr, So geschl., Tel. 541-8785.

●**Nakajima's,** gute Auswahl an allen drei Antiquitätenarten. Shin-monzen, östlich Hamikôji, 10-18 Uhr, Tel. 561-7771.

●**Renkodô,** berühmt für das blau-weiße Imari-Porzellan. Westliches Ende der Shin-monzen, 10-18 Uhr, Di geschl., Tel. 525-2121.

### Umgebung der Teramachi-dôri:

●**Daikichi,** alte Keramik. Ecke Teramachi/Nijo, 11-19 Uhr, Tel. 231-2446.

●**Sakai-san;** Tee- und andere Utensilien. Nordende der Teramachi, 8.30-18.30 Uhr, So geschl., Tel. 221-2785.

●**Tasuke,** von außen kaum als Laden erkennbar, oft geschl., eine Fundgrube für Schönes und Wertvolles. Ecke Teramachi/Ebisugawa, Tel. 231-1407.

●**Uruwashi-ya,** alte Lackwaren der Edo-, Meiji- und Taisho-Zeit. Ecke Nio-mon/Higashi-Oji, 11-18.30 Uhr, Mo geschl., Tel. 751-7897.

### Andere Gegenden:

●**Gallery K1,** gute Auswahl an Ishimatsu-Puppen, Imari-Porzellan, dazu Café mit Jazzmusik. Im Norden Kyôtos an der Muromachidôri, 150 m südlich der Kitaoji-dôri gelegen, 13-19 Uhr, Tel. 415-1477.

●**Hirooka Antiques,** sehr gute und große Auswahl an Imari-Porzellan, Bambuskörbe, Kommoden *(tansu)*; Fixpreise, die der Besitzer *Hirooka Soji* gern erklärt. Ostseite des Kamo-gawa, nahe der neuen Nishi-Kamobashi-Brücke, 10-18 Uhr, Mo, 1. und 4. So geschl., Tel. 721-4438.

### Flohmärkte:

●**1. So im Monat:** *Tôji Kottô-ichi* (Antiquitätenmarkt) im Tôji-Tempel

●**1./3. So im Monat:** *Thriftshop* im YWCA

●**2./4. So im Monat:** *Recycle-ichi* im Genkoji-Tempel

●**15. des Monats:** *Tezukuri-ichi* im Chionji-Tempel

●**21. des Monats:** *Kobo-ichi* im Tôji-Tempel; der Kobo-san-Markt existiert seit 600 Jahren, ist von 5 bis 17 Uhr geöffnet und nichts für Leute, die sich vor Gedränge fürchten: an guten Tagen wird er von rund 200.000 Menschen besucht.

●**25. des Monats:** *Tenjin-ichi* im Kitano-Temmangu-Schrein

## Essen

Die Küche Kyôtos ist die wahre Küche Japans. Die Tokyoter mögen anders denken, aber Kyôto ist nicht nur der Sitz der japanischen Seele und Herz der Kultur des Landes, sondern auch das der einheimischen Küche. Zwei Begriffe verbinden sich insbesondere mit Kyôto: **Kaiseki-ryôri,** die Küche des Hofes und der Teezeremonie sowie **Shojin-ryôri,** die vegetarische Tempelküche. Daneben gibt es auch die Hausmacherkost nach Kyôto-Art, **Obanzai** genannt. Hier einige Empfehlungen:

### Kaiseki und Obanzai

●**Kizukawa,** ¥/¥¥, traditionelle Alltagsküche Kyôtos, es gibt nur ein Menü, das täglich wechselt, mit biologisch angebautem Gemüse, für 1000 ¥; Reservierungen (auf Japanisch) vormittags notwenig, da nur Platz für 20 Gäste. Zur Küche der Chefin *Nishimura-san* gibt es ihr 1984 erschienenes Buch: „Lunch at Kizukawa in Kyôto" mit Farbfotos und Rezepten ihrer Gerichte. Westseite von Sakai-machi, knapp südlich der Oike-dôri, nur mittags geöffnet: 12-13 Uhr, So und F geschl., Tel. 211-2081.

● *Minokichi,* ¥¥, *Kaiseki-Bentô* zum Mitnehmen, 2200 ¥, bis 16 Uhr. 11.30-21/22 Uhr, Shijô-Karasuma Shop B1, Fukutoku Bldg.

## Obanzai

● *Mukadeya,* ¥¥, untergebracht in dem Haus eines Kimono-Händlers aus dem Ende des 19. Jahrhunderts, alte Kyôto-Atmosphäre, viele Antiquitäten, Küche in der Eleganz zwischen *kaiseki-ryôri* und *obanzai;* recht preiswert, Menüs 3000 ¥. Mi geschlossen, 381 Mukadeya-chô, Shin-machi, Nishi-agaru, Naka-gyo-ku (nahe Shijo-dôri), Tel. 256-7039.

● *Watatsune,* ¥¥, Obanzai-Lunchmenü bis 2000 ¥. 11-20 Uhr, Sa bis 15 Uhr, 2. Sa sowie So/F geschl. Watatsune Bldg. F1, Sanjô-agaru, Yanagi-no-bamba-dôri.

● *Yamaguchi-taitei,* ¥¥, Obanzai-Lunchmenüs bis 2000 ¥. 17-24 Uhr, So geschl., Kita (Nord), Higashiôji-Nishi-iru, Shijô.

## Shojin-ryôri

● *Ajiro,* ¥¥, kreative, nuancenreiche Tempelküche für Körper und Geist, Lunch 3000 ¥, Abendessen ab 6000 ¥, Reservierung notwendig. Nahe dem Südtor des großen Zen-Tempels.

● *Ikkyu,* ¥¥, 500 Jahre altes Lokal außerhalb des Daitoku-ji, benannt nach dem exzentrischen Abt *Ikkyu Zenji,* 7000 ¥ für *shojin-ryôri,* Reservierungen notwendig. 12-18 Uhr, Daitoku-ji Mon-mae, 20 Murasakino, Kita-ku, Tel. 493-0019.

● *Izusen,* ¥¥, beliebtes Lokal im Untertempel Daiji-in des Daitoku-ji, schnelle Bedienung, preiswert, Spezialität: *shojin teppatsu ryôri,* 2200-4800 ¥. 11-17 Uhr (Do früher geschl.), Daiji-in-nai, Daitoku-ji-chô, Murasakino, Kita-ku, Tel. 491-6665; Filiale: Surugaya Bldg., Kyôto-eki-mae, 11-16 Uhr, Do geschl.

● *Kaiho-ji,* ¥¥, Tempel-Lokal für *fucha-ryôri* (*shojin* im chinesischen Stil, mit Schweinefleisch und frittierten *umeboshi*), im Zen-Tempel der Obaku-Sekte, von den Mönchen zubereitet, *fucha-ryôri* ab 5000 ¥ (Reservierungen für Gruppen ab 4 Personen). 11-17 Uhr, Masamune 20, Momoyama-chô, Fushimi-ku, Tel. 611-1672.

● *Kôan,* ¥¥, Zen-Küche, nahe Nanzen-ji und dem Nomura-Kunstmuseum, ruhige Atmosphäre. 11-16 Uhr, Mi geschl., Tel. 771-2781.

● *Seiken-ji,* ¥¥, hier kocht die Frau des Abtes, natürliche Zutaten, alles selbst zubereitet, 3000 ¥, Reservierung notwendig. Nur mittags ab 12 Uhr, Suisha-chô 20, Kami-Takano, Sakyo-ku, Tel. 781-5027.

● *Sorin-an,* ¥¥, Sezialität: *yuba-ryôri* (Gerichte unter Verwendung von Sojamilchhaut), 5000-10.000 ¥. 11-16.30 Uhr, Sorin-ji, Higashino, Kuchi-chô 45, Kami-Katsura, Nishigyoku, Tel. 381-7384.

● Auch andere bekannte und unbekannte Tempel bieten vegetarische Kost an, z.B. **Nanzen-ji, Ryôan-ji, Tenryû-ji.**

## Shojin-ryôri zum Mitnehmen

● *Haginoya,* ¥/¥¥, im Bahnhof Kyôto, am besten telefonisch einen Tag vor der Ankunft oder Abreise reservieren, da sehr beliebt und schnell ausverkauft; eines der besten *eki-ben* (Lunchboxen, die an den Bahnhöfen erhältlich sind): *shojin ryôri bentô.* Higashi Shiokoji-chô 847, Higashi-no-toin, Shichi-jô sagaru, Shimogyo-ku, Tel. 361-1301.

## Andere Küchen

● *Bio-tei,* ¥¥, Naturkost, Lunchmenüs bis 2000 ¥. 12-14 und 17-20 Uhr, Mo/Di 12-14 Uhr, Sa 17-20 Uhr, So/F geschl., M&I Bldg. F2, Südwestl. Ecke Higashi-no-Toin/Sanjô.

● *Yoshikawa Tempura,* ¥¥, Lunch-Set 2000 ¥, Abendessen ab 6000 ¥. in der Tominokôji, südlich der Oike-dôri, Tel. 221-5544.

## Tee und Süßes

In der Stadt, in der die Teezeremonie entwickelt wurde, haben Süßigkeiten, die zum bitteren *matcha* (Tee der

Kyôto

Teezeremonie) gegessen werden, Tradition, sie heißen *kyôgashi*. Hier ein paar Empfehlungen:

● *Gion Manju,* Laden für Süßes, etwas östlich des Minami-za-Theaters an der Shijô-dôri, eine Spezialität sind die weichen *nikki-mochi*.
● *Kagizen,* traditionelle Atmosphäre, am besten sitzt man am Fenster. 9.30-17.45, Mo geschl., westlich des Yasaka-Schreins an der Shijô-dôri, Tel. 525-1818.
● *Shioyoshiken,* frühere Hoflieferanten, jahreszeitliche Süßigkeiten, z.B. Bohnenkuchen *juraku-dai-manju*, Puderzucker *kogo-higashi*. An der Kuromon-dôri, drei Blocks westlich der Horikawa-dôri, einen halben Block nördlich der Nakadachiuri-dôri im Nishijin-Viertel, Tel. 441-0803.
● *Yuan,* 1. Stock des *Surugaya* in der Sanjo-dôri, 11.30-19.30 Uhr, Tel. 221-1447.

## Verkehrsmittel

● *U-Bahn:* Nord-Süd-Linie *Karasuma* von Kyoto Station bis Takeda, Fahrpreis 180 ¥
● *Tageskarten: Municipal Bus* 600 ¥, *Municipal/Kyoto Bus* und *Municipal Subway* (U-Bahn) 1050 ¥, Kinder 530 ¥, 2-Tageskarte 2000 ¥, Kinder 1000 ¥
● *Taxi:* 470-480 ¥ für die ersten 2 km
● *Sightseeing Taxi* für bis zu 4 Fahrgästen: 3000-5000 ¥ pro Std.; größeres Taxi für bis zu fünf Fahrgästen 3900-6200 ¥. Vorherige Reservierung möglich.

## Stadtrundfahrten

● *Japan Travel Bureau (JTB)* bietet folgende Touren an: Vormittagstour 5.000 ¥, Nachmittagstour 5.200 ¥, Kyôto-Tagestour mit Lunch 10.800 ¥, Kyôto & Nara-Tagestour mit Lunch 11.700 ¥, Kyôto bei Nacht mit Abendessen (Di, Do, Sa) 10.000 ¥. Reservierung in Hotels oder im *JTB Kansai Sunrise Center*, Mo-Sa 10-18 Uhr, Tel. 342-1413.

## Gartentouren

Wer sich insbesondere für Tempelgärten interessiert, kann spezielle Gartentouren per Bus bei *Keihan Bus Co.* (Tel. 672-2100) buchen:

● *F Course:* Kyôto Station (Hauptbahnhof) – Tenryûji – Ryôanji – Datokuji – Daisen-in – Myoshinji-Taizo-in – Kyôto Station. Abfahrt 9.30 Uhr, Dauer 5½ Std., 7750 ¥ incl. japanischem Mittagessen.
● *J-Course:* Kyôto Station – Hakusasonso – Konchi-in – Nanzenji – Shoren-in – Daigo Sambo-in – Kaiyuji – Kyôto Station. Abfahrt 10 Uhr, Dauer 6 Std., 800 ¥ incl. japanischem Mittagessen.
● *R-Course:* Kyôto Station – Tenryuji – Ryoanji – Zuiho-in – Kyôto Station. Abfahrt 14 Uhr, Dauer 3½ Std., 4050 ¥.

## Nützliche Adressen

● *Japan National Tourist Organization (JN-TO),* Kyôto Tower Bldg., Higashi-Shikoji-chô, Shimogyo-ku, Kyôto 600, werktags 9-17, Sa 9-12 Uhr, Tel. 371-5649.
● *Japan Travel Phone,* Tel. 371-5649 (10 ¥ für je 3 Min.), außerhalb Kyôtos in West-Japan: Tel. 0088-22-4800 (kostenlos).
● *Urasenke Foundation,* Informationen über die Tradition der Teezeremonie der Urasenke-Schule. Ogawa-dori, Tera-no-uchi agaru, Kamikyo-ku, Tel. 431-3111.

## Anreise

### Von Tokyo

Man erreicht Kyôto von Tokyo aus am besten und bequemsten mit dem *Tôkaidô-Shinkansen* (Expresszug). Wer im Besitz eines JR-Passes ist, kann allerdings den neuesten, schnellen *Nozomi* (2 Std. 15 Min., 13.920 ¥) nicht benutzen, sondern nur den *Kodama*, der zwischen Tokyo und Kyôto 13 Mal hält, oder den *Hikari*, der 1-4 Mal hält (2 Std. 40 Min., 12.970 ¥). Wer 1. Klas-

Tempelgarten

se *(Green Car)* fährt, muß einen Zuschlag von ca. 5000 ¥ zahlen. Reservierung (500 ¥) empfiehlt sich, aber jeder Zug hat auch Wagen ohne reservierte Sitze. Die Züge fahren etwa zwischen 6 und 21 Uhr.

### Vom Kansai International Airport (Kansai Kûkô) bei Osaka

● *JR-Express Haruka* alle 30 Min., normaler Preis 3430 ¥, Reservierung notwendig; Zug hält in Shin-Ôsaka und Tennôji.
● *Schnellzug Kanku Kaisoku* bis Bahnhof Kyobashi, 1140 ¥, 75 Min.; Zug hält in Hineno, Tennoji, Osaka.

## Unterkunft

(Vorwahl: 075, PLZ Kyôto: 600)

### Klassische Ryokans

Zum Geist der Stadt paßt eine Übernachtung im Ryokan, zu bekommen ab 12.000 ¥ incl. Abendessen und Frühstück. Preise im Folgenden pro Person im Doppelzimmer. Einzelheiten stehen im Katalog „Japan Ryokan Guide", kostenlos im TIC erhältlich.
● *Tawaraya Ryokan,* ¥¥¥, die absolute Spitzenherberge, in der schon manche Berühmtheit genächtigt hat, ein 300 Jahre altes Traum-Ryokan für die, die das nötige Geld übrig haben oder sich ein einmaliges Erlebnis gönnen möchten: Hier ist das Japan der romantisch verklärten Bildbände noch in Reinform erhalten. 40.250-70.000 ¥ pro Pers. inkl. hervorragendem Abendessen und Frühstück. Fuyachô, Oike-sagaru, Tel. 211-5566, Fax -2204.
● *Hatoya Zuihokaku,* ¥¥, ab 16.000 ¥, Hauptsaison 20.000 ¥, 5 Min. vom Bahnhof, Tel. 662-1230, Fax 341-4980.

Kyôto

### Einfache Ryokans

Für Ausländer empfehlenswert sind die kleineren, einfacheren, aber dafür auch zehnmal preiswerteren Ryokans der *Japanese Inn Group*, zu der fast 80 Ryokans im Lande gehören. Allen gemeinsam ist, daß man hier mit Englisch „durchkommt", **als Ausländer besonders willkommen** ist und daß die Mahlzeiten nicht unbedingt inbegriffen sind bzw. getrennt berechnet werden, auch gibt es häufig wahlweise westliches oder japanisches Frühstück. Diese Herbergen überleben z.t. nur dank der Ausländer, weil die Japaner heute lieber in Businesshotels absteigen. Rund zehn der Ryokans in Kyôto können zu Fuß bzw. mit Bus in wenigen Minuten vom Bahnhof aus erreicht werden, die restlichen liegen in touristisch interessanten Gegenden. Ein **Katalog** ist beim TIC kostenlos erhältlich, mit Anmeldeformular, das man z.B. kopieren und zur Anmeldung an die gewünschten Ryokans faxen kann. Darin stehen auch die genauen Adressen.

**Abkürzungen:** F = Frühstück, j = japanisch, w = westlich, A = Abendessen, mB = eigenes Bad (normalerweise haben die Ryokans Gemeinschaftsbad). Die **Preise** gelten pro Person, ab zwei Personen im Zimmer ist es gelegentlich etwas billiger.

● **Matsubara Ryokan,** 8 Min. nördlich Kyôto Station, vor dem Nishi-Honganji, ruhig gelegen. 4300 ¥, jF 1000, A 3500 ¥; Tel. 351-4268/3727, Fax 351-3505.

● **Pension Station Kyôto,** neues, ruhiges Haus, 7 Min. nördlich Kyôto Station, an der Westseite des Higashi Hongan-ji, Zimmer im japanischen und westlichen Stil. 4200 ¥, westl. Doppelzimmer mB 10.000 ¥, wF 800, A 2000; Tel. 882-6200, Fax 862-0802.

● **Ryokan Kyôka,** 8 Min. nordöstlich Kyôto Station, östlich des Higashi Hongan-ji. 4000/4500 ¥, jF 1000-1500, wF 350-700, A 4000-5500 ¥; Tel. /Fax 371-2709.

● **Ryokan Murakamiya,** 7 Min. nordöstlich JR Kyôto Station, östlich des Higashi Hongan-ji, 4000 ¥, jF 1000 ¥; Tel. 371-1260, Fax 371-7161.

● **Ryokan Hiraiwa/Annex Hiraiwa,** ruhiges, traditionelles Ryokan, 12 Min. nordöstl. Kyôto Station (Busse 17, 42 oder 205). 3700-4500 ¥, wF 300-700, jF 1000 ¥, Tel. 351-6748, Fax 351-6969.

● **Ryokan Ohto,** neues Ryokan nahe Sanjusangendo-Tempel. 3700-4500 ¥, mB 5500 ¥, wF ab 300, jF 700-1000, A ab 1500 ¥, Tel. 541- 7803, Fax 561-9751.

● **Ryokan Hinomoto,** nahe Stadtmitte und Vergnügungsviertel. 3500- 4000 ¥, wF 300, jF 1000 ¥, Tel. 351-4563, Fax 351-3932.

● **Ryokan Seiki,** ruhiges, traditionelles Ryokan nahe Kiyomizu-Tempel, 15 Min. mit Bus ab Bahnhof. 3600-4500 ¥, wF 300 ¥, jF 1000 ¥, A 1000/2000 ¥, Tel. 551-4911, Fax 551-9251.

● **Ryokan Mishima,** zwischen Sanjûsangendô und Kiyomizu-Tempel, man kann sich im Schreingewand fotografieren lassen. 4500 ¥, Tel. 551-0033, Fax 551-9768.

● **Pension Higashiyama,** günstig gelegen für Tempelbesichtigungen am Ostrand Kyôtos, auch nahe Gion-Viertel, 18 Min. mit Bus ab Bahnhof. 4200 ¥, westl. Doppelzimmer mB 10.000 ¥, wF 800 ¥, A 2000 ¥, Tel. 882-1181, Fax 862-0820.

● **Ryokan Rakucho,** ruhiges, traditionelles Ryokan mit schönem Garten, günstig für Besichtigungen im Norden Kyôtos, 10 Min. mit Bus zur *Kyôto International Conference Hall.* 4500 ¥, Tel. 721-2174, Fax 791-7202.

● **Pension Arashiyama,** neue, ruhige Pension, günstige Lage im Westen Kyôtos, z.B. Arashiyama, Eiga-mura, 30 Min. mit Bus ab Bahnhof. 4200 ¥, westl. Doppelzimmer 10.000 ¥, wF 800 ¥, A 2000 ¥, Tel. 881-2294, Fax 862-0820.

### Hotels

EZ = Einzelzimmer, DZ = Doppelzimmer, genaue Adressen dem Katalog „Hotels in Japan" entnehmen, kostenlos erhältlich im TIC.

● **Miyako Hotel,** ¥¥, sehr schön am östlichen Stadtrand gelegen, lange „das" Hotel in Kyôto, recht preiswerte Zimmer vorhanden, immer noch sehr empfehlenswert. EZ 10-15.000 ¥, DZ 19.000-60.000 ¥, Tel. 771-7111, Fax 751-2490.

● **Kyôto Tower Hotel,** ¥/¥¥, direkt gegenüber dem Bahnhof. EZ 7300-10.500 ¥, DZ 12.000-23.000, Tel. 361-3211, Fax 343-5645.

● **Hotel Keihan Kyôto,** ¥/¥¥, gegenüber dem Bahnhof. EZ 7600-8700 ¥, DZ 14.200-16.800 ¥, Tel. 661-0321, Fax 661-0987.

●*Hotel Sanoya,* ¥¥, ab 11.500, Hauptsaison 14.000 ¥, 4 Min. vom Bahnhof, Tel. 371-2185, Fax 371-3457.

## Jugendherbergen

●*Higashiyama Youth Hostel,* ¥, 112, Shirakawabashi-Goken-chô, Sanjô-dôri (Bus bis Higashiyama-Sanjô, 3 Min.) Tel. 761-8135, Fax -8138.
●*Utano Youth Hostel,* ¥, 29 Uzumasa-Nokayama-chô (Bus bis Utano Y.H.-mae), Tel. 462-2288, Fax -2289.

# Sehenswertes auf der Fahrt von Kyôto nach Nara

Unterwegs nach Nara mit der JR-Nara-Linie gibt es einige Sehenswürdigkeiten, die bei genügend Zeit, von den jeweiligen Bahnhöfen aus, „mitgenommen" werden können.

## Tôfukuji-Tempel

Nicht weit südöstlich des Bahnhofs Kyôto (1. Station nach Kyôto Station: Tôfukuji) steht am Stadtrand der Tôfuku-ji, ein 1236 gegründeter Zen-Tempel der Rinzai-Sekte, einer der fünf wichtigsten Zen-Tempel in Kyôto. Sehenswert ist das große *Tor San-mon,* das älteste Zen-Tor in Japan. Zu den Attraktionen gehören auch eine *Toilette (tosu)* und ein *Badezimmer (yokushitsu)* aus dem *14. Jahrhundert,* sowie der zwar noch vergleichsweise junge, aber reizvolle Garten, der 1938 angelegt wurde.

●*Geöffnet* 9-16 Uhr, Eintritt 300 ¥ für den Haupttempel, zusätzlich für Nebentempel, auch erreichbar mit Bus 208 ab Kyôto Station.

## Fushimi-Inari-Schrein

Ein Stück weiter entfernt im Südosten (2. Station ab Kyôto Station: Inari) steht der Fushimi-Inari-Schrein aus dem 8. Jahrhundert mit seinen mehr als zehntausend gestifteten roten *torii,* die hinter dem Schrein auf dem Inari-Hügel einen Tunnel bilden. Früher versprach man sich dort Segen für die Landwirtschaft, heute ist es allgemeines Business, entsprechend lebhaft geht es im Schrein zu. Die zahlreichen gestifteten *Fuchsstatuen* repräsentieren *Inari,* den Götterboten, der in Menschengestalt schlüpfen kann. Am 1. und 8. April gibt es Schreinfeste.

## Daigo-ji-Tempel

Lohnend ist ein Besuch des Daigo-ji, der am südöstlichen Stadtrand Kyôtos liegt (4. Station nach Kyôto Station: Rokujizô, von dort ca. 3 km in nordöstlicher Richtung zum Stadtteil Daigo). Er stammt aus dem 9. Jh. und weist eine 951 errichtete Pagode auf, das älteste Gebäude Kyôtos (in Nara gibt es jedoch mehrere weit ältere).

## Byôdô-in-Tempel

Der berühmte Tempel Byôdô-in befindet sich östlich des Bahnhofs am Uji-Fluß (7. Station nach Kyôto Station: Uji). Der aus dem 11. Jahrhundert stammende Byôdô-in mit der berühmten Phönixhalle, die auf den 10-Yen-Münzen abgebildet ist, war einst eine Villa der mächtigen *Fujiwara*-Familie. Der Tempel liegt im Teebezirk von Uji (aus Uji kommt angeblich der beste Tee Japans). Innen gibt es schöne Malereien.

●*Geöffnet:* 8.30-17 Uhr, Eintritt 400 ¥.

Kyôto

## Nara

Dieses Städtchen, das im Jahre 710 unter der Kaiserin *Gemmyô* nach dem Vorbild von Chang-an, der chinesischen Hauptstadt der Tang-Dynastie, rechteckig angelegt wurde, diente nur gerade mal 75 Jahre als Hauptstadt Japans, war aber immerhin die erste dauerhafte – davor wechselte man die Hauptstadt mit jedem neuen Kaiser.

Diese Zeit war eine bedeutende Phase in der Entwicklung japanischer Kultur und Zivilisation, weil damals die hochentwickelte Tang-Dynastie einen großen Einfluß auf Japan auszuüben vermochte. Auch etablierte sich in der Nara-Zeit der Buddhismus als nationale Religion. Weil sie aber so schnell wieder an Bedeutung verlor, entging sie wohl auch den Phasen der Zerstörung, unter denen die Nachfolgerin Kyôto immer wieder zu leiden hatte. Und so kommt es, daß aus jener Zeit noch manche Gebäude erhalten sind, darunter mehrere der **ältesten hölzernen Bauwerke der Welt.**

| | | |
|---|---|---|
| ▲ | 1 | Yakushiji-Tempel |
| ▲ | 2 | Tōshōdai-ji-Tempel |
| ★ | 3 | Mausoleum |
| ★ | 4 | Mausoleum |
| ★ | 5 | Mausoleum |
| 🛏 | 6 | Nara-Jugendherberge |
| ▲ | 7 | Daibutsuden Halle |
| | | Todaiji-Tempel |
| ❶ | 8 | Nara City Tourist Center |
| 🏨 | 9 | Nara Hotel |
| ▲ | 10 | Kofukuji-Tempel |
| ★ | 11 | Nara-ken New Public Hall |
| Ⓜ | 12 | Nara National Museum |
| ▲ | 13 | Kasuka-Taisha-Schrein |
| ★ | 14 | Sangetsu-dō-Halle |
| ★ | 15 | Nigatsu-dō-Halle |

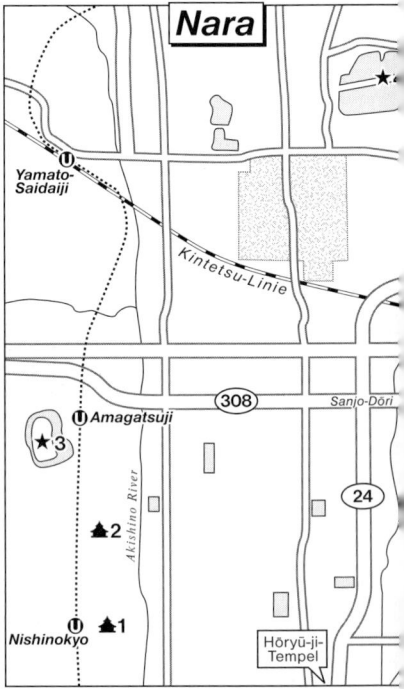

## Information und Führungen

Sowohl das TIC in Kyôto als auch das **Nara City Tourist Center** an der Sanjo-dôri sind mit Informationsmaterial sehr gut ausgestattet. Wer sich von freiwilligen Guides (meist Studenten, die auf diese Weise ihre Fremdsprachen-kenntnisse erweitern) führen lassen möchte, kann sich an die *Goodwill Guides* (Tel. 0742-22-3900), *Student Guides* (Tel. -26-4753) bzw. *YMCA Guides* (Tel. -27-4858) wenden. Der Service ist kostenlos, aber man sollte die den Guides entstehenden Ausgaben möglichst übernehmen.

## Die wichtigsten Sehenswürdigkeiten

Für einen Tagesausflug von Kyôto aus beschränkt man sich am besten auf einige der im Nara-Park stehenden Tempel und sieht sich zusätzlich den Hôryû-ji an, vielleicht auch noch Tôshôdai-ji mit Yakushi-ji, die mit dem Bus erreichbar sind.

### Nara-Park

Der Nara-Park zu Füßen der Hügel Wakakusa-yama und Kasuga-yama wird von weit über tausend zahmen,

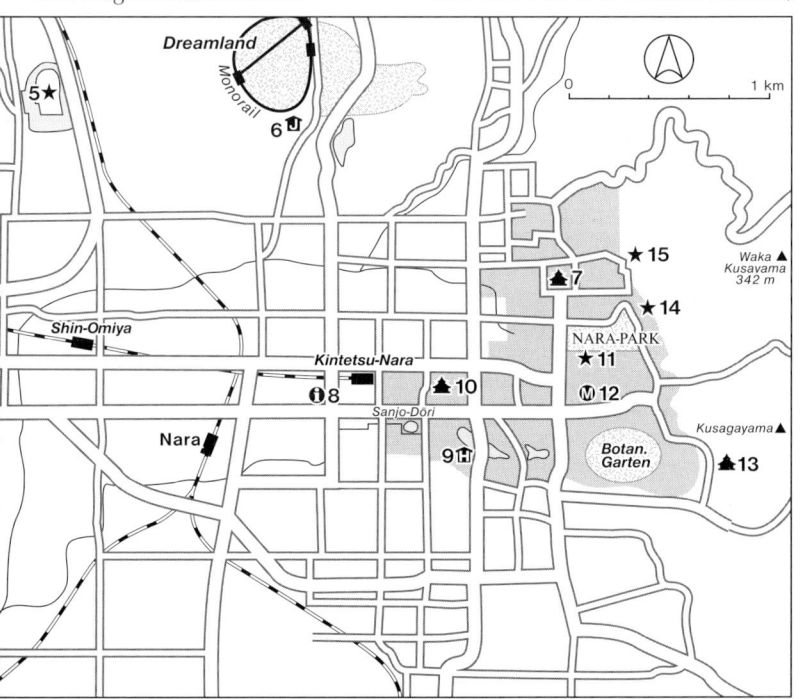

nicht selten gar zudringlichen **Rehen** bevölkert.

Das wichtigste Ziel ist der **Tôdai-ji-Tempel** mit der größten Holzhalle der Welt (zwei Drittel der Originalgröße), die einen **16 m hohen Bronzebuddha** (ebenfalls zwei Drittel der ursprünglichen Höhe) beherbergt. Der im Jahre 746 gegossene Buddha wirkt düsterer und weniger elegant als der von Kamakura, doch eindrucksvoll ist er schon. Das Holzgebäude stammt von 1709, ist also vergleichsweise neu.

Wer den Tempel in Ruhe erleben will, sollte gleich nach der Öffnung (gegen 8 Uhr) oder vor der Schließung (vor 17 Uhr) hingehen, ehe die munteren Scharen der Schulklassen aus ganz Japan auftauchen, was freilich für sich gesehen auch ganz lustig ist.

Das älteste erhaltene Gebäude des Tempelbezirks ist die Halle des **Sangetsu-dô** mit schönen Holzplastiken der Nara-Zeit. Sie liegt etwas oberhalb der Buddhahalle *(Daibutsu-den)*. Die nördlich davon stehende Halle des **Nigatsu-dô** bietet vor allem am Spätnachmittag einen sehr schönen Blick über das Becken von Nara (kostenlos).

Ein gern besuchter Schrein ist der ebenfalls am Berghang des Kasuga-yama gelegene **Kasuga-Taisha** mit seinen vielen Bronzelaternen. Er stammt aus dem 8. Jahrhundert und wurde von der mächtigen *Fujiwara*-Familie errichtet. Bis ins letzte Jahrhundert wurde er alle zwanzig Jahre abgerissen und neu errichtet – wie der berühmteste Schrein Japans, der von **Ise,** das nicht weit von Nara entfernt liegt.

## Hôryû-ji-Tempel

Gemeinsam mit dem Großen Nara-Buddha ist der etwas südlich des Zentrums gelegene Hôryû-ji der am meisten besichtigte Tempel von Nara. Er stammt aus dem Jahre 607 und wurde von Prinz Shôtoku gegründet. Einige Gebäude haben aus dieser Zeit überlebt und sind damit die ältesten Holzgebäude der Welt. Berühmt ist der Tempel außerdem für seine großartigen Kunstschätze aus dem 7. Jahrhundert (8-16.30 Uhr, 700 ¥).

● **Anfahrt:** mit den Bussen 52 und 97

## Weitere Tempel

Unterwegs zwischen diesem Tempel und Nara liegen die beiden sehenswerten Tempel **Yakushi-ji,** 680 gegründet von Kaiser *Temmu,* mit interessanter Pagode, und **Tôshôdai-ji,** der 759 vom chinesischen Priester *Ganjin* gegründet wurde.

● **Anfahrt:** mit den Bussen 52 und 97

## Feste in Nara

**15. Januar:** *Yamayaki,* Abbrennen des Grases auf dem Wakakusa-yama um 18 Uhr, zu sehen vom Nara-Park aus
**2.-4. Februar:** *Mantôrô,* Laternenfest, mehr als 3000 Laternen im Kasuga-Schrein
**1.-14. März:** *O-mizu-tori,* Initiationsfest für die Mönche des Tôdai-ji
**13. März:** *Kasuga Matsuri,* altes Fest mit klassischen Tänzen und Kostümen
**11.-12. Mai:** *Takigi Nô,* Nô-Aufführung im Fackelschein im Kofuku-ji und Kasuga-Schrein
**14.-15. August:** *Mantôrô* (wie im Februar)
**Oktober:** *Shika-no-Tsuno-kiri,* Zeremonie des Geweihabschneidens, die Böcke werden zusammengetrieben und die Geweihe abgeschnitten

**15.-18. Dezember:** *On-matsuri,* klassisches Fest und Rituale zur Abwehr von Krankheiten und für gute Ernte, im Wakamiya-jinja

# Einkaufen

●**Einkaufsstraßen:** Sanjô-dôri, Higashi-Mukô-dôri, Moichidono Center-dôri
●**Flohmarkt:** 1. So des Monats vor dem JR-Bahnhof Nara.

# Verkehrsmittel

●Es existieren gute **Busverbindungen** zwischen den Sehenswürdigkeiten, meist auch mit englischen Ansagen vom Band. Natürlich lassen sich die wichtigsten Sehenswürdigkeiten im Bereich des Nara-Parks zu Fuß erreichen. Notfalls helfen die beiden Buslinien 1 (entgegen Uhrzeigersinn) und 2 (im Uhrzeigersinn).
●**Fahrradverleih:** nahe dem Nara City Tourist Center im *Rent-a-Cycle Centre,* Tel. 24-3528. Ca. 800 ¥ für 4 Std. Nara ist recht gut geeignet, mit dem Fahrrad „erfahren" zu werden.

# Anreise

## Von Kyôto

●Mit der **Kintetsu-Linie** in 33 Min. (*tokkyû,* ca. 1000 ¥) oder in 45 Min. mit einmaligem Umsteigen in Yamato-Saidaiji für 590 ¥ zum Bahnhof Kintetsu Nara.
●Mit der **JR-Nara-Linie** geht es direkt in einer Stunde für ca. 680 ¥ zum JR-Bahnhof Nara, günstig für Reisende mit Japan Rail Pass, die dann nichts extra bezahlen müssen.

## Von Osaka

●Mit der **Kintetsu-Nara-Linie** in 30 Min. für ca. 900 ¥ (tokkyû) oder mit dem normalen Zug in 40 Min. für ca. 530 ¥ ab Bahnhof Kintetsu Namba.
●Die **JR-Kansai-Linie** verbindet den Bahnhof Tennô-ji mit dem JR-Bahnhof Nara in 40 Min. für 760 ¥. Günstig für einen Zwischenstop am Tempelkomplex Hôryu-ji.

# Unterkunft

(Vorwahl: 0742)

●**Hakushikasô,** ¥¥, Ryokan, 10-15.000 ¥, 4 Hanashibachô (Kintetsu Nara, 2 Min.), Tel. 22-5466, Fax 26-8002.
●**Nara Miyako,** ¥/¥¥, bis 10.000 ¥, 1-1 Aburazaka-Chihochô ( JR Nara), Tel. 23-5544, Fax 26-7301.
●**Koto,** ¥, Ryokan, ca. 6000 ¥ pro Person. 28 Higashi-Terabayashichô (Kintetsu Nara, 10 Min.), Tel. 24-5555, Fax 22-1888.
●Es gibt zahlreiche **Tempel,** die Übernachtung gegen „Spende" *(shuku-bô)* anbieten. Empfehlenswert ist der am Südrand des Nara-Parks ruhig gelegene Tempel Shin-Yakushi-ji, Tel. 26-2662, ca. 5000 ¥.

## Jugendherbergen

●**Seishonen Kaikan,** nahe dem Vergnügungspark *Nara Dream Land,* zu Fuß etwa eine halbe Stunde nördlich vom Zentrum gelegen; ca. 2000 ¥, Tel. 22-5540. Mit dem Bus 21 (Richtung Dreamland Minami-guchi) bei „Sahoyama-mae" aussteigen bzw. von Kintatsu Nara Station mit Bus bis Konoike, 5 Min.
●**Nara Youth Hostel,** offizielle Jugendherberge (Ausweis notwendig), ca. 2200 ¥, Tel. 22-1334. Unweit der ersten Jugendherberge nahe dem Teich Kono-ike gelegen, vorherige Buchungen wegen Schulklassen notwendig. Von Kintetsu Nara Station mit Bus bis Haltestelle Shiei-Kyûjo-mae.

Nara

Tôshôdai-ji-Tempel

# Anhang

# Glossar

●**Amaterasu-ômikami:** Sonnengöttin im Schintoismus, höchste Gottheit des japanischen mythologischen Pantheons; Urahnin der japanischen Kaiser

●**Amida** (sanskrit *Amitabha*): Name des Buddhas des buddhistischen westlichen Paradieses, in das Gläubige nach ihrem Tod einzuziehen glauben

●**Bashô, Matsuo:** bedeutendster Haiku-Dichter (1644-94), hinterließ zahllose Kurzgedichte, die charakteristisch für ihre Ruhe *(wabi)* und elegante Schlichtheit *(sabi)* sind. Am bekanntesten ist der Reisebericht über seine Reise nach Nord-Honshû von März bis September 1689, „Ôku no Hosomichi".

●**Benten** (sanskrit *Sarasvati*): einzige weibliche Gottheit unter den sieben Glücksgöttern *(shichi-fukujin)*, üblicherweise mit Laute dargestellt, Göttin der Musik und Künste

●**Bodhisattva** (jap. *Bosatsu*): buddhistische Gottheiten, die auf das Eingehen ins Nirvana verzichten, um andere zu erretten. Sie stehen im Rang unmittelbar unter Buddha. Berühmteste Bodhisattvas: *Maitreya* (jap. *Miroku-bosatsu* = der Buddha der Zukunft), *Manjusri* (jap. *Monju-bosatsu* = Verkörperung der Weisheit), *Ksitigarbha* (jap. *Jizô-bosatsu* = Beschützer der Kinder und Reisenden).

●**Bunraku:** kunstvolles, aus Osaka stammendes Puppentheater, besonders beliebt in der Edo-Zeit. Jede Puppe wird von drei Spielern bedient, Musikbegleitung durch *Shamisen*.

●**Daimyo:** Lehnsfürsten bis zum Ende der Edo-Zeit

●**Dainichi-nyôrai** (sanskrit *Mahâvairocana*): höchste Manifestation des Buddha unter den Anhängern des esoterischen Buddhismus, der Name bedeutet „Großes Licht".

●**Fudô-myô'ô:** grimmige Manifestation des Dainichi-nyôrai, soll alles Übel vertreiben, dargestellt mit Flammenkranz und Schwert in der rechten Hand.

●**Gagaku:** alte Hofmusik, die die altertümliche *Kagura*-Musik mit neuerer Stimmbegleitung verbindet, beeinflußt von der chinesischen Musik der Tangdynastie und von Korea. Gagaku wird in Schreinen u.a. bei Festen und Hochzeiten aufgeführt.

●**Genji:** Clan der Familie *Minamoto*, die in der Heian-Zeit zu Bedeutung gelangte und sich einen erbitterten Machtkampf gegen den Clan der *Heike* bis zu dessen Zerstörung lieferte. Daraufhin gründete *Minamoto-no-Yoritomo* (1147-99) im Jahre 1185 das Kamakura-Shogunat, das drei Generationen später von den Regenten der *Hôjô* fortgesetzt wurde.

●**Genji Monogatari:** epischer Roman von *Murasaki Shikibu* (973-1014) über das luxuriöse höfische Leben des Prinzen *Hikaru Genji* und der ihn umgebenden Frauen in der Heian-Zeit; erster psychologischer Roman der Weltliteratur

●**Hagoita:** japanisches Federballspiel mit hölzernem Schläger in Form eines langgezogenen Trapezes; wurde vor allem von Mädchen zu Neujahr gespielt; gehört heute mit reicher Verzierung zum Neujahrsschmuck.

●**Hanamichi** (dt. „Blumenpfad"): Rampe für *Kabuki*-Schauspieler durch den Zuschauerraum zur Bühne

●**Heike:** Clan der Familie *Taira*; Blütezeit am Ende der Heian-Zeit. Der Clan wurde in der Seeschlacht von Dan-no-ura von den *Genji* vernichtend geschlagen und ins japanische Hinterland verstreut.

●**Hiroshige Andô:** einer der bedeutendsten Meister des jap. Holzschnitts *(ukiyo-e)* der ausgehenden Edo-Zeit (1797-1858), berühmt für seine Landschaftsserien der „53 Stationen des Tôkaidô" und der „100 Ansichten von Edo".

●**Hoke-kyô** (sanskrit *Saddharmapundarika Sutra*): Lotus-Sutra, eine der Grundlagen des Mahayana-Buddhismus

●**Hokusai Katsushika:** der vielleicht bedeutendste Meister (1760-1849) des japanischen Holzschnitts *(ukiyo-e)*, berühmt für seinen expressionistischen und kreativen Stil. Am bekanntesten sind seine „36 Ansichten des Fuji".

●**Ikebana:** Traditionelle Kunst des Blumensteckens

●**Inari:** Gott der Ernte, vor allem der Reisernte; meist durch seinen Boten, den Fuchs, dargestellt. Inari-Schreine sind häufig gekennzeichnet durch lange Tunnel von gestifteten roten *Torii*.

●**Jizô** (sanskrit *Ksitigarbha*): Schutzgottheit der Kinder und Reisenden, einer der beliebtesten Bodhisattvas. Dargestellt meist mit rotem Lätzchen (als symbolischem Kälteschutz) sowie Juwel in der einen und Stab in der anderen Hand. Da in Japan bereitwillig abgetrieben wird, werden viele Jizô-Statuen für die Seelen der Ungeborenen errichtet.

● **Jôdo-Sekte:** buddhistische Sekte, gegründet von *Hônen* (1133-1212) in Kyôto. Der Kern seiner Lehre war, daß Gläubige sich durch Gebete und Mantren der Gnade Buddhas anvertrauen und nach dem Tod einen Platz im Paradies des *Amida Buddha* einnehmen können.

● **Jôdo-shinshû-Sekte:** buddhistische Sekte, gegründet von *Shinran* (1173-1262) in der frühen Kamakura-Zeit als Ableger der Jôdo-Sekte. Die Lehre wurde durch Shinran weiter vereinfacht, indem lediglich aus ganzem Herzen das Gebet *Namu Amidabutsu (Nembutsu)* rezitiert zu werden braucht.

● **Happi-Coat:** kimonoartige kurze Jacke für traditionelle Feste *(matsuri)*

● **Kabuki:** klassisches japanisches Theater der Edo-Zeit, ursprünglich von Frauen, die zugleich Prostituierte waren, gespielt, dann von jungen Männern; von den prüden Shogunen der Tokugawa-Zeit verboten. Schließlich übernamen erwachsene Männer alle Rollen. Wegen dem theatralischen Auftreten der Schauspieler bis heute beliebt; es gibt Stücke mit historischem Hintergrund, Geschichten der einfachen Leute und Tanzdramen.

● **Kannon** (sanskrit *Avalokiteshvara*): Göttin der Barmherzigkeit, erfüllt auf Anrufen sofort die Wünsche der Gläubigen, wandelt ihr Äußeres nach deren Bedarf.

● **Kanô Tan'yû:** bedeutendster Maler der Edo-Zeit (1602-74), Beründer der *Kanô*-Malschule. Berühmte Werke sind die Malereien auf den Schiebetüren des Nijô-Schlosses in Kyôto.

● **Kokinwakashu:** mehr als 1000 Gedichte vom *Waka*-Typ, die auf Veranlassung des Kaisers *Daigo* (885-930) von berühmten Dichtern der Heian-Zeit gesammelt wurden.

● **Kûkai** (auch *Kôbô Daishi* genannt): Gründer der esoterischen Shingon-Sekte (774-835), und des Tempels Kongôbu-ji auf dem Bergplateau von Koya sowie des Tô-ji-Tempels in Kyôto. Im Alter von 62 Jahren trat der populäre und einflußreiche Priester ins Nirvana ein.

● **Manyôshû:** älteste Gedichtesammlung Japans, etwa 4500 Gedichte vom *Waka*-Typ, die von Freud und Leid des Lebens in der Nara-Zeit (8. Jahrhundert) berichten.

● **Matsuri:** Schrein- oder Tempelfeste

● **Nakamise:** von Geschäften gesäumte Gasse, die auf einen Tempel zuführt, am bekanntesten ist die am Asakusa-Kannon-Tempel.

● **Natsume, Sôseki:** einer der bekanntesten japanischen Schriftsteller der Neuzeit (1867-1916), Dozent an der Tokyo University, sein erstes Werk, „Ich bin eine Katze", ist sein beliebtestes.

● **Netsuke:** kleine verzierte Verschlüsse in Form von Menschen oder Tieren aus Elfenbein, Bambus, Holz oder Korallen.

● **Nichiren-Sekte:** durch den fanatischen *Nichiren* (1222-82) gegründete buddhistische Sekte. Grundlage seiner Lehre ist die Lotos-Sutra *(hoke-kyô)*; Ziel war ein buddhistisches Paradies auf Erden. Er wurde verfolgt, weil er Buddha über die weltlichen Herrscher stellte.

● **Nô:** altertümliches Schauspiel, bei dem die Schauspieler Masken tragen und in eigentümlicher Weise ihre Texte rezitieren. Entstanden in der Kamakura-Zeit; durch *Zeami* in der Muromachi-Zeit zur endgültigen Fassung vervollkommnet.

● **O-bon:** buddhistisches Allerseelenfest zwischen Mitte Juli und Mitte August, je nach Region; beliebt sind die *Bon-odori* (Tänze) an lauen Sommerabenden.

● **Rakugo:** komische Geschichten, durch ein-Mann-Darsteller vorgetragen. In Tokyo lebt die Tradition noch in Ueno fort.

● **Rinzai-Sekte:** die größte Zen-Sekte in Japan; im China der Tang-Dynastie gegründet. Charakteristisch ist die Meditation über *Kôan*-Paradoxe, logisch nicht lösbare Rätsel.

● **Rokujizô** (wörtl. „sechs Jizô"): helfen den Seelen in jeder der sechs Welten auf dem Weg ins Nirvana.

● **Shichi-fukujin:** die seit der Muromachi-Zeit verehrten „sieben Glücksgötter": *Benten* (Göttin der Musik und Künste), *Bishamonten* (Gott der Reichtümer), *Ebisu* (Gott des Handels), *Daikokuten* (Gott des Getreides), *Fukurokujin* (Gott des Wohlstandes und der Langlebigkeit), *Hotei* (lustiger Gott mit dickem Bauch, Beschützer der Kinder), *Jurôjin* (Gott der Weisheit und Langlebigkeit).

Anhang

●**Shingon-Sekte:** von *Kûkai* nach seiner Rückkehr aus China gegründete Sekte des esoterischen Buddhismus *(mikkyô)*. Im Mittelpunkt der Verehrung steht *Dainichi-nyôrai.* Die *Yamabushi* sind Angehörige dieser Sekte.

●**Shoin-zukuri:** traditioneller Baustil der Samurai-Häuser und der charakteristischen Elemente japanischer Wohnhäuser insgesamt

●**Sôtô-Sekte:** zweitgrößte Zen-Sekte

●**Sugawara-no-Michizane:** Gelehrter und Politiker der frühen Heian-Zeit (845-903). *Fujiwara-no-Tokihira,* der bei Hof einen Rang höher stand, war neidisch und verbannte ihn in die Gegend des heutigen Fukuoka (Kyûshû); später als Gott des Lernens *(tenjin)* besonders zur Examenszeit verehrt *(Yushima Tenjin).*

●**Sumi-e:** Tuschemalerei bzw. Kalligraphie. Tusche wird durch Verreiben eines Tintenstiftes auf einem mit Wasser gefüllten Tintenstein erzeugt.

●**Takeda Shingen:** eine der führenden Persönlichkeiten auf dem Weg zur Einigung Japans im Mittelalter (1521-73), starb vor Erreichen seines Zieles.

●**Tendai-Sekte:** im Jahre 805 gegründete esoterische Sekte mit Sitz auf dem Berg Hiei in Kyôto, sehr einflußreich.

●**Tokugawa:** beherrschende Familie im Japan der Edo-Zeit (1600-1868), stellte alle Shogune.

●**Torii:** Doppelbalkentor am Eingang zu Schreinen, zugleich Symbol für Shintô-Schreine. Die größten in Tokyo führen zum Yasukuni- bzw. Meijischrein.

●**Ukiyo-e** (wörtl. „Bilder der fließenden Welt"): Holzschnitte; dargestellt wurden anfangs Kurtisanen, Schauspieler, Sumo-Ringer, später auch Landschaften und Szenen des täglichen Lebens. Am bekanntesten sind *Utamaro* und *Suzuki Harunobi,* die sich auf schöne Frauen spezialisierten, *Sharaku* (Kabuki-Schauspieler), *Hokusai* und *Hiroshige.*

●**Waka:** im 6. Jahrhundert entstandene Gedichtform, auch *tanka* genannt: 5 Zeilen mit 31 Silben, Muster: 5-7-5-7-7 Silben.

●**Yamabushi** (wörtl.: „der in den Bergen liegt"): Angehörige der esoterischen Shugendô-Sekte, die im Gebirge asketische Übungen zur Erlangung von heiligen oder magischen Kräften absolvieren; Hauptaufgaben sind Heilen und Exozismus.

# Literaturtips

## Karten

- *Tokyo: A Bilingual Atlas,* 154 Seiten, Kodansha International, 1850 ¥. Sehr guter Stadtatlas mit zahlreichen Themenkarten, jährlich aktualisiert.
- *Japan: A Bilingual Atlas,* 128 Seiten, Kodansha International, 2150 ¥. Japan-Atlas im selben Format wie Tokyo, mit Karten der wichtigsten Sehenswürdigkeiten und zahlreichen Themenkarten, jährlich aktualisiert.
- *Tokyo Metropolitan Area Rail & Road Atlas,* Kodansha International, 1850 ¥, 45 DM.

## Umgebung Tokos

- *Trip Out: Explore Tokyo's Surroundings,* Merit 5 Co. 1991. Äußerlich nicht sehr attraktiv, aber handlich, mit vielen Trips außerhalb von Tokyo, nach Jahreszeiten geordnet.
- *Day Walks Near Tokyo, Gary D. A. Walters,* Kodansha International, Tokyo, 1. Aufl. 1988. 25 Tageswanderungen rund um Tokyo.
- *Weekend Adventures Outsides Tokyo, Tae Moriyama,* Shufunotomo, Tokyo, 2. Aufl. 1991, 359 Seiten. Ausflüge zu historisch bedeutenden Orten in der Umgebung Tokyos.

## Ratgeber für Langzeitaufenthalt

- *Living for less in Tokyo and liking it,* Service Co., Japan Hotline, 303 Seiten, ASK Kodansha, Tokyo, 2. Aufl. 1992, 2000 ¥. Antworten auf die gängigsten Fragen zum Alltag in Tokyo.
- *Gaijin's Guide, Practical Help for Everyday Life in Japan, Janet Ashby,* The Japan Times, Tokyo 1991, 1240 ¥. Praktische Hilfe für „Analphabeten" im Großstadtdschungel mit Fotos, vielen Begriffserklärungen und Sprechhilfen (incl. *kana* und *kanji).*
- *The Job Hunters Guide to Japan, Terra Brockman,* Kodansha International 1990, 1900 ¥. Gute Informationsquelle für Gaijin, die in Japan arbeiten wollen.
- *Networking in Tokyo. A Guide to English-Speaking Clubs & Societies,* Tuttle 1995, 1020 ¥. Für kontaktfreudige und vielseitig interessierte Gaijin, die noch nicht genug Japanisch können.

## Sprache

- *Japanisch – Wort für Wort, Martin Lutterjohann,* Reise-Know-How Verlag Peter Rump, Bielefeld, 6. Auflage 1998, 14,80 DM. Praktisch orientierter Sprechführer im handlichen Format, der den ersten Einstieg ermöglicht. Begleitcassette erhältlich.
- *Japanese for Today,* Gakken, Tokyo. Sehr guter Sprachkurs, am besten mit den zugehörigen Kassetten.
- *Japanese Life Today,* AOTS, Tokyo 1987, 1900 ¥. Texte zu aktuellen Themen für diejenigen, die die Grundlagen der Sprache schon beherrschen (in verschiedenenen Sprachebenen: *romaji, kana, kanji),* mit grammatischen Hinweisen.

## Essen und Trinken

- *Eating Cheap in Japan, Kimiko Nagasawa & Camy Condon,* Shufunotomo, Tokyo. Preiswerte Gerichte in verschiedenen Lokaltypen.
- *Good Tokyo Restaurants, Kennedy,* Kodansha International 1992, 1200 ¥. Restaurantkritiken von 116 guten Restaurants (japanische und andere Küchen).
- *The Guide to Japanese Food and Restaurants, Russel Marcus, Jack Plimpton,* Shufunotomo, Tokyo 1986. Sehr detaillierte Einführung in die japanischen Lokaltypen mit Begriffen und Lokalempfehlungen.
- *Tokyo Night City, Where to Drink and Party After Work and After Hours, Jude Brand,* Charles E. Tuttle, Tokyo 1993. Mehr als 120 Bars, Diskotheken, Jazzlokale u.a. werden vorgestellt.

## Business

- *Japanese Business Etiquette, A practical guide to success with the Japanese,* Sphere Reference, England 1985, 2.95 §. Praktische Einführung in die Grundlagen erfolgreicher Geschäftsbeziehungen mit Japanern.
- *Japanische Geschäftsmentalität,* Reihe Japanwirtschaft, Meckel, Deutsch-Japanisches Wirtschaftsförderungsbüro, Düsseldorf 1991, kompakte. Kompetente Einführung für Geschäftsleute.
- *Japan Directory of Professional Associations,* Intercontinental Marketing Corp., Tokyo 1995, 400 Seiten, 300 US-$ (auch auf CD er-

**Anhang**

hältlich). Verzeichnis von über 8600 Organisationen aus Wirtschaft und Handel, Industrie, Technik, Universitäten u.a.
- ●*Japan Trade Directory,* JETRO, Intercontinental Marketing Corp., Tokyo, 1606 Seiten. Verzeichnis von 3000 Firmen.

## Geschichte und Geschichten über Tokyo

Alle aufgeführten Bücher bieten Entdeckungsspaziergänge durch das alte Tokyo mit vielen Anekdoten und Erläuterungen.
- ●*Old Tokyo, Walks in the City of the Shôgun, Sumiko Enbutsu,* Charles E. Tuttle Company, Tokyo 1993.
- ●*Tokyo Adventures, Glimpses of the City in Bygone Eras, Tae Moriyama,* Shufunotomo, Tokyo 1993, 2200 ¥.
- ●*Tokyo: City of Stories, Paul Waley,* Weatherhill, Tokyo 1991, 17.50 US-$.
- ●*Tokyo Sights & Insights, Exploring the citys back streets, Ryosuke Kami,* Charles E. Tuttle Company, Tokyo 1992. Kurioses und Interessantes, festgehalten in Worten und mit Zeichenstift.
- ●*Deutsche Spaziergänge in Tokyo, Josef Kreiner,* iudicium, München 1996, 24 DM. Auf den Spuren des Wirkens von Deutschen, Niederländern, Österreichern und Schweizern – eine etwas andere Methode, die Stadt zu entdecken.
- ●*Tokugawa Japan, The Social and Economic Antecedents of Modern Japan, Chie Nakane/Shinzaburô Ôishi,* University of Tokyo Press, Taschenbuch, 2884 ¥/86,50 DM.
- ●*Facetten der städtischen Bürgerkultur Japans vom 17.-19. Jahrhundert, Franziska Ehmcke & Masako Shôno-Sládek* (Hrsg.), iudicium, München 1994, 24,80 DM. Verschiedene Autoren schreiben über unterschiedliche Aspekte der Bürgerkultur in der Edo-Zeit.

## Gesellschaft, Kultur, Mentalität

- ●*Kulturschock Japan, Martin Lutterjohann,* Reise Know How Verlag Peter Rump, Bielefeld 1998, 24,80 DM.
- ●*Communicating with the Japanese, J.V. Neustuupny,* The Japan Times 1993, 1340 ¥. Sehr informatives Taschenbuch zur japanischen Kultur, der Kommunikation mit Japanern und Aspekten der Sprache.
- ●*Japanese Society, Chie Nakane,* Penguin Books, England. Klassisches Büchlein zum Verständnis des japanischen Gruppenbewußtseins.
- ●*Japanese Etiquette. An Introduction, Tokyo* YWCA, Charles E. Tuttle, Tokyo. Einführung in die traditionelle Etikette, die in formellen Situationen immer noch gilt.
- ●*Amae. Freiheit in Geborgenheit, Takeo Doi,* edition suhrkamp 1128, Frankfurt 1992. Einblick in die „japanische Seele".
- ●*Home Life in Tokyo, Inouye, Jûkichi,* KPI London 1910, Nachdruck 1985, 47 DM. Einblick in alle möglichen Aspekte des Alltagslebens in Tokyo vor mehr als 80 Jahren mit zeitgenössischen Abbildungen.
- ●*Im Reich der Zeichen, Roland Barthes,* edition Suhrkamp 1981, 14,80 DM. Interessanter Versuch, auf Japan zuzugehen.
- ●*Die elektrische Geisha. Entdeckungsreisen in Japans Alltagskultur, Atsushi Ueda* (Hrsg.), Edition Peperkorn, Göttingen 1995, 26 DM. Unterhaltsame Einblicke in den japanischen Alltag.
- ●*Wohnkultur und Lebensstil in Japan, Slesin/Rosenstrauch,* Du Mont, Köln 1987. Sehr gutes Buch über Architektur und Wohnkultur im heutigen Japan.

## Religion

- ●*Shintô, Dr. Sokyo Ono,* Charles E. Tuttle. Einführung in die ureigene japanische Religion.
- ●*Zen Geist – Anfänger Geist, Shunryu Suzuki,* 24 DM. Praktische Einführung in Zen: rechte Übung, Einstellung und Verstehen.
- ●*Eine kurze Geschichte des Buddhismus, Edward Conze,* Suhrkamp Taschenbuch, 12,80 DM. Guter Überblick über die Entwicklung des Buddhismus in verschiedenen Ländern und Kulturen.

# Mini-Sprachführer Japanisch

## Aussprache

Die Aussprache des Japanischen ist für uns sehr einfach. Die **Vokale** werden etwa wie im Deutschen oder Italienischen ausgesprochen. Es gibt eine kurze und eine lange Form. Die **lang gesprochenen** Vokale werden üblicherweise in der Transkription so geschrieben: **â, ei, ii, ô, û.** Das lange e wird also ei geschrieben und e-i ausgesprochen; ô wird manchmal auch als ou geschrieben, entsprechend der Schreibart in den beiden Silbensystemen. Zwischen stimmlosen Mitlauten werden i und u fast verschluckt.

**kurz gesprochene Vokale:**
**a:** wie Katze
**e:** essen, nicht gedehnt wie in beten
**i:** wie Kitz
**o:** teils wie Motto, teils wie Foto
**u:** Zug, aber nicht mit gespitztem Mund

Die **Konsonanten ch, sh, j, w, y, z** werden wie im Englischen ausgesprochen.
**fu:** zwischen h und f, z.B. *fuku* (= wehen)
**g:** in der Wortmitte leicht nasaliert, etwa wie *ng*, z.B. *nagai* (= lang)
**hi:** fast wie *ch* in ich
**n:** am Wortende leicht nasaliert, z.B. *hon* (= Buch)
**r:** zwischen leicht gerolltem *r* und *l*

## Fragewörter

**dare, donata** = wer
**nan, nani** = was
**dô** = wie
**naze, dôshite** = warum, weshalb
**itsu** = wann
**dore, donna** = welcher, was für ein
**doko** = wo
**dochira** = wohin
**ikura** = wieviel, wie teuer
**ikutsu** = wieviel, wie alt
**kore wa nan desu ka** = was ist das?
**... doko de kae-masu ka** = wo kann ich ... kaufen

## Zahlen

Das chinesische System wird zum Zählen und für Mengenangaben verwendet, das japanische für alleinstehende Zahlen und wenn das Kategoriewort unbekannt ist.

| | Chinesisches System | Japanisches System |
|---|---|---|
| 0 | rei, | zero |
| 1 | ichi | hito(tsu) |
| 2 | ni | futa(tsu) |
| 3 | san | mi(tsu) |
| 4 | shi, yon | yo(tsu) |
| 5 | go | itsu(tsu) |
| 6 | roku | mu(tsu) |
| 7 | shichi, nana | nana(tsu) |
| 8 | hachi | ya(tsu) |
| 9 | kyu, ku | kokono(tsu) |
| 10 | jû | tô |
| 11 | jû-ichi | |
| 15 | jû-go | |
| 20 | ni-jû | |
| 80 | hachi-jû | |
| 100 | hyaku | |
| 300 | sambyaku (assimiliert) | |
| 1000 | sen, zen | |
| 10.000 | man | |
| 100 Mio | oku | |

**en** = Yen
**ikura desu ka** = Wie teuer ist es?
**san-zen en (desu)** = (Es kostet) 3000 Yen

## Wochentage

**nichi-yôbi** = Sonnen-Tag (So)
**getsu-yôbi** = Mond-Tag (Mo)
**kai-yôbi** = Feuer-Tag (Di)
**sui-yôbi** = Wasser-Tag (Mi)
**moku-yôbi** = Holz-Tag (Do)
**kin-yôbi** = Gold-Tag (Fr)
**do-yôbi** = Erd-Tag (Sa)
**heijitsu** = wochentags
**kyû** = feiertags

## Monatsnamen

Mond heißt *tsuki* bzw. *getsu*, Monat *gatsu*. Die Monate werden von 1 bis 12 gezählt:
**ichi-gatsu** = Januar
**ni-gatsu** = Februar, etc.
**jû-ni-gatsu** = Dezember

Anhang

## Allgemeine Gesprächsformeln

*hai* = ja
*iie/chigai-masu* = nein
*o-hayô gozai-masu* = Guten Morgen
*konnichi wa* = Guten Tag
*komban wa* = Guten Abend
*oyasumi-nasai* = Gute Nacht
*sayonara* = Auf Wiedersehen
*arigatô-gozai-masu/mashita* = vielen Dank
*do-ita-shi-mashite* = keine Ursache
*watashi no namae wa* = ich heiße ...
*wakari-masen* = ich verstehe nicht
*takai/takaku-nai* = teuer/ nicht teuer
*hajime-mashite* = Grußformel bei der ersten
    Begegnung, anschließend:
*dôzô yoroshiku* = Bitte seien Sie mir
    wohlgesonnen
*o-genki desu ka* = wie geht's?
*okagesama de* = danke der Nachfrage
*dômo=* danke, bitte, Entschuldigung, etc.
*dôzô* = bitte (Gefallen)
*sumi-masen* = Entschuldigung
    (beim Ansprechen fremder Personen)
*gomen-nasai/-kudasai* = Entschuldigung
*kamai-masen* = das macht nichts
*itadaki-masu* = ich esse
    (entspricht: Guten Appetit)
*mô kekkô desu* = danke, ich habe genug

## Nützliche Vokabeln

*migi* = rechts
*hidari* = links
*mae* = vor
*ushiro* = hinter
*soba* = nahe, neben
*tonari* = nebenan
*mukô* = gegenüber
*kôsaten* = Kreuzung
*biru* = building, Gebäude
*eki* = Bahnhof
*iri-/de-guchi* = Ein-/Ausgang
*densha* = Zug
*chikatetsu* = U-Bahn
*shinkansen* = Superexpreß
*tokkyû* = Expreß
*kyûko* = Eilzug
*kippu* = (Fahr)karte
*jikoku-hyô=* Fahrplan
*nan-ji* = wieviel Uhr?
*jikan* = Stunde/n

## Unterwegs

**(o-te-arai wa) doko desu ka?**
*(Toilette 1) wo ist ?*
Wo ist (eine Toilette)?

**(kôshû denwa) doko ga ari-masu ka?**
*(öffentl.Telefon) wo 1 gibt es ?*
Wo gibt es (ein öffentliches Telefon)?

**ichiban chikai eki wa doko desu ka?**
*der-erste nahe Bahnhof 1 wo ist ?*
Wo ist der nächste Bahnhof?

**kippu, doko de kai-masu ka?**
*Fahrkarte, wo in kaufe*
Wo kann ich die Fahrkarte kaufen?

**... made ikura desu ka?**
*... bis wieviel ist ?*
Was kostet es bis ...?

**kono densha wa ... e iki-masu ka?**
*dieser Zug 1 ... nach fährt?*
Fährt dieser Zug nach ...?

**norikae doko**
*Umsteigen wo*
Wo muß ich umsteigen?

**nan-ban sen?**
welcher Bahnsteig?

**basu noriba wa doko desu ka**
*Bus Zustieg 1 wo ist?*
Wo ist eine Bushaltestelle?

**tomete kudasai**
Halten Sie bitte!

**sumimasen. S.O.S. desu.**
*Entschuldigung SOS bin*
Ich habe die Orientierung verloren.

**tasukete kudasai.**
*helfend-geben bitte*
Helfen Sie mir bitte.

**soko made isshô ni onegai-shi-masu.**
*dort bis gemeinsam in bitte-um*
Bitte zeigen Sie mir den Weg.

## Japanische Ortsnamen

Ein großer Teil der in Tokyo und anderswo gebräuchlichen Ortsnamen setzt sich, zumindest in Teilen, aus den folgenden Begriffen zusammen. Eine Schwierigkeit ist, daß die Namen mal in japanischer, mal in sino-japanischer Lesart verwendet werden; durch die Vermischung verändern sich auch häufig die Anfangsbuchstaben. Zu Beginn steht hier meist die Form, die häufiger als Namensbestandteil auftritt.

*ba* = Platz
*chô, machi* = Stadt(viertel)
*chûô* = Zentral
*dai, ô* = groß
*dai, tai* = Plateau
*dai-gaku* = Universität
*dake, gaku* = Bergspitze
*dô, michi* = Weg
*dôri* = große Straße, Boulevard
*eki* = Bahnhof
*en* = Garten
*furu(i)* = alt
*futa(tsu)* = zwei
*gai, soto* = außen
*gawa, kawa* = Fluß
*hama, kô* = Hafen
*hara, bara* = Feld
*hashi, bashi* = Brücke
*hori, bori* = Graben
*ike* = Teich
*ishi, goku, shaku* = Stein
*iwa* = Fels
*-ji, -in* = Tempel
*-jingu, jinja* = Schrein
*juku* = Quartier
*kami, gami* = oben, Ober
*kan* = Gebäude
*kawa* = Fluß
*ki, gi* = Baum
*ko-, o-* = klein
*ko, go* = alt
*kôen* = Park
*koku, kuni* = Land
*kokuritsu* = staatlich
*kôkyô* = Kaiserpalast
*kyô, miyako* = Hauptstadt
*machi* = Stadt
*mae* = vor
*maru* = Kreis, rund
*matsu, sho* = Kiefer
*mi* = Blick
*mi, umi, kai* = Meer
*minato, ko* = Hafen
*miya, gû* = Schrein

*mizu* = Wasser, kalt
*mon* = Tor
*mori, rin* = Wald
*moto* = Ursprung
*mura* = Dorf
*naga(i)* = lang
*naka, chû* = Mitte, Mittel-
*no* = Feld
*oka* = Hügel
*onsen* = Thermalbad
*saka, zaka* = Hangweg
*saki, zaki* = Vorsprung
*san, yama* = Berg
*sato, zato* = Dorf
*sawa, zawa* = Bachtal
*seki* = ehem. Kontrollpunkt
*sen, izumi* = Quelle
*shin, shim* = neu
*shima, jima* = Insel
*shio, ko* = See
*shita, shimo* = unten, Unter-
*sô* = Villa
*suna* = Sand
*sui* = Wasser
*taka, ko* = hoch
*take, chiku* = Bambus
*taki* = Wasserfall
*tsuka* = Grabhügel
*tsuki* = Mond, Monat
*uchi* = innen
*ue, jô* = oben, auf
*ume* = Pflaume
*waka(i)* = jung
*ya, tani* = Tal
*ya, mise* = Laden
*yu* = heißes Wasser, Thermalbad
*yuki* = Schnee
*-za* = -Theater

*Himmelsrichtungen:*
*higashi, tô* = Ost
*minami, nan, nam* = Süd
*nishi, zai* = West
*kita, hoku* = Nord

Anhang

## HILFE!

**Dieses Reisehandbuch** ist gespickt mit unzähligen Adressen, Preisen, Tips und Infos. Nur vor Ort kann überprüft werden, was noch stimmt, was sich verändert hat, ob Preise gestiegen oder gefallen sind, ob ein Hotel, ein Restaurant immer noch empfehlenswert ist oder nicht mehr, ob ein Ziel noch oder jetzt erreichbar ist, ob es eine lohnende Alternative gibt usw.

Unsere Autoren sind zwar stetig unterwegs und versuchen, alle zwei Jahre eine komplette Aktualisierung zu erstellen, aber auf die Mithilfe von Reisenden können sie nicht verzichten.

**Darum: Schreiben Sie uns,** was sich geändert hat, was besser sein könnte, was gestrichen bzw. ergänzt werden soll. Nur so bleibt dieses Buch immer aktuell und zuverlässig. Gut verwertbare Informationen belohnt der Verlag mit einem Sprechführer Ihrer Wahl aus der über 100 Bände umfassenden Reihe „Kauderwelsch". Wenn sich die Infos direkt auf das Buch beziehen, würde die Seitenangabe uns die Arbeit sehr erleichtern.

Bitte schreiben Sie an:

REISE KNOW-HOW Verlag Peter Rump GmbH, Hauptstr. 198, D-33647 Bielefeld, oder per e-mail an: reise-know-how@t-online.de

**Danke!**

## KulturSchock

Diese Reihe vermittelt dem Besucher einer fremden Kultur wichtiges Hintergrundwissen. **Themen** wie Alltagsleben, Tradition, richtiges Verhalten, Religion, Tabus, das Verhältnis von Frau und Mann, Stadt und Land werden nicht in Form eines völkerkundlichen Vortrages, sondern praxisnah auf die Situation des Reisenden ausgerichtet behandelt. Der **Zweck** der Bücher ist, den Kulturschock weitgehend abzumildern oder ihm gänzlich vorzubeugen. Damit die Begegnung unterschiedlicher Kulturen zu beidseitiger Bereicherung führt und nicht Vorurteile verfestigt.

**11 Titel** sind lieferbar, darunter:

Martin Lutterjohann
**KulturSchock Japan**
216 Seiten, reichlich illustriert,
DM 24.80
ISBN 3-89416-055-1

**REISE KNOW-HOW**

REISE KNOW-HOW Bücher werden von Autoren geschrieben, die Freude am Reisen haben und viel persönliche Erfahrung einbringen. Sie helfen dem Leser, die eigene Reise bewußt zu gestalten und zu genießen. Wichtig ist uns, daß der Inhalt nicht nur im reisepraktischen Teil „Hand und Fuß" hat, sondern daß er in angemessener Weise auf Land und Leute eingeht. Die Reihe REISE KNOW-HOW soll dazu beitragen, Menschen anderer Kulturkreise näherzukommen, ihre Eigenarten und ihre Probleme besser zu verstehen. Wir achten darauf, daß jeder einzelne Band gemeinsam gesetzten Qualitätsmerkmalen entspricht. Um in einer Welt rascher Veränderungen laufend aktualisieren zu können, drucken wir bewußt kleine Auflagen.

**SACHBÜCHER:**

Die Sachbücher vermitteln KNOW-HOW rund ums Reisen: Wie bereite ich eine Motorrad- oder Fahrradtour vor? Welche goldenen Regeln helfen mir, unterwegs gesund zu bleiben? Wie komme ich zu besseren Reisefotos? Wie sollte eine Sahara-Tour vorbereitet werden? In der Sachbuchreihe von REISE KNOW-HOW geben erfahrene Vielreiser Antworten auf diese Fragen und helfen mit praktischen, auch für Laien verständlichen Anleitungen bei der Reiseplanung.

## Welt

Abent. Weltumradlung (RAD & BIKE)
DM 28,80   ISBN 3-929920-19-0
Äqua-Tour (RAD & BIKE)
DM 28,80   ISBN 3-929920-12-3
Auto(fern)reisen
DM 34,80   ISBN 3-921497-17-5
CD-Rom Reise-Infos Internet
DM 19,80   ISBN 3-89416-658-4
Fahrrad-Weltführer
DM 44,80   ISBN 3-9800975-8-7
Motorradreisen
DM 36,80   ISBN 389662-020-7
Outdoor-Praxis
DM 32,80   ISBN 3-89416-629-0
Um-Welt-Reise (REISE STORY)
DM 22,80   ISBN 3-9800975-4-4
Die Welt im Sucher
DM 24,80   ISBN 3-9800975-2-8
Wo es keinen Arzt gibt
DM 26,80   ISBN 3-89416-035-7

## Europa

Amsterdam
DM 26,80   ISBN 3-89416-231-7
Bretagne
DM 39,80   ISBN 3-89416-175-2
Budapest
DM 26,80   ISBN 3-89416-212-0
Bulgarien
DM 39,80   ISBN 3-89416-220-1
Costa Brava
DM 24,80   ISBN 3-89416-646-0
Dänemarks Nordseeküste
DM 24,80   ISBN 3-89416-634-7

**RAD & BIKE:**

REISE KNOW-HOW RAD & BIKE sind Radführer von lohnenswerten Reiseländern bzw. Radreise-Stories von außergewöhnlichen Radtouren durch außereuropäische Länder und Kontinente. Die Autoren sind entweder bekannte Biketouren-Profis oder „Newcomer", die mit ihrem Bike in kaum bekannte Länder und Regionen vorstießen. Wer immer eine Fern-Biketour plant – oder nur davon träumt – kommt an unseren RAD & BIKE-Bänden nicht vorbei!

## Europa

England, der Süden
DM 36,80   ISBN 3-89416-224-4
Europa Bike-Buch (RAD & BIKE)
DM 44,80   ISBN 3-89662-300-1
Großbritannien
DM 39,80   ISBN 3-89416-617-7
Hollands Nordseeinseln
DM 24,80   ISBN 3-89416-619-3
Irland-Handbuch
DM 39,80   ISBN 3-89416-636-3
Island
DM 44,80   ISBN 3-89662-035-5
Kärnten
DM 29,80   ISBN 3-89622-105-x
Litauen & Königsberg
DM 29,80   ISBN 3-89416-169-8
London
DM 26,80   ISBN 3-89416-199-x
Madrid
DM 26,80   ISBN 3-89416-201-5
Mallorca
DM 36,80   ISBN 3-89662-156-4
Mallorca für Eltern und Kinder
DM 24,80   ISBN 3-89662-158-0
Mallorca, Wandern auf
DM 29,80   ISBN 3-89662-162-9
Oxford
DM 26,80   ISBN 3-89416-211-2
Paris
DM 26,80   ISBN 3-89416-200-7
Polen: Ostseeküste/Masuren
DM 29,80   ISBN 3-89416-613-4
Prag
DM 26,80   ISBN 3-89416-204-x
Provence
DM 39,80   ISBN 3-89416-609-6
Pyrenäen
DM 39,80   ISBN 3-89416-610-x
Rom
DM 26,80   ISBN 3-89416-203-1
Schottland-Handbuch
DM 39,80   ISBN 3-89416-621-5
Sizilien
DM 39,80   ISBN 3-89416-627-4
Skandinavien – der Norden
DM 36,80   ISBN 3-89416-191-4
Tschechien
DM 36,80   ISBN 3-89416-600-2
Warschau/Krakau
DM 26,80   ISBN 3-89416-209-0
Wien
DM 26,80   ISBN 3-89416-213-9
Berlin mit Potsdam
DM 26,80   ISBN 3-89416-226-0

## Deutschland

Borkum
DM 19,80   ISBN 3-89416-632-0
Harz/Ost
DM 19,80   ISBN 3-89416-228-7
Harz/West
DM 19,80   ISBN 3-89416-227-9
Mecklenburg/Vorpommern
Binnenland
DM 19,80   ISBN 3-89416-615-0
München
DM 24,80   ISBN 3-89416-208-2
Norderney
DM 19,80   ISBN 3-89416-652-5
Nordfriesische Inseln
DM 19,80   ISBN 3-89416-601-0
Nordseeinseln
DM 29,80   ISBN 3-89416-197-3
Nordseeküste Niedersachsens
DM 24,80   ISBN 3-89416-603-7
Ostdeutschland individuell
DM 36,80   ISBN 3-89622-480-6
Ostfriesische Inseln
DM 19,80   ISBN 3-89416-602-9
Ostharz mit Kyffhäuser
DM 19,80   ISBN 3-89416-228-7
Ostseeküste/Mecklenburg-Vorpom.
DM 19,80   ISBN 3-89416-184-1
Ostseeküste Schleswig-Holstein
DM 24,80   ISBN 3-89416-631-2
Rügen, Hiddensee
DM 19,80   ISBN 3-89416-654-1
Sächsische Schweiz
DM 19,80   ISBN 3-89416-630-4
Schwarzwald
DM 24,80   ISBN 3-89416-611-8
Schwarzwald/Nord
DM 19,80   ISBN 3-89416-649-5
Schwarzwald/Süd
DM 19,80   ISBN 3-89416-650-9
Thüringer Wald
DM 19,80   ISBN 3-89416651-7
Wasserwandern
Mecklenburg/Brandenburg
DM 24,80   ISBN 3-89416-221-x

## Edition RKH

Geschichten
aus dem anderen Mallorca
DM 29,80   ISBN 3-89662-161-0
Mallorquinische Reise
DM 29,80   ISBN 3-89662-153-x
Yanomami- Massaker
DM 36,00   ISBN 3-89416-624-x

**P R O G R A M M**

**REISE STORY:**

Reise-Erlebnisse für nachdenkliche Genießer bringen die Berichte der Reise Know-How Reise Story. Sensibel und spannend führen sie durch die fremden Kulturbereiche und bieten zugleich Sachinformationen. Sie sind eine Hilfe bei der Reiseplanung und ein Lesevergnügen zugleich.

Ü B E R S I C H T

# Billigflüge nach Tokyo

Die nebenstehende Liste bietet eine Übersicht über alle wichtigen Billigflüge nach Tokyo. Die Daten wurden uns freundlicherweise von der Firma *Travel Overland* in München zur Verfügung gestellt, natürlich ohne Gewähr. Stand Frühjahr 1998.

Bei Nachfragen an **Travel Overland:**
Barerstr. 73, 80799 München,
Tel.: 089/272760
Fax: 089/3073039
Internet: http://www.travel-overland.de

Links zu weiteren Anbietern auf den Service-Seiten von Reise Know-How unter:
**http://www.reise-know-how.de**

### Es bedeuten:
●**Abflugorte:** Aus Platzgründen werden für die unterschiedlichen Flughäfen Nummern angegeben:
(1) Frankfurt, (2) München, (3) Berlin, (4) Hamburg, (5) Hannover, (6) Düsseldorf, (7) Köln, (8) Stuttgart, (9) Nürnberg, (10) Leipzig, (11) Dresden, (12) Bremen, (13) Dortmund, (14) Paderborn, (15) Münster, (16) Saarbrücken, (17) Kiel, (18) Friedrichshafen, (19) Hof, (20) Amsterdam, (21) Luxemburg, (22) Brüssel, (23) Basel, (24) Zürich, (25) Wien, (26) Bayreuth, (27) Bonn, (28), Westerland.
Innerhalb Deutschlands wird von einigen Gesellschaften ein **Zubringerservice** (Kennzeichnung: RF) von 22 Ausgangsorten mit dem Rail & Fly-Ticket der Bahn nach Frankfurt angeboten.
Ausgangsorte für den Zubringerservice: Bayreuth, Berlin, Bonn, Bremen, Dortmund, Dresden, Düsseldorf, Frankfurt, Friedrichshafen, Hamburg, Hannover, Hof, Kiel, Köln, Leipzig, München, Münster, Nürnberg, Paderborn, Saarbrücken, Stuttgart, Westerland.
●**Stopover,** Orte an denen man evt. gegen Zuschlag die Reise unterbrechen kann, werden extra angegeben.
●**Gültigkeit:** in Tagen angegeben. Wenn „von/bis" aufgeführt ist, nennt die erste Zahl die Mindest-Aufenthaltsdauer.

●**Preis:** Angegeben ist immer der niedrigste und höchste Hin- und Rückflugpreis (in DM) der billigsten Klasse für die angegebene Gültigkeitsdauer, inclusive der Zuschläge für das Rail & Fly-Ticket. Die Preise sind saisonbedingt. Die Kennzeichnungen für Sondertarife bedeuten:
(1) - Jugendtarif bis 29 Jahre, Studenten bis 34 Jahre
(2) - Jugendtarif bis 24 Jahre, Studenten bis 29 Jahre
(3) - Jugendtarif bis 30 Jahre, Studenten bis 35 Jahre
(4) - Jugendtarif bis 35 Jahre
(5) - Jugendtarif bis 17 Jahre
(6) - Jugendtarif bis 26 Jahre, Studenten bis 33 Jahre
(7) - Jugendtarif bis 25 Jahre, Studenten bis 36 Jahre
(8) - Jugendtarif bis 24 Jahre, Studenten bis 29 Jahre
●Die **regulären Flugpreise** in der Business Class betragen 10.024 DM, in der First Class zahlt man 15.974 DM. Diese Preise sind bei allen Gesellschaften gleich, sofern sie eine solche Klasse anbieten.
●**Kinder:** Kinder bis zu zwei Jahren haben keinen Anspruch auf einen Sitzplatz; für sie braucht aber auch nur der angegebene DM-Preis bezahlt werden, bzw. das, was nach Abzug der angegebenen Prozentzahl übrigbleibt. Kinder über zwei bis zwölf Jahre haben Anspruch auf einen Sitzplatz und erhalten ebenfalls Ermäßigung. Bei Jugend- und Studententarifen gibt es keine Kinderermäßigung.
●**Flugstunden:** Angegeben ist zuerst die Flugzeit, dann die gesamte Reisezeit incl. Stops. Bei einigen Fluglinien sind Übernachtungen (ÜN) notwendig.
●Flugtage: Hier ist die Anzahl von Flügen pro Woche angegeben.

| Fluglinie (Land) | Abflugorte, Stopover | Gültigkeit (Tage) | Preise (von - bis) | Kinder (- 2 / - 12) | Flug-stunden | Flug-tage |
|---|---|---|---|---|---|---|
| **Air France** (Frankreich) | 1-9, Paris | 365 | 1424-1637 | - / - | 13 / 15 | Tgl. |
| | 1-9,11,13,20,23,24, Paris | 7-30 | 1088 | -90%/-50% | | |
| | | 7-180 | 1419-1629 | | | |
| **Alitalia** (Italien) | 1-4,6-8 | 7-90 | 2099 | 887.-/-40% | 15 / 18 | 5 |
| **Austrian Airl.** (Österreich) | 1-11,24 | 6-180 | 1429-1799 | 271.-/-50% | 12 / 15,5 | Tgl. |
| **British Airways** (Großbriatnnien) | 1-8,10,12, London | 365 | 1436-1671[3] | - / - | 13,5 / 15 | Tgl. |
| | 1-8,10,12 | 6-90 | 1443-1799 | 271.-/-50% | | |
| **Cathay Pacific** (Hongkong) | RF, Hongkong | 180 | 1750-1950 | 887.-/-50% | 16,5 / 18 | Tgl. |
| **China Airlines** (Taiwan) | 1 | 14-90 | 1223-1389 | -85%/-50% | 19,5 / 25 | 5 |
| | | 7-180 | 1495 | | | |
| | | 365 | 1556-1699 | | | |
| | RF, Kuala Lumpur, Hongkong, Manila,Taipeh +220 DM | 14-90 | 1278-1445 | | | |
| | | 7-180 | 1599 | | | |
| | | 365 | 1615-1749 | | | |
| **Iberia** (Spanien) | 1-6,8 | 7-90 | 1769-2459 | -90%/-50% | 16,5 / 30 ÜN Madrid | Tgl. |
| | | 6-365 | 1948-2281[7] | | | |
| **JAL** (Japan) | 2-19,26-28 | 7-45 | 1700-1800[5] | - / - | 11 / 11 | Tgl. |
| | | | 1800-1900 | -85%/-60% | | |
| **KLM** (Niederlande) | 1-14 | 6-365 | 1616-1828[2] | | 12,5 / 16 | 4 |
| | | 3-30 | 1105 | -90%/-33% | | |
| | | 7-90 | 1544-1799 | | | |
| **Sabena** (Belgien) | 1-6,8,23,24 | 6-180 | 1429-1799 | -90%/-50% | 12 / 16 | Tgl. |
| **SAS** (Dänemark) | 1-6,8 | 7-90 | 1489-1789 | -90%/-33% | 12 / 14 | Tgl. |
| | | 4-180 | 1889-1989 | | | |
| | | 365 | 2089-2289 | | | |
| | | | 1671-1896[6] | - / - | | |
| **Singapore Airl.** (Singapur) | RF, Singapur | 7-45 | 1980-2050 | - / - | 20 / 25 | 2 |
| | | | 2095-2165 | 271.-/-50% | | tgl. |
| | | 365 | 2199-2335 | 887.-/-50% | | |
| **Swiss Air** (Schweiz) | 1-6,8, Zürich | 365 | 1588-1799 | - / - | 13 / 14,5 | 5 |
| | 1-6,8-11,15 | 6-180 | 1429-1799 | -90%/-50% | | |
| **Thai Airways** (Thailand) | 1,2 | 365 | 1988[3] | - / - | 17,5 / 20 | Tgl. |
| | | 6-30 | 1699-1899 | 271.-/-50% | | |
| | 1,2,20,24 | 30 | 2055 | | | |
| | | 90 | 2166 | | | |
| | RF, alle: Bangkok | 6-30 | 1810-2010 | | | |
| | | 90 | 1960-2160 | 203.-/-50% | | |
| | | 365 | 2350-2550 | | | |
| **United Airlines** (USA) | 1-12,15,17,18, 20,22-24, Chicago, New York, Houston, Los Angeles, San Francisco | 7-180 | 3266-3399 | -90%/-50% | 22 / 23 | Tgl, |

# Register

Anhang

Anhang

## Der Autor

*Martin Lutterjohann,* Jahrgang 43, ist Diplom-Psychologe und seit mehr als einem Vierteljahrhundert mit einer Tokyoterin verheiratet. Fast ebensolange kennt er diese Stadt, in der beide zusammen mehr als zwei Jahre gelebt haben. Beim ersten Besuch 1970 war er mit dem Schiff von Sibirien kommend in Yokohama eingelaufen. Im Laufe der Zeit ist der Autor im Land gründlich umhergefahren und hat von den Inseln südlich und östlich von Kyûshû bis Rishiri-to im äußersten Norden Hokkaidôs vieles gesehen. Als leidenschaftlicher Bergsteiger kennt er die höchsten Gipfel des Landes und der Hauptinseln. Dank eines Forschungsstipendiums des japanischen Erziehungsministeriums konnte Martin Lutterjohann über längere Zeit den Arbeitsalltag an einer renommierten Universität kennenlernen.

Die beiden Kinder sind inzwischen mehr oder weniger erwachsen. Nach sechs Berufsjahren in Südostasien (vor allem Thailand) hat sich die Familie in Berlin niedergelassen, wo der Autor nach wie vor im Suchtbereich tätig ist. Ebenfalls im Reise Know-How Verlag erschienen von ihm „Kulturschock Japan" und „Japanisch – Wort für Wort".